Jeux de mots, textes et contextes

The Dynamics of Wordplay

Edited by
Esme Winter-Froemel

Volume 7

Jeux de mots, textes et contextes

Édité par
Esme Winter-Froemel et Alex Demeulenaere

DE GRUYTER

The conference "The Dynamics of Wordplay / La dynamique du jeu de mots – Interdisciplinary perspectives / perspectives interdisciplinaires" (Universität Trier, 29 September – 1st October 2016) and the publication of the present volume were funded by the German Research Foundation (DFG) and the University of Trier.

Le colloque « The Dynamics of Wordplay / La dynamique du jeu de mots – Interdisciplinary perspectives / perspectives interdisciplinaires » (Universität Trier, 29 septembre – 1er octobre 2016) et la publication de ce volume ont été financés par la Deutsche Forschungsgemeinschaft (DFG) et l'Université de Trèves.

DFG Deutsche Forschungsgemeinschaft
German Research Foundation

ISBN 978-3-11-058638-1
e-ISBN (PDF) 978-3-11-058645-9
e-ISBN (EPUB) 978-3-11-058669-5

Library of Congress Control Number: 2018955208

Bibliographic information published by the Deutsche Nationalbibliothek
The Deutsche Nationalbibliothek lists this publication in the Deutsche Nationalbibliografie; detailed bibliographic data are available on the Internet at http://dnb.dnb.de.

Printing and binding: CPI books GmbH, Leck

www.degruyter.com

MIX
Papier aus verantwortungsvollen Quellen
FSC
www.fsc.org   FSC® C083411

Table des matières

Appendice

Esme Winter-Froemel, Verena Thaler et Alex Demeulenaere

La dynamique du jeu de mots et de la recherche sur les jeux de mots

Approches, cultures et traditions

1 À la découverte de la dynamique du jeu de mots

Le jeu de mots apparaît dans un grand nombre de situations de communication, y compris par exemple les manifestations spontanées dans la communication quotidienne, les usages stratégiques dans les messages publicitaires et les textes argumentatifs ainsi que les textes littéraires de différents auteurs, cultures et époques historiques. Malgré cette omniprésence, le jeu de mots s'avère pourtant en partie éphémère : le caractère ludique des énoncés peut se perdre dans l'évolution diachronique dans la mesure où ceux-ci sont réutilisés dans d'autres contextes. En effet, les usages ludiques ne représentent souvent que des pauses momentanées, insérées dans les échanges communicatifs avec différentes finalités. Les jeux de mots se présentent ainsi comme un phénomène complexe, difficile à cerner, mais en même temps comme un phénomène particulièrement intéressant et important, puisqu'il peut révéler certains principes fondamentaux du langage et de la communication.

Dans les recherches antérieures sur le jeu de mots, l'accent a été mis sur le jeu de mots chez des auteurs particuliers (p. ex. William Shakespeare, James Joyce, Raymond Queneau, cf., entre autres, Kohl 1966 ; Mahood 1957 ; Delabastita 1993, 2011 ; Heibert 1993 ; Kemmner 1972) ou dans des domaines littéraires tels que la littérature de l'absurde (cf., entre autres, Schöne 1951 ; Sewell 1952 ; Hildebrand 1970 ; Petzold 1972 ; Lecercle 1994 ; Zirker 2010a, 2010b). Un domaine particulièrement étudié est la traduction de jeux de mots, souvent en relation avec des auteurs spécifiques (Grassegger 1985 ; Heibert 1993 ; Rauch 1982 ; Delabastita 1994, 1996, 1997 ; Chiaro 2010a, 2010b ; Vandaele 2011). Les approches linguistiques se sont concentrées sur l'emploi du jeu de mots dans certains types de textes (cf., entre autres, Hausmann 1974 ; Sullet-Nylander 2005, 2006, 2010 ; Kerbrat-Orecchioni 2011), par exemple les articles de journaux et certains éléments textuels (p. ex. les titres de journaux, cf. Dittgen 1989), dans des domaines spécifiques tels que la presse, la publicité ou les médias (cf., entre autres, Carstensen 1971 ; Vittoz-Canuto 1983 ; Grunig 1990 ; Tanaka 1999 ;

Chovanec et Ermida 2012), ainsi que dans certains contextes communicatifs telle que la conversation privée (p. ex. Priego-Valverde 2003).

De plus, certains travaux antérieurs avaient pour but de fournir des vues d'ensemble, des considérations générales et des classifications du jeu de mots et de l'humour verbal (cf. p. ex. Preisendanz et Warning 1976 ; Hesbois 1986 ; Defays 1996 ; Alexander 1997 ; Guiraud 1976 ; Charaudeau 2006 ; Blake 2010). Raskin (1985) a proposé sa *Semantic Script Theory of Humor* (SSTH), qui a ensuite été étendue à la *General Theory of Verbal Humor* (GTVH ; Attardo et Raskin 1991 ; cf. aussi Attardo 1994, 2001 ainsi qu'Attardo 2011 et les contributions du numéro 24(2) de *Humor – International Journal of Humor Research*).

D'autres travaux se sont concentrés sur des réalisations spécifiques du jeu de mots, par exemple les calembours (Culler 1988 ; Redfern 1985), et sur d'autres phénomènes liés à l'humour verbal, comme par exemple l'ironie verbale (cf., entre autres, Ruiz-Gurillo et Alvarado-Ortega 2013), le sens figuratif (p. ex. Gibbs et Colston 2012), les allusions (Wilss 1989), l'humour verbal dans les phrases-labyrinthes (*garden-path sentences* ; Dynel 2009), le discours comique (Nash 1985), les fonctions du jeu de mots dans la conversation (Kotthoff 1996), ou la métaphore et la motivation des signes linguistiques (Käge 1980 ; Rettig 1981 ; voir également Partington 2009). Pour une vue d'ensemble de la recherche sur le jeu de mots et sur l'humour verbal, voir, entre autres, Winter-Froemel (2009, 2016) et Attardo (2017).

Outre les diverses approches mentionnées ci-dessus, les recherches récentes ont cherché à intégrer les perspectives linguistiques et littéraires ainsi que des approches rhétoriques (cf. Rabatel 2008, 2012, 2013 ; Brône et Vandaele 2009 ; Valero-Garcés 2010). Différents auteurs ont proposé des approches interdisciplinaires du jeu de mots, de l'humour verbal et de l'ambiguïté (cf. Winter-Froemel et Zirker 2010 ; Bauer et al. 2010), y compris des approches intégrant la linguistique, la littérature et la rhétorique (Rabatel 2008, 2012, 2013). A notre avis, l'étude du jeu de mots peut en effet être révélatrice en vue de l'analyse du langage et de la communication en général, autant dans des contextes littéraires que dans la vie quotidienne (voir également Gauger 1971, 2006, 2014 ; Goldstein 1990 ; Koch, Krefeld, et Oesterreicher 1997 ; Goatly 2012). L'étude de ces liens entre le jeu de mots et les questions et phénomènes fondamentaux du langage et de la littérature est en effet l'un des principaux objectifs des volumes ci-présents ainsi que de toute la collection *The Dynamics of Wordplay*.

Ce même objectif a déjà été poursuivi par les deux premiers volumes de la collection (Zirker et Winter-Froemel 2015, Winter-Froemel et Zirker 2015) en rassemblant des approches linguistiques et littéraires. De plus, la dimension dynamique inhérente au jeu de mots a été mise en avant dans le projet de recherche interdisciplinaire « Dynamik des Wortspiels / The Dynamics of Wordplay / La dynamique du jeu de mots » (financé par la Fondation allemande pour la recherche / *Deutsche Forschungsgemeinschaft* et dirigé par Esme Winter-Froemel depuis 2013). Les aspects principaux étudiés au sein de ce projet sont les relations entre le jeu de mots et les contacts linguistiques, le jeu de mots et l'innovation linguistique ainsi que le jeu de mots et l'interaction locuteur-auditeur.

Les phénomènes de contacts linguistiques peuvent donner lieu à des usages ludiques de la langue (voir, entre autres, le troisième volume de la série, Knospe, Onysko, et Goth 2016), et les transitions entre le jeu de mots et l'innovation linguistique, aussi bien du point de vue synchronique que diachronique, sont révélatrices de l'importance de la dimension ludique du langage (voir, entre autres, Arndt-Lappe et al. 2018 et Full et Lecolle, sous presse). La dimension interactionnelle du jeu de mots constitue une thématique transversale supplémentaire étudiée dans plusieurs contributions de ces volumes. Un autre résultat important des discussions au sein de ce projet de recherche concerne la difficulté de proposer une définition générale du jeu de mots et de ses limites. Pour discuter cette question qui est au cœur de toute analyse du phénomène – celle de savoir comment on peut définir et aborder ce phénomène –, il a été créé un forum de discussion (voir pp. 9–94 dans Knospe, Onysko, et Goth 2016 avec les contributions de Winter-Froemel, Thaler, Lecolle, Onysko et Knospe). Les contributions du forum de discussion visaient à encourager les échanges interdisciplinaires sur le jeu de mots tels qu'ils ont été lancés dans la présente collection. Ceci constituait également l'objectif principal du colloque organisé à Trèves du 29 septembre au 1er octobre 2016. Le titre du colloque – « The Dynamics of Wordplay / La dynamique du jeu de mots – Interdisciplinary perspectives / perspectives interdisciplinaires » – fait référence aux tendances récentes dans la recherche sur le jeu de mots : De nouvelles approches ont été proposées pour relier les domaines du jeu de mots et de l'humour verbal à la linguistique cognitive (cf. p. ex. Veale 2009 ; Brône, Feyaerts, et Veale 2015) et à la pragmatique (cognitive) (cf. p. ex. Yus 2016). Dans l'ensemble, on peut constater que les recherches récentes mettent l'accent sur la dimension pragmatique et interactionnelle du jeu de mots et de l'humour verbal (cf. p. ex. Kotthoff 1998 ; Norrick et Chiaro 2009 ; Dynel 2011 ; Charaudeau 2015 ; Farhat 2015), ce qui ouvre de nouvelles perspectives, par exemple sur l'humour en tant que compétence métapragmatique (Ruiz-Gurillo 2016) ou sur la relation entre l'humour et le genre (Chiaro et Baccolini 2014). Toutes ces approches récentes mettent en évidence la nature dynamique du jeu de mots, qui n'est pas seulement un phénomène à analyser au niveau structurel, mais aussi un élément lié à l'interaction sociale et aux processus de changement linguistique et social. Nous avons donc choisi la thématique du colloque dans l'intention d'étudier les différents aspects de la dynamique qui se manifeste dans le jeu de mots et qui dévoile certains principes fondamentaux du langage et de la communication.

Le nombre élevé de propositions de communication du monde entier a confirmé l'intérêt et la pertinence de la thématique. Outre les conférences plénières présentées par Salvatore Attardo, Dirk Delabastita, Dirk Geeraerts et Eline Zenner, Raymond W. Gibbs, Catherine Kerbrat-Orecchioni, Alain Rabatel et Françoise Rubellin, les trente-six communications sélectionnées pour le colloque ont traité de différents aspects théoriques et pratiques du jeu de mots, étudiant les jeux de mots dans différentes époques historiques, langues et traditions discursives. Par ailleurs, les présentations ont réuni les perspectives de recherche de quatorze pays différents, incluant des approches linguistiques et des études littéraires ainsi que des disciplines adjacentes telles que les études culturelles, les études des médias, la littérature comparée, les études théâtrales et la phonétique.

Finalement, le projet de recherché a attaché beaucoup d'importance à collaborer également avec un *practice board* d'auteurs, d'artistes et d'autres « joueurs de mots » professionnels afin d'encourager un échange sur les aspects pratiques et les applications du jeu de mots. Dans le cadre du colloque, les acteurs Aurélie Rusterholtz et François Chaix ont fait revivre la comédie *L'Amour maître de langue* (1718) au cours d'une lecture-spectacle au théâtre de Trèves. Leur lecture a été introduite par la spécialiste Françoise Rubellin, qui n'a pas seulement donné un aperçu de la pièce et de son contexte historique, mais a également invité le public à se joindre au refrain du vaudeville final, de sorte à devenir partie intégrante du spectacle. L'auteure germano-japonaise Yoko Tawada a présenté ses textes pendant une autre lecture plurilingue au théâtre de Trèves, et Joshua T. Katz a dirigé un atelier sur les perspectives didactiques du jeu de mots en se basant sur sa grande expérience éducative à l'Université de Princeton. Finalement, Astrid Poier-Bernhard, auteure, membre de l'Oplepo et spécialiste en littérature potentielle, a partagé ses réflexions sur la créativité et les jeux de mots dans une communication de clôture du colloque, soulignant les liens entre les différentes perspectives et approches de recherche présentées lors du colloque, et stimulant les discussions et les échanges ultérieurs.

2 Résumés des contributions

Les deux volumes des actes du colloque rassemblent une sélection de vingt-cinq articles de recherche se basant sur des communications présentées lors du colloque. Ces contributions focalisent les cultures et les traditions des jeux de mots et de la recherche sur les jeux de mots (*The Dynamics of Wordplay 6*), ainsi que l'utilisation du jeu de mots dans différents textes et contextes, en mettant l'accent sur la dimension sociale de son emploi (*The Dynamics of Wordplay 7*). En outre, les volumes comprennent également une interview et deux contributions sur les perspectives pratiques et les applications du jeu de mots.

La première section de *The Dynamics of Wordplay 6* ouvre le volume en introduisant de nouvelles perspectives sur l'analyse du jeu de mots et, plus précisément, sur son aspect dynamique. Les trois contributions de cette section s'intéressent à la question de savoir à quel point la production et la description du jeu de mots ont un côté intrinsèquement dynamique, et à la question de savoir comment cet aspect dynamique peut être intégré dans un modèle descriptif du jeu de mots. Dans sa contribution « Words making love together : Dynamics of metaphoric creativity », Raymond W. Gibbs présente un modèle linguistique et psychologique du jeu de mots qui est caractérisé par cet aspect dynamique. Il s'intéresse plus particulièrement à l'utilisation métaphorique du langage comme une forme spécifique du jeu de mots. L'article se base sur l'idée que l'emploi créatif de métaphores ne peut pas être réduit à des actes conscients et intentionnels destinés à être perçus comme tels par les auditeurs et les lecteurs. L'utilisation créative de la métaphore émerge plutôt d'une interaction de différents paramètres sociaux, cognitifs et linguistiques qui ne peuvent pas être facilement attribués aux domaines du conscient et de l'inconscient. L'article fait référence à différentes études psycholinguistiques, linguistiques et littéraires qui soutiennent une telle vision étendue de la créativité métaphorique et illustre cette vision par divers exemples. De façon plus générale, la contribution se propose de présenter une vision plus compréhensive et psychologiquement plus réaliste de ce que font les locuteurs lorsqu'ils emploient des jeux de mots.

Dans une perspective différente, la contribution de Dirk Delabastita (« The dynamics of wordplay and the modern novel : A paired case study ») présente également une approche dynamique du jeu de mots. Son argumentation se base sur une définition multidimensionnelle du jeu de mots. La nature dynamique du jeu de mots est illustrée à travers deux romans anglophones récents, à savoir *A Concise Chinese-English Dictionary for Lovers* (2007) de Xiaolu Guo et *My Sister, My Love* (2008) de Joyce Carol Oates. Le premier peut être qualifié de « roman mondial » ayant la particularité de proposer différentes lectures des jeux de mots à différents lecteurs en fonction de leurs répertoires culturels et leurs compétences multilinguistiques respectifs. Le deuxième donne l'exemple d'un style narratif postmoderne à plusieurs voix caractérisé par des jeux de mots d'une qualité élusive très spécifique. L'article vise ainsi à montrer qu'une approche dynamique du jeu de mots s'impose pour l'analyse de textes littéraires ainsi que de tout autre genre discursif.

Dans une perspective encore différente, Astrid Poier-Bernhard, dans son essai « Wor(l)dplay : Reflections on a writing-experience », part d'une expérience personnelle d'écriture pour proposer une approche intégrale (ou esthétique) du jeu de mots dans le sens où il faut tenir compte non seulement des techniques du jeu de mots, mais aussi de la façon dont il est vécu. Ainsi, le jeu de mots (actif, *wordplay*) peut nous mettre en contact avec un autre type de jeu, à savoir le *jeu qui se produit* ou *jeu-monde / jeu du monde* (passif, *worldplay*). Le jeu de mots nous fait vivre à la fois le jeu (*playfulness*) de la langue, de l'esprit et du monde, et il provoque souvent un *plaisir du texte* ou même un instant de *jouissance* (R. Barthes). En même temps, les qualités esthétiques du jeu de mots peuvent être décrites à l'aide des valeurs proposées par Italo Calvino dans ses *Lezioni americane* (légèreté, rapidité, exactitude, visibilité, multiplicité).

Dans la section suivante, ces réflexions sont poursuivies par des réflexions générales sur les jeux de mots et l'humour verbal, ainsi que sur différentes façons d'aborder ces phénomènes. La contribution de Salvatore Attardo « Universals in puns and humorous wordplay » est dédiée à une analyse des jeux de mots humoristiques et des calembours en tant que phénomènes universels. Se basant sur différentes études antérieures sur les calembours dans différentes langues, Attardo dégage certains mécanismes phonologiques et sémantiques fondamentaux du calembour. De plus, l'auteur présente différents arguments qui lui permettent d'affirmer que les locuteurs ont une vision cratylistique du langage, qui est au cœur du mécanisme universel de la résolution de l'incongruité dans les calembours.

La contribution d'Angelika Braun et d'Astrid Schmiedel, « The phonetics of ambiguity : A study on verbal irony », en revanche, met l'accent sur la dimension phonétique d'un type d'usage particulier où la signification de l'énoncé est dans une certaine mesure dissociée du sens littéral des mots. En ce sens, l'ironie verbale se caractérise également par une ambigüité potentielle, et la question de recherche fondamentale de savoir comment la désambigüisation des énoncés a lieu peut être connectée à d'autres phénomènes de l'ambigüité et de l'humour verbal. En présentant des analyses phonétiques d'énoncés consistant d'un seul mot dans des contextes sincères et ironiques, les auteures examinent comment l'ironie est signalée par les locuteurs et à partir de quels indices elle peut être détectée par les auditeurs. Un des principaux résultats de leurs analyses est le taux général de reconnaissance de l'ironie d'environ 70 %. En même temps, les auteurs observent une forte variation entre le sarcasme et l'ironie gentille, qui doivent donc être distingués comme étant deux sous-types fondamentalement différents de l'ironie verbale.

Avec « Exercises en wile », Joshua T. Katz présente encore une autre approche générale des jeux de mots : partant de la grande expérience professionnelle acquise dans l'enseignement d'un séminaire de première année (*freshman seminar*) sur l'histoire et la pratique du jeu de mots, l'auteur affirme que le jeu de mots peut être un moyen très efficace pour initier les étudiants à la linguistique dans l'enseignement universitaire. La contribution, qui a été présentée sous forme d'atelier lors du colloque, donne une impression de ce potentiel interactif des jeux de mots et des jeux de langage. Ces derniers peuvent en effet fonctionner comme moyens d'alimenter la conscience métalinguistique et la réflexion sur certaines spécificités orthographiques, phonétiques et lexicales de l'anglais (et d'autres langues).

Les contributions de la troisième section du volume *The Dynamics of Wordplay* 6 s'intéressent ensuite à des traditions particulières de jeux de mots dans différents contextes sociaux et culturels. Elles montrent ainsi l'impact social et culturel que subissent les formes et les fonctions du jeu de mots ainsi que les différentes façons dont le jeu de mots est conçu à différents moments de l'histoire et dans différentes cultures. Les quatre contributions de cette section suivent un ordre chronologique inverse, correspondant à différents aspects de la tradition et à différents degrés de « traditionnalité » et de conventionnalisation. La première contribution se focalise sur la naissance d'un sous-type particulier de même sur internet basé sur l'humour verbal, qui se présente comme une nouvelle tradition partagée par les communautés d'internautes. La deuxième contribution analyse le rôle du jeu de mots dans des espaces post-coloniaux, où il sert à exprimer une nouvelle identité hybride. La troisième contribution montre comment des traditions anciennes et nouvelles sont fortement imbriquées dans le roman chinois *A Dictionary of Maqiao*, qui réutilise et réinterprète de façon innovatrice la tradition littéraire occidentale de textes structurés comme des dictionnaires. Enfin, la quatrième contribution présente une perspective historique sur les jeux de mots à l'âge baroque en Allemagne.

Dans « One does not simply process memes : Image macros as multimodal constructions », Eline Zenner et Dirk Geeraerts présentent une analyse de linguistique cognitive dédiée au sous-genre extrêmement populaire des mèmes sur internet qui consistent d'un texte superposé sur une image. Après avoir observé l'importance de la variation et la difficulté de proposer une définition simple de la nouvelle tradition des images macro, les auteurs caractérisent ces dernières comme des constructions multimodales structurées de manière prototypique qui partagent des caractéristiques fondamentales avec les blagues et les

jeux de mots traditionnels. De plus, comme de nombreuses images macro contiennent également des cas « classiques » de jeux de mots, la question se pose de
savoir quelles sont les difficultés fondamentales dans la compréhension des
images macro. Afin de décrire les différents degrés de typicalité des images
macro, les auteurs proposent de distinguer quatre dimensions selon lesquelles
les images macro peuvent varier – la multimodalité, le multilinguisme, l'intertextualité au sein du genre textuel, et les références externes inclues dans la
construction. Ainsi se dégagent des perspectives pour la recherche ultérieure sur
les mécanismes impliqués dans la production et la compréhension des image
macro le long de ces dimensions fondamentales.

La contribution de Gesa Schole (« Wordplay as a means of post-colonial
resistance ») décrit l'utilisation de jeux de mots dans un contexte postcolonial.
Plus précisément, elle analyse le langage de l'écrivain mozambicain Mia Couto
dans un de ses romans. Elle s'intéresse à la question de savoir comment les jeux
de mots peuvent servir de moyen de résistance post-coloniale dans ce contexte.
Couto utilise le portugais mozambicain qui est différent du portugais européen à
différents niveaux. Il rend ces différences fonctionnelles et, de ce fait, les utilise
comme jeux de mots au sens large du terme. Cet acte est analysé comme une
forme d'auto-mimétisme linguistique opposé au mimétisme colonial antérieur.
En outre, l'article identifie des jeux de mots au sens strict du terme sous forme de
mots-valises qui peuvent être considérés comme métaphores du caractère
hybride de l'espace post-colonial. Cet auteur témoigne ainsi d'une utilisation très
spécifique du jeu de mots dans le contexte spécifique de la littérature postcoloniale.

La contribution suivante de Monika Schmitz-Emans est dédiée à une analyse
de la poétique du jeu de mots chez Han Shaogong (« Examples and poetics of
wordplay in Han Shaogong's language-reflective novel *A Dictionary of Maqiao* ».
La tradition occidentale de textes littéraires structurés comme des dictionnaires
peut être reconduite à des auteurs comme Rabener et Lichtenberg, qui sont suivis
par des « dictionnaires » satiriques d'auteurs rationalistes, par les œuvres
littéraires et artistiques des surréalistes, et enfin par le roman lexicographique
comme nouveau genre s'étant introduit vers 1970. La contribution montre ensuite
comment l'auteur chinois Han Shaogong s'empare de cette tradition et l'utilise à
sa façon. Comme la tradition du dictionnaire fournit un modèle pointé sur
l'emploi du langage même, cette tradition a une dimension auto-référentielle. Les
jeux de mots exercent un rôle fondamental au sein de cette tradition, en
construisant un lien ludique entre le narratif documentaire et le narratif inventif,
ce qui permet à l'auteur d'exprimer de la critique politique.

La dernière contribution de *The Dynamics of Wordplay 6*, « Wordplay and baroque linguistic ideas » par Natalia Filatkina et Claudine Moulin, s'intéresse aux traditions du jeu de mots dans une perspective historique. Elle étudie le jeu de mots dans la philosophie du langage du début des temps modernes, en se concentrant plus spécifiquement sur l'un des théoriciens du langage de l'Allemagne du XVIIᵉ siècle, Georg Philipp Harsdörffer (1607–1658). La contribution analyse deux œuvres de Harsdörffer, à savoir *Frauenzimmer Gesprächspiele* (1643–1649), une collection de huit volumes, et *Delitiae Mathematicae et Physicae* (1651–1653), un ouvrage scientifique en trois volumes. Elle décrit différents sous-types de jeux de mots avec les lettres et conclut que, dans le cadre de la linguistique baroque, le jeu de mots devrait être défini dans un sens plus large. Il est montré que le jeu de mots tel qu'il est conçu par Harsdörffer est profondément ancré dans la conception du langage propre à la culture baroque européenne. Cette conception fournit une base conceptuelle non seulement pour la réflexion théorique, la poésie, l'éducation et les normes par rapport à la culture générale, mais aussi pour le rôle et les fonctions du jeu de mots.

Dans leur ensemble, les contributions du premier volume combinent ainsi différentes approches du jeu de mots et de sa dynamique, et présentent différentes perspectives sur les aspects universels et historiques du jeu de mots. Ces réflexions sont complétées par les contributions du deuxième volume des actes, qui étudient différents aspects de la dimension sociale des jeux de mots en fonction de leur emploi dans des textes et des contextes spécifiques. Les contributions de la première section du volume s'intéressent d'abord à la question de l'évaluation et de la réussite des jeux de mots dans différents contextes d'emploi, y compris le langage quotidien aussi bien que la littérature.

Dans sa contribution « Heurs et malheurs du jeu de mots », Catherine Kerbrat-Orecchioni s'intéresse au jeu de mots au sens étroit du terme, défini comme la production consciente et délibérée d'un double sens et impliquant donc simultanément les niveaux du signifiant et du signifié. L'auteure se pose ensuite pour but de classifier les jeux de mots comme « bons » ou « mauvais » et propose trois ensembles de critères linguistiques en vue d'une telle évaluation : les critères formels permettent d'évaluer différents degrés de complexité (la paronomase *in praesentia*, l'antanaclase, la paronomase *in absentia* et la syllepse), les critères sémantiques visent les différents degrés de motivation et les critères pragmatiques définissent des conditions supplémentaires pour la réussite d'un jeu de mots particulier (la compréhensibilité, l'acceptabilité et l'adaptation au genre). Bien que ces critères soient bien définis et univoques au niveau de l'analyse, l'effet spécifique d'un jeu de mots particulier reste en grande partie imprévisible.

La contribution suivante par Alain Rabatel, « À quelles conditions les lapsus clavis sont-ils des jeux de mots ? », analyse des cas de lapsus réalisés dans la communication/écriture électronique, en assumant que dans certaines circonstances, ces phénomènes non intentionnels peuvent être réinterprétés comme des jeux de mots. Après avoir distingué différents sous-types de lapsus ainsi que d'autres types d'erreurs, l'auteur analyse différents types de lapsus clavis à partir des écarts morphologiques et phonologiques qu'ils manifestent, des critères sémantiques qui indiquent une possible interprétation du lapsus, et des critères énonciatifs et interactionnels, ces derniers étant d'une importance primordiale pour déterminer la valeur communicative et le succès du lapsus. En outre, l'auteur estime que les conditions de réussite sont co-construites par les participants à la communication et que le conflit conceptuel sur lequel est basé le lapsus peut être analysé en termes de points de vue conflictuels.

Jean-François Sablayrolles étudie dans « Des innovations lexicales ludiques dans des situations d'énonciation marginales ou spécifiques » les cas d'innovations ludiques caractéristiques dans des usages en contextes marginaux. Dans des situations d'utilisation spécifiques, ces innovations peuvent servir à amuser les auditeurs et à créer une attitude favorable envers le locuteur. Parmi les formes d'innovation lexicale analysées se trouvent des formes flexionnelles incorrectes, des mots portemanteau et des mots parodiant l'usage scientifique de la langue. L'acquisition de la langue maternelle est un contexte également traité, puisqu'il peut être observé que des enfants prennent du plaisir à produire des paronymes, explorant ainsi la dimension ludique de la langue.

Finalement, la contribution d'Ilias Yocaris, « 'En trou si beau adultère est béni' : poétique du jeu de mots dans *Histoire* de Claude Simon », part de la prédilection de Claude Simon pour le jeu de mots pour affirmer que le jeu de mots est le moyen stylistique le plus approprié dans la poétique de Simon, qui se veut purement formelle. Plusieurs analyses de jeux de mots dans le roman *Histoire* démontrent que ceux-ci font partie d'un système de relations complexe, au service d'un triple objectif textuel : ils densifient le texte (objectif organisationnel), augmentent le potentiel investigateur du « langage ordinaire » (objectif référentiel) et enfin attirent l'attention du lecteur sur la matérialité du texte (objectif méta-discursif).

Les contributions de la seconde section adoptent une perspective plus spécifique et focalisent les dimensions sociales du jeu de mots dans des contextes d'usage historiques et sociaux particuliers. Dans « Pouvoir du jeu de mots. Dominer par la parole en contexte d'inégalité sociale », Karine Abiven s'intéresse à l'utilisation du jeu de mots dans des interactions inégalitaires à la cour française des XVIIe et XVIIIe siècles. A partir de livres de courtoisie, de collections d'art épistolaire et de mémoires, il est affirmé que le jeu de mots, assimilé au bon mot, fonctionne soit comme un régulateur social, permettant de sauver la face dans des situations d'infériorité sociale, soit comme un outil de défense ou encore comme un moyen de contourner la domination sociale, permettant au locuteur d'insérer des sens implicites tout en respectant le *decorum* requis. En même temps, la répartie est difficile à contrer ou à réfuter, précisément du fait de son caractère ambigu et surprenant inhérent. De la sorte, le jeu de mots fait preuve d'un pouvoir de soustraction à la domination sociale.

La contribution suivante de Cathérine Ruchon, « Le jeu de mots dans les discours sur le deuil : un jeu discursif offensif », se situe dans un contexte contemporain où l'utilisation du jeu de mots peut à première vue paraître surprenant : les discours du deuil de parents qui ont perdu un enfant pas encore né. Pourtant, l'étude d'un corpus d'écrits de parents endeuillés, de noms d'associations et de textes repris sur leurs sites, montre que le jeu de mots peut avoir une fonction importante dans l'expression de la douleur, permettant ainsi aux parents de contourner des tabous pesant sur l'expression du deuil et de la douleur. Les jeux de mots analysés comprennent des techniques « classiques » comme l'homophonie, la paronymie et le jeu de mots avec des phrasèmes. En outre, les jeux de mots sont reliés aux notions freudiennes d'économie et de condensation, développées dans sa théorie sur le rêve et appliquées ensuite à l'humour verbal.

Une autre approche de la dimension sociale du jeu de mots et de ses fonctions est offerte par la contribution de Michelle Lecolle « Enjeux des noms collectifs – noms collectifs en jeux ». Elle examine des énoncés qui jouent avec les notions de collectivité et de pluralité, en exploitant le potentiel morphosyntaxique, sémantique et interprétatif du matériau linguistique (p. ex. *portrait de groupe avec individus, l'innombrable regard de la salle*). À partir de son analyse d'exemples provenant de la presse et, à titre complémentaire, de la littérature et de la publicité, l'auteure affirme que le jeu de mots n'est pas nécessairement drôle, mais peut également se caractériser par le fait de faire appel à l'intelligence.

La signification sociale du jeu de mots se manifeste également dans le contexte communicatif analysé par Lisa Roques dans « Jeux de banquet : mots de poète, mots de stratège ». Son analyse se base sur les *Epidèmiai* d'Ion de Chios, qui décrivent un banquet (*symposion*) rassemblant l'élite sociale, politique et intellectuelle d'Athènes du Ve siècle av. J.-C. À partir d'un examen de plusieurs exemples des *paidiai* (bons mots et calembours) utilisés par Sophocle, Roques montre que ceux-ci ne visent pas seulement à amuser l'auditoire, mais qu'ils servent également à ridiculiser l'adversaire et à attaquer le stratège Périclès en détournant ses propres mots. Tout comme la contribution de Karine Abiven, cette contribution montre ainsi des emplois du jeu de mots en tant qu'arme dans des contextes conflictuels au niveau social.

Après les deux premières sections du volume, un interlude est offert aux lecteurs sous forme d'une interview avec Aurélie Rusterholtz et François Chaix. Les acteurs commentent leur façon d'aborder les jeux de mots et l'humour verbal dans leurs vies professionnelles en général, ainsi que lors de la préparation et présentation de la lecture-spectacle de la comédie *L'Amour maître de langue* (1718), qui faisait partie du programme du colloque de Trèves. Les acteurs décrivent des défis particuliers auxquels ils doivent faire face et répondre lors de la présentation des pièces, mais ils soulignent également l'accessibilité de l'humour verbal des comédies des XVIIe et XVIIIe siècles pour des auditoires divers.

Les contributions de la troisième section sont dédiées à l'emploi de jeux de mots chez des auteurs particuliers, des mouvements littéraires, des genres littéraires et des genres textuels. Les contributions relient ainsi des perspectives linguistiques et littéraires. Plus particulièrement, les deux premières contributions de cette section se focalisent sur des auteurs littéraires français du XXe siècle, incluant des textes dramatiques (Eugène Ionesco, Jean Tardieu) et des textes narratifs (Boris Vian). Les réflexions sur l'importance du jeu de mots dans les contextes littéraires offertes par ces contributions sont complétées par trois contributions linguistiques analysant l'importance et l'emploi du jeu de mots dans les titres de presse, la publicité et les noms de domaine.

Dans « Le jeu de mots dans la dramaturgie d'avant-garde des années 1950 : Les exemples d'Ionesco et de Tardieu », Jiaying Li part de l'emploi du jeu de mots dans la tradition aristotélienne de la comédie, où le jeu sert à renforcer des effets illusionnistes. Elle montre que le théâtre d'avant-garde des années 1950 introduit une valeur fondamentalement différente du jeu de mots. Ce dernier n'est plus obligé à respecter la mimésis et à se mettre au service de la connivence dramatique entre l'auteur et l'auditoire. Au contraire, il acquiert une certaine liberté, qui est toutefois exploitée de manière différente par Ionesco et Tardieu, bien que ces deux auteurs partagent le rêve d'un théâtre abstrait. Si les jeux de mots de Ionesco mettent l'accent sur l'échec de la communication dans un esprit anarchique de la plaisanterie, Tardieu privilégie le potentiel musical et esthétique du langage en respectant le principe du divertissement. Chez les deux auteurs, on constate toutefois le rôle primordial du jeu de mots dans le renouvellement du langage dramatique, qui représente une préoccupation centrale des auteurs d'après-guerre.

La contribution suivante « La dynamique de la syllepse dans la construction fictionnelle chez Boris Vian » de Cécile Pajona poursuit ces réflexions en analysant un autre auteur français d'après-guerre, Boris Vian. L'étude de Pajona porte sur l'utilisation de la syllepse dans l'œuvre romanesque de Vian, plus particulièrement sur le fonctionnement et le rendement littéraire de celle-ci dans la construction fictionnelle. Après avoir étudié les relations entre la syllepse et les jeux de mots et discuté la délimitation entre syllepse et calembour, Pajona montre que cette figure effectue un défigement, ce qui explique son importance fondamentale pour la déconstruction des normes langagières. L'hétérogénéité énonciative de la syllepse est ensuite analysée comme un lieu de rencontre de points de vue, portant chacun une représentation différente du monde. D'un point de vue pragmatique, finalement, la syllepse est un outil de fictionnalisation de prédilection dans le corpus vianesque, dans la mesure où elle crée de nouvelles normes, tout en construisant un lien particulier avec le lecteur pour que celui-ci adhère à ces normes.

Le rôle du destinataire dans la construction de jeux de mots est également manifeste dans la contribution de Françoise Sullet-Nylander « Jeux de mots à la Une d'hier et d'aujourd'hui : dynamique et évolution d'un genre », où elle propose une analyse de l'emploi de jeux de mots dans les unes de la presse française. L'auteure présente d'abord les résultats de différentes études antérieures qu'elle a conduites sur cette thématique, se focalisant sur les unes en tant que textes autonomes, sur leur relation avec l'article et sur leurs relations intertextuelles ou interdiscursives avec d'autres énoncés. Ensuite, Sullet-Nylander présente les résultats d'une étude de 100 unes (datant des années 1631 à 2012 et réunies par Bourseiller) et d'un deuxième corpus de 372 unes du quotidien *Libération* (1975–2015), analysées par rapport à l'importance des références culturelles, d'expressions figées, de noms propres et d'énoncés paradoxaux. Alors que les jeux de mots ne jouent qu'un rôle mineur dans le premier corpus, le deuxième corpus révèle que les jeux de mots représentent un élément fondamental des unes de ces 40 dernières années.

Un autre domaine où l'importance des jeux de mots est généralement reconnue est la publicité. Ce domaine est étudié par Giovanni Tallarico dans sa contribution « Créativité lexicale et jeux de mots dans les messages publicitaires : formes et fonctions ». La contribution a pour but de déterminer, à partir d'un corpus de presse gratuite (*À Nous Paris* 2015–2016), quelles sont les formes et fonctions fondamentales du jeu de mots dans la publicité française. Des catégories fondamentales de jeux de mots identifiés par Tallarico sont les jeux de mots exploitant le signifiant (allitération, onomatopée), les calembours phoniques (homophonie, paronymie), les calembours sémantiques (polysémie, antonymie) et les jeux de mots avec allusion (défigements, détournements). Tallarico montre que la troisième de ces catégories, les calembours sémantiques, se manifeste dans à peu près la moitié des cas, alors que les créations néologiques ne jouent qu'un rôle marginal. De plus, l'auteur avance que malgré l'importance croissante de la dimension visuelle de la publicité, les slogans restent un élément fondamental. Les jeux de mots se prêtent particulièrement bien à être utilisés dans ce contexte caractérisé par la concision, l'originalité et l'efficacité. L'originalité et la créativité des slogans se manifestent dans les amalgamations lexicales et les modifications ludiques de lexèmes, qui assument la fonction d'attirer l'attention du public et de faciliter la mémorisation des slogans. D'autres fonctions dégagées par Tallarico sont la création d'effets de connivence et la fonction de masquer la logique commerciale.

La fonction du jeu de mots comme outil pour attirer l'attention et pour renforcer la mémorisation est également manifeste dans les noms de domaine, analysés dans la contribution de Peter Handler « Les noms de domaine – une nouvelle source de créativité langagière ». En partant d'une conception large des jeux de mots, l'auteur montre la fréquence de techniques créatives dans le choix de noms de domaines (ou adresses web). Ces techniques incluent les mots-valises, les graphies phonétisantes, les jeux de mots paronymiques, les doubles sens et les permutations de type « verlan ». Les contraintes de la normalisation technique définissent une certaine morphologie des noms de domaine et imposent ainsi certaines limites, mais permettent également le développement de nouvelles formes de jouer avec certaines extensions. Ces dernières peuvent être réinterprétées (p. ex. *.tv* et *.fm*) ou intégrées dans des vocables ou syntagmes choisis (p. ex. *superf.lu*, *find.me*). Cette tendance devient particulièrement visible dans les développements suite à l'introduction de « New generic Top Level Domains », qui augmentent considérablement les possibilités d'introduire des noms de domaines ludiques.

Dans leur ensemble, les contributions de la troisième section révèlent ainsi le rôle primordial, mais aussi la variation interne des jeux de mots dans des contextes d'emploi particuliers. Les quatre contributions de la dernière section du présent volume examinent enfin des scénarios d'emploi de jeux de mots à l'intersection de différentes langues, traditions et discours sociaux. À nouveau, cette section réunit des perspectives de linguistique et de littérature.

La première contribution d'Esme Winter-Froemel et de Pauline Beaucé, « Contacts linguistiques et humour verbal dans le théâtre comique français au tournant des XVIIe et XVIIIe siècles », réunit une approche linguistique et une approche littéraire pour analyser l'importance du plurilinguisme dans la société de l'Ancien Régime pour l'humour verbal des comédies de cette époque. Les auteures donnent d'abord un aperçu des conditions historiques qui sous-tendent les choix linguistiques dans les pièces analysées : ces conditions incluent les différents types de contacts linguistiques et les langues concernées les plus importantes ainsi que les conditions sous lesquelles les pièces étaient représentées dans les différents théâtres, et les interdictions sévères imposées au théâtre de la Foire. Ensuite, le plurilinguisme est identifié comme une caractéristique importante des pièces, pouvant se réaliser sous différentes formes : alternances codiques, interférences et emprunts lexicaux, mais également des formes plus inventives et plus radicales d'innovations basées sur des contacts linguistiques, incluant les parodies de stéréotypes linguistiques et l'invention de nouvelles langues. L'humour verbal, lié aux phénomènes de contacts linguistiques, indique que l'on attribuait des valeurs sociales spécifiques aux différentes langues concernées. En même temps, l'humour verbal dans les comédies transgresse en partie les conventions linguistiques et dramaturgiques, montrant ainsi une mise en scène créative de différences et de tensions linguistiques.

La contribution d'Elena Meteva-Rousseva, « Les jeux de mots dans le *nadsat* d'Anthony Burgess – comment ses traducteurs français ont relevé le défi? », offre un autre regard sur les phénomènes de contact et les défis posés par les différences linguistiques. Elle étudie la traduction des jeux de mots du *nadsat*, l'argot inventé par Burgess pour les jeunes bandits de son roman dystopique *A Clockwork Orange*. Comme les jeux de mots renvoient dans la plupart des cas au russe, une langue non familière aux lecteurs anglais, ils peuvent être caractérisés de jeux de mots secrets. Ils paraissent donc parfaitement adéquats pour être intégrés dans un argot visant à construire une identité de groupe, avec des fonctions à la fois ludiques et cryptiques. À partir de ces observations, Meteva-Rousseva distingue deux fonctions essentielles des jeux de mots dans le *nadsat* de Burgess, une fonction référentielle et une fonction qualificative, et elle présente des exemples pour illustrer comment les traducteurs français du livre ont procédé pour les traduire.

La contribution suivante d'Anda Rădulescu, « Du calembour simple au calembour complexe dans le roman *À prendre ou à lécher* de Frédéric Dard », est également dédiée à l'analyse d'un langage créatif dans un contexte littéraire. Pour étudier l'emploi de calembours chez Frederic Dard / San Antonio, l'auteure choisit un de ses romans et analyse les calembours selon leurs mécanismes de fonctionnement et selon leur complexité, en renouant avec des catégories traditionnelles de jeux de mots. De plus, elle montre que les calembours comportent souvent d'autres langues, surtout l'anglais et l'allemand. Une fonction centrale des calembours identifiée par Rădulescu est celle de créer une connivence entre l'auteur et ses lecteurs.

L'emploi du jeu de mots dans l'interaction émetteur-récepteur est également étudié par Hélène Favreau. Dans sa contribution « ‹Allumeeez le fun› : le jeu de mots comme lieu de croisement des dynamiques linguistique et sociolinguistique dans le discours publicitaire », elle met l'accent sur la déviation intentionnelle des normes linguistiques établies dans les messages publicitaires afin d'attirer l'attention du récepteur et de provoquer son rire ou sourire. Favreau affirme que les jeux de mots, qui impliquent les niveaux phonologique, lexical et sémantique, reflètent la dynamique du langage même. En même temps, le décodage des messages peut exiger une participation plus ou moins active du récepteur qui doit reconstruire le sens, en se référant au savoir culturel partagé, aux allusions intertextuelles et à l'implicite suscité par le jeu de mots. De plus, la contribution s'intéresse également à l'évolution ultérieure des éléments déviants et à la dynamique sociolinguistique qui se manifeste dans ce domaine. Favreau montre que le discours publicitaire reflète non seulement certains développements en cours, mais peut également être l'instigateur de nouvelles tendances linguistiques.

Malgré l'ordre linéaire choisi pour la présentation des contributions dans les deux volumes des actes du colloque, les différentes contributions présentent une série de liens possibles et d'intérêts communs que les lecteurs sont invités à découvrir. Pour faciliter l'accès à toutes les contributions, chaque volume des actes offre un appendice présentant une liste de toutes les contributions contenues dans les deux volumes, avec des traductions des résumés de l'autre volume. De même, le lecteur trouvera à la fin de ce volume la brève présentation de tous les contributeurs et contributrices des actes, ainsi qu'un index avec les principaux mots-clés des contributions du volume respectif.

3 Remarques finales et remerciements

Nous tenons à exprimer notre gratitude à la Fondation allemande pour la recherche (*Deutsche Forschungsgemeinschaft*) et à l'Université de Trèves pour le soutien financier qu'ils nous ont accordé pour l'organisation du colloque « The Dynamics of Wordplay / La dynamique du jeu de mots » et la publication des actes du colloque en version imprimée ainsi qu'en libre accès.

Dans l'organisation du colloque, nous avons pu compter sur une équipe incroyablement efficace que nous tenons à remercier chaleureusement : les co-organisatrices du colloque, Carolin Munderich et Gesa Schole, ainsi que les étudiant(e)s Samira Jung, Helin Baglar, Armin Rotzler, Marie Winter et Sarah Repplinger pour leur extraordinaire engagement. Nos remerciements particuliers vont à Birgit Imade pour son dévouement et sa fiabilité à toute épreuve pendant le colloque et dans toutes les tâches administratives avant et après le colloque. De plus, nous aimerions remercier Mathilde Thomas pour son engagement et son enthousiasme, ainsi que l'Université de Trèves pour avoir accueilli le colloque et pour le soutien généreux du projet de recherche. Nous souhaitons particulièrement remercier Katharina Brodauf.

Le colloque et la publication des actes ont été préparés avec l'aide des membres du réseau scientifique « La dynamique du jeu de mots », du comité scientifique de cette collection de volumes et d'un comité de relecture de plus de soixante-dix évaluateurs et évaluatrices qui nous ont aidés à choisir entre plus des quatre-vingts propositions de communication qui avaient été soumises. Nos remerciements vont également à celles qui nous ont aidés dans la publication des actes et dont l'engagement et la fiabilité ont été extraordinaires : Sophia Fünfgeld, Samira Jung, Helin Baglar, Jeanette Hannibal et Carolin Halcour, ainsi que Michelle Lecolle, Véronique Featherston-Lardeux, Angela Oakeshott et Martina Bross.

Finalement, nous tenons à remercier l'équipe éditoriale de De Gruyter, tout particulièrement Ulrike Krauß, Gabrielle Cornefert, Christina Lembrecht, Simone Herbst et Anne Rudolph, pour leur engagement et leur efficacité dans la préparation des volumes.

4 Références bibliographiques

Alexander, Richard J. 1997. *Aspects of Verbal Humour in English* (Language in performance 13). Tübingen : Narr.

Arndt-Lappe, Sabine, Angelika Braun, Claudine Moulin & Esme Winter-Froemel (éds.). 2018. *Expanding the Lexicon* (The Dynamics of Wordplay 5). Berlin & Boston : De Gruyter.

Attardo, Salvatore & Victor Raskin. 1991. Script theory revis(it)ed : joke similarity and joke representation model. *Humor* 4(3). 293–347.

Attardo, Salvatore. 1994. *Linguistic Theories of Humor*. New York : De Gruyter Mouton.

Attardo, Salvatore. 2001. *Humorous Texts : A Semantic and Pragmatic Analysis*. Berlin : De Gruyter Mouton.

Attardo, Salvatore. 2011. The General Theory of Verbal Humor, twenty years after. *Humor* 24(2). 123.

Attardo, Salvatore. 2017. *The Routledge Handbook of Language and Humor*. New York & London : Routledge.

Bauer, Matthias, Joachim Knape, Peter Koch & Susanne Winkler. 2010. Dimensionen der Ambiguität. *Zeitschrift für Literaturwissenschaft und Linguistik* 158. 7–75.

Blake, Barry J. 2010. *Playing with words : Humour in the English Language*. London & Oakville : Equinox Pub.

Brône, Geert & Jeroen Vandaele (éds.). 2009. *Cognitive Poetics : Goals, Gains and Gaps*. Berlin : De Gruyter Mouton.

Brône, Geert, Kurt Feyaerts & Tony Veale (éds.). 2015. *Cognitive Linguistics and Humor Research* (Applications of Cognitive Linguistics 26). Berlin & Boston : De Gruyter Mouton.

Carstensen, Broder. 1971. *Spiegel-Wörter. Spiegel-Worte. Zur Sprache eines deutschen Nachrichtenmagazins*. München : Hueber.

Charaudeau, Patrick. 2006. Des catégories pour l'humour ? *Questions de communication* 10. 12–54.

Charaudeau Patrick (éd.) 2015. *Humour et engagement politique*. Limoges : Lambert-Lucas.

Chiaro, Delia & Raffaela Baccolini (éds). 2014. *Gender and Humor : Interdisciplinary and International Perspectives*. New York : Routledge.

Chiaro, Delia (éd.) 2010a. *Translation, Humour and Literature* (Translation and humor 1). London & New York : Continuum.

Chiaro, Delia (éd.) 2010b. *Translation, Humour and the Media* (Translation and humor 2). London & New York : Continuum.

Chovanec, Jan & Isabel Ermida (éds.). 2012. *Language and Humour in the Media*. Newcastle upon Tyne : Cambridge Scholars Publishing.

Culler, Jonathan (éd.). 1988. *On Puns. The Foundation of Letters*. Oxford : Oxford University Press.

Defays, Jean-Marc. 1996. *Le comique*. Paris : Seuil.

Delabastita, Dirk (éd.). 1996. *Wordplay and Translation*. Special Issue of *The Translator* 2(2).

Delabastita, Dirk (éd.). 1997. *Traductio : Essays on Punning and Translation*. Namur : Presses Universitaires de Namur.

Delabastita, Dirk. 1993. *There's a double tongue. An investigation into the translation of Shakespeare's wordplay, with special reference to Hamlet*. Amsterdam : Rodopi.

Delabastita, Dirk. 1994. Focus on the Pun : Wordplay as a Special Problem in Translation Studies. *Target* 6(2). 223–243.

Delabastita, Dirk. 2011. Wholes and holes in the study of Shakespeare's wordplay. In Mireille Ravassat & Jonathan Culpeper (éds.), *Stylistics and Shakespeare's language : Transdisciplinary approaches*, 139–164. London & New York : Bloomsbury Publishing.

Dittgen, Andrea Maria. 1989. *Regeln für Abweichungen. Funktionale sprachspielerische Abweichungen in Zeitungsüberschriften, Werbeschlagzeilen, Werbeslogans, Wandsprüchen und Titeln*. Frankfurt a. M. : Lang.

Dynel, Marta. 2009. *Humorous Garden-Paths : A Pragmatic-Cognitive Study*. Newcastle : Cambridge Scholars Publishing.

Dynel, Marta (éd.). 2011. *The Pragmatics of Humor across Discourse Domains*. Amsterdam : Benjamins.

Farhat, Mokhtar (éd.). 2015. *Humour et identités dans l'espace public. Nouveaux sentiers*, Gafsa : ISEAH.

Full, Bettina & Michelle Lecolle (éds.). Sous presse. *Jeux de mots et créativité* (The Dynamics of Wordplay 4). Berlin & Boston : De Gruyter.

Gauger, Hans-Martin. 1971. *Durchsichtige Wörter. Zur Theorie der Wortbildung*. Heidelberg : Winter.

Gauger, Hans-Martin. 2006. *Das ist bei uns nicht Ouzo. Sprachwitze*. München : C. H. Beck.

Gauger, Hans-Martin. 2014. *Na also, sprach Zarathustra. Neue Sprachwitze*. München : C. H. Beck.

Gibbs, Raymond W. & Herbert L. Colston. 2012. *Interpreting Figurative Meaning*. Cambridge : Cambridge University Press.

Goatly, Andrew. 2012. *Meaning and Humour. Key Topics in Semantics and Pragmatics*. Cambridge : Cambridge University Press.

Goldstein, Laurence. 1990. The linguistic interest of verbal humor. *Humor* 3(1). 37–52.

Grassegger, Hans. 1985. *Sprachspiel und Übersetzung. Eine Studie anhand der Comic-Serie Asterix*. Tübingen : Stauffenburg.

Grunig, Blanche-Noëlle. 1990. *Les mots de la pub*. Paris : Presse du CNRS.

Guiraud, Pierre. 1976. *Les jeux de mots*. Paris : Presses Universitaires de France.

Hausmann, Franz Josef. 1974. *Studien zu einer Linguistik des Wortspiels. Das Wortspiel im « Canard enchaîné »*. Tübingen : Niemeyer.

Heibert, Frank. 1993. *Das Wortspiel als Stilmittel und seine Übersetzung am Beispiel von sieben Übersetzungen des « Ulysses »*. Tübingen : Narr.

Hesbois, Laure. 1986. *Les jeux de langage*. Ottawa : Éditions de l'Université d'Ottawa.

Hildebrandt, Rolf. 1970. *Nonsense-Aspekte der englischen Kinderliteratur*. Weinheim : Beltz.

Käge, Otmar. 1980. *Motivation. Probleme des persuasiven Sprachgebrauchs, der Metapher und des Wortspiels*. Göppingen : Kümmerle.

Kemmner, Ernst. 1972. *Sprachspiel und Stiltechnik in Raymond Queneaus*. Tübingen : Tübinger Beiträge zur Linguistik.

Kerbrat-Orecchioni, Catherine. 2011. De la connivence ludique à la connivence critique : jeux de mots et ironie dans les titres de *Libération*. In Maria Dolores Vivero Garcia (éd.), *Humour et crises sociales. Regards croisés France–Espagne*, 117–150. Paris : L'Harmattan.

Knospe, Sebastian, Alexander Onysko & Maik Goth (éds.). 2016. *Crossing Languages to Play with Words. Multidisciplinary Perspectives* (The Dynamics of Wordplay 3). Berlin & Boston : De Gruyter.

Koch, Peter, Thomas Krefeld & Wulf Oesterreicher. 1997. *Neues aus Sankt Eiermark. Das kleine Buch der Sprachwitze*. München : Beck.

Kohl, Norbert. 1966. *Das Wortspiel in der Shakespeareschen Komödie. Studien zur Interdependenz von verbalem und aktionalem Spiel in den frühen Komödien und den späten Stücken*. Thèse de doctorat, Université de Francfort-sur-le-Main.

Kotthoff, Helga (éd.). 1996. *Scherzkommunikation. Beiträge aus der empirischen Gesprächsforschung*. Opladen : Westdeutscher Verlag.

Kotthoff, Helga. 1998. *Spaß Verstehen. Zur Pragmatik von konversationellem Humor*. Tübingen : Niemeyer.

Lecercle, Jean-Jacques. 1994. *Philosophy of Nonsense : The Intuitions of Victorian Nonsense Literature*. London : Routledge.

Mahood, Molly M. 1957. *Shakespeare's Wordplay*. London : Methuen.

Nash, Walter. 1985. *The Language of Humor : Style and Technique in Comic Discourse*. London & New York : Longman.

Norrick, Neal R. & Delia Chiaro (éds.). 2009. *Humor in Interaction* (Pragmatics & Beyond New Series 182). Amsterdam : Benjamins.

Partington, Alan. 2009. A linguistic account of wordplay : the lexical grammar of punning. *Journal of Pragmatics* 41(9). 1794–1809.

Petzold, Dieter. 1972. *Formen und Funktionen der englischen Nonsense-Dichtung im 19. Jahrhundert*. Nürnberg : Hans Carl.

Preisendanz, Wolfgang & Rainer Warning (éds.). 1976. *Das Komische*. München : Fink.

Priego-Valverde, Béatrice. 2003. *L'humour dans la conversation familière. Description et analyse linguistique*. Paris : L'Harmattan.

Rabatel Alain. 2008. *Homo narrans. Pour une analyse énonciative et interactionnelle du récit.* Vol. 1 : *Les points de vue et la logique de la narration.* Vol. 2 : *Dialogisme et polyphonie dans le récit.* Limoges : Lambert-Lucas.

Rabatel, Alain. 2012. Ironie et sur-énonciation. *Vox Romanica* 71. 42–76.

Rabatel, Alain. 2013. Humour et sous-énonciation (vs ironie et sur-énonciation). *L'information grammaticale* 137. 36–42.

Raskin, Victor. 1985. *Semantic Mechanisms of Humor.* Dordrecht : D. Reidel.

Rauch, Bruno. 1982. *Sprachliche Spiele – spielerische Sprache. Sammlung, Erklärung und Vergleich der Wortspiele in vier ausgewählten Romanen von Raymond Queneau und in den entsprechenden Übersetzungen von Eugen Helmlé.* Thèse de doctorat, Université de Zurich.

Redfern, Walter. 1985. *Puns.* Oxford : Blackwell.

Rettig, Wolfgang. 1981. *Sprachliche Motivation. Zeichenrelationen von Lautform und Bedeutung am Beispiel französischer Lexikoneinheiten.* Frankfurt a. M. & Bern : Lang.

Ruiz-Gurillo, Leonor & M. Belén Alvarado-Ortega (éds.). 2013. *Irony and Humor. From pragmatics to discourse.* Amsterdam : Benjamins.

Ruiz-Gurillo, Leonor (éd.). 2016. *Metapragmatics of humor. Current research trends.* Amsterdam : Benjamins.

Schöne, Annemarie. 1951. *Untersuchungen zur englischen Nonsense Literatur unter besonderer Berücksichtigung des Limericks und seines Schöpfers Edward Lear.* Thèse de doctorat, Université de Bonn.

Sewell, Elizabeth. 1952. *The Field of Nonsense.* London : Chatto & Windus.

Sullet-Nylander, Françoise. 2005. Jeux de mots et défigements à la Une de *Libération* (1973–2004). *Langage et Société* 112. 111–139.

Sullet-Nylander, Françoise. 2006. Citations et jeux de langage dans la presse satirique : le cas de la « Une » du *Canard Enchaîné* (2004–2005). In Gunnel Engwall (éd.), *Construction, acquisition et communication : Études linguistiques de discours contemporains*, 219 – 239. Stockholm : Almqvist & Wiksell International.

Sullet-Nylander, Françoise. 2010. Humour satirique et jeux de mots dans les gros titres du *Canard Enchaîné* (2009). In Anders Bengtsson & Victorine Hancock (éds.), *Humour in Language. Linguistic and Textual Aspects*, 223–243. Stockholm : Acta Universitatis Stockholmiensis.

Tanaka, Keiko. 1999. *Advertising Language : A Pragmatic Approach to Advertisements in Britain and Japan.* London : Routledge.

Valero-Garcés, Carmen. 2010. *Dimensions of Humor : Explorations in Linguistics, Literature, Cultural Studies and Translation.* Valencia : Universitat de València.

Vandaele, Jeroen. 2011. Wordplay in translation. In Yves Gambier & Luc van Doorslaer (éds.), *Handbook of Translation Studies*, Vol. 2, 180–183. Amsterdam : Benjamins.

Veale, Tony. 2009. Hiding in plain sight : figure-ground reversals in humour. In Geert Brône & Jeroen Vandaele (éds.), *Cognitive Poetics : Goals, Gains and Gaps*, 279–288. Berlin : De Gruyter Mouton.

Vittoz-Canuto, Marie-B. 1983. *Si vous avez votre jeu de mots à dire. Analyse de jeux de mots dans la presse et dans la publicité.* Paris : A.-G. Nizet.

Wilss, Wolfram. 1989. *Anspielungen. Zur Manifestation von Kreativität und Routine in der Sprachverwendung.* Tübingen : Niemeyer.

Winter-Froemel, Esme. 2009. Wortspiel. In Gert Ueding (éd.), *Historisches Wörterbuch der Rhetorik*, Vol. 9, 1429–1443. Tübingen : Niemeyer.

Winter-Froemel, Esme. 2016. Approaching wordplay. In Sebastian Knospe, Alexander Onysko & Maik Goth (éds.), *Crossing Languages to Play with Words. Multidisciplinary Perspectives* (The Dynamics of Wordplay 3), 11–46. Berlin & Boston : De Gruyter.

Winter-Froemel, Esme & Angelika Zirker. 2010. Ambiguität in der Sprecher-Hörer-Interaktion. Linguistische und literaturwissenschaftliche Perspektiven. *Zeitschrift für Literaturwissenschaft und Linguistik* 158. 76–97.

Winter-Froemel, Esme & Angelika Zirker (éds.). 2015. Enjeux *du jeu de mots : Perspectives linguistiques et littéraires* (The Dynamics of Wordplay 2). Berlin & Boston : De Gruyter.

Yus, Francisco. 2017. *Humour and Relevance* (Topics in Humor Research 4). Amsterdam : Benjamins.

Zirker, Angelika. 2010a. *Der Pilger als Kind : Spiel, Sprache und Erlösung in Lewis Carrolls Alice-Büchern*. Münster : LIT.

Zirker, Angelika. 2010b. Don't Play with Your Food? – Edward Lear's Nonsense Cookery and Limericks. In Marion Gymnich & Norbert Lennartz (éds.), *The Pleasures and Horrors of Eating : The Cultural History of Eating in Anglophone Literature*, 237–253. Göttingen : Bonn UP.

Zirker, Angelika & Esme Winter-Froemel (éds.). 2015. *Wordplay and Metalinguistic / Metadiscursive Reflection : Authors, Contexts, Techniques, and Meta-Reflection* (The Dynamics of Wordplay 1). Berlin & Boston : De Gruyter.

I   Valeur(s) du jeu de mots

Catherine Kerbrat-Orecchioni

Heurs et malheurs du jeu de mots

Résumé : Dans cet article, la lexie « jeu de mots » (JDM) est entendue au sens strict (étant donné qu'il y a bien d'autres façons de jouer avec les mots), comme impliquant à la fois les plans du signifiant et du signifié et plus précisément, la production consciente et délibérée d'un *double sens*, alors que l'usage normal de la langue implique au contraire qu'au cours de leur actualisation discursive les unités polysémiques deviennent monosémiques. De la consultation des diction- naires il ressort également que s'agissant d'un tel objet, il est difficile d'éluder la question de l'*évaluation*, c'est-à-dire de savoir ce qui fait qu'un JDM peut être estimé « bon » ou au contraire « mauvais ». Cette question est donc ici abordée de front. Il semble en effet qu'en tant que linguiste, tout en admettant le caractère éminemment subjectif de telles appréciations, on soit en mesure de dégager un certain nombre de facteurs susceptibles d'intervenir dans ces jugements évalua- tifs. Ces facteurs peuvent être répartis en trois catégories. D'un point de vue for- mel, la qualité d'un JDM peut être mise en relation avec son degré de complexité : sont envisagés successivement sous cet angle la paronomase *in praesentia*, l'an- tanaclase, la paronomase *in absentia* et la syllepse. D'un point de vue séman- tique, le JDM peut être plus ou moins « motivé » (ou « pertinent »), *vs* « gratuit ». D'un point de vue pragmatique enfin, sont envisagées les principales conditions de réussite du JDM (compréhensibilité, acceptabilité, adaptation au genre dont relève le discours dans lequel il s'insère). En tout état de cause, si les outils de la linguistique nous permettent de démonter efficacement les mécanismes d'un JDM, ses effets restent toujours en grande partie imprévisibles.

Mots clés : allusion, antanaclase, calembour, connotation, contexte, évalua- tion, genre discursif, motivation, paronomase, syllepse

1 Introduction

Confronté/e à un objet tel que les jeux de mots, le / la linguiste n'échappe pas à un certain sentiment de vertige, du fait de la surabondance des données et corré- lativement, des études concernant cet objet.

J'ai personnellement commencé à collectionner les jeux de mots il y a une quarantaine d'années, lorsqu'ayant à assurer à Lyon un cours de sémantique lexicale, j'ai pris conscience que ces jeux sur le lexique permettaient de mettre en place très efficacement les notions descriptives de base en la matière (paronymie, homonymie et polysémie, dénotation et connotation[1], isotopie, etc.). Je piochais alors surtout dans le corpus infiniment giboyeux de la publicité, puis j'ai au fil des ans et au gré des circonstances enrichi et diversifié mon stock d'exemples, dont le nombre doit aujourd'hui approcher le millier d'items – chiffre déjà considérable, et pourtant presque dérisoire comparé à d'autres. C'est ainsi par exemple que Patrick Delbourg nous apprend que pour rédiger *Demandez nos calembours. Demandez nos exquis mots !* (1997), il a compilé « quelques milliers » de jeux de mots ; quant à Hervé Marchon, pour rédiger *Libé. Les meilleurs titres* (2016) il a dû opérer une sélection draconienne, étant donné que depuis 1981, plus d'un million de titres ont été publiés dans ce quotidien, dont une bonne part comporte quelque jeu de mots... Travail de sélection douloureux, auquel j'ai moi-même été antérieurement confrontée à l'occasion d'une étude sur ces mêmes titres (Kerbrat-Orecchioni 2011), pour laquelle j'ai décidé de limiter le corpus illustratif à 200 items « seulement », prélevés sur l'ensemble nettement plus étendu des exemples que j'avais récoltés.

La première tâche de l'analyste des jeux de mots est donc de *trier* dans le tas (sans jeu de mots bien sûr).

Corrélative de cette surabondance des données est celle des études consacrées à cet objet apparemment inépuisable, depuis le « Que sais-je ? » de Pierre Guiraud (1976) jusqu'aux travaux réunis dans Winter-Froemel et Zirker (2015), auxquels viennent s'adjoindre ceux qui composent ce nouveau volume.

Pour apporter ma petite pierre à cette vaste entreprise je partirai tout bonnement de la définition du dictionnaire – en l'occurrence le *Petit Robert* 2013 –, ou plutôt des deux définitions suivantes :

> **JEU DE MOTS** – Allusion plaisante fondée sur l'équivoque de mots qui ont une ressemblance phonétique, mais contrastent par le sens. [...] *Jeu de mots facile. Mauvais jeu de mots.*

> **CALEMBOUR** – Jeu de mots fondé sur la différence de sens entre des mots qui se prononcent de manière identique ou approchée. [...] *Un bon, un mauvais calembour.* « *Le calembour est la fiente de l'esprit qui vole* » HUGO.

On voit que ces définitions traitent à peu près de la même manière « jeu de mots » et « calembour », qui sont ici considérés comme synonymes[2], alors qu'il est

---

1 Pour une application de ce couple notionnel au cas des jeux de mots, voir Kerbrat-Orecchioni (1977 : 140–149).

2 On peut difficilement expliquer autrement que par une inadvertance de la part du lexicographe le fait que seule la « ressemblance phonétique » (paronymie) soit mentionnée pour le jeu de mots, alors que pour le calembour l'identité de prononciation (homophonie) est également évoquée.

fréquent de voir réserver le deuxième terme aux jeux de mots « mauvais » ou « faciles » (Jaubert 2011). Toujours est-il que ce qui frappe à la lecture de ces articles, c'est que la définition proprement dite (précisant le fondement du procédé – à savoir l'exploitation d'un double sens – ainsi que son caractère « plaisant ») est suivie d'emplois du terme qui tous renvoient à la question de l'*évaluation* du jeu de mots, ce que vient couronner dans l'article « calembour » la célébrissime formule hugolienne sur la « fiente de l'esprit qui vole », métaphore développée en ces termes, par la bouche de Tholomyès, dans *Les Misérables* :

> Le calembour est la fiente de l'esprit qui vole. Le lazzi tombe n'importe où ; et l'esprit, après la ponte d'une bêtise, s'enfonce dans l'azur. Une tache blanchâtre qui s'aplatit sur le rocher n'empêche pas le condor de planer. *Loin de moi l'insulte au calembour ! Je l'honore dans la proportion de ses mérites ; rien de plus.* Tout ce qu'il y a de plus auguste, de plus sublime et de plus charmant dans l'humanité et peut-être hors de l'humanité a fait des jeux de mots. Jésus-Christ a fait un calembour sur saint-Pierre, Moïse sur Isaac, Eschyle sur Polynice, Cléopâtre sur Octave. [...] (Victor Hugo, *Les Misérables* T. 1, Livre 3, chap. VII « Sagesse de Tholomyès », p. 141 ; italique ajouté)

Il ne s'agit donc pas pour Hugo (dont on sait qu'il n'a pas lui-même rechigné à recourir à ce procédé dans son œuvre[3]) de se livrer à un réquisitoire contre le calembour (*alias* jeu de mots : les deux expressions sont ici aussi considérées comme équivalentes), mais d'en marquer les limites. Produit par un esprit qui se relâche... et se lâche, le calembour n'est en tout état de cause qu'un genre mineur, une pratique linguistique peu noble, le caractère roturier du procédé étant lié à sa fonction divertissante – amuser la galerie, c'est assurément un objectif moins glorieux que de chercher à l'édifier, instruire ou émouvoir.

Cela dit, tout le monde admet que certains jeux de mots sont meilleurs (ou moins pires) que d'autres, et c'est cette question aussi délicate qu'incontournable que je vais ici aborder de front. Il semble en effet qu'en tant que linguiste, tout en admettant le caractère éminemment subjectif de telles appréciations, on soit en mesure de dégager un certain nombre de facteurs susceptibles d'intervenir dans ces jugements évaluatifs.

Ces facteurs peuvent être répartis en trois catégories, que par commodité je qualifierai de « formelle », « sémantique » et « pragmatique ».

---

3 Voir par exemple le « Jérimadeth » de *Booz endormi* (réécriture facétieuse de « j'ai rime à -dait »), ou le charmant poème *Bon conseil aux amants*, qui est entièrement fondé sur la littéralisation de l'expression « croquer le marmot » (expression imagée signifiant « attendre longuement en se morfondant »).

2 L'évaluation d'un jeu de mots : trois critères

2.1 Critère formel : le degré de complexité du jeu de mots

Décortiquer les ressorts du rhésus calembourgeois confinerait à l'insulte ontologique, quelque chose comme essayer de mettre en fiches la terrible séduction d'une jeune et belle créature qui croiserait et décroiserait le fuselage de ses jambes ambrées, devant un gin-fizz, à la terrasse du Flore, après les heures ouvrables. Une infamie. Une faute de ton. *Gardons un peu de mystère, je vous en prie* [...]. *On ne parlera pas technique. On ne soulèvera pas le capot de l'à-peu-près, on ne bidouillera pas la durit du glissement homophonique. Il y a des mécaniciens pour ça.* (Delbourg 1997 : 13 ; italique ajouté)

Passant outre aux injonctions de Patrick Delbourg, on s'interrogera d'abord sur la « fabrique » du jeu de mots, car le linguiste est bien avant tout une sorte de mécanicien de la langue, qui se doit d'en scruter les rouages.

Pour ce faire, revenons rapidement sur la définition de l'objet qui nous intéresse, à savoir non pas toutes les innombrables manières de jouer sur les mots, mais exclusivement les jeux-de-mots *stricto sensu* (dorénavant JDM), lesquels *engagent à la fois les plans du signifiant et du signifié*. C'est ainsi qu'on ne saurait parler de JDM dans le cas d'une simple allitération (« Qui est le coquin qui a acquis le cacao ? », pour prendre l'exemple d'un titre de *Libération*[4]), laquelle exploite le seul signifiant. Pour ce qui est du signifié, comparons (1) et (2) :

(1) Hollande reprend du **poil de la bête**

(2) L'**animal** politique Hollande reprend du **poil de la bête**

Point de JDM en (1), mais une simple métaphore (lexicalisée). En revanche en (2), le filage de la métaphore entraîne une réactivation mutuelle des sens propres (en l'occurrence connotés) de « animal » et de « poil de la bête », d'où l'actualisation d'un (double) double sens et partant, la production d'un JDM.

Par ailleurs, étant donné que le JDM peut exploiter :
– une *ressemblance* vs une *identité* (à l'écrit et / ou à l'oral) des signifiants ;
– *deux occurrences* (voire plus) vs *une seule occurrence* du signifiant,

il est possible de distinguer sur cette base quatre types de JDM :

---

4 Sauf indication contraire, tous les exemples présentés dans cette section seront empruntés à ce corpus.

1 – la *paronomase in praesentia* :

(3) Sarkozy ressort le **couplet** du **complot**

2 – l'*antanaclase* :

(4) **Beau oui** comme **Bowie**

3 – la *paronomase in absentia* :

(5) Encore du **poison** [*poisson*] au menu

4 – la *syllepse* :

(6) Leonardo Di Caprio : **pas que beau** [*paquebot*, allusion au film *Titanic*]

Appliquant ces distinctions à la question du degré de complexité, et donc de diffi-culté du JDM (difficulté aussi bien pour l'émetteur – la « fabrique » du JDM – que pour le récepteur – le décodage du JDM), on admettra que :
– le jeu sur la ressemblance des signifiants est plus facile que le jeu sur leur identité ;
– le jeu sur deux occurrences est plus facile que le jeu sur une seule occurrence, qui exige de la part du récepteur un surcroît de travail interprétatif ; comparer par exemple l'antanaclase (7) et la syllepse (8) :

(7) Rarement la **presse** a eu aussi mauvaise **presse**

(8) Les journalistes sont-ils des menteurs ? Enquête sur une profession qui a mauvaise **presse**

Revenons à présent sur les quatre types de JDM précédemment distingués, envi-sagés par ordre de complexité croissante – après avoir précisé que si les exemples mentionnés dans cet article relèvent pour la plupart de l'écrit, ils sont toujours oralisés mentalement, et c'est avant tout sous cette forme qu'ils fonctionnent en tant que jeux de mots[5], même si l'aspect graphique de l'énoncé peut jouer un certain rôle dans l'effet produit.

---

5 Le problème est comparable à celui de la rime, qui s'actualise généralement par écrit tout en étant fondamentalement un phénomène phonétique (les « rimes pour l'œil » sont tolérées mais seulement en tant qu'exceptions).

2.1.1 Paronomase *in praesentia*

On peut admettre que la paronomase est d'autant plus réussie que le degré de paronymie est plus fort. Exemple de degré maximal (un seul phonème différent à l'oral, et même un seul trait distinctif ; un graphème à l'écrit) :

(9)   Les jeunes préfèrent le **solidaire** au **solitaire**

L'exemple (10) (que l'on doit à l'humoriste belge Philippe Geluck) illustre l'ampleur des distorsions possibles entre écrit (paronymie assez lointaine) et oral (homophonie : il s'agit même de ce point de vue d'une antanaclase) :

(10) **Ma femme m'affame**

2.1.2 Antanaclase

Reposant sur l'existence dans un même énoncé d'au moins deux occurrences d'un signifiant identique à l'oral et/ou à l'écrit, mais avec variation corrélative du signifié, l'antanaclase peut exploiter :
- des homophones non homographes : c'est le cas le plus courant (et relativement « facile » en français, langue où ce phénomène est nettement plus fréquent que dans d'autre langues même proches, comme l'italien) :

(11) Festival de Berlin : des films **gays** pas toujours très **gais**

- des homographes non homophones : cas au contraire extrêmement rare, qui n'est guère attesté qu'avec des mots étrangers (dont les règles de correspondance phonographique divergent de celles du français) :

(12) Appareils **Canon** [kanɔn], le **canon** [kanɔ̃] de la beauté [slogan publicitaire]

- des homophones homographes : cas dont la fréquence est intermédiaire entre celle des deux précédents :

(13) Comment **voler** [en avion] sans se faire **voler** ?

L'effet d'une antanaclase va dépendre de divers facteurs tels que :
- la distance sémantique entre les deux signifiés (variable en cas de polysémie, maximale en cas d'homonymie) ;

– la distance syntagmatique séparant les deux occurrences du signifiant ; en cas de contiguïté, la teneur comique du jeu peut s'en trouver accrue :

(14) Dans le commerce c'est triste quand le **fonds fond** [Raymond Devos]

On accordera une mention spéciale au cas où la deuxième occurrence est remplacée par un pronom substitut, figure particulièrement acrobatique[6] (surtout dans l'exemple (17), où le locuteur malmène à la fois les parties du discours et le découpage de la chaîne signifiante, puisque « le » représente en réalité non le syntagme nominal « lit vide », mais l'adjectif homophone « livide ») :

(15) Claude Hagège, linguiste, parle couramment quinze **langues**, et n'a pas **la sienne** dans sa poche

(16) Et comme il n'avait pas de **veine, elles** ont éclaté [Raymond Devos]

(17) Et quand il vit le **lit vide**, il **le** devint [Alphonse Allais]

Toutes sortes d'autres variations autour du schéma de base de l'antanaclase sont également possibles, comme dans ces aphorismes en forme de chiasmes :

(18) Quand mon verre est **plein**, je le **vide**, quand il est **vide**, je le **plains**

(19) Mieux vaut passer **hériter à la poste** qu'à la **postérité**

Envisageons à présent les JDM exploitant une seule occurrence du signifiant dans l'énoncé, sur laquelle viennent se greffer deux sens plus ou moins fortement divergents.

2.1.3 Paronomase *in absentia*

(20) Les **dépités** de l'Assemblée

Comme dans la forme *in praesentia*, pour que la paronomase *in absentia* puisse bien fonctionner encore faut-il que le degré de proximité des signifiants soit suffisant, ce qui est assurément le cas en (20) (*dépités / députés*), mais peut sembler plus contestable dans l'exemple (21) (même si la construction nous met la puce à

---

6 Dont j'ai également pu relever un certain nombre d'exemples dans la parole au quotidien : « Le temps est beau mais je commence à le trouver un peu long » ; « Fais gaffe à ne pas en faire » ; « Ah quel pied de pouvoir se les reposer », etc.

l'oreille, la ressemblance n'est tout de même pas évidente entre « Tsipras », nom du Premier ministre grec, et « ça passe ») :

(21) **Tsipras ou ça casse**

Comme précédemment encore, le procédé peut fonctionner différemment à l'écrit et à l'oral – en (22) par exemple, le degré de paronymie entre « flemme » et « femme » est plus fort à l'écrit, ce qui est exceptionnel et ajoute au trouble produit pas le jeu :

(22) Roger Vadim, **et Dieu créa la flemme**

Notons en outre qu'à l'oral, il peut se faire que le degré de paronymie varie selon la façon dont on prononce le signifiant :

(23) L'année du chat commence à la **mi-août** [[miaut] *vs* [miut]]

(24) Alain Souchon, le **mâle** aimé [[mɑle] *vs* [mal] : dans la deuxième prononciation il y a carrément homophonie avec « mal aimé »]

(25) De l'or en **Bach** [prononcé à la française *vs* à l'allemande, auquel cas il y a quasi-homophonie entre « Bach » et « barre »]

En (26) et (27), le surplus d'effet comique vient de ce que l'oralisation de l'énoncé évoque une prononciation dialectale (en l'occurrence auvergnate, caractérisée par la transformation « chuintante » de [s] en [ʃ]) :[7]

(26) **Achat** ira mieux demain

(27) **Esthéti'chienne** [nom d'un salon de toilettage canin]

Comme précédemment enfin, la distribution particulière des phonèmes sur la chaîne syntagmatique peut venir accroître l'impression de réussite du JDM – il en est ainsi des diverses formes de la métathèse :[8]

(28) Sarkozy, à **bobard** toutes [vs *babord*]

(29) Euro 2016 : comportement à **rixes** [vs *risques*]

---

7 On laissera de côté les raisons d'ailleurs assez obscures qui font qu'en France (comme dans bien d'autres pays), un accent régional suscite le rire...
8 Le jeu s'apparente alors à l'anagramme ou au contrepet.

(30) Ascenseur pour **les fachos** [vs *l'échafaud*, allusion au titre du film de Louis Malle]

(31) Unis **pour le payeur et pour le Mir** [vs *pour le meilleur et pour le pire*]

2.1.4 Syllepse

De même que la métaphore fait figure de reine des tropes (comme l'a montré en 1970 Gérard Genette dans son célèbre article intitulé « La rhétorique restreinte »), de même la syllepse apparaît-elle comme la reine des jeux de mots : tout en transgressant le principe de « monosémémisation » des signifiants qui normalement préside à leur actualisation discursive, elle opère cette condensation sémantique que Freud ([1905] 1971) considère comme constitutive du mot d'esprit.

Tout comme l'antanaclase, la syllepse n'exploite que très exceptionnellement un fait d'homographie pure. C'est cependant le cas dans les deux exemples suivants qui montrent également qu'au sein du double sens, la hiérarchie des signifiés peut varier en fonction du contexte :

(32) Raymond Barre retrouve le **punch** à la Réunion

(33) Le rhum, ça donne du **punch**

En (32) c'est bien évidemment le sens lié à la prononciation [pœnʃ] qui l'emporte, alors qu'en (33) c'est tout aussi évidemment celui du breuvage à base de rhum ([põʃ]) qui est dénoté, ce qui n'empêche pas le sens d'« énergie » de venir se surajouter au précédent (en dépit du caractère contestable de l'assertion correspondante) : c'est alors l'appartenance de l'énoncé au genre « slogan publicitaire » qui invite le récepteur à subodorer un double sens (voir *infra*, 3.3).

Par ailleurs, le degré de complexité de la syllepse peut être extrêmement variable. On peut ainsi avoir affaire à une syllepse *simple* :

(34) Les tigres **rayés** de la carte

(35) Air Inter, malaise sur toute la **ligne**

Si elles représentent en quelque sorte le minimum syndical en matière de JDM, les syllepses simples peuvent toutefois être plus ou moins banales ou inventives, comme on le voit en comparant les différents titres de presse annonçant la sortie du film de Coppola *Dracula* (l'exemple (38), qu'il est permis de préférer aux deux autres, correspondant au titre de *Libération*) :

(36) Les **mordus** de Dracula

(37) Le **saigneur** des Carpathes

(38) **Aïe**, les vampires !

Plus sophistiquées sont les syllepses *filées*, comme dans les deux exemples suivants où une isotopie connotée vient se greffer sur l'isotopie dénotée grâce à trois (en (39)) ou même quatre (en (40)) points d'ancrage successifs :

(39) Riley King, le **noir** qui a **blanchi** le **blues**

(40) **Infinitif** : la **mode** qui se **conjugue** à tous les **temps**[9]

On donnera pour terminer sur ce point l'exemple du début d'un article de *Libération* (4 avril 1995) consacré à la pratique du jeûne, et où se trouvent cumulés plusieurs des procédés envisagés précédemment :

(41) Le **jeûne** est vieux comme le monde, c'est entendu ; mais rien n'interdit de poser la question : faut-il faire **jeûne** pour **le** rester, sans accent circonflexe, faut-il ne rien mettre **dedans** pour être bien dans **son assiette**, se priver de tout pour avoir la **pêche** ?

Il n'est donc pas impossible de mesurer le degré de complexité d'un JDM.[10] Or plus un JDM est complexe, plus il exige de virtuosité langagière de la part de l'émetteur mais aussi d'habileté interprétative de la part du récepteur, lequel va se sentir gratifié en découvrant qu'un signifié peut en cacher un autre, cette découverte créant entre les deux partenaires de l'interaction une connivence intellectuelle qui ne peut qu'ajouter au plaisir du jeu.

Cela dit, l'efficacité d'un JDM n'est pas proportionnelle à son degré de complexité, donc de difficulté pour les partenaires de l'échange (une complexité excessive risque même d'inhiber le rire). Cette complexité n'est pas non plus le seul facteur pertinent pour l'évaluation d'un jeu de mots.

---

9 Slogan publicitaire qui rappelle cet aphorisme de Cocteau : « Le verbe ‹ aimer › est le plus compliqué de la langue. Son passé n'est jamais simple, son présent n'est qu'imparfait, et son futur est toujours conditionnel ».

10 Voir aussi la contribution d'Angelika Braun et d'Astrid Schmiedel (in The Dynamics of Wordplay 6).

2.2 Critère sémantique : le degré de « motivation » du jeu de mots

Soit les exemples (42) et (43), qui ont en commun d'exploiter un jeu paronymique (paronomase *in absentia*) :

(42) **L'avance de monsieur Hulot**

Dans cette allusion au titre du film de Jacques Tati *Les vacances de monsieur Hulot*, non seulement le degré de paronymie est faible entre « l'avance » et « les vacances » mais le jeu sur le nom « Hulot » est totalement gratuit, car on ne voit guère de rapport entre l'écologiste Nicolas Hulot dont il est ici question et le héros de Tati à la pipe et au chapeau.

(43) La révolte des **cathodiques pratiquants**

Ici tout au contraire, la ressemblance est maximale, à l'écrit comme à l'oral, entre « cathodiques » et « catholiques », la collocation (« pratiquants ») rendant plus évidente encore l'allusion paronymique ; et surtout, cette allusion entraîne un réel enrichissement sémantique de l'énoncé en suggérant que pour ses adeptes les plus fidèles, la télévision est une sorte de religion.

Un jeu de mots sera donc dit *motivé* (ou *pertinent*) si le sens second qui vient s'ajouter au principal (ce que l'on peut aussi traiter en termes de sens « connoté » *vs* « dénoté », voir Kerbrat-Orecchioni 1977 : 140–149) est lui aussi congruent à l'objet de discours ; dans le cas inverse on parlera de jeu *gratuit* (le sens additionnel, nécessaire à l'existence d'un JDM, n'a rien à voir avec l'objet de discours).[11]

On peut ainsi admettre que la formule « L'art de la fugue », utilisée parfois naguère pour titrer des articles commentant la fuite à l'Ouest de quelque héros soviétique, était plus motivée dans le cas d'une personnalité du monde musical que dans celui d'une vedette sportive. Autres exemples de JDM motivés :

---

11 Le terme de « motivation » n'est pas à prendre ici dans la perspective saussurienne où il s'oppose à la notion d'« arbitraire » (celui qui règne dans les systèmes lexicaux). Au demeurant, je souscris entièrement à l'idée développée par Lecolle (2015) selon laquelle le jeu de mots se situe du côté du « cratylisme » (pour reprendre le terme proposé et brillamment illustré par Genette 1976), mais vécu sur un mode ludique, et par un sujet « clivé » (Mannoni 1964) : *je sais bien* que les signes sont arbitraires, *mais quand même*, je ne puis m'empêcher de penser que ce n'est pas tout à fait un hasard si par exemple, « s'excuser » et « s'accuser » se ressemblent, ressemblance qui donne plus de « poids » à l'aphorisme « qui se ressemble, s'assemble ».

(44) Économie soviétique : **c'est la chute finale**

(45) Le Pen prône **la solution filiale**

(46) **Elles ont des chaperons,** vive les Bretonnes

(47) Bienvenue au **Far Ouest**

(48) May dans la **Trumpette**

En (44), l'allusion ironique à *L'Internationale* est parfaitement justifiée en contexte soviétique, comme l'est en (45) l'allusion à la « solution finale » s'agissant du fondateur du Front National (le JDM serait plus gratuit s'il stigmatisait le népotisme d'un politicien non réputé antisémite).

En (46), titre qui chapeaute (sans jeu de mots...) un article dénonçant le cliché d'un prétendu matriarcat breton, le jeu paronymique s'enrichit si l'on pense à la chanson « Ils ont des chapeaux ronds, vive la Bretagne, ils ont des chapeaux ronds, vive les Bretons » (mâles évidemment). De même en (47), le jeu homophonique établissant une analogie entre le festival de musique celtique sujet de l'article, et certains rassemblements de musique *country* du Grand Ouest américain, se double d'une allusion à la spécialité pâtissière typiquement bretonne appelée « far ».[12]

En (48) enfin, si l'allusion à la trompette peut sembler gratuite, elle ne fait que pimenter le jeu très motivé (en forme de mot-valise) entre « Trump » et « tempête » (l'article porte sur les critiques déclenchées par l'attitude de la Première ministre britannique tentant au lendemain du Brexit de nouer de bonnes relations avec le nouveau Président américain).

Les précédents exemples montrent qu'en matière de JDM, toutes sortes de combinaisons sont possibles entre gratuité et motivation. C'est la gratuité qui domine dans les allusions culturelles suivantes, mais ce qui peut être considéré comme une faiblesse est en quelque sorte compensé par les lettres de noblesse que donne au jeu la connotation savante :

(49) **Le crépuscule** du **ring**

(50) Bayrou, **le Hollandais votant**

---

12 Plus gratuite est l'évocation du Brésil qu'opère ce nom d'une crêperie de Belle-Ile-en-Mer : « La Breizh'îloise ».

(51) Paul Verhoven, **le Hollandais violent** [à propos de son film *Elle*]

En outre en (49), si l'allusion paronymique est relativement gratuite (le lien est ténu entre l'opéra de Wagner et le problème de la désaffection du public pour les spectacles de boxe), la syllepse est double (portant à la fois sur « crépuscule » et sur « ring », puisque la *Tétralogie*, qui s'achève avec *Le Crépuscule des dieux*, est dite aussi *Ring*, en référence à l'Anneau des Nibelungen). Le JDM est donc nettement plus riche qu'en (50) et (51), allusions gratuites au *Vaisseau Fantôme* (autrement dit *Hollandais Volant*).[13]

À propos de vaisseau, mentionnons la trouvaille de *Libération* évoquant par cette formule, au lendemain de l'élection de 2007, Sarkozy fêtant sa victoire sur le yacht de son ami le milliardaire Vincent Bolloré :

(52) **Boat people**

Titre « parfait » car éminemment motivé (même si c'est sur le mode de l'antiphrase ironique), d'après Laurent Joffrin, actuel directeur de la rédaction de *Libération*, qui en propose l'excellente analyse suivante :

> *Le titre est parfait.* Laconique, *il a aussi un double sens, comme toutes les bonnes manchettes.* « Boat people » : Sarkozy est sur un yacht de luxe comme un « people » de la politique. Mais le fait est tourné en dérision par l'autre sens de la formule : les « boat people » étaient les réfugiés misérables qui fuyaient le Viêt-nam communiste. Sarkozy réfugié sur le yacht de Bolloré en « boat people bling-bling » : l'image – et la Une de *Libé* – allait poursuivre le président pendant tout son quinquennat. (« Avant-propos », *in* Marchon 2016 : 9 ; italique ajouté)

Quant au précédent directeur de ce même quotidien, il déclarait en 2010 :

> Le titre devient [...] *un jeu de mots pertinent – c'est toujours mieux lorsque les mots frappent juste au sens premier et au sens associé.* (July 2010 : 13 ; italique ajouté)

Bref : tout le monde s'accorde à reconnaître qu'un JDM est d'autant meilleur qu'il est mieux motivé (ou « pertinent » : notons que la définition qu'en propose July est tout à fait conforme à la nôtre). À l'inverse, les JDM gratuits sont généralement considérés comme mauvais, le cas limite en étant celui des enchaînements auto-

---

13 En (51) toutefois, « Hollandais » a le même sens que chez Wagner (puisque Verhoven est bien citoyen des Pays-Bas), alors qu'en (50) le mot signifie « partisan de François Hollande » (seul le JDM justifie donc ici l'emploi des majuscules).

matiques qui se montrent totalement indifférents aux exigences de la pertinence sémantique, sur le modèle du fameux « Comment vas-tu... yau de poêle ? »[14]

Mais une fois encore, force est de reconnaître que la drôlerie d'un JDM n'est pas proportionnelle à sa qualité reconnue, et qu'il est permis de se délecter de jeux parfaitement gratuits, mais qui peuvent séduire par l'incongruité même des images qu'ils convoquent – par exemple :

(53) **Les gars de la narine** [à propos des testeurs en parfumerie]

(54) Incroyable, cette femme [Kate Middleton] va **épouser un dauphin** [le Prince William]

(55) Hollande, **le chouchou de Bruxelles**

2.3 Considérations pragmatiques

Dans cette dernière rubrique ont été regroupés un ensemble de facteurs (on pourrait sans doute en envisager d'autres, en élargissant le corpus à d'autres types de pratiques discursives) qui interviennent également dans l'appréciation d'un jeu de mots, et sont à considérer comme autant de conditions de sa réussite (ou de son échec).

2.3.1 La compréhension du JDM

Rappelons d'abord cette vérité d'évidence, que pour réussir un JDM doit d'abord être compris, ce qui implique que l'émetteur et le récepteur partagent la même compétence linguistique (on sait la difficulté qu'il y a à appréhender un jeu de mots formulé dans une langue que l'on maîtrise mal), mais aussi « encyclopédique », en particulier en cas de JDM reposant sur une allusion culturelle. Soit le titre suivant d'un article annonçant (en 2005) le début des travaux visant à rétablir le caractère maritime du Mont Saint Michel :

---

14 Cette locution-valise, avec rebond sur le dernier élément réinterprété comme première syllabe du mot « tuyau », ce qui donne lieu à un enchaînement passablement absurde (car on imagine mal que quelle que soit sa graphie, ce [jodpwal] puisse fonctionner comme un terme d'adresse), fait figure de prototype en ce qui concerne ce type de jeu de mots. Sa première apparition (dans *L'Almanach Vermot*, recueil de blagues et calembours paraissant une fois l'an depuis 1886) date de 1896, et la formule rituelle doit tout aussi rituellement être suivie de la réponse « Et toi... le à matelas ? ».

(56) **La possibilité d'une île**

La formule ne va pas de soi, ce qui suffit à nous alerter : il y a anguille sous roche – mais laquelle ? Pour pouvoir accomplir jusqu'à son terme le parcours interprétatif auquel nous soumet cet énoncé, encore faut-il être suffisamment équipé pour pouvoir identifier l'allusion au roman de Michel Houellebecq, paru peu auparavant, dont cette formule reprend intégralement le titre.

Le jeu est ici parfaitement gratuit, mais l'allusion littéraire lui octroie malgré tout d'une sorte de bonus, tout en établissant entre émetteur et récepteur une connivence d'un autre ordre que celle évoquée précédemment, et qui repose sur le sentiment rassurant d'appartenir à la même communauté culturelle. Qu'il s'agisse d'une culture élitiste ou d'une culture de masse le principe est le même : la connaissance préalable de ce à quoi l'énoncé fait allusion est la condition *sine qua non* pour que le JDM puisse fonctionner. S'il y a un risque que ce ne soit pas le cas certaines précautions vont être prises, comme dans cette séquence radiophonique[15] où l'on voit l'animatrice de l'émission (AN) jouer son rôle de médiatrice entre la journaliste (Alexandra Schwartzbrod) et l'auditoire :

> AN : Ce matin, Vincent Bolloré, dix épisodes et surtout un an de récidive.
> AS : Oui, et là je crois qu'on peut tirer notre chapeau aux éditeurs et éditrices de *Libé* qui ont trouvé ce titre formidable : « Bolloré, *le bourreau des légendes* ». Il faut dire que c'est un sacré feuilleton, celui que nous suivons de près jour après jour depuis un an peut-être avec-
> AN : Il faut dire peut-être *d'abord* que *c'est un clin d'œil au* « BUREAU des légendes », une série française de Canal + avec Mathieu Kassovitz et *que tout le monde n'a pas vue...*
> AS : Ah ben oui bien sûr, oui c'est vrai, absolument, vous avez raison mais enfin *on en a énormément parlé* et c'est *une super série justement liée à Canal +*.
> AN : Donc du « BUREAU des légendes » au « BOURREAU des légendes » hein.
> AS : Exactement le « Bourreau des légendes ». Alors un sacré feuilleton ou plutôt un mauvais thriller...

Dans l'intervention de l'animatrice par laquelle elle interrompt la journaliste pour faire une mise au point clarificatrice, l'adverbe « d'abord » souligne que l'identification du « clin d'œil » en question est un *préalable* au bon fonctionnement du jeu, et que sans elle il est impossible de comprendre pourquoi ce titre est « formidable ». C'est seulement après cette mise au point (rééditée lourdement par AN et acceptée par AS, qui toutefois prend soin de souligner la pertinence de sa déclaration précédente ainsi d'ailleurs que celle du JDM de *Libé*) que l'animatrice laisse la journaliste reprendre la lecture du texte qu'elle a préparé.

---

15 « La séquence des partenaires », France Culture, 25 avril 2016.

2.3.2 L'acceptabilité du JDM

Pour réussir, un JDM doit aussi être jugé acceptable par le récepteur, c'est-à-dire ne pas le choquer, comme risquent de le faire les JDM grivois ou scabreux, douteux ou de mauvais goût, qui contreviennent aux règles de la bienséance ou transgressent quelque tabou (la Shoah[16], les handicaps, la mort, etc.). Vis-à-vis de ce problème les attitudes varient, selon les conceptions de l'humoriste ou dans le cas des organes de presse, selon le code déontologique admis au sein de l'équipe rédactionnelle (même si certains « dérapages » sont toujours possibles) – par exemple, le quotidien *Libération* ne place pas cette ligne rouge, qui sépare les JDM permis et proscrits, au même endroit que l'hebdomadaire *Charlie Hebdo* (ou son ancêtre *Hara Kiri*, « journal bête et méchant »), dont le « politiquement incorrect » est la marque de fabrique. Les journalistes se trouvent confrontés à ce problème dans deux types de situations surtout : d'une part, les titres des nécrologies[17], qui dans le cas de *Libération* comportent généralement un JDM mais qui n'est que rarement venimeux[18], en vertu du principe énoncé par Georges Brassens dans la chanson « Le temps passé » :

> Il est toujours joli, le temps passé,
> Une fois qu'ils ont cassé leur pi-i-pe,
> On pardonne à tous ceux qui nous ont offensés,
> Les morts sont tous des braves ty-y-pes...

– refrain qu'il faut avoir en tête pour apprécier à sa juste valeur le choix fait par *Libération* du titre annonçant en octobre 1981 la mort du chanteur :

(57) Brassens **casse sa pipe**

D'autre part, les grandes tragédies collectives, catastrophes naturelles ou attentats, situations dans lesquelles le JDM est très généralement évité, en vertu de cet

---

16 On sait que Jean-Marie Le Pen s'est fait une spécialité (avec ses « Durafour-crématoire », « on en fera une fournée », etc.) de ce type de JDM « douteux ».

17 Sur l'emploi de jeux de mots dans des contextes de deuil, voir également l'article de Catherine Ruchon (ce volume).

18 Pour quelques exemples (dont le très lacanien « Tout fout Lacan »), voir Kerbrat-Orecchioni (2011 : 147–149). Dans un tel contexte, les JDM malveillants risquent de déclencher les foudres de certains lecteurs, comme ce fut le cas de ce titre annonçant la mort de Claude François, électrocuté dans sa baignoire le 11 mars 1981 : « Claude François a volté » (où l'on peut voir une double allusion, aux élections législatives du 12 mars et au fait que le chanteur était parfois surnommé, à l'instar de Gilbert Bécaud mais de façon plus ou moins ironique, « monsieur cent mille volts »).

autre principe énoncé déjà par Stendhal :[19] « le calembour est incompatible avec l'assassinat », et que reprennent à leur compte divers rédacteurs de *Libération* (cités dans Marchon 2016 : 140) :

> Le 27 juin 2015, *Libé* titrait « Jihad Nauseam » sur les trois attentats de Sousse, Koweit City et Saint-Quentin Fallavier. « Non, je n'avais pas envie d'un clin d'œil sur des événements pareils », déplore pourtant François Xavier Gomez. [...] « On ne peut pas s'amuser de tout », dit Claire Carrard. « Daech, ça n'est pas drôle. On ne peut pas faire de titre désinvolte sur une tuerie. » Pourtant, au surlendemain des attentats du 7 janvier 2015, *Libé* titrait (en page intérieure, pas en une) : « Charlie Hebdo refuse de se laisser abattre », sans que personne ne proteste.

Il n'est donc pas totalement interdit de faire des jeux de mots sur des sujets graves et même tragiques, mais il y a l'art et la manière, la règle d'or étant que le ton et le style soient adaptés au sujet :

> Le style de la titraille est différent selon les séquences du journal : plutôt moqueur en politique et déconneur en culture, léger en économie ou gai en sport. Et sobre pour les sujets graves. (Marchon 2016 : 141)

Le bon usage d'un jeu de mots est à fortiori tributaire du genre dont relève le discours tenu, et qui peut être plus ou moins propice à l'émergence d'un JDM.

2.3.3 La question du genre discursif

On distinguera sur cette base trois grands cas de figure.

1 – Les productions discursives où les JDM sont *obligatoires ou du moins très attendus* : c'est le cas des genres « non sérieux », qui exploitent divers procédés humoristiques dont les jeux de mots – qu'il s'agisse de formes brèves : blagues (Carambar, Almanach Vermot, etc.), devinettes et définitions de mots croisés, comptines et aphorismes, slogans publicitaires et politiques[20], mais aussi devises[21] et emblèmes (coq gaulois, lion emblème de Lyon...) ; ou de formes longues : presse satirique (comme le *Canard enchaîné*), émissions humoristiques (chansonniers et leurs avatars contemporains), sketchs comiques, etc.

---

19 Ou plutôt le comte Mosca (*in La Chartreuse de Parme*, Le Livre de Poche, 1972 : 458).

20 Ou noms de mouvements politiques, tel le « Rassemblement bleu Marine » constitué autour de Marine Le Pen (le bleu étant traditionnellement, en France, la couleur de la droite, en l'occurrence extrême).

21 Comme la sympathique devise de la ville de Morlaix : « S'ils te mordent, mords-les ».

2 – Les productions discursives où les JDM sont *plus ou moins exclus* : c'est au contraire le cas des genres « sérieux », comme les textes scientifiques[22], dans lesquels les calembours et autres facéties de ce genre ne sont tolérés qu'à très petite dose. Il en est de même des discours politiques, surtout s'ils sont marqués par une solennité particulière, comme c'est le cas des débats de l'entre-deux-tours des élections présidentielles françaises : on ne peut dénicher pour l'ensemble du corpus qu'un seul JDM caractérisé – encore ne s'agit-il que d'une paronomase *in praesentia*, entre « passé » utilisé par Giscard d'Estaing en 1974 et « passif » introduit ironiquement par Mitterrand en 1981 (« vous avez tendance un peu à reprendre le refrain d'il y a sept ans, l'homme du passé, c'est quand même ennuyeux que dans l'intervalle vous soyez devenu, vous, l'homme du passif »). Si certaines formes d'humour sont autorisées dans ces débats[23], ceux-ci ne doivent évidemment pas se ramener à un « concours de petites blagues », comme Sarkozy le rappelle sévèrement à François Hollande au cours du débat de 2012.[24]

En contexte sérieux – c'est le cas des exemples suivants relevés au cours d'émissions radiophoniques diverses, mais sans visée humoristique particulière –, si un JDM advient il est presque systématiquement accompagné de quelque commentaire servant à le mettre à distance tout en le soulignant (voire en accroissant son effet comique, comme en (58)) :

(58) Le Comité International de Natation vient de **repêcher** un certain nombre de nageurs russes
 – *repêcher c'est bien naturel pour des nageurs*

(59) « Des abeilles et des hommes », un film *c'est le cas de le dire* qui **donne le bourdon**

---

22 Signalons au passage le cas très particulier des JDM à fonction mnémotechnique, auxquels les instituteurs n'hésitaient pas naguère à recourir – par exemple pour nous ancrer dans la tête la liste des cétacés ou des conjonctions de coordination, ou la règle voulant que la conjonction « si » ne doive pas être suivie du conditionnel, cela sans se soucier outre mesure des approximations phonétiques et graphiques que ces JDM comportaient (un comble pourtant pour un cours de grammaire française) :
« **C'est assez** [*cétacé*] dit la *baleine*, je me **cache à l'eau** [*cachalot*] car j'ai le **dos fin** [*dauphin*] » ;
« **Mais où** [*ou*] **est** [*et*] **donc Ornicar** [*or, ni, car*] ? » ;
« Le **si** n'aime pas le **ré** [*-rais*] ».
23 Voir Kerbrat-Orecchioni (2017 : 147–164).
24 C'est en réalité le recours par Hollande à une ironie appuyée qui déclenche la remarque de Sarkozy :
« FH : J'ai dû me tromper, j'ai dû faire une erreur, donc euh je me mets à présenter mes excuses, vous êtes très mécontent de vous.
NS : Monsieur Hollande, c'est pas le concours de la petite blague. ».

(60) Si on **met une croix** *si j'ose dire* sur les religions au sens strict du terme

(61) Le Cardinal persiste et **signe** – *si vous me permettez l'expression*

(62) *Nous en voudra-t-on de dire* que l'anthropologue **reste sur sa faim** [au cours d'une émission sur le cannibalisme]

(63) Christiane Taubira était leur **bête noire,** *sans mauvais jeu de mots*

(64) Non je n'en **rougis** pas – *sans mauvais jeu de mots* – et même au contraire, je suis fier de notre bilan [Alain Besancenot sur la dissolution de la Ligue communiste révolutionnaire et la disparition de *Rouge*, l'hebdomadaire de ce parti]

Notons dans les deux derniers exemples cette figure paradoxale qu'est la prétérition (le commentaire métadiscursif dénie le JDM en même temps qu'il en confirme l'existence) et le fait qu'ici, « mauvais » signifie en fait « déplacé » : quelles que soient ses qualités par ailleurs, le JDM ne peut dans un tel contexte qu'être mauvais, les considérations pragmatiques annihilant en quelque sorte tous les autres critères dans ces auto-évaluations à valeur d'excuses.

3 – Les productions discursives où les JDM sont *fréquents* : c'est de cette catégorie que relèvent les titres d'articles de presse[25] (le quotidien *Libération* ayant fait école en la matière, même s'il reste le champion incontesté de la titraille humoristique), mais aussi les noms de cafés, bars ou restaurants, magasins ou services... Je me contenterai de faire quelques remarques à ce sujet, en écho à l'étude d'Hugues Sheeren présentée à Trèves lors du colloque « La dynamique du jeu de mots ».

Remarquons d'abord que tous les sites ne se prêtent pas également à l'exercice, la prolifération des JDM caractérisant surtout les lieux de loisir ou de sociabilité festive (alors que le procédé est exclu pour les magasins funéraires, et rare pour les pharmacies). Mais outre la nature du lieu (facteur relevant du niveau référentiel), il semble que le signifiant lui-même joue un certain rôle dans cette affaire. C'est ainsi que le mot « bar » se prête particulièrement bien aux manipulations en tous genres (*cf.* les « Bo'bar » et autres « Bar'rock », avec ou sans cette apostrophe allègre qu'affectionnent ces formations néologiques). De même la remarquable fréquence des JDM affectés aux noms des salons de

---

25 Pour ce qui est des titres de romans ou de films, les JDM se rencontrent surtout dans les genres dit « mineurs » (romans policiers, films pornos – avec dans ce dernier cas une prédilection pour les allusions à des œuvres cinématographiques célèbres : « La chatte sur une doigt brûlant », « L'arrière-train sifflera trois fois », etc.).

coiffure[26] tient-elle non seulement à la nature de ce lieu de détente, mais aussi au fait qu'il est relativement facile de jouer sur les mots « tif » et « hair » (le terme français argotique étant aujourd'hui supplanté par le terme anglais, parfois réécrit « R »)[27] – quelques exemples glanés dans la ville de Lyon, et cités en vrac :

(65) **Diminu'tifs / Sympa'tifs / Créa'tifs / Évolu'tifs / Posi'tifs[28] / Tif' et Touf'**

(66) **Hair du temps / Exp'Hair / Coiff'Hair / Post'Hair / Caract'Hair / Planet'Hair / Atmosf'Hair / Brun d'Hair / L'art de pl'hair / R'apparences**

Ces diverses trouvailles sont de qualité inégale (elles sont plus ou moins tirées par les cheveux, sans mauvais jeu de mots évidemment), ce qui nous permet de revenir sur la distinction introduite précédemment entre JDM « gratuits » *vs* « motivés » ou « pertinents ».

Soit les deux noms d'hôtels suivants, qui par leur ancienneté font figure de prototypes :

(67) **L'abri côtier**

(68) **Au lion dort**

Le fonctionnement sémantique de ces deux énoncés s'oppose en ce que dans le premier cas, le sens référentiellement pertinent est celui qui correspond à la graphie, alors que dans le second, ce sens est en quelque sorte crypté (il se cache sous la séquence homophonique « au lit on dort »).[29] Mais dans les deux cas, le JDM est en général gratuit dans la mesure où le sens associé (*abricotier* en (67), *lion* en (68)) est non pertinent contextuellement, sauf à admettre la présence de l'arbre fruitier près de l'abri côtier en question, ou ce qui est encore plus rare sous nos climats, celle du fauve à crinière près de l'hôtel dénommé « Au lion dort » –

---

26 Dommage que le saint patron des coiffeurs soit très banalement saint Louis, et non pas sainte Ignace.
27 Pour des raisons purement techniques, il serait plus difficile de jouer sur le terme neutre « cheveux » ; mais c'est aussi que le JDM s'accommode mieux des termes marqués d'une connotation familière ou exotique...
28 On ne rencontre évidemment aucun « Néga'tifs » ni « Rébarba'tifs »... Dans le cas des salons pour chiens, le mot « tif », bien qu'attesté (« Ac'tif canins »), est largement concurrencé par « poil » (« Un pelage au poil », « Halte aux poils »...), lequel est par contre absent des noms de salons de beauté pour hommes et femmes.
29 Le mécanisme est le même dans cet autre cliché toponymique (il s'agit cette fois d'habitations individuelles) : « do mi si la do ré » (*domicile adoré*).

à moins que celui-ci ne soit (le cas est attesté) situé à Lyon, ce qui est une autre manière de remotiver son nom.

Les noms de bars, restaurants ou boutiques peuvent eux aussi se voir motivés par leur localisation géographique, comme dans le cas de cette boulangerie parisienne sise avenue Mozart :

(69) **La flûte enchantée**

Citons aussi, par exemple et entre autres : le « Bar'bac », rue du Bac à Cattenom (Moselle)[30] ; le « Bar à Tain » (à Tain L'Hermitage), lieu sans doute propice à la conversation (espérons toutefois que les serveurs ne « baratinent » pas trop les client/e/s) ; ou encore le « Bar'Iton », qui a le mérite de se trouver non loin du bâtiment de l'Opéra de Lyon, mais dont le dernier segment ne veut littéralement rien dire (on peut estimer plus réussi le nom de cet établissement voisin : « L'Opéra-bouffe »).

Il serait possible d'allonger à l'envi la liste de ces JDM plus ou moins ingénieux, et fort divers dans leur procédé de fabrication (noms de bars encore : « Tapaz nocturnes », « Wine more time », « Rest'au bar », etc. ; mais aussi de magasins de chaussures : « Las Godas », « Le bonheur est dans le pied »…, ou même de locaux à destination plus sérieuse : « Opti'soin »). On signalera simplement pour terminer que ce genre de jeu n'est nullement une spécialité française ni même francophone, comme l'atteste cette petite perle dénichée sur le Net (nom d'une laverie de Malaisie, qui fait de toute évidence allusion au film de Wong Kar Wai, *In the mood for love*) :

(70) **Wong Kar Wash. In the mood for clean**

3 Conclusion

Au terme de cet inventaire des genres discursifs envisagés par rapport à la place qu'ils accordent aux JDM, il resterait à examiner le cas de la grande famille des échanges ordinaires (conversations familières, échanges dans les petits commerces[31] et autres sites de la vie quotidienne…). Faute de données suffisantes, je

---

30 La motivation du JDM suppose aussi que le bar en question soit pourvu en produits carnés.
31 Où l'on ne rencontre guère que quelques jeux de mots stéréotypés, du genre :
Vendeuse : Madame ?
Cliente : On me sert !

me contenterai de commenter brièvement cette profession de foi anti-calembour de l'Abbé Morellet, pour qui dans une conversation, le jeu de mots n'est « pas de jeu » :

> *Pointes et calembours [...] sont le fléau de toute bonne conversation.* Ce malheureux usage de l'esprit *en rompt à tout moment le fil. Les mots cessant d'être,* pour le faiseur de calembours, *la peinture des idées qu'ils doivent réveiller, et n'étant plus entendus que comme des sons et des syllabes,* il n'y a plus de liaison des idées pour ceux qui s'en servent [...] Ces gens imitent les enfants qui brouillent les cartes au milieu de la partie parce qu'ils n'ont pas beau jeu. (*De la conversation*, [1812] 1995 : 73 ; italique ajouté)

Il est certain qu'en opérant un déplacement de la focalisation du discours, du plan des contenus vers celui des signifiants, l'irruption d'un calembour dans une conversation risque de la déstabiliser, d'en « rompre le fil » ou encore de produire, selon la formule de Hugo dans le passage des *Misérables* cité en introduction, l'effet d'« une pierre dans la mare ». Mais lorsqu'il s'inscrit dans une dynamique collective, le calembour conversationnel (dont il convient en tout état de cause d'user avec modération[32]) peut aussi participer d'une convivialité joyeuse et venir consolider la connivence entre membres d'une même microsociété – tel ce cercle familial adepte du jeu (gratuit s'il en est) dit « marabout de ficelle »[33], chez qui j'ai eu l'occasion de relever l'échange suivant, fusant dès le petit matin :

(71) Ce thé il a du succès – Succédané ! – Néandertal ! – Talisman ! – Mandarin ! – Rintintin ! – Tintamarre ! – *Marre des jeux de mots au petit déjeuner !!!*

Exemple qui illustre une fois encore l'importance du rôle que joue dans l'évaluation d'un JDM sa localisation contextuelle. Ce facteur vient s'adjoindre à tous ceux qui ont été précédemment évoqués : complexité formelle, pertinence sémantique, compréhensibilité et acceptabilité – les JDM mobilisant non seulement la compétence linguistique du récepteur mais aussi ses compétences culturelle et idéologique (il va de soi que l'on appréciera diversement des titres tels que « Sarkozy, le tout à l'égo » ou « Macron, le ministre de l'égonomie » selon que l'on est sarkophile ou sarkophobe, macronophile ou macronophobe). Ces différents

---

Vendeuse : Pas de trop près j'espère ! (jeu sur l'homophonie « sert » / « serre »).

32 J'ai l'autre jour surpris à la terrasse d'un café cette répartie d'une femme, à l'intention d'un homme venant de déclarer qu'il faisait « cinquante jeux de mots par jours, deux bons et quarante-huit exécrables » : « ben moi je n'aimerais pas être mariée à un Desproges, ça doit être fatigant ! » (le JDM étant censé être une spécialité plutôt masculine).

33 Autre nom du procédé « tuyau de poêle » évoqué précédemment (en 2.2).

facteurs doivent être pris en compte dans l'appréciation de la qualité d'un JDM. Cela dit, ce n'est pas parce qu'il est « réussi » qu'il va forcément « réussir », c'est-à-dire parvenir à ses fins. Bien plus, l'accumulation de « bons » JDM peut être contre-productive par effet de saturation, comme le savent bien les praticiens de la chose, tels les titreurs de presse. C'est ainsi qu'après nous avoir fourni quelques exemples de titres « ratés » (dont celui-ci : « Médicament, cuillère de ne pas avaler » – la nullité du JDM vient ici de ce qu'il contrevient à la règle de base voulant que l'énoncé ludique doit avoir l'air normal, c'est-à-dire être à peu près « grammatical » et pris à la lettre, interprétable), Marchon commente (2016 : 75) :

> On ne peut pas être prix Nobel du titre tous les jours. [...] Parfois, c'est l'abondance de bons mots qui pose problème. Deux beaux jeux de mots sur la même page s'annulent. Il vaut mieux en affadir l'un pour faire ressortir l'autre.

C'est donc à une leçon de modestie que nous convie le JDM : si les outils de la linguistique nous permettent de démonter efficacement ses mécanismes, ils ne nous permettent pas de prévoir à coup sûr ses effets – les voies de la réussite des jeux de mots sont et resteront toujours en grande partie impénétrables.

4 Références bibliographiques

Braun, Angelika & Astrid Schmiedel. 2018. The phonetics of ambiguity: A study on verbal irony. In Esme Winter-Froemel & Verena Thaler (éds.), *Cultures and Traditions of Wordplay and Wordplay Research* (The Dynamics of Wordplay 6), 111–136. Berlin & Boston : De Gruyter.

Delbourg, Patrick. 1997. *Demandez nos calembours. Demandez nos exquis mots*. Paris : Le Cherche Midi.

Freud, Sigmund. [1905] 1971. *Le mot d'esprit et ses rapports avec l'inconscient*. Paris : Gallimard (« Idées »).

Genette, Gérard. 1970. La rhétorique restreinte. *Communications* 16. 158–171.

Genette, Gérard. 1976. *Mimologiques. Voyage en Cratylie*. Paris : Seuil.

Guiraud, Pierre. 1976. *Les jeux de mots*. Paris : Presses Universitaires de France (« Que sais-je ? »).

Hugo, Victor. *Les Misérables*. In *Œuvres complètes de Victor Hugo [...]*. Paris : Ollendorff, 1908. Bibliothèque nationale de France / gallica, https://gallica.bnf.fr/ark:/12148/bpt6k6439205j (dernière consultation le 13/07/2018).

Jaubert, Anna. 2011. Le calembour ou la pragmatique du trait /facile/. *Le Français Moderne* 79(1). 33–43.

July, Serge. 2010. Une langue parlée écrite. In *Libération. Les Unes*, 11–13. Paris : La Martinière.

Kerbrat-Orecchioni, Catherine. 1977. *La Connotation*. Lyon : PUL.

Kerbrat-Orecchioni, Catherine. 2011. De la connivence ludique à la connivence critique : jeux de mots et ironie dans les titres de *Libération*. In Maria Dolores Vivero Garcia (éd.), *Humour et crises sociales. Regards croisés France-Espagne*, 117–150. Paris : L'Harmattan.

Kerbrat-Orecchioni, Catherine. 2017. *Les débats de l'entre-deux-tours des élections présiden-tielles françaises. Constantes et évolutions d'un genre*. Paris : L'Harmattan.

Lecolle, Michelle. 2015. Jeux de mots et motivation : une approche du sentiment linguistique. In Esme Winter-Froemel & Angelika Zirker (éds.), Enjeux du jeu de mots. Perspectives lin-guistiques et littéraires (The Dynamics of Wordplay 2), 217–243. Berlin & Boston : De Gruyter.

Mannoni, Oscar. 1964. Je sais bien… mais quand même. La Croyance. *Les Temps Modernes* 212. 1262–1286.

Marchon, Hervé. 2016. *Libé. Les meilleurs titres*. Paris : La Martinière.

Morellet, André. [1812] 1995. *De la Conversation*. Paris : Rivages.

Petit Robert 2013 = *Le Petit Robert 2013. Nouvelle édition du Petit Robert de Paul Robert. Texte remanié et amplifié sous la direction de Josette Rey-Debove et Alain Rey*. Paris : Le Robert.

Stendhal. 1972. *La Chartreuse de Parme*. Paris : Le Livre de Poche.

Winter-Froemel, Esme & Angelika Zirker (éds). 2015. *Enjeux du jeu de mots. Perspectives lin-guistiques et littéraires*. Berlin : De Gruyter.

Alain Rabatel

À quelles conditions les *lapsus clavis* sont-ils des jeux de mots ?

Résumé : L'article analyse les lapsus effectués avec un clavier d'ordinateur, dans un corpus de courriels, et soutient la thèse que certains d'entre eux, involontaires par définition, peuvent être considérés comme de bons lapsus et, à ce titre, comme des jeux de mots intentionnels. L'article fait d'abord le point sur les différents lapsus, *linguae*, *calami* et *clavis* et revient sur la distinction entre lapsus, coquille ou erreur. Il tente ensuite de hiérarchiser des critères, morphologiques, syntaxiques, sémantiques, interactionnels qui accompagnent les lapsus au fil du discours, afin d'expliquer les jugements de plus ou moins grande réussite des lapsus, en tant que jeux de mots. Il distingue notamment les critères morphologiques et phonologiques qui sont l'indice d'un énoncé problématique ; les critères sémantiques qui permettent de pointer vers l'hypothèse lapsus ; les critères énonciativo-interactionnels qui ratifient l'hypothèse et apprécient le lapsus ; le critère de pertinence / réussite qui dépend de la partageabilité du lapsus. La hiérarchisation de ces critères n'est pas seulement un fait de production, mais de réception, mettant en avant la coconstruction des critères de réussite, qui transforment un lapsus a priori involontaire en une création a posteriori intentionnelle. Enfin, comme le lapsus repose sur un conflit conceptuel, l'article en propose une analyse pragma-énonciative, afin de rendre compte du conflit, des phénomènes de prise en charge des points de vue cumulatifs ou substitutifs, en lien avec des postures de co-, sur- et sous-énonciation.

Mots clés : co-énonciation, conflit conceptuel, écoute, jeu de mots, lapsus, *lapsus clavis*, points de vue (cumulatifs, substitutifs), prise en charge, sous-énonciation, sur-énonciation

1 Introduction

Je voudrais analyser les lapsus (Lp) effectués avec un clavier d'ordinateur, dans un corpus de courriels, et soutenir la thèse que certains d'entre eux, involontaires par définition, peuvent être considérés comme de bons Lp et, à ce titre, comme des jeux de mots (JDM). Le corpus recueilli se compose d'une petite centaine de mails professionnels, recueillis entre 2014 et 2016 (pour l'essentiel). Dans leur quasi totalité, ce sont des mails que j'ai envoyés ou reçus, excepté quelques uns qui m'ont été transmis par des collègues. Ce corpus se caractérise par ses dimensions auto- et/ou hétéro-dialogiques, les lapsus faisant l'objet d'un commentaire éventuel de leur auteur, auquel s'ajoute celui du destinataire. Je laisserai de côté la question des Lp dus aux logiciels de correction automatique qui modifient le texte à l'insu du scripteur. La prise en compte de ce paramètre ne modifierait cependant pas mon analyse, car certaines modifications involontaires peuvent être récupérées et réinterprétées par l'énonciateur/écouteur (ou les lecteurs), si elles font sens, dans le co(n)texte ou selon le genre. Je ferai d'abord le point sur les différents Lp, *linguae, calami* et *clavis* (2), passerai rapidement sur la distinction entre Lp, coquille ou erreur (3), avant de hiérarchiser des critères, phonétiques, morphologiques, syntaxiques, sémantiques, interactionnels, afin d'expliquer les jugements de plus ou moins grande réussite des Lp, en tant que JDM (4). Enfin, je proposerai de la condensation caractéristique des Lp une analyse pragma-énonciative en termes de conflits de points de vue (PDV) cumulatifs ou substitutifs, en lien avec des postures de co-, sur- et sous-énonciation (5).[1]

2 Lapsus *linguae, calami, clavis*

Les Lp *linguae* correspondent au fait de prononcer un mot ou une forme[2] pour un(e) autre (Fenoglio 2003 : 64), avec une rupture d'isotopie et/ou du continuum discursif. La survenue d'une forme inattendue s'accompagne souvent de silence, « d'un arrêt brusque du trajet énonciatif », de reprises et de commentaires, signalant une « infraction de la parole singulière dans le discours » (Fenoglio 1997 : 42). Le Lp est donc « suffisamment marqué discursivement pour être ‹entendu› par l'un ou l'autre des protagonistes de l'interénonciation, sans cependant que la compréhension de son advenue soit donnée ; il trouble l'ordre énonciatif annoncé, mais est très vite rapporté à un ‹en dehors› » (Fenoglio 1997 : 46).

L'expression de *Lp linguae* date du XIXe siècle. Par comparaison, celle de *Lp calami*, est attestée dès le XVIIe siècle en français, invoquée par les spécialistes qui établissent des textes anciens, traquent coquilles ou Lp, tant du point de vue de l'établissement du texte que de son interprétation. Peut-être est-ce cette activité de clerc qui explique la moindre diffusion de la notion et de l'expression.

---

1 Les notions de JDM, PDV (cumulatif ou substitutif) et de postures énonciatives seront définies *infra* au moment où elles seront convoquées.
2 Selon Rossi et Peter-Defare (1998 : 24–37), 30 % des Lp sont des mots entiers, 5 % des syllabes, 65 % des phonèmes. Ce calcul est indicatif, vu la fréquence des monosyllabes en français.

Quant à la notion / dénomination de *Lp clavis* – comme aussi la dénomination de *Lp tapoti*[3] –, elle est la plus récente des trois, et renvoie non plus au Lp qui serait fait avec le calame, mais avec le clavier.[4] Cependant, bien que l'usage de ce dernier se soit fortement répandu, il n'a pas entraîné une attention particulière pour cette forme, plus souvent repérée comme erreur ou coquille que comme un jeu sur et avec les mots / formes.

Je fais l'hypothèse que, par-delà des différences liées au canal ou à une technologie, il y a une constellation de phénomènes convergents. Je restreins mon analyse au français et au clavier AZERTY – dont je reproduis en annexe la disposition des touches –, mais ses résultats sont généralisables, *mutatis mutandis*, à d'autres langues et d'autres types de clavier. Compte tenu de cette hypothèse, je partirai des *Lp linguae* pour investiguer les *Lp clavis*.

3 Coquilles, erreurs ou lapsus ?

Perdue (1980) distingue les *Lp linguae* et *calami* des erreurs de performance transitoires de l'apprenant. Parallèlement, il y a le continent des pratiques irrégulières des locuteurs experts, considérées comme des coquilles ou des erreurs de saisie (des fautes de frappe, comme on hésite à dire aujourd'hui, sous l'influence des didacticiens qui mettent en garde contre les formulations stigmatisantes / culpabilisantes). Il y a ainsi des erreurs de saisie en (1), une coquille en (2), en l'absence d'intention et de signification décelables :

(1) Tout cela aide à définir le type de réalité *om* se meut le jeu : c'est une *réaité lystique* et qui emprunte au sacré quelques-uns de ses caractères les plus apparents[5]

(2) L'aboutissement meurtrier des logiques totalitaires (Dulong, *Le témoin oculaire* 1998 : 16)

---

3 *La pensée du discours*, Onglet « Énoncés mémorables », rubrique « Coquilles, lapsus et inventions ». Ainsi dans « Je fais un **fion** pas possible » [foin]. Dans tout l'article, j'adopte les conventions suivantes : le Lp est graissé, les éventuels auto-commentaires qui l'accompagnent sont en italique et soulignés, les hétéro-commentaires sont en italique et non soulignés. Les formes entre crochets, qui décodent le Lp ou apportent des informations nécessaires à sa compréhension, sont données par l'analyste, en dehors de l'interaction.
4 Lacan parle d'un Lp « orthographique » dans une lettre, sans qu'on sache s'il a été écrit à la main ou avec un clavier (Lacan 1975 : 27).
5 La version correcte est : « Tout cela aide à définir le type de réalité où se meut le jeu : c'est une réalité mystique et qui emprunte au sacré quelques-uns de ses caractères les plus apparents ».

Ces altérations sont jugées non significatives. D'ailleurs, elles ne s'accompagnent d'aucune des manifestations évoquées ci-dessus.

Toutefois, pourquoi certaines altérations sont-elles jugées pertinentes par rapport à un vouloir dire projeté ou attendu ?[6] Certes, il y a des risques de normativité à prétendre dire sans précautions quels sont les véritables Lp. Néanmoins, chacun a fait l'expérience de Lp jugés plus riches de sens que d'autres : ainsi, le Lp prononcé en 1975 à l'Assemblée nationale par le député Robert-André Vivien, à propos d'un projet de loi contre la pornographie, invitant ses confrères à « durcir leur **sexe** » / [leur texte], sera jugé plus significatif, plus drôle que « ma fourche a langué ».[7] Je n'hésiterai pas à faire état de critères (inter)subjectifs pour l'interprétation et l'appréciation des Lp et j'essaierai d'éviter le piège du normativisme en distinguant des critères de la zone proximale des *Lp clavis*, de ceux qui s'en éloignent.

4 Les caractéristiques des lapsus

4.1 Caractéristiques générales des lapsus (*linguae*)

Il existe maintes typologies des Lp : je citerai ici celles de Fenoglio (1997), de Rossi et Peter-Defare (1998), pour le français, d'Arnaud (1999), pour l'anglais, sans compter les travaux de Hockett (1984), Fromkin (1973), pour ne citer qu'eux. Je restitue le classement de Fenoglio, assorti de quelques exemples.

1. Du point de vue de l'analyste
   1.1. En langue (rupture morpho-syntaxique) : « C'est un peu bizarre parce que pour moi il y a une espèce de, de deux allemands quoi, l'allemand de **ma** [la] guerre qui raconte sur des trucs que j'ai vu sur les nazis » (Fenoglio 1997 : 54) ;
   1.2. En discours (perturbation de la chaîne parlée) : « ... oui alors ça je voulais donc, les relations avec les enfants, je ne parle jamais allemand, je ne parle que français **avec mes allemands euh avec mes enfants** » (Fenoglio 1997 : 56) ;
2. Du point de vue du locuteur
   2.1. Lapsus entendu : en langue (pas forcément) ou en discours (toujours) ;

---

6 Ce vouloir dire est reconstruit attentionnellement sur la base des données fournies par l'énoncé, les attentes suscitées par le préconstruit et les prédiscours.
7 Voir le point de vue rafraîchissant de Culioli (2012 : 149) qui regrette que le linguiste hésite à formuler des jugements de valeur.

2.1.1. Avec marqueur de correction et correction : « Ouais, ch'sais pas moi, a ce qui paraît c'est mieux, mais ch'sais pas si c'est plus dur ou **pas assez dur, euh moins dur** » (Fenoglio 1997 : 58) ;

2.1.2. Sans marqueur de correction : « C'est un peu bizarre parce que pour moi il y a une espèce de, de deux allemands quoi, l'allemand de **ma** [la] guerre qui raconte sur des trucs que j'ai vu sur les nazis » (Fenoglio 1997 : 54) ;

2.2. Lapsus non entendu : « à partir du CM1 tout le monde fait de l'allemand mais c'est encore très **superlatif** on n'apprend pas grand-chose » [superficiel] (Fenoglio 1997 : 53).

Rossi et Peter-Defare (1998) dégagent six caractéristiques du Lp, sans s'arrêter sur la source du Lp ni sur les manifestations épi-, métalinguistiques ou métadiscursives qui retiennent l'attention de Fenoglio :

1. Interversions : « Le **chour est faud** » ; [le four est chaud] : voir, sur les contrepèteries, Rabatel (2015a), et les contributions d'Attardo et de Braun et Schmiedel (in The Dynamics of Wordplay 6).

2. Omissions : « La proposition de **geler** [le salaire des] **les fonctionnaires** » ;

3. Substitutions : « La **mise en pièce... la mise en scène** de la pièce » ;

4. Insertions : « Il faut changer votre groupe de sécurité **sociale, euh ! de sécurité** » : [insertion de la collocation *sécurité sociale*] ;

5. Amalgame : « Un monde de chanson **ébouristouflant** » : [mot-valise réunissant *ébouriffant* (*i.e.* « décoiffant », « original ») + *époustouflant*] ;

6. Haplologie : « Non, il n'a pas été **ambudgé... amputé le budget** : [l'amalgame est favorisé par l'amuïssement de phonèmes aux sonorités équivalentes ou proches /pyt/ et /byd/].

À la différence des critères précédents, Arnaud (1999) propose une typologie qui, tout en reprenant des paramètres morpho-phonologiques et syntaxiques, privilégie la dimension sémantique :

1. Mots qui se ressemblent formellement (serviette / fourchette) ou ressemblance syntagmatique (« he rotates it by one **quarter of a century** [il le fait tourner d'un quart de siècle] *er, of a turn* [euh, de tour] ») ;

2. Mots apparentés sémantiquement (**napkin** = serviette [*necktie* = cravate]) ;

3. Lapsus par contamination (par une pensée obsédante, un mot juste entendu, vu, le contexte), erreurs qui sont précieuses pour penser le fonctionnement cognitif du langage.

4.2 Caractéristiques complémentaires à l'aune des lapsus *clavis* en discours

Les caractéristiques ci-dessus concernent par principe les *Lp clavis*. Mais si l'on s'intéresse de près à ces formes écrites typographiques, on pourrait dégager d'autres traits phonologiques ou graphiques, morphologiques, syntagmatiques, ou technologiques, ces derniers renvoyant à la disposition des touches sur le clavier AZERTY (4.2.1 à 4.2.3), ainsi que des phénomènes textuels/interactionnels, (4.2.4) avec la manifestation de commentaires, leur emplacement, leur éventuelle succession.

4.2.1 Nature du fragment-intrus

Une première caractéristique complémentaire concerne la nature du fragment-intrus, qui peut correspondre à une lettre/un son, à une syllabe, à plusieurs, voire à un mot (voir le cas 4 de Rossi et Peter-Defare 1998, et, plus largement, leur typologie : voir *supra*, note 2).

4.2.2 Place du fragment perturbateur par rapport au mot de base

Une deuxième caractéristique concerne la position du fragment perturbateur par rapport au mot de base (caractéristique qui fait écho aux cas 1 et 4 de Rossi et Peter-Defare 1998) :
– Position à l'initiale comme en (3) et (4) :

(3) Chère **B**adyne [chère Nadyne] (04 mars 2015[8])

(4) mes « charges **dam***inistratives* » m'ont retardée comme elles me retardent sur tout, j'espère qu'il est encore temps (16 juin 2014) [administratives]

– Position finale, comme en (5) :

(5) Je t'embra**s**e [Je t'embrasse]

---

8 Compte tenu des conditions de collecte du corpus, les exemples ont été anonymisés autant que possible.

– Position intermédiaire, comme le *n*, en (6), qui correspond à une glose de (4) sur laquelle je reviendrai :

(6) Ou « **damn**- istratives » ; ou l'on est comme un damné à 100 fois remettre sur l'ouvrage... Pour rien !

– Position antépénultième, comme dans l'amalgame « relectueurs » :

(7) J'ai pris à cœur mon rôle de relect*ue*ur
oh le lapsus ! Je laisse, il est « joli ». C'est relecteur que je voulais dire, bien sûr ![9]

4.2.3 Mécanisme morpho-phonologique et technologique de l'altération

Une autre caractéristique concerne le mécanisme morpho-phonologique et, surtout, technologique de l'altération, compte tenu du clavier AZERTY :
– Touches contiguës : N / B (3), E / R (8), C / V (9), I / O (10), I / U (11), O / P (12), P / O (13), X / C (14) – ces trois derniers exemples relevant d'un amalgame selon Arnaud (1999) – :

(8) Je suis en Savoi**r** / [en Savoie, Lapsus repéré par mon interlocuteur]

(9) de vi**c**e voix / [de vive voix]

(10) Je bisse (*tiens, j'avais écrit je* **bosse**, *X comprendra le lapsus calami*) (04 février 2015)

(11) J'illustre brièvement la diversité des mouvements empathiques qui portent le narrateur à se mettre à la place de ses personnages ou de son lecteur, en jouant sur des *points de* **vie**[10] très différents, sans que, pour autant, le narrateur ne fasse parler directement ses personnages

---

9 Mail adressé au responsable du comité scientifique de *Langue française*, accompagnant ma première relecture en tant que membre du comité scientifique de la revue.

10 Le Lp est assorti de la note suivante, qui correspond à un auto-commentaire *in praesentia* (voir *infra*, 4.2.4) : *« C'est bien évidemment point de vue que je voulais écrire. Mais la main a ses raisons... que la raison ne peut pas totalement ignorer. Comme tout lapsus, le lapsus calami éclaire sous un jour particulier une notion, et un rapport à la notion. Aussi ne souhaité-je pas corriger ce premier jet sans avoir marqué d'un petit caillou ce qui m'apparait comme une certaine vérité de la notion de point de vue : quelque chose qui engage un rapport à la vie, allant bien au-delà d'une pure et simple notion linguistique et narratologique – j'y reviendrai en conclusion. »* (in Rabatel, version intermédiaire du texte paru dans *Arborescences* 6, Rabatel 2016a).

(12) je vous envoie en pièce jointe les extraits d'un poème qui vient d'être **o**ublié [publié] dans une revue poétique en ligne (territoires sauriens) (05 janvier 2016)

(13) J'ai **p**ublié de vous dire : parmi les colloques, il en est un d'important, c'est celui du CMLF [à une doctorante, 18 février 2016]

(14) tout cela mériterait d'être analysé, et les variables prises en compte selon les intervenants comme selon les sites, en distinguant la nature idéologique du site de son **architexture** [architecture] de ce qu'il permet ou non de faire, en termes d'analyse de la légitimité énonciative (24 avril 2016, rapport d'expertise)

– Suppression de touche comme S en (5), le T de (15) *tueur accompagnant les enseignants stagiaires*[11] (plutôt que les tuteurs), ou encore *sevice compris* (pour service compris)[12] :

(15) **tueurs** [tuteurs] censés accompagner les enseignants stagiaires

– Permutation/interversion /ia/ → /ai/[13], en (16), comme plus haut en (4), AD/DA :

(16) C'est **fiat** [fait] cher X !
Allons bon, le lapsus calami. Si on disait fiat et que c'était sitôt fait, la vie serait belle !

– Adjonction, comme le /u/ en (7) qui transforme le relecteur en « relec-t**u**eurs »/relecteur, le /n/ de dam**n**istrative en (4), le /r/ de « contrep**r**èterie » en (17) :

(17) Les contrep**r**èteries [contrepèteries] ont une dimension critique.
De fait, il en est beaucoup qui prennent des religieux pour cible !

De même le /l/ de (18), ou le /t/ de (19) :

---

11 Mail de l'ESPE de Lyon.

12 Mail de la mairie de Lyon, 2015.

13 Le phénomène vaut pour l'écrit. Mon commentaire écrit intégrant la dimension orale et multicodique, les mécanismes sont plus complexes, car la dimension multicodique entraine une bizarrerie syntaxique. Mais l'interprétation du JDM n'est pas à la syntaxe près, dès lors que le déplacement/rapprochement associatif produit une interprétation riche de sens (Aquien 2016 : 189–190).

(18) J'ai défendu, en **explosant** [exposant] mon cadre théorique *(NDLR[14] : je laisse le lapsus juste pour vous amuser)*, une conception de la linguistique qui ne se désintéresse pas des conceptions énonciatives [version de travail d'une conclusion de thèse]

(19) J'ai acheté des trompettes de la mort pour ton **trepas** d'anniversaire [dit une épouse à son mari, pour son repas d'anniversaire] (exemple d'E. Danblon)

L'ajout relève bien du *Lp calami* parce que /p/ et /l/ sont contigus, approximativement l'un au dessous de l'autre, sur le clavier.[15] Il n'en va pas de même en (20) dans la mesure où /e/ et /a/ ne sont pas contigus sur le clavier, mais sont séparés par une lettre.

(20) Cher X,
Nous pourrions **affectivement** nous réunir demain entre 14h30 et 16h dans mon bureau, soit le 4210.
Est-ce que cela te convient ? Bien cordialement, Y (exemple de C. Gérard)

4.2.4 Manifestations discursives / interactionnelles accompagnant le Lp

Une quatrième caractéristique complémentaire concerne les manifestations discursives / interactionnelles[16] accompagnant le Lp, patentes si on prend en compte l'insertion de ce dernier dans le fil du discours ; elles ne se bornent pas aux marqueurs de correction relevés par Fenoglio mais intègrent aussi des gloses / commentaires.

– Présence d'un[17] hétéro-commentaire (6) puis d'un auto-commentaire (21) *in praesentia* (même si c'est en différé vu le médium). Je précise que (4) con-

---

14 En l'occurrence, il s'agit d'une note (d'un commentaire) de la rédactrice.

15 Le critère de la contiguïté des lettres sur le clavier doit être relativisé par la dimension fonctionnelle. Une personne écrivant sur machine avec ses dix doigts utiliserait l'annulaire et l'auriculaire, comme le remarque Esme Winter-Froemel ; il n'en reste pas moins que le doigt (quel qu'il soit) peut, par inadvertance, déraper sur la touche contigüe.

16 Cette interaction peut orienter des échanges (voir (4)–(6) et (21), en situation de communication en face à face ou différée, dans les mails. Y a-t-il ‹interaction› lorsque nous lisons des JDM d'un locuteur absent ou d'un auteur des siècles passés ? Le récepteur peut ‹interagir› avec le texte, selon les intentions qu'il prête à son auteur ; mais la réciproque n'est pas vraie. Ces ‹interactions› sont secondaires, partielles, asymétriques, différentes par nature des interactions orales, collaboratives par définition – même si elles sont plus ou moins collaboratives. En revanche, d'autres interactions sont possibles, avec des tiers qui se positionnent par rapport à l'interprétation du récepteur, qu'ils confrontent avec les leurs ou celles qu'ils imputent à l'auteur.

17 Il est bien sûr possible qu'il y ait un ou plusieurs auto- ou hétéro-commentaires.

cerne un rapport pour la promotion d'une enseignante-chercheure, auquel je réponds en (6), la locutrice de (4) répliquant en (21) :

(4) mes « charges **daministratives** » [administratives] m'ont retardée comme elles me retardent sur tout, j'espère qu'il est encore temps (16 juin 2014)

(6) *Ah, le lapsus calami (ou le mot-valise) : "charges daministratives" :*
charges administratives des dames ?

Ce qui entraine derechef une réponse de la collègue :

(21) *oui !!!*
Ou « damn- istratives » ; ou l'on est comme un damné à 100 fois remettre sur l'ouvrage... Pour rien ! (16 juin 2014)

On voit apparaître ici une structure d'échange, avec un tour initial, sa réaction et la réponse à la réaction, qui vient clôturer cette micro-séquence, le tour de clôture ajoutant un /n/, mis en valeur par le tiret signalant cet ajout permettant de jouer avec le mot français *damné*, engendrant ainsi l'auto-commentaire final. L'interaction/l'interprétation ne s'attarde pas sur l'interversion du /d/ et du /a/, elle prend d'emblée au sérieux une formulation incongrue et cherche à trouver du sens, voire un surcroît de pertinence au point de vue (PDV)[18] projeté, qui visait à mettre en avant le caractère dévoreur de temps des tâches administratives, évoquées avec le substantif à l'axiologie négative « charges » plutôt qu'avec le substantif *activités*, usuel dans ce genre de littérature grise servant à l'évaluation des chercheurs. (6), tout en entérinant le PDV projeté / attendu de (4) – que je nommerai PDV2, *infra* – propose de ce qui est effectivement dit (PDV1), une glose en congruence avec la séquence phonétique [dam], en appui sur le substantif *dame* : les charges administratives sont souvent assumées par les femmes. À quoi l'auteure de (4), qui accepte cette hypothèse, en ajoute une autre, interlinguistique.[19] Cette séquence n'est pas sans produire des effets, au plan argumentatif : car l'évocation conjointe de l'argument excusant le retard, reformulé sous sa variante sexiste ou sous ses caractéristiques axiologiques (travail de damné), justifie interactionnellement le retard, plaidant implicitement en faveur d'un examen bienveillant du dossier.

---

18 Voir *infra* 5. Pour une définition détaillée. Un PDV apparaît dans une prédication, et indique, par les choix de la référenciation, le point de vue de l'énonciateur sur l'objet, sans qu'il soit besoin de formuler un jugement explicite : voir Rabatel (2008a, 2008b, 2012b).
19 Comme en (16), en passant du français au latin.

L'exemple (5') donne naissance, de même, à un hétéro-commentaire de la destinataire du message :

(5') Je t'embra**se** [Je t'embrasse]
[réponse immédiate de la destinataire, qui recite le message en l'assortissant d'une interjection amusée]
« Je t'embrase » : Waouh !

–   Présence d'un auto-commentaire *in praesentia* ((10), (11), (16), (17), (18)) ou différé ((20'), (22), (23)), avec, en ce cas, la possibilité que l'auto-commentaire différé commente le Lp en s'adressant au destinataire du message (20') ou à une tierce personne ((22), (23)) :

(20') Cher X,
Nous pourrions **affcctivement** nous réunir demain entre 14h30 et 16h dans mon bureau, soit le 4210. Est-ce que cela te convient ? Bien cordialement, Y
[Premier mail suivi rapidement d'un deuxième avec un auto-commentaire rectificatif de Y] :
Merci de lire « effectivement » !!!

(22) Salut,
Mangeons-nous ensemble demain ?
A bient*pot*
(rapporté par l'auteur à IF avec ce commentaire : *Salut, pour la bonne bouche, ce mail que j'envoie à une collègue, et que tu sauras apprécier*) (Fenoglio 2003 : 72)

Fenoglio hésite entre faute de frappe et Lp et allègue l'absence d'accent circonflexe en faveur du Lp, avec un mot différent, le « pot ». La présence ou l'absence de l'accent relève d'une rationalisation secondaire comme le confirment l'auto-puis l'hétéro-commentaire de (22) et (23) :

(23) La commission sera socio-SE & Info-com.
Merci et à **bien*pôt***.
(*je te laisse cet heureux lapsus*)
[...]
Cher M.
[...]
Par ailleurs le pot est samedi 10 mars de 11h à 13h et non lundi (il ne restera plus rien plus rien mon pauvre !)

Comme dans les exemples (4)–(6) et (21), le Lp suscite des commentaires en chaine, qui traitent du Lp comme d'un mot d'esprit, voire comme un JDM.

– Commentaires métalinguistiques ou métadiscursifs[20], hyperboliques, portant sur le contenu du Lp (*Bravo !, Magnifique !, Super !, C'est le cas de le dire !*), ou ironiques envers l'auteur du Lp (*l'inconscient a encore frappé, Je ne te le fais pas dire, Tu nous en dira tant !*), souvent accompagnés d'interjections (*Hum hum, Ouh la là !, Waou ! (5)), Ben dis donc*).

– Présence de signaux paralinguistiques, à l'oral, rires, clins d'œil, signes d'approbation (pouce dressé, applaudissements, etc.), critères auxquels il faut encore ajouter la direction de ces signaux, vers l'auteur du Lp ou des tiers. À l'écrit, les smileys sont l'équivalent iconique de signaux paralinguistiques, dans le même temps qu'ils jouent un rôle modalisateur (Halté 2013).

Ces interactions scellent la connivence du ou des récepteurs avec l'auteur, comme on le voit dans les exemples (4)–(6)–(21) et (22)–(23). Elles indiquent une réaction amusée et positive face au Lp, renforçant l'hypothèse que l'énoncé manifeste, par-delà sa dissonance, est apprécié pour sa ludicité et son surcroît de signification. L'hypothèse est confirmée par la rareté des réactions négatives[21] envers un Lp sans grande signification (« ma fourche a langué »). En ce cas, le Lp fait l'objet d'une correction, sans manifestation théâtralisée, puisqu'il n'en vaut pas la peine.

Tels sont les critères plus spécifiques aux *Lp clavis*, qui se produisent à l'intérieur d'un mot. Les formes contiguës forment la zone proximale des *Lp clavis* ; les autres Lp relèvent d'une logique signifiante qui n'est plus aussi contrainte par la contiguïté des touches du clavier (14). De plus, ces formes ne font sens que si les autres critères sémantiques, co(n)textuels et interactionnels sont réunis : mais alors, on entre dans une autre zone proximale, celle des Lp réussis, candidats pour être de « bons » JDM, et qui nécessitent le plus souvent une certaine proximité (de tous ordres, j'y reviendrai) avec le locuteur : c'est pourquoi (9) parait « moins bon » que (10), moins bon aussi que (14), qui n'est pas dans la zone proximale. De même, bien que *daministrative* en (4) ou *damnistrative* en (21) n'appartiennent pas à la zone proximale, ils sont cependant des *Lp clavis* intéressants. Dès lors, se pose la question de savoir si l'on peut avancer des arguments rationnels et partagés pour rendre compte de la réussite des Lp et dégager des critères objectifs de proximité, voire de connivence.

---

20 Le lecteur trouvera dans ce volume d'autres exemples de commentaires (voir Kerbrat-Orecchioni), pouvant éventuellement engendrer du texte, en étant au cœur du processus créateur (voir Poier-Bernhard, in The Dynamics of Wordplay 6).
21 Sauf si elles sont ironiques, mais en ce cas leur caractère antiphrastique revient à une stratégie d'approbation détournée.

4.3 Hiérarchiser les critères pour rendre compte du degré de réussite du lapsus : de l'intérêt du jeu avec la proximité et la distance

Les critères précédents gagnent à être combinés, car il est impossible de rendre compte d'une réalité complexe à partir d'un seul niveau linguistique. En effet, toute interversion, omission, substitution, insertion, amalgame, haplologie ne donnent pas nécessairement naissance à des Lp – et il en va de même pour les critères listés par Arnaud ou Fenoglio. Il faut encore, outre la ressemblance formelle, que les mots soient apparentés sémantiquement ou qu'une contamination s'explique par des ressemblances formelles[22], voire par la situation. Il faut aussi que le locuteur seul ou les récepteurs aient conscience du Lp, le manifestent par des corrections, commentaires ou réactions paralinguistiques. Pour qu'un Lp soit jugé « réussi », tout subjectif que soit ce critère, il faut que les critères sémantiques ci-dessus reposent sur deux autres critères complémentaires : que les mots se ressemblent au plan du signifiant (graphique plutôt que sonore) et surtout permettent de construire des points de vue, des prédications complémentaires sur l'objet, qu'elles soient (ré)interprétées comme pertinentes dans le co(n)texte, passé un premier trouble dû à la bizarrerie de la forme et à son incongruité par rapport au co(n)texte. Cela explique que les mêmes jeux morpho-phonologiques puissent être à peine remarqués dans un cas, et jugés de très jolis Lp dans d'autres, selon les co(n)textes. Ainsi, le *Lp clavis* « bienpôt », en (22), ne fait sens que parce que le pot est proche. Mais il m'arrive d'écrire *bientpôt* dans des co(n)-textes où l'altération est perçue comme coquille. De même, il est fréquent que j'écrive *contreprèterie* pour contrepèterie, sans que cette coquille soit reconnue comme un Lp significatif, à l'inverse de (17), où le co-texte s'y prête.

Les critères ci-dessus fonctionnent solidairement, sans être de même niveau, car les critères sémantiques et énonciativo-interactionnels prédominent. Quant au critère de pertinence / réussite du Lp, qui analyse le Lp en tant que mot d'esprit, voire JDM, il est sanctionné par les réactions des récepteurs, mais aussi par celle du premier des récepteurs, le locuteur lui-même... Ce critère interactionnel doit bien sûr être complété par les critères sémantiques qui ratifient l'existence du Lp en tant que jeu de mot, jouant avec les situations (*bientôt / bienpot*), et avec la situation et la forme signifiante : (*exposer / exploser, trepas / repas d'anniversaire*, etc.). Si toutes ces conditions sont remplies, le *Lp clavis* est un JDM, puisque

---

22 Toutefois, le critère de la complexité formelle, analysé dans ce volume par Kerbrat-Orecchioni, n'est pas pertinent pour le Lp, car son caractère involontaire interdit toute recherche intentionnelle de la complexité.

sa formulation, due au hasard, est jugée comme une réussite significative. Il faut encore ajouter que le critère pragmatique / interactionnel des réactions est lui-même fonction d'une échelle de partageabilité : c'est pourquoi (4), en dépit de sa reconnaissance dans les échanges, est moins partageable par tous les lecteurs additionnels, que les Lp qui font immédiatement sens dans une communauté, comme cela est le cas pour *architexture* / architecture, *relectueur* / relecteur, *contreprèterie* / contrepèterie, *tueur* / tuteur, qui feront davantage sens pour des universitaires spécialistes de rhétorique, des formateurs d'enseignants que pour des locuteurs étrangers à ces communautés. Mais, ces communautés étant restreintes, le Lp sera moins partageable que le Lp de R. A. Vivien (*durcir leur sexe* / texte). À l'autre bout, je peux apprécier mon Lp *je suis en savoir* / Savoie, le destinataire qui me connaît aussi, mais c'est un *private joke*.

Par conséquent, le critère de pertinence dépend de la reconnaissance et de la partageabilité du Lp, ainsi que de son degré de réussite. Ce critère est épineux, la réussite étant une notion subjective. Cependant, le jugement de réussite peut s'argumenter : en règle générale, la réussite sera d'autant plus grande que le Lp sera reconnu, que sa signification sera jugée non anecdotique, profonde, amusante, en décalage par rapport aux normes linguistiques et éthiques, par rapport aux attentes, à la situation, au locuteur. Partant de là, il convient de mesurer que ce critère ne peut s'apprécier que par rapport à la prise en compte de données situationnelles. Il n'est par exemple pas indifférent que le Lp de (18) émane d'une doctorante, que celui de (20) s'adresse à une femme, et de même pour (4) et (6). C'est la raison pour laquelle certaines des explications évoquent ces données, en les ayant anonymisées, mais sans aller jusqu'à supprimer toutes les données situationnelles, comme certains relecteurs me l'ont demandé en alléguant des raisons éthiques. Ce souci est respectable, mais il peut s'avérer contre-productif dans ses excès. En l'occurrence, supprimer des données situationnelles au motif que la personne pourrait se reconnaître, c'est oublier que le sens ne saurait faire l'économie de telles données ; je m'en suis donc tenu à des données générales. Cependant, chacun sait que certains JDM ne sont bons non seulement parce qu'ils sont partagés, mais encore lorsqu'ils le sont sur le dos d'une innocente victime... Il y a là une contradiction, qu'il n'est au demeurant pas très difficile de résoudre quand les exemples n'attentent pas fondamentalement aux faces positive ou négative des personnes, comme c'est le cas dans mon corpus.

L'ensemble des remarques précédentes n'est pas sans faire écho aux travaux de Koch et Oesterreicher (1985, 2001) sur « l'immédiat communicatif » et la « distance communicative » (reformulés ci-après en proximité et distance). Ces auteurs listent un certain nombre de caractéristiques qui distinguent, d'une façon générale, la langue parlée (*Sprache der Nähe*) de la langue écrite (*Sprache der Distanz*) :

Tab. 1 : Caractéristiques de l'immédiat communicatif et de la distance communicative (Koch et Oesterreicher 2001 : 586)

1) communication privée	*vs*	communication publique
2) interlocuteur intime	*vs*	interlocuteur inconnu
3) émotionnalité forte	*vs*	émotionnalité faible
4) ancrage actionnel et situationnel	*vs*	détachement actionnel et situationnel
5) ancrage référentiel dans la situation	*vs*	détachement référentiel de la situation
6) coprésence spatio-temporelle	*vs*	séparation spatio-temporelle
7) coopération communicative intense	*vs*	coopération communicative minime
8) dialogue	*vs*	monologue
9) communication spontanée	*vs*	communication préparée
10) liberté thématique	*vs*	fixation thématique
etc.		

Cependant, ces caractéristiques ne sont pas si homogènes que cela, certains genres et usages de l'oral ou de l'écrit mêlant proximité et distance ou distance et proximité : ainsi les mails relèvent-ils de la distance, mais les destinataires peuvent être proches par le partage de valeurs, de connaissances actionnelles, situationnelles, référentielles ((4), (22)), la communication peut être publique ((11), (15)) ou privée ((3), (5)), voire jouer avec cette distinction de principe dans le cas de destinataires multiples ((22), (23)). Certains mails peuvent reposer sur une coopération communicative minime ou intense ((6), (19), (23)), sur un ancrage actionnel et situationnel, voire un fort ancrage référentiel dans la situation ((8), (10)) ou au contraire reposer sur un détachement envers ces mêmes variables (5). Mais l'important n'est pas là, il réside plutôt dans le fait que le *Lp bouleverse les attentes (et donc les codes qui leur sont liés)* : ainsi une communication en principe dénuée d'émotionnalité se trouve-t-elle réinterprétée comme Lp *significatif*, chargé d'une forte émotionnalité, comme en (20) ; ainsi une thématique professionnelle par principe bienveillante devient-elle réinterprétée en un sens malveillant, comme en (7) et (15) ; ainsi une formule de politesse ou une communication strictement professionnelle sont-elles réinterprétées en jeux de séduction ((5), (20)), un repas d'anniversaire en l'honneur du conjoint est-il réinterprété en souhait de sa disparition (19), le respect qu'un doctorant doit prendre envers les cadres théoriques de ses prédécesseurs est-il lui aussi réinterprété négativement... Les Lp jouent donc de la proximité et de la distance, ils jouent avec cette opposition, et ce jeu fait partie du sentiment de réussite du Lp, tout en influant sur sa partageabilité. Cependant, un Lp n'a pas besoin d'être largement partagé pour être bon, comme le montre (8).

En résumé,

– les critères morphologiques et phonologiques sont l'indice d'un énoncé problématique ;
– les critères sémantiques pointent vers l'hypothèse Lp ;
– les critères énonciativo-interactionnels ratifient l'hypothèse le Lp et enrichissent son interprétation ;
– le critère de pertinence, qui dépend de la reconnaissance et de la partageabilité du Lp, influe sur son degré de réussite.

4.4 Lapsus, jeux de mots et écoute

On peut donc dire du Lp réussi, comme Quintilien le dit des figures, que « la figure de mots serait un défaut, si elle n'était pas voulue mais accidentelle »[23] (*Institution oratoire* [vers 93 apr. J.-C., Livre IX, 3, 2 ; 1978 : 202). L'intentionnalité, fût-elle de deuxième temps, réactive, pose la question du rapport du Lp au JDM. La réponse dépend de la définition du JDM (Lecolle 2016 ; Thaler 2016 ; Winter-Froemel 2016). En un sens restreint, il y a JDM lorsque les mots jouent (intentionnellement[24]) avec les signifiants (phoniques et / ou graphiques) *et* avec les signifiés. Mais il peut aussi y avoir JDM, en un sens étendu, lorsque des mots / prédications bien formés jouent avec un seul des plans de l'expression ou du contenu et avec la situation. C'est le cas des énoncés ironiques, humoristiques, ou encore des énoncés hyperboliques : car c'est une autre façon de *jouer* avec le langage que s'amuser avec ses inappropriétés, ses incongruités, ses effets inattendus, dans une optique profondément « désacralisante » (Benveniste [1947] 2015 : 181). Le Lp relève du JDM au sens étroit (p. ex. (7), (15), (18), (19)) ou large (p. ex. (8), (22)).

N'y a-t-il pas cependant une contradiction entre le caractère souvent intentionnel des figures et celui, involontaire, des Lp ? La contradiction n'a pas lieu d'être car involontaire n'est pas synonyme d'inintentionnel. Ainsi, un Lp, involontaire par définition, peut cependant être considéré par le locuteur, ou, le

---

23 « Esset enim eiusmodi schema uitium si non peteretur, sed accideret ».
24 Mais cette intentionnalité peut intervenir au moment de la production d'un énoncé comme à celui de sa réception.

plus souvent, par les destinataires, comme intentionnel, en ce qu'il trahirait des significations cachées, intentionnelles, du moins au regard des problématiques de l'inconscient, pour lesquelles les actes manqués sont toujours volontaires, à un certain degré. Le jugement sur ce qui est involontaire et intentionnel ne renvoie donc pas nécessairement au même locuteur ou à la même position énonciative (ou point de vue, voir Rabatel 2012b) – comme on le verra mieux avec l'analyse pragma-énonciative des Lp qui condensent des conflits de points de vue, renvoyant à deux énonciateurs distincts, ou à deux positions énonciatives qui cohabitent dans la même voix du locuteur – mais il porte bien sur le même énoncé. La distinction entre involontaire et intentionnel requiert donc qu'on accorde une égale importance au locuteur et au(x) récepteur(s) et qu'on distingue les divers PDV qu'endosse le locuteur.

C'est en effet le récepteur, à la condition qu'il s'érige en co-énonciateur, qui fait ou parfait la créativité lexicale / verbale pleine et entière du Lp. Cette approche par le récepteur concerne aussi le producteur en tant qu'il est le premier récepteur de son dire. Parler de récepteur est une approximation, mieux vaudrait dire l'écouteur, au sens de « non pas s'écouter parler, mais s'écouter quand on parle » (Culioli, in Ducard 2004 : 20). Bravo (2011 : 198) cite les propos d'André Green (2003 : 47) à propos de ce qu'il nomme la « rencontre analytique » : « Cette rencontre est faite de parole et d'écoute :[25] écoute non de ce qui est dit mais de ‹ce qui se parle› dans ce qui est dit ». L'écoute peut être involontaire ou volontaire[26], active ou « flottante »[27], mais toujours les sens en éveil... Enfin, l'écouteur est un actant syncrétique, qui peut englober le locuteur, qui en est d'emblée conscient ou qui reconnaît le Lp après que les autres écouteurs le lui ont fait remarquer, mais aussi les autres destinataires, que leurs réactions érigent en co-énonciateurs de PDV1. Il y a ainsi une dissymétrie entre le caractère imaginaire et projectif de l'image du locuteur / énonciateur à qui on prête un PDV attendu (PDV2) et le caractère syncrétique de la prise en charge de PDV1, par l'énonciateur et par les écouteurs en connivence avec lui.

---

25 On peut imaginer aussi que le Lp résulte d'un dialogue externe ou intériorisé aboutissant à un questionnement, voire à une sorte d'interpellation (Juranville 2010 : 65).
26 La psychologie distingue l'attention volontaire, active, de l'attention involontaire, réactive : « Nous pouvons dire, en général, que l'attention volontaire est orientée vers un contenu sélectif, et l'attention involontaire vers un contenu qui s'impose » (Reik 2002 : 155 *apud* Bravo 2011 : 229).
27 « Désassujettie des lois de la temporalité » (Bravo 2011 : 199) et de la linéarité.

5 Points de vue en confrontation et postures énonciatives dans les lapsus

L'écoute porte sur le message, sur sa matérialité signifiante, sur les associations qu'elle autorise en termes de significations. Comme ces dernières ne tiennent pas seulement à l'interprétation des altérations, mais portent sur l'ensemble de la prédication, elles requièrent une analyse énonciative.

5.1 Locuteur, énonciateur, point de vue

Je distingue, d'après Ducrot (1984), deux instances, le locuteur et l'énonciateur (Rabatel 2012b).[28] Le locuteur est l'instance qui profère un énoncé, dans ses dimensions matérielles, phonétiques ou scripturales : c'est lui qui est la source du Lp. L'énonciateur correspond à une position (énonciative) qu'adopte le locuteur, dans son discours, pour envisager les faits, les notions, sous tel ou tel PDV. L'énonciateur est l'instance à partir de laquelle les contenus propositionnels sont agencés dans une prédication[29], de façon à indiquer, en sus de la référenciation dénotative aux états du monde, le PDV du sujet sur le référent ainsi construit. C'est cette instance qui entre en jeu pour la prise en charge du Lp. J'emploie le terme de prédication parce que le PDV, autrement dit le processus de construction du sens, requiert d'emblée une analyse des prédications et de leur mise en texte, car c'est le niveau où les relations entre composants s'élaborent – selon leur polysignifiance (Lecolle 2007) et leur plurisémie (Nemo 2014), du signe à l'énoncé, accordant une grande importance sémantique au global (Rastier 2014 : 24–26), sans pour autant réduire la part du local (Rabatel 2015c : 136–139) –, pour désambiguïser ou au contraire jouer avec l'ambiguïté.[30] C'est ainsi que le Lp est

---

28 La majuscule, suivie du chiffre 1, code le locuteur/énonciateur primaire, dont le rôle domine les locuteurs/énonciateurs seconds (l2/e2). La barre oblique indique le syncrétisme de L1 et de E1 ou de l2 et de e2. On code e2 seul, en l'absence d'acte de parole (Rabatel 2012a : 28).

29 Un PDV correspond le plus souvent à une prédication. Mais l'empan peut varier : d'une part, il peut englober plusieurs prédications de même thème ou co-orientées ; d'autre part, il peut se limiter à une lexie suffisamment marquée pour indiquer un PDV, *a fortiori* si elle est une formule (Krieg-Planque 2009).

30 Sur les marques linguistiques du PDV, voir Rabatel (2012b : 25–26). Insister ainsi sur les prédications et des situations de discours, c'est reconnaître qu'une partie de l'argumentation est dans la langue (Nemo 2016 : § 32–33), dans les lexies, mais qu'une autre lui échappe, parce que les mots sont soumis à des ajustements incessants, prélude à des processus de lexicalisation, de grammaticalisation ou de pragmaticalisation (Rabatel 2016b). Lorsque Nemo (2016 : § 150–154),

bien produit par un locuteur, mais qu'il fait entendre deux PDV différents, que l'on peut attribuer l'un à l'énonciateur premier E1 du PDV manifeste (PDV1), l'autre à une autre image de l'énonciateur premier (un autre *de* E1, que l'on peut coder E1'), qui renvoie au PDV attendu (PDV2) que les écouteurs reconstruisent sur la base des instructions / contraintes du texte, des préconstruits ou prédiscours.

5.1.1 Répartition PDV1 / PDV2

Le PDV intenté ou attendu (PDV2), qui n'a pas été prononcé est cognitivement premier par rapport au PDV manifesté (PDV1). Mais cet ordre cognitif est différent de l'ordre du discours, et c'est cet ordre du discours que je privilégie. Bref, dans le Lp, PDV1 est donné d'emblée, mais sa forme, qui s'écarte du PDV attendu (PDV2), est d'emblée jugée ludique, amusante, voire pertinente, parce qu'elle brise des convenances, des normes, voire des tabous, qui sont toujours à l'arrière-plan du processus interprétatif. En fait, le débat pourrait être réglé si j'abandonnais la numérotation des PDV et m'en tenais à PDV *manifeste* (PDV1) et PDV *attendu* (PDV2). Mais comme j'utilise dans d'autres circonstances cette numérotation (Rabatel 2008b, 2012c, 2013a, 2013b, 2015a, 2015b, 2015c, 2018), je la maintiens pour garder à la théorie sa dimension unifiée, et aussi parce qu'il me semble juste d'accorder la primauté à ce qui est dit, dans l'ordre où cela apparait.

5.1.2 Construction / extraction des PDV

Le modèle cognitif élaboré par Prandi (2016 : 77–78), pour l'analyse de la métaphore peut être mis à contribution pour toute situation de conflit cognitif. La reconstruction de PDV1 s'appuie sur les relations sémantiques entre le cadre, correspondant largement au thème de la prédication qui oriente vers une interprétation attendue, et le foyer, apportant une information nouvelle, dans le rhème. Dans PDV1, il y a un effet inhabituel de sens, parce qu'il y a une rupture entre le cadre et le foyer, qui fait « figure » – selon un processus de rendement maximal des énoncés (Bonhomme 2005 : 70) – en ce qu'il s'écarte d'une formulation / représentation attendues, tandis que PDV2 essaie de reconstruire un PDV en imaginant un foyer davantage en congruence avec le cadre. Parfois c'est le

---

insiste sur le fait que le sens ne se réduit pas aux approches morphémiques, il ouvre la porte vers cette extension.

cadre qui doit être mis en congruence avec le foyer, puisque le Lp peut intervenir dans le foyer (12') ou dans le cadre (13') :

(12') PDV1 : tout écrivain craint d'être oublié / PDV2 : tout écrivain a l'espoir d'être publié.

(13') PDV1 : il est nécessaire de publier pour faire une carrière universitaire (je m'adressai à une de mes doctorantes) / PDV2 : J'ai craint d'oublier de donner une indication essentielle (concernant la nécessité de publier) pour faire une carrière universitaire.

L'interprétation du conflit repose ainsi sur l'extraction de deux PDV. Selon Prandi (2016 : 77–78), elle s'appuie sur la mise en œuvre de deux autres concepts complémentaires, la teneur et le sujet subsidiaire. Ce dernier correspond au fait que chaque PDV fait sens pour un énonciateur donné, qui n'est pas le même dans PDV1 et PDV2 : ainsi PDV1 de (12) renvoie à l'image d'un écrivain éprouvant les affres de l'oubli, alors même qu'il a été publié, tandis que PDV2 ne fait sens que pour énonciateur écrivain qui aspire de tout son être à être publié. De même, PDV1 de (13) insiste sur l'absolue nécessité de publier, tandis que PDV2 renvoie plutôt à un énonciateur qui pourrait négliger (volontairement ou non) cette nécessité.

5.2 Des points de vue en confrontation cumulatifs ou substitutifs

Les PDV en confrontation reposent sur deux grandes relations sémantiques différentes : en (13), elles sont complémentaires, tandis qu'en (12) elles sont opposées : c'est cela qui permet de distinguer des PDV en confrontation cumulatifs, co-orientés, et d'autres, substitutifs, anti-orientés (Rabatel 2008b, 2012b, 2015c : 52–58).

Ainsi, il semble plus intéressant, plus significatif de comprendre qu'en (8), « je suis en savoir » (PDV1) condense le lieu de ma villégiature (je suis en Savoie, PDV2) et le fait que ce lieu de vacances est propice à des activités quasi monacales centrées autour du savoir (PDV1). PDV1 est ressenti par mon interlocuteur (et par moi aussi, à son invite) comme plus pertinent que le PDV factuel « je suis en Savoie » (PDV2). Ces PDV sont cumulatifs, l'un n'annule pas l'autre et cela explique que, les conditions de vérité de l'un n'enlevant rien aux conditions de vérité de l'autre, L1/E1 les prenne en charge[31] tous les deux, même si PDV1 est plus pertinent.

Les PDV sont substitutifs lorsque, si PDV1 est vrai/positif, PDV2 est faux/négatif. Ces cas de figure sont assez rares dans les Lp. En effet, l'interprète peut considérer qu'en (7), disant *relectueur*, c'est finalement cette idée que les relectures ont une finalité tueuse, non empathique qui s'impose comme vraie – que j'aie voulu le dire ou non, peu importe. Mais rien ne permet de dire dans l'énoncé produit que la lecture substitutive l'emporterait : d'autant que, heureusement, tout chercheur a fait maintes fois l'expérience que les relecteurs n'étaient pas des tueurs ! De même pour « sévice compris », « contreprêtrerie » : les contrepèteries ne se moquent pas que du clergé, mais de tout ce qui est en principe objet de respect. D'ailleurs, le sel du JDM ne repose que sur la confrontation/condensation des deux PDV en une formulation (d)étonnante. La tendance dominante est celle des PDV cumulatifs[32], en vertu du principe fondamental du double sens à faire entendre. Il existe malgré tout des Lp qui reposent sur des lectures substitutives plus nettes que (8), à l'instar de (10). La condensation « bosse »/« bisse », dans ce mail adressé au bureau d'une association, resté sans réponse, n'est-elle à prendre comme une sorte d'acte manqué (mais parfaitement réussi) qui trahit mes impatiences, quelque chose comme : si vous bossiez, je ne bisserai pas. Dans cette logique substitutive, les conditions de vérité de PDV2 ne sont plus valides.[33]

---

31 La notion de prise en charge (PEC) ne se limite pas à la conformité supposée de l'énoncé avec la vérité extralinguistique, elle s'appuie aussi sur l'adhésion à des valeurs, intersubjectives, évaluatives, axiologiques (Rabatel 2009). Je considère que c'est l'énonciateur – primaire (E1) ou secondaire (e2) – qui est la source de la PEC (effective pour E1, supposée pour e2) compte tenu de ses choix de référenciation du PDV. En contexte dialogique, E1 se positionne par rapport aux PDV qu'il attribue à des locuteurs/énonciateurs seconds, en manifestant explicitement (plus ou moins fortement) son accord, son désaccord ou en restant dans une attitude de « neutralité », se bornant à une prise en compte sans PEC (Roulet 1981 : 19 ; Rabatel 2009, 2012a, 2012b).

32 Cette remarque trouve un écho du point de vue psychanalytique : « Un des caractères des plus surprenants de cette logique [du signifiant, qui domine dans l'inconscient] est qu'elle met à bas les paires d'opposition que connaît le discours : positif/négatif (et donc présence/absence), actif/passif (et donc sujet/objet). Elle met sur le même plan une chose et son contraire. L'absence de contradiction dans l'inconscient n'a pas été la moindre des stupéfactions de Freud, quand il en a constaté le mécanisme dans le rêve. » (Aquien 2016 : 55).

33 Cette explication rationnelle n'empêche pas la pertinence d'une autre logique passant par-dessus les contradictions : voir la note précédente.

5.3 Des postures énonciatives dans les lapsus

Si l'on part de l'hypothèse que PDV1 est involontaire, on dira qu'il n'est pas *a priori* pris en charge par l'énonciateur E1, même s'il a bien été prononcé par le locuteur L1, tandis que le PDV intenté serait celui que L1/E1 aurait voulu prendre en charge. Cependant, il arrive que L1, s'apercevant du Lp, l'entérine : il s'en fait donc *a posteriori* énonciateur aussi, comme le confirment les auto-commentaires de (7), (10), (16). Quant aux destinataires qui relèvent le Lp en l'appréciant, ils prennent aussi en charge PDV1, puisqu'ils le jugent plus pertinent que PDV2.[34] La sur-énonciation[35] tient au fait que les commentaires qui suivent la prise de conscience du Lp entérinent sa pertinence inattendue, fût-ce sous une forme amusée, ludique, en ce sens que ce qui paraît incongru est interprété, comme une vérité profonde, cachée, éventuellement taboue, supérieure à PDV2 : les exemples (7), (8), (10), (11), (18), (21) et (23), avec leurs commentaires, prennent en charge le surcroît de pertinence de PDV1. J'illustre cette sur-énonciation à partir des exemples (7) et (8) : écrire *relectueur*, plutôt que relecteur, et refuser de corriger, c'est accepter l'idée que le processus d'expertise peut relever parfois de l'assassinat. Ce rôle-là peut difficilement être « pris à cœur », en principe, mais il n'est pas écarté : plaisir d'un bon mot gratuit, d'une vérité qui n'ose se dire, c'est affaire d'interprétation. Ce qui importe, au plan linguistique, c'est le déplacement de sens du propos, avec un gain cognitif et, éventuellement, une valeur (axiologique, émotive) ajoutée. C'est pourquoi la sur-énonciation peut s'accompagner d'une incrémentation de surenchérissement qui prend en charge le PDV et marque son surcroît de pertinence : « Je suis en Savoie, *et je dirais même plus*, en savoir ». La sur-énonciation va de soi avec les PDV substitutifs, mais aussi avec les PDV cumulatifs puisque le cumul n'exclut pas que le PDV inattendu soit plus pertinent que le PDV attendu comme on l'a vu avec (10).

Il y a co-énonciation lorsque PDV1 et les auto- ou hétéro-commentaires expriment un accord commun, partagé, avec double prise en charge co-orientée : dans ce cas, le Lp fait l'objet d'une marque d'accord explicite (6), ou pourrait accepter l'incrémentation d'une telle marque (*d'accord, tout à fait*). (Mais cette co-énonciation de PDV1 va de pair avec une sur-énonciation[36] envers PDV2.)

---

34 La différence est qu'ils prennent aussi en charge PDV2 dans leur lecture cumulative, tandis qu'avec la lecture substitutive, PDV2 est seulement pris en compte (Roulet 1981 : 19).

35 Voir Rabatel (2012b : 35–38) pour une définition / exemplification des trois postures énonciatives.

36 Cette double posture énonciative explique que la sur-énonciation soit moins forte que dans l'ironie (Rabatel 2012c : 64–73), l'hyperbole (Rabatel 2015a : 102–108) et la contrepèterie *in absentia* (Rabatel 2015b : 58, 62) et nettement différente de la sous-énonciation de l'humour

La posture de sous-énonciation correspond au cas où L1/E1[37] se distancie de la formulation de PDV1, seulement prise en compte. Ainsi dans l'exemple (20') assorti du message correctif : « Merci de lire ‹effectivement› », ou dans les exemples (12) et (15), même s'ils ne sont suivis d'une telle correction distanciée. En effet, lorsque PDV1 repose sur un conflit tellement hors norme qu'il peut difficilement être assumé en tant qu'énonciation sérieuse (et pas davantage comme énonciation feinte, l'énonciateur ne revendiquant pas ce registre), la distanciation n'a pas besoin d'être explicitée.

6 Conclusion

La logique du Lp ne repose pas sur les dysfonctionnements phonologiques ou graphologiques du système mais réside dans « l'économie énonciative qui, elle, bien évidemment se soutient des contraintes et possibilités de tel système linguistique qu'elle met en œuvre » (Fenoglio 1997 : 45). Je pourrais ajouter : des contraintes et possibilités des claviers. Si un *Lp linguae* relève d'une condensation primaire, le *Lp clavis* relève d'une condensation médiée, secondaire (voire tertiaire avec les correcteurs orthographiques !), qui repose sur les contraintes du clavier (ou des algorithmes des correcteurs), mais qui dépend, en dernière instance, de l'aptitude du résultat à faire sens d'un point de vue énonciatif/discursif. Que la logique de PDV en confrontation soit substitutive ou cumulative, elle prend la forme d'un *déplacement* de phonèmes/graphèmes, de syllabes phonique ou graphique, de mots et d'une *condensation* de PDV[38], avec deux logiques discursives/énonciatives qui se télescopent.

(Rabatel 2013a : 39–41, 2013b : 106–110). Sur ces doubles postures, par rapport à des énonciateurs différents, sources de PDV distincts, voir Rabatel (2011a, 2018).

37 L'écouteur externe peut aussi être en sous-énonciation, mais uniquement pour les Lp envers lesquels il souhaite marquer une distanciation.

38 Confirmant au plan linguistique les analyses de Freud : « les lois du lapsus sont les mêmes dans toutes les langues », renvoyant à un « travail de condensation qui joue un rôle si important dans la formation des rêves » ([1901] 1969 : 111). Je n'ai pas la place de développer ce point. Pour une analyse freudienne du Lp, et, en général, d'une conception de *lalangue* accordant la primauté au signifiant – et à une analyse relevant, selon Lacan (1975 : 19–27), de la *linguisterie*, ou « grammaire du signifiant » –, voir Aquien (2016 : notamment pp. 37–43, 64–65, 91, 120–121) et *supra* note 31. Une précision d'importance, cependant : bien des exemples de mon corpus renvoient, comme le lecteur a pu le constater, à des événements de la vie ordinaire, notamment à des soucis, lesquels ne relèvent pas tous d'une lecture qui focalise sur des phénomènes sexuels. En ce sens, l'analyse freudienne mérite réexamen (ce constat n'est pas nouveau). J'ajoute toute-

La notion de PDV éclaire le Lp et la prédication qui le contient (ainsi que les commentaires auto- ou hétéro-réflexifs qui l'accompagnent), puisqu'elle rend compte :
- de l'existence de deux PDV, coréférant à deux énonciateurs intratextuels distincts (autrement dit à des positions énonciatives différentes d'un même locuteur) ;
- de la nécessité d'actualiser deux prédications distinctes, signifiantes en co(n)texte, qui rétablissent la cohérence de l'énoncé condensé en privilégiant d'un côté la logique du thème, de l'autre celle du rhème ;
- de la possibilité d'interpréter les PDV selon des rapports objectivement cumulatifs ou substitutifs ou selon une interprétation cumulative ou substitutive ;
- d'expliquer que si le PDV manifeste, involontaire, est ressenti *in fine* comme plus pertinent que le PDV attendu, c'est parce que l'écouteur (ré)interprète le PDV involontaire et apparemment immotivé comme un PDV certes involontaire, mais motivé, intentionnel, fût-ce à un autre niveau ;
- des postures énonciatives diverses, de co-, sur- ou sous-énonciation que les énonciateurs du PDV manifeste (PDV1) (l'écouteur / locuteur et / ou les écouteurs récepteurs) entretiennent avec le PDV attendu / intenté (PDV2) ;
- du processus au terme duquel un *Lp (clavis)* peut être jugé comme bon et être considéré comme JDM, voire comme un bon JDM.

Plus largement, d'un point de vue prospectif, ce modèle – déjà mis à contribution pour l'analyse des antimétaboles (Rabatel 2008b), à-peu-près (Rabatel 2011b), hyperboles, contrepèteries, antanaclases et syllepses (Rabatel 2015a, 2015b, 2015c), mais aussi des figures de pensées comme l'ironie ou l'humour (Rabatel 2012c, 2013a) – devrait être confronté à d'autres figures (je pense notamment au paradoxe). Mais, comme j'ai eu l'occasion de le dire à maintes reprises (Rabatel 2008a), l'objectif n'est pas tant de ré-investiguer les anciennes figures de rhétorique que de s'interroger, plus largement, sur le travail de figuration et sur ses effets pragma-énonciatifs, dans le cadre général d'une approche sémantique basée sur des points de vue en confrontation (Rabatel 2018), indépendamment du fait que les énonciateurs argumentent explicitement. À terme, il s'agit de penser la complexité (notionnelle, interactionnelle, langagière) dans un cadre qui

---

fois que si la réinterprétation sociologique des rêves que propose Lahire (2018) conduit à prendre ses distances avec une survalorisation de la sexualité (et plus encore de la sexualité infantile), elle ne conduit pas nécessairement à rejeter dans le même mouvement les phénomènes de censure, de refoulement, ni le travail du signifiant en relation avec ce dernier.

rende compte de l'altérité, qu'il s'agisse de formes orientées vers le sujet (les autres *que* soi, les autres *de* soi) ou de formes orientées vers l'objet à travers la complexité / altérité des référents extralinguistiques, du travail de référenciation (Danon-Boileau 1982 : 34), exploré à travers le dit et / ou le dire.

7 Références bibliographiques

Aquien, Michèle. 2016. *Poétique et psychanalyse. L'autre versant du langage*. Paris : Classiques Garnier.

Arnaud, Pierre. 1999. Target-error resemblance in French word substitution speech errors and the mental lexicon. *Applied Psycholinguistics* 20. 269–287.

Attardo, Salvatore. 2018. Universals in puns and humorous wordplay. In Esme Winter-Froemel & Verena Thaler (éds.), *Cultures and Traditions of Wordplay and Wordplay Research* (The Dynamics of Wordplay 6), 89–109. Berlin & Boston : De Gruyter.

Benveniste, Emile. [1947] 2015. Le jeu comme Structure. *Deucalion. Cahiers de philosophie* 2. 161–167. / In Emile Benveniste, *Langues, cultures, religions,* choix d'articles réunis par Chloé Laplantine & Georges-Jean Pinault. 177–183. Limoges : Lambert-Lucas.

Bonhomme, Marc. 2005. *Pragmatique des figures du discours*. Paris : Champion.

Braun, Angelika & Astrid Schmiedel. 2018. The phonetics of ambiguity : A study on verbal irony. In Esme Winter-Froemel & Verena Thaler (éds.), *Cultures and Traditions of Wordplay and Wordplay Research* (The Dynamics of Wordplay 6), 111–136. Berlin & Boston : De Gruyter.

Bravo, Federico. 2011. *Anagrammes. Sur une hypothèse de Ferdinand de Saussure*. Limoges : Lambert-Lucas.

Culioli, Antoine. 2004. De l'énonciation à la « grammaire subjective ». Entretien avec Antoine Culioli. In Dominique Ducard (éd.), *Entre grammaire et sens. Etudes sémiologiques et linguistiques*, 7–22. Paris : Ophrys.

Culioli, Antoine. 2012. Toute théorie doit être modeste et inquiète. Entretien avec Almuth Grésillon & Jean-Louis Lebrave. *Genesis* 35. 147–155.

Danon-Boileau, Laurent. 1982. *Produire le fictif*. Paris : Klincksieck.

Ducrot, Oswald. 1984. *Le dire et le dit*. Paris : Éditions de Minuit.

Fenoglio, Irène. 1997. La notion d'événement d'énonciation : le lapsus comme une donnée d'articulation entre discours et parole. *Langage et société* 80. 39–71.

Fenoglio, Irène. 2003. Graphie manquée, lapsus écrit : un acte d'énonciation attesté. *Langage et société* 103. 57–77.

Freud, Sigmund. [1901] 1969. *Psychopathologie de la vie quotidienne*. Lausanne : Payot.

Fromkin, Victoria. 1973. *Speech Errors as Linguistic Evidence*. La Haye & Paris : Mouton.

Green, André. 2003. La cure parlante et le langage. *Psychiatrie française* 33(3–4), *Les conférences de Lamoignon. Le langage* 1. 36–61.

Halté, Pierre. 2013. *Les marques modales dans les chats : étude sémiotique et pragmatique des interjections et des émoticônes dans un corpus de conversations synchrones en ligne*. Thèse de doctorat, Universités de Lorraine et du Luxembourg.

Hockett, Charles F. 1984. Where the tongue slips, there slip 1. In Victoria A. Fromkin (éd.), *Speech Errors as Linguistic Evidence,* 93–119. La Haye & Paris : Mouton.

Juranville, Françoise. 2010. Lapsus et actes manquées : un nouveau regard après Freud. *Journal des psychologues* 277. 62–66.

Koch, Peter & Wulf Oesterreicher. 1985. Sprache der Nähe — Sprache der Distanz. Mündlichkeit und Schriftlichkeit im Spannungsfeld von Sprachtheorie und Sprachgeschichte. *Romanistisches Jahrbuch* 36. 15–43.

Koch, Peter & Wulf Oesterreicher. 2001. Gesprochene Sprache und geschriebene Sprache / Langage parlé et langage écrit. In Günter Holtus, Michael Metzeltin & Christian Schmitt (éds.), *Lexikon der Romanistischen Linguistik*, Vol. I, 2, 584–627. Tübingen : Niemeyer Verlag.

Krieg-Planque, Alice. 2009. *La notion de ‹formule› en analyse du discours*. Besançon : Presses Universitaires de Franche-Comté.

La pensée du discours. https://penseedudiscours.hypotheses.org/ (dernière consultation le 12/01/2018).

Lacan, Jacques. 1975. *Le séminaire*, Livre XX : *Encore* (1972–1973). Paris : Éditions du Seuil.

Lahire, Bernard. 2018. *L'Interprétation sociologique des rêves*. Paris : Éditions de la Découverte.

Lecolle, Michelle. 2007. Polysignifiance du toponyme. Historicité du sens et interprétation en corpus. *Corpus* 6, http://corpus.revues.org/1122 (dernière consultation le 21/09/2015).

Lecolle, Michelle. 2016. Some Specific Insights into Wordplay Form : Sublexical vs. Lexical Level. In Sebastian Knospe, Alexander Onysko & Maik Goth (éds.), *Crossing Languages to Play with Words. Multidisciplinary perspectives* (The Dynamics of Wordplay 3). 63–70. Berlin : De Gruyter.

Nemo, François. 2014. Plurisémie, intégration sémantique, sous-détermination : rendre compte des sens multiples en emploi. *Etudes romanes de Brno* 35(1). 41–57.

Nemo, François. 2016. Les points de vue comme strate interprétative. *Corela* HS 19, http://corela.revues.org/4301 (dernière consultation le 23/06/2016).

Perdue, Clive. 1980. L'analyse des erreurs : un bilan pratique. *Langages* 57. 87–94.

Poier-Bernhard, Astrid. 2018. Wor(l)dplay: Reflections on a writing-experience. In Esme Winter-Froemel & Verena Thaler (éds.), *Cultures and Traditions of Wordplay and Wordplay Research* (The Dynamics of Wordplay 6), 75–85. Berlin & Boston : De Gruyter.

Prandi, Michele. 2016. Métonymie et synecdoque : une frontière à retracer. In Amir Biglari & Geneviève Salvan (éds.), *Figures en discours*. 75–91. Paris : Académia / L'Harmattan.

Quintilien. [vers 93 apr. J.-C.] 1978. *De l'institution oratoire*, Livres VIII et IX. Paris : Les Belles Lettres.

Rabatel, Alain. 2008a. Figures et points de vue en confrontation. *Langue française* 160. 3–19.

Rabatel, Alain. 2008b. Points de vue en confrontation dans les antimétaboles PLUS et MOINS. *Langue française* 160. 20–35.

Rabatel, Alain. 2009. Prise en charge et imputation, ou la prise en charge à responsabilité limitée. *Langue française* 162. 71–87.

Rabatel, Alain. 2011a. Coconstruction interactionnelle des points de vue et variabilité des postures énonciatives au fil du discours. Être sous-énonciateur par rapport à X et sur-énonciateur par rapport à Y. In Bertand Verine & Catherine Détrie (éds.), *L'actualisation de l'intersubjectivité en discours. Hommages à Jeanne-Marie Barbéris*, 157–177. Limoges : Lambert-Lucas.

Rabatel, Alain. 2011b. Figures d'à-peu-près et nom propre. *Le français moderne* 79(1). 22–33.

Rabatel, Alain. 2012a. Sujets modaux, instances de prise en charge et de validation. *Le Discours et la langue* 3(2). 13–36.

Rabatel, Alain. 2012b. Positions, positionnements et postures de l'énonciateur. *Travaux neu-châtelois de linguistique* 56. 23–42.

Rabatel, Alain. 2012c. Ironie et sur-énonciation. *Vox Romanica* 71. 42–76.

Rabatel, Alain. 2013a. Humour et sous-énonciation (vs ironie et sur-énonciation). *L'information grammaticale* 137. 36–42.

Rabatel, Alain. 2013b. Humour, sous-énonciation. In Maria Dolores Vivero-Garcia (éd.), *Frontières de l'humour*, 89–108. Paris : L'Harmattan.

Rabatel, Alain. 2015a. Points de vue en confrontation dans les contrepèteries. In Esme Winter-Froemel & Angelika Zirker (éds.), *Enjeux du jeu des mots. Perspectives linguistiques et littéraires* (The Dynamics of Wordplay 2), 31–64. La Haye : De Gruyter Mouton.

Rabatel, Alain. 2015b. Analyse pragma-énonciative des points de vue en confrontation dans les hyperboles vives : hyper-assertion et sur-énonciation. *Travaux neuchâtelois de linguis-tique* (61–62). 91–109.

Rabatel, Alain. 2015c. La plurisémie dans les syllepses et les antanaclases. *Vox romanica* 74. 124–156.

Rabatel, Alain. 2016a. L'énonciation problématisante : en dialogue avec *Le Royaume* d'Emmanuel Carrère. *Arborescences : revue d'études françaises* 6. 13–38, http://id.erudit.org/iderudit/1037502ar (dernière consultation le 15/07/2018).

Rabatel, Alain. 2016b. Jeux de mots, créativité verbale et / ou lexicale : des lexies et des for-mules. In Christine Jacquet-Pfau & Jean-François Sablayrolles (éds.), *La fabrique des mots français*, 233–249. Limoges : Lambert-Lucas.

Rabatel, Alain. 2018 (sous presse). La créativité verbale dans les devinettes : points de vue cu-mulatifs, assertions non sérieuses et sous-énonciation. In Bettina Full & Michelle Lecolle (éds.), *Jeux de mots et créativité. Langue(s), discours et littérature* (The Dynamics of Wordplay 4). Berlin & Boston : De Gruyter.

Rastier, François. 2014. La polysémie existe-t-elle ? Quelques doutes constructifs. *Études ro-manes de Brno* 35(1). 23–39.

Reik, Theodor. 2002. *Ecouter avec la troisième oreille*. Paris : Bibliothèque des introuvables.

Rossi, Mario & Evelyne Peter-Defare. 1998. *Les lapsus ou comment notre fourche a langué*. Paris : Presses Universitaires de France.

Roulet, Eddy. 1981. Échanges, interventions et actes de langage dans la structure de la conver-sation. *Études de linguistique appliquée* 44. 7–39.

Thaler, Verena. 2016. Varieties of Wordplay. In Sebastian Knospe, Alexander Onysko & Maik Goth (éds.), *Crossing Languages to Play with Words. Multidisciplinary perspectives* (The Dynamics of Wordplay 3), 47–62. Berlin & Boston : De Gruyter.

Winter-Froemel, Esme. 2016. Approaching Wordplay. In Sebastian Knospe, Alexander Onysko & Maik Goth (éds.), *Crossing Languages to Play with Words. Multidisciplinary perspec-tives* (The Dynamics of Wordplay 3), 11–46. Berlin & Boston : De Gruyter.

Annexe

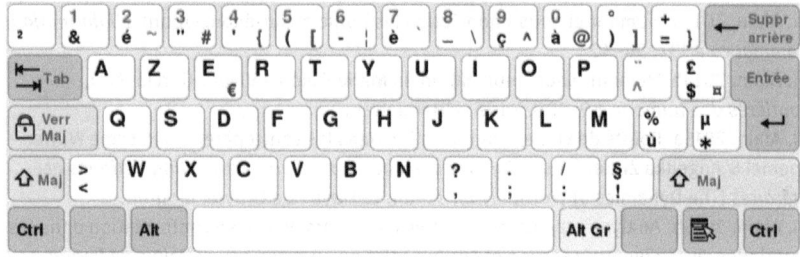

Fig. 1 : Disposition des touches sur le clavier dit « AZERTY »[39]

---

39 https://commons.wikimedia.org/wiki/File:Clavier-Azerty.svg (dernière consultation le 08/08/2018, de KB_France.svg: Yitscar [English Wikipedia], Michka B [French Wikipedia], [...] derivative work: David96 [CC-BY-SA-3.0], via Wikimedia Commons).

Jean-François Sablayrolles

Des innovations lexicales ludiques dans des situations d'énonciation marginales ou spécifiques

Résumé : Nous nous proposons dans cette contribution d'examiner quelques cas d'innovations ludiques mettant en œuvre des unités lexicales, mais dans des voies un peu marginales par rapport à la créativité lexicale régulière, où le ludisme n'occupe qu'une place restreinte. Des situations d'énonciation spécifiques donnent en effet lieu à des jeux avec les mots ayant entre autres objectifs celui de provoquer des réactions d'amusement chez les interlocuteurs récepteurs, qui en savent gré aux locuteurs et qui se montrent de ce fait bien disposés à leur égard. Ressortit à ces innovations lexicales marginales l'émergence de formes flexionnelles volontairement fautives (*je téléphonis, frétillone, mon émolument...*). Des esprits créatifs confectionnent des recueils de mots fantaisistes, mots-valises (*hebdrolmadaire, zobsédé*) et mots composés savants parodiques (*Le pornithorinque est un salopare capillolingualocuteur, capillotétratomie*). Sur un tout autre plan, la période d'apprentissage de la langue maternelle est temporaire et présente sans doute des particularités dont le goût des enfants pour des jeux avec la langue (*un sardin*, les *clapins sont dans les lapiers*, des paronymies, etc.).

Mots clés : composition savante, conversion, dictionnaire fantaisiste, faute, fonction ludique, genre, innovation flexionnelle, mot-valisation, néologie, néologisme, nombre, paradigme, situation d'énonciation

1 Introduction

Dans la lignée de notre précédente contribution « néologismes ludiques : études morphologique et énonciativo-pragmatique » (Sablayrolles 2015a : 189–216), nous voudrions revenir et nous focaliser sur des situations un peu marginales ou spécifiques d'innovations lexicales ludiques.[1] S'il est vrai qu'on n'attrape pas des

---

1 En voici quelques autres exemples : dictées impossibles comme celle où une syllabe [so] correspond à plusieurs homonymes (*sot, seaux, sceaux et saut*) sémantiquement co-présents dans la dernière occurrence de l'énoncé [œ̃sosyʀœ̃nɑ̃tʀɑ̃spɔʀtədɑ̃dɛsolɛsodəlameʀi lɑ̃fɛtœ̃so tulɛsotɔ̃batɛʀ] (un sot sur un âne transporte dans des seaux les sceaux de la mairie. L'âne fait un saut : tous les [so] tombent à terre) ; textes à double interprétation et double graphie comme

mouches avec du vinaigre et qu'il faut mettre les rieurs de son côté, la séduction provoquée par les jeux de langage crée des connivences qui favorisent la sympathie ressentie envers le locuteur et l'adhésion aux propos tenus. Cela ressortit à ce que Camille Vorger (2011) a nommé la fonction colludique. Une de ces situations marginales est le recours à la néologie flexionnelle (à laquelle le § 2.2.4 de l'article susmentionné était consacré) qui ne crée pas de nouvelles unités lexicales ou de nouveaux emplois mais de nouvelles formes d'unités lexicales. Les dictionnaires fantaisistes, qui parodient en quelque sorte les dictionnaires traditionnels constituent une autre situation énonciative en marge de la créativité lexicale mise en œuvre tant dans les échanges langagiers de la vie de tous les jours que dans les domaines spécialisés, qui relèvent de la terminologie. Nous y associerons, malgré des différences sensibles, des créations ironiques ponctuelles, du fait de leur point commun qui consiste à créer une connivence ludique avec les récepteurs-interprétants en recourant à la parodie, avec les excès qui y sont associés et ceux qui sont dénoncés par surenchère. Enfin, la propension des enfants à jouer avec le langage est une particularité liée à l'apprentissage de leur langue maternelle, et, sauf exception, celle-ci diminue, voire disparaît complètement chez certains individus arrivés à l'âge adulte. Mais cette différence liée à l'âge ne fait pas nécessairement appel à des procédés spécifiques : ce sont souvent les mêmes qui sont déjà identifiés par ailleurs (sauf les mots-savants qui leur sont encore en grande partie inconnus, et des particularités examinées par

---

certaines chansons de Boby Lapointe : [eʒəvøʁɑ̃dʁamafasɔ̃gʁasavɔtʁəgʁɛsamase vɔtʁesɛ̃du puʁləkɔʁsɛsəkəmɛvɛʁpuʁlaməsɔ̃] dont la transcription suivante n'est qu'une possibilité : « Et je veux rendre à ma façon / grâce à votre graisse à masser / Votre saindoux pour le corps, c'est / ce que mes vers pour l'âme sont » qui peut être écrit et compris autrement, avec une interprétation grivoise, comme toute la chanson incite à le faire (*la graisse à masser est*, avec une diathèse active, une pommade, mais on peut entendre aussi une diathèse passive, la graisse est faite pour être massée, surtout s'il s'agit de rondeurs féminines dues à une *graisse amassée* et que celle-ci l'est au niveau de la poitrine (*sein doux*), lecture rendue d'autant plus plausible qu'elle est contenue dans un *corset* et les vers de la chanson sont un *appât* pour l'esprit (*pour l'âme sont*) comme le sont les *vers* (« asticots ») pour *l'hameçon*, et ces appâts laissent entendre aussi les *appas* féminins (la poitrine) qui attirent le protagoniste de la chanson ; ou encore définitions de mots croisés (« bois de la bière ordinaire » en cinq lettres : *sapin*, avec ambiguïté de *bois* : impératif présent 2ème personne du singulier de *boire* et nom masculin singulier, au sens de matière ligneuse. Il y a par ailleurs deux homonymes *bière* : « boisson » et « cercueil » ; « vient souvent après en avant » : *arche*, dans les exercices d'ordre serré militaire : « En avant, [m]arche) ; ou aussi recueil de bons mots et de blagues, réelles ou inventées de toutes pièces, (avec entre autres des amphibologies auxquelles le locuteur n'avait pas songé (« Fulvia était une prostituée qui vivait sous Claude » avait déclaré un professeur de latin qui n'a pas compris immédiatement l'hilarité de tout l'amphi, ou « la femme est un sujet sur lequel j'aimerais bien m'étendre » d'un ministre algérien dans un discours officiel), etc.

Bonnet et Tamine 1982). Les aspects psychologiques – et le rôle important de l'inconscient – dans certaines de ces innovations lexicales produites dans des situations d'énonciation spécifiques font écho à la contribution de Raymond W. Gibbs (in The Dynamics of Wordplay 6).

2 Des néologismes flexionnels

La néologie flexionnelle a ceci de particulier qu'elle ne crée pas de nouvelles lexies, mais de nouvelles formes d'une lexie existante. Comme il y a bien une innovation au niveau lexical, ces créations relèvent, même d'une manière périphérique et non prototypique, de la néologie. Les formes conventionnelles attestées et les formes défectives sont d'ailleurs indiquées dans les dictionnaires, de différentes manières.

2.1 Des formes anomales

Pour les verbes, les dictionnaires renvoient à des tableaux de conjugaison placés au début ou à la fin de l'ouvrage. Les formes de passé simple des verbes, surtout du 3ème groupe mais pas seulement, posent parfois des problèmes aux locuteurs, qui emploient peu ce temps, même dans leur récit, surtout à la première personne. Ainsi le paradigme signalé à l'entrée du verbe *voir* indique la forme *je vis* – et non *je vus* comme c'est indiqué dans un récent manuel scolaire édité chez Magnard, qui s'est attiré un flot de critiques acerbes.[2] Mais des écrivains aiment bien fabriquer, sciemment, des formes déviantes de ce temps, comme San Antonio[3] qui écrit *je téléphonis*, qu'il sait, comme ses lecteurs, ne pas être la forme canonique. Ce savoir partagé crée une connivence entre écrivain et lecteurs qui

---

2 Les fautes commises dans un manuel de conjugaison destiné au collège n'ont pas le même effet que les fautes feintes de San Antonio. Les gens sont partagés entre l'indignation et le mépris amusé pour les auteurs et l'éditeur. Plusieurs dizaines de sites font état de cette énorme erreur dans des pages datées du 15 octobre 2015, du type de celle-ci : « Je vus, tu vus... » : la conjugaison martyrisée dans un manuel scolaire... » (http://www.lefigaro.fr/livres/2015/10/15/03005-20151015ARTFIG00151-je-vus-tu-vus-la-conjugaison-martyrisee-dans-un-manuel-scolaire.php).
3 Au sujet de la langue et des « fautes » volontaires de l'auteur, voir Rullier (à paraître) qui écrit que « le narrateur feint de se tromper sur des formes que tout le monde connaît et utilise sans problème ni hésitation » et, à propos d'autres passages que celui cité dans cet article, que « c'est l'accumulation de passés simples avec la première personne qui déclenche le festival de barbarismes. »

s'amusent de fautes feintes. Qu'elles soient volontaires ou non (comme les lapsus qu'étudie Alain Rabatel dans ce volume), les fautes provoquent en effet souvent un sourire ou le rire comme éléments incongrus et inattendus. L'effet de surprise par rapport au conventionnel a un pouvoir comique. Par ailleurs, dans l'exemple (1), c'est tout un paragraphe qui joue sur des erreurs volontaires dans la conjugaison de formes verbales, ce qui rend les fautes plus visibles et plus nettement intentionnelles, même pour un lecteur distrait qui pourrait ne pas remarquer une forme erronée unique. Le phénomène de l'accumulation a, de plus, un effet semblable à celui du comique de répétition. C'est un ressort traditionnel et puissant de la comédie auquel Molière a eu recours dans *Les Fourberies de Scapin* (II, 7, « Que diable allait-il faire dans cette galère ? » s'exclame à plusieurs reprises Géronte à qui Scapin fait croire qu'il doit verser une rançon pour libérer son fils pris en otage), dans *Tartuffe* (I, 4, « Et Tartuffe ? [...] Le pauvre homme ! » répète à l'envi Orgon alors qu'on lui parle d'un malaise qu'a fait sa femme, Elmire). Dans ses sketches, Fernand Raynaud y recourait aussi souvent : « Dis, tonton, pourquoi tu tousses ? » (dit régulièrement au téléphone un naïf dealer malgré lui croyant livrer du sucre en poudre) ; « il y a comme un défaut » (à propos d'un costume mal taillé), etc. Dans le texte de San Antonio (exemple (1)), ce ne sont pas les formes qui se répètent, mais l'application d'un même principe d'erreur : des barbarismes flexionnels sur des formes rarement usitées et donc moins bien maîtrisées. À ces erreurs sur le passé simple (respectueuses cependant du code orthographique, avec la présence de l'accent circonflexe sur le -a- de *rouvrâmes*) s'ajoutent une distorsion, d'origine populaire, entre premières personnes du singulier et du pluriel (*je devons*) et un infinitif incongru (*passir* au lieu de *passer*). Il est à noter que ces erreurs ne sont pas mises dans la bouche d'un personnage inculte, pour le ridiculiser, mais dans celle du héros, le commissaire San Antonio. L'auteur met à profit des défauts de maîtrise de la langue traditionnellement associés à des classes sociales défavorisées, sans intention de critique sociale mais juste pour s'amuser et amuser son lecteur. La fonction ludique est ici sans doute la seule responsable de ces formes non canoniques.

(1)   Je *trouvis* l'énergie nécessaire [...]. Nous *rouvrâmes* le studio [...]. Tandis qu'il s'employait
       avec méthode et application, je *m'emparas* du téléphone et, après une série de recherches,
       téléphonis au sieur Lamotta dont le nom figurait très démocratiquement dans l'annuaire de
       Pennsylvanie. Ce fut long, infiniment. Mais je *laissis* carillonner jusqu'à ce que la voix aigre
       de la mère du forban répondit. Je lui *indiquis* que je *devons* causer à son déjambé. Au début,
       elle *râlit* comme quinze hyènes en chaleur auxquelles on jetterait des seaux d'eau froide,
       mais je *découvras* les arguments susceptibles de fléchir une mère et elle *consenta* à me le
       passir. (*Circulez, Y a rien à voir*, 1987, p. 225)

Figurent également dans les dictionnaires des indications de défectivité : *clore* est inusité à certains temps, note Littré, qui le regrette et qui est pris au mot par un romancier, Richard Jorif, qui écrit dans *Le Burelain* (1989 : 120) « Ils closirent leur repas, elle par une mousse au chocolat, lui par une tarte dont les maladroites sœurs Tatin ont transmis le secret aux restaurateurs sans imagination. » Une note infrapaginale, probablement de l'auteur et non de l'éditeur, comme c'est indiqué, reproduit exactement la remarque figurant à la fin de l'article *clore* du *Littré* :

(2)   Des grammairiens se sont plaints qu'on laissât sans raison tomber en désuétude plusieurs
      formes du verbe clore. Pourquoi en effet ne dirait-on pas : nous closons, vous closez ;
      l'imparfait, je closais, le prétérit défini, je closis, et l'imparfait du subjonctif, je closisse ?
      Ces formes n'ont rien de rude ni d'étrange, et il serait bon que l'usage ne les abandonnât
      pas. (*Littré*)

Ce clin d'œil à Littré est aussi un jeu avec le lecteur, qui aurait pu croire, à tort, à une faute, involontaire, de l'auteur. Celui-ci le détrompe avec une remarque équivalente à « Je vous ai bien eu » : vous croyiez que je m'étais trompé, mais c'est vous qui vous trompiez en pensant que je me trompais. C'est le principe, toujours efficace, de l'arroseur arrosé[4], variante du « tel est pris qui croyait prendre ». Il y a un incontestable plaisir à voir se retourner contre quelqu'un l'arme qu'il brandissait contre autrui. De tels renversements de situation sont souvent utilisés dans les films burlesques. Dans ce cas précis l'interprétation du lecteur est guidée par la note infrapaginale, mais la plupart du temps elle ne l'est pas et seuls les lecteurs les plus perspicaces se rendent compte de la malice de l'auteur qui joue à brouiller les pistes comme dans l'exemple de féminisation suivante où l'invention ne se situe pas là où un lecteur qui n'est pas sur ses gardes l'imagine. En tout état de cause, l'auteur est conscient de ces sortes de pièges qu'il tend à ses lecteurs et escompte la reconnaissance amusée des (rares ?) lecteurs qui les débusquent et qui se trouvent dans un état de connivence ludique avec lui. Ce type de situation s'oppose à des lapsus ou ratés de la production, mots échappés sans que leur poids comique ait été prévu.[5]

---

4 C'est sous ce titre qu'est plus connu le film *Le Jardinier et le petit espiègle* de Louis Lumière de 1895 dans lequel un jardinier tourne vers son visage la lance d'arrosage qu'il tient à la main et reçoit le jet en pleine face quand l'enfant placé derrière lui relâche la pression qu'il avait exercée sur le tuyau avec son pied pour arrêter le débit. La formule *arroseur arrosé* est lexicalisée comme l'attestent sa présence et son explication dans *Le Petit Robert* à l'entrée *arrosé*.

5 Ainsi un professeur voulant écourter, au début de son cours, une séance de réglage de bretelle de soutien-gorge d'une de ses élèves et lui disant : « Ça va maintenant, laissez tomber », et se rendant compte, juste au moment où il le profère, de l'amphibologie de son énoncé. La formule

2.2 Jeu avec le genre : féminisation de formes épicènes (après conversion)

Dans la catégorie adjectivale, le jeu peut porter sur la morphologie du genre. Ainsi les formes épicènes sont indiquées comme telles dans les dictionnaires, comme *frétillon*, à l'origine un nom[6], rarissime, signifiant « personne qui frétille », et le même écrivain s'amuse à l'employer, par conversion, comme adjectif et à lui donner une forme féminine dans

(3) « des jeunes filles frétillonnes » (Jorif, *Le Burelain*, p. 209)

Peu de lecteurs probablement connaissent cette lexie, absente de la nomenclature de la plupart des dictionnaires monovolumaires usuels contemporains et ils doivent penser, à tort, qu'il s'agit d'une création de l'auteur, à partir du verbe bien connu *frétiller*. Mais ce n'est pas le cas car la lexie existe et le lecteur curieux et ayant compris que nombre de lexies qui lui sont inconnues dans ce roman sont tirées du *Littré*, la trouvera sans peine dans ce dictionnaire. Mais il n'est pas sûr qu'après avoir constaté l'existence d'une entrée pour ce mot, il regarde de près le contenu de l'article et qu'il se rende compte seulement alors qu'il y a bien une invention de l'auteur dans l'emploi de cette forme *frétillonne*, mais elle réside dans le changement de catégorie grammaticale, par conversion de nom à adjectif sans ajout ni suppression d'affixes dérivationnels, et dans la création d'une forme féminine marquée inusitée. L'auteur s'amuse avec ses lecteurs et seuls les plus curieux et les plus perspicaces débusquent les 'pièges' qui leur sont tendus, mais, si toutes ces innovations sont ludiques, elles sont aussi sérieuses, car l'auteur entend également, pour reprendre en substance le titre de l'ouvrage de du Bellay (1549) exposant l'art poétique des poètes de La Pléiade, « défendre et illustrer la langue française », en remettant en service des lexies oubliées, par le mécanisme que j'ai proposé de nommer paléologie[7], et en montrant, en action, la créativité de la langue française, par le recours à la conversion et à la morphologie flexionnelle. Les amoureux de la langue française ne sont pas nécessairement tous passéistes et puristes.

---

laisser tomber signifie en effet « abandonner », « arrêter », mais, dans ce contexte, on peut aussi avoir une lecture avec le sens compositionnel qui fait allusion à la ptose mammaire.

6 D'après *Littré*, le *Larousse du XXème siècle en six volumes* (1930), le *dictionnaire encyclopédique Quillet* (1935) etc. Le TLFi indique néanmoins l'adjectif, *frétillon, onne*, avec un seul exemple, au masculin, synonyme de *frétillard*.

7 Sablayrolles (2000 : 191–193 et aussi 2006 : 87–88) et Pruvost et Sablayrolles ([2003 : 75] 2016 : 73).

2.3 Jeu avec le nombre : singularisation de *pluralia tantum*

Une des caractéristiques de la catégorie nominale est d'avoir, en général, un genre fixe, masculin ou féminin, mais un nombre variable en fonction des référents dont il est question dans l'énoncé. Il y a cependant des exceptions et les dictionnaires indiquent des cas de nombre obligé, des *pluralia tantum* le plus souvent, comme *fiançailles, représailles, émoluments*, etc.[8] Et Alphonse Allais emploie ce dernier mot au singulier, *mon émolument*, déclarant à un ami qui le reprenait sur sa faute :

(4)   Je ne veux pas déranger le pluriel pour si peu

en faisant allusion, réellement ou fictivement, peu importe, mais en tous cas avec esprit, à la faiblesse de sa rémunération, comme s'il y avait un parallélisme entre la catégorie grammaticale du nombre et l'importance de la somme perçue. Tout le jeu réside dans le « comme si », qui accorde une motivation imaginaire au nombre, assimilant, par un phénomène d'iconicité, la quantité, nombrable, à une qualité (dimension, volume...) qui ne l'est pas. L'interlocuteur est amené à construire une telle interprétation tout en la sachant erronée linguistiquement. Et cela crée une connivence fondée sur le plaisir d'avoir compris la liberté prise avec la langue par l'auteur de ce bon mot.

2.4 De faux paradigmes

D'autres infractions ludiques opèrent sur des incongruités dans des paradigmes attendus. Dans la conjugaison, l'exemple déjà ancien – et déjà exploité (Sablayrolles 2015a et 2017a) – d'un slogan politique anticapitaliste, n'est mentionné ici que pour mémoire : la troisième personne du pluriel — la dernière, appelée parfois personne 6 – rompt avec l'attente et cette pointe provoque le sourire en même temps qu'elle focalise sur le reproche de profits effectués par les « grands monopoles capitalistes »[9] au détriment des salariés, ouvriers ou employés plus que les cadres.

---

8 Les jeux de langage mettant en jeu la catégorie du nombre ne sont pas légion, et nous reprenons un exemple déjà analysé dans Sablayrolles (2015a). Il en va de même pour l'exemple suivant portant sur les ruptures dans un paradigme.
9 Cette formule était courante, à l'époque, entre autres dans la bouche de Georges Marchais, alors secrétaire général du Parti Communiste Français (PCF).

(5) *je travaille*
  tu travailles
  il travaille
  nous travaillons
  vous travaillez
  ils profitent

La rupture du paradigme et la surprise créée ont le même effet que celui de la chute dans un sonnet. Le fait d'être pris à contre-pied d'une attente, de voir surgir quelque chose d'inattendu provoque un plaisir ludique, dont il est difficile de connaître les causes profondes. En l'occurrence elles sont multiples et inextricablement mêlées.[10] À l'aspect formel de la forme inattendue s'ajoutent, entre autres, le topos de l'affrontement des riches et des pauvres ainsi que l'allusion culturelle au marxisme. Mais, même si le récepteur ne démêle pas toutes les causes, l'effet humoristique provoqué par la rupture du paradigme est assuré.

2.5 Des devinettes fondées sur des savoirs grammaticaux morphologiques : des formes de pluriel fantaisistes

Des devinettes portent aussi sur la catégorie nominale même si le paradigme singulier / pluriel est plus restreint : deux formes en général sauf exception du type *banal* qui fait *banals* et *banaux*, selon les cas. Il s'agit de (faire) inventer un faux pluriel justifié par un énoncé homophone ayant valeur de vérité générale, incontestable donc.

(6) Question : Quel est le pluriel de *un voleur* ?
  Réponse : *Des valises*

parce que, par essence, un voleur dévalise les gens. La séquence [œ̃vɔlœʀdevaliz] de *un voleur dévalise* est réinterprétée comme l'association du singulier et du pluriel du mot *voleur : un voleur / des valises*. Dans ce cas, comme dans le suivant,

---

10 C'est vrai de tous les énoncés comme l'ont montré Blanche-Noëlle et Roland Grunig (1985) avec le concept de fuite du sens à droite (du côté des récepteurs interprétants) : on ne peut jamais atteindre toutes les causes ni remonter jusqu'à l'origine de la chaîne causale. Mais il y a une dimension supplémentaire dans les énoncés ludiques et les jeux de mots. Une réflexion sur les causes des néologismes est exposée dans Sablayrolles (1993 et 2000), ainsi que dans la section 3.2 de Sablayrolles (2015). Nous n'y reviendrons pas plus longuement ici, sauf pour dire que la fonction ludique est souvent associée à d'autres fonctions : séduction, accroche de l'attention, émission d'opinions personnelles, tentative de convaincre autrui, etc. plus ou moins facilement rattachables aux six fonctions établies par Jakobson.

le jeu porte sur un savoir grammatical et pas sur des topoï mondains. Il y a une rupture dans le mécanisme associant la forme du pluriel avec celle du lemme qui est au singulier, avec une sorte de flexion supplétive. Cette rupture qui apparaît lors de la résolution de l'énigme par celui qui l'a posé et la surprise qu'elle engendre ne manquent pas de dérider celui qui n'avait pas songé à cette solution. Il en va de même pour

(7)   Question : Quel est le pluriel d'*une bière* ?
       Réponse : *Des haltères*

parce qu'une *bière désaltère* [ynbjɛʀdezaltɛʀ] est réinterprété comme le couple singulier / pluriel *une bière / des haltères*.

D'autres devinettes portent également sur des savoirs grammaticaux et sur des séquences homophoniques, mais qui ne relèvent pas du tout de la flexion. Il n'en sera donc pas question ici.[11]

3 Des dictionnaires fantaisistes et des créations ironiques

Des recueils de mots imaginaires paraissent, irrégulièrement mais assez fréquemment néanmoins, et d'autres du même genre sont mis en ligne par des individus isolés, sans aucun investissement financier, dans le but de divertir leurs lecteurs. Leur point commun réside dans les matrices lexicogéniques[12] mises en œuvre dans la création de ces lexies fantaisistes : il s'agit essentiellement de mot-valisation et de composition savante. Des individus se gaussent aussi de néologismes jugés mauvais en se contentant de les citer ou en faisant de la surenchère.

---

11 Par exemple : « Quel est le cri de la fourmi ? C'est le crohondement parce que [ləfuʀmikʀɔ̃d] les fours micro-onde / les fourmis crohondent. » On peut également reprendre quelqu'un qui parle des petits poissons rouges en lui faisant remarquer que les petits pois ne sont pas rouges mais verts, etc.

12 Pour la présentation des matrices lexicogéniques (procédés de création de néologismes), voir Sablayrolles (2000, 2015b, 2017b) et Pruvost et Sablayrolles ([2003] 2016).

3.1 Des recueils de mots-valises

Une liste quasi exhaustive de dictionnaires fantaisistes français a été établie par Arnaud Léturgie dans sa thèse inédite (2012), mais d'autres sont, sans doute, parus depuis. Beaucoup d'entre eux sont fondés sur la mot-valisation. Dans tous ces cas de mot-valisation (et de factorisation si l'on adopte l'intéressante proposition de Julie Makri-Morel 2015)[13], c'est l'homophonie partielle de plusieurs lexies qui dicte leur rapprochement et leur fusion en une seule lexie néologique.[14] Et ces créations, que l'on a parfois considérées comme des « monstres » de langue[15], ont un signifié qui associe, plus ou moins facilement et naturellement, le signifié des deux (voire plus) lexies présentes dans l'assemblage. C'est le côté saugrenu des associations sémantiques qui est recherché dans les mots-valises des dictionnaires fantaisistes. Leurs auteurs s'amusent et cherchent à amuser leurs lecteurs par des associations inattendues créant des entités bizarres, fantastiques. Plus grand est le décalage entre les signifiés des mots associés, plus le mot-valise est réussi de ce point de vue. Le jeu porte sans doute plus encore sur les définitions dont leurs auteurs assortissent ces créations : la surprise, le paradoxe, des allusions, etc. sont cultivés pour le plus grand plaisir des lecteurs. Certains se présentent comme des devinettes dont la solution n'est pas évidente. C'est souvent en regardant celle qui est fournie par l'auteur que l'on peut apprécier et admirer son esprit, son inventivité, qui provoque aussi le même plaisir que la réponse à une devinette difficile.

Un des premiers dictionnaires de ce type, qui a fait date, et qui a même été réédité sous un autre titre, est celui d'Alain Finkielkraut : *Ralentir, mots-valises* (Seuil 1979) puis *Petit Fictionnaire illustré* (Seuil 1981). Il crée ainsi

---

13 Elle restreint l'emploi de mots-valises aux associations de deux mots dont la fin du premier et le début du second sont identiques, quand il y a une superposition syllabique comme dans *gangsterrorisme* où la syllabe [tɛR] est commune à *gangster et terrorisme* (et dicte leur rapprochement). Quand l'homophonie se situe ailleurs, elle préfère parler de factorisation comme dans *optipessimiste*, où la finale *-miste* est mise en commun aux deux mots *optimiste* et *pessimiste*. Sur les amalgames voir tout le n° 9 de *Neologica* (2015), ainsi que Sablayrolles (2015b et 2017b). En tout état de cause, s'il n'y a pas de segment homophone, il ne s'agit pas de mot-valise, mais de compocation ou fracto-composition.

14 Selon le principe de « qui se ressemble s'assemble ». Le mot-valise est une sorte de coup de force contre l'arbitraire du signe, puisqu'on fait comme si la ressemblance formelle impliquait une similitude sémantique, et du coup rendait possible le rapprochement. Mais ce n'est bien sûr qu'une illusion et les signifiés donnés par les auteurs de ces mots-valises comme résultats de l'association sont parfois tirés par les cheveux.

15 Voir Almuth Gresillon (1985) avec un « ? » néanmoins en fin de titre, dans un recueil intitulé *La linguistique fantastique*.

(8) *drolmadaire* « chameau facétieux »

(9) *hebdrolmadaire* « chameau qui rit tous les lundis »

qui combine trois mots (*hebdomadaire, drôle* et *dromadaire*) et qui n'est pas sans rappeler le titre d'un ouvrage de Prévert et Pozner : *hebdromadaire*, (qui ne contient que deux mots, *drôle* étant absent), mot défini par ailleurs[16] comme « un animal à une bosse qui revient toutes les semaines ». Finkielkraut crée aussi, avec la factorisation de *-tique*,

(10) *hépathétique* : « personne aux yeux si jaunes qu'elle inspire la pitié »

Chaque entrée est en effet suivie d'une définition, sauf la dernière,

(11) *zobsédé*,

qui est suivi d'un *oh !* de (fausse) réprobation. Le jeu porte moins sur la mot-valisation elle-même qui est assez évidente, que sur l'absence de définition et son remplacement par une interjection, laissant, pour une fois, le soin au lecteur d'interpréter le mot-valise et de s'amuser de la feinte pudeur de son auteur. Le domaine de la sexualité est en effet propice aux blagues de toutes sortes et aussi à des jeux avec les mots qui en relèvent.

Alain Créhange a également fait paraître plusieurs ouvrages, dont

(12) *Le pornithorynque est un salopare*

dont le titre combine deux amalgames qui créent deux isotopies cohérentes, celles de la zoologie avec un nom d'animal *ornithorynque*, et son mode de reproduction (*-pare* présent dans *ovipare, vivipare...*) et celui du vice avec la pornographie avec *porni-* et *salopard* homophone de *salopare*, dont il ne se différencie que par la graphie. Son site personnel sur internet en offre à foison.[17]

---

16 Par le définistaire, http://www.definistaire.org/dictionnaire-des-mots-qui-n-existent-pas (dernière consultation le 12/03/2018).
17 http://alain.crehange.pagesperso-orange.fr/frmotsval.html (dernière consultation le 12/03/2018).

3.2 Des mots savants parodiques

Une autre source importante de jeu avec les mots dans des recueils de « mots qui n'existent pas »[18] conventionnellement, est le recours à la composition savante, non pour créer des termes dans des domaines spécialisés, mais bien au contraire, pour nommer des réalités quotidiennes, prosaïques. Plus le décalage est grand entre la forme savante et la réalité dénommée et plus le contraste est marqué, plus ludique est la création. À cet écart, s'ajoute aussi parfois le fait d'une certaine opacité qui ne laisse pas saisir de quoi il s'agit au premier abord. Comme beaucoup de mots-valises, certains de ces mots composés savants se présentent comme des énigmes, même pour des personnes connaissant les langues anciennes, a fortiori pour les autres qui les ignorent. Et tout le sel réside dans l'élucidation de ces associations complexes et inattendues. Le site de défense de la xyloglotte[19] en regorge et son préambule explicite bien son objectif.[20] En voici, classés par nos soins, quelques exemples. Les plus nombreux sont des composés savants sans autre particularité que le recours à des formants tirés du latin et surtout du grec. D'autres présentent des particularités phoniques.

– Composés avec des formants latins

---

18 Cf. le titre d'un dictionnaire de ce type : *Le dictionnaire des mots qui n'existent pas et qu'on utilise quand même*, d'Olivier Talon et Gilles Vervish, Express Roularta, 2013.

19 http://www.cledut.net/xylo.htm (dernière consultation le 12 mars 2018).

20 Page officielle de défense et illustration de la langue xyloglotte :

« Le xyloglotte (en grec : langue de bois) est une langue nouvelle reposant sur le concept incontournable du complexificationnage. L'idée maîtresse s'exprime et se comprend aisément : pourquoi, comme le disait autrefois mon prof de math, se compliquer la vie à faire simple alors qu'il est si simple de faire compliqué ? Alors s'il existe des mots et des expressions compréhensibles par le commun des mortels, quoi de plus distrayant que de les rendre abscons ? Vous en avez rêvé, je l'ai fait.

La recette : elle ressemble assez à celle du *Sky my husband* de Jean-Loup Chiflet. La différence est que nous traduisons de jolies expressions dans un gréco-latin de cuisine des plus approximatifs. Sont également acceptés les sigles obscurs, les barbarismes improbables, les locutions empruntées à l'hexagon et autres extraits bizarroïdes des pages roses du dictionnaire Vermot.

Bon, trêve de bavardage, passons aux choses sérieuses ;-). Voici devant vos yeux ébahis le grandiose dictionnaire xyloglotte du professeur Cosinus. S'il a l'heur de vous plaire, je vous encourage vivement à l'enrichir en m'envoyant vos contributions.

Ah, ultime précision : cette page contient des GROS MOTS (oooh !) et des allusions paillardes (hé hé hé…). Vous pouvez encore renoncer. » (http://www.cledut.net/xylo.htm (dernière consultation le 12 mars 2018 – NB. L'auteur emploie *xylogotte* au masculin alors que le grec *glossa* [*glotta* en attique] est féminin).

(13) *capillolingualocuteur* : zozotant (locuteur ayant un cheveu sur la langue)

– Composés avec des formants grecs

(14) *diptéropodographie* : écriture en pattes de mouches

(15) *tétrapilectomie* : tendance à couper les cheveux en quatre, qui est une variante du suivant, hybride, plus près du mot à mot de l'expression française lexicalisée, *pilum* étant le poil et *capillus* le cheveu.

– Composés hybrides mêlant des formants grecs et latins

(16) *capillotétratomie* : tendance à couper les cheveux en quatre

– Composés paronymiques

(17) *logotomie* : action de couper la parole (proche de *lobotomie* « ablation d'une partie d'un lobe du cerveau »)

– Composés homonymiques

(18) *encyclopédie* : habitude de porter son rejeton sur son porte bagage, homonyme de « ensemble de connaissances rassemblé dans un ouvrage ». Il faut rechercher l'étymon grec de *paideia* « éducation » qui est *pais* « enfant », pour comprendre qu'il est mis sur (le porte-bagage de) la bicyclette, qui intègre *kuklos* « cercle ».

– Composés hybrides par mot-valisation

(19) *egobésité* : (n.f.) hypertrophie du Moi. Exemple : La plupart des mégalomanes souffrent d'égobésité.

3.3 Des néologismes ironiques par surenchère

Notons également des créations ponctuelles de locuteurs irrités par des lexies qu'ils trouvent pédantes ou mal faites et qui les ridiculisent en en fabriquant sur le même modèle de plus ridicules encore. La surenchère est en effet un moyen de mettre en valeur le caractère excessif de quelque chose et d'attirer l'attention dessus en mettant de surcroît les rieurs de son côté. Ainsi le chroniqueur de France Inter, Philippe Meyer (1991), exaspéré par le néologisme pédant *déjeuna-toire* figurant sur un carton d'invitation à « une réception amicale avec buffet *déjeunatoire* », qu'un auditeur lui avait transmis, crée-t-il

(20) *buffétatif*

(21) *digestatoire*

pour s'en moquer. Mais la simple citation du nom et du concept de

(22) *tartinabilité*

par le même Philippe Meyer (1991) dans une de ses chroniques, vise à se gausser d'une publicité pour un beurre dont la publicité vantait ses propriétés *frigotartinables* (« qu'on peut étaler facilement même à la sortie du réfrigérateur »), mais ce mot *tartinabilité* a depuis été assez largement utilisé au point même de faire son entrée dans la nomenclature du dictionnaire Hachette.

Richard Jorif se contente également, dans son roman *Le Burelain* (1989 : 187), de citer des termes nouveaux dont il confie la condamnation à son personnage principal :

(23) Il [Frédéric] ne voyait aucun intérêt à retenir des termes voisins du barbarisme, tels que *mégaléophobie* ou *hypofifriophobie*.[21]

Le pédantisme de ces termes rares suffit à déconsidérer ceux qui les emploient, qui se ridiculisent alors qu'ils recherchaient au contraire la considération. Les conduites prétentieuses prêtent souvent à sourire.

4 Les néologismes des enfants

Tous les exemples présentés jusqu'ici proviennent de locuteurs adultes jouant avec les mots, parfois uniquement pour le divertissement mais aussi souvent pour châtier en riant et en mettant les rieurs de leur côté, mais il semble que les locuteurs que sont les enfants présentent des spécificités dans les jeux avec les mots, lors de leur apprentissage de leur langue maternelle : ils se plaisent en effet à la manipuler en transgressant des règles qu'ils ont acquises, par simple plaisir de la transgression. Il ne s'agit pas alors de vraies fautes (d'enregistrement ou de production comme l'utilisation par Colette enfant du mot *presbytère* au lieu d'« escargot » [anecdote racontée dans *La Maison de Claudine*] ou *le chevaux* produit par un enfant que ses grands frères ont immédiatement corrigé en disant

---

21 Le premier n'est pas attesté sur les pages françaises (de France) de Google (en octobre 2016), et il n'y a que 7 documents référencés à la même source pour le second.

le cheval) mais de « fausses fautes » si l'on peut dire, de fautes feintes. On peut en distinguer plusieurs types, sans prétendre à l'exhaustivité.[22]

4.1 Des inventions flexionnelles

Des créations flexionnelles ludiques apparaissent parfois dans la bouche des enfants, analogues à celles vues en première partie, produites par des adultes. Ainsi une petite fille donne-t-elle un masculin au mot *sardine* pour que l'expression « être serré comme des sardines » puisse s'appliquer à son père qui venait de l'employer :

(24) Alors, toi, papa, tu es un sardin.

4.2 Des permutations de phonèmes entre deux mots

Des sortes de métathèses sont fréquentes, en particulier dans des couples de mots apparentés d'un point de vue sémantique. Les deux félidés que sont le guépard et le léopard deviennent ainsi, avec un grand sourire de l'enfant,

(25) des *lépards* et des *guéopards*

Le comique de répétition fonctionne aussi, puisque ces permutations sont systématiques et toutes les occasions sont bonnes pour les proférer. Il en va de même des lapins d'élevage qui vivent dans des clapiers et qui deviennent

(26) des *clapins* dans des *lapiers*

4.3 Des paronymes

Le même enfant s'amuse aussi, dans un grand éclat de rire, à répondre par un paronyme *kali bichro[micum]* (nom d'un médicament homéopathique qu'il prend parfois) à la question de sa mère *Quel numéro ?*, dans un scénario où il se perdrait et devrait répondre à des questions sur son identité et son adresse (nom de la rue – qu'il donne correctement – et le numéro) :

---

22 L'article de Bonnet et Tamine (1982) recense un grand nombre de procédés, dont quelques-uns sont propres aux enfants. Les exemples commentés par la suite relèvent d'observations personnelles de l'auteur.

(27) *Quel numéro ? Kali bichro*

Très intuitivement, l'enfant perçoit les analogies phoniques entre la question de sa mère et le nom du médicament : même nombre de syllabes (quatre), un schéma consonantique en grande partie identique avec la consécution de [k], [l] et [ʀ], et enfin la rime en [o].

Il ne s'agit ici que de quelques exemples qui montrent qu'à côté des erreurs d'apprentissage et de rectifications, les enfants peuvent, comme les adultes et sans doute plus spontanément que les adultes, produire des fautes feintes par jeu.

Cette tendance spontanée des enfants à jouer avec les mots est parfois encouragée par l'institution scolaire, du moins par certains enseignants du primaire qui incitent les jeunes élèves à créer des mots, souvent des mots-valises, dans des activités pédagogiques d'appropriation de la langue. Ces activités se font aussi en marge de séances de slam que des slammeurs professionnels viennent faire dans le cadre scolaire, comme l'évoque Camille Vorger dans sa thèse (2011).

5 Conclusion

Si le rire (et le sourire aussi) est le propre de l'homme, le langage doublement articulé l'est également, et il n'est donc pas étonnant que ces deux facultés se rencontrent parfois. C'est le cas dans un certain nombre de créations mettant en cause le lexique, en particulier dans des innovations lexicales sans qu'il s'agisse toutefois toujours de néologismes prototypiques. Le propos de cette contribution était d'en examiner quelques-uns sans prétendre du tout à l'exhaustivité, en se restreignant à des néologismes un peu périphériques, dans des situations d'énonciation spécifiques. En revanche, si on parvient à identifier et à classer des mécanismes qui provoquent le sourire ou le rire, les raisons profondes de ces réactions proprement humaines restent encore énigmatiques. Si l'effet de surprise joue un rôle, celle-ci n'explique pas tout et beaucoup de surprises ne provoquent pas le rire. Mais ce ne sont sans doute pas les sciences du langage seules qui peuvent apporter une réponse à cette question, dans laquelle elles sont néanmoins crucialement impliquées. Un dialogue avec la psychologie, l'anthropologie, la philosophie... est nécessaire pour une meilleure approche de ces réalités complexes que sont les jeux de mots.

6 Références bibliographiques

Œuvres

Colette. [1922] 1974. *La maison de Claudine*. In Colette, *Œuvres complètes*, Vol. 6. Paris : Flammarion.

Créhange, Alain. 2004. *Le pornithorynque est un salopare*. Paris : Mille et une nuits.

Jorif, Richard. 1989. *Le Burelain*. Paris : François Bourin.

Meyer, Philippe. 1991. *Nous vivons une époque moderne*. Paris : Seuil.

Molière. 1671. *Les Fourberies de Scapin*. http://www.toutmoliere.net/les-fourberies-de-scapin,48.html (dernière consultation le 01/08/2018).

Molière. 1669. *Le Tartuffe*. http://www.toutmoliere.net/le-tartuffe,33.html (dernière consultation le 01/08/2018).

Prévert, Jacques & André Pozner. 1972. *HEBDROMADAIRES*. Paris: Éd. Guy Authier.

San Antonio. 1987. *Circulez, Y a rien à voir*. Paris : Fleuve noir.

Études et autres sources

Bonnet, Claire Lise & Joëlle Tamine. 1982. Les noms construits par les enfants : description d'un corpus. *Langages* 66. 67–101.

Dictionnaire Hachette. Paris : Éditions Hachette 2009.

Gibbs, Raymond W. 2018. Words making love together : Dynamics of metaphoric creativity. In Esme Winter-Froemel & Verena Thaler (éds.), *Cultures and Traditions of Wordplay and Wordplay Research* (The Dynamics of Wordplay 6), 23–46. Berlin & Boston : De Gruyter.

Gresillon, Almuth. 1985. Le mot-valise, un monstre de langue ? In Sylvain Auroux, Jean-Claude Chevalier, Nicole Jacques-Chaquin & Christiane Marchello-Nizia (éds.), *La linguistique fantastique*, 245–259. Paris : J. Clims : Denoël.

Le Littré. Dictionnaire de la langue française, par É. Littré. https://www.littre.org/ (dernière consultation le 01/08/2018).

Le Petit Robert. Le millésime 2010 de *Le nouveau Petit Robert de la langue française*, texte remanié et amplifié sous la direction de Josette Rey-Debove et Alain Rey. Paris : Éd. Le Robert.

Léturgie, Arnaud. 2012. L'amalgamation lexicale en français : Approches lexicologique et morphologique. Vers une grammaire de l'amalgamation lexicale en français. Thèse sous la direction de Jean Pruvost. Cergy, 23 décembre 2012.

Makri-Morel, Julie. 2015. Mots-valises : Quand les segments communs se font la malle. *Neologica* 9. 63–81.

Pruvost et Sablayrolles. [2003] 2016. *Les néologismes* (Que-sais je ? n° 3674). Paris : Presses Universitaires de France.

Rullier Françoise. À paraître. Offenser grand-mère : Actes du Colloque international « La langue de San-Antonio et de Frédéric Dard », 30 mai–1er juin 2013. Université de Savoie. Sous la direction de Françoise Rullier et Dominique Lagorgette.

Sablayrolles, Jean-François. 1993. Fonctions des néologismes. *Cahiers du CIEL* 1993. 53–94.

Sablayrolles, Jean-François. 2000. *La néologie en français contemporain*. Paris : Champion.

Sablayrolles, Jean-François. 2006. Terminologie de la néologie : Lacunes, flottements et trop pleins. *Syntaxe et Sémantique 7.* 79–90.

Sablayrolles, Jean-François. 2015a. Néologismes ludiques : études morphologique et énonciativo-pragmatique. In Esme Winter-Froemel & Angelika Zirker (éds.), *Enjeux du jeu de mots. Perspectives linguistiques et littéraires* (The Dynamics of Wordplay 2), 189–216. Berlin & Boston : De Gruyter.

Sablayrolles, Jean-François. 2015b. Quelques remarques sur une typologie des néologismes : Amalgamation ou télescopage : un processus aux productions variées (mots valises, détournements...) et un tableau hiérarchisé des matrices. Actes de CINEO II, São Paulo, 5–8 décembre 2011. In Ieda Maria Alves & Eliane Simões Pereira (éds.), *Neologia das linguas romanicas*, 187–218. São Paulo : Humanitas.

Sablayrolles, Jean-François. 2017a. Créativité lexicale en discours liée à l'existence de paradigmes. *Signata* 8. 37–50.

Sablayrolles, Jean-François. 2017b. *Les néologismes, créer des mots français aujourd'hui* (Les petits guides de la langue française *Le Monde*). Paris : Garnier.

Trésor de la Langue Française. 16 volumes, 1971–1994, INaLF, CNRS. Consultable sous sa forme électronique : atilf.atilf.fr/ (dernière consultation le 01/08/2018).

Vorger, Camille. 2011. Poétique du slam : de la scène à l'école. Néologie, néostyles et créativité lexicale. Thèse sous la direction de Francis Grossmann et Dominique Abry. Grenoble, 23 novembre 2011.

Ilias Yocaris

« En trou si beau adultère est béni » : poétique du jeu de mots dans *Histoire* de Claude Simon

Résumé : La prédilection de Claude Simon pour les jeux de mots est bien connue, et s'explique avant tout par des considérations d'ordre compositionnel. En effet, comme il l'explique dans le *Discours de Stockholm*, le travail de stylisation fourni dans ses romans vise à faire en sorte que le déploiement du récit ne découle pas d'une causalité extérieure au fait littéraire, mais d'une « causalité intérieure » reposant sur des propriétés formelles. Or, les jeux de mots sont par définition le procédé stylistique le plus à même d'engendrer un ordre textuel purement formel. Ceux qui sont mis en avant dans *Histoire* (homonymies, paronomases, réactivations étymologiques, syllepses de sens, mots-valises, rapprochements verbo-iconiques...) relèvent donc d'une logique langagière qui les rend « textuellement indispensables » : chacun d'entre eux fait partie intégrante d'un dispositif stylistique très complexe, avec lequel il interagit de façon holistique. Leur utilisation relève en fait d'une triple finalité : (a) *une finalité organisationnelle* (ils permettent de densifier le texte, en créant un tissu de relations multidirectionnelles entre ses différentes composantes) ; (b) *une finalité référentielle* (ils contribuent à accroître le potentiel investigateur de la langue « ordinaire ») ; (c) *une finalité métatextuelle* (ils attirent l'attention du lecteur sur la matérialité verbale du récit simonien, tout en modélisant ses structures et son mode de fonctionnement).

Mots clés : afférences sémiques locales, complexité discursive, exemplification, jeu de mots, fonctionnement holistique du langage, matrices stylistiques, mise en abyme, multirelations, Nouveau Roman, polyphonie, sursémiotisation

À la mémoire de Jean Ricardou

1 Introduction

Je me propose d'étudier dans le détail les jeux de mots observables dans le roman de Claude Simon *Histoire* ([1967] 2013a). Tout d'abord, qu'est-ce qui motive le choix de cet objet d'étude ? La prédilection de Simon pour les jeux de mots de toutes sortes est bien connue de la critique (voir p. ex. Ricardou 1967), et s'explique avant tout par des considérations d'ordre compositionnel. En effet, le travail de stylisation fourni dans les romans simoniens vise à faire en sorte que le déploiement du récit « ne [relève] plus d'une causalité extérieure au fait littéraire, comme la causalité d'ordre psycho-social qui est de règle dans le roman traditionnel dit réaliste, mais d'une causalité intérieure, en ce sens que tel événement [...] suivra ou précédera tel autre en raison de leurs seules qualités propres » (Simon [1986] 2006b : 896). Or, les jeux de mots sont par définition le procédé stylistique le plus à même d'ordonner les œuvres simoniennes en fonction d'une causalité interne, d'une « qualité du langage » (Simon [1976] 2007 : 179) reposant sur leurs seules propriétés formelles. Pour tout dire, ils relèvent d'une logique formelle qui les rend « textuellement indispensables » (Simon [1980] 2012 : 70) : comme je le montrerai, chacun d'entre eux fait partie intégrante d'un dispositif stylistique très complexe et parfaitement calibré, avec lequel il interagit de façon holistique (voir Yocaris et Zemmour 2015). Ce dispositif englobe le texte simonien, les intertextes qu'il prolonge et son entour pragmatique, et sa mise en place vise à accroître autant que possible le potentiel investigateur du discours romanesque : comme on va le voir, les jeux de mots observables dans *Histoire* sont susceptibles de cristalliser des « complexe[s] référentiel[s] inédit[s] » (Bonhomme 2005 : 114). Leur importance est du reste d'autant plus grande que Simon compose et publie son roman à une époque où il met au point la théorie du « mot-carrefour », exposée en 1970 dans la célèbre préface à *Orion aveugle* : « Une épingle, un cortège, une ligne d'autobus, un complot, un clown, un État, un chapitre n'ont que (c'est à dire ont) ceci de commun : une tête. L'un après l'autre les mots éclatent comme autant de chandelles romaines, déployant leurs gerbes dans toutes les directions. Ils sont autant de carrefours où plusieurs routes s'entrecroisent. [...] Chaque mot en suscite (ou en commande) plusieurs autres, non seulement par la force des images qu'il attire à lui comme un aimant, mais parfois aussi par sa seule morphologie, de simples assonances qui, de même que les nécessités formelles de la syntaxe, du rythme et de la composition, se révèlent souvent aussi fécondes que ses multiples significations. [...] C'est ainsi qu'ont été écrits *La Route des Flandres*, *Le Palace*, et plus encore *Histoire* [...] » (Simon [1970] 2006a : 1182).

Pour mener à bien ma démonstration, je m'appuie sur la définition du jeu de mots fournie par Bruno de Foucault (1988 : 7) : « un couple de deux systèmes linguistiques se transformant virtuellement l'un en l'autre, cette transformation laissant des invariants ». On retrouve effectivement dans *Histoire* toutes sortes de couples de ce genre, articulant (voir Guiraud 1976 : 105) un « ludé » en général présent dans le texte et un « ludant » qui peut, lui, être présent ou absent. Si le ludé et le ludant sont présents, on aura affaire à des jeux de mots *in praesentia* générant des effets d'ostension formelle de toutes sortes ; sinon, le lecteur est confronté à des jeux de mots *in absentia* qui confèrent au récit simonien une dimension « cryptologique » (voir Guiraud 1976 : 94–96 ; voir également Bauer 2015). Ludant et ludé sont reliés entre eux par un grand nombre de procédés transformationnels, passés en revue par Simon avec une application typiquement néo-romanesque ! Quels sont ces procédés ? Les jeux de mots observables dans *Histoire* reposent pour l'essentiel (comme on va le voir) sur les opérations suivantes :

– manipulations du signifiant (homonymies, paronomases, homéotéleutes, mots-valises…) et du signifié (réactivations étymologiques, syllepses de sens, catachrèses…) des composantes textuelles
– rapprochements verbo-iconiques
– renvois intertextuels
– enchaînements figuraux complexes, etc.

Le recours à ces procédés relève d'une triple finalité.

2 Une finalité organisationnelle

Les jeux de mots utilisés dans *Histoire* permettent de sur-structurer le récit simonien, en densifiant à l'extrême l'espace textuel : je rappelle qu'on parle de « sur-structuration » pour désigner globalement le surplus de connexions qui émergent dans un texte « poétique » (au sens jakobsonien du terme), à l'issue d'un travail de stylisation préalable (voir Aroui 1996 : 9–10, 12 ; Yocaris 2016 : 94–108). Or, comme le soulignera Simon dans la préface à *Orion aveugle*, les mots possèdent « ce prodigieux pouvoir de rapprocher et de confronter ce qui, sans eux, resterait épars » (Simon [1970] 2006a : 1182). Dans *Histoire*, l'ordre linéaire de la narration est constamment concurrencé par des rapprochements « tabulaires »[1] à distance reposant – entre autres – sur des jeux de mots appropriés : ces derniers viennent relier des composantes textuelles a priori sans rapport entre elles, créant ainsi un réseau de « *multi-relations*, aptes chacune à unir plusieurs éléments » (Ricardou 1978 : 222 ; italiques de Ricardou).

Un exemple d'agencement multirelationnel reposant sur une série de jeux de mots est fourni dans le texte (1), où l'on évoque en termes choisis la défloration d'une jeune fille par le protagoniste de *Histoire* :

---

1 Voir Groupe µ ([1977] 1990 : 65).

(1) [...] **[A]** l'enfonçant roide enflammé colonne de porphyre ou quel est ce marbre veiné
pourpre quand je le retirai d'elle barbouillé de sang couvert d'un lacis d'un réseau entrelacs
rouge amarante enserrant des îles pâles [...] elle [...] entreprenant de me l'essuyer mal-
adroitement avec son mouchoir l'âne d'Apulée copuler moi vaguement écœuré déflorée
parmi les fleurs sylvestres [...] **[B]** agenouillé devant elle [...] tendant vers elle ce porphy-
resque quel est donc aussi ce saint hagios[2] ermite au nom grec Porphyre Polycarpe Polyphile ou quoi lui aussi agenouillé en prière au sommet d'une colonne dans le désert restant
je ne sais combien de jours stylite sur le chapiteau de marbre [...] parmi les décombres [...]
d'un temple abandonné et cette courtisane Babylone la grande prostituée les porcs idolâtres
les pèlerinages de foules émerveillées [...] populations accourues de loin pour voir populer
je veux dire copuler je veux dire copulation pour peupler mais j'eus assez de force pour me
retirer le jaillissement la voie lactée répandue sur son ventre étroit **[C]** [...]. (*H*, 374–375 ; je
segmente)[3]

(1) donne à voir un agencement multirelationnel qui permet de relier à distance
les segments AB et BC et de souder étroitement leurs composantes par le biais
d'une série de jeux de mots qui entrent mutuellement en résonance :

– Le ludé « colonne de porphyre » donne lieu à une triple transformation. Tout
d'abord, le ludé$_1$ « colonne » (désignant au sens figuré le pénis turgescent du
narrateur) dans AB renvoie par syllepse de sens au ludant$_1$ « colonne » (le
chapiteau de marbre du stylite) dans BC. Ensuite, le ludé$_2$ « porphyre » (du
grec πορφύρα, 'pourpre') dans AB renvoie par une double réactivation étymologique au ludant$_{2A}$ « pourpre » dans AB, mais aussi au ludant$_{2B}$
« Porphyre » dans BC. En effet, le substantif « pourpre » est issu du latin
purpura, lui-même issu du grec πορφύρα ; quant au nom propre « Porphyre », il vient du grec Πορφύριος, lui-même dérivé de πορφύρα.

– Le désignateur rigide « Porphyre » devient à son tour un ludé dans BC : sa
syllabe initiale (« Po ») renvoie par une double paragoge aux ludants « Polycarpe » et « Polyphile ». Ces ludants subissent eux aussi une réactivation étymologique sous l'influence du contexte. « Polycarpe » vient du grec Πολύ-
καρπος, 'qui produit un grand nombre de fruits'. « Polyphile » est issu du grec
Πολύφιλος, 'qui aime / que l'on aime beaucoup', voire 'qui a beaucoup de
relations amoureuses'. Or, ces deux étymons sont ironiquement convoqués
en (1), étant donné que le narrateur fait étalage de ses dons de séducteur et
de sa vigueur sexuelle tout en procédant à un *coïtus interruptus* ! De surcroît,
le nom propre « Polyphile » donne lieu à un jeu de mots « cryptologique » de
très haut vol, typique de l'écriture néo-romanesque. Il renvoie en effet au

---

2 Transcription littérale du mot grec ἅγιος 'saint'.
3 Le titre de l'ouvrage *Histoire* sera abrégé en *H*.

héros d'un ouvrage allégorique de 1499 intitulé *Le Songe de Poliphile* (*Poliphili hypnerotomachia*) : or, cet ouvrage a été composé par... Francesco Colonna, dont le nom de famille devient ainsi par resémantisation le ludant du ludé « colonne » ![4]

- Le ludé « l'âne d'Apulée » renvoie dans AB au ludant « copuler », par le biais d'une homéotéleute ([apyle] / [kɔpyle]).

- L'enchaînement [âne d'Apulée → copuler] dans AB entre en résonance avec le mot « populations » dans BC. Le ludé « populations » amène par isolexisme le ludant « populer », néologisme qui apparaît à la lumière du cotexte gauche comme un mot-valise issu du croisement de « population(s) » et de « copuler ». Cette analyse est immédiatement confirmée par la paronomase « populer » → « copuler ». Le ludé « copuler » engendre enfin par développement épenthétique le ludant « *copul*ation pour peup*ler* ».

- Enfin, l'ensemble du dispositif ainsi esquissé est verrouillé par le développement d'une matrice stylistique[5] qui permet de relier entre eux les ludés « colonne de porphyre » et « âne d'Apulée », ainsi que les ludants qui en découlent. Cette matrice, c'est évidemment la tournure idiomatique *monté comme un âne*, qui renvoie aux attributs virils impressionnants du narrateur de (1) et subit ici un double défigement[6] : d'une part, elle convoque le texte de *L'Âne d'or* d'Apulée, dont le héros (Lucius) se transforme en âne et voit son pénis rallongé en conséquence ; d'autre part, elle engendre l'image du

---

4 Les jeux de mots implicites de ce genre ont une importance décisive sur le plan conceptuel et esthétique : en effet, ils tendent à estomper les limites entre le texte simonien et son entour pragmatique, entre l'œuvre artistique et le monde qui l'englobe : pour plus de précisions sur les implications d'une telle démarche et la manière dont elle est mise en œuvre par Simon dans *La Bataille de Pharsale*, voir Yocaris (2008b : 320–322).

5 Le concept de « matrice stylistique » a été forgé par Michael Riffaterre (1983 : 25–26, 33–35 et *passim*), qui l'applique exclusivement à la poésie en tant que genre. Élargissant la portée des analyses de Riffaterre, je dirai que certains énoncés littéraires tous genres confondus peuvent être considérés comme des transformations d'une « matrice », autrement dit d'un hypotexte quelconque (un texte, une citation, une tournure idiomatique...) dont ils sont en quelque sorte le développement. La matrice stylistique n'apparaît pas explicitement à la surface du texte qui la convoque, mais se trouve pourtant (en principe) à l'origine de ce dernier.

6 Le défigement peut être défini comme un processus par lequel une « tournure figée » dont les éléments formaient une totalité invariable, insécable et autonome se voit transformée en groupe de mots modifiable à loisir, dont les composantes peuvent interagir isolément avec leur contexte : ainsi par exemple la métaphore figée *les murs ont des oreilles* donnera par défigement dans tel slogan soixante-huitard *vos oreilles ont des murs*.

stylite intégriste *monté* au sommet d'une colonne et considéré visiblement par le narrateur comme un *âne* !

On voit se former ainsi un agencement multirelationnel diagrammatisé dans la Figure 1.

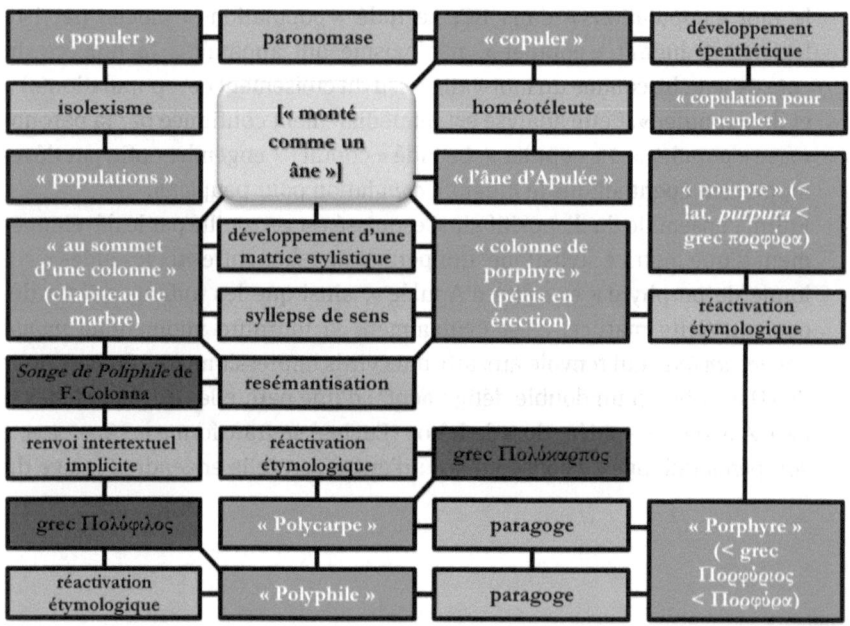

Fig. 1 : Claude Simon, *Histoire* (pp. 374–375) : Dispositif multirelationnel articulé autour d'une série de jeux de mots

Cet agencement est modélisé dans le plus pur style néo-romanesque par une mise en abyme appropriée, à savoir la formule « un lacis [...] un réseau entrelacs rouge amarante enserrant des îles pâles » : de toute évidence, cette formule renvoie aux connexions analogiques qui se tissent entre les différentes composantes de (1), mais aussi aux points nodaux du dispositif reconstitué dans la Figure 1 (les « îles pâles » enserrées par l'« entrelacs rouge amarante »). Afin que tout soit parfaitement clair, Simon ajoute une deuxième mise en abyme, l'image du « marbre veiné pourpre », qui actualise dans ce contexte le sème /aspect réticulaire/ au même titre que les mots « lacis », « réseau » et « entrelacs ». Bien entendu, la portée métatextuelle de la métaphore marmoréenne ne se limite aucunement à ce sème, puisque la formule « marbre veiné pourpre » réalise aussi en (1) les sèmes /solidi-fication/, /aspect monolithique/ : en effet, elle suggère que les jeux de mots utilisés dans *Histoire* compacifient au maximum le texte simonien, transformant ce dernier en « un bloc indivisible » (Simon 1958 : 5).

3 Une finalité référentielle

Les procédés transformationnels liés aux jeux de mots donnent lieu à une « ex-tension des possibilités de la langue » (Riffaterre 1983 : 42) : le rendement référen-tiel du français ordinaire se trouve spectaculairement accru dans *Histoire*. En effet, les jeux de mots utilisés par Simon densifient considérablement son texte sur le plan référentiel, ce qui se manifeste entre autres à travers trois phénomènes discursifs.

3.1 L'émergence d'afférences sémiques locales

Certains[7] jeux de mots modifient ponctuellement le profil sémique des vocables utilisés dans *Histoire*, en fonction de la configuration globale du récit simonien. Le contenu sémique du ludant se trouve dans ce cas projeté sur celui du ludé ou vice versa. Les stylisticiens structuralistes de la grande époque et les pionniers de la sémantique componentielle avaient déjà attiré l'attention sur ce genre de phé-nomènes, en insistant notamment sur le potentiel sémiotique des métaplasmes : comme le souligne par exemple François Rastier ([1987] 1996 : 65), « les relations entre signifiants [peuvent] devenir les interprétants d'afférences sémiques lo-cales ». C'est exactement ce qui se passe dans le texte (2), qui occupe une position stratégique dans *Histoire* pour des raisons qui apparaîtront plus loin : on y voit le protagoniste du roman procéder à ses ablutions matutinales devant son lavabo ; ce faisant, il se remémore les jeux de mots de son camarade de collège Lambert, qui défigurait les formules latines des textes liturgiques en faisant force calem-bours obscènes.

(2) la regardant [l'eau] s'échapper entre les doigts mal joints et à la fin plus rien que quelques minuscules gouttelettes accrochées à la peau comme sur les plumes rosâtres d'un canard. Coupe enchantée se vidant au fur et à mesure qu'on l'emplit. Ou plutôt cupule. Culpa mia. Pardonnez-moi mon indignité ainsi soit...

---

7 Voir Rastier ([1987] 1996 : 70 et *passim*).

yeux fermés, projetant encore sur mon visage baissé deux ou trois inutiles poignées d'eau
[...] battant douloureusement des paupières Père éloignez de moi ce calice [...] et cætera et
cætera et cætera Dites Bénissez-moi mon Père parce que j'ai beaucoup péché mais pas Pénis
et moi compère garce que j'ai beaucoup léchée... en sortant comme ça [*Lambert*] indéfini-
ment [...]... (*H*, 171–172)

(2) est articulé dans sa totalité autour de la paronomase *in absentia* [« coupe » →
« coulpe »]. Cette paronomase découle d'un croisement parétymologique : de
quoi s'agit-il ? Le ludé « coupe » vient du bas latin *cuppa* ('coupe'), lui-même issu
du latin classique *cupa* ('grand vase en bois, tonneau'). Or, *cupa* est évidemment
en latin le paronyme de *culpa* ('faute'), étymon du français *coulpe* implicitement
convoqué sous (2) en tant que ludant de « coupe ». *Culpa* est aussi l'étymon de
l'espagnol « culpa » (même signification), qui apparaît dans le texte de *Histoire*
en lieu et place de « coulpe ». Enfin, l'enchaînement [« coupe » → « coulpe »] est
également surdéterminé par un isolexisme dérivationnel : *cupa*, l'étymon latin de
coupe, a engendré le diminutif *cupula* 'petit tonneau de bois', étymon du mot
« cupule » cité en (2) ; bien entendu, « cupula » renvoie phonétiquement à *culpa*
(et donc à « coulpe ») par syncope et métathèse...

Quelle est la signification d'un dispositif aussi sophistiqué ? La transformation du ludé « coupe » au ludant « coulpe » permet de projeter en contexte sur
« coupe » un certain nombre de sèmes liés exclusivement — hors contexte — à
« coulpe » : « coupe » voit ainsi son profil sémique ponctuellement altéré,
puisqu'on y greffe ici les sèmes localement afférents /souffrance/, /culpabilité/,
/absence de rémission/... L'émergence de ces sèmes a également partie liée avec
quatre références intertextuelles qui orientent infailliblement la lecture de (2). On
relève tout d'abord la formule « coupe enchantée se vidant au fur et à mesure
qu'on l'emplit ». Celle-ci actualise les sèmes /culpabilité/, /absence de rémis-
sion/ parce qu'elle renvoie au mythe des Danaïdes : on le sait, les Danaïdes
étaient les cinquante filles du roi Danaos, condamnées dans les Enfers à remplir
sans fin d'eau une jarre qui se vidait au fur et à mesure parce qu'elles avaient
assassiné leurs époux respectifs. À cela s'ajoute évidemment la formule « Père
éloignez de moi ce calice », proférée par le Christ dans le Jardin des Oliviers avant
sa crucifixion[8] : son insertion dans le récit simonien permet d'activer les sèmes
/souffrance/, /expiation/. Dans le même ordre d'idées, la tournure hybride « culpa mia »[9] réalise le sème /culpabilité/, d'autant que sa signification est amplifiée

---

8 Voir Matthieu 26 : 39, Luc 22 : 42.

9 Cette tournure signifie évidemment 'ma faute', et constitue sans doute un hybride verbal issu
du croisement de l'italien *mia colpa* et de l'espagnol *culpa mía*. Elle est issue du *Confiteor* : lors

par la formule « Pardonnez-moi mon indignité ».[10] Enfin, les sèmes /souffrance/ et /absence de rémission/ sont également actualisés par la tournure figée *boire la coupe jusqu'à la lie*, qui constitue de toute évidence la matrice stylistique de (2).

Le protagoniste de *Histoire* semble donc éprouver une très forte culpabilité à propos d'un événement qui l'obsède, et qui n'est pas ouvertement évoqué dans le texte. Or, on le sait[11], cet événement, c'est en fait la mort de sa femme Hélène, qui s'est probablement suicidée à cause de ses frasques extraconjugales. Même si le texte reste allusif ou évasif à ce sujet, un faisceau d'indices concordants ne laisse aucun doute sur sa signification implicite, d'autant que Simon a vécu la même situation que son personnage quand il écrit *Histoire* : sa femme Renée Clog avait mis fin à ses jours dans un contexte similaire en 1944... Du reste, l'incertitude référentielle engendrée par l'aspect délibérément cryptique du récit simonien est elle aussi verbalisée grâce à un jeu de mots dans le texte (3), où le protagoniste de *Histoire* évoque la défunte Hélène dans une séquence discursive parenthétisée – comme s'il cherchait à évacuer son image de son esprit :

(3) (léger tissu couleur de fruits de feuilles taché sous ses aisselles arrêtée devant cette vitrine qu'elle faisait semblant de regarder Visite tous les jours sauf le lundi de 9h à 16h, dim. de 9h à 13h ; samedi de 20h à 23h, essaim d'ailes nid comme si le mot lui-même était plein de battements de froissements feuillu soyeux bruissant des plumes s'envolant *de sous ses...* Cour intérieure : fontaine ornée d'une statue représentant un fleuve [...]) (*H*, 219–220 ; je souligne).

En l'occurrence, l'emploi d'une aposiopèse dans le segment souligné suggère que le narrateur de (3) est trop ému pour achever sa phrase, et doit faire un effort sur lui-même pour passer à autre chose (en l'occurrence, la description des salles du musée qu'il a visité en Grèce avec Hélène). L'effacement énonciatif de la suite du passage permet de mettre en avant de façon exemplaire la dimension instable et

---

de cette prière liturgique, le fidèle prononce à haute voix les paroles *mea culpa* (équivalent latin de « culpa mia »), *mea culpa, mea maxima culpa* en se frappant la poitrine.

10 Celle-ci semble être la variante des paroles de pénitence rituellement proférées après la communion par les fidèles qui appartiennent au Tiers-Ordre franciscain : « Pardonnez-moi mon Dieu, pardonnez-moi par votre grande bonté et mon indignité et mon peu de disposition ». On note que toutes les formules rituelles et liturgiques citées par Simon font l'objet de modifications en apparence arbitraires, ce qui est tout sauf fortuit : un tel choix stylistique suggère que l'auteur impliqué de *Histoire* élabore un monde possible entièrement gouverné par le hasard, un monde sans Dieu où prédomine l'indétermination. En toute logique, rien ne garantit que ce monde soit réductible à la dichotomie Identité/Différence : de ce fait, ses composantes (référentielles et verbales) se situent souvent dans un entre-deux incertain entre le *même* et *l'autre*. Pour plus de précisions sur ce point, voir Yocaris (2008b : 309–310). Voir aussi note 9, note 15.

11 Voir Jiménez-Fajardo (1975 : 116) ; Sarkonak (1986 : 132) ; Yocaris (2005 : 198–208).

énigmatique du référent textuel. En effet, une incertitude plane sur l'identité de la femme disparue : s'agit-il d'Hélène, la femme du narrateur ou bien de Renée, femme de l'auteur impliqué[12], ou encore des deux à la fois ? Or, cette incertitude se trouve inscrite *dans la forme même du mot effacé* (« aisselles ») grâce à une homonymie *in absentia* : comme le souligne très pertinemment Ralph Sarkonak (1986 : 138), « aisselles » est ici le ludé du ludant implicite « est-ce elle ? » ...

Les références implicites à la mort d'Hélène et aux débordements sexuels adultérins qui en sont la cause donnent lieu à des effets de polyphonie qui confèrent au texte simonien une profondeur énonciative tout à fait remarquable. En s'inspirant des remarques d'Alain Rabatel[13] sur le fonctionnement énonciatif des contrepèteries *in absentia*, il est en effet facile de montrer que les jeux de mots liés à l'évocation implicite (du suicide) d'Hélène reposent en définitive sur l'inter-action autodialogique de deux points de vue discursifs distincts :

–   Le PDV$_1$ d'un locuteur / énonciateur L$_1$E$_1$ (le mari d'Hélène) évoquant un certain nombre d'événements et de souvenirs anodins liés à son quotidien : L$_1$E$_1$ se présente comme un intellectuel cynique, anticlérical, hédoniste, porté sur l'humour potache et affichant une vision sexiste des rapports hommes / femmes.[14]

–   Le PDV$_2$ d'un énonciateur e$_2$ qui constitue une émanation discursive de L$_1$E$_1$ et parle entre les lignes du texte de son veuvage, tout en envisageant sous un angle critique les agissements et le comportement de L$_1$E$_1$: la posture agressivement ironique adoptée par ce dernier cache mal en fait son profond désarroi parce qu'il n'a pas été à la hauteur des circonstances et qu'il s'avère incapable de maîtriser ses pulsions... Contrairement à ce que l'on pourrait croire, toutefois, le PDV$_1$ ne s'efface pas entièrement devant le PDV$_2$ quand il est question de la mort d'Hélène. Ainsi, dans le cadre du dispositif esquissé en (2), la formule « Père éloignez de moi ce calice » fonctionne partiellement à contre-emploi, puisqu'elle actualise certes le sème /expiation/, mais aussi, paradoxalement, le sème /innocence/ : en se laissant crucifier, le Christ se sacrifie pour expier les péchés des hommes, tout en étant lui-même exempt de toute faute... En dépit des critiques formulées à son égard par e$_2$, L$_1$E$_1$ laisse

---

12 Le concept d'« auteur impliqué » (*implied author*) a été forgé par Wayne Booth ([1961] 1983 : 71–76 et *passim*). L'auteur impliqué peut être défini comme « une *image* de l'auteur (réel) construite par le texte et perçue comme telle par le lecteur » (Genette 1983 : 97 ; italiques de Genette).

13 Voir Rabatel (2015 : 36) et *passim*. Voir aussi Rabatel (2004 : 3–7).

14 Pour plus de précisions sur la vision – pas forcément flatteuse – des femmes qui ressort de l'œuvre simonienne, voir Duffy (1987).

ainsi entendre qu'il n'est en rien coupable de la mort de sa femme, mais qu'il doit malgré tout en assumer la responsabilité – fût-ce à contre-cœur.

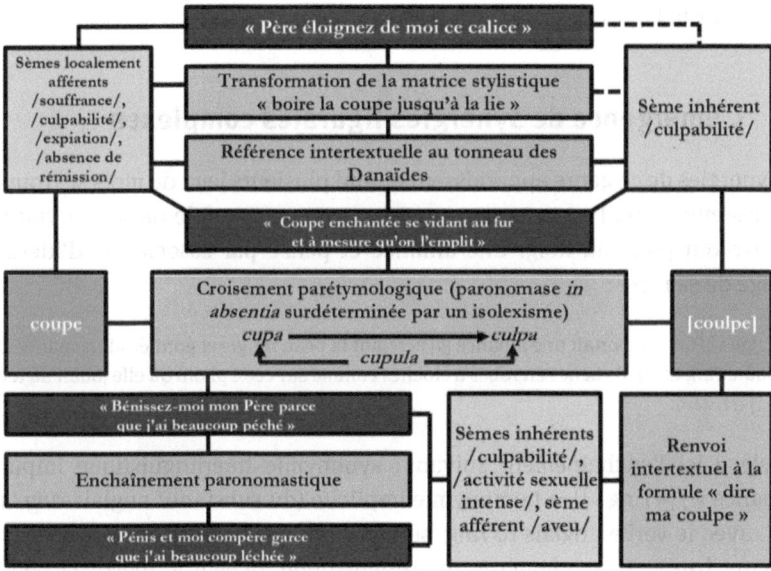

Fig. 2 : Claude Simon, *Histoire* (pp. 171–172) : Afférences sémiques locales liées à un jeu de mots

Une approche autodialogique de (2) permet de mettre au jour de nouvelles connexions analogiques entre ses composantes, elles aussi articulées autour d'un jeu de mots. Interpellé par les allusions du protagoniste de *Histoire* à ses frasques, le lecteur en vient ainsi à se pencher sur l'enchaînement paronomastique supraseg_mental [« Bénissez-moi mon Père parce que j'ai beaucoup péché »] → [« Pénis et moi compère garce que j'ai beaucoup léchée »]. Le ludé de cet enchaînement renvoie aux paroles rituellement prononcées par les fidèles lors d'une confession.[15] Son association avec le ludant active évidemment les sèmes inhérents /culpabilité/, /activité sexuelle intense/, mais aussi le sème afférent /aveu/ : de toute évidence, le narrateur de (2), un athée endurci comme l'était du reste Claude

---

15 *Benedic mihi pater, quia peccaui* (« Bénissez-moi mon père, parce que j'ai péché »). Simon modifie subrepticement cette formule en rajoutant l'adverbe « beaucoup » : voir note 10.

Simon lui-même, éprouve l'envie irrépressible de « confesser ses péchés », autrement dit d'évoquer (fût-ce à mi-mot) la mort de sa femme pour soulager sa
conscience ! De ce fait, (2) semble être aussi un développement de la matrice
stylistique *dire ma coulpe*. L'ensemble du dispositif ainsi esquissé est diagrammatisé dans la Figure 2.

3.2 L'émergence de synergies figurales complexes

Des synergies de ce genre apparaissent quand plusieurs jeux de mots se trouvent
articulés entre eux. J'en veux pour preuve le texte (4), où le narrateur voit une
serveuse qui porte au doigt une alliance et pense par association d'idées au
mariage de sa mère :

(4) [...] je vis qu'elle portait une alliance [§] cerclant la peau rougie et gonflée alors mariée sans
doute ring the bells belles en robes à cloches comme sur cette photo où elle jouait au tennis
[...] (*H*, 276).

On relève ici l'enchaînement suivant : synonymie interlinguistique implicite
(« alliance » / [« ring »]) → homonymie implicite (du substantif anglais *ring* 'alliance', avec le verbe anglais *to ring* 'sonner', qui ont tous les deux le signifiant
commun [riŋ]) → paronomase interlinguistique (« bells » [belz][16] / « belles »
[bɛlz]) → syllepse de sens sur « cloches » (l'expression « robes à cloches » désigne, par catachrèse, des robes de forme évasée ; toutefois, la proximité de la
formule « ring the bells » dans le cotexte gauche réactive évidemment le sens
propre du mot « cloches »). Il découle de cet enchaînement un agencement multirelationnel reconstitué dans la Figure 3 : cet agencement restitue très efficacement la complexité des associations d'idées qui émergent simultanément dans
l'esprit du narrateur de (4).

---

16 « Belles » ici est prononcé [bɛlz] du fait de la liaison dans « belles en robes à cloches ».

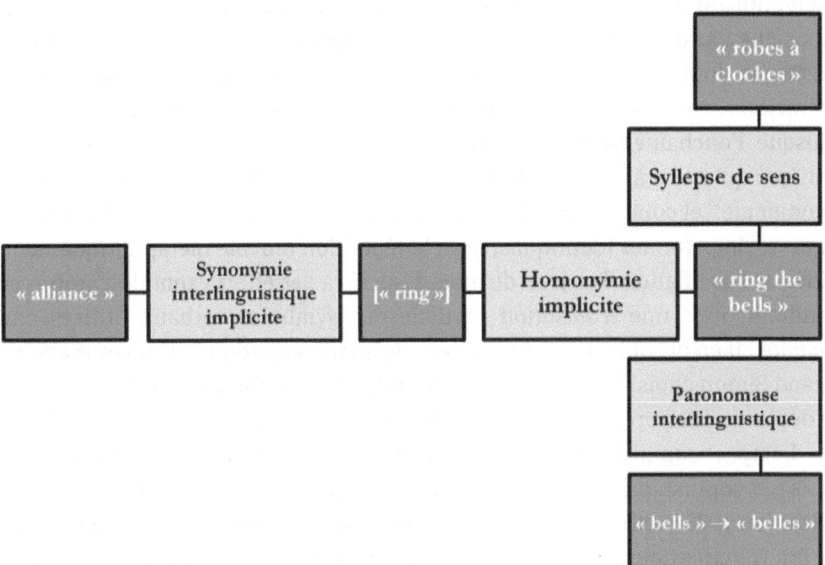

Fig. 3 : Claude Simon, *Histoire* (p. 276) : Agencement multirelationnel

3.3   L'émergence d'effets exemplificatoires

Ces effets[17] reposent essentiellement sur la présence d'agencements typographiques qui fonctionnent (pour aller vite) comme des calligrammes en miniature. Un effet de ce genre apparaît sous (5), où le protagoniste de *Histoire* évoque les associations d'idées qui émergent dans son esprit quand il regarde un timbre de Memel[18] :

(5)   nom (Memel) qui faisait penser à Mamelle avec dans son aspect je ne sais quoi (les deux e
blancs peut-être) de glacé ville noire couronnée de neige auprès d'une mer gelée livide
habitée par les femmes slaves aux cheveux de lin aux seins lourds (*les deux l de mamelle
suggérant la vision de formes jumeLLes se balançant*) [...] (*H*, 286 ; je souligne ; capitales de
l'auteur)

Ici, on a affaire à un enchaînement [paronomase → homéotéleute] ([mɛmɛl] →
[mamɛl] → [ʒymɛl]). Or, cet enchaînement est surdéterminé par un double effet

---

17 Pour plus de précisions sur le concept d'« exemplification », voir Goodman (1968 : 3–6, 45–
57) ; Yocaris (2008a).
18 Memel est le nom allemand de la ville lituanienne de Klaipėda.

exemplificatoire, qui engendre textuellement l'image des « femmes slaves [...]
aux seins lourds » censées habiter Memel : comme le souligne le narrateur lui-
même, le double *l* du mot « mamelle » exemplifie les prédicats goodmaniens
/gémellité/, /oscillation/. La forme même du texte simonien devient signifiante,
puisque l'enchaînement graphémique <ll> devient un signe iconique à part
entière : qu'est-ce à dire ? En termes peirciens, il fonctionne à la fois comme un
diagramme[19] et comme une métaphore :[20] il offre une représentation diagramma-
tique de deux formes identiques, dont la répétition renvoie métaphoriquement à
l'idée de l'oscillation. Les jeux de mots associés à des effets exemplificatoires en-
gendrent donc une *iconisation* partielle des symboles verbaux utilisés dans
Histoire : il en découle une forme d'hétérogénéité sémiotique, à son tour abymée
quand Simon choisit d'évoquer « [...] ces rébus où un objet, une lettre majuscule
se déplace sur une paire de jambes en fil de fer (canne va, A court) [...]... » (*H*, 253).

L'impact cumulatif de tous ces procédés est énorme : le recours à des jeux de
mots très sophistiqués dans *Histoire* donne lieu à un « déverrouillage opératoire »
(Ricardou 1993 : 128) de la langue littéraire. Pour reprendre une formule célèbre
de Proust (citée dans *La Prisonnière*), les jeux de mots simoniens visent à restituer
« cet ineffable qui différencie qualitativement ce que chacun a senti » : ils permettent en fait de référencier des sensations diffuses, des impressions subjectives
et des configurations conceptuelles a priori irréductibles à toute verbalisation.

4 Une finalité métatextuelle

Les jeux de mots observables dans *Histoire* attirent également l'attention du
lecteur sur la matérialité verbale du récit simonien, tout en modélisant ses
structures et son mode de fonctionnement. Conformément aux canons d'écriture

---

19 Comme Peirce (1932 : 2277) l'explique dans *Elements of logic*, un diagramme est un signe
iconique représentant les relations des parties d'une chose par des relations analogues dans ses
propres parties : une carte militaire, un plan du métro parisien, une maquette architecturale sont
autant de diagrammes.
20 Au sens strictement peircien du terme, une relation sémiotique du type métaphorique repose
non plus sur une analogie de rapports, mais sur un parallélisme entre deux systèmes relationnels
différents. Ainsi par exemple un électro-encéphalogramme offre une représentation métaphorique de l'activité cérébrale, dans la mesure où les fluctuations de celle-ci (les différences de
potentiel électrique produites au niveau de l'écorce cérébrale) sont visualisées par un tracé
caractéristique comportant des pics et des vallées : on établit ainsi un parallélisme entre deux
systèmes relationnels distincts, le premier constitué par des grandeurs physiques, le deuxième
par des formes géométriques.

néo-romanesques (voir Ricardou [1973] 1990 : 60–85), Simon recourt tout au long du roman à des mises en abyme appropriées, en donnant la parole à des personnages dont les jeux de mots soulignent le potentiel à la fois transformateur, productif et (ré)organisateur de la langue : ainsi par exemple il insiste à dessein sur les expérimentations stylistiques de Lambert, qui prend un malin plaisir à perturber les messes auxquelles il assiste bon gré mal gré avec ses calembours lamentables... Des personnages comme Lambert apparaissent donc en définitive comme autant de doubles fictionnels de l'auteur impliqué[21] de *Histoire*, comme le montre très bien (6) :

(6) À côté de moi Lambert gueulait à tue-tête n'en ratant pas une Bite y est dans le caleçon au lieu de Kyrie Eleïsson ou encore Bonne Biroute à Toto pour Cum spiritu Tuo il en avait comme ça pour presque tous les répons chaque fois à peu près de cette force En trou si beau adultère est béni au lieu de Introïbo ad altare Dei [...] (*H*, 170)

On note évidemment ici la triple paronomase suprasegmentale [« Kyrie Eleïsson »[22] → « Bite y est dans le caleçon »], [« Cum spiritu Tuo »[23] → « Bonne Biroute à Toto »] et enfin (*last but not least* !) [« Introïbo ad altare Dei »[24] → « En trou si beau adultère est béni »]. Or, cette paronomase est tout sauf gratuite... En effet, pour ne citer qu'un exemple[25], l'enchaînement [« Introïbo ad altare Dei » → « En trou si beau adultère est béni »] révèle entre les lignes la culpabilité qui ronge le narrateur de (6) pour ses déboires extraconjugaux : cette culpabilité sera ensuite plus ou moins explicitée dans (2), qui suit effectivement (6) de quelques lignes et met au jour sa signification cachée... (6) signale donc métatextuellement au lecteur de *Histoire* que les jeux de mots déployés dans les Nouveaux Romans créent une langue littéraire caractérisée avant tout par « une circulation générale, une liquidité permanente »[26] du sens : « [l]es mots deviennent des centres *d'irradiation* » sémantique et phonétique, qui « tendent à recomposer entre eux, de proche en proche, les relais d'un langage sous-jacent, libre et mobile » (Ricardou 1967 : 52 ; italiques de Ricardou). Un tel langage est par définition subversif, dans la mesure où son fonctionnement est à la fois dé-hiérarchisant et

---

21 Voir note 12.

22 « Seigneur, prends pitié » (du grec Κύριε ἐλέησον).

23 « Avec ton esprit ».

24 « J'irai vers l'autel de Dieu ».

25 Pour plus de précisions sur les prolongements sémantiques de l'enchaînement phonétique [kiʀiɛ → bit i ɛ], qui permet d'associer l'image du Christ à celle d'un pénis et s'inscrit dans un vaste réseau de correspondances analogiques sous-tendant plusieurs romans simoniens, voir Yocaris (2002 : 201–206).

26 J. Ricardou, intervention qui suit van Rossum-Guyon (1972 : 423).

rhizomatique : il repose sur la mise en place de connexions analogiques « adventices », irréductibles aux modèles arborescents qui sous-tendent la grammaire et la syntaxe traditionnelles.[27] À ce titre, il constitue à n'en point douter la quintessenciation stylistique des convictions anarchistes de Claude Simon (voir p. ex. Simon 1962 : 32), ce qui explique l'aspect à la fois carnavalesque et profanatoire des jeux de mots observables dans *Histoire*.

Bref, (6) montre que la démarche simonienne ne diffère pas fondamentalement (d'un strict point de vue technique en tout cas) des tâtonnements formels de Lambert ! Un tel *modus operandi* confère au texte de *Histoire* une ambivalence illocutoire très marquée. En effet, son auteur semble revendiquer sur le plan esthétique un nivellement des valeurs typiquement postmoderne, en plaçant « tout [...] sur un même plan » (*H*, 389) : ainsi, la sophistication extraordinairement raffinée de l'écriture néo-romanesque se voit rapprochée d'un style d'expression à la fois populacier et puéril, d'une incommensurable vulgarité. Une telle posture est de toute évidence ironique, mais aussi implicitement apologétique : en effet, Simon laisse entendre que le Nouveau Roman, loin d'être comme on le croit en général (et pas forcément à tort) un mouvement littéraire élitiste et destiné à un public très restreint d'initiés, n'a fait finalement que reprendre, approfondir et systématiser un certain nombre de procédés discursifs issus de la langue populaire dans laquelle il plongerait en réalité ses racines... La convergence paradoxale entre « langue verte » et idiolecte néo-romanesque sera effectivement mise en évidence plus tard dans les sous-parties « Divertissement I et II » de *Leçon de choses* (voir Simon [1975] 2013b : 582–588, 613–619) : dans cet ouvrage, le monologue intérieur d'un ouvrier, truffé de jeux de mots populaires et argotiques, devient clairement le bilan métatextuel de toutes les innovations stylistiques introduites dans les fictions simoniennes.

5 Conclusion

Compte tenu de tout cela, on dira *in fine* que les jeux de mots observables dans *Histoire* confèrent à l'écriture simonienne une dimension éminemment participative (voir Yocaris 2016 : 116–169). En effet, ils donnent lieu à des appariements sémiotiques ponctuels reposant sur des interactions discursives très subtiles, dont le repérage et la description dépendent constitutivement des choix et des

---

27 Pour plus de précisions sur la dimension rhizomatique de l'écriture simonienne, voir Yocaris et Zemmour (2010).

compétences herméneutiques du lecteur :[28] il appartient à ce dernier de reconstituer chaque fois le référent visé par tel ou tel enchaînement [ludant → ludé], en effectuant les recoupements textuels et les calculs pragmatiques qui lui paraissent s'imposer selon le cas. Simon crée ainsi un langage romanesque quasi-entièrement codé, qui nécessite un effort intellectuel conséquent pour être déchiffré... La dimension cryptique de ce langage est ironiquement soulignée en (7), par le biais d'une mise en abyme très révélatrice : le protagoniste de *Histoire* y tourne en dérision le sociolecte incompréhensible au commun des mortels de trois femmes qui *parlent chiffons* et évoquent la monture d'une bague.

(7) Ce que j'aime dit l'une c'est la façon dont il est monté juste avec ces trois griffes j'ai horreur de ces montures compliquées comme on en fait maintenant vous savez lourdes avec. Elles continuèrent à parler mais je ne pouvais pas comprendre J'essayai mais je n'y réussis pas Je pouvais comprendre chaque mot mais je ne parvenais pas à suivre c'était comme si elles avaient parlé dans une langue étrangère comme un agréable et léger bruit d'oiseaux langage de femmes comme quand j'étais enfant ces annonces de médecins ou ces réclames maladies des femmes quelque chose de mystérieux délicat et un peu terrifiant dont je savais que je serais à jamais exclu [...] cherchant dans le dictionnaire les noms les explications lisant des mots dont l'assemblage restait dépourvu de sens ne représentait rien de réel [...] (*H*, 352)

Il va de soi que le lecteur non averti de *Histoire* se trouve très exactement dans la position du narrateur de (7) : il peut (ou plutôt il croit) comprendre chaque mot du récit simonien, mais la signification d'ensemble lui échappe en raison des synergies holistiques qui se développent à son insu au sein de l'ensemble [texte + intertexte + entour pragmatique de référence]... Les jeux de mots utilisés par Simon mettent justement en évidence une partie de ces synergies, et incitent le lecteur à en chercher d'autres en creusant sous la surface textuelle : de la sorte, ils permettent de raccorder les données fictionnelles explicitées, susceptibles

---

28 C'est sans doute ce qui différencie la poétique néo-romanesque du jeu de mots (telle que l'envisage Simon en tout cas) des pratiques scripturales oulipiennes : qu'est-ce à dire ? Comme le souligne Christelle Reggiani (communication privée, le 7 janvier 2018), « les jeux de mots se relient souvent chez les auteurs de l'Oulipo à des contraintes formelles d'emblée explicites, ou du moins explicitables (d'où un usage plus homogène et systématique), alors que les Nouveaux Romanciers ont (sans doute) un rapport plus souple au travail formel : la forme s'élabore au fil de la genèse du texte, jusque dans le travail rédactionnel, alors que les cahiers des charges oulipiens tendent à être élaborés en amont ». On pourrait peut-être parler à ce sujet de formes « à processus » vs « à programme », mais la question mérite indéniablement des développements approfondis qui excèderaient de très loin les limites de cette étude. Pour plus de précisions sur la poétique oulipienne dans son ensemble, voir Reggiani (2014).

d'être pleinement objectivées, avec des éléments passés sous silence, qui affleurent à la surface du récit et doivent être devinés avec une part incompressible d'incertitude.[29] Pour tout dire, ils constituent des « pics fonctionnels » (Bonhomme 2005 : 200), qui combinent des opérations langagières, des points de vue énonciatifs, des visées référentielles et des valeurs esthétiques très disparates. Leur prolifération dans *Histoire* relève donc d'une dialectique entre l'unité et la multiplicité qui constitue une composante *sine qua non* de l'œuvre simonienne dans son ensemble.

6 Références bibliographiques

Aroui, Jean-Louis. 1996. L'interface forme / sens en poétique (post)jakobsonienne. In Marc Dominicy (éd.), Linguistique et poétique : après Jakobson. *Langue française* 110(1). 4–15.

Bauer, Matthias. 2015. Secret Wordplay and What It May Tell Us. In Angelika Zirker & Esme Winter-Froemel (éds.), *Wordplay and Metalinguistic / Metadiscursive Reflection. Authors, Contexts, Techniques, and Meta-Reflection* (The Dynamics of Wordplay 1), 269–288. Berlin & Boston : De Gruyter.

Bonhomme, Marc. 2005. *Pragmatique des figures du discours*. Paris : Champion.

Booth, Wayne. [1961] 1983. *The Rhetoric of Fiction*. Chicago & Londres : The University of Chicago Press.

Duffy, Jean. 1987. (Mis)reading Claude Simon : a partial analysis. *Forum for Modern Language Studies* 23(3). 228–240.

de Foucault, Bruno. 1988. *Les Structures linguistiques de la genèse du jeu de mots*. Berne : Peter Lang.

Genette, Gérard. 1983. *Nouveau discours du récit*. Paris : Seuil.

Goodman, Nelson. 1968. *Languages of Art. An Approach to a Theory of Symbols*. Indianapolis & New York : Bobbs-Merrill.

Groupe μ. [1977] 1990. *Rhétorique de la poésie : lecture linéaire, lecture tabulaire*. Paris : Seuil.

Guiraud, Pierre. 1976. *Les Jeux de mots*. Paris : Presses Universitaires de France.

Jiménez-Fajardo, Salvador. 1975. *Claude Simon*. Boston : Twayne.

Peirce, Charles S. 1932. *Collected Papers of Charles Sanders Peirce*. Vol. II: *Elements of Logic*. Charles Hartshorne & Paul Weiss (éds.). Cambridge (Mass.) : Harvard University Press.

Rabatel, Alain. 2004. L'effacement énonciatif dans les discours rapportés et ses effets pragmatiques. *Langages* 156. 3–17.

---

29 Ce processus est à son tour abymé par la description d'une carte représentant le site archéologique de Mycènes : « [...] les contours du tertre, le ravin, étaient représentés par de petits traits en éventail, mille-pattes sinueux entourant la plate-forme où le plan des monuments aux soubassements encore visibles était figuré en lignes noires, épaisses, *prolongées par des pointillés pour les parties que les archéologues supposaient avoir existé* [...] » (*H*, 211 ; je souligne).

Rabatel, Alain. 2015. Points de vue en confrontation substitutifs ou cumulatifs dans les contre-pèteries (*in absentia*). In Esme Winter-Froemel & Angelika Zirker (éds.), *Enjeux du jeu de mots : Perspectives linguistiques et littéraires* (The Dynamics of Wordplay 2), 31–64. Berlin & Boston : De Gruyter.

Rastier, François. [1987] 1996. *Sémantique interprétative*. Paris : Presses Universitaires de France.

Reggiani, Christelle. 2014. *Poétiques oulipiennes : la contrainte, le style, l'histoire*. Genève : Droz.

Ricardou, Jean. 1967. Un ordre dans la débâcle. In Jean Ricardou, *Problèmes du nouveau roman*. Paris : Seuil. 44–55.

Ricardou, Jean. [1973] 1990. *Le Nouveau Roman*. Paris : Seuil.

Ricardou, Jean. 1978. *Nouveaux problèmes du roman*. Paris : Seuil.

Ricardou, Jean. 1993. Raymond Roussel ? Un académisme démesuré. In Pierre Bazantay & Patrick Besnier (éds.), *Raymond Roussel : perversion classique ou invention moderne ?*, 121–154. Rennes : Presses Universitaires de Rennes.

Riffaterre, Michael. 1983. *Sémiotique de la poésie*. Trad. de l'américain par Jean-Jacques Thomas. Paris : Seuil.

Sarkonak, Ralph. 1986. *Claude Simon : les carrefours du texte*. Toronto : Paratexte.

Simon, Claude. 1958. Un bloc indivisible. *Les Lettres françaises* 750. 5.

Simon, Claude. 1962. Entretien. Claude Simon parle. Entretien avec Madeleine Chapsal. *L'Express* 564. 32–33.

Simon, Claude. [1967] 2013a. *Histoire*. In Claude Simon, *Œuvres*, tome II, 145–416. Paris : Gallimard (Bibliothèque de la Pléiade).

Simon, Claude. [1970] 2006a. Préface à Orion aveugle. In Claude Simon, *Œuvres*, tome I, 1181–1183. Paris : Gallimard (Bibliothèque de la Pléiade).

Simon, Claude. [1975] 2013b. Leçon de choses. In Claude Simon, *Œuvres*, tome II, 555–646. Paris : Gallimard (Bibliothèque de la Pléiade).

Simon, Claude. [1976] 2007. « Entretiens avec Claude Simon ». Entretiens avec Monique Joguet. *L'En-je lacanien* 8. 165–196.

Simon, Claude. [1980] 2012. « L'absente de tous bouquets ». In Patrick Longuet (éd.), *Quatre conférences*, 39–71. Paris : Minuit.

Simon, Claude. [1986] 2006b. Discours de Stockholm. In Claude Simon, *Œuvres*, tome I, 885–902. Paris : Gallimard (Bibliothèque de la Pléiade).

van Rossum-Guyon, Françoise. 1972. Conclusion et perspectives. In Jean Ricardou & Françoise van Rossum-Guyon (éds.), *Nouveau Roman : hier, aujourd'hui, Tome I, Problèmes généraux*, 399–415 (suivi d'une discussion, 416–426). Paris : Union Générale d'Éditeurs.

Yocaris, Ilias. 2002. *L'Impossible totalité. Une étude de la complexité dans l'œuvre de Claude Simon*. Toronto : Paratexte.

Yocaris, Ilias. 2005. Sous le pagne de Jésus. Note sur la référence infratextuelle dans Histoire. In Ralph Sarkonak (éd.), *Claude Simon 4. Le (dé)goût de l'archive*, 195–215. Paris : Minard (La Revue des Lettres Modernes).

Yocaris, Ilias. 2008a. Style et référence : le concept goodmanien d'exemplification. *Poétique* 154. 225–248.

Yocaris, Ilias. 2008b. Vers un nouveau langage romanesque : le collage citationnel dans La Bataille de Pharsale. *Revue Romane* 43(2). 303–327.

Yocaris, Ilias. 2016. *Style et semiosis littéraire*. Paris : Classiques Garnier.

Yocaris, Ilias & David Zemmour. 2010. Vers une écriture rhizomatique : style et syntaxe dans *La Bataille de Pharsale*. *Semiotica* 181. 283–312.

Yocaris, Ilias & David Zemmour. 2015. « Un texte convenablement composé » : du local au global dans les romans de Claude Simon. *Europe* 1033, *Claude Simon*. 198–210.

II La dimension sociale

Karine Abiven

Pouvoir du jeu de mots : dominer par la parole en contexte d'inégalité sociale

Résumé : Le jeu de mots, ici classiquement défini comme l'exploitation d'un double sens, est étudié dans son usage en répartie, au sein d'interactions inégalitaires dans la société de cour française (XVIIᵉ–XVIIIᵉ siècles). À partir d'un corpus issu de traités sur la cour, de recueils de formes brèves et de mémoires, il s'agit de montrer le rôle de régulateur social du jeu de mots : dans une société d'ordres où les hiérarchies rendent les rapports de places plus ou moins fixes, mais où l'esprit est crédité d'une forte plus-value sociale, le jeu de mots permet de sauver la face, même quand le locuteur est en situation prédiscursive d'infériorité. En adoptant une perspective pragmatique, il s'agit d'examiner comment ce type d'usage du jeu de mots, culturellement assimilé à ce qu'on appelle alors le *bon mot*, constitue une arme de défense ou de domination : il sert en effet à faire passer des contenus implicites par l'usage des figures (antithèse, analogie) et le détour métalinguistique. Le jeu de mots permet ainsi d'égaliser temporairement les positions relatives de pouvoir, tout en maintenant les formes de la bienséance : absence d'agressivité et de grossièreté, et souci de la véridiction. Ambigüe, la répartie est difficile à réfuter ; surprenante, elle désarme les potentielles répliques. La fréquence des réparties spirituelles entre inégaux à l'époque permet, non pas de spéculer sur une quelconque efficacité concrète des jeux de langage dans la mobilité sociale des sujets, mais de scruter l'imaginaire linguistique des formes de la domination, et les moyens de les contourner.

Mots clés : analogie, antithèse, équivoque, implicite, interaction, mot d'esprit, pragmatique, rapports de place, répartie, rhétorique, société de cour, syllepse

1 Introduction

Le jeu de mots connaît dans les écrits de la première modernité une diffusion qui tient à des facteurs multiples : il est support d'apprentissage linguistique pour les vernaculaires européens, car il permet de développer la compétence pragmatique des sujets (voir Filatkina et Moulin, in The Dynamics of Wordplay 6) ; il est redevable à la tradition littéraire de la facétie (Sozzi 1977), qui essaime dans les genres les plus divers (romans, mémoires et autres écrits factuels) (Grande 2011, Bertrand 2018) ; enfin, il se déploie dans les pratiques discursives ordinaires : la conversation mondaine (Denis 2001), ainsi que l'entretien de cour (Abiven 2018), car dans la société des cours modernes en Europe, l'esprit est crédité d'une forte plus-value sociale, tant « l'art du courtisan » est alors pensé comme un « art de plaire » (Faret 1630), qui passe par tout un système de signes codifiés, au premier rang desquels le langage. C'est ce dernier type de contextes qui intéresse le présent travail : le corpus sera constitué de jeux de mots issus d'écrits mémorialistes, de recueils de formes brèves ou de traités de comportement des XVIIᵉ et XVIIIᵉ siècles français, où ils sont mis en scène dans leur profération orale. Le repérage, empirique, est opéré de manière aléatoire sur un ensemble de 119 textes : 52 issus d'écrits factuels (mémoires, vies et correspondances), 59 recueils de formes brèves (« ana » et recueils de bons mots), 8 traités et dictionnaires. Le jeu de mots sera classiquement défini comme l'exploitation d'un double sens ; c'est une espèce d'un genre plus vaste de productions langagières spirituelles, les mots d'esprit, bien repérés à l'époque sous le nom de *bons mots* : « Un bon mot est un sentiment vivement & finement exprimé sur les choses qui se présentent, ou une repartie prompte & ingénieuse sur ce qui a été dit auparavant » (Callières 1692 : 10). Cette catégorie englobante concerne donc des productions verbales brèves, improvisées et adaptées aux circonstances qui les font naître. Les termes choisis par Callières (« les choses qui se présentent », « ce qui a été dit auparavant ») impliquent que les occurrences du corpus requièrent d'une part une adéquation étroite à la situation d'énonciation, et relèvent d'autre part de structures essentiellement dialogiques, où le jeu de mots a une fonction réactive et constitue la répartie qui permet d'avoir le dessus, c'est-à-dire : le dernier mot.

La *dynamique du jeu de mots* peut, dans ce type de réalisation, être comprise comme une modification du *rapport de places* dans l'interaction, au sens que la linguistique pragmatique donne à ces termes (Flahault 1978 : 58, Kerbrat-Orecchioni 1992 : 71–155), c'est-à-dire la négociation du pouvoir relatif des interactants. On peut prendre l'*ascendant* sur quelqu'un ou lui manifester de la *condescendance* par un mot d'esprit : ces seules expressions montrent que les locuteurs évoluent sur l'axe vertical de leur position respective. Se retrouvent ici les processus interactionnels à l'œuvre plus généralement dans les figures de « l'à-peu-près » (calembour, mot-valise, etc.) : « dédramatiser une situation, rétablir un déséquilibre à son profit en établissant une complicité entre auteur et destinataire, répondre à une nécessité de libération par la parole dans certaines situations de contrainte [...] » (Rabatel 2011 : 6). C'est en particulier cette fonction de régulation de la contrainte qui concerne les interactions de cour dans la société d'Ancien Régime : si les jeux d'esprit dans la conversation mondaine visent la connivence (Denis 2001 : 327–337), dans des échanges qui égalisent les partenaires (par un « ethos de distinction » et un « plaisir de l'entre soi », Rabatel

2011 : 5), il n'en va pas tout à fait de même à la cour, où l'inégalité structurelle de cette société impose ses lois. Les enjeux pragmatiques de domination s'avèrent alors très contraints par les données prédiscursives (les individus ont une perception aiguë de leur place dans une société structurée par les ordres). Les répliques ingénieuses sont tout à la fois déterminées par ces contraintes, et révélatrices de marges de manœuvre plus ou moins inattendues : il se peut que le dominant surdétermine son pouvoir par le mot d'esprit, mais à l'inverse, que ce soit l'inférieur qui manifeste symboliquement une supériorité momentanée.

Je commencerai par évaluer la fonction du détour métalinguistique, inhérent au jeu de mots en général, dans le contexte précis d'échanges intrinsèquement inégalitaires ; puis je verrai les enjeux du recours au double sens, qui permet de poser un énoncé respectueux et d'en sous-entendre un transgressif – d'être à la fois prudent, et audacieux.

2 Une tension sociale détournée : le bon mot comme miroir de la situation d'interlocution

Le mot d'esprit (ou *bon mot*, dans le vocabulaire du temps) se caractérise par l'adaptation à la situation de parole, par l'« exploitation fulgurante de la contingence » (Cavaillé 2004 : 1), où un acteur social témoigne de sa qualité en se saisissant de l'occasion (Gracián [1648] 1983) ; au-delà, il n'est pas rare que ce contexte puisse constituer la matière même du bon mot, dans une forme de spécularité dont les exemples ci-dessous montreront plusieurs types de réalisation. Ces occurrences sont des jeux de mots, cas particulier du mot d'esprit, en ce qu'ils reposent sur le double sens ; il semblerait que ce soit ce type de bons mots qui permettent le mieux l'exploitation des ambiguïtés propres à jouer sur les statuts sociaux (en insinuant des sens transgressifs sans forcément les actualiser, par exemple). En l'absence de base de données numérique sur ce corpus varié d'un point de vue générique, il n'a pas été possible d'établir des statistiques sur la fréquence de ce type de bons mots. Disons du moins empiriquement que plus de la moitié des bons mots relatifs à la hiérarchie sociale repose sur des jeux de mots. Précisons enfin, avant de citer les premières sources, leur nature et les problèmes épistémologiques qu'elles posent : les traces du parlé dans l'écrit constituent d'évidence des données empiriques lacunaires, inexactes, passées au filtre des représentations des scripteurs. Aussi la pragmatique historique doit-elle se résoudre à « faire le meilleur usage possible de mauvaises données[1] » (Labov 1994 : 11). Il s'agit donc de parier sur leur caractère vraisemblable, en neutralisant la question de leur authenticité : sans constituer des témoignages, elles permettent de dessiner « la forme générale d'une culture, un ensemble de répertoires de ce que l'on considérait comme bon ou mauvais, bienséant ou malséant dans la conversation mondaine » (Shapin [1994] 2014 : 15). C'est ainsi un imaginaire du jeu de mots efficace que les occurrences ci-dessous donnent à voir.

2.1 Mots du pouvoir et dimension métalinguistique

On peut prendre pour point de départ un jeu de mots, trouvé dans un recueil de bons mots du XVIIIe siècle, cité par Freud dans son ouvrage sur le sujet, notamment parce qu'il exemplifie un point central dans sa théorie, qui est la nature essentiellement sociale du mot d'esprit (Freud [1905] 1992 : 257–286), illustrée aussi par les fameux développements sur le mot-valise *famillionär* (Freud [1905] 1992 : 56). C'est ici le marquis de Bièvre, courtisan célèbre du temps de Louis XV, qu'il met en scène :

(1)   Ludwig XV. wünschte den Witz eines seiner Hofherren, von dessen Talent man ihm erzählt hatte, auf die Probe zu stellen ; bei der ersten Gelegenheit befiehlt er dem Kavalier, einen Witz zu machen über ihn selbst ; er selbst, der König, wolle « *Sujet* » dieses Witzes sein. Der Hofmann antwortete mit dem geschickten Bonmot : « *Le roi n'est pas sujet.* » « *Sujet* » heißt ja auch Untertan. (Freud [1905] 1940 : 37)

(1')   Louis XV souhaita un jour mettre à l'épreuve les talents d'un de ses courtisans qui lui avait été décrit comme un homme d'esprit ; à la première occasion, il ordonne au gentilhomme de faire un mot d'esprit dont lui-même, le Roi, doit être le « *sujet* ». Le courtisan répond alors par ce bon mot fort habile : « *Le roi n'est pas un sujet* ». (Freud [1905] 1992 : 91–92)[2]

Le jeu de mots réunit les conditions de félicité propres au bon mot en général : économie, adaptations aux circonstances, et ajustement à la situation sociale. L'économie, d'abord : le jeu de mots repose sur le double sens de *sujet*, le mot

---

1 « Historical linguistics can then be thought of as the art of making the best use of bad data ».

2 Voici la version originale issue du recueil des bons mots de ce courtisan : « Louis XV [...] lui demanda un calembour. Sur quoi ? dit Bièvre. Sur moi, répondit le roi. Sire, reprit-il, vous n'êtes pas un sujet. » (Bièvre [1799] 2000 : 130). On remarque que les personnes de l'interlocution sont ici privilégiées (« *sur moi* » / « *vous* n'êtes pas »). La version retenue par Freud contient au contraire l'adresse de respect qui utilise la délocution à la P3 (« le roi » pour désigner l'interlocuteur), ce qui permet de mieux mettre en relief l'antithèse *roi* / *sujet*, laquelle est au cœur de la démonstration du psychanalyste.

pouvant en français désigner à la fois la « thématique » de l'échange, et le « sujet » du roi, son « vassal » pour employer un équivalent féodal anachronique pour l'époque qui nous intéresse, mais dont la structure hiérarchique de la société de la fin d'Ancien Régime garde trace. Notons que ce caractère ramassé de la syllepse de sens en fait typiquement un jeu de mots intraduisible, d'où la citation en français que privilégie Freud, et la glose sur la polysémie qu'il indique pour son lectorat non francophone (« ‹Sujet› heißt ja auch Untertan »). L'importance de l'adaptation aux circonstances, ensuite : c'est parce que le locuteur a su saisir le moment périlleux où le roi le met au défi de prouver le talent qui le distingue qu'il réussit son mot d'esprit : il est soumis à la domination du monarque qui le somme d'accomplir un acte de langage qui ne se réalise pas, en principe, sur commande, et c'est précisément de ce défi qu'il sort vainqueur, par l'improvisation. Enfin, cette mise à l'épreuve est aussi une mise en abyme de la situation sociale de l'interlocution : l'inférieur respecte parfaitement la déférence qu'il doit à son souverain, tout en récusant discrètement les règles du jeu tyranniques que ce dernier lui impose. L'« espace conflictuel » ouvert par l'« agrément du langage » (Sermain 1992 : 83) permet ainsi un positionnement subtil dans l'interaction, fait d'allégeance et de discrète hauteur. La dynamique sociale passe ici non seulement par le procédé de la répartie réussie, mais aussi par la mise en abyme des relations de domination à travers le lexique utilisé en syllepse, conférant une dimension métalinguistique au jeu de mots (le double sens permet de donner au mot *sujet* le sens de « thème de réflexion, objet de débat ou de discours », ici « objet, support de bon mot »). C'est cet aspect qui permet de réguler paradoxalement les enjeux sociaux du bon mot dans le cadre des pratiques langagières courtisanes : le refus feint d'obéir à l'ordre donné est réalisé par les mots mêmes qui permettent d'accomplir la tâche requise. Le jeu de mots possède ainsi une « qualité de provocation » qui fait naître la parole, mais permet aussi de désamorcer, ou plutôt de « contenir » la tension entre les interactants, en déplaçant l'échange sur un plan métalinguistique (Kullmann 2015 : 53).

Le jeu de mots affectant le signifiant est prototypique de ce déplacement des tensions, destituant momentanément les signes verbaux de leur capacité référentielle pour les constituer en purs objets d'échange ludique. Jeu sur la matérialité verbale et détour métalinguistique se combinent dans cet autre exemple de dialogue entre un roi et son sujet (c'est ici le contexte détendu du jeu de paume qui autorise la plaisanterie) :

(2) Le marquis de Roni jouait à la paume avec Henri IV, et ayant fait un beau coup, le roi lui dit : voilà un coup de Roi ! Oui, Sire, lui répondit Roni, si l'on ôtait l'n de mon nom. Ventre saint gris ! reprit Henri IV, je serais bien fâché qu'on en fît autant du mien, car l'on me nommerait : Roi de France et … avare ! (Gayot de Pitaval 1746 : I, 13)

L'échange repose sur la modification ludique du signifiant : une seule lettre sépare (graphiquement) le patronyme *Roni* du nom commun *roi*, lettre qui distingue aussi (phonétiquement) *roi (de) Navarre et roi avare*. Le procédé est jugé « froid » par la tradition rhétorique (Quintilien 1977 : 47), c'est-à-dire dépourvu de la force vive du mot improvisé, qui se doit, pour être profond et vraiment adapté au contexte et non pas recyclé, de reposer sur le signifié, non sur le signifiant. Cette idée est reprise dans les théories de la conversation à l'époque prémoderne (Callières 1692 : 12). Ici, la duplication du procédé dans deux tours de parole lui confère sans doute une certaine sophistication, et sert du moins à exemplifier la légendaire bonne humeur de Henri IV, prompt à tout type de plaisanteries, y compris triviales, selon certaines sources (Tallemant [1657] 1960 : 3–15). Cette dimension exemplaire est d'ailleurs la clé des problèmes épistémologiques posés par les occurrences du corpus, qui représentent l'oral mais sont peut-être conçues pour l'écrit, et qui transitent de recueil en recueil avec un coefficient de déformation élevé. On peut considérer qu'elles sont typiquement des avatars d'*exemplum* : leur vraisemblance prime leur authenticité, elles écrivent moins l'histoire qu'elles ne schématisent un type d'expérience possible, et crédible en tant que telle.

La première répartie du roi en (2) est à entendre selon une double intention communicative : certes, il complimente son sujet (en variant l'expression lexicalisée « coup de maitre »), mais par là même lui rappelle qu'en le battant au jeu, l'inférieur se fait son égal. La réplique de ce dernier rebondit, non sur le signifié du compliment à double tranchant, mais bien sur son signifiant (*roi*, sur lequel roule le jeu de mots avec le patronyme *Roni*). Non seulement il esquive habilement la difficulté de devoir relever un compliment qui le met dans une position dangereuse, mais il asserte en outre la différence qui le sépare du roi, comme pour réfuter poliment l'égalité suggérée par ce dernier. Ce faisant, il permet au monarque de sortir vainqueur de l'interaction verbale, d'autant plus que ce dernier redouble d'esprit en réutilisant le procédé pour forger son propre mot spirituel (technique valorisée comme particulièrement habile dans les traités du temps, puisqu'elle suppose de s'adapter au déroulement horizontal de l'interaction). L'échange dialogal permet de réparer l'inégalité créée par l'échange de la balle au jeu de paume.

Les exemples (1) et (2) présentent des échanges à la fois flatteurs et provocateurs et, partant, périlleux pour des locuteurs en situation d'infériorité – dans l'exemple (2), c'est d'ailleurs *in fine* le supérieur qui l'emporte, le bon mot n'étant évidemment pas l'apanage des inférieurs. Le jeu de mots permet de continuer l'échange (car le rompre serait tout aussi menaçant pour les faces des interactants) tout en le déportant sur un plan métalinguistique autant que métacommunicatif : parce qu'il fait porter la réflexion sur « les structures de la langue qui sont manipulées de manière ludique », le locuteur attire par là même l'attention sur ses « intentions communicatives » (Winter-Froemel et Zirker 2015 : 10–11), en invitant l'allocutaire à considérer les conditions de la communication (ici leurs conditions contrastées, au sens social du terme). Dans ces deux cas, l'inférieur remotive un lexique ayant trait au social et employé de manière figurative par le supérieur, pour réaffirmer sa conscience du caractère inamovible des places. Ce faisant, il gagne néanmoins une part de pouvoir symbolique qui consiste à plaire par l'esprit, voie réputée opportune pour gagner la faveur des grands.

Il y va donc d'une stratégie du détour : le mot d'esprit exprime la distance sociale et s'en affranchit partiellement grâce à la négociation spirituelle des places dans l'interaction. L'idée d'un détour permet d'en venir à l'usage des figures : en (1), c'est par le biais de l'antithèse, portée par l'antonymie converse (*roi/sujet*) que le sujet se constitue plaisamment en roi de la langue. Il s'agit d'un des procédés rhétoriques les plus courants du jeu de mots en répartie ; la spontanéité représentée dans ces saillies est ainsi en réalité le fruit de faits langagiers codés dans le répertoire formel de l'époque.

2.2 Dynamique des figures : antithèses et analogies

Le rôle des figures utilisées dans le tour spirituel est double : cognitif et persuasif. Sa fonction cognitive est théorisée dès Aristote, dans le passage du livre III de sa *Rhétorique aux asteia*, qu'on traduit parfois par « bons mots » (Aristote 1991 : 231–241), mais qui recoupe plus largement les agréments du langage, « tout ce qui peut contribuer à rendre la diction ingénieuse » selon la traduction du texte au XVIIᵉ siècle (Aristote 1654 : 481). Ces procédés concernent chez Aristote des figures comme la métaphore ou l'antithèse, et les jeux sur le signifiant (avec interversion de lettres, jeux sur les homonymes, etc.). Le rôle pédagogique de ces procédés est rattaché au mouvement cognitif qu'ils permettent de réaliser ; comme la métaphore, le jeu de mots rend sensible, dans l'esprit de l'auditeur, le passage de l'inconnu au connu : il repose sur « je ne sais quelle tromperie adroite qui surprend l'esprit et qui lui fait prendre l'un pour l'autre, attendu que par le moyen de cette tromperie il reconnait d'autant plus évidemment avoir appris quelque chose, qu'il voit que c'est tout le contraire de ce qu'il s'était imaginé d'abord. » (Aristote 1654 : 485) Ce mouvement, qui aide à percevoir l'acquisition d'une connaissance nouvelle, explique la participation de la figure à la persuasion, car elle rend plus saillant le sens ainsi acquis par un effort intellectuel, si fugace soit-il (puisque tout se passe dans l'immédiateté du trait spirituel en l'occurrence). La figure persuade ici sans véritablement argumenter : « le trope crée du sens et vise à produire un effet de choc sur l'auditoire qui voit ainsi les choses différemment », la figure matérialisant par là la distance entre les sujets parlants (Meyer 1993 : 98). Aussi son rôle dans les situations de tension est-il fréquent et spécifique : il peut servir à dissimuler le point de divergence plutôt qu'à le résoudre. Le trait d'esprit permet par exemple de détourner une accusation dans les cas où l'argumentation rationnelle est impossible. Quintilien écrit ainsi que le rire « retourne la situation, dans des affaires très importantes, au point même de briser fréquemment la haine et la colère » dans les cas où l'on ne peut « ni nier ni se justifier » (Quintilien 1977 : 36). Les contextes de tension sociale sont exemplaires de ce type d'interaction où l'argumentation est court-circuitée au profit du mot bref, qui condense le contenu propositionnel en attirant l'attention sur la matérialité verbale par le biais de la figure.

Deux figures sont utilisées de manière récurrente dans le corpus : l'antithèse et l'analogie, parfois mêlées – ce sont d'ailleurs les deux figures auxquelles s'attache prioritairement Quintilien pour étudier les procédés de la raillerie (Quintilien 1977 : 49–50). L'antithèse est naturellement privilégiée dans les bons mots exprimant des renversements de fortune, comme dans tel exemple tiré d'un traité sur la cour :

(3) La cour est toujours particulièrement le théâtre de l'inconstance. C'est là qu'on voit sans cesse élever les uns, & en même temps abaisser les autres. *Vous montez & je descends*, disait un jour sur le haut de l'escalier du Louvre un Courtisan qui avait été un grand & très-illustre favori, au favori qui était alors. (De Bourdonné [1659] 1685 : 282)

La répartie antithétique redouble la situation physique de l'interaction entre deux favoris, très fameux et puissants, à la cour de la fin du XVIe et du début du XVIIe siècle.[3] Ce redoublement fait syllepse, puisque les sens propre et figuré sont activés (le favori en pleine ascension sociale monte l'escalier tandis que celui qui déchoit le descend). Ce dernier, qui a le prestige de l'ancienneté mais qui est présentement dominé, se sert du bon mot pour sauver la face et suggérer le caractère éphémère de la position qu'occupe son allocutaire, en invitant celui-ci à se comparer à lui. L'antithèse en effet se double ici de l'analogie. On retrouve souvent des antithèses semblables pour illustrer la thèse selon laquelle la vertu est supérieure à la noblesse de sang, soutenue par les tenants d'une certaine mobilité sociale sous l'Ancien Régime : « ‹Je serai le premier de ma race, & toi peut-être le dernier de la tienne›, répondit Iphicrate à Hermodius, qui lui

---

3 Leur identité est indiquée en note : « Monsieur le Duc d'Epernon & Monsieur le Connétable de Luynes », le premier ayant été favori d'Henri III, le second de Louis XIII.

reprochait la bassesse de sa naissance. » (Jaucourt 1765, 13 : 598).[4] Ici, la pique basée uniquement sur l'antithèse relève de l'argumentation plus que de la réplique ingénieuse qu'on trouve en (3) : cette dernière fonctionne en outre grâce à l'analogie avec l'extralinguistique (l'escalier descendu ou monté). C'est donc grâce à l'adaptation immédiate au contexte que l'antithèse devient jeu de mots, en s'adaptant à son environnement : il s'agit bien d'une *rencontre*, pour employer le mot qui désignait alors à la fois le « bon mot » et l'« occasion » (la contingence opportune).

L'analogie, entre le statut social des interactants et les règles du jeu en (1), entre leurs situations physique et sociale en (3), participe d'une forme de spécularité. D'un côté l'écart analogique met en relief la forme du langage, de l'autre la corporalité des sujets impliqués. Le fonctionnement de l'analogie permet en tous les cas de matérialiser la dynamique sociale à l'œuvre en exprimant figurativement la transformation des individus. L'exemple suivant, sans être un jeu de mots à proprement parler puisqu'il ne repose pas sur un double sens, permet de comprendre les enjeux de l'affinité entre recours à l'analogie et raillerie à thématique sociale. Il prend la forme d'un petit récit qui met en scène une bourgeoise stigmatisant les prétentions sociales d'une de ses semblables ; cette dernière se met en effet sur le même plan qu'une aristocrate :

(4) Une fois qu'elle [une bourgeoise connue pour son esprit corrosif] entendait une femme de la ville qui, en parlant de je ne sais combien de dames de grande condition, disait : « Nous autres, etc. », « Cela me fait souvenir, dit-elle, du conte qu'on fait d'un bateau d'oranges qui alla à fond dans la rivière. Les oranges allaient sur l'eau. Il y avait (révérence de parler) un étron sec parmi elles ; cet étron disait : Nous autres oranges nous allons sur l'eau ». (Tallemant des Réaux [1657] 1959, 2 : 172)

L'analogie outrageante entre l'interlocutrice et un excrément ('vous êtes aux aristocrates ce que l'étron est aux oranges') n'est pas totalement explicite, mais se fait entre l'énoncé (les oranges/l'étron) et la situation d'énonciation (les nobles/la bourgeoise). Comprenons d'abord le travers contenu dans la réplique de la bourgeoise outrecuidante : l'usage du pronom *nous*. En s'assimilant à plus

---

4 La réplique est fréquente car il s'agit d'un avatar d'une sentence de la rhétorique d'Aristote (Aristote 1991 : 178), rendue sous forme dialogique par les traductions d'Ancien Régime : « On peut encore alléguer ce que répondit Iphicrate à un certain noble de la famille d'Harmodius qui lui reprochait la bassesse de sa naissance : [...] *les actions que j'ai faites approchent bien plus de celles de ces grands hommes que les vôtres* » (Aristote 1654 : 364–365).

haut que soi, celle-ci brouille la distinction des conditions sociales dans le discours, transgression d'une norme sociolinguistique qui est condamnée en ces termes dans un traité sur le bon comportement à adopter à la cour et à la ville :

(5) Il faut aussi éviter, en faisant une histoire avantageuse, non seulement de s'y louer, mais même, si la chose s'est passée en compagnie d'un grand seigneur, de parler au pluriel, comme : *Nous allâmes là ; nous fîmes cela*, etc. Il ne faut parler que du grand seigneur, sans parler de soi-même, et dire : *Monsieur N. y alla ; Il fit cela ; il vit le Roi.*, etc. (Courtin [1671] 1702 : 42)

La répartie de la bourgeoise spirituelle insiste à dessein sur le pronom pluriel qui constitue le faux pas social : « *Nous* autres oranges *nous* allons sur l'eau ». Alors que la plaisanterie analogique avec l'étron est bien plus grossière que le faux pas énonciatif dans l'usage des personnes, il est notable qu'elle soit mise en scène comme moins répréhensible socialement que la prétention sociale déplacée. Sans préjuger de l'authenticité de l'anecdote (dans un contexte où le respect des bienséances est premier, il est vraisemblable que le trait soit ici outré), on remarque justement que c'est la contrainte sociale que l'auteur cherche à thématiser avant tout, comme pour véhiculer par la fable une morale sociodiscursive : quiconque se comparera à plus haut que soi sera rabaissé, et par le même procédé, celui de la comparaison.

Retenons de ce dernier exemple la transgression des bienséances que semble autoriser le mot d'esprit, non seulement par la licence grossière, mais aussi par l'acte de langage menaçant. L'assertion franche de l'abaissement social contrevient aux prescriptions des manuels de bonnes manières de l'époque, où il est enjoint de ne recourir qu'à des actes de langage non menaçants, le bon mot ne devant pas blesser l'interlocuteur (Callières 1692 : 6). Cette transgression des règles élémentaires de politesse n'est sans doute possible qu'en situation d'égalité sociale (l'exemple 4 concerne deux bourgeoises). En situation d'inégalité, les normes de politesse, qui recommandent la plus grande prudence quant à l'expression linguistique du statut social (exemple 5), impliquent qu'on ne peut suggérer qu'indirectement toute tentative d'égalisation par la parole : la transgression par le bon mot repose alors sur l'implicite.

3 Audace de la répartie : double sens et implicite

Les détours pris par les locuteurs pour conférer une dynamique relationnelle à leur mot d'esprit constituent sans doute un enjeu particulièrement crucial dans « une société à forte censure, une société où une multitude de choses sont interdites d'expression directe » (Cavaillé 2004). Outre le déplacement métalinguistique et les tropes vus jusqu'ici, le recours au double sens, théorisé à l'époque par la pensée de l'« équivoque », est souvent le moyen d'actualiser explicitement un sens respectueux et d'insinuer un sens subversif qui permet à l'inférieur d'affirmer ses droits sans prendre le risque de menacer directement le territoire de l'interlocuteur.

3.1 Les relations « à plaisanteries »

L'exemple suivant met en scène un homme puissant de la cour des premiers Bourbons (le maréchal de Bassompierre, militaire et diplomate sous les règnes d'Henri IV puis de Louis XIII) et également célèbre diseur de bons mots :

(6) Il [Bassompierre] fut plus d'une fois en ambassade ; il contait au feu roi [Louis XIII] qu'à Madrid il fit son entrée sur la plus belle petite mule du monde, qu'on lui envoya de la part du roi. « Oh ! la belle chose que c'était, dit le feu roi, de voir un âne sur une mule ! – Tout beau, Sire, dit Bassompierre, c'est vous que je représentais ». (Tallemant des Réaux [1657] 1960, 1 : 601)

L'échange se produit en deux temps : le jeu de mot du roi repose sur une syllepse sur âne (« sot »/« animal »), qui repose sur le double sens, sans implicite. La raillerie est directe, sans insinuation. C'est la réplique de Bassompierre qui repose sur l'implicite, en activant des acceptions différentes de *représenter* : à la fois « rendre présent à la vue », et « figurer quelqu'un par délégation » dans le cadre d'une ambassade. La syllepse est donc parfaitement cohérente avec le propos du roi, puisqu'il reprend son procédé moqueur (l'analogie homme-animal et le double sens), et manifeste un parfait esprit d'à-propos. Il s'adapte aux règles du jeu fixées par le dominant en les réemployant avec habileté. Retourner l'arme contre celui qui a l'initiative d'un bon mot est considéré à l'époque comme particulièrement élégant : on apprécie que « le mot [soit] promptement relevé, et renvoyé de main en main », procédure « d'autant plus galante que l'on se servait de son propre mot pour [...] battre en ruine » celui qui avait d'abord risqué une plaisanterie (Pure [1656] 1938 : 379) ; c'est la même habile reprise, appelée « rétorsion » en rhétorique[5], qu'utilisait le supérieur dans l'exemple (2). La

---

5 La reprise du procédé adverse s'appelle, dans la typologie des arguments, la *rétorsion*, dont Aristote souligne les avantages pour la construction de l'ethos : « Un autre [lieu] se tire des paroles prononcées contre nous et que l'on retourne contre celui qui les a dites. Notre caractère est supérieur à celui de notre adversaire » (Aristote 1991 : 177).

maîtrise de ces procédés par l'inférieur constitue ici une arme de défense, et au-delà une manière de prendre le dessus dans l'échange.

Même ludique et implicite, cette insinuation d'une équivalence *roi / âne* peut étonner dans un contexte où le respect des hiérarchies, surtout au sommet de la structure, est primordial. De fait, cette histoire est commentée ainsi par le théoricien du mot d'esprit de la fin du XVIIᵉ siècle déjà cité : « Cette raillerie libre et plaisante avait besoin d'une grande familiarité du sujet avec le Prince pour être bien reçue » (Callières 1692 : 58). Le commentateur se montre attentif aux conditions de félicité du jeu de mots : celui-ci requiert une relation préalable de « familiarité », c'est-à-dire une habitude d'égalité dans la conversation. Il insiste sur le poids des données prédiscursives : les positions, certes très fixes dans une société d'ordres, apparaissent comme susceptibles d'assouplissement local, en raison de certains rapports interpersonnels plus ou moins codifiés. On pense évidemment au bouffon de cour, qui peut, dans un esprit carnavalesque, se permettre des audaces commandées par sa fonction de divertissement. La situation est différente ici, s'agissant d'un haut personnage de la cour : chargé de missions diplomatiques importantes[6], il a également connu le compagnonnage des armes avec le roi, situation typique d'égalisation passagère des places. Ces formes de relations assouplies sont tolérables dans la mesure où elles sont socialement codées, à la manière des « parentés à plaisanteries » dont parlait Mauss (1926). Les anthropologues ont repéré de tels usages dans plusieurs cultures : il s'agit des farces, des licences de langage voire des brimades qu'on se permet avec certains parents, contrastant avec la correction requise à l'endroit des autres membres de la famille. Elles relèvent d'une zone d'irrespect codifiée qui est complémentaire des « parentés à respect ». La fonction psychologique de ces actes (de langage) semblerait être qu'ils « procuraient une détente à cette constante étiquette qui empêchaient les rapports aisés et sans gêne avec tous les parents proches » (Radin 1923 : 134, cité par Mauss 1926 : 10). Même si les cas que nous considérons ne sont pas inscrits dans des relations de parenté, inhérentes à la définition stricte de ce partage entre devoir de respect et « droit de grossièreté » (Mauss 1926 : 9), on peut les rapprocher de telles pratiques culturelles notamment en raison d'analogies pragmatiques : « en général et pratiquement, ces plaisanteries ne durent guère que le temps d'entrer en matière ; elles sont réciproques » (Mauss 1926 : 9). La réciprocité des jeux de mots agressifs ou menaçants pour l'une des faces a été remarquée dans les exemples (2), (3), (4) et (6) ; le fait que ce genre de plaisanteries se trouve à la lisière des échanges verbaux, surtout en guise d'entrée en matière, pourrait aussi se vérifier sur des extraits plus

---

6 Sur cette ambassade d'Espagne, voir Bassompierre (1668).

longs, où l'ensemble d'un entretien de cour est restitué, comme c'est le cas dans les mémoires ou dans les correspondances (pour un exemple, voir Abiven 2018 : 200–201). Ainsi les comportements curiaux, presque continûment régulés par l'étiquette, intègrent-ils à la marge des situations codées selon les règles égalitaires de la familiarité, dont la plaisanterie fait partie (Merlin-Kajman 2009). Même si la véracité du dialogue relaté en (6) est douteuse, c'est du moins cet imaginaire sociolinguistique des zones autorisées, voire obligatoires, de détente discursive qu'il entend mettre en scène.

La structuration même de l'échange dialogal fait aussi partie des moyens qui permettent de prendre le dessus sur l'interlocuteur : la répartie permet de créer « une espece d'embarras mêlé d'étonnement et de surprise qui [...] mette [l'interlocuteur] hors d'état de pouvoir repliquer » (Callières 1692 : 180–181). Dans l'exemple (6), on peut penser que la réplique spirituelle clôt l'interaction, ce qui est habituellement vu comme un indicateur de position haute. En effet, le dominant est dans une situation de réplique sans issue : soit il tente de réfuter une proposition vraie ('l'ambassadeur représente le roi'), soit il doit s'appliquer à lui-même le sous-entendu insultant dont il était l'initiateur ('je suis un âne, puisque je vous ai dit que vous étiez un âne et que vous êtes mon image'). Le double sens constitue ainsi une arme de défense efficace, en ce qu'il n'actualise le sens transgressif que parmi d'autres possibles, et se rend par là irréfutable. Ce moyen d'avoir le mot de la fin par l'ambigüité rejoint l'effet des tropes envisagés plus haut : « Le trope fonctionne comme une réponse qui, en rendant dérisoire toute négation – en ce que l'on ne répond pas à une métaphore ou à une synecdoque –, interdit de ce fait l'opposition pure et simple, littérale » (Meyer 1993 : 114).

3.2 Le jeu de mots comme énoncé irréfutable

Le jeu de mots en répartie est ainsi le moyen d'asserter un contenu transgressif ou blessant, de manière plus ou moins implicite. L'exemple (7), plus équivoque que l'occurrence (6), met en relief un dernier critère décisif : l'intention du locuteur, dont il est indécidable s'il souhaite ou non que l'ambigüité soit levée par l'interlocuteur.

(7) Jouant au piquet à Angers contre un nommé Goussaut, qui estoit si sot que pour dire sot on disoit *Goussaut*, Bautru vint à faire une faute, et en s'escriant dit : « Que je suis Goussaut ! » – « Vous estes un sot, luy dit l'autre. » – « Vous avez raison, respondit-il ; c'est ce que je voulais dire. » (Tallemant des Réaux [1657] 1960, 1 : 366)

Bautru, favori de Richelieu, poète satirique et homme de cour célèbre pour ses équivoques[7], assimile le nom de son interlocuteur à une insulte qu'il fait mine de s'adresser à lui-même, selon un jeu de mots facile jouant sur le signifiant (entre *Goussaut* et *sot*). La réplique de l'individu nommé Goussaut peut ensuite susciter deux hypothèses interprétatives, soit une insulte en réponse à l'insulte, soit une rectification ('vous vouliez sans doute dire *sot* et non *Goussaut*'). Bautru valide cette dernière inférence, pourtant peu probable, puisqu'il approuve la réponse de l'autre en restreignant apparemment ses propres prétentions à dominer l'échange ('vous avez raison de me rectifier', voire 'vous avez raison, je suis un sot'). En acquiesçant par une politesse feinte, il réitère l'insulte par le détour métalinguistique ('c'est bien ce que je disais, *Goussault* équivaut à *sot*'), sans jamais avoir à la formuler explicitement.

La répartie a ici sa fonction sociale habituelle de discrimination des bons auditeurs (Winter-Froemel et Zirker 2015 : 18) : la relative opacité de la réponse peut faire obstacle à l'allocutaire décrit comme sot, mais les récepteurs secondaires (dont le lecteur) auront sans doute l'intelligence d'« entendre raillerie », selon l'expression alors consacrée pour dénoter ce genre d'effets de connivence (Zoberman 1992 : 179–184). Dans son traité sur les bons mots, Callières reprend cette histoire, en soulignant la sottise du personnage, mais aussi son statut social : le locuteur spirituel, haut placé à la cour, affronte Goussaut, « président [magistrat] qui ne passait pas pour être des plus éclairés de son temps » (Callières 1692 : 26–27). L'enjeu pragmatique est bien ici de tourner en ridicule l'inférieur en rang et en esprit, avec le plus de subtilité possible – c'est à dire en contournant l'explicite.

Cette visée est comblée par une ironie qu'on peut décrire en termes de « double jeu énonciatif », fondé sur la production « d'effets communicatifs contradictoires » (Berrendonner 2002 : 114). La dernière répartie ne peut être directement assimilée à une insulte ou une contre-vérité. C'est là un point essentiel : le locuteur spirituel doit pouvoir l'être dans le cadre de la bienséance, c'est-à-dire sans agressivité ni grossièreté mais également sans transgression de la maxime de vérité. Le caractère non falsifiable des assertions spirituelles apparait ainsi comme un enjeu des occurrences (6) et (7) : en ne disant rien de faux, celui qui risque une répartie audacieuse ou infâmante assume une parole inattaquable. Cette qualité est cruciale dans une société où la valeur des

---

7 Sans qu'on sache si celle-ci doive lui être attribuée : une variante de la première réplique peut déjà se lire dans un texte facétieux de la Renaissance sans le jeu de mots sur le signifiant toutefois et donc sans mention de *Goussaut* (voir *Le Moyen de Parvenir* de Béroalde de Verville, [1616] 2004 : 371).

individus est gagée en partie sur la qualité véridique de leur parole (Shapin [1994] 2014) : dans la culture aristocratique, la fidélité à la parole donnée, la bonne foi ou le caractère sacrilège du mensonge sont autant de principes qui encadrent rigoureusement les actes de parole. Les débats intenses autour des « restrictions mentales » des jésuites, par exemple, le prouvent, puisque ces stratégies visaient à relativiser la valeur de vérité des énoncés selon des procédures mentales qui mettaient en péril les rituels sociaux de la véridiction (Fauconnier 1979). Il n'est pas indifférent pour notre sujet que les jésuites aient alors mis en œuvre une véritable « doctrine des équivoques ». On sait aussi que les affronts, notamment verbaux (comme l'insulte ou la calomnie), donnaient lieu à des échanges judiciaires destinés à rétablir le vrai : l'accusé devait procéder au démenti (nier le contenu de l'offense en traitant l'adversaire de menteur), nouvelle offense que l'accusateur ne pouvait tolérer sans le déshonneur de voir sa parole frappée du sceau du mensonge, le tout pouvant mener au duel « du point d'honneur » (Courtin 1675, Billacois 1986, Chauchadis 1997). Aussi l'ambigüité des comportements locutoires permise par le double sens empêche-t-elle l'interprète de mettre au jour la bonne interprétation de la répartie, de valider l'inférence interprétative la plus probable (Berrendonner 2002 : 118), et en cela, elle constitue un moyen de neutraliser la violence sociale.

4 Conclusion

Par leur nature à la fois ludique et potentiellement agressive, les jeux de mots à fonction réactive créent un espace de discours où peut être estompée la domination, où peuvent s'égaliser temporairement les positions relatives de pouvoir, comme dans un espace carnavalesque éphémère. « Prenant place dans un échange, elles ont une valeur d'action, modifient une relation, concluent un conflit, leur pouvoir comique permet de socialiser (et d'atténuer) cette violence », comme certaines théories le soulignent au début du XVIIIe siècle (Sermain 1992 : 68). Il ne s'agit ici ni de spéculer sur une quelconque efficacité concrète des jeux de langage dans la mobilité sociale des sujets, question historique complexe (Mousnier 1979), ni d'ailleurs de documenter des échanges avérés ; leurs effets pragmatiques sont au reste souvent difficiles à interpréter en raison de la lacune contextuelle. Mais la fréquence des bons mots entre inégaux, dont une partie passe par des jeux de mots, permet néanmoins de scruter l'imaginaire linguistique des formes de la domination. La principale conclusion concerne la dimension régulatrice des jeux de mots en répartie. Quand ils sont liés à une stratégie de prudence, ils peuvent désamorcer le risque de l'audace, en déplaçant l'enjeu de la communication sur le langage lui-même. Dès lors qu'ils surdéterminent une puissance établie, ils sont une manière de rabaisser l'allocutaire sans les apparences de l'abus de pouvoir. Cette disponibilité aux inférences variées permet enfin au locuteur d'être inattaquable quant aux conditions de vériconditionalité : toujours vraies en un sens, les réponses par un jeu de mots peuvent aussi être insolentes, transgressives ou railleuses en un autre.

5 Références bibliographiques

Abiven, Karine. 2018. Le « dangereux honneur » de parler à la cour. Pour une pragmatique de l'entretien. In Agnès Cousson (éd.), *L'Entretien au XVIIe siècle*, 187–203. Paris : Classiques Garnier.

Aristote. 1654. *La Rhétorique d'Aristote en françois*. Traduit par François Cassandre. Paris : Louis Chamhoudry.

Aristote. 1991. *Rhétorique*. Traduit par Médéric Dufour et André Wartelle. Paris : Gallimard.

Bassompierre, François de. 1668. *Ambassade du mareschal de Bassompierre en Espagne l'an 1621*. Cologne : P. Du Marteau [fausse adresse].

Béroalde de Verville, François. [1616] 2004. *Le Moyen de parvenir*. Paris : Honoré Champion.

Berrendonner, Alain. 2002. Portrait de l'énonciateur en faux naïf. *Semen* 15. 113–125.

Bertrand, Dominique (éd.). 2018 [à paraître]. *Perspectives facétieuses*. Paris : Classiques Garnier.

Bièvre, François George, Maréchal de. [1799] 2000. *Calembours et autres jeux sur les mots d'esprit*. Édité par Antoine de Baecque. Paris : Payot.

Billacois, François. 1986. *Le Duel dans la société française des XVIe–XVIIe siècles : essai de psychosociologie historique*. Paris : Éditions de l'École des hautes études en sciences sociales.

Callières, François de. 1692. *Des Bons Mots et des bons contes, de leur usage, de la raillerie des anciens, de la Raillerie & des railleurs de nôtre Tems*. Paris : Claude Barbin.

Cavaillé, Jean-Pierre. 2004. Histoires d'équivoques. *Les Cahiers du Centre de Recherches Historiques* 33. 1–32. URL : http://ccrh.revues.org/254 (dernière consultation le 21/05/2018).

Chauchadis, Claude. 1997. *La Loi du duel : le code du point d'honneur dans l'Espagne des XVIe et XVIIe siècles*. Toulouse : Presses Universitaires du Mirail.

Courtin, Antoine de. [1671] 1702. *Nouveau traité de la civilité*. Paris : Élie Josset.

Courtin, Antoine de. 1675. *Suite de la civilité françoise, ou Traité du point-d'honneur et des règles pour converser et se conduire sagement avec les incivils et les fâcheux*. Paris : A. Josset.

De Bourdonné. [1659] 1685. *Le Courtisan désabusé, ou Pensées d'un gentilhomme qui a passé la plus grande partie de sa vie dans la Cour et dans la guerre*. Paris : N. Le Gras.

Denis, Delphine. 2001. *Le Parnasse Galant, Institution d'une catégorie littéraire au XVIIe siècle*. Paris : Honoré Champion.

Faret, Nicolas. 1630. *L'Honneste homme ou l'art de plaire à la cour*. Paris : Toussainct Quinet.

Fauconnier Gilles. 1979. Comment contrôler la vérité : Remarques illustrées par des assertions dangereuses et pernicieuses en tout genre. *Actes de la recherche en sciences sociales* 25(1). 3–22.

Filatkina, Natalia & Claudine Moulin. 2018. Wordplay and baroque linguistic ideas. In Esme Winter-Froemel & Verena Thaler (eds.), *Cultures and Traditions of Wordplay and Wordplay Research* (The Dynamics of Wordplay 6), 235–257. Berlin & Boston : De Gruyter.

Flahault, François. 1978. *La Parole intermédiaire*. Paris : Seuil.

Freud, Sigmund. [1905] 1940. Der Witz und seine Beziehung zum Unbewussten. In *Gesammelte Werke, chronologisch geordnet*, Vol. 6. Londres : Imago Publishing, 17 vol.

Freud, Sigmund. [1905] 1992. *Le Mot d'esprit et sa relation à l'inconscient : Traduit par Denis Messier*. Paris : Gallimard.

Gayot de Pitaval, François. 1746. *Bibliothèque de cour, de ville et de campagne, contenant les bons mots de plusieurs rois, princes, seigneurs de la cour et autres personnes illustres 1*. Paris : T. Le Gras.

Gracián, Baltasar. [1648] 1983. *La Pointe ou l'art du génie*. Lausanne : L'Âge d'homme.

Grande, Nathalie. 2011. *Le Rire galant : usages du comique dans les fictions narratives de la seconde moitié du XVIIe siècle*. Paris : Honoré Champion.

Jaucourt, Louis de. 1765. Race. In Denis Diderot & Jean Le Rond d'Alembert (éds.), *L'Encyclopédie ou Dictionnaire raisonné des sciences, des arts et des métiers*, t. 13, 740. Paris : Briasson, David, Le Breton, Durand.

Kerbrat-Orecchioni, Catherine. 1992. *Les Interactions verbales*, vol. 2. Paris : Armand Colin.

Kullmann, Thomas. 2015. Wordplay as Courtly Pastime and Social Practice : Shakespeare and Lewis Carroll. In Angelika Zirker & Esme Winter-Froemel (éds.), *Wordplay and metalinguistic/metadiscursive reflection : authors, contexts, techniques, and meta-reflection* (The Dynamics of Wordplay 1), 47–69. Berlin & Boston : De Gruyter.

Labov, William. 1994. *Principles of Linguistic Change, Internal Factors*. Oxford : Blackwell.

Mauss, Marcel. 1926. Parentés à plaisanteries. *Annuaires de l'École pratique des hautes études* 36. 3–21.

Merlin-Kajman, Hélène. 2009. Introduction. *Littératures classiques* 68(1). 5–27.

Meyer, Michel. 1993. Questions de rhétorique. Paris : Le Livre de Poche.

Mousnier, Roland. 1979. Conclusion. *XVIIe siècle* (« La Mobilité sociale au XVIIe siècle ») 122. 73–77.

Pure, Michel de. [1656] 1938. *La Prétieuse ou le Mystère des ruelles*. Paris : Droz.

Quintilien. 1977. *Institution Oratoire 4*, traduction Jean Cousin. Paris : Les Belles Lettres.

Rabatel, Alain. 2011. Pour une analyse pragma-énonciative des figures de l'à-peu-près. *Le Français moderne* 79(1). 1–9.

Radin, Paul. 1923. *The Winnebago Tribe* (37th Annual Report of the Bureau of American ethnology). Washington : U. S. Bureau of American Ethnology, Smithsonian Institution.

Sermain, Jean-Paul. 1992. Introduction à Gamaches, Étienne-Simon de. [1718]. *Les Agréments du langage réduits à leurs principes : troisième partie*, 54–71. Paris : Éd. des Cendres.

Shapin, Steven. [1994] 2014. Une histoire sociale de la vérité. Science et mondanité dans l'Angleterre du XVIIe siècle, traduit par Samuel Coavoux et Alcime Steiger. Paris : La Découverte.

Sozzi, Lionello. 1977. Les Facéties du Pogge et leur influence en France. *Bulletin de l'Association d'étude sur l'humanisme, la réforme et la renaissance* 7. 31–35.

Tallemant des Réaux, Gédéon. [1657–1659] 1960–1961. Historiettes, éd. Antoine Adam. Paris : Gallimard, coll. « Bibliothèque de la Pléiade », 2 vol.

Winter-Froemel, Esme & Angelika Zirker. 2015. Jeux de mots, enjeux et interfaces dans l'interaction locuteur-auditeur : réflexions introductives. In Esme Winter-Froemel & Angelika Zirker (éds.), *Enjeux du jeu de mots : perspectives linguistiques et littéraires* (The Dynamics of Wordplay 2), 1–28. Berlin & Boston : De Gruyter.

Zoberman, Pierre. 1992. Entendre raillerie. In Nicole Ferrier-Caverivière (éd), *Thèmes et genres littéraires au XVIIe et XVIIIe siècles : Mélanges en l'honneur de Jacques Truchet*, 179–184. Paris : Presses Universitaires de France.

Catherine Ruchon

Le jeu de mots dans les discours sur le deuil : un jeu discursif offensif

Résumé : Les jeux sur la matière même du langage participent de l'expression de la douleur dans le cadre du deuil d'enfant. L'étude d'un corpus d'une vingtaine d'ouvrages écrits par les parents endeuillés et d'une cinquantaine de noms d'associations de parents dolents ainsi que d'énoncés prélevés sur leurs sites montrent que de façon inattendue, les discours sur le deuil présentent de nombreuses formes de jeux de mots et de mots d'esprit. Ce corpus autorise à poser l'hypothèse que les endeuillés, dans un contexte social de réception peu enclin au dolorisme, trouvent avec les jeux sur les mots un moyen de contourner les tabous sur le deuil d'enfant et d'exprimer leur douleur. Leur mécanisme formel repose sur différents procédés, souvent associés, comme l'homophonie et la paronymie (*mourir avant de n'être, impansable*) ou bien encore l'homophonie et le principe du paragramme (*Sauve qui veut*). Ils s'appuient aussi formellement sur la morphologie (*AbanDON Adoption, Alter Native*) ou sémantiquement sur des phrasèmes (*Nos étoiles ont filé, Un ange est passé*) où s'exprime ce que Sigmund Freud appelle un double sens (Freud [1905] 2009 : 89–121). L'analyse s'appuie sur les concepts d'économie (de mots) et de condensation (du sens) que Freud a élaborés à propos du rêve et appliqués au mot d'esprit. Le jeu de mots permet d'associer des idées divergentes en une synthèse disjonctive (Deleuze 1969) et joue un rôle d'interpellation. Cette créativité discursive révèle une insoumission linguistique face à une doxa qui incite à taire la douleur.

Mots clés : analyse de discours, condensation sémantique, dolorisme, doxa, économie lexicale, homophonie, insoumission linguistique, jeu de mots, morphologie, mot d'esprit, paragramme, paronymie, phrasème, synthèse disjonctive

1 Introduction

Depuis une vingtaine d'années, à la fin du XXᵉ siècle, on observe en France l'émergence de nouveaux types de discours de personnes en souffrance, des discours bousculant le cloisonnement entre espace privé et espace public : forums de l'internet, ouvrages de témoignage, livrets d'association. Les douleurs extrêmes, comme celle des parents endeuillés de leur enfant, jusqu'alors vécues dans l'intimité, recueillies dans la prière ou la confidence, s'exposent aujourd'hui sur la place publique. Ces nouveaux espaces discursifs permettent de se confronter au deuil et à l'absence par différents moyens langagiers (métaphore, troncation, réduplication...).

Les discours de parents endeuillés de leur enfant, en particulier dans le cadre du deuil périnatal, c'est-à-dire lorsque les enfants meurent *in utero* ou à la naissance, présentent de nombreuses formes de jeux sur les mots. C'est ce que révèle l'analyse d'un corpus composé d'une vingtaine d'ouvrages écrits par des parents endeuillés, d'une cinquantaine de noms d'associations impliquées dans le deuil d'enfant et d'énoncés prélevés sur leurs sites et sur les blogs de parents dolents. Je m'intéresse à la façon dont ces jeux sur la matière même du langage participent à l'expression de la douleur. Le grand nombre de jeux de mots dans ce corpus traitant de sujets aussi dramatiques que le deuil d'enfant peut sembler paradoxal en regard de l'image du parent endeuillé. Les parents jouent avec les mots, littéralement, sans pour autant introduire une dimension humoristique et mondaine. La fonction des jeux de mots est ailleurs. Ils alertent le destinataire sur une douleur qui ne se dévoile que partiellement. Dans son petit ouvrage synthétique, *Les jeux de mots*, Pierre Guiraud rappelle les enjeux du jeu de mots :

> *Les jeux de mots* constituent pour le linguiste un problème fort sérieux, fondamental même, dans la mesure où il l'invite à une spéculation sur les formes et les fonctions du langage. (Guiraud 1976 : 5, en italique dans le texte)

La question des enjeux du jeu de mots, en particulier sociaux et idéologiques, est une question largement débattue (voir p. ex. Sullet-Nylander 2005 ; Vincent 2014 ; Winter-Froemel et Zirker 2015). Je fais l'hypothèse que les endeuillés, dans un contexte social de réception peu enclin au dolorisme[1], trouvent avec les jeux de mots un moyen de contourner les tabous sur le deuil d'enfant. Le jeu de mots permet notamment de lever une inhibition et un obstacle social, il participe à ce que j'appelle l'insoumission linguistique.

Je montrerai dans une première partie que les jeux de mot de ce corpus reposent sur des techniques d'économie lexicale et de condensation sémantique qui créent la stupéfaction propre au jeu de mots et le plaisir de sa résolution.

---

1 L'expression de la douleur s'inscrit en Occident dans un paysage discursif où prédominent la doxa de l'acceptation et de la résignation : le dolorisme, concept initié en 1919 par René Lériche, le premier médecin à récuser l'exaltation de la valeur morale de la douleur, impose aux locuteurs retenue et modération.

Après avoir dressé une typologie des jeux de mots présents dans ces discours de parents endeuillés, je montrerai en quoi ils présentent un caractère offensif.

2 Jeu de mots et mots d'esprit, forme et sens

On oppose traditionnellement le jeu de mots au mot d'esprit. Dans les représentations, le jeu de mots a une fonction ludique. Il relève de l'amusement. Tandis que le mot d'esprit, apparenté aux figures de pensée de la rhétorique, s'appuie sur une culture élitiste partagée.

Selon Pierre Guiraud, le jeu de mots joue sur les mots (la forme, le signifiant), et le mot d'esprit sur les pensées (les idées, le signifié). Mais en fait, ces deux catégories se superposent souvent : pour exemple, l'un des jeux de mots fréquents de ce corpus,

(1) mourir avant de n'être

est à la fois un jeu de mots homophonique et un mot d'esprit qui joue sur l'idée de la naissance et celle de la mort. D'ailleurs, dans son ouvrage, *Le mot d'esprit et sa relation à l'inconscient*, Sigmund Freud définit le jeu de mots (*Wortspiel*) comme le double sens (*Doppelsinn*). C'est-à-dire qu'il réunit deux sens en un seul mot (Freud [1905] 2009 : 91, 104) et le jeu de mots est alors une sous-catégorie du mot d'esprit (*Witz*) :

> Si maintenant nous continuons à étudier les diverses possibilités d'« utilisation multiple » d'un même mot, nous remarquons subitement que nous avons des formes de « double sens » ou de « jeu de mots » qui sont universellement connues et appréciées depuis bien longtemps en tant que techniques du mot d'esprit. (Freud [1905] 2009 : 89)

On trouvera donc ici ces deux dénominations, *jeu de mots* et *mot d'esprit*, en gardant à l'esprit que la seconde est plus générale que la première.

2.1 Technique du jeu de mots : économie et condensation

On ne peut dissocier le sens de la forme, ni minimiser le rôle de la forme. Au contraire. Pour Sigmund Freud, le mot d'esprit séduit plus par sa forme que par l'idée qu'il contient. Pour preuve, la reformulation explicative du mot d'esprit ne fait pas rire. Elle ôte au bon mot tout son esprit. Le caractère spirituel n'est donc pas attaché à la pensée (Freud [1905] 2009 : 59). La concision est la première caractéristique du mot d'esprit. Cela a été abordé par différents auteurs que cite Sigmund Freud, l'historien de l'art Jean-Paul Richter, ou le philosophe de l'esthétique Theodor Lipps 1898 (Richter 1804, Vol. I : 45 ; Lipps 1898 : 90). C'est ce qui amène Sigmund Freud à réunir toutes les techniques du mot d'esprit en une seule catégorie : l'économie (Freud [1905] 2009 : 98–100), ou plus précisément l'économie (de mots) et la condensation (du sens). Ces concepts ont été élaborés par Sigmund Freud à propos du rêve (la condensation étant un processus fondamental du travail de rêve : Freud [1899–1900] 2013 et [1901] 2010) et appliqués au mot d'esprit. Ainsi, seule une formulation plus longue pourra restituer la condensation de la signification.

Il ne s'agit pas seulement d'une économie de mots : le plaisir du mot d'esprit viendrait aussi de l'économie de la dépense psychique engendrée (Freud [1905] 2009 : 226), plaisir « d'autant plus grand que les deux domaines de représentation mis en relation [grâce au même mot] sont étrangers l'un à l'autre » (Freud [1905] 2009 : 226, 228). Nous verrons que dans ce corpus l'effet de concision s'obtient principalement par homophonie (*naître* / *n'être*), par redécoupage morphologique (*Alter Native*) ou par assemblage (mot-valise *mamange*).

2.2 Le plaisir du jeu de mots : stupéfaction et résolution

Economie et condensation sont à l'origine de la stupéfaction engendrée par le jeu de mots. Sigmund Freud s'appuie notamment sur le philosophe et psychologue hollandais Gerardus Heymans pour qui le comique du mot d'esprit réside dans l'enchaînement de la stupéfaction créée par le jeu de mots et de sa résolution (Freud [1905] 2009 : 50 ; Heymans 1896). Avant Heymans, au XVIIIe siècle, c'est déjà cette idée que développe Etienne-Simon Gamaches qui « fonde sa définition du tour sur l'idée d'un manque qu'il revient à l'interlocuteur de combler », comme le rappelle Jean-Paul Sermain dans sa réédition de *Les agréments du langage réduits à leurs principes* d'Étienne-Simon Gamaches (Gamaches et Sermain 1992 : 63). Sigmund Freud n'a pas lu Gamaches, du moins ne le cite-t-il pas dans *Le mot d'esprit*, mais leurs pensées se rejoignent. En effet, les principes de manque, de découverte et de plaisir sont au cœur de son analyse.

Stupéfaction et résolution sont des phénomènes qui se produisent en réception. La stupéfaction est provoquée par un phénomène linguistique, comme la substitution d'une lettre qui modifie et enrichit le sens (*sauve qui Veut*). C'est en reliant le ludant au ludé que s'opère la résolution, le ludant étant le texte qui joue (*Sauve qui Veut*) et le ludé celui sur lequel on joue (*sauve qui peut*) (Guiraud 1976 : 105). La résolution du jeu de mots vient par le recours à la mémoire discursive (Courtine 1981 ; Paveau 2006 : 86–116) et le plaisir du mot d'esprit réside dans l'illumination qui suit la stupéfaction. Ce non-dit, ce vide à combler, incite le récepteur à participer à l'échange. Le jeu de mots joue alors un rôle d'interpellation.

2.3 Typologie formelle des jeux de mots sur le deuil d'enfant

Le mécanisme formel des jeux de mots et mots d'esprit de ce corpus repose sur différents procédés. Avant d'entrer dans l'analyse proprement dite, j'en présente ci-dessous une typologie (ni exhaustive ni définitive). Cette typologie met en évidence la prééminence des jeux de mots exploitant le jeu avec la phonie. Elle montre aussi le caractère poreux des classifications. La plupart des jeux de mots s'appuient simultanément sur différents procédés et certains exemples peuvent donc se retrouver dans plusieurs catégories. Il ne s'agit pas de répertorier les multiples formes possibles du jeu de mots (que l'on pourra trouver chez Freud ([1905] 2009), Guiraud (1976), Carzacchi Fonda (2002) et bien d'autres) mais de comprendre leur présence inattendue dans un corpus sensible touchant à la mort. Ces jeux de mots apparaissent en particulier dans les noms d'associations de parents endeuillés et dans les titres de leurs ouvrages, mais aussi sur les forums de discussion.

2.3.1 Jeu de mots par homophonie et paronymie

Les homophones sont des termes qui entretiennent une relation d'identité phonique, ou selon l'expression de Richard Arcand, d'« identité sonore » (Arcand 2017 : 28), c'est-à-dire qu'ils se prononcent de la même façon, comme dans les exemples *mort / mors*. L'homophonie est répandue en français et ne relève pas toujours de jeux sur les mots.[2] Richard Arcand distingue l'homophonie explicite, qui combine deux éléments de même prononciation (sur l'exemple de l'énoncé publicitaire : *Si l'image vaut mille **mots**, l'entente écrite vous évite mille **maux***) et l'homophonie implicite, qui repose sur une substitution des termes (sur l'exemple du titre : *Demain, la **faim** [fin] du monde*) (Arcand 2017 : 16).

Les paronymes se définissent comme des termes de sens différent présentant une similarité formelle. Selon Riegel, Pellat et Rioul ([1994] 2004 : 559), « la paronymie peut être définie comme une homonymie incomplète entre

---

2 Pour une analyse contrastée de l'homophonie en langue (comme les homophones verbaux du type *donner / donné*) et des homophones recherchés par l'énonciateur et relevant de jeux de mots, voir Jaffré (2006).

deux mots qui ne se distinguent que par une partie minime de leur signifiant »,
ce qui revient à dire avec Charles Liagro Rabé que « le paronyme est un mot
ayant une prononciation voisine mais de sens différent » (Rabé 2016 : 122). Cette
catégorie de jeux de mots par homophonie et paronymie (le plus souvent
implicite) est très productive : *mourir avant de n'être* (titre d'ouvrage sur le deuil
en (15)), *n'être* (titre de documentaire en (16)), *étern'ailes* (nom d'association de
parents endeuillés en (2)), *lait-sans-ciel* (nom d'association de parents
endeuillés en (3)), *l'im-pansable* (commentaire internet d'une auteure
endeuillée sur l'ouvrage d'une autre auteure en (5)), etc.

2.3.2 Jeu de mots à partir d'homophones et de paragrammes

On parle de paragramme lorsqu'une lettre est employée à la place d'une autre
dans le but de faire apparaître un sens nouveau. On en donnera comme
exemple le nom d'association *Sauve qui veut* qui réfère à une expression très
répandue, *sauve qui peut*, et où la substitution d'une seule lettre permet un enrichissement lexical du ludé.

2.3.3 Jeu de mots morphologiques et (typo-)graphiques

Ce corpus présente de nombreux cas de jeux de mots basés sur la morphologie,
c'est-à-dire sur la forme et la structure des mots. Le jeu se fait par décomposition
morphologique (entre le radical et sa désinence par exemple) et par inclusion de
nouveaux segments inattendus. Il s'agit là encore d'une catégorie très productive que l'on peut illustrer avec l'énoncé *AbanDON Adoption* présent dans le
titre d'ouvrage *AbanDON Adoption. Quand la mère se retire*, ou avec le nom du
site sur le deuil périnatal *Alter Native*, les noms d'associations *étern'ailes* et
LocoMotive, et bien d'autres exemples comme le commentaire internet cité plus
haut (*l'im-pansable*) ou le nom de la manifestation *Hasard'don* organisée par
l'association *Vaincre les Maladies Lysosomales* (VML). Dans ces exemples où le
rôle de l'écrit est important, la typographie guide l'interprétant en rendant le jeu
de mots plus apparent.

2.3.4 Jeu de mots par troncation et valisage ou réduplication syllabique

On trouve aussi des formes créées par le procédé de la troncation, qui d'ailleurs peut constituer une sous-catégorie des jeux de mots morphologiques. On prendra comme exemple le paradigme des formes *mamange* (maman d'un ange), *papange* (papa d'un ange), *parange* (parents d'un ange), *tat'ange* (tata d'un ange). Ces mots-valises sur lesquels je reviens plus loin relèvent selon Sablayrolles (2015 : 537–538) de la morphologie extra-grammaticale et non de mécanismes réguliers de composition et de dérivation ; du moins s'apparentent-ils à des « formes contemporaines de composition », laquelle s'appuie volontiers aujourd'hui sur la troncation (Mortureux [1997] 2008 : 60–62, 144). Entre aussi dans cette catégorie la forme *gygy* qui est née sur les forums d'infertilité et a été ensuite reprise par les internautes sur les forums de mort subite du nourrisson. Cette forme est constituée par apocope du mot source *gynécologue* et par réduplication de cette première syllabe. Je ne développerai pas davantage ici ce qui concerne cette forme, étant donné qu'elle n'est pas native des forums de deuil mais de ceux sur l'infertilité, cependant elle remplit me semble-t-il un rôle similaire. Le ludant *gygy* se substitue au mot ludé *gynécologue* afin d'atténuer la douleur que ce mot transporte. En effet, les mots qui dans certaines situations semblent anodins (*gynécologue* est un mot commun qui ne véhicule pas *a priori* de douleur particulière) ne le sont plus dans certains contextes spécifiques (la situation de procréation médicale assistée).

2.3.5 Jeu de mots par référence à des phrasèmes

Les phrasèmes ont été apparentés par plusieurs auteurs aux jeux de mots (Sullet-Nylander 2005 ; Sablayrolles 2015 ; Jaki 2015). De nombreux titres d'ouvrages sur le deuil présentent un jeu de mots en référence à des phrasèmes, c'est-à-dire des expressions lexicalisées : *Nos étoiles ont filé* (qui réfère au syntagme *étoile filante*), *Un ange est passé* (en référence à l'expression populaire *un ange passe* lorsqu'un silence se fait[3]), *AbanDON Adoption. Quand la mère se retire* (titre d'ouvrage où on observe un jeu de mots sur *mère* employé dans une colocation usuelle à la place de *mer*), *Congé maternité sans bébé* (où l'ajout au phrasème médico-juridique *congé maternité* de l'énoncé *sans bébé* crée la stu-

---

3 Ce défigement a été analysé par Françoise Sullet-Nylander (2015 : 134) dans son article sur les jeux de mots dans les titres de presse : l'expression « un ange passe » réfère à la mort de Marlene Dietrich, surnommée *l'ange bleu* depuis le tournage du film de John von Sternberg.

peur), *L'un sans l'autre. Témoignages et réflexions autour du deuil périnatal d'un jumeau* (où la réciprocité de la locution adverbiale *l'un l'autre* est contredite par l'insertion de la préposition privative *sans*), etc. Les agents énonciatifs[4] recourent aussi à ce procédé dans le choix des noms d'associations ou de groupes de parents endeuillés, comme p. ex. *L'étoile filante* (nom d'un groupe d'accompagnement du deuil périnatal bruxellois où le phrasème *étoile filante* réfère aux enfants décédés prématurément) ou *Sauve qui veut.*

2.3.6 Jeu de mots par co-occurrence insolite

Certains jeux sur les mots apparaissent comme monosémiques, c'est-à-dire qu'ils activent un unique sème (trait sémantique), comme l'exemple Nos étoiles ont filé, qui focalise sur le sème de la fugacité du temps afin de souligner la brièveté de certaines vies. Le dédoublement du sens s'opère entre le mot étoiles et son référent (les enfants décédés). Cependant, les jeux de mots peuvent aussi présenter une association inattendue d'éléments d'un point de vue sémantique par « le surgissement de signifiés paradoxaux » (Sablayrolles 2015 : 560–561). La majorité des jeux de mots de ce corpus associent des termes apparemment contradictoires comme les titres d'ouvrages suivants : *Parents orphelins, L'enfant éternel, Un enfant pour l'éternité.* Ces collocations insolites relèvent d'une synthèse disjonctive (Deleuze 1969). Elles font apparaître un lien sémantique ou grammatical inhabituel, créant non-sens et stupéfaction. Il s'agit ici pour l'interprétant du jeu de mots de rétablir entre deux séries divergentes (parentalité et mort, enfance et éternité) un rapport entre le sens et le non-sens, autrement dit de créer le sens dans le non-sens, sans effacer pour autant le caractère divergent. La résolution du jeu de mots fait émerger du non-sens l'idée que l'enfant peut mourir. Ces co-occurrences divergentes amènent l'allocutaire à réfléchir sur la mort précoce et sur le concept de parent (est-on parent lorsque l'enfant est décédé ?).

---

4 Je considère les énonciateur.trice.s comme des agents énonciatifs, c'est-à-dire comme des participants actifs, à la fois usagers et producteurs de (méta-)discours. Cette désignation leur donne une part active dans la recherche. La prise en compte des sujets énonciateurs me semble d'autant plus importante sur un plan éthique lorsqu'il s'agit d'un corpus sensible comme celui-ci qui porte sur le deuil d'enfant et qui témoigne d'une réflexion linguistique populaire.

3 Des jeux de mots au caractère défensif et offensif

En analysant le mot d'esprit tendancieux (que Freud associe à la tendance hostile et qu'il met en relation avec l'insulte), Freud montre qu'il permet de dire ce qui est insoutenable à entendre pour les autres. Le mot d'esprit permet notamment aux gens bien éduqués de libérer leur agressivité, de lever une inhibition (liée p. ex. à la bienséance, ou à la honte dans le cas des mots d'esprit grivois), de lever ainsi un obstacle social. Il joue alors un rôle défensif ou offensif, et permet d'obtenir le soutien des personnes extérieures (Freud [1905] 2009 : 247). En retournant l'allusion contre l'agresseur, le mot d'esprit est une réponse possible à l'outrage, à l'insulte. Sigmund Freud montre aussi que « [l]e mot d'esprit constitue alors une révolte contre une telle autorité, une émancipation vis-à-vis de la pression qu'elle exerce » (Freud [1905] 2009 : 201). Sachant que les noms des associations impliquées dans le deuil ou le handicap, porte-paroles des revendications des parents, sont très souvent construits sur un jeu de mots, on peut présumer que ces choix désignationnels ont un but défensif ou revendicatif :

> Les jeux de mots ont pour fonction de désamorcer une attaque (verbale) en la donnant non pour telle, mais comme un jeu. La raillerie, souvent douloureuse, désarme l'adversaire mis dans l'impossibilité de se fâcher et de riposter à une agression se disant « pour rire ». De ce point de vue, on comprend leur place dans la lutte contre les interdits et les tabous. (Guiraud 1976 : 118)

3.1 Dire la mort et la douleur

Dans un contexte social ne favorisant pas l'expression de la douleur, il semble que ces jeux de mots permettent de contourner les interdits du discours, notamment de dire la mort et la douleur, comme le montrent les deux exemples suivants de condensation sémantique.

Fig. 1 : Site d'association

(2) étern'ailes (nom d'une association de deuil périnatal créée en 2015,
     http://perigordeternailes.e-monsite.com/ (dernière consultation le 19/04/2018)

Le nom *étern'ailes* est celui d'une association créée par trois mères endeuillées.
Il existe par ailleurs une autre occurrence qui concerne une association créée
elle aussi dans les années 2010. Nous avons ici un jeu de mots homophonique et
morphologique où l'adjectif *éternel* est segmenté phonologiquement et recom-
posé par une transformation graphique. L'indice graphique de l'apostrophe permet d'élucider le jeu de mots en tant que fusion des mots *éternel* et *ailes* tout en
maintenant la frontière morphologique. Ce jeu de mots homophonique induit
l'idée d'éternité, un sème récurrent (que l'on retrouve p. ex. dans le titre de
l'œuvre de Forest, *L'enfant éternel*). Éternité de la mort, de l'amour ? Le segment
-ailes réfère quant à lui aux ailes de l'ange qui désignent métaphoriquement et
métonymiquement l'enfant devenu ange. Le nom *étern'ailes* permet de dire la
mort d'une façon moins crue que le syntagme « association de parents d'enfants
décédés de façon précoce » et de substituer l'image d'un ange à celle de l'enfant
mort. Précisons que la désignation *ange*, hypocoristique usuel pour le petit enfant, est aussi usuelle en contexte de deuil d'enfant sans qu'il lui soit systématiquement attribué une connotation religieuse, le mot *ange* devenant substitutif
au syntagme *enfant décédé* (dans des énoncés tels que *fête des anges*, *mur des
anges*, ou encore dans la forme *mamange* que nous retrouverons plus bas).

(3) Lait-sans-ciel (nom d'une association de deuil périnatal créée en 2001)

Le mot composé *lait-sans-ciel* est le nom d'une association créée en 2001 par la psychothérapeute Chantal Haussaire-Niquet qui a perdu deux enfants et s'est engagée contre le déni social de la mort du tout-petit. Ce nom procède de l'homophonie et de la charade. Le mot *lait* réfère à l'objet premier de l'association, la souffrance physique et morale liée aux montées de lait en cas de deuil périnatal, mais l'utilisation du mot *ciel* est plus obscure : le jeu homophonique permet d'entendre *les sans ciel*, et pourrait alors référer à ceux qui n'ont pas été enterrés en terre consacrée, les fœtus et les mort-nés qui n'ont pu être baptisés. L'expression réfère aussi et surtout par homophonie au mot *essentiel*. Le jeu de mots fait passer un message : il faut se préoccuper de *l'essentiel*, la mort des enfants et ses conséquences (comme les montées de lait inutiles).

Il existe aussi plusieurs occurrences du jeu homophonique sur les mots *penser / panser* :

(4) Le week-end VML « Panser le deuil » est proposé à ceux qui, en raison d'une maladie lysosomale, ont perdu un enfant, un conjoint.
(titre d'un billet du site de l'association *Vaincre les Maladies Lysosomales* pour une rencontre les 8–9 novembre 2013, en gras dans le texte)

En (4), la substitution d'un graphème (*e* par *a*) permet l'enrichissement sémantique du verbe *penser* auquel s'ajoute l'idée de soin (*panser*). On retrouve le même procédé avec le dérivé préfixé de *penser*, *impensable* :

(5) Gaëlle met ici des mots sur l'impensable, tout en pudeur, tout en finesse. Elle nous permet de toucher du doigt la violence faite à une mère meurtrie en la découvrant comme au travers d'un voile léger qui flotte au gré d'un souffle pudique et discret. Elle rend pensable l'impensable et ouvre un chemin sur lequel « l'im-pansable » peut devenir « pansé », l'inacceptable accepté et la Vie retrouvée.
Merci Gaëlle
Sophie H.
(Site de l'association de deuil périnatal *L'enfant sans nom*, commentaire du 16 février 2007 d'une auteure endeuillée psychothérapeuthe, fondatrice de l'association « l'Enfant Sans Nom – Parents Endeuillés »)

En (5), le jeu de mots repose sur l'homophonie entre *impensable* et *im-pansable*. L'agent énonciatif souligne le jeu morphologique entre *impensable* (qui ne peut pas être pensé) et *impansable* (qui ne peut pas être pansé, soigné, à l'aide d'un pansement) en redélimitant une frontière par un tiret (*im-pansable*) afin d'alerter l'allocutaire. Le terme néologique *im-pansable* permet de dire de façon condensée que le deuil, à l'origine d'une douleur inimaginable, « impensable », peut toutefois dans certaines conditions se soigner, être « pensable ». Il permet enfin de dire que ce qui devient « pensable » peut être « pansé » et donc soigné.

Ces jeux de mots, *penser/panser*, *impensable/im-pansable*, soulignent le caractère antalgique des jeux de mots lorsqu'ils permettent de dire ce que les règles sociales incitent à taire.

Dire la mort, c'est aussi ce que permet la forme *mamange* créée par les internautes endeuillées pour s'autodésigner. Le jeu de mots est en effet fréquent dans les autodésignations.

3.2 Nomination et jeu de mots

L'étude des désignations des parents endeuillés met en lien lacune lexicale, néologie et jeu de mots, comme l'illustrent ces deux exemples de désignations de mères endeuillées : *mère veilleuse* et *mamange*. Changer de nom, ou simplement choisir une désignation non lexicalisée pour s'autodésigner, c'est reprendre le contrôle de sa vie, au même titre qu'un acte comme le débaptême. Le jeu de mots joue alors une fonction identitaire.

(6)   N. L., maman de 6 enfants dont deux décédés, a créé une association à Combour :
       Association Les Berceaux du ciel Parents en deuil.
       Elle peut par ce biais soutenir les parents ayant perdu un bébé pendant la grossesse ou
       après... N'hésitez pas à la contacter c'est vraiment une Mère Veilleuse...
       (article publié en 2011 sur *Les mères veilleuses*, blog consacré à la périnatalité)

L'exemple ci-dessus, *mère veilleuse*, s'appuie sur un jeu de mots fréquent dans le domaine de la parentalité et que l'on retrouve p. ex. dans le nom de différentes associations de mères, dans celui d'un groupe de mères touchées par dépression *post-partum* et dans celui d'une association contre la GPA (Gestation Pour Autrui). L'énoncé *mère veilleuse* revalorise la mère par une resignification du mot qui la désigne. Ce jeu de mots repose sur un double procédé : l'homophonie avec *merveilleuse* et le redécoupage morphologique en deux termes, ce qui permet d'enrichir le lexème *mère* d'une double connotation positive : les mères sont *merveilleuses* et ce sont aussi des *veilleuses*, des gardiennes. Il y a dans cet exemple une tentative de nomination de la mère endeuillée qui permet de valoriser la qualité « mère » dans ce cas particulier où la mère a perdu son enfant. En effet, il n'existe plus de mot depuis l'effacement lexical du substantif grec *orphaneia* (qui désignait le fait de perdre son enfant) et de l'expression latine *mater orba* (mère endeuillée) disparue au passage du latin vulgaire aux langues romanes. Selon la médiéviste Yvonne Cazal, cette disparition tiendrait à la réticence de l'Eglise chrétienne face à l'expression du deuil, plus « singulièrement de celui des mères, pour lesquelles la figure de la Vierge Marie, mère en deuil d'un fils mort mais ressuscité, est constitué durablement en modèle aussi populaire que théologiquement surveillé » (Cazal 2009 : 108).

Les deux exemples qui suivent sont particulièrement intéressants pour ce qui concerne cette lacune lexicale. On y retrouve la forme *mamange*, très usuelle sur les forums de discussion de parents endeuillés. Cette autodésignation est un bel exemple de condensation lexicale et sémantique. On peut le comparer à l'exemple fétiche de Sigmund Freud, emprunté au poète écrivain Heinrich Heine, lequel fait se vanter un pauvre placeur de billets de loterie de ce que le baron Rothschild l'a traité comme son égal, d'une façon *famillionnaire* (le jeu de mots originel portait sur le mot allemand *famillionnär* et fonctionne de manière analogue en français) (Freud [1905] 2009 : 49–50). Ce jeu de mots présente la condensation de deux mots, *famil-ière* et *mil-lionnaire*, dont on n'a gardé que certaines syllabes. Le mot-valise *mamange* repose sur les mêmes phénomènes :[5]

(7) J'ai accouché d'une petite fille samedi 30 aout décédé la veille dans mon ventre. [...] J'ai pu la serré dans mes bras, je ne loublirai jamais je pense a elle tout le temps, et jaimerais parler avec des mamanges qui ont vécu la douloureuse épreuve de perdre un enfant.merci (forum de discussion de famili.fr, commentaire de mère endeuillée, publié en 2008)

(8) C'est juste ça la vie de mamange... Mais en aucun cas tu n'as à culpabiliser. Tu es la maman de deux petits garçons et même si le monde entier voudrait te faire croire le contraire tu sais au fond de toi où est la vérité. (forum de discussion de doctissimo.fr, commentaire de mère endeuillée, publié en 2013)

Si les agents énonciatifs ont créé une forme néologique telle que *mamange*, c'est qu'ils ne se reconnaissaient pas dans une désignation comme *parent endeuillé* ou *parent en deuil*. Ce néologisme apparaît au début des années 2000, et devient récurrent sur les forums de deuil et d'infertilité (123 000 résultats sur Google le 20 septembre 2016). Sur le plan de l'économie lexicale, la forme *mamange* est équivalente à la synapsie[6] *maman d'un ange* (25 300 résultats sur Google le 20 septembre 2016) qui, délestée de ses mots outils, se réduit à *maman ange* (27 200 résultats sur Google le 20 septembre 2016). Certes, il est difficile de reconstruire le parcours diachronique de *mamange*. On peut supposer que *maman d'un ange* est passé du stade de la synapsie à celui d'une juxtaposition (*maman ange*) puis à celui de la composition (*mamange*). Comme Marc Bonhomme, on peut considérer le mot-valise comme une « phase ultime de la com-

---

5 Dans tous les exemples mentionnés, l'orthographe originelle des sources citées a été conservée.
6 Selon Emile Benveniste, la synapsie est caractérisée par la présence de joncteurs comme *de* et par l'ordre déterminé (Benveniste [1966] 1974 : 171–176).

position discursive » (Bonhomme 2009 : 100), *maman ange* et *mam'ange* (9 120 résultats sur Google le 20 septembre 2016) représentant des stades intermédiaires. La forme *mamange* répond-elle au principe d'économie ou est-elle le fruit d'une réflexion plus ou moins conscientisée aboutissant au valisage ? La troncation syllabique dans *mamange* n'étant ni prédictible ni morphologique (Dressler et Kilani-Schoch 2005 : 101), on la classera parmi les mots-valises. La présence d'un segment homophone, *-an-*, a facilité le valisage (Bonhomme 2009[7] ; Beth et Marpeau 2005 : 20) : il fait l'union entre deux mots, mais aussi entre deux idées : [mam[an]ge].

Sur le plan de la condensation sémantique, la fusion mère-enfant s'incarne dans le noyau de la deuxième syllabe du mot (*-an-*) : il y a une double référence dans *mamange*, l'enfant catégorisé *ange* et sa mère. Ce mot ne cumule pas les sens de *maman* et d'*ange*. Au contraire, il y a restriction de sens (une mamange est un certain type de maman) et extension de sens (l'enfant dont elle est la maman est un ange). Le mot-valise *mamange* opère une synthèse disjonctive entre deux notions que l'esprit peine à associer (être maman d'un enfant décédé). « Tout le problème est de savoir quand les mots-valises deviennent nécessaires » écrit Deleuze (1969 : 62). Ici, le mot-valise qualifie une catégorie de maman qui n'a pas sa place dans le lexique. Il résout la lacune lexicale et l'impuissance lexicale du mot *maman* qui ne permet pas de référer à la mère d'un enfant décédé. Avec *mamange* se constitue une identité augmentée de parent endeuillé.

La forme *mamange* appartient à ces « néologismes au signifiant très significatif » qui « provoque un surcroît d'attention » (Sablayrolles 2002 : 97). Forme « monstrueuse », selon Almuth Grésillon (Grésillon 1984 : 120), subversion linguistique, le mot-valise vient déranger l'ordre établi. Il révèle un tabou sur la mort de l'enfant et sur les questions de parentalité. Grésillon donne la clé des mots-valise de Heine : ils ont une fonction politique (Grésillon 1984 : 124) et permettent au poète de s'opposer à la censure. Le mot-valise est une figure de « démasquage par-le-dire » qui consigne dans une forme impossible en langue ce que le réel a d'impossible à supporter (Grésillon 1984 : 126). Toutefois, si le mot-valise a un aspect de monstre[8], il ne doit pas susciter un rejet total

---

7 Marc Bonhomme présente dans son article « Mot-valise et remodelage des frontières lexicales » une synthèse des processus de fabrication du mot-valise.

8 Toutefois, le caractère monstrueux du mot-valise n'empêche pas que sa création soit régie par des règles systémiques (Grésillon 1984 : 149–150 ; Milner 1976 : 132) et l'insoumission linguistique dont il est question ici ne viole que modérément ces lois systémiques. D'autre part, l'étude des désignations montre que les agents privilégient le souci de normativité à l'usage, en tentant d'imposer l'adjectif *désenfanté* dans le dictionnaire alors qu'aucune demande n'est

(Grésillon 1984 : 127–128), seulement l'interpellation. Ce que *mamange* énonce ou dénonce, c'est un scandale « naturel » (la mort d'un enfant) et l'absence de terme en relation avec cet événement. Le mot-valise permet de transférer sur le plan de la langue un combat social (p. ex. contre le tabou sur la mort d'un enfant) et politique (ici, le droit de nommer son enfant, d'être reconnu parent, etc.) (Grésillon 1984 : 130).

(9) **Etymologie** [...]
Mot-valise construit à partir de maman et ange.
Nom commun [...]
mamange [...] *féminin*
Mère ayant perdu un enfant durant la grossesse ou après la maternité [...]
(Wiktionnaire, https://fr.wiktionary.org/wiki/mamange (dernière consultation le 11/06/2015)

Les exemples (7) et (8) montrent que le néologisme *mamange* est devenu usuel : ils ne portent aucune marque de modalisation autonymique, aucun commentaire métalinguistique qui manifesterait son étrangeté. *Mamange* est devenu si usuel qu'il est entré en 2014 dans le wiktionnaire comme on le voit ci-dessus en (9). L'étymologie attribuée à *mamange*, « mot-valise construit à partir de maman et ange » n'est pas discutée dans la définition (« Mère ayant perdu un enfant durant la grossesse ou après la maternité ») qui n'explicite en rien la présence du mot *ange* dans cette forme. On trouve aussi sur Wiktionnaire un article sur le mot *papange* et un autre sur le mot *parange* (créés en 2014), formes construites par analogie sur *mamange*. Le mot *mamange* est à l'origine d'un paradigme lexical permettant de désigner tout l'entourage familial proche. Notons que l'on trouve aussi la forme *tatange* (tante d'un ange), encore absente du Wiktionnaire.

3.3 Des jeux de mots à vocation médiatique

Ces jeux de mots ont souvent pour vocation de passer un message, comme on l'a vu avec l'exemple (3), *Lait sans ciel*, ce nom d'association qui appelait à se préoccuper de l'essentiel, le suivi des parents après un deuil périnatal. Je développe ce point en m'appuyant sur plusieurs exemples : le nom d'une pétition (ça ne se dit pas), ceux d'un événement (*Hasard'Don, LysoDons*), le nom d'une

---

faite pour *mamange*, forme la plus usitée. La linguistique des profanes au final est très normative sur les forums et les blogs (Osthus 2004 ; Paveau et Rosier 2008).

association (*Sauve qui veut*) et deux titres d'ouvrages (*Mourir avant de n'être ?*, *Congé maternité sans bébé*).

Le jeu de mots est fréquemment utilisé comme outil de revendication (Vincent 2014). En voici un exemple ci-dessous :

(10) Pétition *ça ne se dit pas*, 2014 (http://caneseditpas.wesign.it)

Dans cette pétition citoyenne créée en mai 2014, *Ça ne se dit pas*, la revendication – politique, sociale et discursive – s'exprime par un jeu de mots sur la locution *ça ne se dit pas*, habituellement employée à propos des mésusages de la langue et prise ici dans son sens littéral : être parent d'un enfant mort ne se dit pas.

(11) Avec le HASARD'DON, nous proposons une initiative vraiment différente et susceptible d'attirer de nouveaux donateurs. Ce faisant, nous voulons diversifier, et peut-être accroître, les ressources qui nous permettent de réaliser notre objet social ; aider les malades et financer la recherche. Dans l'éditorial de Janvier, je proposais de faire de l'année 2011 l'année du militantisme. [...] Le HASARD'DON se veut une parade à la crise financière et sociale. Nous devons le réussir. Et ne nous y trompons pas, c'est l'avenir de Vaincre les Maladies Lysosomales qui est en jeu. Je compte sur vous ! [...] Le HASARD'DON est une grande loterie associée à un appel aux dons. [...] (Lettre *Lysosome.info* 88 de l'association Vaincre les Maladies Lysosomales, avril 2011, éditorial, p. 1)

L'exemple (11) est extrait d'une lettre éditée par une association en faveur des maladies lysosomales. A la façon d'une charade, la création lexicale *Hasard'Don* se compose des mots *hasard* et *don* qui réunis évoquent la forme verbale *hasardons*. La frontière lexicale des deux mots est sauvegardée par l'apostrophe et la majuscule. Ce choix homophonique s'explique par la relation de hasard unissant le verbe *hasarder* et le principe de la loterie. Le jeu homophonique permet d'inclure grammaticalement l'allocutaire (par l'homophonie entre le mot *don* et la désinence verbale de la forme conjuguée à la première personne du pluriel *hasardons*), avec pour effet une interpellation de l'allocutaire. La fin de l'éditorial contient un appel accentuant ce caractère interpellatif (Je compte sur vous !). L'exemple (11) présente par ailleurs plusieurs marques renforçant le caractère offensif du jeu de mots telles que les verbes marquant la volonté (*nous voulons, l'association se veut*) et l'obligation (*Nous devons le réussir*), ainsi qu'un lexique du combat (*militantisme, parade*).

(12) L'an dernier, VML a testé une nouvelle opération de collecte de dons, le Hasard'Don. Rebaptisé le LysoDons, il s'agit d'une grande loterie nationale avec à gagner en particulier une voiture et des produits électroniques. (Lettre *Lysosome.info* 98, mars 2012, p. 4)

Par la suite, comme on peut le voir dans l'exemple (12), l'association a abandonné le nom *Hasard'Don* pour celui de *LysoDons* sans doute en raison de la connotation négative du mot *hasard*, exprimant l'aléatoire. En outre, le néologisme *LysoDons* s'appuie sur une composition savante (par intégration du préfixe *lyso-*, « dissolution ») qui donne une caution linguistique et scientifique à cette collecte de fonds. Cependant dans les deux cas, en (11) et en (12), les jeux de mots témoignent d'un caractère offensif visant à défendre la cause des enfants atteints de maladies orphelines.

Fig. 2 : Site d'association

(13) *Sauve qui veut* (association pour la prévention de la noyade du jeune enfant et l'aide aux familles concernées, https://www.sauvequiveut.asso.fr/ (dernière consultation le 12/06/2018)

Sauve qui veut est le nom d'une association qui œuvre pour la prévention de la noyade du jeune enfant. Cet intitulé est lui aussi revendicatif : il s'appuie sur le phrasème bien connu, *sauve qui peut,* qui réfère au domaine de la catastrophe. L'illustration et la typographie se veulent enfantines mais le jeu de mots est offensif puisqu'il fait appel à la volonté. La substitution d'un seul graphème (*p* / *v*) transforme la modalité épistémique (modalité de possibilité induite par le ludé *peut*) en une modalité déontique (d'obligation) par l'appel à la volonté véhiculée par le verbe *veut*. Le jeu de mots paragrammique est accentué par la couleur qui isole le graphème *v*. Sigmund Freud a souligné le fait que le mot d'esprit permettait de répondre à l'agression verbale en levant l'inhibition de la bienséance. Il permet aussi d'avoir un ton agressif sans que cela puisse être reproché. Hors du jeu de mots, il ne serait pas possible de dire « vous ne voulez pas sauver les enfants de la noyade » : c'est ainsi que les jeux de mots « ont pour fonction de désamorcer une attaque (verbale) en la donnant non pour telle, mais comme un jeu », ce qui explique leur rôle dans la lutte contre les interdits et les tabous (Guiraud 1976 : 118).

(14) *Congé maternité sans bébé* (titre d'ouvrage, Béatrice Trichard-Gautier 2001, auto-édition)

La condensation du jeu de mots permet aussi de concevoir des titres percutants comme *Congé maternité sans bébé*. Là encore, il y a synthèse disjonctive entre deux choses inconciliables. Pour Judith Milner, le jeu de mots et la plaisanterie plus généralement posent fallacieusement une identité entre les termes « dont elle vient de rappeler la distinction radicale » (Milner 1976 : 192). Ici, l'apposition du terme à caractère règlementaire *congé maternité* au syntagme *sans bébé* crée un non-sens sur le plan de la référence car le congé maternité est un droit accordé aux parents pour s'occuper du bébé.

Selon Sigmund Freud, le non-sens et l'opposition font naître intérêt et stupéfaction (Freud [1905] 2009 : 281). Le jeu de mots est l'un des moyens langagiers qui permet aux agents de sortir de la sidération qui suit l'annonce du décès. L'insensé de la situation vécue vient croiser l'absurde du jeu de mots, comme si le langage permettait une réduplication du réel, mais avec au moins la compensation que le jeu de mots, lui, peut être résolu.

(15) *Mourir avant de n'être ?* (titre d'ouvrage, René Frydman et Muriel Flis-Trèves [dirs.] 1997, Paris : Odile Jacob)

Les parents endeuillés ne sont pas seuls à recourir aux jeux de mots : les acteurs du deuil périnatal, médecins, psychologues, le font aussi. L'exemple (15) présente un jeu de mots récurrent entre *naître* et la forme négative *n'être*. Ce jeu de mots semble être apparu dans les années 1970 sous la plume de la psychologue Danielle Rapoport (1976, 1978). Ce jeu de mots homophonique, *mourir avant de n'être*, se reproduit d'un domaine à l'autre, de l'internet aux ouvrages témoignages, de la presse au documentaire. Ce succès discursif peut s'expliquer par l'intertextualité, avec la publication en 1997 des actes du colloque *Mourir avant de n'être ?* par deux auteurs de renom, René Friedman et Muriel Flis-Trèves. Dans cet énoncé, la forme *n'être* entre en corrélation sémantique avec *mourir* (lorsque l'on *meurt*, on *n'est* plus) mais, synthèse disjonctive, elle s'apparente phonétiquement au verbe *naître*. De plus, l'agrammaticalité de *n'être* interpelle et amène l'allocutaire à s'interroger.

Ces mots évoquent de façon complexe une chose et son contraire, la mort et la naissance. Mais ici, *mourir* et *n'être* sont reliés syntagmatiquement par le connecteur temporel *avant* dans une chronologie inverse à l'ordre naturel où la naissance précède la mort. Les jeux de mots recourent souvent à des techniques extra-grammaticales (Sablayrolles 2015). L'incohérence grammaticale reflète l'incohérence biologique et permet de dire de façon condensée ce qui aurait nécessité un long discours sur la mort fœtale.

Si l'on suit le parcours discursif du jeu de mots *naître / n'être*, on constate que les parents endeuillés se l'approprient dans le titre d'un documentaire sur deux familles confrontées au deuil périnatal réalisé en 2007 avec la participation de l'association de parents endeuillés *Nos Tout-Petits* :

(16) *N'être* (documentaire, 2007, réalisé par Marianne Mas avec le soutien de l'association *Nos Tout-Petits*)

Dans ce jeu de mots, l'énoncé *n'être* a gagné son autonomie lexicale et figure seul. Le jeu de mots devient concept. L'incohérence grammaticale avec l'ellipse de *pas* a pour fonction d'alerter l'attention des téléspectateurs.

Usuellement, le jeu de mots se caractérise par une brève durée de vie (Freud [1905] 2009 : 280). Il répond à une situation précise et n'aurait donc pas vocation à se reproduire. C'est pourtant le cas dans ce corpus qui compte plusieurs occurrences de mots d'esprit identiques. Cela montre bien que le jeu de mots n'a pas ici une valeur mondaine mais qu'il est employé pour signifier une douleur et interpeller l'allocutaire, sans chercher à se démarquer par une originalité discursive.

4 Conclusion

Cette étude montre que les agents énonciatifs ne recourent pas aux jeux de mots pour divertir. Contrairement à la doxa d'un indicible de la mort, la langue offre des lieux où placer la douleur. La médiation du jeu de mots permet aux parents de dire la mort par des autodésignations comme *mamange* ou *parange*. Ainsi inscrit au cœur même de l'identité, le deuil sort du tabou.

Plus encore, le caractère ludique du jeu de mots vise à éveiller l'attention. La collision des formes provoque un choc sémantique. Le mot d'esprit doit « impérativement faire ressortir quelque chose de camouflé » (Fischer cité par Freud [1905] 2009 : 51). Secret d'une intimité blessée, énigme de la mort avant la naissance. Le jeu de mots contraint l'interlocuteur, le lecteur, à une réflexion sur l'énigme posée. Theodor Lipps disait du mot d'esprit que chacun se comporte activement à son propos, comme un sujet situé au-dessus de lui, jamais comme un objet (Lipps 1898). Autour du deuil d'enfant, le parent endeuillé revendique son deuil par un jeu discursif offensif.

En façonnant leurs propres mots, en refusant des expressions lexicalisées telles que *parent endeuillé*, en inaugurant de nouveaux espaces conceptuels tels que celui offert par les formes *n'être* / *naître* ou *im-pansable*, les agents énonciatifs inscrivent leur douleur dans la langue et marquent leur désaccord avec certaines idées reçues socio-déterminées. Le langage et la possibilité de renommer les choses et les êtres leur donnent un pouvoir sur leur vie. Dans ce cadre, l'acte de nommer devient « un lieu de discussion et de réfutation » (Moirand 2011 : 171). Cette créativité discursive permet aux parents en souffrance de faciliter leur deuil, dans un contexte social valorisant l'acceptation et non la plainte, et révèle les vertus antalgiques du discours.

5 Références bibliographiques

Arcand, Richard. 2017. *Jeux verbaux et créations verbales : fonctionnement et illustrations*. Paris : Armand Colin.

Benveniste, Émile. [1966] 1974. Formes nouvelles de la composition nominale. In Émile Benveniste, *Problèmes de linguistique générale 2*. 163–176. Paris : Gallimard.

Beth, Axelle & Elsa Marpeau. 2005. *Figures de style*. Paris : Librio.

Bonhomme, Marc. 2009. Mot-valise et remodelage des frontières lexicales. *Cahiers de praxématique* 53. 99–120.

Carzacchi Fonda, Michèle. 2002. Voyage au bout de l'erreur. Les traductions cocasses. *Italies* 6. 429–449. http://italies.revues.org/1630 (dernière consultation le 18/11/2014).

Cazal, Yvonne. 2009. *Nec jam modo mater*, enquête sur une dénomination disparue pour désigner « la mère qui a perdu son enfant ». *Micrologus, Nature, Scienze e Società medievali* 17. 235–253.

Courtine, Jean-Jacques. 1981, Quelques problèmes théoriques et méthodologiques en analyse du discours, à propos du discours communiste adressé aux chrétiens. *Langages* 62. 9–128.

Deleuze, Gilles. 1969. *Logique du sens*. Paris : Minuit.

Dressler, Wolfgang Ulrich & Marianne Kilani-Schoch. 2005. *Morphologie naturelle et flexion du verbe français*. Tübingen : Gunter Narr Verlag.

Freud, Sigmund. [1905] 2009. Le mot d'esprit et sa relation à l'inconscient. Trad. Denis Messier. Paris : Gallimard.

Freud, Sigmund. [1901] 2010. *Sur le rêve*. Trad. Fernand Cambon. Paris : Flammarion.

Freud, Sigmund. [1899–1900] 2013. *L'interprétation du rêve*. Trad. Jean-Pierre Lefebvre. Paris : Points.

Gamaches, Étienne-Simon de (auteur) & Jean-Paul Sermain (éd. scientifique). 1992. *Les Agréments du langage réduits à leurs principes*. Paris : Éditions des Cendres.

Grésillon, Almuth. 1984. *La règle et le monstre-mot-valise. Interrogations sur la langue, à partir d'un corpus de Heinrich Heine*. Tubingen : Niemeyer.

Guiraud, Pierre. 1976. *Les jeux de mots*. Paris : Presses Universitaires de France.

Heymans, Gerardus. 1896. Ästhetische Untersuchungen in Anschluss an die Lippssche Theorie des Komischen [Investigations esthétiques en annexe à la théorie du comique de Lipps]. *Zeitschrift für Psychologie und Physiologie der Sinnesorgane* 11. 333–352.

Jaffré, Jean-Pierre. 2006. Pourquoi distinguer les homophones ?, *Langue française* 151. 25–40.

Jaki, Sylvia. 2015. Détournement phraséologique et jeu de mots : le cas des substitutions lexicales dans la presse écrite. In Esme Winter-Froemel & Angelika Zirker (éds.), *Enjeux du jeu de mots. Perspectives linguistiques et littéraires* (The Dynamics of Wordplay 2), 245–271. Berlin & Boston : De Gruyter.

Lipps, Theodor. 1898. *Komik und Humor, eine psychologisch-œthetische Untersuchung* [Comique et humour, une étude psychologique esthétique]. Hambourg & Leipzig : Leopold Voss.

Milner, Judith. 1976. Langage et langue ou : De quoi rient les locuteurs ? *Change* 29. 185–198.

Moirand, Sophie. 2011. Du sens tel qu'il s'inscrit dans l'acte de nommer. In Véronique Braun Dalhet (coord.), *Ciências da linguagem e didática das línguas*, 165–179. São Paulo : Humanitas.

Mortureux, Marie-Françoise. [1997] 2008. *La lexicologie entre langue et discours*. Paris : Armand Colin.

Osthus, Dietmar. 2004. *Le bon usage d'internet. Le discours normatif sur la toile.* http://www.dietmar-osthus.de/norme.htm (dernière consultation le 25/02/2015).

Paveau, Marie-Anne. 2006. *Les prédiscours. Sens, mémoire, cognition*. Paris : Presses Sorbonne Nouvelle.

Paveau, Marie-Anne & Laurence Rosier. 2008. *La langue française : passions et polémiques*. Paris : Vuibert.

Rabé, Charles Liagro. 2016. Calembour : vecteur de rire et de satire dans silence, on développe de Jean-Marie Adiaffi. In Camelia Manolescu (dir.), *Analele Universităţii din Craiova* [Annales de l'Université de Craïova]. *Ştiinţe filologice langues et littératures romanes* 20(1). 114–127.

Rapoport, Danielle. 1976. Pour une naissance sans violence. Résultats d'une première enquête. *Bulletin de psychologie* 322(29). *Numéro spécial psychologie clinique*. 522–560.

Rapoport, Danielle. 1978. *Accueillir. Les cahiers du nouveau-né* 1–2. Paris : Stock.

Richter, Jean-Paul. 1804. *Vorschule der Ästhetik* [Introduction à l'esthétique]. 2 vols. Hambourg : Hofenberg.

Riegel, Martin, Jean-Christophe Pellat & René Rioul. [1994] 2004. *Grammaire méthodique du français*. Paris : Presses Universitaires de France.

Sablayrolles, Jean-François. 2002. Des néologismes au signifiant très significatif. In Claude Gruaz (éd.), *Quand le mot fait signe. Pour une sémiotique de l'écrit*, 97–117. Rouen : Publications de l'Université de Rouen.

Sablayrolles, Jean-François. 2015. Néologismes ludiques : études morphologique et énonciativo-pragmatique. In Esme Winter-Froemel & Angelika Zirker (éds.), *Enjeux du jeu de mots : Perspectives linguistiques et littéraires* (The Dynamics of Wordplay 2), 532–605. Berlin & Boston : De Gruyter.

Sullet-Nylander, Françoise. 2005. Jeux de mots et défigements à La Une de Libération (1973–2004). *Langage et société* 112. 111–139.

Vincent, Nadine. 2014. Créativité et identités dans la langue de la contestation : le cas du printemps érable. In Romain Colonna (éd.), *Les locuteurs et les langues : pouvoirs, non-pouvoirs, contre-pouvoirs*, 331–342. Limoges : Lambert Lucas.

Winter-Froemel, Esme & Angelika Zirker (éds.). 2015. *Enjeux du jeu de mots : Perspectives linguistiques et littéraires* (The Dynamics of Wordplay 2). Berlin & Boston : De Gruyter.

Michelle Lecolle
Enjeu du collectif – noms collectifs en jeux

Résumé : En partant du postulat que certains jeux de mots se basent sur des propriétés remarquables de la langue, cet article s'intéresse à des cas de jeux de mots dans lesquels le collectif et la pluralité ont une place centrale. Les énoncés étudiés proviennent de la littérature, de la publicité et principalement de la presse. Ils comportent des noms collectifs, des expressions au singulier ou au pluriel défini ; c'est à partir de ce matériau linguistique que le jeu de mots se construit, en exploitant ses caractéristiques morphosyntaxiques (singulier morphologique), sémantiques (double niveau du nom collectif) et interprétatives (appréhension collective et distributive). Avec ces exemples, on discute les limites de la notion de jeu de mots, en défendant l'idée que le jeu de mots correspond à un plaisir de l'intelligence, mais n'est pas nécessairement drôle.

Mots clés : ambigüité, collectif, distributif, générique, nom collectif, pluralité, pluriel, singulier, synecdoque

1 Introduction

Cet article porte sur les jeux *de* mots, ou les jeux *avec les* mots dont le procédé essentiel repose sur la pluralité, le collectif, ou encore sur le rapport entre singulier et pluriel, d'un point de vue grammatical et sémantique. Premier échantillon illustratif, les exemples (1) à (5) présentent tous cette mise en « balance », cette articulation entre le collectif, c'est-à-dire une appréhension globale (p. ex. *groupe, peuple, multitude*) et l'individu, ou entre singulier et pluriel, exprimée de différentes manières : mise en relation frontale par la structure syntaxique, le lexique, les reprises anaphoriques entre collectif et pluralité d'individus en (1), (2) et (3) et entre global et disséminé en (4) et (5).

(1) [critique de *La petite foule*, livre de Christine Angot] *Dans ce portrait de **groupe** avec individus*[1]*, on devine parfois l'auteure. Attentive et sensible.* (*Télérama*, 05/03/2014)

---

1 Sans doute une allusion à la version française du titre du roman de Heinrich Böll *Gruppenbild mit Dame*, paru en 1971.

(2) [critique de *La petite foule*, livre de Christine Angot] *Fondue parmi <u>les mille visages</u> de cette* **multitude** *qu'elle dépeint, Christine Angot n'est ici omniprésente que d'une façon [...]*. (*Télérama*, 05/03/2014)

(3) [guerre du Kosovo] *Nous avons imaginé ce que fut le calvaire des Kosovars [...] en regardant <u>les visages innombrables</u> de ce **peuple** en larmes.* (*Libération*, 11/06/1999, éditorial)

(4) [dans une salle de tribunal] *Et <u>l'innombrable regard</u> de **la salle** confirmait.* (Daniel Pennac, *Monsieur Malaussène*, Paris : Gallimard, 1997)

(5) [À propos du temps de travail] *Jamais **l'Amérique** n'a connu une aussi longue période de prospérité, et jamais, à en croire les statistiques, **elle** <u>n'a autant passé de temps au travail</u>.* (*Le Nouvel Observateur*, 02–08/11/2000, titre : « Le ras-le-bol des Américains »)

Je pars ici du postulat que les jeux de mots prennent place dans les potentialités de jeu (au sens large) que la langue ou le discours offrent, et que, par voie de conséquence, certains jeux de mots peuvent être des révélateurs de questions linguistiques et également, à ce titre, être rapprochés d'autres effets de sens qu'on ne peut pas réellement qualifier de « jeux de mots ». Le lien entre jeux de mots et certains phénomènes linguistiques spécifiques est souvent souligné, notamment à propos de l'homonymie, de l'homophonie (voir p.ex. Rittaud-Hutinet 2014), de la paronymie (p.ex. Jeandillou 2009 et à paraître), ou encore de la polysémie, avec des jeux de mots comme le calembour, la syllepse, l'antanaclase (voir p.ex. Guiraud 1976 ; Rémi-Giraud 2006 ; Rullier-Theuret 2015 ; Knospe 2015 ; Rabatel 2015).[2]

Pour ma part, je touche plutôt ici à des questions concernant la grammaire et le lexique, que je regroupe provisoirement (en me limitant au français) sous le terme de « collectif ». Les données que je présente ici proviennent d'une recherche plus générale sur les noms collectifs (Ncoll), d'où il ressort que ces types de noms ont des propriétés régulières remarquables, d'un point de vue morphosyntaxique, et surtout sémantique – et notamment une discordance entre un singulier morphologique et une pluralité sémantique, et des potentialités d'appréhension globale (collective) ou des individus (distributive).[3]

Certaines des propriétés grammaticales ou sémantiques des Ncoll apparaissent aussi avec d'autres catégories, avec des effets de sens (ludiques, rhétoriques) comparables, ce qui m'incite à rassembler des formes certes différentes

---

2 Pour un aperçu général, voir aussi les contributions du *Discussion forum* dans Knospe, Onysko et Goth (éds.) (2016), et en particulier Winter-Froemel, Thaler et Lecolle.
3 Pour ces termes et leur emploi à propos des Ncoll et des syntagmes définis pluriel, voir notamment Martin (1984), Kemmer (1993), Lecolle (2001 et inédit) et Mihatsch (2015).

(noms propres de lieu, syntagmes définis pluriel et Ncoll) mais ayant des effets proches. Comme d'autres catégories du vocabulaire (toponymes, ou encore adjectifs relationnels), ils ont ce que j'appelle une « épaisseur sémantique » : ils sont, par exemple, propices aux glissements de sens et aux ambigüités[4].

L'article présentera donc la rencontre entre des faits linguistiques et des jeux de mots ou des jeux avec les mots dont la plupart, pour être ludiques, ne sont pas pour autant *drôles* : ils se situent donc dans une zone dont la validité doit être débattue. Dans une première partie (§ 2), je présenterai la conception du jeu de mots sur laquelle je m'appuie, en défendant l'idée qu'un jeu de mots peut ne pas être drôle. Dans une deuxième partie (§ 3), je définirai et caractériserai les types de phénomènes linguistiques qui sont à la base des jeux de mots relevés. Je décrirai ensuite ces exemples (§ 4), avant de faire un retour, en conclusion, sur les limites des données analysées en termes de jeux de mots.

2 Caractérisation des jeux de mots : parti-pris et choix

Si les jeux de mots sont, du moins dans la tradition française, généralement associés à l'humour et à la drôlerie[5], on peut en réalité tout à fait les en dissocier. Les jeux de mots ont en commun avec l'humour d'être une manifestation d'intelligence et d'une certaine virtuosité, comme le signalent notamment Arnaud, Maniez, et Renner (2015), à partir des travaux d'Attardo. Mais l'humour ne se limite pas aux manifestations de langage, et se situe dans une perspective plus large.

De leur côté, les jeux de mots opèrent centralement à partir de matériau verbal. Comme le dit (en français) Rullier-Theuret (2015 : 39), se basant sur Hausmann[6], « Le jeu de mots en tant que manipulation rhétorique doit, comme toutes des manipulations, se signaler, c'est-à-dire il doit s'arranger pour que l'auditeur le remarque en tant que manipulation ». On peut en citer plusieurs caractéristiques :

---

4 Pour ce qui concerne la notion d'ambigüité, les différences entre ambigüité et malentendu et les types d'ambigüité, je me réfère aux travaux de Fuchs (voir Fuchs 1986, 1991, 1996).

5 Voir Guiraud (1976).

6 « Das Wortspiel ist nur dann Wortspiel, wenn es sich in irgendeiner Weise signalisiert ». Et : « Das Wortspiel aber setzt vor seine Manipulation die Warnung : Vorsicht, ich manipuliere ! » (Hausmann 1974 : 16).

- le jeu de mots nécessite plusieurs mots et donc des relations entre les mots – relations *in praesentia* ou *in absentia* ;[7]
- il consiste en une manipulation du matériau verbal du point de vue de la forme et du point de vue du sens. La forme, donc, est cruciale ;
- il opère dans le cadre d'un empan resserré. Certains auteurs parlent de « forme raccourcie », de « force de compression », et les jeux de mots généralement donnés en exemple ont cette caractéristique ;
- le jeu de mots est conscient et volontaire, et il se donne à voir comme tel.

Ceci n'implique donc pas que le jeu de mots soit nécessairement amusant, même s'il l'est souvent. D'ailleurs, ni *jeu* ni *ludique* dans leur définition ne contiennent nécessairement l'idée d'« amusant », mais plutôt celle de gratuité, de surplus.

Tout en ayant en commun avec l'humour la manifestation de surplus et d'intelligence, les jeux de mots peuvent donc être non drôles, comme ceux qu'on trouve dans les titres de livres ou de films – (6) –, dans certaines publicités – (7) et (8) –, dans des sentences et des aphorismes – (9) –, qui, au mieux, font sourire mais, surtout, produisent une jouissance intellectuelle ou esthétique :

(6) *Peuples en larmes, peuples en armes* (Didi-Huberman, 2016)

(7) *Funtastisch* (slogan publicitaire pour la montre *Swatch*, cf. Knospe 2015)

(8) *Un mal, des mots* (Slogan de SOS-Amitié, cf. Lecolle 2016)

(9) *Nous ne naissons pas seuls. Naître, pour tout, c'est connaître. Toute naissance est une connaissance.* (Paul Claudel, *Traité de la co-naissance au monde et de soi-même*, *Œuvre poétique*, cf. Winter-Froemel 2016 ; Lecolle 2016)

Jacqueline Henry qui, cherchant à définir le jeu de mots, discute cette question, mentionne elle aussi la virtuosité, la jouissance intellectuelle ou spirituelle :

> il semble que la fonction ludique des jeux de mots tienne non pas à ce qu'ils font rire, mais à ce qu'ils distraient ou divertissent, au sens premier de ces termes ; autrement dit, ils détournent l'esprit d'un sens donné pour en faire surgir un autre [...]. (Henry 2003 : 35).

Le point de vue que j'adopte ici est en continuité avec ces propositions, et accepte dans la catégorie générale « jeux de mots » des séquences drôles ou non, du moment qu'elles ont les caractéristiques citées. Ce point de vue ne s'intéresse pas centralement à l'intention initiale de production d'un jeu de mots ni à sa réus-

---

7 Voir Winter-Froemel (2016).

site.[8] Toutefois, dans la mesure où, comme dit *supra*, le jeu de mots « se signale », on peut considérer que, *de facto*, les jeux de mots dont on dispose sont ceux qui ont réussi, du moins à réception, et ce quelle que soit l'intention initiale.

J'adopte donc une conception des jeux de mots qui ne se limite pas à ce qui est drôle ou destiné à l'être. Ce choix est également lié au type de données recueillies : les jeux de mots analysés sont tirés de titres de livres ou d'articles de presse, dont on sait qu'il s'agit d'un genre accueillant pour les jeux de mots.[9] Ils proviennent également d'extraits de textes de presse, par exemple dans des éditoriaux et parfois en chute d'article, où le genre textuel prescrit de terminer par ce qu'on appelle « un bon mot ». Enfin, certains proviennent de la publicité ou de slogans politiques.

Non conçus pour être « drôles », ils n'en sont pas moins « remarquables », du point de vue formel et sémantique. Il ne s'agit pas ici de manipulation touchant la face sonore des mots associés – comme pour les allitérations ou les paronomases – ni de défigement, mais le travail sur la forme se situe plutôt dans le cadre de relations syntagmatiques : dans un empan réduit, ces jeux de mots mettent en place des oppositions, des antithèses, des paradoxes, ou encore des relations de composition inattendues ou remarquables, comme en (3) ou en (4). Le jeu se développe donc, non pas à partir de sonorités ou de propriétés graphiques, mais à partir de phénomènes touchant centralement la reconnaissance du / des sens des segments, et leur mise en présence – ce pour quoi on peut hésiter à les qualifier de *jeux de mots*, de *jeux sur les mots*, de *jeux avec les mots*.[10]

L'analyse des séquences prend place dans le cadre plus large de la description des effets de sens des Ncoll : sans chercher en définitive une distinction tranchée entre jeux de mots et jeux avec les mots, on cherche donc à situer le jeu dans le cadre plus général de faits discursifs dans lesquels les propriétés linguistiques des Ncoll ont un rôle central.

---

8 L'intention est néanmoins à mettre en lien avec le type de discours et le genre textuel où apparait le jeu de mots, et parfois avec la place où apparait la réalisation ludique dans le texte (paratexte, chute d'article pour ce qui concerne mes données).

9 Pour les titres de presse, voir les travaux de Sullet–Nylander (notamment Sullet–Nylander 2005, et la contribution de l'auteure dans ce volume).

10 Les caractéristiques exposées ici ne cadrent pas avec ce qui permet de distinguer *jeu de mots* et *divertissement linguistique* (*jeu avec les mots*) chez Guiraud (1976 : 98–101).

3 Noms collectifs et collectif

Pour comprendre les spécificités des effets de sens mentionnés, cette section introduit les caractéristiques des Ncoll et du collectif.

3.1 Définition et description des noms collectifs (en français)

Un Ncoll est un nom au singulier qui désigne une entité constituée d'un ensemble d'individus de même catégorie.[11] En voici quelques exemples :

> *Humanité, foule, peuple, jeunesse, public, fratrie, personnel, groupe, gouvernement, opinion publique.*

Plusieurs faits caractérisent les Ncoll (je me centre sur ce qui est pertinent par rapport à la réalisation de jeux de mots) :
- du point de vue morphologique, ils sont au singulier, ce qui introduit une discordance avec leur sens qui, lui, est pluriel ;
- du point de vue sémantique, ils sont structurés en deux niveaux, deux « unités » : celle du tout, global, et celle de ses éléments, les individus, envisagés dans leur pluralité.

L'existence de ce double niveau a de nombreuses incidences, et notamment le fait que le groupe lui-même d'un côté, les éléments qui le composent de l'autre ont une certaine indépendance l'un par rapport à l'autre : créer ou changer un groupe, lui donner un nom en tant que groupe, le qualifier sont des processus qui ne portent pas du tout ou pas directement sur les éléments.

3.2 Noms collectifs et effets de sens

En tant que dénomination, au singulier, d'un groupe constitué – c'est-à-dire d'un tout – et d'une pluralité d'éléments, le Ncoll se prête spécifiquement à des effets de sens, qui peuvent reposer sur :
- la constitution du groupe ;
- la partition du groupe (rapport partie / tout) ;

---

11 Voir (principalement) Lammert (2010) et Lammert et Lecolle (2014), ainsi que Lecolle (inédit) pour les Ncoll humains.

- les relations entre les parties du groupe (comparaisons ou oppositions, somme des parties) ;
- la relation entre le groupe et les éléments qui le composent (les individus) ;
- la composition plus ou moins précise ou précisable du groupe, c'est-à-dire l'extension du nom, du point de vue quantitatif ou qualitatif (combien d'éléments ? quels éléments ou quels types d'éléments ?) ;
- la pluralité ou la grande pluralité en tant que telle (*multitude, horde, foule*),

caractéristiques sémantiques auxquelles s'ajoute, sur les plans morphosyntaxique et sémantique, la distorsion, en français, entre pluralité sémantique et singulier morphologique.

Toutes ces caractéristiques ne donnent pas lieu à des jeux de mots. Mais elles constituent un terreau dans lequel ceux-ci peuvent s'ancrer. Dans les exemples présentés précédemment et par la suite, c'est, notamment, la dualité que constituent le niveau du groupe dans sa globalité et le niveau des individus dans leur pluralité qui est en cause – en jeu.

3.3 Noms collectifs et « collectif » comme catégorie

Le collectif est représenté, sur le plan du lexique, principalement par les Ncoll.[12] Au-delà, d'autres types de réalisations nominales présentent des potentialités sémantiques similaires, sur un plan ou un autre. Récapitulons : le *collectif*, au sens où je l'entends c'est-à-dire la dualité entre une appréhension globale, cohésive et une pluralité, peut se réaliser en français :
- dans les Ncoll (une pluralité abordée par un singulier grammatical) ;
- dans d'autres noms à sens collectif : des noms de lieux comme *salle* ou des toponymes comme *Amérique* en emploi métonymique – voir (4) et (5) ;
- dans les expressions plurielles (je me limite aux groupes nominaux définis au pluriel – *les brebis*, par exemple) ;
- dans les pronoms anaphoriques (*en*, ou des pronoms personnels), qui interviennent comme relais – *elle* en (5).

---

12 Le collectif n'est pas délimité de la même façon selon les langues ; il peut également être une catégorie flexionnelle (voir Mihatsch 2015). Au sein du lexique, il touche différentes parties du discours, et notamment le nom et le verbe (voir Kemmer 1993). Je limite mon analyse au nom et au groupe nominal.

Par ailleurs, ces problématiques concernant le singulier / pluriel (et donc la globalité / dissémination) et leurs rapports rencontrent aussi, pour le français, la question du sens générique, lorsqu'il est exprimé par un groupe nominal défini pluriel ou singulier – *les hommes* ou *l'homme*, pour dire « un homme quel qu'il soit », paraphrase elle-même proche sémantiquement de « tous les hommes ». Certains de mes exemples de jeux de mots comportent donc l'expression du sens générique.[13]

3.4 Référence *totus* / Référence *omnis*

L'opposition mentionnée en titre de cette section porte sur une des manifestations de la dualité entre le niveau du tout et le niveau des éléments, celle qui oppose l'appréhension du groupe en tant que tel, de manière globale (référence *totus*) à l'appréhension des éléments de manière distributive (référence *omnis*). Cette dualité, définitoire des Ncoll, se manifeste également avec les groupes nominaux définis pluriel. Commençons par un exemple sous forme de blague, une devinette, qui me permet d'illustrer cette distinction – à effet potentiellement ludique. Elle est tirée d'un article de Robert Martin qui traite des déterminants définis pluriel en emploi générique (1984).

> [...] « – Quelles sont les brebis qui mangent le plus ? Les blanches ou les noires ?
> – Les blanches parce qu'elles sont en plus grand nombre. »
> La subtilité de cette « devinette » vient justement de ce que la réponse, collective, y a quelque chose d'étonnant. La question posée orientait fortement vers une réponse distributive (par exemple « Les brebis blanches mangent plus que les brebis noires parce qu'elles sont plus corpulentes »). (Martin 1984 : 190)

La réponse porte sur un aspect quantitatif de l'appréhension collective, ici le total. C'est le total des brebis noires, d'un côté et blanches de l'autre qui sont comparés, alors que la question « quelles sont ? » laissait attendre une réponse sur les caractéristiques individuelles des brebis noires et des brebis blanches comparativement.

En se rapprochant davantage des jeux de mots, (10) fournit une autre illustration de la dualité *omnis / totus*, avec une dénomination au pluriel. Plus qu'un

---

13 Parmi les nombreux travaux en sémantique du français portant sur la question de la référence générique et de son expression, voir les travaux de Michel Galmiche (notamment Galmiche 1985), de Georges Kleiber (notamment Kleiber 1988), et de Robert Martin – voir *infra* Martin (1984).

réel jeu de mots, l'énoncé est un clin d'œil, qui met en évidence un paradoxe linguistique.

(10) *Le 100ème anniversaire des Petits chanteurs à la croix de bois [...] Visages d'anges et voix de cristal, ils parcourent le monde en chantant et bossent dur pour y arriver. **Les Petits chanteurs à la croix de bois** ont 100 ans. Émission hommage, avec de « vraies » stars pour les accompagner.* (*Télérama*, 20/12/2006, programme télévision)

Bien que grammaticalement au pluriel, l'expression polylexicale *Les Petits chanteurs à la croix de bois* fonctionne en bloc, puisqu'il s'agit du nom du groupe de chanteurs. De son côté, le groupe verbal *ont cent ans*, bien qu'accordé au pluriel, se rapporte au groupe de chanteurs lui-même en tant que groupe constitué, et non pas aux individus – éléments du groupe – lesquels n'ont naturellement pas « cent ans », mais sont (éternellement) des enfants, qui se succèdent au sein du groupe.

La plupart des exemples de jeux de mots collectés ici reposent d'une manière ou d'une autre sur cette dualité entre tout constitué et ensemble d'individus. Ils permettent de mettre en évidence une sorte de hiatus entre forme et sens, puisqu'une même forme (une expression plurielle ou collective) peut avoir plusieurs sens, sans qu'on puisse pour autant parler d'ambigüité, au sens où deux interprétations de même niveau d'analyse (lexique, syntagme, phrase) seraient mutuellement exclusives (voir Fuchs 1996) : on a affaire à une polyvalence, et c'est par là que s'engouffre le jeu, mais parfois aussi la mécompréhension, le malentendu, ou encore les réalisations fallacieuses ou ayant un rôle argumentatif.

4 Jeux de mots et jeux avec les mots basés sur le « collectif » : des exemples

Dans les jeux de mots présentés à l'analyse, il faut souligner la part fondamentale que prennent des faits sémantiques liés intrinsèquement au collectif : les rapports de constitution entre partie et tout ou entre élément et collection sont tout particulièrement impliqués *via* le lexique, la pluralité morphologique comme en (10) ou au contraire le singulier, et mis en évidence par la forme, c'est-à-dire ici par la mise en relation syntagmatique des séquences concernées.

À vrai dire, il est assez difficile de classer les exemples, car ils mettent tous en jeu plusieurs questions touchant à ces relations de sens. Dans ce qui suit, je propose néanmoins une structuration, en commençant par le plus simple. Dans les cas où je dispose d'exemples non ludiques, ils seront présentés en parallèle, afin de mettre en évidence le phénomène linguistique à l'œuvre.

4.1 Rapports de constitution du groupe et « pluralité de pluralité »

Voici un premier cas : il s'agit de jeux reposant sur des expressions de rassemblement, de dispersion, ainsi que des expressions qui mentionnent le changement. Dans les exemples concernés, la structure en deux niveaux de sens du Ncoll est à la source d'une ambigüité potentielle : lorsqu'il est question d'un changement, parle-t-on du changement du groupe ? Ou au sein du groupe ?

Ces faits apparaissent, en particulier, en combinaison avec la pluralité – une pluralité de pluralités en réalité, puisqu'à la pluralité sémantique lexicale du Ncoll s'ajoute le pluriel morphologique – auquel correspond également une pluralité sémantique. C'est pour ces raisons que (11) est potentiellement ambigu, même s'il est non ludique :

(11) *Votre musique, qui emprunte autant à la chanson qu'à l'électro ou au rap, <u>réconcilie</u> **les générations**.* (*Télérama*, interview du chanteur belge Stromae, 04/09/2013)

S'agit-il de réconcilier entre elles les différentes générations ? Ou les éléments de chaque génération ? Ou une combinaison de tout cela ?

Voyons maintenant (12) que, cette fois, je considère comme ludique. L'énoncé vient en titre d'un article présentant un lieu associatif de Metz, « la Maison d'Anjou », qui « accompagne parents et enfants pour favoriser les échanges et le développement de l'enfant au sein du foyer » (présentation).

(12) *20 années de <u>réunions</u> de **familles*** (en titre d'un article du journal municipal de Metz, mai 2014).

Le jeu de mots repose sur un jeu de pluralité et un détournement phraséologique : d'abord parce qu'habituellement, dans cette expression, *famille* est au singulier (*organiser / participer à une réunion de famille*) ; ensuite parce que *réunion* prend dans cet énoncé un sens processuel : *réunions de familles* est à interpréter comme « on réunit des familles ». Le jeu repose enfin sur le Ncoll *famille* : s'il est mis au pluriel, il devient potentiellement ambigu pour les mêmes raisons qu'en (11). En réalité, le jeu de mots exhibe plutôt une dualité d'interprétations possibles, sans qu'il y ait une réelle ambigüité : qu'est-ce qui est réuni, chaque famille ou les familles entre elles ?

En (13), le ressort ludique est de nouveau la pluralité interne de la France, et la répartition de cette pluralité.

(13) **La France** *est divisée en quarante millions de Français* (cité par Guiraud 1976 : 11).

Divisée est, certes, polysémique, mais sa signification est « poussée » hors de ses limites ordinaires : en principe, elle se rapporte aux parties d'un tout, mais non aux éléments ultimes que sont, ici, les citoyens : le jeu substitue à une constitution du tout en parties (sens de *diviser*) une constitution de ce tout en éléments.

4.2 Éléments et collectif en relation de composition

Dans les exemples qui suivent, éléments et collection, l'un composant l'autre, sont mis en relation syntagmatique.

Cette relation est présente en (14)–(15), par le biais de la copule, dans une sorte de choc frontal entre le pluriel disséminé (*les paysans, ils*) et le global du collectif (*espèce, l'Algérie*) :

(14) <u>*Les paysans*</u> *sont une* **espèce** *en voie de disparition.* (*Télérama*, 03–09/02/2001).

(15) *Ils ont moins de 40 ans,* <u>*ils*</u> *sont l'***Algérie** *d'aujourd'hui* (radio années 90, en introduction du sujet).

Dans une deuxième série – (2)–(4) et (16) ci-dessous –, le global et la pluralité des éléments sont mis en relation de manière abrupte par la structure en [N$_1$ de N$_2$], où N$_2$ exprime cette globalité par un Ncoll (ou par un nom à référence métonymique collective – *salle*) et N$_1$ la pluralité, parfois quantitativement amplifiée par un adjectif (*mille visages, innombrable regard, visages innombrables*). On a un effet d'hyperbole, qui repose tout autant sur cette amplification que sur l'effet « disséminateur » de la référence distributive (N$_1$ au pluriel, lequel dénote une fonction humaine individuelle – *regard, voix* – ou une partie du corps – *visage*).

(2) [critique de *La petite foule*, livre de Christine Angot] *Fondue parmi* <u>*les mille visages*</u> *de cette* **multitude** *qu'elle dépeint, Christine Angot n'est ici omniprésente que d'une façon [...].* (*Télérama*, 05/03/2014)

(4) [dans une salle de tribunal] *Et* <u>*l'innombrable regard*</u> *de* **la salle** *confirmait.* (Daniel Pennac, *Monsieur Malaussène*, Paris : Gallimard, 1997)

(3) [guerre du Kosovo] *Nous avons imaginé ce que fut le calvaire des Kosovars [...] en regardant* <u>*les visages innombrables*</u> *de ce* **peuple** *en larme*s. (*Libération*, 11/06/1999, éditorial)

(16) <u>*Les voix* du **peuple***</u> : *l'espace public sonore au XVIIIe* (titre d'un entretien de l'historienne Arlette Farge, 23/05/2012, à propos de l'ouvrage *Essai pour une histoire des voix au dix-huitième siècle*, Bayard, 2009)

En (16), intervient en outre la polysémie de *peuple* : en effet, alors que la première interprétation conduit vers « le peuple » comme entité politique pris dans sa globalité, il est question dans l'entretien des voix individuelles des membres du peuple, mais dans l'autre acception de ce nom : le « petit » peuple, c'est-à-dire les classes populaires (voir Tamba 2012).

4.3 Éléments et collectif en opposition

Dans cette section sont présentés des cas où les éléments et le collectif sont mis en « balance », et parfois en opposition. En voici tout d'abord deux exemples non ludiques : (17) et (18) énoncent une construction intellectuelle dans le cadre d'une argumentation développée et structurée, dans laquelle un élément central est, précisément, la mise en opposition entre le collectif, global, et la pluralité des éléments.

(17) *Aux XVIIIe ou XIXe siècles, **l'humanité** était encore une abstraction ; aujourd'hui, c'est devenu une réalité : <u>tous les hommes</u> sont sur le même bateau. Ils sont condamnés à l'intérêt général ! Mais il n'est pas facile de le construire. [...]* (*Télérama*, interview de Catherine Larrère, philosophe, 15/07/2015)

(18) *La **jeunesse** ? parlons plutôt <u>des jeunes</u>, dans toute leur diversité sociale et culturelle, répond l'historienne Ludivine Bantigny, prompte à balayer quelques préjugés [...].* (*Télérama* interview 15/10/2014)

Les exemples qui suivent sont en revanche, selon moi, des jeux de mots ou des jeux sur les mots : on y trouve une sorte de « clin d'œil », de jeu stylistique et existentiel raffiné et un peu gratuit.

(1) [critique de *La petite foule*, livre de Christine Angot] *Dans ce portrait de **groupe** avec <u>individus</u>, on devine parfois l'auteure. Attentive et sensible.* (*Télérama*, 05/03/2014)

(19) *Faute d'éradiquer la **pauvreté**, on déracine <u>les pauvres</u>* (*Médiapart*, juillet 2013, en titre, à propos d'expulsions de Roms)

(20) *Nicolas Sarkozy fait disparaître l'**opposition**, non <u>les mécontents</u>.* (radio, début 2008)

Est-on dans le jeu de mots ? Dans le jeu sur ou avec les mots ?

Quoi qu'il en soit, ces jeux ont une finalité autre : celle de mettre en évidence une contradiction, un paradoxe, en se basant sur le rapport de composition et en en jouant. En (20) par exemple, les mécontents sont supposés (approximative-ment) composer l'opposition. En (19), on perçoit le lien morphologique et séman-tique entre *pauvre* et *pauvreté* : d'un point de vue sémantique, la pauvreté est une caractéristique constitutive du pauvre – la personne pauvre. Si l'on va plus loin et qu'on donne, par synecdoque, à *pauvreté* le sens de « l'ensemble des pauvres »[14] – ce qui n'est pas son sens, mais qui pourrait l'être comme dans le cas de *jeunesse* (« qualité d'être jeune » et « ensemble des jeunes ») –, l'effet de sens est encore un renforcement de cette antithèse existentielle.

4.4 Jeux singulier / pluriel, générique, et appréhension *totus / omnis*

Les exemples qui suivent ont en commun de mettre en jeu l'articulation du singulier et du pluriel. En général, le singulier grammatical renvoie au global et le pluriel à la dispersion, la dissémination ; mais la pluralité n'est elle-même pas toujours exprimée par un pluriel grammatical, et inversement le pluriel gramma-tical ne s'oppose pas à une appréhension singulière et cohésive (voir (10)). Il en résulte que plusieurs phénomènes se combinent et que plusieurs niveaux d'inter-prétation sont intriqués.

Même si un autre axe aurait été possible, ma présentation rassemble les exemples selon ce point de vue sémantique. Par le biais de réalisations « lu-diques » ou du moins remarquables du point de vue de leur forme, cette présen-tation permet de mettre en évidence, ici encore, le hiatus entre une forme (p. ex. l'expression du singulier ou du pluriel) et un sens (individuel, pluriel, global, générique).

Les énoncés ou fragments textuels exposés peuvent être décrits comme des jeux de « zoom », allant de la focalisation sur des éléments dans leur pluralité à une vision globale, un « grand angle ». Certains cas se situent au-delà, dans le domaine du trope, dans la mesure où l'usage des mots et des structures plurielles est « poussé » en dehors des limites normales, voire renversé. Le mécanisme à l'œuvre est alors généralement à classer dans le champ de la synecdoque : au-delà la diversité de synecdoques relevées par la tradition[15], on postule un même

---

14 Voir Meyer (1993).
15 Voir Dumarsais (1730) ; Meyer (1993, 1995).

principe, propice à ces jeux de zoom, celui de mettre en jeu la partie et le tout, le plus et le moins (sur le plan de l'extension et de l'intension).

(5) [À propos du temps de travail] *Jamais **l'Amérique** n'a connu une aussi longue période de prospérité, et jamais, à en croire les statistiques, **elle** n'a autant <u>passé de temps au travail</u>.* (*Le Nouvel Observateur*, 02–08/11/2000, titre : « Le ras-le-bol des Américains »)

L'Amérique dénote tout d'abord le pays (les États-Unis) du point de vue économique et politique. Dans la suite, le pronom *elle* en reprise a une valeur de pluriel à cause du prédicat dont il est sujet – c'est bien chaque individu (chaque Américain actif) qui passe du temps au travail, et en même temps c'est la somme de ces individus qui peut être intégrée dans des décomptes et des statistiques. Parallèlement, en tant que forme au singulier, le pronom *elle* conserve iconiquement une portée globale.

Outre le jeu avec le singulier et le pluriel et avec le collectif, on touche ainsi, dans cet exemple et dans les suivants, le domaine du générique avec les expressions au singulier – *un combattant* en (21), *l'œil* en (23), *le citoyen* en (24), *lui* en (25) –, c'est-à-dire, sur le plan sémantico-discursif, le domaine dans lequel l'individu désigné « vaut pour » tous ceux qui pourraient être impliqués ou représentés. Ces jeux entrent en composition également avec celui portant sur le global et le disséminé qu'on a déjà vu précédemment. Outre la morphologie (singulier / pluriel) et la syntaxe, le sens lexical y intervient – cf. *innombrable* en (21).

(21) *[...] tous les coups sont, non seulement permis, mais exigés par ce type de guerre qui consiste à éradiquer (le mot a d'ailleurs fait fortune) **un combattant** <u>innombrable</u> et camouflé [...].* (Jean Lacouture, *Télé'Obs*, juillet 1998. À propos d'un film sur la guerre du Vietnam)

(21) représente un procédé en quelque sorte inverse à celui de (22), exemple classique de synecdoque (le pluriel sémantique pour le singulier) :

(22) *Il a reçu la visite du **corps médical** [à propos d'un seul médecin].* (Cité par Meyer 1993 : 158)

En (23), le jeu syntagmatique avec le singulier (*l'œil*) et le pluriel (*des indigènes*) dans un même groupe nominal met en scène la représentativité d'une partie du corps d'un individu (*l'œil*, employé métonymiquement pour « le regard ») « valant pour » tous les indigènes – voir en comparaison (23') où la métonymie demeure, mais où est perdue la valeur de représentativité de l'individu pour le groupe.

(23) *[à propos d'un livre qui se passe en Malaisie] le romancier s'est servi de **l'œil** <u>des indigènes</u> pour regarder les Blancs.* (critique de Malaisie de Henri Fauconnier. *Le Figaro Littéraire*, 17/12/1998)

(23') *Mais le romancier s'est servi **des yeux** <u>des indigènes</u> pour regarder les Blancs.*

En (24), dans la partie entre crochets, le jeu entre singulier morphologique à sens générique (*au citoyen, le citoyen*) et pluralité, par le biais du groupe verbal (*a déjà versé 34 milliards*), vient en chute d'une argumentation portant sur la grève au sein d'une entreprise publique (Air France) et ses conséquences, notamment en termes d'impôt pour les citoyens. Tout l'extrait est basé sur cette balance entre singulier générique et singulier renvoyant à une pluralité, entre global et dissémination.

(24) *La grève dans le secteur public ne pénalise pas l'employeur, mais toute la population. Infliger, grâce à la grève, une sanction financière au patron quand celui-ci est l'État, c'est pénaliser les citoyens. Ce qui fausse le jeu, c'est que, dans tous les conflits du travail où le patron est l'État, les deux parties se mettent d'accord sur le dos du tiers absent qui est aussi le tiers payant, c'est-à-dire le citoyen. La grève ne coûte rien à l'État patron. Elle ne coûte rien aux salariés de l'État. [Elle ne coûte qu'<u>au citoyen</u>. **Le citoyen** a déjà <u>versé 34 milliards</u> pour permettre à Air France de continuer].* (Jacques Julliard, *Nouvel Observateur*, 11/06/1998, à propos d'une grève des pilotes d'Air France)

L'exemple (25) correspond au texte d'une affiche du Comité Chrétien contre la Faim et pour le Développement (CCFD), qui alerte sur le fléau de la vente d'armes dans des pays en guerre où la population est pauvre. De par son objectif (sensibiliser) et son support (affiche), le texte est proche de la formule publicitaire. S'il se rapproche, sur le plan thématique, du slogan politique, il est néanmoins plus long et complexe – et illustre même assez nettement la virtuosité dont il était question en section 2.

(25) *En 2000 on **lui** <u>a versé 34 milliards de francs</u> pour l'aider à vivre et on **lui** <u>a vendu 45 milliards de francs d'armes</u> pour l'aider à mourir* (affiche CCFD, début des années 2000)

(25) reproduit le seul texte de l'affiche, complété par une photo représentant un homme jeune tenant une arme et bardé de munitions. C'est cet homme qui est désigné par les pronoms *lui* et *l'* dans le texte. Mais cet homme est naturellement là comme représentant singulier d'une population – représentant comme individu « mis pour » une pluralité, mais aussi comme individu générique – le membre « par excellence » d'une population –, égale et identique aux autres (comme en (23) avec *l'œil*, la métonymie en moins). Les syntagmes verbaux (*versé 34 milliards de francs et vendu 45 milliards de francs d'armes*) ne peuvent vraisemblablement, comme en (24), que renvoyer à un collectif (un État, une organisation) et non un individu (*lui*). On a donc là, avec le matériau verbal et la photo, un rapport complexe entre singulier et pluralité, et mettant en œuvre toutes les dimensions sémantiques de cette singularité et de cette pluralité.

5 Conclusion

Les données que j'ai exposées et discutées dans le cadre de cette étude sur les jeux de mots proviennent d'une recherche plus générale sur les noms collectifs (plus précisément les noms collectifs humains, voir Lecolle inédit). Comme on l'a vu, ces noms ont des propriétés remarquables sur le plan morphosyntaxique, et surtout sémantique (lien entre un tout et les éléments qui le composent, combinaison de singulier et de pluriel). L'« épaisseur sémantique » qui en résulte les rend particulièrement susceptibles d'entrer dans des configurations discursives, spécifiques du point de vue textuel mais aussi rhétorique et communicationnel.

Il me faut maintenant faire un retour sur les exemples présentés, en posant la question de leur statut : comment les traiter, dans le cadre des jeux de mots ? Autrement dit : s'agit-il ou non de jeu de mots, ou de jeu avec / sur les mots ?

Mes analyses mettent le sémantique au centre : les jeux de mots y reposent étroitement sur la face « signifié » des signes linguistiques concernés – si l'on veut bien considérer la valeur sémantique des catégories singulier, pluriel, collectif, générique –, et de leurs relations. De son côté, le travail de la forme intervient par le biais des relations syntagmatiques et, plus précisément, syntaxiques : structures prédicatives avec un sujet au singulier et un prédicat à sens pluriel ; groupe nominal en [N_1 de N_2] ou [N Adj] confrontant singulier et pluriel, global et disséminé.

Par ailleurs, on reconnait dans les exemples présentés une attention portée aux mots et aux relations entre mots, un réel travail d'écriture et donc une intention manifeste. Mais ces jeux de mots ne font pas rire – ce n'est d'ailleurs pas leur but. Ils peuvent être au service d'une fonction d'appel ou de présentation, comme dans les titres de presse ou les introductions de sujet radio ou dans les slogans publicitaires. Souvent aussi, ils entrent dans une argumentation, par exemple comme chute d'un raisonnement, dans les éditoriaux journalistiques ou les tribunes, où ils contribuent à renforcer cette argumentation.

En définitive, si l'on doit répondre à la question : « jeu de mots ou non ? », on posera d'abord qu'il y a des cas où l'on ne peut pas trancher. Ensuite, voici quelques arguments : outre la question de l'intention et du travail des mots – qui ne sont, en réalité, pas spécifiques au jeu de mots –, plusieurs facteurs me paraissent déterminants, et surtout la combinaison de ces facteurs : dans le cadre englobant d'un lien sémantique entre mots, la mise en évidence d'une combinaison surprenante (entre singulier et pluriel, entre global et disséminé) ou d'une opposition (*la jeunesse / les jeunes*), et ceci d'une manière directe. Ces faits ne peuvent intervenir que dans un format resserré, et c'est bien ce trait, dont on a vu qu'il constitue un critère pour les jeux de mots, qui me parait décisif.

En résumé, donc, voici ce qui caractérise les jeux de mots / jeux avec les mots présentés : épaisseur sémantique, hiatus ou contradiction intrinsèque entre forme et sens, et exhibition de ces traits par un dispositif syntaxique mettant en relation frontale les mots concernés.

6 Références bibliographiques

Arnaud, Pierre J. L., François Maniez & Vincent Renner. 2015. Non-Canonical Proverbial Occurrences and Wordplay : A Corpus Investigation and an Enquiry Into Readers' Perception of Humour and Cleverness. In Angelika Zirker & Esme Winter-Froemel (éds.), *Wordplay and Metalinguistic / Metadiscursive Reflection. Authors, Contexts, Techniques, and Meta-Reflection* (The Dynamics of Wordplay 1), 135–159. Berlin & Boston : De Gruyter.
Didi-Huberman, Georges. 2016. *Peuples en larmes, peuples en armes*. Paris : les Éditions de Minuit.
Dumarsais, César Chesneau. [1730] 1988. *Des tropes ou des différents sens*. Présentation, notes et traduction Françoise Douay-Soublin. Paris : Flammarion, collection « Critiques ».
Fuchs, Catherine. 1986. Le vague et l'ambigu : deux frères ennemis. *Quaderni di semantica* 7(2). 235–245.
Fuchs, Catherine. 1991. L'hétérogénéité interprétative. In Herman Parret (éd.), *Le sens et ses hétérogénéités*, 107–120. Paris : Éditions du CNRS.
Fuchs, Catherine. 1996. *Les ambiguïtés du français*. Gap-Paris : Ophrys.
Galmiche Michel. 1985. Phrases, syntagmes et articles génériques, *Langages* 79. 2–39.
Guiraud, Pierre. 1976. *Les Jeux de mots*. Paris : Presses Universitaires de France, coll. « Que sais-je ? ».
Hausmann, Franz Josef. 1974. *Studien zu einer Linguistik des Wortspiels. Das Wortspiel im « Canard enchaîné »*. Tübingen : Niemeyer.
Henry, Jacqueline. 2003. *La traduction des jeux des mots*. Paris : Presses de la Sorbonne Nouvelle.
Jeandillou, Jean-François. 2009. « Accepter qu'un texte puisse se porter tout seul » : le prétexte onomastique dans les Vœux de Perec. *Poétique* 157. 41–52.
Jeandillou, Jean-François. À paraitre. Gangue maternelle et tangage châtié. Une littérature de jeunesse au risque ludique de la dyslexie. In Bettina Full & Michelle Lecolle (éds.), *Jeux de mots et créativité : langue(s), discours et littérature* (The Dynamics of Wordplay 4). Berlin & Boston : De Gruyter.
Kemmer, Suzanne. 1993. Marking oppositions in Verbal and Nominal Collectives. *Faits de langues* 2. 85–95.
Kleiber, Georges. 1988. Phrases génériques et raisonnement par défaut. *Le Français moderne* 56(1–2). 1–15.
Knospe, Sebastian. 2015. A cognitive model for bilingual puns. In Angelika Zirker & Esme Winter-Froemel (éds.), *Wordplay and Metalinguistic / Metadiscursive Reflection. Authors, Contexts, Techniques, and Meta-Reflection* (The Dynamics of Wordplay 1), 161–193. Berlin & Boston : De Gruyter.

Knospe, Sebastian, Alexander Onysko & Maik Goth (éds.). 2016. *Crossing Languages to Play with Words : Multidisciplinary Perspectives* (The Dynamics of Wordplay 3). Berlin & Boston : De Gruyter.

Lammert, Marie. 2010. *Sémantique et cognition : les noms collectifs*. Genève-Paris : Droz.

Lammert, Marie & Michelle Lecolle. 2014. Les noms collectifs en français, une vue d'ensemble. *Cahiers de Lexicologie* 105(2). 203–222.

Lecolle, Michelle. 2001. Figures et référence plurielle, en corpus journalistique. *Cahiers de Grammaire* 25. 29–52.

Lecolle, Michelle. 2016. Some specific insights into wordplay form : sublexical *vs* lexical level. In Sebastian Knospe, Alexander Onysko & Maik Goth (éds.), *Crossing Languages to Play with Words : Multidisciplinary Perspectives* (The Dynamics of Wordplay 3), 63–70. Berlin & Boston : De Gruyter.

Lecolle, Michelle. Inédit. *Noms collectifs humains en français : enjeux sémantiques, lexicaux et discursifs*.

Martin, Robert. 1984. Les usages génériques de l'article et la pluralité. In Jean David & Georges Kleiber (éds.), *Déterminants : syntaxe et sémantique, Actes du Colloque International de linguistique organisé par la Faculté de Lettres et de Sciences Humaines de Metz*, 187–202. Paris : Klincksieck.

Meyer, Bernard. 1993. *Synecdoques, étude d'une figure de rhétorique* Vol. 1. Paris : Éditions l'Harmattan.

Meyer, Bernard. 1995. *Synecdoques, étude d'une figure de rhétorique* Vol. 2. Paris : Éditions l'Harmattan.

Mihatsch, Wiltrud. 2015. Collectives. In Peter O. Müller, Ingeborg Ohnheiser, Susan Olsen & Franz Rainer (éds.), *HSK Word-Formation. An International Handbook of the Languages of Europe*, 1183–1195. Berlin : De Gruyter Mouton.

Rabatel, Alain. 2015. La plurisémie dans les syllepses et les antanaclases. *Vox Romanica* 74. 124–156.

Rémi-Giraud, Sylviane. 2006. Du calembour à la création sémantique : en passant par la syllepse…. In Yannick Chevalier & Philippe Wahl (éds.), *La Syllepse, figure stylistique*, 121–138. Lyon : Presses Universitaires de Lyon.

Rittaud-Hutinet, Chantal. 2014. Équivoque homophonique en français : polyvalence fortuite et ambiguïté volontaire. *Études romanes de Brno* 35(1). 141–161.

Rullier-Theuret, Françoise. 2015. Calembours bons et jeux de mots laids chez San-Antonio. In Brigitte Buffard-Moret (éd.), *Bons mots, jeux de mots, jeux sur les mots : de la création à la réception*, 27–40. Arras : Artois Presses Université.

Sullet-Nylander, Françoise. 2005. Jeux de mots et défigements à la Une de *Libération* (1973–2004). *Langage et société* 112. 111–139.

Tamba, Irène. 2012. « Le peuple » : un nom collectif, une notion ambivalente. In Michel Wieviorka (éd.), *Le peuple existe-t-il ?, Les entretiens d'Auxerre*, 17–26. Auxerre : Éditions Sciences Humaines.

Thaler, Verena. 2016. Varieties of Wordplay. In Sebastian Knospe, Alexander Onysko & Maik Goth (éds.), *Crossing Languages to Play with Words : Multidisciplinary Perspectives* (The Dynamics of Wordplay 3), 47–62. Berlin & Boston : De Gruyter.

Winter-Froemel, Esme. 2016. Approaching Wordplay. In Sebastian Knospe, Alexander Onysko & Maik Goth (éds.), *Crossing Languages to Play with Words : Multidisciplinary Perspectives* (The Dynamics of Wordplay 3). 11–46. Berlin & Boston : De Gruyter.

Lisa Roques
Jeux de banquet : mots de poète, mots de stratège

Résumé : Dans la Grèce du Vᵉ siècle avant notre ère, tout se joue lors de banquets. Le vin y délie les langues des convives et les membres de l'élite athénienne, à commencer par Sophocle, se laissent aller à quelques plaisanteries, quelques bons mots, quelques *paidiai* qui font le sel de ces soirées. Le poète Ion de Chios, témoin silencieux de ces *symposia* nous en a conservé la mémoire dans ses *Epidèmiai*, œuvre en prose citée par Athénée et Plutarque. Ces jeux verbaux reposent sur la reprise des mots de l'autre, reprise moqueuse faite de syllepse et de détournement lexicaux. Sophocle feint tout d'abord de prendre au sens propre les propos figurés de son interlocuteur pour mieux le ridiculiser : que pourrait en effet dénoter une main « ῥοδοδάκτυλος » [aux doigts de rose], si ce n'est une main de teinturier ? La syllepse fait le bon mot et induit la parodie qui réduit au silence l'adversaire du poète. Sophocle s'attaque ensuite à la sérieuse isotopie de la stratégie militaire en détournant le verbe du commandement militaire « στρατηγεῖν » [être stratège] pour l'appliquer à l'art de la séduction. Ce détournement burlesque porte alors, par son impertinence, un sens politique. En effet, s'ils ont pour but de faire naître le rire de l'auditoire, ces jeux ne sont pas pour autant innocents : ils visent non seulement, pour le locuteur, à décrédibiliser devant son auditoire son adversaire, celui dont il se joue, le jeu de mot s'illustre alors comme arme de la joute verbale ; mais ils portent aussi en creux une définition de la poésie et du politique, du poète et du stratège, dont nous ne saurions négliger la portée et la valeur sociale.

Mots clés : Cimon, détournement lexical, Ion de Chios, mémoire, Périclès, Sophocle, syllepse, *symposia* / banquets, valeur sociale

1 Introduction

Sur l'île de Chios comme dans l'Athènes du Vᵉ siècle, les *symposia*[1] offrent un cadre particulièrement propice au développement des bons mots, du moins est-

---

1 Dans la Grèce antique, le terme désigne le second temps d'un banquet pendant lequel les convives s'adonnaient à la boisson et à la discussion, le premier temps, le *deipnon* étant consacré

ce ce qui transparaît dans les œuvres d'Ion de Chios. A travers les récits que nous ont conservés Athénée (*Déipnosophistes*, XIII, 603e–604d) et Plutarque (*Vie de Cimon*, 9, 1–4) du poète chiote[2], nous entendons les langues des convives se délier peu à peu sous l'effet du vin qui circule, notamment celles des membres de l'élite athénienne.[3] Le premier de ces récits relate un *symposion* se déroulant à Chios en 440 avant notre ère et le second à Athènes dans les années 470 avant notre ère. Ce sont alors les stratèges Sophocle et Cimon qui retiennent notre attention : Ion, témoin silencieux, rapporte en effet leurs plaisanteries, que les Grecs désignent par le terme de *paidiai*, et plus précisément leurs bons mots[4], qui ont fait le sel de ces soirées, et que nous nous proposons d'analyser ici.

Cette étude nécessite en fait de jouer sur plusieurs niveaux d'analyse puisqu'il convient de prendre en compte non seulement la mécanique de l'énoncé, mais aussi celle de l'énonciation. A un premier niveau, il convient bien sûr de dévoiler la dynamique interne des expressions, d'en démonter les rouages et les mécanismes pour déterminer l'espace du jeu, l'espace où se produisent glissement et décalage, puisque le jeu désigne le mouvement d'une pièce au sein d'une mécanique et que « avoir du jeu » c'est parfois avoir une trop grande facilité de mouvement.[5] Cet espace de jeu s'étend du sens premier au sens second d'un mot, recouvrant ainsi non seulement sa polysémie mais aussi les contextes lexicaux et sémantiques que l'on pourrait s'attendre à le voir induire, ou du moins côtoyer.

à la consommation des aliments. Sur les différents divertissements des *symposia*, Murray (1990), et en particulier sur le rôle de la rhétorique, Rösler (1990 : 230–237).

2 Ion est en effet un auteur fragmentaire dont les textes présentent la particularité d'être parvenus jusqu'à nous sous forme de citations chez d'autres auteurs, des auteurs postérieurs pour la plupart, notamment ceux de la Seconde Sophistique, mais aussi quelques contemporains.

3 Signalons qu'il s'agit là de récits de banquet bien antérieurs à ceux de Platon ou Xénophon et qui ne correspondent donc en rien aux normes de ce genre codifiées *a posteriori*. Sur une possible influence d'Ion sur le genre du banquet, Roques (2016a : 47–53).

4 Le terme de *paidia* désigne au sens premier le jeu et l'amusement, et par extension, la plaisanterie. Il renvoie donc à toutes paroles prononcées (voire toutes actions accomplies) pour faire naître le rire de l'auditoire. La notion de « bon mot » opère une restriction dans la diversité possible des *paidiai* : il s'agit de faire naître le rire par un choix de mot(s) pertinent(s) adapté à un contexte précis. Le « bon mot » est en effet un mot qui intervient au bon moment dans l'échange. Il s'entend alors comme l'hyperonyme qui recoupe les différentes formes de jeu avec et sur les mots que nous identifierons plus précisément par la suite.

5 On ne peut que rappeler ici le sens que confère au verbe « jouer » Ph. Jousset : « il paraît préférable d'y voir une exploitation de propriétés du discours, de son fonctionnement, une ‹exagération› de ses propriétés, un sur-régime ; en d'autres termes, les jeux de mots ne sont pas forcément ludiques, sauf à faire du verbe *jouer* un verbe intransitif : les figures ‹jouent› à la manière dont un ressort joue, dont une clé joue dans une serrure, dont le bois joue, c'est-à-dire se resserre ou se dilate, bref... travaille ! » (Jousset 2015 : 21).

À un second niveau, il nous faut aussi observer la mise en jeux de ces expressions au sein des discours dont elles sont issues, observer leur dynamique et leur puissance au sein des échanges, c'est à dire la façon dont elles les animent et le sens dans lequel elles les font évoluer. Force est alors de constater l'avantage indiscutable qu'elles confèrent à leur énonciateur dans le cadre des échanges. Au sein de la joute verbale, les jeux de mot[6] constituent en effet une arme redoutable qui dépasse le simple cadre langagier pour affirmer une supériorité à la fois culturelle, sociale et même politique. Celui qui triomphe du jeu de mots et qui triomphe par le jeu de mots marque en fait sa distinction. C'est en effet à cette conclusion sociale que mènent les jeux sur les mots entendus et relevés lors des banquets racontés par Ion de Chios : tout y repose sur l'art de se jouer des mots des autres. Ces détournements sémantiques ne font que signifier et souligner l'excellence des convives.

2 L'art de se jouer des mots des autres : des défigements sémantiques en série

Nous venons de le dire, le personnage central du premier récit n'est autre que Sophocle. Si Sophocle reste aujourd'hui connu comme l'un des Trois Grands Tragiques du Vème siècle, lorsqu'il arrive sur l'île de Chios en 440 avant notre ère, c'est en tant que stratège, collègue de l'illustre Périclès. C'est ainsi qu'Ion de Chios explique sa présence sur son île : « Ἴων γοῦν ὁ ποιητὴς ἐν ταῖς ἐπιγραφομέναις Ἐπιδημίαις γράφει οὕτως · Σοφοκλεῖ τῷ ποιητῇ ἐν Χίῳ συνήντησα, ὅτε ἔπλει εἰς Λέσβον στρατηγός, ἀνδρὶ παιδιώδει παρ'οἶνον καὶ δεξιῷ. »[7] [Le poète Ion écrivait justement ainsi dans ses *Epidèmiai* en prose : « J'ai banqueté à Chios avec le poète Sophocle alors qu'il faisait voile vers Lesbos en tant que stratège, un homme habile rendu facétieux par le vin »]. La venue de Sophocle a bien une raison politico-militaire :[8] il s'agit de demander l'appui de la flotte chiote et de la convaincre de se joindre aux navires athéniens alors en route pour soumettre l'île de Samos en pleine révolte. Nonobstant, lors du *symposion* chez le *proxène* des Athéniens, il n'est point question de stratégie, mais de séduction et

---

6 A savoir, toute forme de mouvement qui peut s'opérer dans l'espace que nous venons de définir.

7 Pour le texte d'Athénée nous nous référons à l'édition de Kaibel, les traductions françaises proposées sont les nôtres.

8 Sur le rôle politique et militaire de Chios aux côtés d'Athènes, Barron (1986 : 95–102).

de poésie. La principale préoccupation de Sophocle semble alors être de charmer l'aimable jeune homme, voire très jeune homme, préposé au service du vin. Face aux compliments, l'échanson rougit, et Sophocle de citer Phrynichos : « ἔτι πολὺ μᾶλλον ἐρυθριάσαντος τοῦ παιδὸς εἶπε πρὸς τὸν συγκατακείμενον · ὡς καλῶς Φρύνιχος ἐποίησεν εἴπας · λάμπει δ' ἐπὶ πορφυρέαις παρῇσι φῶς ἔρωτος. » [Alors que le jeune esclave rougissait davantage, Sophocle déclara à celui qui partageait sa banquette : « Avec quelle beauté Phrynichos composa : ‹La lumière de l'amour brille sur les joues écarlates.› »]. Un lettré anonyme vient discuter la pertinence de ce vers, au nom du principe de réalité : la poésie se devrait d'être conforme à la réalité. Le rouge sur les joues n'étant pas beau, le jeune amoureux rougissant ne saurait l'être :

> καὶ πρὸς τόδε ἠμείφθη ὁ Ἐρετριεὺς ἢ Ἐρυθραῖος γραμμάτων ἐὼν διδάσκαλος · « σοφὸς μὲν δὴ σύ γε εἶ, ὦ Σοφόκλεις, ἐν ποιήσει · ὅμως μέντοι γε οὐκ εὖ εἴρηκε Φρύνιχος πορφυρέας εἰπὼν τὰς γνάθους τοῦ καλοῦ. Εἰ γὰρ ὁ ζωγράφος χρώματι πορφυρέῳ ἐναλείψειε τουδὶ τοῦ παιδὸς τὰς γνάθους, οὐκ ἂν ἔτι καλὸς φαίνοιτο. Οὐ κάρτα δεῖ τὸ καλὸν τῷ μὴ καλῷ φαινομένῳ εἰκάζειν ἄν. »
> [En réponse à ces mots, un homme d'Erétrie ou d'Erythres qui enseignait les lettres rétorqua : « Tu es assurément bien savant, Sophocle, lorsqu'il s'agit de poésie, Phrynichos n'a cependant pas fait une heureuse trouvaille en parlant des joues écarlates de celui qui est beau, car si un peintre enduisait d'écarlate les joues de cet esclave, il ne paraîtrait plus beau. Il ne faut assurément pas que le beau puisse être représenté par quelque chose qui ne paraît pas beau. »]

S'exprimant ainsi, l'étranger comprend πορφυρέας [écarlate] au sens concret de χρώματι πορφυρέῳ [couleur écarlate]. L'écarlate est réduit à une touche sur la palette du peintre. Sophocle s'empare de ce sens et réplique en trois citations. Il s'agit tout d'abord d'un vers de Phrynichos, puis d'un vers de Simonide et enfin d'une épithète homérique :

> (1) γελάσας ἐπὶ τῷ Ἐρετριεῖ Σοφοκλῆς · « οὐδὲ τόδε σοι ἀρέσκει ἄρα, ὦ ξένε, τὸ Σιμωνίδειον, κάρτα δοκέον τοῖς Ἕλλησιν εὖ εἰρῆσθαι · πορφυρέου ἀπὸ στόματος ἱεῖσα φωνὰν παρθένος [Après avoir ri de l'Erétrien, Sophocle reprit : « Il ne te plaît donc pas, étranger, ce vers de Simonide qui semble aux Grecs une heureuse trouvaille : ‹une jeune fille laissait échapper sa voix de ses lèvres écarlates›]
> (2) οὐδ' ὁ ποιητής, ἔφη, ‹ὁ› λέγων χρυσοκόμαν Ἀπόλλωνα · χρυσέας γὰρ εἰ ἐποίησεν ὁ ζωγράφος τὰς τοῦ θεοῦ κόμας καὶ μὴ μελαίνας, χεῖρον ἂν ἦν τὸ ζωγράφημα [ni ce vers du poète, continua-t-il, qui parle d'‹Apollon à la chevelure d'or› car si le peintre avait fait d'or la chevelure du dieu et non noire, la peinture aurait été inférieure]
> (3) οὐδὲ ὁ φὰς ῥοδοδάκτυλον · εἰ γάρ τις εἰς ῥόδεον χρῶμα βάψειε τοὺς δακτύλους, πορφυροβάφου χεῖρας καὶ οὐ γυναικὸς καλῆς ποιήσειεν ‹ἄν›. » [ni le vers ‹aux doigts de rose› car si quelqu'un avait teint des doigts dans un bain de couleur rose, il aurait créé des mains de teinturier et non de belle femme. »]

Avec les termes « πορφυρέου » [écarlate], « χρυσοκόμαν » [chevelure d'or], « χρυσέας » [d'or] et « μελαίνας » [noire] ou « ῥοδοδάκτυλον » [doigts de rose] et « ῥόδεον χρῶμα » [couleur rose], Sophocle se propose de jouer avec les couleurs. Il opère alors un glissement sémantique de la dénotation à la connotation, ou plutôt, aux connotations, puisque, ainsi que l'a souligné A. Martinet : « Les connotations, où le pluriel s'oppose au singulier de ‹dénotation›, seraient [...] tout ce [qu'un] terme peut évoquer, suggérer, exciter, impliquer de façon nette ou vague, chez chacun des usagers » (Martinet 1967 : 1290).[9] Sophocle joue en effet de l'opposition entre les deux, entre le sens concret, ordinaire voire vulgaire de ces noms et adjectifs de couleur et leurs valeurs, leurs richesses et leurs beautés en poésie. De même que, dans la première citation, les lèvres « πορφυρέου » [écarlates] font bien plus référence à l'éclat, à la vigueur, à la passion de la jeunesse qu'à un excès de fard, et que, dans la deuxième citation, « χρυσοκόμαν » [à la chevelure d'or] laisse prévaloir l'idée d'opulence et de brillance qui sied à la divinité sur la couleur en elle-même ;[10] de même, avec « ῥοδοδάκτυλον » [aux doigts de rose] dans la troisième citation, le trivial des doigts rosis par les bains des teinturiers le dispute à la délicatesse, à la tendresse et à la grâce de la rose. Ces trois termes, « πορφυρέου », « χρυσοκόμαν » et « ῥοδοδάκτυλον », font donc à la fois sens par dénotation et sens par connotation, Sophocle convoque en un même temps ces deux valeurs pour mieux les opposer et faire jaillir le ridicule de la situation. Son usage de la syllepse rejoint ainsi la définition qu'en donne J. July dans son étude du défigement en chanson :

> Il y a un sens donné, affiché, une première inscription dans la stéréotypie qui prend toute la place et la prend d'autant mieux que le figement se coule parfaitement dans un contexte où il est attendu ; puis, à la suite de la locution, à une distance relativement proche, un autre sens du mot vedette vient concurrencer le premier et prend définitivement le dessus, rend irrémédiable et irréversible le sens inattendu ou inconvenant. (July 2015 : 49–50)[11]

---

9 On retrouve cette idée dans la définition retenue par le CNRTL où la connotation s'entend comme « la signification affective d'un terme qui n'est pas commune à tous les communicants et s'ajoute aux éléments permanents du sens d'un mot, à savoir la dénotation » (http://www.cnrtl.fr/definition/connotation, dernière consultation le 28/07/2018).

10 Cette couleur par ailleurs peu probable pour une chevelure a retenu l'attention des historiens de l'art qui ont cherché dans cet argument de Sophocle une explication sur les techniques antiques de peinture sur céramique ou de dorure statuaire, notamment Beazley (1949 : 83) et Ricciardelli Apicella (1989 : 113–117) ou plus récemment Grand-Clément (2009 : 70–75).

11 Pour D. Noguez, la syllepse constitue un message dédoublé puisqu'elle recoupe « tout objet dont un élément peut être simultanément perçu comme deux parties de deux ensembles différents » (Noguez 1988 : 25). Nous retenons la définition de J. July, puisque, plus qu'un message

Le sens conventionnel, ou sens figé, est en fait ici le sens poétique des termes et le sens « inattendu ou inconvenant » est celui que Sophocle tire des réflexions de l'Erétrien. Sophocle démontre en fait que la critique de l'Erétrien et son appel à se référer au réel, voire à copier la réalité, revient à passer systématiquement à côté de ce qui fait l'intérêt et la beauté de l'expression poétique. L'Erétrien, à travers ces propos que lui prête Sophocle, s'inscrit en fait dans le procédé de « concrétisation » qu'a mis en valeur l'intervention de F. Rubellin (sur les calembours et les équivoques sur les scènes comiques en France entre 1660 et 1760).[12] Sophocle souligne l'ambigüité de ce raisonnement et le réfute, s'inscrivant dans le processus de « résolution » dont Salvatore Attardo a mis en avant la nécessité lors de sa conférence « Universal in Humorous Wordplay ».[13] Ces différents procédés concourent à révéler l'absurde du discours du lettré d'Erétrie.[14]

Pour décrédibiliser son adversaire, Sophocle ne se contente pas de jouer sur les nuances des syllepses, il feint de reprendre à son compte le raisonnement de l'étranger et d'adopter son point de vue pour mieux souligner le ridicule de ses concrétisations. La moquerie est tout particulièrement visible dans les reprises lexicales auxquelles se livre Sophocle. L'étranger a tout d'abord attiré l'attention sur la couleur « χρώματι πορφυρέῳ » [la couleur pourpre], Sophocle lui répond en reprenant la même couleur « πορφυρέου / ῥόδεον χρῶμα » [pourpre / couleur rose] ; l'étranger introduit ensuite le personnage du peintre « ὁ ζωγράφος » que

---

dédoublé, il nous semble que la syllepse est ici porteuse de messages contradictoires et que ce discours de Sophocle cherche à mettre en lumière l'opposition entre le sens conventionnel et poétique et le sens nouveau et trivial. Peut-être faut-il revenir au classique P. Fontanier : « Les Tropes mixtes, qu'on appelle Syllepses, consistent à prendre un même mot tout-à-la-fois dans deux sens différents, l'un primitif ou censé tel, mais toujours du moins propre ; et l'autre figuré ou censé tel [...] » (Fontanier [1830] 1968 : 105).

12 Sa communication « Calembours et équivoques sur les scènes comiques en France (1660–1760) : une question de ‹mauvais goût› ? » a été présentée lors du colloque « The Dynamics of Wordplay – Interdisciplinary perspectives / La dynamique du jeu de mots – perspectives interdisciplinaires », Universität Trier, 29 septembre–1er octobre 2016.

13 Intervention présentée lors du colloque « The Dynamics of Wordplay – Interdisciplinary perspectives / La dynamique du jeu de mots – perspectives interdisciplinaires », Universität Trier, 29 septembre–1er octobre 2016 (voir Attardo in The Dynamics of Wordplay 6).

14 C'est aussi la conclusion à laquelle arrivait A. Grand-Clément : « L'astuce de Sophocle consiste alors à prouver à son contradicteur qu'il est absurde de retenir cette acception prosaïque lorsque l'on a affaire au chant du poète : cela revient à dépouiller le mot des associations affectives qui s'y rapportent et à nier ce qui fait la beauté de l'image » (Grand-Clément 2009 : 69). L'on pourrait aller plus loin en notant que, face à la nécessaire adéquation entre réel et littérature que semble prôner et exiger l'hôte étranger, Sophocle affirme la supériorité de la signification affective sur le sens commun du mot. Il s'inscrit ainsi dans un refus de la *mimésis* qui se retrouvera plus tard au cœur des débats platoniciens.

Sophocle reprend à son compte, non seulement avec la référence au créateur « ὁ ζωγράφος » [le peintre], mais aussi à la création avec le neutre « τὸ ζωγράφημα » [la peinture] ; quant à son « εὖ εἰρῆσθαι » [heureuse trouvaille] final, il constitue un écho du « οὐκ εὖ εἴρηκε » [[il] n'a pas fait une heureuse trouvaille] de l'Erétrien. Ainsi Sophocle n'a-t-il de cesse de jouer avec les mots de l'Erétrien. A travers ces différentes reprises et ces syllepses, Sophocle porte l'attention sur les principales caractéristiques du discours de l'étranger pour les tourner en ridicule, il fait ainsi de son discours une parodie de celui de son adversaire.

De plus, si Sophocle prend soin de donner l'auteur du premier vers cité à l'appui de sa réponse, Simonide, il se garde bien de nommer les poètes à l'origine des vers suivants. Viennent en fait à l'appui de Simonide, les plus grands poètes de la Grèce classique : « χρυσοκόμας » [à la chevelure d'or] est en effet employé pour désigner Apollon chez Pindare[15] et chez Tyrtée.[16] Quant à « ῥοδοδάκτυλος » [aux doigts de rose], il s'agit évidemment de l'épiclèse de l'Aurore chez Homère et Hésiode. Les convives comme les lecteurs se retrouvent alors face à une gradation qui remonte aux origines de la poésie grecque. Sophocle n'a nul besoin de citer Homère ou Pindare puisqu'ils appartiennent à la culture commune. Et c'est là l'un des ressorts du jeu : les formules sont connues et reconnues par tous, leurs sens et leurs valeurs poétiques aussi. Sophocle peut en déformer la signification sans avoir à en rappeler le sens littéraire et premier. Sophocle joue alors la carte de la connivence avec l'auditoire, il fait un clin d'œil à leur érudition commune. *A contrario*, si le professeur de lettres qui entendait corriger Sophocle ne reconnaît pas cette valeur, il ne saurait être un bon Grec. C'est d'ailleurs ce que sous-entend l'insistance sur le nom « ὦ ξένε » [étranger] pris dans l'antithèse avec « τοῖς Ἕλλησιν » [les Grecs] dans l'expression : « οὐδὲ τόδε σοι ἀρέσκει ἄρα, ὦ ξένε, τὸ Σιμωνίδειον, κάρτα δοκέον τοῖς Ἕλλησιν εὖ εἰρῆσθαι » [Il ne te plaît donc pas, étranger, ce vers de Simonide qui semble aux Grecs une heureuse trouvaille]. Qui ne sait apprécier Simonide, Pindare ou Homère et Hésiode, ne saurait se dire Grec. L'adversaire est définitivement décrédibilisé : il est non seulement un mauvais littérateur, ce qui constitue un comble en soi pour quelqu'un qui prétend enseigner les lettres[17], mais il est aussi et surtout un mauvais Grec, un

---

15 Pindare, *Olythiennes*, vi, 41.

16 Tyrtée, 3, 2 (FGrHist 580 F 3 b).

17 Le fait que l'étranger soit présenté comme « γραμμάτων ἐὼν διδάσκαλος » [qui enseigne les lettres] conduit justement A. Grand-Clément (2009 : 75–81) à lire dans ce passage une opposition sociale entre le poète et le maître d'école. La suite du banquet nous mène en effet sur ce terrain.

Barbare. Ce n'est donc pas un hasard s'il n'est jamais nommé mais symptomatiquement et systématiquement désigné comme un homme d'Erétrie ou d'Erythres « ὁ Ἐρετριεὺς ἢ Ἐρυθραῖος ».

Ces différents jeux avec les mots des autres (Sophocle s'amuse en effet à opposer les différents sens que prennent, chez l'étranger et chez les plus grands poètes grecs, les mêmes adjectifs) sont une grande réussite : ils font naître le rire des convives, le rire commun contre l'étranger. L'anecdote se conclut en effet par : « γελασάντων δὲ ὁ μὲν Ἐρετριεὺς ἐνωπήθη τῇ ἐπιραπίξει, ὃ δὲ πάλιν τοῦ παιδὸς τῷ λόγῳ εἴχετο. » [Alors que les convives riaient, l'étranger baissa les yeux sous le coup de la critique / fustigé par la critique et Sophocle retourna à sa discussion avec l'échanson]. Le polyptote alors constitué sur « γελάω » [rire] grâce aux participes « γελάσας » [après avoir ri] et « γελασάντων » [alors que [ils] riaient] forme en effet un écrin autour de la tirade de Sophocle, à la manière d'une épanadiplose qui mettrait en valeur tant la tirade de Sophocle que ses effets. Si au début Sophocle est le seul à rire – puisque « γελάσας » est au singulier – à la fin tous partagent son rire – puisqu'advient le pluriel « γελασάντων ». Ces rires ont l'effet d'un coup sur l'étranger, il est anéanti et on ne l'entendra plus de *symposion*. Le rire devient ici un marqueur social qui signifie la mise à l'écart d'un étranger ne maîtrisant aucun des codes littéraires et culturels de la bonne société grecque, ainsi que l'a montré F. Rullier-Theuret : « Celui qui ne rit pas d'un jeu de mots est exclu d'un concert intellectuel » (Rullier-Theuret 2015 : 30). Le rire des convives scelle donc l'exclusion définitive de l'étranger, tout comme l'opposition entre les particules « μὲν » et « δὲ » [d'une part…, d'autre part] dans la formule conclusive « ὁ μὲν Ἐρετριεὺς …, ὃ δὲ » qui souligne alors le contraste entre les réactions des deux protagonistes à l'issue de cette première passe verbale. Le rire des convives naît plus précisément de la dramatisation des propos de l'étranger par Sophocle pour en souligner l'absurdité, et l'on ne peut, là encore, que penser aux analyses de F. Rullier-Theuret sur *San Antonio* : « Le lapsus de Béru ne devient comique que parce qu'il est mis en scène par quelqu'un qui a conscience de l'erreur et l'exhibe, ce qui suffit pour transformer l'ignorance en effet comique, par le retour à cette scénographie à trois actants que décrit Freud : le moqueur, le moqué et le spectateur » (Rullier-Theuret 2015 : 38). Ces trois actants sont ici doubles puisque si Sophocle met en scène la bêtise de l'Erétrien à destination des autres convives, Ion de Chios la met en scène une seconde fois pour le plus grand plaisir de ses lecteurs. Ce schéma est, en partie, reconduit lorsque Sophocle se plaît à jouer avec les mots de Périclès…

3 L'art de se jouer des mots des autres : des détournements lexicaux

Après les rires, le banquet reprend son cours et Sophocle finit par obtenir un baiser de l'échanson. Il marque alors son triomphe par cette formule : « μελετῶ, εἶπεν, στρατηγεῖν, ὦ ἄνδρες · ἐπειδήπερ Περικλῆς ποιεῖν μέν ‹με› ἔφη, στρατηγεῖν δ' οὐκ ἐπίστασθαι. ἆρ' οὖν οὐ κατ' ὀρθόν μοι πέπτωκεν τὸ στρατήγημα » [Je m'exerce, messieurs, à la stratégie, dit-il, puisque Périclès dit que je sais être poète mais pas être stratège. Mon stratagème tombe donc à point nommé, n'est-ce pas ?]. Cette fois, Sophocle joue manifestement sur le sens du verbe « στρατηγεῖν » [être stratège] et de son déverbal neutre « τὸ στρατήγημα » [le stratagème]. « Στρατηγεῖν », c'est le noble verbe du stratège, le glorieux verbe du commandement militaire. Ici, cette sérieuse isotopie de la stratégie militaire est dévoyée pour servir l'art de la séduction puisque le « plan de bataille » ourdi par Sophocle tend en fait à conquérir un baiser de l'échanson. Ce détournement reposant sur un décalage lexical cherche peut-être à présenter sous un jour respectable le trivial du baiser, mais il y a surtout là une malice, une impertinence, une provocation de Sophocle : ce transfert de lexique porte la désacralisation de la charge de stratège et de l'importance du « στρατήγημα ». L'attaque s'entend à destination de Périclès. Sophocle rappelle en effet que Périclès a ouvert les hostilités : « ἐπειδήπερ Περικλῆς ποιεῖν μέν ‹με› ἔφη, στρατηγεῖν δ' οὐκ ἐπίστασθαι » [puisque Périclès dit que je sais être poète mais pas être stratège]. Cette formule repose sur un parallélisme de construction. Le verbe « ἐπίστασθαι » [savoir] est en effet employé en facteur commun à deux compléments que les particules « μέν » et « δ' οὐκ » [si d'une part je sais ..., d'autre part je ne sais pas] mettent sur le même plan. A travers ces deux compléments, les infinitifs homéotéleutes, « ποιεῖν » [être poète] et « στρατηγεῖν » [être stratège][18], l'art du poète s'affirme face à l'art du stratège.

Si Sophocle prend soin de présenter cette expression comme un emprunt à Périclès, s'il reprend ses paroles, s'il le cite, c'est pour mieux le tourner en ridicule, à l'instar de ce que nous avons observé précédemment face à l'Erétrien. On reconnaît là la scénographie à trois actants évoquée – moqueur, moqué et spectateur – mais avec une variation qui réside en l'absence physique du moqué, Périclès n'est ici présent que par ses propos rapportés, il est une pure présence

---

18 Une traduction à l'aide de néologismes tels que « poétiser » et « stratégiser » semble alors souhaitable pour garder le jeu phonique.

verbale.[19] Ce phénomène participe du jeu et ouvre un espace de jeu supplémentaire : l'absence de Périclès laisse le champ libre à la réactivation et au détournement de ses propos. En conférant alors au verbe « στρατηγεῖν » un sens nouveau, Sophocle se moque ouvertement du stratège par excellence, Périclès. Le rire des convives consacre le bon mot, mais il sanctionne aussi l'importance que Périclès accorde à sa charge de stratège. Périclès est en effet l'homme qui n'a jamais ri (Plutarque, *Vie de Périclès*, V, 1) et surtout l'homme qui fuit les banquets (Plutarque, *Vie de Périclès*, VII, 5), ce que confirme son absence ici. Les comiques athéniens ont d'ailleurs fustigé le sérieux ostentatoire de l'Olympien[20] et les restrictions austères qu'il a imposées, notamment Teleclides dans ses Prytaneis, ainsi que le rappelle A. Podlecki (1998 : 169–176). L'image que les comiques offrent de Périclès sur la scène athénienne correspond à celle dont se moque l'élite de Chios. La plaisanterie ne s'arrête pas là et tend à la critique sociale. Evitant les banquets, Périclès manque *de facto* de savoir-vivre et méconnaît aussi bien les jeux de poésie (Bowie 1986 : 13–35 ou Vetta 1996 : 197–209 et, plus général, Vetta 1983) que les jeux de séduction (Bremmer 1990 : 135–148) dont les *symposia* forment le cadre (Pellizer 1990 : 177–184). Périclès ignore donc les stratagèmes du banquet et trouverait en Sophocle un maître qui connaît la partition du banquet au point de construire son stratagème amoureux, ou du moins une partie de son stratagème, sur la poésie. Il ne saurait y avoir de démonstration plus efficace de la supériorité du poète sur le stratège. Le rire porte dès lors une sanction sociale.

Lors de son intervention, K. Abiven[21] relevait justement, dans le cadre des *Historiettes*, de possibles mises à l'épreuve des hiérarchies sociales à travers différents jeux de mots. Le même phénomène semble bien se produire ici : la formulation reprise de Périclès introduisait une hiérarchie et marquait la supériorité du stratège sur le poète ; aussi la réponse de Sophocle dégrade-t-elle volontairement l'art du stratège pour affirmer la suprématie du poète, tout comme il

---

19 H. Mattingly (1977 : 237, n° 27) a proposé une lecture de l'épisode selon laquelle Périclès pourrait être présent lors du banquet de Chios, mais les analyses de J. Jouanna (2007 : 35–36) ont démontré son impossiblité compte tenu de la chronologie de la guerre samienne.

20 J. Jouanna (2007 : 34–35), propose alors un parallélisme révélateur entre ce passage et l'anecdote d'expédition au cours de laquelle Périclès aurait déjà reproché déjà à Sophocle de trop s'intéresser aux jeunes hommes et affirmé qu'un stratège se devait de garder non seulement les mains, mais aussi les yeux propres (Plutarque, Vie de Périclès, VIII,8). C'est bien toute la dignité pompeuse que Périclès entendait donner à sa fonction qui est ici visée. Il y a par ailleurs une malicieuse récidive de Sophocle dans la séduction de l'échanson.

21 Voir Abiven, ce volume.

affirmait précédemment la richesse supérieure du langage poétique sur un langage qui se voudrait mimétique du réel. A ce titre, la manœuvre de séduction lancée par Sophocle constitue une véritable défense et illustration de la langue poétique qui fait aussi sens sur la scène « politique » athénienne puisqu'elle rejoint la critique du sérieux emprunté de Périclès qu'on pouvait trouver chez les comiques. Cet extrait permet d'interroger notre connaissance des rapports qu'entretenaient Sophocle et Périclès[22], tout en laissant deviner le regard qu'Ion de Chios porte sur ces deux hommes à travers ce récit. Cette vision peut alors être rapprochée de ses remarques à propos de Périclès, remarques citées et commentées par Plutarque (*Vie de Périclès* V,3 ; XXVIII,7). A n'en pas douter, au mépris hautain dont fait preuve Périclès, Ion préfère la cordialité joviale de Cimon.[23]

L'usage, à des fins humoristiques, d'un tel parallélisme de construction – la reprise d'un même verbe avec deux compléments opposés – se rencontre dans le récit d'un autre symposion auquel assista le jeune Ion de Chios.[24] Ce banquet se tient à Athènes et l'invité principal en est le stratège aristocrate Cimon : « Συνδειπνῆσαι δὲ τῷ Κίμωνί φησιν ὁ Ἴων παντάπασι μειράκιον ἥκων εἰς Ἀθήνας ἐκ Χίου παρὰ Λαομέδοντι »[25] [Ion raconte avoir dîné en compagnie de Cimon, chez Laomédon, lorsque, tout jeune, il était arrivé de Chios à Athènes]. Lors de ce banquet, Cimon charme l'assistance par sa voix, comme en atteste l'omniprésence du verbe *chanter* à travers les polyptotes « ᾆσαι » et « ᾄσαντος » : « καὶ τῶν σπονδῶν γενομένων παρακληθέντος ᾆσαι καὶ ᾄσαντος οὐκ ἀηδῶς, ἐπαινεῖν τοὺς παρόντας ὡς δεξιώτερον Θεμιστοκλέους. » [après les libations, Cimon ayant été invité à chanter et ayant chanté non sans être agréable, les convives le louèrent : il était bien plus habile que Thémistocle]. La louange des convives passe alors par

---

22 La question a notamment été abordée par Jouanna (2007 : 33–37), et avant lui, Ehrenberg (1954). Sur le rapport de Périclès avec les intellectuels en général (philosophes, artistes ou poètes), voir Stadter (1991 : 111–124) (Sophocle en particulier 118), Giangiulio (2005 : 151–182) ; sur le rapport de Sophocle à la politique, voir Raaflaub (2012 : 471–488).

23 C'est cette affinité qu'ont soulignée des différentes analyses sur les rapports entretenus par Ion de Chios avec ces grands hommes d'Athènes, notamment celles de Geddes (2007 : 110–138), Pelling (2007 : 75–109) ou Roques (2016b : 47–57).

24 Si Athénée cite l'ouvrage dont est extrait le premier récit mettant en scène Sophocle, *Les Epidémiai*, ce n'est pas le cas de Plutarque qui ne révèle pas sa source. Ces deux passages ont souvent été rapprochés, compte tenu des personnalités qu'ils impliquent, par les critiques qui ont voulu faire des *Epidémiai* un premier recueil de biographies d'hommes célèbres, voire une première autobiographie. Si ces récits nous semblent bien s'inscrire dans une même logique, c'est avant tout du fait des nombreux parallélismes et des rapprochements stylistiques qu'ils induisent.

25 Pour le texte de Plutarque, nous suivons l'édition de K. Ziegler, les traductions proposées sont les nôtres.

la comparaison avec Thémistocle : « ἐκεῖνον γὰρ ᾄδειν μὲν οὐ φάναι μαθεῖν οὐδὲ κιθαρίζειν, πόλιν δὲ ποιῆσαι μεγάλην καὶ πλουσίαν ἐπίστασθαι » [En effet ce dernier [Thémistocle] reconnaissait qu'il n'avait appris ni à chanter ni à jouer de la cithare, mais qu'il savait rendre une ville puissante et riche]. On retrouve des verbes de savoir « μαθεῖν » [avoir appris] et « ἐπίστασθαι » [savoir], qui servent là encore à opposer, par le balancement des particules « μὲν » et « δὲ », deux duos de compléments : d'une part les verbes du stratège, « πόλιν δὲ ποιῆσαι μεγάλην καὶ πλουσίαν » [rendre une ville puissante et riche], de l'autre ceux du poète « ᾄδειν μὲν [...] οὐδὲ κιθαρίζειν » [chanter et jouer de la cithare]. Alors que les capacités de Thémistocle se limitent à l'aspect financier, la supériorité de Cimon tient au fait qu'il réalise la parfaite synthèse de ces deux types de savoir et incarne donc l'idéal aristocratique défendu par les convives du repas, puisque la suite du récit rapporte que Cimon a lui aussi enrichi la ville grâce à sa ruse. La logique est encore de reprendre les mots de l'adversaire, ceux de Thémistocle, pour leur donner un sens nouveau qui va jusqu'à contredire leur sens initial. Si Ph. Jousset notait qu'un des plaisirs des sur-énoncés était celui de se repaître des mots d'un autre, de voir jaillir un sens nouveau qui se nourrit d'un sens premier : « L'énoncé second parasite son hôte ou vit dans un rapport de ‹commensalité› avec lui, en bernard-l'hermite » (Jousset 2015 : 18), il nous semble ici que l'énoncé second phagocyte l'énoncé premier. Loin d'excuser leur auteur[26], ces mots aggravent sa situation puisqu'ils le réduisent à un inculte rapace, il passe pour un ignare cupide.[27] Les travaux de E. Csapo (2004 : 207–248) ou P. Wilson (2004 : 269–306) sur l'importance grandissante de la musique dans la société grecque du Ve siècle, importance qui dépasse le simple cadre de l'éducation propre à la bonne société pour prendre une tournure politique, révèlent bien le caractère social de la condamnation qui frappe ici Thémistocle, puisque « How one tunes and plays one's strings is an index for one's moral and political – qualities » (Wilson 2004 : 302). Il a beau s'adjoindre les services de musicien à domicile (Plutarque, *Vie de Thémistocle*, V, 3), Thémistocle ne connaît pas la musique et cela revient à dire qu'il ne connaît ni l'art du musicien ou du poète, ni l'art du stratège. La critique est d'autant plus incisive que même sa manière d'enrichir la ville fut contestée par ses détracteurs qui l'apparentaient à du chantage ou du pillage, alors que si

---

26 Du moins est-ce la valeur que leur confère Plutarque dans sa *Vie de Thémistocle*, II, 4. A ce sujet : Frost, *Plutarch's Themistocles a historical commentary* (1980) ou Duff (2008 : 1–26).

27 Pour un retournement complet de cette image, voir la reprise de cette citation chez Quintilien, *Institution Oratoire* I, 10, 19, chez Saint Augustin, *Lettre à Dioscore*, CXVIII, 3, 13 ou chez Procope, *Edifices de Justinien*, I, 1, 7 ; et l'analyse que nous en avons proposé, « L'homme qui ne savait pas jouer de la cithare » lors de la journée d'étude *Trames arborescentes II*, à Tours, le 15 décembre 2016.

Cimon peut subvenir aux besoins de sa flotte et enrichir sa cité, c'est grâce à une ruse digne de Prométhée... S'il tend bien à faire rire l'auditoire, le jeu n'a rien d'innocent pour autant. Il s'agit d'une attaque politique en bonne et due forme : non seulement Cimon est bien supérieur au rustre Thémistocle par son éducation et par son savoir-vivre, mais il lui est aussi et surtout supérieur dans ses actions militaires et ses décisions politiques.

4 Pour conclure, jouer avec la mémoire des mots

Une telle formule connut à n'en pas douter un certain succès puisqu'elle fut reprise par Aristophane dans les *Guêpes* (v. 957–959). Bdélicléon finit en effet sa réplique destinée à assurer la défense du chien de la maison par « κιθαρίζειν γὰρ οὐκ ἐπίσταται » [il ne sait pas jouer de la cithare] :

{Βδ.} ὅ τι ; σοῦ προμάχεται καὶ φυλάττει τὴν θύραν,
καὶ τἄλλ' ἄριστός ἐστιν. εἰ δ' ὑφείλετο,
σύγγνωθι · κιθαρίζειν γὰρ οὐκ ἐπίσταται.[28]
[Bdélicléon : Et quoi ? Il te défend et il garde la porte,
il est aussi le meilleur pour plein d'autres choses. S'il a volé
pardonne-le : il ne sait pas jouer de la cithare.]

Dans cette citation se retrouvent non seulement les mots d'Ion, mais aussi un contexte qui pourrait convenir à Thémistocle : celui du vol, ainsi que l'a relevé R. Goosens (1952 : 327–345). Certes le jeu avec les mots de l'adversaire le décrédibilise, certes les décalages sémantiques et lexicaux font naître le rire, mais le jeu de mots avant tout est dynamique, il est avant tout puissant, car il retient l'attention, il se remarque, il se démarque et marque les mémoires. Il reste en mémoire.

C'est bien ce qui explique le phénomène de la citation. En effet, les textes sur lesquels nous nous sommes appuyés sont ceux de deux auteurs du deuxième siècle de notre ère, des auteurs de la Seconde Sophistique, des auteurs écrivant sept cents ans après Ion de Chios. Ce ne saurait être un hasard si les passages qu'ils retiennent de l'œuvre d'Ion se distinguent par les jeux de mots qu'ils portent. Ce sont ces différents jeux qui nous semblent avoir assuré la postérité du texte, ou du moins avoir joué un rôle non négligeable dans le processus de sélection de la citation.

---

28 Pour le texte d'Aristophane, nous suivons l'édition de D. MacDowell et proposons notre traduction.

5 Références bibliographiques

Auteurs anciens

Aristophanes, *Wasps*. Ed. Douglas M. MacDowell. Oxford : Clarendon Press 1971.
Plutarchus, *Vitae Parallelae*, vol. 1.1, 4th edn. Ed. Konrat Ziegler. Leipzig : Teubner 1969.
Athenaeus, *Deipnosophistarum libri*, 3 vols. Ed. Georg Kaibel. Leipzig : Teubner [1890] 1966.

Auteurs critiques

Attardo, Salvatore. 2018. Universals in Puns and Humorous Wordplay. In Esme Winter-Froemel
& Verena Thaler (eds.), *Cultures and Traditions of Wordplay and Wordplay Research* (The
Dynamics of Wordplay 6), 89–109. Berlin & Boston: De Gruyter.
Barron, John. 1986. Chios in the Athenian empire. In John Boardman & C. E. Vaphopoulou-
Richardson (éds.), *Chios*, 89–103. Oxford : Clarendon.
Beazley, John Davidson. 1949. A passage in Ion of Chios. In *Classical Review* 63. 83.
Bowie, Ewen. 1986. Early Greek elegy, symposium, and public festival. *Journal of Hellenic
Studies* CVI. 13–35.
Bremmer, Jan. 1990. Adolescents, symposion, and pederasty. In Oswin Murray (éd.), *Sympoti-
ca : a symposium on the symposion*, 135–148. Oxford : Clarendon Press.
Csapo, Eric. 2004. The politics of the New Music. In Penelope Murray & Peter Wilson (éds.),
Music and the Muses, 207–248. Oxford & New-York : Oxford University Press.
Duff, Timothy. 2008. Models of education in Plutarch. *The Journal of Hellenic Studies* 128. 1–
26.
Ehrenberg, Victor. 1954. *Sophocles and Pericles*. Oxford : B. Blackwell.
Fontanier, Pierre. [1830] 1968. *Les Figures du discours*. Paris : Flammarion.
Frost, Franck. 1980. *Plutarch's Themistocles a historical commentary*. Princeton : Princeton
University Press.
Geddes, Anne. 2007. Ion of Chios and politics. In Victoria Jennings & Andrea Katsaros (éds.),
The world of Ion of Chios, 110–138. Leiden : Brill.
Giangiulio, Maurizio. 2005. Pericle e gli intellettuali : Damone e Anassagora in Plut. Per. 4–8
tra costruzione biografica e tradizione. In *Da Elea a Samo*. 151–182.
Goosens, Roger. 1952. Sur une allusion à Thémistocle dans les *Guêpes* (v. 959) et sur les *Sou-
venirs* d'Ion de Chios. In *Mélanges Georges Smets*, 327–345. Bruxelles : Les Éd. de la
Librairie encyclopédique.
Grand-Clément, Adeline. 2009. Sophocle, le maître d'école et les « langages de la couleur » : à
propos du fragment 6 de Ion de Chios. *L'Antiquité en couleurs*. 63–81.
Jouanna, Jacques. 2007. *Sophocle*. Paris : Fayard.
Jousset, Philippe. 2015. Sur les sur-énoncés. In Brigitte Buffard-Morets (éd.), *Bons mots, jeux
de mots, jeux sur les mots*, 13–26. Arras : Artois Presses Université.
July, Joelle. 2015. Défigement en chanson. In Brigitte Buffard-Morets (éd.), *Bons mots, jeux de
mots, jeux sur les mots*, 41–60. Arras : Artois Presses Université.
Martinet, André. 1967. Connotations, poésie et culture. In *To honor Roman Jakobson : essays
on the occasion of his seventieth birthday : 11 October 1966*. T. 2, 1288–1294. The Hague &
Paris : Mouton.

Mattingly, Harold. 1977. Poets and politicians in fifth-century Greece. In Konrad H. Kinzl (éd.), *Greece and the Eastern Mediterranean in ancient history and prehistory. Studies presented to Fritz Schachermeyr on the occasion of his eightieth birthday*. 231–245. Berlin & New York : De Gruyter.

Noguez, Dominique. 1988. La syllepse, clef de l'humour. *Humoresques. L'humour d'expression française* 1. 39–45.

Pelling, Christopher. 2007. Ion's « Epidemiai » and Plutarch's Ion. In Victoria Jennings & Andrea Katsaros (éds.), *The world of Ion of Chios*, 75–109. Leiden : Brill.

Pellizer, Ezio. 1990. Outlines of a Morphology of Sympotic Entertainment. In Oswyn Murray (éd.), *Sympotica : a symposium on the symposion*, 177–184. Oxford : Clarendon Press.

Podlecki, Anthony.1998. *Perikles and his circle*. London & New York : Routledge.

Raaflaub, Kurt. 2012. *Sophocles and Political Thought in Brill's companion to Sophocles*, 471–488. Leiden : Brill.

Ricciardelli Apicella, Gabriella. 1989. Poesia e realtà. Ancora a proposito di Ione di Chio (fr. 8 Bl.). *Quaderni Urbinati di Cultura Classica* 32(2). 113–117.

Rösler, Wolfgang. 1990. Mnemosyne in the symposia. In Oswyn Murray (éd.), *Sympotica : a symposium on the symposion*, 230–237. Oxford : Clarendon Press.

Roques, Lisa. 2016a. Ion à la table d'Athénée. In Sandrine Coin-Longeray & Sylvain Trousselard (éds.), *Les intentions de la citation* (les Cahiers d'ALLHiS 4), 37–58. St-Etienne : Chemins de tr@verse.

Roques, Lisa. 2016b. De Cimon à Périclès : un regard insulaire. In Lennart Gilhaus et al. (éds.), *Elite und Krise in antiken Gesellschaften – Élites et crises dans les sociétés antiques* (Collegium Beatus Rhenanus 5), 47–57. Stuttgart : Franz Steiner Verlag.

Rullier-Theuret, Françoise. 2015. Calembours bons et jeux de mots laids chez San-Antonio. In Brigitte Buffard-Morets (éd.), *Bons mots, jeux de mots, jeux sur les mots*, 27–40. Arras : Artois Presses Université.

Stadter, Philip. 1991. Pericles among the intellectuals, *Illinois classical studies* XVI. 111–124.

Vetta, Massimo. 1983. *Poesia e simposio nella Grecia antica. Guida storica e critica*. Roma : Laterza.

Vetta, Massimo. 1996. Convivialità pubblica e poesia per simposio in Grecia. *Quaderni urbinati di cultura classica* 54. 197–209.

Wilson, Peter. 2004. Athenian strings. In Penelope Murray & Peter Wilson (éds.), *Music and the Muses*, 269–306. Oxford & New York : Oxford University Press.

Interlude

Aurélie Rusterholtz et François Chaix

Interview : La dimension ludique du langage au théâtre – réflexions et expériences

Résumé : Au sein du programme du colloque « The Dynamics of Wordplay / La dynamique du jeu de mots » (Trèves, 29 septembre–01 octobre 2016) une lecture-spectacle de la pièce de Louis Fuzelier, *L'Amour maître de langue* (1718), a été présentée. Cette contribution rapporte les réflexions des acteurs autour de l'humour verbal de cette pièce, et plus généralement dans le cadre de leur vie professionnelle.

Mots clés : *L'Amour maître de langue*, articulation, Charles-Antoine Coypel, jeu, lecture-spectacle, *L'Impatient*, *Lettre aux acteurs*, Louis Fuzelier, *Mélusine*, personnage-type, sonorités, théâtre, théâtre de Foire, Valère Novarina, virelangue

Préambule

Le principe de la lecture-spectacle, telle que nous l'avons proposée à Trèves, qu'en tant qu'interprètes nous ignorions alors, nous est apparu il y a une quinzaine d'années à la demande de Philippe Coutant, directeur du Grand T de Nantes, à la suite de la défection de Jean-Marie Villégier, lequel acceptait régulièrement l'invitation de Françoise Rubellin, dans le cadre d'un partenariat Université de Nantes / Grand T, à faire découvrir au public des écritures théâtrales « rares », des XVIIᵉ et XVIIIᵉ siècles, lesquelles n'auraient plus l'heur d'être portées à la scène, de par leur genre plus guère à la mode, et leur « poids », en termes de coût de production.

Nous la pratiquons couramment depuis, avons voulu en expérimenter bien des variantes, pour nous en tenir enfin au texte seul, brut, sans artifice (appel des personnages, numérotation des actes et des scènes, mise à plat des didascalies), mais avec des protagonistes incarnés.

Le spectateur recourt à son intelligence, à son imagination, à son goût du jeu, pour secrètement concevoir une scénographie, élever un décor, dessiner des costumes, donner apparence aux acteurs, signer sa propre mise en scène, charge à nous de commander le mouvement de l'œuvre.

Fig. 1 : Aurélie Rusterholtz et François Chaix : Lecture-spectacle de Louis Fuzelier, *L'Amour maître de langue* (1718), 29 septembre 2016, Theater Trier (© E. Winter-Froemel)

Interview

Esme Winter-Froemel : *De manière générale, quelle est l'importance de la dimension ludique du langage et des jeux de mots dans votre vie professionnelle ?*

Aurélie Rusterholtz et François Chaix : Elle est primordiale. Le théâtre est un lieu de « jeu » pour ceux qui le font, comme pour ceux qui le regardent. L'adage général qui prétend encore qu'à la différence de ses homologues anglo-saxons, l'acteur français soit d'abord cérébral avant d'être physique, et que son approche d'un personnage se fasse prioritairement par le texte au détriment du corps n'est plus vérifié. Mais c'est un héritage dont on ne se défait jamais tout à fait. Quel que soit le moyen, le verbe, en fin, conserve la primauté. De là d'ailleurs, la difficulté quasi-insurmontable de jouer une langue qui n'est pas sa langue maternelle. On peut aussi répondre à la question en faisant un parallèle avec la formation de l'acteur...

Le premier objectif d'un élève-comédien, est de concevoir son propre instrument, de le mettre au point, et de l'accorder, avant d'en jouer, puisqu'il est appelé à être à la fois l'instrument et l'instrumentiste. Pléthore d'exercices ont été élaborés dans ce but. Pour atteindre une ampleur vocale, en développant un souffle, en précisant une diction, on utilise les mots comme outils multi-fonctions, d'abord sans s'attacher à leur sens. Ils deviennent un immense terrain de jeux, avec la *Lettre aux acteurs* de Valère Novarina pour référence. En les décortiquant, sur-articulant, compressant, étirant, mâchant, crachant, ils vont produire une matière joyeuse permettant toutes sortes de surprises. Puis pas à pas l'instillation d'une recherche de sens : les mots, réels ou supposés, deviennent, d'abord par leur sonorité propre, les tremplins de l'imagination, par association d'images, d'idées. Faire sonner la langue, jouer avec ses sonorités, pointer assonances et dissonances, rechercher virelangues autant que trompe-oreille, explorer dans le respect de son sens toutes inflexions possibles, autant d'étapes ludiques qui font se dessiner la ligne mélodique du propos, soit, le jeu sur le mot comme base au jeu de l'acteur.

Esme Winter-Froemel : *Sous quelles formes la dimension ludique se manifeste-t-elle dans les pièces de théâtre que vous jouez ?*

Aurélie Rusterholtz et François Chaix : L'écriture la suggère-t-elle ? (L'acteur ne doit pas être trop intelligent !)... Notre habituelle approche, intuitive, voire instinctive, nous fait la cerner rapidement, du moins dans ce théâtre des XVIIe et XVIIIe siècles, et nécessite une confiance complète en l'auteur. Une galerie de caractères-type sont les protagonistes d'une situation : on va les aimer, tous, spontanément, sans les juger, dans leur simplicité, leur naïveté parfois. Au-delà d'un comique de situation écrit, l'un ou l'autre d'entre eux, peut, par sa syntaxe ou son vocabulaire, son habileté à jouer du verbe, son mode intime de fonctionnement, révéler une identité comique propre. Le jeu va consister à l'outrer immédiatement, ou progressivement, parfois jusqu'au paroxysme, pour, qui sait, lui réfuter soudain cette qualité (on ne fait que donner chair aux personnages, laquelle est parfois faible). Un geste peut suffire.

Au-delà de ménager ponctuellement le plaisir d'une surprise par le contre-pied, c'est celui d'élaborer une partition, indépendante de la mélodie, qui ne prévoit que contrastes, oppositions, décalages, rythmiques, sonores, en couleur comme en volume, qui nous fasse aussi nous surprendre nous-mêmes.

Esme Winter-Froemel : *Comment décririez-vous le rôle du comique langagier dans la pièce de Louis Fuzelier,* L'Amour maître de langue *(1718), que vous avez présentée au théâtre de Trèves lors du colloque « The Dynamics of Wordplay / La dynamique du jeu de mots » ?*

Aurélie Rusterholtz et François Chaix : En plus des ressorts habituels de ce théâtre-là, la particularité (et de fait sa difficulté majeure) de *L'Amour maître de langue* réside dans l'incessant va-et-vient entre le français et l'italien, sans parler de l'intrusion soudaine d'esprits allemands,... antagonismes qui n'étaient pas pour nous déplaire, mais dont le traitement, n'étant ni germanisants ni italianisants, s'avéra épineux. On s'est appliqués à jouer la confrontation des codes culturels des uns et des autres, et marquer leur différence en optant simplement pour des accents italiens et allemands d'opérette (puisque, quoique en Allemagne, la lecture-spectacle était en français), plutôt par défaut, lesquels, nous l'avouons, ne nous ont pas comblés. La compréhension de l'italien à l'époque, par un public rompu au Théâtre de Foire était sûrement supérieure à la nôtre, et ce manque a dû nous priver de quelques subtilités du texte.

Esme Winter-Froemel : *Quelle est votre approche de la dimension ludique des textes lorsque vous préparez les représentations, par exemple la lecture-spectacle de la pièce de Fuzelier ?*

Aurélie Rusterholtz et François Chaix : Dans ce théâtre, d'inspiration italienne le plus souvent, nous œuvrons séparément, et pas seulement parce que nous avons définitivement convenu qu'Aurélie incarnerait les personnages féminins quand François prendrait en charge les personnages masculins, mais par souci de clarté, et les tentatives d'entorse à ce principe que nous nous sommes permises n'ont pas été fructueuses (il est arrivé qu'Aurélie assure la présence de personnages masculins secondaires quand, comme il arrive parfois dans ce répertoire, ceux-là sont trop nombreux pour François).

Nous nous bornons à clarifier de temps à autre un point de construction, une incompréhension, un détail obscur, une petite énigme, et nous appliquons, en dehors de cela, à échanger le moins possible ! Parce que, d'une part, nos façons d'appréhender une œuvre, de concevoir, de mettre au point, diffèrent radicalement, et d'autre part nous nous ménageons le plaisir de la confrontation, et faisons en sorte, autant que nous le pouvons, de l'éviter, pour en retirer un bénéfice décuplé le moment venu, grâce aussi et surtout à la présence du public.

Aurélie, s'imprègne du texte, en le lisant et le relisant sans cesse, en silence, pour approcher ses personnages, les découvrir, les comprendre, intimement, savoir tout de leur motivation intérieure, de leurs ressorts, leurs émotions, les posséder.

François a le besoin immédiat d'entendre les siens, quoiqu'ils aient à vivre, à ressentir, à dire, et fait un travail de recherche, à voix haute, exclusivement vocal, jusqu'à ce que chacun d'eux ait son identité sonore propre, bien distincte de celle des autres, en terme de timbre, de débit, de façon de phraser, d'accent, puis enfin s'intéresse à ce qui les meut.

La principale dimension ludique, pour nous, est le moment de la mise en présence des uns et des autres, chacun dans sa singularité, et de se surprendre mutuellement.

En illustration, l'exemple de *L'Impatient* de Charles-Antoine Coypel (lecture-spectacle au Musée des Beaux Arts de Nantes – 2011) : Damis, le personnage principal, n'a pour qualité (de la main de l'auteur dans la liste des personnages) ni ami de Géronte, ni maître de Frontin, ni même amateur d'art, mais « impatient »... Des décisions de mise en scène étaient nécessaires : l'idée de le rendre quasi inaudible tant son débit était rapide s'imposa. Vient Isabelle, aussi vive que lui mais qui va feindre une mollesse extrême (que nous avons voulue insupportable pour l'auditeur) pour éviter un mariage avec ce vif ami de son père qu'elle ne connaît pas. Damis va se fondre à son tour dans cette folle langueur à mesure qu'il tombe amoureux d'Isabelle, quand elle, à l'inverse, va se raviver tout à fait à l'épreuve de l'amour. Aurélie peinait techniquement à trouver cette fausse somnolence. L'hypothèse gratuite qu'elle aurait consommé quelque substance défendue la libéra tout à fait. La justesse comique du personnage explosa, nourrie par une réelle motivation physique, et les situations devinrent d'un coup jubilatoires.

Esme Winter-Froemel : *Quelles sont vos observations par rapport aux réactions du public, ou de certains groupes de spectateurs ?*

Aurélie Rusterholtz et François Chaix : Les réactions du public sont bonnes, par essence. Il n'y a ni texte théâtral inaccessible, ni public « introuvable », ou nous n'avons pas rempli notre rôle. « Il faut jouer pour le sourd, l'aveugle, et l'étranger » nous disait Jean-Laurent Cochet. Pour exemple, *Mélusine*, une autre pièce de Louis Fuzelier qui est peut-être celle que nous avons présentée, en version lecture-spectacle, le plus grand nombre de fois et devant des publics les plus divers, pour ne pas dire opposés. Chacun y saisit ce qui lui plaît, et réagit à sa façon, de l'universitaire australienne, en colloque à Québec, qui va être fière de relever des références qu'elle seule a reconnues, dont nous-mêmes nous ignorions tout, quand l'agriculteur d'Eure-et-Loir, pour la première soirée de sa vie au théâtre, dans une grange au beau milieu de la neige, va simplement goûter le plaisir d'entendre une fée échanger avec des lutins dans une langue d'un autre âge.

Esme Winter-Froemel : *Y-a-t-il, dans les pièces des XVIIᵉ et XVIIIᵉ siècles que vous jouez, un humour verbal particulier qui ne fonctionne plus, ou qui fonctionne de manière différente aujourd'hui ?*

Aurélie Rusterholtz et François Chaix : L'humour omniprésent dans ces pièces des XVIIᵉ et XVIIIᵉ siècles fonctionne évidemment différemment de nos jours puisque les personnages-types de ce répertoire, établis, sont devenus des inconnus pour le spectateur, quand à l'époque, même travestis, ils étaient reconnus au premier coup d'œil, par un masque, un costume, une gestuelle. On savait tout des origines d'un Trivelin, de la vie d'une Colombine, ou des antécédents d'un Arlequin, et on avait chaque fois plaisir à les retrouver dans de nouvelles aventures. Le personnage était starifié et non l'acteur qui l'incarnait. Ce principe a disparu, à l'exception peut-être, près de nous, du François Pignon de Francis Veber.

Malgré cette carence, on convient aujourd'hui de voir entrer en scène un personnage, qu'il se nomme Scapin, Sylvia, Frontin, puisque c'est son nom, et l'on va ma foi découvrir qui il est au gré de ce qu'on voudra bien nous en apprendre, mais la mécanique de ces pièces reste implacable, et le plaisir sera là.

Esme Winter-Froemel : *Merci d'avoir partagé ces réflexions avec nous, et au nom de tous les participants du colloque, un grand merci d'avoir fait revivre les voix des personnages de Fuzelier lors d'une soirée inoubliable au théâtre de Trèves.*

III   **Genres et contextes du jeu de mots**

Jiaying Li

Le jeu de mots dans la dramaturgie d'avant-garde des années 1950 : les exemples de Ionesco et de Tardieu

Résumé : Le jeu de mots, vu dans la perspective large de la nature du *jeu* – la création d'une illusion amusante et reposante en-dehors de la vie réelle –, signifie un écart par rapport à la convention générale et à la visée utilitaire de la langue, un abri, fondé sur la *plaisanterie* et le *divertissement*, contre le sérieux et la banalité des usages. Employé dans le théâtre comique traditionnel (d'inspiration aristotélicienne), le jeu de mots y renforce les effets illusionnistes en soulignant le comique d'idée, de caractère ou de situation. Le théâtre d'avant-garde des années 1950, libéré du souci de la *mimésis*, délivre le jeu de mots de son attachement servile à l'illusion vraisemblable et à la connivence dramatique que l'auteur cherchait auprès de son public, lui permet ainsi d'accéder à une forme de gratuité et une liberté totale – ce qui le transforme en même temps en un catalyseur de l'autonomisation du théâtre. Eugène Ionesco et Jean Tardieu sont tous deux des jongleurs de mots dans la lignée de Jarry ; ils partagent le rêve d'avant-garde d'un théâtre abstrait, tout en adoptant, à l'égard du langage et de l'esthétique dramatique, deux attitudes d'après-guerre fort différentes – celle de rupture et celle de réconciliation. Ionesco œuvrait au dysfonctionnement du langage et à l'échec de la communication, tandis que Tardieu exploitait la fantaisie burlesque et la potentialité musicale de la langue. Les jeux de mots du premier, faisant fi de la logique et de la raison, relèvent de l'esprit anarchique qui fonde la *plaisanterie* et revêtent une fonction critique ; ceux du second, explorant la dimension ludique et poétique des mots, s'approchent du principe esthétique du *divertissement* et revêtent une fonction poïétique. Une comparaison de ces deux types de jeux de mots, sur les plans paradigmatique et discursif, éclairera le rôle essentiel du jeu de mots dans le renouvellement du langage dramatique et de la vision générale de la langue au milieu du siècle dernier.

Mots clés : 1950, comédie du langage, connivence, divertissement, Eugène Ionesco, illusion, Jean Tardieu, jeu de mots, plaisanterie, théâtre d'avant-garde, tragédie du langage

1 Le jeu de mots et son rapport au théâtre

1.1 L'essence et les fondements du jeu de mots au sens large

Si le jeu de mots, dans ce contexte théâtral, est d'emblée arraché à son sens strict[1], c'est qu'il est souhaité d'aller au-delà de son utilité rhétorique dans un acte communicatif et du parti pris de son esprit non-sérieux, de son improductivité et de sa place mineure dans la littérature. Afin de restituer le jeu de mots dans sa complexité et sa plénitude, un passage par la notion de *jeu* s'avère nécessaire.

Huizinga, un des premiers à théoriser le jeu et sa fécondité dans le domaine culturel, situe cette « action libre, [...] dénuée de tout intérêt matériel et de toute utilité » (Huizinga 1951 : 31) à la base de l'ensemble de la culture (la liturgie, la compétition, la poésie, la philosophie, les arts voire les institutions juridiques) et souligne la distance que tout jeu crée, du fait de sa gratuité et de sa limite spatio-temporelle, avec la vie courante. Mettant l'accent lui aussi sur l'écart entre le jeu et le quotidien, Winnicott accorde au premier un rôle capital dans l'affirmation de soi et le développement de la créativité (Winnicott 1975 : 110). Quant à Roger Caillois, en affirmant à la fois que « tout jeu est système de règles » et qu'il entraîne « une atmosphère de délassement ou de divertissement » (Caillois 1967 : 13 et 9), il le situe entre deux pôles antagonistes et complémentaires – *paidia* et *ludus*, autrement dit « la puissance primaire d'improvisation et d'allégresse » et « le goût de la difficulté gratuite » (Caillois 1967 : 75–76). Ceci revient à considérer la liberté et la contrainte comme deux attributs de la même notion, et à admettre que la règle, arbitrairement établie mais rigoureusement respectée, distingue à elle seule l'ordre du jeu de l'ordre de la vie et assure le fonctionnement de l'univers ludique. Huizinga et Caillois ont tous les deux relevé la relation foncière entre jeu et illusion – *inlusio* ou « entrée dans le jeu » –, la seconde étant à la fois condition et conséquence du premier. L'essence du jeu se situe ainsi dans cet équilibre entre illusion et lucidité – illusion d'être entièrement dans un autre monde et lucidité d'être cependant dans un espace fictif, d'où l'on perçoit mieux la gravité ou la monotonie de la vie réelle. Car c'est bien avec l'intention d'échapper momentanément à tout ce que la vie

---

1 Le terme *jeu de mots*, selon sa définition par *Le Grand Robert de la langue française* (2001) – « allusion plaisante fondée sur l'équivoque de mots qui ont une ressemblance phonétique mais contrastent par le sens » –, est limité au seul jeu sur l'équivoque de sens engendrée par l'homonymie ou par la polysémie. Ainsi, le *calembour*, l'*à-peu-près*, la *syllepse* et l'*antanaclase* doivent constituer les formes principales du *jeu de mots* au sens strict.

comporte de grave ou de banal que l'on s'adonne au jeu qui « repose » et qui « amuse » (Caillois 1967 : 9). Face tant aux difficultés qu'à la routine de l'existence, celui-ci constitue « une sorte de havre où l'on est maître du destin » (Caillois 1950 : 213), « un îlot de clarté et de perfection » (Caillois 1967 : 20) voué à l'abandon, l'aisance, la joie et la créativité. C'est dans cela que réside sa fonction.

Par conséquent, un langage placé sous le signe du jeu échappe à l'usage courant ; il se cantonne dans une sphère illusoire et autonome, un mécanisme « artificiel » où il obéit, comme le souligne Todorov, à une règle particulière.[2] Jouer avec les mots revient à s'écarter de la convention générale du langage – y compris de la logique qui préside aux règles linguistiques ; c'est en même temps prendre ses distances par rapport aux simples finalités de la signification et de la communication. Freud attribue le plaisir du travail du « mot d'esprit » au relâchement de la pression du réel, au défoulement émotionnel grâce à l'élimination d'inhibitions (Freud [1940] 1988 : 249). Le procédé du jeu de mots déborde des limites régulières de la langue, ce qui lui permet de prendre en compte la matière même des mots. Autrement dit, c'est « une dysfonction du langage » (Guiraud 1976 : 111) ou, comme le définissait déjà Bergson, une « *distraction* momentanée du langage » (Bergson [1900] 2011 : 125). Du fait de son caractère hors normes, un jeu de mots est forcément créatif et ludique ; il représente une sorte de havre où la dérive, la fantaisie et l'extravagance sont permises dans un esprit de défoulement et d'amusement.

La *plaisanterie* et le *divertissement*, dotés respectivement des fonctions amusante et reposante du jeu définies par Caillois, constituent pour nous les deux fondements du jeu de mots.[3] Le premier, dominé par la *paidia*, a pour

---

2 « Le ‹jeu› des mots s'oppose à l'*utilisation* des mots, telle qu'elle est pratiquée dans toutes les circonstances de la vie quotidienne. Cette opposition ne concerne pas seulement le jeu et le sérieux mais aussi la parole dont la construction obéit à une règle particulière (parole artificielle) d'une part et, de l'autre, la parole qui ne sert qu'à exprimer, à désigner, à inciter, qui se consume dans sa finalité ou dans son origine (parole naturelle) » (Todorov 1978 : 294).

3 Guiraud, lui, divise les jeux de langage en deux genres : ceux de la plaisanterie qui « jouent *sur* des mots » (le *calembour*, la *contrepèterie*, l'*anagramme*, etc.) et ceux du divertissement qui « jouent *avec* des mots » (la *charade*, le *rébus*, les *bouts-rimés*, les *mots croisés*, etc.) (Guiraud 1976 : 97–98). Cependant, cette division est faite selon les types de jeux vus comme immuables ; or, c'est plutôt le contexte d'emploi qui détermine le caractère d'un jeu : la pratique de calembours ou de contrepèteries pourrait aussi bien être un divertissement entre amateurs de mots qu'une plaisanterie. Par ailleurs, les *divertissements verbaux* au sens strict, appelés aussi *jeux d'esprit* ou « jeux *avec* des mots » selon l'auteur, ne revêtent pas la nature du jeu de mots à notre sens, avec des relations différentes du joueur avec les mots dont il se sert comme un simple outil du passe-temps intellectuel sans être intéressé par leur propre mécanisme. Nous

principe l'anarchie et montre des affinités avec la culture populaire : c'est de la désobéissance à la norme, de la transgression des règles, de l'opposition à l'ordre, quand ce n'est pas à la perfection, que provient le plaisir partagé. Le second, tendant vers le *ludus*, est d'ordre esthétique, voire spirituel : il est nourri par la volonté de construire de nouvelles règles, souvent difficiles, destinées à surpasser la facilité du langage ordinaire. Le jeu de mots ressortissant à la plaisanterie se moque de l'arbitraire des signes et de la sclérose des conventions verbales en les détournant, les ridiculisant ou les dégradant. Il constitue un *infra-discours* destructeur de la logique et du système grammatical ; ainsi revêt-il une fonction critique. Quant au jeu de mots relevant du divertissement, il déplace l'attention de l'aspect pragmatique du langage vers ses potentialités ludiques ou sa « fonction poétique » au sens jakobsonien.[4] Explorant la richesse et la musicalité du signifiant, il est doté d'une fonction poïétique et constitue un *super-discours* qui fait de la langue un objet d'art.

1.2 Le jeu de mots dans le théâtre traditionnel

La construction-acceptation de l'illusion – le noyau du jeu – est essentielle dans tout système dramaturgique. De plus, selon le principe aristotélicien qui a régné pendant de longs siècles en Occident, l'illusion théâtrale – que Corneille appela très justement « l'illusion comique » – est fondée sur la *mimésis*. À l'époque classique, alors que celle-ci restait la règle dans les beaux-arts, elle fut contaminée au théâtre par le concept de *vraisemblance*, qui liait la crédibilité de la représentation à un rapport intellectualisé avec la réalité. Le jeu de mots, dans ce théâtre où la quête d'une illusion parfaite amenait l'auteur à composer un « bel animal » (Aristote 1874 : 1450b) cohérent, implique donc une double illusion : celle du verbe et celle de la vie. En d'autres termes, deux écarts se trouvent étroitement imbriqués : celui d'avec le langage usuel va de pair avec celui

---

proposons donc une division – toutefois non tranchée car nombreux sont les cas de fusion – des jeux de mots selon leurs fondements : ceux fondés sur la plaisanterie et ceux fondés sur le divertissement. La *plaisanterie* n'est pas le synonyme du *jeu de mots* au sens strict, mais désigne tout jeu de langage qui plaisante avec la norme linguistique en la transgressant ; tout comme le *divertissement* ne renvoie pas ici aux *jeux d'esprit*, mais bien à l'idée d'explorer, en s'amusant avec, l'aspect ludique du langage.

4 « La visée (*Einstellung*) du message en tant que tel, l'accent mis sur le message pour son propre compte, est ce qui caractérise la fonction poétique du langage. [...] Cette fonction, qui met en évidence le côté palpable des signes, approfondit par là même la dichotomie fondamentale des signes et des objets... » (Jakobson [1963] 2003 : 218).

d'avec la réalité, et tous deux fonctionnent de concert. Si ce second écart se résume, pour se borner au niveau verbal du langage dramatique, dans l'écart du discours dramatique vis-à-vis du discours ordinaire, le jeu de mots au théâtre est alors un surcroît de jeu, un renforcement de cet écart d'avec le langage courant. Sont renforcés, précisément, les effets tragiques ou comiques contribuant à l'illusion dramatique et créés en grande partie par un langage distinct de l'usage.

Il faut cependant relever une différence entre les genres. Si le langage poétique de la tragédie classique est le résultat des tentatives de jeux de mots visant, à l'origine, à relever la musicalité de la parole, il a fini par devenir un code stylistique et a perdu sa nature ludique, à cause non seulement du besoin de fournir des règles au genre noble, mais aussi d'une recherche rigoureuse de la vraisemblance qui élimine toute possibilité de repousser les limites du langage. Au contraire, le genre comique, dont le langage imite pour tourner en dérision le parler mécanique, ridicule ou provincial, donne plus de liberté aux jeux de mots. Leur présence y est appréciée pour son apport à l'illusion dramatique, lorsqu'elle va dans le même sens caricatural du discours comique en en poussant encore plus loin le burlesque.

Il reste que l'illusion verbale ne doit jamais dépasser ni contrarier l'illusion dramatique : son rôle est de la servir et de la fortifier. Certes la surprise et le rire du spectateur réagissant à un jeu de mots signifient une sortie de l'illusion, mais l'adéquation – quasi immédiatement perçue – de ce jeu au fonctionnement du drame assure la réintégration du spectateur à l'histoire et la victoire du mimétisme. En revanche, la séparation de ces deux illusions, ou l'altération de leurs rapports d'entente ou de subordination, aurait menacé le maintien de l'illusion et le fonctionnement du théâtre aristotélicien ; et c'est bien dans cette libération du jeu de mots de son assujettissement au drame que consiste un des enjeux du théâtre moderne.

Le jeu de mots dans ce théâtre traditionnel est également caractérisé par la connivence entre auteur et public : cette finalité du jeu de mots qu'est la création d'une « connivence ludique » (Kerbrat-Orecchioni 2011) est d'autant plus marquée au théâtre, avec la présence directe des spectateurs en face des comédiens. De la *plaisanterie* burlesque sur la rigidité du langage, au *divertissement* esthétique pour un langage potentiel, quel que soit le niveau où il se situe, le jeu de mots n'est créé que pour être compris et apprécié d'un public, défini par une époque et un milieu. Tandis que le *jargon* inintelligible des farces médiévales est supposé s'adresser au goût populaire, au désir pur d'évasion que les spectateurs éprouvaient en allant au théâtre (Garapon 1957 : 98–101), l'*à-peu-près* de Molière devait cibler les « honnêtes hommes » de la Cour et de la Ville qui, réjouis de retrouver à la scène les valeurs de leur monde, étaient tout disposés à se gausser de qui les ignorait ou s'efforçait de les adopter – souvent en empruntant, de maladresse en maladresse, leur langage (Forestier et Bourqui 2010). Si, au siècle suivant, les *mots d'esprit* de Marivaux étaient accueillis d'abord par un public de salon qui, amateur de liberté et de raffinement verbaux, annonçait les Lumières (Deloffre 1989), les *jeux de mots* – au sens strict – de Feydeau allaient trouver leur bonne place dans le vaudeville, genre populaire dont le dessein primordial était de provoquer le rire en renvoyant au public sa propre bêtise et ses tics verbaux (Gidel 1979).

En somme, aucun jeu de mots n'était gratuit dans le théâtre traditionnel : tous étaient intégrés à la mécanique dramatique, pour souligner le comique de caractère (Molière), le comique d'idée (Marivaux) ou le comique de situation (Feydeau). Certes au Moyen Âge, où l'idée de drame était loin d'être aboutie, la fantaisie verbale dans les genres comiques s'arrêtait au comique des mots mêmes, mais elle était avant tout un stimulant de l'euphorie collective propre à l'ambiance de fête. Tous servaient au dramaturge de moyens pour renforcer le lien entre spectacle et spectateurs, indispensable au succès de la pièce, mais aussi pour réunir et souder les spectateurs.

1.3 Le jeu de mots dans le théâtre d'avant-garde des années 1950

Si la *modernité* en littérature et dans les arts consiste en un affrontement entre le réel et le langage, un refus du confort formel, des belles-lettres, de l'homogénéité sémantique et de l'utilité verbale, une volonté de refonder le langage et les représentations du monde, et encore le goût du renversement et de l'expérimentation, le théâtre français signa sa venue à la modernité en 1896 avec la réalisation d'*Ubu Roi*. Depuis, « la volonté d'assumer et d'explorer les ressources de la théâtralité, le refus du carcan de la représentation illusionniste » (Roubine 1980 : 16) ont délivré le théâtre de son obligation de vraisemblance, et préparé son autonomie par rapport au drame. Cette transformation a pris du temps : qu'il s'agisse de l'usage auto-réflexif des signes revendiqué par les dadaïstes et les surréalistes, ou du retour aux sources spectaculaires du théâtre réclamé par Artaud, dont la tentative avec Vitrac en 1928 a connu une froide réception[5], les

---

5 Roger Vitrac, sans doute le seul de son temps à concrétiser le principe surréaliste dans la dramaturgie, est un précurseur du théâtre « non-figuratif » revendiqué par la génération des années 1950. Son *Victor ou les Enfants du pouvoir*, conçu pour le Théâtre Alfred Jarry qu'il a

premières mises en pratique datent des années 1950. Elles ont eu pour cadres les petits théâtres parisiens de la rive gauche où s'élaborait alors une nouvelle dramaturgie anti-aristotélicienne, « ayant fini d'être dramatique » et quittant les « principes de narration et de figuration » (Lehmann 2002 : 20). Le dialogue, avec la « crise du drame » (Szondi [1965] 2006) et la désactivation de la fonction communicative du langage dramatique, laissa la place aux échanges incohérents ou au monologue morcelé, à la logorrhée insignifiante ou au silence obscur.

Le jeu de mots dans ce théâtre épris d'autonomie s'avère à la fois un héritage et une subversion de son passé. D'une part, tout en développant l'illusion verbale dans les deux voies de la plaisanterie et du divertissement, il cesse d'être attaché à l'illusion dramatique ; il accède ainsi à une liberté et une gratuité qui le relient, par-delà les siècles et tout ce qu'ils entraînent d'anachronique, à la tradition orale médiévale selon laquelle la théâtralité verbale (son, rythme, prosodie) peut constituer à elle seule l'action et le spectacle mêmes. D'autre part, les auteurs d'avant-garde, habités par une vision sceptique du langage et de la fonction théâtrale, ne cherchent plus à plaire aux spectateurs – bourgeois pour la plupart – ni à les instruire ou les réunir, mais à les provoquer, les diviser, les faire réfléchir, en déjouant sans cesse leurs attentes en leur imposant le *nonsense*.[6] Le *rire de connivence* suscité jadis par les jeux de mots se transforme souvent en un rire ambigu et précaire, déclenché par l'étrangeté des associations de mots et aussitôt figé par l'angoisse de ne pas en comprendre le sens. Dès lors, quoique les techniques restent les mêmes, le jeu de mots ne renforce pas l'illusion mimétique, ni la connivence dramatique avec le public ; il est au contraire la source première d'un nouvel écart – celui que le langage désormais théâtralisé prend vis-à-vis des conventions du langage dramatique.

---

fondé avec Artaud et monté par ce dernier en 1928 à la Comédie des Champs-Élysées, annonce aussi bien les dysfonctionnements du langage chez Ionesco que les paroles ludiques et oniriques chez Tardieu.

6 Pour éviter l'interprétation péjorative du mot *non-sens*, qui renvoie à un manque ou une absurdité de sens reprochable pour un esprit cartésien, nous empruntons le terme anglais *nonsense* qui, ne comportant pas de connotation négative, renvoie à une forme d'humour liée à l'absurdité ou à l'excentricité et relevant d'une tradition littéraire reconnue dans la culture anglo-saxonne. Trouvant ses formes primitives dans la littérature orale médiévale, dont la règle de jeu réside dans l'incohérence systématique de sens et dans la primauté du rythme sur la logique (cf. Mougin 2004 : 14), le *nonsense* est une synthèse de l'enfantillage et de l'oralité. C'est notamment après la Seconde Guerre mondiale que la France cartésienne a rouvert la porte à ce comique d'incongruité, accueilli d'abord dans les cabarets et les cafés-théâtres, où Ionesco et Tardieu puisaient leurs premières inspirations.

Ce « théâtre nouveau » des années 1950 adopte deux types d'attitudes à l'égard du langage : d'un côté la dénonciation, le doute radical, « dont les implications ont une portée sociale et politique ou métaphysique » ; de l'autre un esprit de confiance, de réconciliation, ayant recours à un langage poétique qui « cherche à briser les moules habituels de la phrase et de la rhétorique, moins pour étonner le spectateur que pour dire plus et autrement » (Corvin [1963] 1995 : 19–20). La même idée a amené Martin Esslin à opposer le « théâtre de l'absurde », celui de Beckett, de Ionesco et d'Adamov, à ce qu'il appelle le « théâtre de ‹l'avant-garde poétique› » (Esslin 1963 : 22), représenté notamment par Pichette, Schehadé, Tardieu, Audiberti. Cette division générale correspond à deux attitudes de l'avant-garde : l'une, négative, s'exprime par « un mélange [...] de gratuité et d'exaspération, de nihilisme et de protestation effrénée » (Marino 1986 : 659) tandis que l'autre, positive, dérive d'un « esprit profondément précurseur, ‹futuriste› par définition, largement ouvert sur l'avenir, fasciné par le grand ‹lendemain› » (Marino 1986 : 721). La première, appliquée au langage, mène à la dégradation de la norme et à la rupture de la logique discursive ; elle relève de la *plaisanterie* en tant que principe anarchique. La seconde se voue à l'expérimentation du potentiel signifiant du mot et à l'enrichissement des moyens d'expression ; sur le plan esthétique, elle est l'un des modes fructueux du *divertissement*.

2 Deux exemples antithétiques : Ionesco et Tardieu

2.1 La « tragédie du langage » et la « comédie du langage »

Parmi les auteurs révolutionnaires cherchant à détourner les conformismes langagier et esthétique d'un théâtre en retard sur d'autres arts dans l'évolution vers l'autonomie, Eugène Ionesco et Jean Tardieu sont des figures de proue. Ils sonnent le glas de ce qui était perçu comme *réaliste* et annoncent la naissance d'un *théâtre abstrait,* éloigné tant du psychologisme que du rationalisme, remplacés par le dépassement et la reconstruction du réel. Tous deux sont des héritiers spirituels de l'esprit pataphysique de Jarry consistant à renverser le « consentement universel » par l'union des contraires (Jarry 1972 : 668–673), et font partie de la génération de Queneau, Vian et autres humoristes contestataires. Ce qui les distingue pourtant de cette génération, c'est qu'ils ont réalisé – comme prenant la relève de Vitrac – les théories et les projets des avant-gardes, aussi bien dans l'écriture que sur la scène, si bien que la révolution du langage a dépassé la phase des essais ésotériques pour affronter le public et ébranler les conformismes dramatiques. Pour ce faire, ils visent tous les deux, au début de leurs carrières, le vaudeville comme cible de dérision, tout en puisant dans les thèmes, les situations voire les formes de jeux de mots fréquentés par un Feydeau ou un Labiche.

Cette obsession commune de la question du langage est omniprésente dans les œuvres des deux écrivains, qui témoignent, malgré les approches très différentes, d'une grande proximité dans les thèmes, les schémas, voire les dénouements. *La Cantatrice chauve* partage avec *Un mot pour un autre* le même cadre bourgeois, ses clichés de conversation et ses règles de jeu ; *La Leçon* et *Ce que parler veut dire* donnent la parole au même type de professeur arbitraire, qui manipule la langue et les dénominations ; *Jacques ou la Soumission* et *Les Temps du verbe* réduisent l'homme à la proie du Verbe ; *Les Chaises* et *Une voix sans personne* laissent résonner des paroles décousues et répétitives sans destinataires ; *Les Salutations* et *Les Mots inutiles* sont constitués à partir d'une logorrhée truffée de mots peu usités, alors que *Le Maître* et *La Serrure* montrent, à travers l'adoration d'une figure macabre muette, que la parole ne vaut pas le silence ; *Le Salon de l'automobile* et *Le Style enfantin* jouent sur le coq-à-l'âne propre au langage enfantin ; *La Jeune Fille à marier* et *Monsieur Moi* mettent un phraseur arrogant, qui est l'incarnation des clichés, en face d'une figure faible jouant son ombre ou son écho ; *Scène à quatre* ressemble à *La Sonate et les trois messieurs* en ce que les deux pièces font entendre un trio de voix masculines tournant autour du néant... Ce n'est donc pas un hasard si l'un et l'autre ont attiré les mêmes metteurs en scène d'avant-garde (Jacques Polieri, Sylvain Dhomme et Jorge Lavelli), les mêmes spectateurs enthousiastes (Queneau, Soupault, Paulhan, Lemarchand, Touchard), les mêmes critiques (Marcabru, Lerminier, Kemp), ou encore les mêmes chercheurs, dont Paul Vernois, qui a consacré à chacun une monographie (Vernois 1972, 1981). Cependant, tout nourris qu'ont été Ionesco et Tardieu à des sources communes, et si lancés qu'ils soient dans une commune recherche d'innovation théâtrale, leur chemins divergent, et cela dès le départ. Ils représentent les deux attitudes d'avant-garde précitées, à l'égard du langage en général et de l'esthétique dramatique : celle de la rupture[7] et celle de la réconciliation[8]. Ramenées aux jeux de mots, Ionesco y

---

7 Toute la vie de Ionesco est marquée par « un goût pour la polémique et une haine des idéologues de tout poil » (Jacquart 1998 : 20). Cette haine de toute incarnation de l'autorité est à l'origine de son combat constant contre les conformismes, combat qui procède par la plaisanterie sarcastique sur les clichés qu'emploient les autorités. De la satire des clichés et du langage automatique de la petite bourgeoisie dans *La Cantatrice chauve* (1950), Ionesco s'ache-

cultive l'esprit de plaisanterie, tourné vers la destruction ; Tardieu l'esprit de divertissement, déployé à des fins de construction.

Mû par la haine du théâtre de son temps, Ionesco s'inspire, dans ses « farces tragiques »[9], de la verve anarchiste de Jarry ou de l'Apollinaire des *Mamelles de Tirésias*. Faisant du « grossissement des effets » (Ionesco 1966 : 59) – procédé du guignol – le principe fondateur de son esthétique théâtrale, il pousse à l'extrême le mécanique et l'insolite pour donner au spectateur le « sentiment de l'étrangeté du monde » (Ionesco 1966 : 53). Sans aller jusqu'à pratiquer l'écriture automatique (dont la touche onirique est pourtant très présente dans ses œuvres), il fonde, dans la lignée des surréalistes, ses jeux de mots sur le hasard. C'est ainsi que dans *La Cantatrice chauve*, désignée par lui comme une « tragédie du langage », il déjoue la logique et la cohérence. Par l'emploi d'un *non-sense* dérisoire, qui expose ses personnages à l'échec du dialogue et noie ses lecteurs-spectateurs dans l'incompréhension, il s'attaque à l'automatisme de la pensée, exprimé par l'usage mécanique des clichés verbaux, et aux banalités creuses de la communication. Le comique verbal n'est chez lui qu'une étape

---

mine vers la dénonciation de l'épidémie idéologique dans *Rhinocéros* (1960). À force de s'attaquer aux dogmes autoritaires et aux courants majeurs de son temps – tels le brechtisme – à travers ses créations de plus en plus « sérieuses » et « engagées », mais aussi ses polémiques avec des critiques, celui qui a défini l'avant-garde « en termes d'opposition et de rupture » (Ionesco 1966 : 77), comme une minorité impopulaire, fondera en moins d'une décennie sa propre école, vénérée et suivie par beaucoup. Néanmoins, ce changement de position n'a pas empêché l'esprit dérisoire de dominer encore ses dernières pièces : le Bérenger de *Rhinocéros* est une incarnation même de la lucidité à l'égard des autorités et du doute tenace de la vogue. Qu'il soit de « l'anti-théâtre » ou du théâtre, c'est « un théâtre de la dérision » (Ionesco 1966 : 190) qu'il prétend faire, même si la dérision apparaît moins dans le langage même que dans le grotesque des « éléments dramatiques » (intrigue, situation, personnage) au fil du temps et de la consécration académique de l'auteur.

8 « L'expérimentation a été la constante de sa création dramatique » (Mignon 2003 : 8). Guidé par cet esprit d'expérimentation d'un modeste « apprenti dramaturge » (Tardieu 1966 : 8), Tardieu essaie de « *fasciner* (plutôt que de ‹convaincre›) à partir des matériaux élémentaires dont [un poète] est bien obligé de se servir, c'est-à-dire les mots du langage », en « les [détournant] de leur fonction habituelle et [en] les [combinant], comme des couleurs ou des sons » (Tardieu 1978 : 134). Au lieu de prendre la position du rival contre le théâtre conventionnel de son temps, il rivalise plutôt avec la peinture et la musique par une écriture poétique tendant vers l'abstraction, un « *para-théâtre* » (Tardieu 2003 : 150), afin d'enrichir les fonds de la dramaturgie. Ses jeux de mots, s'ils rappellent encore les formes comiques « traditionnelles » dans ses premières pièces, consisteront entièrement en jeux de sonorités propres à la poésie, lorsque son « théâtre de chambre » (titre de son premier recueil de théâtre) évoluera vers une « musique de chambre » avec les mots transformés en pures notes musicales.

9 « Farce tragique » est utilisée par l'auteur comme le sous-titre des *Chaises* (1951).

pour accéder à un tragique sous-jacent (Ionesco 1966 : 173), c'est ainsi que ses jeux de mots, ludiques certes, prennent une dimension critique.

Au contraire, c'est bien l'amour pour le théâtre en général qui amène Tardieu à la création dramatique, et c'est avec les Oulipiens, qui cherchent la liberté à partir des contraintes, qu'il se sent en affinité. L'homme n'est pas un destructeur des règles mais un constructeur, qui se dévoue à l'enrichissement du langage en établissant un « ‹catalogue› des possibilités théâtrales » (Tardieu [1966] 1987 : II) ouvert aux expérimentations, comme Queneau quand il propose ses « exercices de style ». D'où le petit format de la plupart de ses pièces, empreintes de surcroît de la forme radiophonique qui travaille avant tout sur la matière sonore des mots.[10] Nommant un de ses recueils « comédie du langage » (Tardieu [1966] 1987 : II), où domine un *nonsense* poétique créé par les *à-peu-près*, les mots « sauvages » (Tardieu 1966 : 168), les « somniloquies » décousues et le silence, il invite les lecteurs-spectateurs à un colin-maillard du langage en les informant des « règles du jeu » au lever du rideau. Derrière le comique et le plaisir liés au son, c'est la potentialité du signifiant qu'il explore, en empruntant des moyens d'expression à la musique, jusqu'à créer des « infra-langages » des sons (Tardieu 1978 : 13) qui fonctionnent en deçà de l'expression discursive. Ses jeux de mots prennent ainsi une dimension poïétique.

Chez Ionesco, les mots sont des carcans à casser ; chez Tardieu, ce sont des instruments cachés. Ces deux conceptions du jeu verbal, tant sur le plan paradigmatique (la *substitution*) que sur le plan discursif (l'*enchaînement*) – pour emprunter la catégorisation proposée par Guiraud (Guiraud 1976) –, appellent une comparaison.

2.2 La substitution : un chaos sémantique face à un jeu d'énigmes

« L'équivoque constitue l'essence du jeu de mots » (Guiraud 1976 : 9). Sa forme classique se fonde sur le remplacement d'un (des) terme(s) par un (des) terme(s) qui lui est ou sont phonétiquement analogique(s), de manière totale ou approxi-

---

10 La vie et l'œuvre de Tardieu sont profondément marquées par ses longues années d'expériences radiophoniques : sa prise en charge en 1946 des programmes culturels, notamment du Club d'Essai à l'Office de la Radio-Télévision Française, marque sa venue officielle au théâtre, genre qui, pour lui, remédie à l'inefficacité de la poésie grâce à une parole *totale*. Dès lors, il se sert des ondes comme d'une scène pour approfondir son exploration des aspects sonores de la langue française et poursuivre sa recherche de formes théâtrales.

mative. Dans ce cadre, la *syllepse* et l'*antanaclase* (reposant sur la polysémie), comme le *calembour* et l'*à-peu-près* (reposant sur l'homophonie) sont les formes principales de substitution. On peut légitimement y ajouter la *néologie*, qui consiste la plupart du temps à substituer à un terme jugé usé (et, par là, faiblement expressif), un autre, inédit, né *a priori* d'une combinaison (mot-valise) ou d'un exercice de l'ordre de la dérivation.

2.2.1 Syllepse vs. à-peu-près

Tandis que la *syllepse* et le *calembour* classiques s'appuient sur le glissement sémantique pour provoquer la surprise et le rire, l'*à-peu-près*, qui voile une partie du signifiant attendu sans pour autant détourner le sens global du propos, surprend et amuse plutôt par l'énonciation que par l'énoncé. Dans le théâtre traditionnel, les deux premières figures sont souvent utilisées comme détonateurs d'un conflit, tournants d'une situation, ou pis-aller de la défense dans un affrontement verbal ; elles servent de stimulants au dramatique et de ressorts au comique. Quant à l'*à-peu-près*, qui est moins un enjeu du dialogue qu'un assaisonnement, il participe surtout du pastiche ou de la caricature ; visant à souligner la maladresse de celui qui parle par rapport à toute espèce de norme (usage courant ou marque de distinction), il inclut le balbutiement, le lapsus, la confusion, aussi bien que les accents ruraux ou exotiques...

Or, ces trois formes de jeu ne revêtent pas les mêmes fonctions chez nos deux auteurs. Si Ionesco se sert fréquemment de la *syllepse* et du *calembour*, c'est pour paralyser la logique et casser la cohérence en entraînant le glissement sémantique jusqu'à l'impasse du non-sens ; et si Tardieu a une prédilection pour l'*à-peu-près*, au point de le pousser jusqu'à sa forme extrême (*un-mot-pour-un-autre*), c'est que ce procédé implique à ses yeux un déchiffrement heuristique du « palimpseste » (Genette 1982 : 57–62) qui lui permet de tourner en ridicule les habitudes verbales des bourgeois. Lisons le premier, dans *La Cantatrice chauve* et dans *Jacques ou la Soumission* :

(1)   Madame Smith : Dommage ! Il était si bien conservé.
      Monsieur Smith : C'était le plus joli cadavre de Grande-Bretagne ! Il ne paraissait pas son âge. Pauvre Bobby, il y avait quatre ans qu'il était mort et il était encore chaud. Un véritable cadavre vivant... (Ionesco 1991 : 12)

(2)   Prenez un cercle, caressez-le, il deviendra vicieux ! (Ionesco 1991 : 39)

(3) Jacques : Elle n'est pas moche ! Elle n'est pas moche ! Elle ne fait même pas tourner le lait[11]... elle est même belle...
Roberte mère : As-tu du lait ici pour voir ?
Roberte père : Il ne veut pas, il bleufe. Il sait que le lait tournerait... (Ionesco 1991 : 103)

(4) Jacques père : Il est sourd et muet. Il est chancelant.
Jacqueline : Il chante, seulement. (Ionesco 1991 : 89)

(5) Roberte II : ...On m'appelait aussi l'aînée gaie...
Jacques : À cause de vos nez ?
Roberte II : Mais non. C'est parce que je suis plus grande que ma sœur...[12]
(Ionesco 1991 : 106)

Contrairement à ces dérapages sémantiques, cocasses et absurdes, ceux de Tardieu sont phonétiques, ironiques et ludiques : l'auteur badine avec les conversations creuses en remplaçant à son gré un mot par un autre. Son jeu respecte quelquefois le principe de l'*à-peu-près*, par approximation phonétique : « En été, poursuivre le plumier [pluvier] des marais, rester des heures dans la boue, à l'affût d'un buvard [busard / bouvard] sauvage, en automne, forcer la cheviotte [chevrette] à la course » (Tardieu 1966 : 181) ; « chatoyer [chatouiller] les naseaux de la Baronne » (Tardieu 1966 : 184) ; « il me serre dans ses draps [bras], contre son moteur [cœur] » (Tardieu 1975 : 89). Ailleurs, l'approximation est sémantique : « il ne fait rien de ses dix bras [doigts] » (Tardieu 1975 : 89) ; « Mon chéri ne fera pas longtemps le pied de mouton [grue] sur le quai de la station » (Tardieu 1966 : 184). D'autres fois, le jeu est plus aléatoire ; il ne suit ni le principe strict de l'*à-peu-près*, ni celui du pastiche phraséologique relatif au contexte, ni la règle d'une espèce de jeu de société où une énigme n'admettrait qu'une seule réponse. La substitution introduit des mots peu fréquents, parfois sans relation avec ceux qu'ils remplacent. Les exemples ne manquent pas dans une de ses pièces les plus représentées et aussi les plus étudiées, *Un mot pour un autre* : « Mes trois plus jeunes tourteaux ont eu la citronnade, l'un après l'autre. Pendant tout le début du corsaire, je n'ai fait que nicher des moulins, courir chez le ludion ou chez le tabouret, j'ai passé des puits à surveiller leur carbure... »[13] (Tardieu [1966] 1987 : 14) ; « Mon zébu semble tellement à ses

---

11 La phonétique de *laid* - synonyme de *moche* - rappelle son homophone *lait*.
12 Jacques, résistant au mariage imposé par ses parents, réclame une femme à trois nez, et voilà qu'il tombe sur Roberte II, qui a exactement trois nez. Elle est la grande sœur de Roberte, la fiancée proposée que Jacques trouve laide car elle n'a que deux nez. Ici, à la suite du calembour entre *l'aînée* et *les nez*, l'auteur détourne aussi le sens de *grande*.
13 Alain Deligne a « traduit » la citation par « Mes trois plus jeunes enfants ont eu la jaunisse, l'un après l'autre. Pendant tout le début de l'hiver, je n'ai fait que chercher des médicaments,

planches dans votre charmant tortillon... que l'on croirait... oserais-je le moudre ? »[14] (Tardieu [1966] 1987 : 17). Quant aux sobriquets entre les amants, ils sont ouverts à toutes les traductions possibles, d'où la valeur pédagogique de ses pièces : « Je suis sa mouche, sa mitaine, sa sarcelle ; il est mon rotin, mon sifflet ; sans lui je n'en peux ni coincer ni glapir » (Tardieu [1966] 1987 : 15).[15]

2.2.2 Néologismes gratuits vs. « mots sauvages »

Non contents d'exploiter le contenu des dictionnaires, nos deux auteurs inventent des néologismes. Là aussi, chacun se montre créateur à sa manière.

Ionesco, dans *Jacques ou la Soumission* et *L'avenir est dans les œufs*, déforme les mots à la manière du parler d'Ubu, en employant *mononstre* pour *monstre*, *Je t'exertre* pour *Je t'exècre*, *plauvre* pour *pauvre*, *orordre* pour *ordre* (Ionesco 1991 : 88–131). Il fabrique des mots-valises complètement gratuits, tout à la fois libérés du principe de fusionner les sens de leurs composantes et sans rapport avec le contexte : *octogénique, vilenain, égloge, aristocrave, praticide, abracante, flaute, cordoléances...* (Ionesco 1991 : 88–125). Dans *Les Salutations*, il juxtapose des adverbes inédits et vides de sens, dérivés de termes scientifiques – dont la plupart sont des termes pathologiques, désagréables à l'oreille – pour prolonger des salutations fades : *adénitemment, arthritiquement, bissextilement, cartilagineusement, cirrhosiquement, dégobillationneusement, dodécaédriquement, empuatissamment, gangréneusement...* (Ionesco 1991 : 80–82).

Tardieu, quant à lui, invente des « mots sauvages » (Tardieu 1978 : 117) – onomatopée, gazouillement enfantin, rugissement animal, idiolecte intime ou « patois des familles » – qu'il met à la place des mots usités et auxquels il attribue des significations fantaisistes. Son objectif est de construire la « langue Moi »[16] chère au professeur Frœppel, personnage campé à sa propre image :

---

courir chez le médecin ou chez le pharmacien, j'ai passé des nuits à surveiller leur température... » (Deligne 1991 : 96). Mais ce n'est évidemment pas la seule possibilité de traduction, comme d'ailleurs les citations précédentes (ainsi *ludion* n'a rien de commun avec médecin, ni *tabouret* avec pharmacien).

14 Nous pouvons « traduire » la citation par « Mon mari semble tellement à son aise dans votre charmant pavillon... que l'on croirait... oserais-je dire ? ».

15 Alain Deligne a « traduit » la citation par « Je suis sa bouche, son refuge, son esclave ; il est mon soutien, ma raison d'être ; sans lui je n'en peux ni vivre, ni exister » (Deligne 1991 : 98).

16 « Construisons la langue moi ! La seule qui soit universelle ! la seule qui ne serve pas à déguiser la pensée, la seule qui soit pure effusion, dialogue direct et immémorial entre le sujet et l'objet, entre la créature et Dieu ! » (Tardieu 1978 : 22).

(6) galops des *dadas*, furie des *zizis*, *boum-boum* des *tam-tams*, *papattes* des *bêbêtes*, piques des *coupe-kikis*, hurlements des *totos* et *niam-niams*, ondulement des *chichis*, des *dondons*, et *clic* et *clac* et *bing* et *crac* (Tardieu [1966] 1987 : 55)

(7) Le *coco* est au *rococo* ce que le *kiki* est au *rikiki.* (Tardieu [1966] 1987 : 57)

(8) Toutou a mazé fiture.[17] (Tardieu [1966] 1987 : 59)

(9) Coba, pas cavaillé ! A fait bla-bla poum-poum avé les plouplous du tralala ![18]
      (Tardieu [1966] 1987 : 61)

(10) L'Amateur de journaux : Tioc, tioc, tioc, tioc, tioc, tioc, politique...
       Lui : Beu, beu, beu, beu, beu, bonnes nouvelles ?
       L'Amateur : Dac, dac, dac, dac, dac, dac, mauvaises nouvelles ! [...] (Tardieu 1969 : 40)

Il fabrique aussi des mots étrangers dont les sons assument à eux seuls le dialogue : « Gouch ! Gouch ! Mogok ! Bézoui bélek ? Péché-pi, coto-cox ? », « Evéhi, rémé-ha, ho hai-ho : oui dou you, lémé oui !... Mada-oua, a-da-doua, éré-oui » (Tardieu 1969 : 29).

2.3 L'enchaînement : un défi à la raison face à une symphonie de sons

Par rapport aux formes précitées de jeux de mots au niveau paradigmatique, fréquentées déjà dans le théâtre comique traditionnel, les jeux de mots au niveau discursif coïncident mieux avec l'irruption de la modernité, rappelant les souvenirs – certes théoriques – de « l'incohérence systématique » (Garapon 1957 : 48) propre à la *fatrasie* ou aux *menus propos*, composés sous la seule contrainte de la rime. Selon Guiraud, quand l'enchaînement des mots ne relève ni de la cohérence sémantique, ni des règles logiques, quand il devient gratuit et éventuellement cocasse ou absurde, il tombe dans le *jeu de mots* (Guiraud 1976 : 27). La volonté, déjà soulignée, de rompre avec les usages de la logique discursive et les lois de la communication, amène Ionesco à se laisser emporter par les enchaînements d'idées. De son côté, Tardieu puise dans les enchaînements de sons pour « faire bouger le langage » (Tardieu 1975 : 42) et expérimenter la musicalité des mots. Si ces deux types d'enchaînement ont en commun l'arbitraire et

---

17 « Le chien a mangé de la confiture » (« traduction » fournie dans le texte même).
18 « Comment ! Je n'ai pas travaillé ! Je n'ai pas cessé de parler et de discuter avec les plus importants délégués du Comité ! » (« traduction » fournie dans le texte même).

de l'absurde, le premier, au fond, relève du désir de dérision et le second de la préoccupation poétique.

2.3.1 Enchaînement par automatisme

De temps en temps, Ionesco fait appel à ce que nous appellerons des « mots-tremplins » pour dérouter le dialogue vers l'image immédiate que la seule sonorité, détachée du sens qui vient d'être énoncé, évoque en lui par association des idées. Tout se passe alors comme s'il distrayait ses personnages des joutes verbales pour les embarquer dans un jeu de société indépendant de leur dialogue. Les personnages, réduits à des pantins passifs, semblent être manipulés par les mots : « au lieu que les hommes se servent du langage pour penser, c'est le langage qui pense pour eux » (Doubrovsky 1960 : 321).

(11) Le Pompier : « ... Le veau fut donc obligé de se marier avec une personne et la mairie prit alors toutes les mesures édictées par les circonstances à la mode. »
Monsieur Smith : À la mode de Caen.
Monsieur Martin : Comme les tripes. (Ionesco 1991 : 32)

(12) Le Pompier : « ... qui avait fait, à la fille d'un chef de gare, un enfant qui avait su faire son chemin dans la vie... »
Madame Smith : Son chemin de fer...
Monsieur Martin : Comme aux cartes.[19] (Ionesco 1991 : 34)

(13) Jacqueline : Écoutez-moi, mon cher frère, cher confrère, et cher compatriote, je vais te parler entre deux yeux frais de frère et sœur. [...] mais que veux-tu, tant pis aller...
(Ionesco 1991 : 91)

(14) Jacqueline : Tu ne comprends pas que je suis envoyée vers toi, comme une lettre à la poste, timbrée, timbrée par mes voix aériennes, bon sang !
Jacques : Hélas, bon sang ne peut mentir ! (Ionesco 1991 : 91–92)

Chez Tardieu, le coq-à-l'âne que produit l'enchaînement par automatisme paraît plus poétique qu'absurde. Les dialogues des amoureux, chers à l'auteur, se déroulent souvent au fil de mots pris volontairement au pied de la lettre, comme si les personnages se livraient à un exercice de complicité dont l'enjeu consistait à réagir non au sens que dégagent les mots, mais bien à une parole ontologique cachée dans ces mots mêmes :

---

19 Le « chemin de fer » est un jeu de cartes.

(15) Lui, *commençant à s'échauffer* : Et moi, je suis ce que je suis à la fin !
Elle, *relevant le défi* : Ah, tu es ce que tu es ! Eh bien, moi aussi !
Lui : Mais non, voyons ! Tu ne peux pas être ce que je suis !
Elle, *pleine d'un reproche passionné, presque au bord des larmes* : Je l'étais bien, tout à l'heure ! J'étais ton « je suis », tu étais mon « tu es ». Ah, tout est bien différent !
(Tardieu 1969 : 27)

Quant au monologue, il lui permet, dans une forme assez lyrique pour s'approcher de la poésie, d'enchaîner en superposant les mots appelés et rappelés l'un par l'autre sans interruption, jusqu'à former un flux poétique :

(16) Depuis que tu es entrée dans ce tableau,
je te trouve belle
très belle
belle comme une pomme
comme une pomme de terre
comme une pomme de terre de feu
comme une pomme de terre de feu de bois.
(Tardieu 1969 : 279)

(17) [...] pichet du haut en bas fendu mon pichet de
terre
de terre cuite à point, de terre de pomme, de
terre de feu
de terre mienne, de terre brûlée de terre à bois de terre
à moi.[20] (Tardieu 1969 : 280)

(18) Je n'ai jamais vu fabriquer les filins d'acier pour les navires... (*Bâillant et s'étirant.*)
... Mais j'ai vu se déployer des voiles par temps clair ! (*Un temps. Il se lève à moitié et s'assied sur le bat-flanc.*)
... Je ne suis jamais entré dans les offices où l'on mesure le temps qu'il fera...
(Tardieu 1969 : 91)

2.3.2 Enchaînement par homophonie

Ionesco enchaîne des mots assonants ou allitératifs, appartenant à des domaines très différents, pour rythmer et faire évoluer les dialogues asémantiques en même temps que pour assurer le comique d'incongruité. Il pratique la paronomase aux seules fins de générer l'insolite : « on s'empêtre entre les pattes

---

20 Les deux citations sont tirées des *Trois personnes entrées dans des tableaux*. L'auteur y fait allusion à un tableau de Braque.

du prêtre », « nous avons passé un vrai quart d'heure cartésien », « Quand on s'enrhume, il faut prendre des rubans », « Plutôt un filet dans un chalet, que du lait dans un palais », « Bazar, Balzac, Bazaine ! », « En somme, vous n'auriez rien à craindre, c'est le crâne de la crème ! » (Ionesco 1991 : 35–41, 98). Ailleurs, il multiplie, en un tempo accéléré, des paronymes de sens contradictoires : « C'est encore moi qui te privais de dessert, qui t'embrassais, te soignais, t'apprivoisais, t'apprenais à progresser, transgresser, grasseyer » (Ionesco 1991 : 88). Il lui arrive également de dérouler en litanie des termes spécifiques ou néologiques, partageant le même suffixe ou la même racine, mais sémantiquement éloignés : « Des marxistes. Des marquis, des marks, des contre-marks. » (Ionesco 1991 : 136), « Ça va... adénitemment, arthritiquement, astéroïdemment, astrolabiquement, atrabilairement, balalaïkemment, baobabamment, basculamment... » (Ionesco 1991 : 80).

L'enchaînement par homophonie est plus fréquent chez Tardieu, qui a tendance à faire de ses pièces des poèmes ou des concertos, dont l'essentiel réside dans l'harmonie et la réitération. Dans *L'A.B.C. de notre vie*, « symphonie sans musique, faite de paroles, de cris, de murmures » (Tardieu 1969 : 71), Monsieur Mot et Madame Parole, comme deux partitions accompagnant celle du Protagoniste, s'enchaînent avec des mots allitératifs :

(19) Aboiement ! Abandon ! Abolition ! Bombardement ! (Tardieu 1969 : 78)

(20) Monsieur Mot : Bondir ! Battre !
Madame Parole : Balayer ! Briser !
Monsieur Mot : Barrage ! Bastion !
Madame Parole : Bouilloire ! Bifteck !
Monsieur Mot : Bâcher ! Bêcher ! (Tardieu 1969 : 102)

(21) Dévaluation !... Désacralisation ! Détachement ! Disjonction ! Discrimination ! Dissémination ! Ding, ding, don ! Danse du ventre ! Dormez sur vos deux oreilles ! Délivrez-nous du mal !... (Tardieu 1969 : 113)

Ces paronomases, qui n'ont pas une plus grande cohérence que celles de Ionesco, produisent un autre effet : les mots étant transformés en notes musicales et intégrés dans le rythme et la mélodie du discours, l'auditeur-spectateur entend moins l'amalgame sémantique que l'accord harmonieux ou la percussion rythmique des signifiants. Au lieu de déjouer la logique pour faire fi de la raison, Tardieu raisonne avec la musique pour créer des associations inédites de sons.

2.3.3 Enchaînement aléatoire

Si les deux premiers types d'enchaînement s'appuient encore sur quelque parenté entre les mots, cette dernière catégorie n'en inclut aucune ; elle se laisse dominer par le hasard. C'est ici que les quêtes de nos auteurs sont véritablement menées à leur terme. Ainsi, Ionesco fabrique des répliques dans le style du « cadavre exquis » des surréalistes, qui tournent la plate structure grammaticale en ridicule tout en la respectant à la rigueur, pour ne formuler finalement que des paralogismes loufoques ou des assertions irrationnelles :

(22) Je te donnerai les pantoufles de ma belle-mère si tu me donnes le cercueil de ton mari. (Ionesco 1991 : 39)

(23) L'automobile va très vite, mais la cuisinière prépare mieux les plats. (Ionesco 1991 : 40)

(24) Viens, Jacqueline, toi qui, seule, as suffisamment de bon sens pour ne pas te frapper dans les mains. (Ionesco 1991 : 91)

Tardieu, qui ne lance pas ce type de défi à la raison et à la logique, préfère inonder nos oreilles engourdies d'un « déluge de mots » ou d'un « océan de signes » (Tardieu 1975 : 34), ou encore d'une divagation onirique. Sa visée est de les réhabituer à la richesse ou au chaos des sons que l'homme a entendus quand il est venu au monde et dont il n'entend plus que le contenu passé l'enfance. Étant donné que tous les mots imaginables sont englobés dans cet immense univers de sons, le caractère aléatoire du discours trouve ainsi sa justification, de l'ordre de la poïétique :

(25) La voix d'enfant, *implacable, martelant les mots avec indifférence et cruauté* : La pitié, l'ordure, le précipice, la contrainte, l'éloquence, le ministre, la fête, la torture, l'opium, le bagne, la tendresse, le mouchard, le proton, le garçon d'étage, la luxure, le Discours de la Méthode, le Principe d'Incertitude, la pollution, le plastique, l'énergie atomique, le Vol du Bourdon, la Ronde de Nuit, l'huile de ricin, l'aménagement du territoire... (Tardieu 1975 : 35)

(26) Choriste homme, *avec une sorte de contentement* : C'est une belle saison !
Choriste homme, *criant à tue-tête* : J'étouffe !... Ouvrez donc les fenêtres !
Choriste femme, *éclatant de rire* : Je... Je ne vous reconnaissais pas !... Ce manteau de berger !... [...]
Choriste homme, *à voix haute, comme annonçant une bonne nouvelle à des gens situés loin de lui* : Les masques sont prêts !... Vous pouvez appeler les musiciens ! (Tardieu 1969 : 83)

3 Conclusion

Le jeu de mots dans le théâtre des années 1950 ne fonctionne plus comme un renforcement des effets illusionnistes (comiques la plupart du temps) et cesse d'être un simple accessoire du comique d'idée, de situation ou de caractère ; retrouvant sa gratuité et son indépendance par rapport à la *mimèsis* et au drame, il contribue à l'autonomisation théâtrale. Empruntant des procédés anciens, les dramaturges renversent pourtant la « face » comique et expressive du jeu de mots – sa part *utile* à la communication –, pour montrer son « revers » insolite et obscur – sa part *inutile* voire néfaste au fonctionnement verbal. Ils en font ainsi le moyen, particulièrement efficace, de la subversion de l'ordre et l'outil d'une ample rénovation de l'esthétique théâtrale.

Voulant échapper aux conformismes bourgeois de l'après-guerre et proposer un théâtre non figuratif, Ionesco et Tardieu, représentant l'un l'attitude *négative* de la rupture et l'autre l'attitude *positive* de la réconciliation de l'avant-gardiste avec le langage, ont recours à deux types de jeux de mots, qui, ayant certes des tangences entre eux, se fondent respectivement sur les principes de la *plaisanterie* et du *divertissement*. Au niveau paradigmatique, Ionesco mélange les signifiés et bouleverse la logique pour exposer son public à un chaos sémantique à travers les syllepses, les calembours et les néologismes gratuits, tandis que Tardieu remanie les signifiants et ébranle les images qu'évoquent les mots au moyen d'*à-peu-près* et des mots idiolectaux, sources d'un jeu constant d'énigmes. Au niveau discursif, les *enchaînements d'idées* chez Ionesco ridiculisent le mécanique et la vacuité de la parole communicative, alors que les *enchaînements de sons* chez Tardieu sont voués à une sacralisation – par la musique – de la parole quotidienne et de la langue même qui pourrait signifier par les seuls sons. Ainsi, le jeu de mots a pris une dimension sarcastique et critique chez Ionesco et une dimension poétique et poïétique chez Tardieu.

Il reste à évoquer les mises en scène que leurs pièces ont inspirées : ce sont elles qui ont permis à leurs jeux de mots de franchir l'enclos linguistique pour devenir des phénomènes scéniques. Pour le théâtre de dérision de Ionesco, du scandale provoqué par la première et canonique *Cantatrice chauve* au Théâtre de la Huchette aux multiples réalisations d'aujourd'hui, le jeu de mots, retravaillé à chaque fois selon la cible de la parodie choisie par le metteur en scène, variable de surcroît selon l'époque, ne cesse de remplir un rôle éminemment social. Quant aux jeux de mots de Tardieu, dont le répertoire oscille entre le comique et le poétique, ils lui ont valu aussi bien des succès au cabaret que des échecs dans les salles d'avant-garde, avec les expérimentations de « spectacle total » de Jacques Polieri. Aujourd'hui, entre les salles de cours, où *Un mot pour un autre* devient un matériel pédagogique pour l'enseignement du français, et les salles de théâtre contemporaines, où la forme poétique prolifère, le jeu de mots tardivien se voit lui aussi prolongé et renouvelé.

4 Références bibliographiques

Aristote. 1874. *La Poétique*. Edition d'Auguste Noël. Paris : J. Delalain.

Bergson, Henri. [1900] 2011. *Le rire*. Paris : Editions Payot & Rivages.

Caillois, Roger. 1950. *L'homme et le sacré*. Paris : Gallimard.

Caillois, Roger. 1967. *Les jeux et les hommes*. Paris : Gallimard.

Corvin, Michel. [1963] 1995. *Le théâtre nouveau en France*. Paris : Presses Universitaires de France.

Deligne, Alain. 1991. *Traduire le traduit. A propos d'‹Un mot pour un autre› de Jean Tardieu*. Bonn : Romanistischer Verlag.

Deloffre, Frédéric. 1989. Introduction. In Marivaux, *Théâtre complet*, Frédéric Deloffre & Françoise Rubellin (éds.), I–XVI. Paris : Bordas.

Doubrovsky, Julien Serge. 1960. Le rire d'Eugène Ionesco. *La Nouvelle Revue Française* 86. 313–323.

Esslin, Martin. 1963. *Le Théâtre de l'absurde*. Traduit par Marguerite Buchet, Francine Del Pierre & France Frank. Paris : Buchet-Chastel.

Forestier, Georges & Claude Bourqui. 2010. Introduction. In Molière, *Œuvres complètes*, Georges Forestier & Claude Bourqui (éds.), t. I, XI–LX. Paris : Gallimard.

Freud, Sigmund. [1940] 1988. *Le mot d'esprit et sa relation à l'inconscient*. Traduit par Denis Messier. Paris : Gallimard.

Garapon, Robert. 1957. *La fantaisie verbale et le comique dans le théâtre français : du Moyen Age à la fin du XVIIe siècle*. Paris : Armand Colin.

Genette, Gérard. 1982. *Palimpsestes*. Paris : Seuil.

Gidel, Henry. 1979. *Le théâtre de Georges Feydeau*. Paris : Klincksieck.

Guiraud, Pierre. 1976. *Les jeux de mots*. Paris : Presses Universitaires de France.

Huizinga, Johan. 1951. *Homo ludens. Essai sur la fonction sociale du jeu*. Traduit par Cécile Seresia. Paris : Gallimard.

Ionesco, Eugène. 1966. *Notes et contre-notes*. Paris : Gallimard.

Ionesco, Eugène. 1991. *Théâtre complet*, Emmanuel Jacquart (éd.). Paris : Gallimard.

Jacquart, Emmanuel. 1998. *Le théâtre de dérision : Beckett, Ionesco, Adamov*. Paris : Gallimard.

Jakobson, Romain. [1963] 2003. *Essais de linguistique générale I. Les fondations du langage*. Traduit par Nicolas Ruwet. Paris : Editions de Minuit.

Jarry, Alfred. 1972. Éléments de pataphysique. In Jarry, *Œuvres complètes*, Michel Arrivé (éd.), t. I, 668–673. Paris : Gallimard.

Kerbrat-Orecchioni, Catherine. 2011. De la connivence ludique à la connivence critique : jeux de mots et ironie dans les titres de *Libération*. In Maria Dolores Vivero Garcia (éd.), *Humour et crises sociales. Regards croisés France-Espagne*, 117–150. Paris : L'Harmattan.

Lehmann, Hans-Thies. 2002. *Le Théâtre postdramatique*. Traduit par Philippe-Henri Ledru. Paris : L'Arche.

Marino, Adrian. 1986. Chapitre IV Tendances esthétiques. In Jean Weisgerber (éd.), *Les Avant-gardes littéraires au XXe siècle*, Vol. II, 633–791. Budapest : Akadémiai Kiadó.

Mignon, Paul-Louis. 2003. Un itinéraire théâtral. In Jean Tardieu, *L'Amateur de théâtre*, Paul-Louis Mignon & Delphine Hautois (éds.), 8–12. Paris : Gallimard.

Mougin, Sylvie. 2004. Du non-sens au nonsense : en guise d'introduction. In Sylvie Mougin & Marie-Geneviève Grossel (éds.), *Poésie et rhétorique du non-sens : littérature médiévale, littérature orale*, 13–23. Reims : Presses Universitaires de Reims.

Robert, Paul (éd.). 2001. *Le Grand Robert de la langue française : dictionnaire alphabétique et analogique de la langue française*, Vol. 4. Paris : le Grand livre du mois.

Roubine, Jean-Jacques. 1980. *Théâtre et mise en scène 1880–1980*. Paris : Presses Universitaires de France.

Szondi, Peter. [1965] 2006. *Théorie du drame moderne*. Traduit par Sibylle Muller. Belval : Circé.

Tardieu, Jean. 1966. *Théâtre de chambre*. Paris : Gallimard.

Tardieu, Jean. 1969. *Poèmes à jouer*. Paris : Gallimard.

Tardieu, Jean. 1975. *Une soirée en Provence ou Le mot et le cri*. Paris : Gallimard.

Tardieu, Jean. 1978. *Le Professeur Frœppel*. Paris : Gallimard.

Tardieu, Jean. [1966] 1987. *La comédie du langage*. Paris : Gallimard.

Tardieu, Jean. 2003. *L'Amateur de théâtre*, Paul-Louis Mignon & Delphine Hautois (éds.). Paris : Gallimard.

Todorov, Tzvetan. 1978. *Les genres du discours*. Paris : Editions du Seuil.

Vernois, Paul. 1972. *La Dynamique théâtrale d'Eugène Ionesco*. Paris : Klincksieck.

Vernois, Paul. 1981. *La Dramaturgie poétique de Jean Tardieu*. Paris : Klincksieck.

Winnicott, Donald W. 1975. *Jeu et réalité*. Traduit par Claude Monod & Jean-Baptiste Pontalis. Paris : Gallimard.

Cécile Pajona
La dynamique de la syllepse dans la construction fictionnelle chez Boris Vian

Résumé : Cet article présente une étude de la syllepse, figure du double sens, dans un corpus constitué des œuvres romanesques de Boris Vian. Il vise à étudier le fonctionnement des jeux de mots reposant sur une syllepse dans la construction fictionnelle. L'étude précise de la figure permet ainsi d'interroger son rendement littéraire. En commençant par étudier la part de la syllepse dans les jeux de mots (et en la mettant en perspective par rapport au calembour), cet article s'attache au fonctionnement du jeu de mots par syllepse ainsi que la part de la figure dans le défigement. Il s'avère que Vian crée un rapport privilégié entre syllepse et déconstruction des normes langagières. Cette étude s'intéresse ensuite à l'hétérogénéité énonciative à l'œuvre dans les syllepses. Du fait de la cohabitation de deux isotopies, ou de deux acceptions d'un même terme, la syllepse est un lieu de rencontre de points de vue, portant chacun une représentation différente du monde. Enfin, l'article élabore une pragmatique de la syllepse dans un corpus vianesque. La figure, en tant que support du jeu de mots, entre dans la construction d'un monde fictionnel particulier. Elle crée de nouvelles normes tout en étant normalisée par le contexte. En ce sens, elle permet de négocier la fiction auprès du lecteur. La syllepse est alors un outil particulièrement efficace de la fictionnalisation puisque, tout en proposant de nouvelles normes, elle crée un lien particulier avec le lecteur afin de le faire adhérer aux nouvelles règles proposées.

Mots clés : Boris Vian, défigement, énonciation, fictionnalisation, hétérogénéité énonciative, jeu de mots, littérature, pragmatique, syllepse

1 Introduction

Boris Vian n'a été reconnu en tant qu'écrivain que de manière posthume. Ses romans ont été publiés entre 1946 et 1953, mais il faut attendre les années 60 pour que se développe l'engouement du public. Vian joue ; l'écrit est pour lui un terrain fertile pour le déchaînement des mots. Il me semble qu'à trop percevoir le jeu et l'amusement, on peut tomber dans la même dérive que les contemporains de Vian : restreindre cet auteur éclectique au récréatif. Vian joue certes avec la langue, mais son rapport à celle-ci dépasse le simple jeu et il est nécessaire de prendre en compte sa dimension fictionnalisante – c'est-à-dire son apport dans la construction de la fiction. Le corpus choisi pour cette étude a été établi à partir de l'ensemble des œuvres romanesques signées Boris Vian (*Troubles dans les andains, Vercoquin et le plancton, L'Écume des jours, L'automne à Pékin, L'Herbe rouge et L'Arrache cœur*).[1] À partir de ce premier ensemble, un relevé systématique des jeux de mots a révélé l'importance de la syllepse dans la construction de jeux de mots. Sa prégnance dans l'œuvre et son influence dans l'imaginaire vianesque en font un stylème de l'œuvre de Boris Vian.

Les jeux de mots, malgré les nombreuses études les prenant pour sujet (Guiraud 1979 ; Winter-Froemel et Zirker 2015a, 2015b ; Zirker et Winter-Froemel 2015), continuent de poser des questions. Michelle Lecolle (2015 : 217) envisage les jeux de mots « comme une pratique ludique ou poétique délibérée et consciente mettant en relation des mots, et comme une manifestation du sentiment linguistique – conception et perception, non explicitée, de la langue ». Laélia Véron (2015 : 94) les considère quant à elle comme la « manifestation d'une liberté créative ludique [...]. Faire un jeu de mots c'est proposer un énoncé nouveau, surprenant, qui peut s'appuyer sur des techniques linguistiques variées ». Dans le prolongement de leur réflexion, je parlerai du jeu de mots en tant qu'acte de discours volontaire qui, tout en visant l'amusement, entraîne une proposition de reconfiguration de la perception du monde chez le récepteur. Chez Vian les jeux de mots servent la distorsion du langage et permettent ainsi d'interroger certaines tournures langagières. Esme Winter-Froemel et Angela Zirker (2015b : 7–8) remarquaient cette particularité des jeux de mots qui « peuvent remettre en question de manière ludique le fonctionnement du langage et explorer ses limites de manière créative ». Ils participent ainsi de la création langagière.

La syllepse est fortement mise en lien avec les jeux de mots, notamment sur son versant négatif. Dumarsais dit ainsi d'elle qu'elle « joue trop sur les mots pour ne pas demander bien de la circonspection » ([1730] 1988 : 134). Mon corpus ne dément pas cette assimilation de la syllepse au jeu de mots puisque l'intégralité des syllepses relevées dans l'œuvre de Vian est au centre du jeu de mots. Cette étude permettra de comprendre le fonctionnement des jeux de mots s'appuyant sur des syllepses dans un corpus vianesque.

Nous verrons que la syllepse, si elle sert de support au jeu de mots dans l'œuvre de Boris Vian, ne peut être réduite au jeu de mots puisque sa valeur énonciative de cumul de points de vue en confrontation[2] et sa pragmatique complexe en font un outil essentiel de la fictionnalisation. Elle permet de s'appuyer

---

1 Pour chacune de ces œuvres, l'édition retenue est celle de la Pléiade (2010).
2 Pour cette notion, voir Alain Rabatel (1998, 2003, 2008).

sur un savoir commun (par son lien avec le défigement) afin de repenser ces formes, et de proposer une nouvelle représentation de la réalité au lecteur.

Je propose donc d'étudier la dimension énonciative et pragmatique de la syllepse chez Vian et son apport à la construction fictionnelle.

Je commencerai ainsi par étudier le lien entre la syllepse et le jeu de mots dans un corpus vianesque, puis je m'interrogerai sur l'hétérogénéité énonciative présente dans la figure, ce qui nous permettra d'ébaucher une pragmatique de la syllepse chez Vian.

2 La syllepse comme jeu de mots

La syllepse est une figure du discours. Elle est généralement définie comme une figure du signifié s'appuyant sur la polysémie. Georges Molinié précise d'ailleurs dans son *Dictionnaire de rhétorique* (1992 : 311) que « la syllepse [...] consiste en ce qu'un terme, dans un discours, apparaissant dans le segment une fois, est pris en plusieurs sens, deux au moins, l'un tropique et l'autre pas, ou les deux tropiques, mais différemment ». Alain Rabatel (2015) remet cependant en cause le critère de non-répétition du point nodal. La figure permet selon lui un rapprochement de deux isotopies autour d'un point nodal polysémique, celui-ci pouvant être répété ou non. La syllepse rassemble les différents sens d'un même terme. Ces sens sont textuellement activés en contexte et créent ainsi un croisement isotopique au niveau du point nodal. Catherine Rouayrenc (2006 : 157) voit dans la syllepse « un carrefour d'isotopies (je parlerai de point nodal), le lieu de convergence de plusieurs parcours interprétatifs, mais cette convergence, qui se traduit par l'actualisation de deux signifiés pour un même signifiant, peut-être réalisée de manière différente, selon la place des termes qui génèrent l'isotopie dans laquelle vient s'insérer la syllepse ».

Chez Boris Vian, on rencontre le plus fréquemment les syllepses dites « bilatérales » qui sont définies par Catherine Rouayrenc comme suit :

les deux isotopies actualisées dans le point nodal que constitue la syllepse sont définies, l'une par le cotexte gauche, l'autre par le cotexte droit. Le cotexte gauche détermine un parcours interprétatif qui induit l'actualisation d'un signifié, alors que le cotexte droit induit pour la même lexie l'actualisation d'un autre signifié. Dans ce cas, le cotexte droit, ne continuant pas l'isotopie précédente [...] détermine une nouvelle isotopie dont l'existence est liée ou amène une réinterprétation du signifié de la lexie précédente, qui se charge alors d'un nouveau signifié. (2006 : 160)

Le rapport au cotexte de la figure développe ou non un effet de surprise et une opacité interprétative. Cet élément, ainsi que le chemin interprétatif à parcourir pour le lecteur selon les cas de figure, signalent la figure comme créatrice de sens au sens fort. C'est ce qui explique la popularité de la figure dans les jeux de mots : elle permet un jeu sur le sémantisme des mots, tout en proposant une représentation inédite d'un référent.

2.1 Syllepse contre calembour

L'affinité de la syllepse avec le jeu de mots amène parfois à la voir rangée avec le calembour dans les cas de polysémie (Guiraud 1979 ; Baudin 1973). Dans les romans de Vian, syllepses et calembours cohabitent, avec, cependant, une grande prégnance de la syllepse. S'ils participent tous les deux du jeu de mots, ils correspondent chacun à un procédé bien précis.

(1)   Chloé avait mis, pour se rendre chez le docteur, une petite robe bleu tendre, décolletée très bas en pointe et portait un manteau en lynx, accompagné d'une toque assortie. Des chaussures de serpent teint complétaient l'ensemble. (EJ[3] : 434)

Le calembour, selon Anna Jaubert (2011 : 40), est une « *figure de mots à la vocation d'une figure de pensée*, le calembour se manifeste par un énoncé bref, mais qui pointe vers une langue de complicité : il laisse entendre une connivence avec son récepteur, en le renvoyant à un réseau sous-jacent de savoir et d'opinions partagés ». De manière formelle, il s'appuie sur une relation homonymique plus ou moins proche entre deux termes ou locutions. En (1), le jeu s'appuie sur la similitude phonique entre « serpent teint » et « serpentins ». En contexte, la présence du serpent est complètement appropriée alors que les serpentins viennent rompre la cohérence textuelle. Le calembour sert les fins du jeu de mots puisqu'il participe de la création d'une connivence entre le lecteur et le narrateur, mais il manifeste cependant une certaine gratuité. La syllepse ancre textuellement les deux sens qu'elle développe.

(2)   Les souliers jaunes frémirent nerveusement sur les pédales de la commande, et avec le bruit d'un coucou qui s'envole, la voiture démarra. On croyait même entendre le choc des poids du coucou sur les murs. (TA : 43)

---

3 Les titres des œuvres de Boris Vian sont abrégés en TA (*Troubles dans les andains*) ; VP (*Vercoquin et le plancton*) ; EJ (*L'Écume des jours*) ; AP (*L'Automne à Pékin*) ; HR (*L'Herbe rouge*).

Cet extrait de *Troubles dans les andains* est assez complexe. Il permet d'illustrer « la syllepse *in presentia* » (Rabatel : 2015). La répétition du substantif *coucou* nie normalement la possibilité de la syllepse (puisque, traditionnellement, la figure a un point nodal à occurrence unique). La première occurrence de « coucou » peut être interprétée de deux manières : soit il renvoie à l'oiseau soit il renvoie à la désignation d'un avion. La deuxième interprétation est bloquée par le verbe *s'envole* puisqu'un avion ne s'envole pas mais décolle. Si le contexte mécanique laisse attendre le sens aéronautique, le verbe trompe cette attente et réoriente le sens de *coucou* vers l'animalier. La deuxième occurrence de *coucou* a le sens de « pendule ». Ce substantif est ainsi le lieu d'une syllepse puisque le terme est polysémique. La complexité de cet exemple dévoile bien le potentiel de la figure dans les jeux de mots : elle opacifie le référent, fait cohabiter les différents sens d'un terme, créant ainsi un référent chargé de ses différents signifiés, et ancre son fonctionnement dans le contexte. Je rejoins ainsi le point de vue de Catherine Kerbrat-Orecchioni qui considère la syllepse comme la reine du jeu de mots : elle a un rendement pragmatique et textuel complexe rendant toute sa pertinence au jeu de mots.[4]

2.2 Syllepse et défigement

Dans mon corpus, la syllepse a un lien privilégié avec le défigement, puisque deux tiers des syllepses relevées touchent une forme figée.[5] Selon Béatrice Lamiroy et Jean-René Klein (2016 : 15), une séquence figée se définit comme « une séquence polylexicale préfabriquée qui, ne procédant pas d'une combinatoire sémantico-syntaxique libre, fait partie de la compétence lexicale d'un locuteur. [Collocations, expressions figées, phrases situationnelles et proverbes] constituent des séquences préfabriquées, inscrites dans la mémoire du locuteur natif ». Ainsi, une variation syntaxique, sémantique ou contextuelle entraînera un défigement de la séquence figée en proposant une réévaluation du sens de la séquence figée. Chez Boris Vian, la syllepse est outil de la déconventionnalisation de la langue et joue ainsi avec le défigement dans le but de tromper les attentes (ou habitudes) du lecteur.

---

4 Catherine Kerbrat-Orecchioni, lors de sa communication « Heurs et malheurs du jeu de mots », dans le cadre du colloque « Dynamique du jeu de mots, perspectives interdisciplinaires », qui s'est tenu du 29 septembre au 1er octobre 2016 à Trier (voir Kerbrat-Orecchioni, ce volume).
5 Pour plus de précisions sur le fonctionnement de la figure lorsqu'elle touche une forme figée voir Alain Rabatel (à paraître) qui étudie le lien entre syllepse, antanaclase et formes figées.

Le défigement intervient lorsqu'une locution figée et en partie dé-sémantisée est réactivée en contexte, en général par remotivation sémantique. La syllepse permet de repenser le sens de l'expression et de faire fusionner le sens « habituel » de l'expression avec le sens original créé par la figure.

(3)   Le Maire toussota dans son cornet acoustique et prit la parole par le cou pour l'étrangler, mais elle tint bon.
      « Messiers, dit-il, et cher coadjupiles. » (HR : 322)

(4)   Emmanuel avait tellement peigné la girafe ce matin-là que la pauvre bête en était morte. Des touffes de ses poils traînaient un peu partout, et son cadavre, dont on avait fait passer la tête par la fenêtre, pour pouvoir circuler, gisait sous le bureau d'Adolphe Troude, qu'encombraient déjà quatre tonnes d'engrais divers, logés dans des petits sacs de toile, car cet estimable individu s'adonnait à la culture maraîchère dans son jardin de Clamart. (VP : 174)

Ces deux exemples touchent une forme figée. En (3), la syllepse touche la collocation *prendre la parole*, qui signifie « commencer à parler » ou « tirer la parole vers soi ». Le point nodal de la figure se situe au niveau du verbe « prendre » qui a, dans la collocation, un sens abstrait. Dans le cadre du jeu avec le figement, la syllepse ne met pas seulement en commun les différents sens du verbe, elle fait aussi cohabiter le sens de la collocation avec celui du collocatif. Cet exemple permet de remarquer la structure du jeu de mots dans une collocation lorsque celui-ci est porté par une syllepse. En désolidarisant deux éléments formant un tout, le texte oblige le lecteur à repenser au sens de cette collocation non-compositionnelle. Par la syllepse, le narrateur joue des sens activés : au lieu d'activer le sens concret du verbe (caractéristique souvent usitée dans la définition de la figure), la syllepse fait advenir un sens complètement inattendu dans le cotexte droit. Ce type de jeu de mots est assez facile, et pourrait être assimilé à une prise au pied de la lettre (si c'était le sens concret du verbe qui était développé textuellement). Il permet néanmoins d'apporter de l'humour et de l'étrangeté dans l'œuvre.

L'exemple (4) est généralement perçu (Lapprand 1988 ; Baudin 1973 ; Weiss 2014) comme une prise au pied de la lettre d'expression figée. Or, il s'agit plutôt ici d'une syllepse touchant l'expression figée *peigner la girafe*, signifiant « ne rien faire ». Le sens abstrait de l'expression est ici mêlé à son sens compositionnel. Alors que le contexte renvoie directement au sens abstrait de l'expression, le cotexte droit renvoie au sens concret puisqu'il mentionne la présence de l'animal. Selon Catherine Rouayrenc (2006 : 165), cette syllepse bilatérale « crée évidemment un effet de surprise puisque le parcours interprétatif amorcé du fait du cotexte gauche est interrompu et remis en question par le cotexte droit [...]. Cette syllepse, qui exige réinterprétation, est déception ». Elle est déception puisqu'elle contredit le sens amorcé par le cotexte gauche et va de ce fait contre les attentes du lecteur. Ce type d'occurrence est particulièrement fonctionnel dans les jeux de mots puisqu'il garantit un effet de surprise, compagnon habituel du ludique.

Lorsque la syllepse défige une expression, elle ajoute au jeu une déstabilisation du lecteur. La figure entre alors dans un mouvement de déconventionnalisation de la langue.

2.3 Une langue déconventionnalisée

En effet, la syllepse entraîne une reconfiguration des formes normées du langage. Vian dépiste les images présentes dans le langage afin de les détourner de leur emploi habituel. Si on a pu voir l'affinité de la syllepse dans les formes figées, elle entre, de manière générale, dans un mouvement de détournement des tournures langagières.

(5)   Le froid retenait les gens chez eux. Ceux qui réussissaient à s'arracher à sa prise y laissaient des lambeaux de vêtements et mouraient d'angine. (EJ : 368)

(6)   Il se remit debout et jura sans ostentation ; un assez gros mot, mais bien proportionné ; puis il suivit olive, mais sans se presser, parce qu'elles exagèrent. (AP : 581–582)

L'extrait en (5) s'appuie sur la personnification du froid qui prend ainsi en otage les habitants. La syllepse tient de la cohabitation d'un sens concret – les températures basses empêchent les gens de sortir – et d'un sens abstrait et métaphorique – le froid prend les individus en otage. Le froid est, dans l'acception courante, la cause de l'empêchement ; par la syllepse, il devient sujet du verbe et est promu au rang d'entité fictionnelle agissante. Le lecteur est alors en présence d'un monde où les entités météorologiques ont une force agissante. Il ne s'agit pas ici de merveilleux, mais d'un remodelage de la réalité par le biais d'un point de vue déplacé : ce n'est pas une représentation *doxique* du monde, mais une représentation subjective en lien avec les sensations. Le froid devient un agent dans la fiction, une sorte de personnage qui possède des attributs.

Le jeu de mots ici vient du renversement de ce que Lakoff et Johnson (1986) appellent une métaphore conceptuelle. Le langage concernant le rapport de l'homme aux intempéries est construit sur une métaphore de la lutte. Cette métaphore structurante est détournée par la mise en œuvre d'une lutte réelle entre l'homme et la nature.

L'exemple (6) illustre bien l'impact de la syllepse sur des formes conventionnelles. Le syntagme *gros mot* est un mot composé, il se situe donc entre la forme figée et le substantif. Les « gros mots » regroupent tous les termes jugés vulgaires. L'adverbe *assez* exprime l'intensité moyenne de la propriété d'ordre quantitatif de la grosseur du mot. La syllepse porte sur l'adjectif *gros* (ce qui perturbe la coalescence du nom composé), son identification amorcée avec *assez* est pleinement entérinée dans le contexte droit par l'ajout en incidente de, *mais bien proportionné*, qui sert à rectifier la portée de la caractérisation précédente. Le jeu de mots crée un nouveau référent fictionnel, le « mot de grande taille » dont on peut évaluer l'aspect. Quoiqu'incongrue, cette nouvelle acception est soumise à la sagacité du lecteur, qui peut s'arrêter au sourire en pointant le manque d'adéquation au « réel » de ce « gros mot », ou peut entériner ce nouveau référent fictionnel.

Le détournement langagier est au cœur de ces jeux, mais l'on peut déceler autre chose : la construction d'un monde où le principe est la dé-régularisation. Les romans de Vian sont saturés de ce langage détourné, au point que les jeux langagiers érigent une norme de lecture et des attentes très fortes du lecteur. Au-delà du jeu avec le défigement et les dé-conventionnalisations qui renvoient à un processus scriptural quasi iconoclaste, les syllepses dévoilent un processus créateur global, caractérisé par une forte hétérogénéité énonciative, à l'origine d'une vision décalée d'un même référent.

3 L'hétérogénéité énonciative dans la syllepse

L'hétérogénéité énonciative se caractérise par un doute sur l'unicité du sujet parlant. La syllepse est un lieu idéal pour la confrontation de différentes voix par la confusion isotopique qu'elle instaure. La figure devient alors la représentante de ce conflit énonciatif sur un même objet. Jacqueline Authier-Revuz précise le lien entre polysémie et hétérogénéité énonciative. Selon elle (1984 : 104), « *une autre modalité de prise de sens* pour un mot, recourant explicitement à l'ailleurs d'un autre discours spécifié ou à celui de la langue comme lieu de polysémie » constitue un point d'hétérogénéité. L'approche énonciative permettra de montrer que la syllepse englobe les réalités subjectives des différents sujets afin d'interroger les constructions langagières et de souligner l'importance des mots choisis.

3.1 L'articulation des représentations sur le monde dans la syllepse

Puisque la syllepse développe deux isotopies différentes, il paraît normal de se demander qui prend en charge les deux sens mis en place par la syllepse. La figure présente une confrontation de points de vue. Le point de vue correspond, selon Alain Rabatel (2005 : 56) « à un contenu propositionnel renvoyant à un énonciateur auquel le locuteur ‹s'assimile› ou au contraire dont il se distancie ». Ce mélange des points de vue offre une représentation complexe du référent.

Dans l'exemple suivant, Colin se rend dans les vestiaires de la piscine Molitor.

(7)   Un homme à chandail blanc lui [Colin] ouvrit une cabine, encaissa le pourboire qui lui servirait pour manger, car il avait l'air d'un menteur, et l'abandonna dans cet in-pace après avoir, d'une craie négligente, tracé les initiales du client sur un rectangle noirci disposé, à cet effet, à l'intérieur de la cabine. (EJ : 355–356)

L'exemple (7) signale de façon très claire la confrontation des points de vue. La syllepse trouve son point nodal dans le nom composé par soudure totale « pourboire ». Il désigne couramment une somme d'argent donnée en plus de la tarification normale, comme récompense d'un travail ou d'un service. Considérant le cotexte droit (le circonstant de but *pour manger*), le sens de *pourboire* fait l'objet d'une interprétation étroite : celui-ci est destiné à *boire* et non à *manger*. Ainsi l'extrait suivant : il « encaissa le pourboire qui lui servirait pour manger, car il avait l'air d'un menteur » fait collaborer deux logiques de pensée. La première, la plus courante, est celle de l'homme à chandail blanc qui considère le pourboire comme une rétribution pouvant être utilisée à sa discrétion. La seconde – littéralisante – correspond à celle de Colin qui restreint le pourboire à ce pour quoi il est dit être fait, se posant en en littéraliste et en « puriste » de la langue. La confrontation des points de vue est signalée dans l'extrait par l'emploi du conditionnel présent *servirait* qui est susceptible de deux interprétations : soit le conditionnel est un futur du passé, dans la dépendance du verbe au passé simple (*allait lui servir*), et appartient à la narration, soit la relative explicative est imputable à Colin qui imagine l'utilisation de ce pourboire par l'homme au chandail blanc, comme l'autorise à penser la justification de l'énonciation de cette relative inaugurée par *car*.

La syllepse manifeste deux points de vue opposés sur le même objet – le pourboire – et entraîne un *quiproquo* entre les personnages. Cette confrontation orchestrée par le narrateur se poursuit sur un mode ludique dans un ultime jeu de mots sur *in pace*. L'« in pace », qui désigne ici la « cabine », lieu retiré, secret, est aussi une « impasse » si on prononce le mot à la française. Le texte laisse affleurer la présence d'un narrateur qui met en présence des points de vue hétérogènes au service d'une fécondité interprétative. La confrontation des points de vue n'est pas résolue par le narrateur. Chaque représentation subjective de la réalité persiste. Il y a ici une impasse de la syllepse complètement assumée par le narrateur (visible dans le jeu sur *in pace / impasse*).

3.2 L'interaction des discours dans la syllepse

Le développement entraîné par la figure est marqué par un dialogisme fort. Ce dernier peut être défini comme « la capacité de l'énoncé à faire entendre, outre la voix du locuteur-énonciateur, une (ou plusieurs) autre(s) voix qui le feuillete(nt) énonciativement » (Bres 2007 : 38). Dans les exemples que nous allons étudier, le dialogisme laisse entendre un narrateur guidant le lecteur dans l'œuvre. Le dialogisme devient alors un lieu d'interaction du narrateur avec son lecteur.

(8)   Les pas de Jacquemort résonnèrent dans l'escalier. En même temps, les cris de la femme
      cessèrent et Angel resta frappé de stupeur. S'approchant doucement de la porte, il essaya
      de voir, mais le pied du lit lui masquait tout le reste et il se tordit douloureusement l'œil
      droit sans résultat appréciable. Il se redressa et tendit l'oreille, à personne en particulier.
      (AC : 505)

Dans l'extrait (8) la syllepse est localisée dans le verbe *tendre* : associée à « l'oreille » il signifie « écouter attentivement » et en emploi autonome « présenter un objet à quelqu'un », le groupe nominal « l'oreille » étant dans le second cas un complément libre. Cet exemple semble plus facile, et plus gratuit que les autres. Cette gratuité du jeu de mots se perçoit par le peu d'ancrage contextuel de la seconde isotopie : le sens de « passer son oreille à quelqu'un » n'est justifié que par la présence du verbe *tendre*.

Deux énonciations sont ici mêlées (ce qui est marqué par le détachement par la virgule). L'autonomie énonciative du groupe prépositionnel détaché signale une deuxième énonciation de type humoristique. L'ajout hyperbatique « à personne en particulier », consiste en une énonciation détachée surnuméraire qui vient préciser quelque chose qui n'en a pas besoin (d'où la gratuité). Il s'agit ici d'autodialogisme où le narrateur précise de manière superflue son propre discours.[6]

---

6 L'autodialogisme correspond à un discours du locuteur énonciateur avec les « autres de soi »
qui « correspondent aux diverses positions énonciatives que E1 adopte lorsqu'il envisage les

L'extrait (9) est marqué par le dialogisme interlocutif anticipatif. Ce type de dialogisme « peut être analysé comme réponse anticipée à la réponse potentielle que le locuteur prête à l'allocutaire » (Bres et Nowaskowska 2008 : 25). L'intérêt de ce type de dialogisme est qu'il explicite à la surface du texte la relation entre narrateur et lecteur, l'un ne cessant d'anticiper sur la compréhension de l'autre, le second ne cessant de se faire proposer une certaine lecture du texte.

(9)   « Je veux penser à autre chose... Supposons que je me casse la gueule dans l'escalier... » Le tapis de l'escalier, mauve très clair, n'était usé que toutes les trois marches : en effet, Colin descendait toujours quatre à quatre. Il se prit les pieds dans une tringle nickelée et se mélangea à la rampe. (EJ : 367)

Cet exemple comporte une syllepse autour de l'expression *quatre à quatre*, et de l'explication de l'usure du tapis. Elle associe deux emplois proches de *quatre à quatre* : un emploi « concret » (à l'origine de l'expression) signifiant descendre ou monter un escalier plusieurs marches à la fois, et un emploi dérivé du premier, au sens de « très rapidement ». Ayant signalé l'usure du tapis à intervalle régulier, le narrateur anticipe sur la question que le lecteur pourrait se poser et lui fournit la réponse par le biais de la syllepse. La figure sert donc ici à normaliser un fait fictionnel qui pourrait paraître étrange au lecteur.

Par le biais du dialogisme interlocutif anticipatif, le narrateur prévient un défaut de compréhension et donne ainsi un surplus de sens à même de pointer la syllepse comme lieu de création de la norme fictionnelle. Ce type de dialogisme paraît alors particulièrement efficace dans le cadre de la fictionnalisation puisqu'il permet au narrateur de *négocier* la fiction (comme on négocie un virage) tout en jouant sur les normes langagières du lecteur. Cette attitude narratoriale est caractéristique de l'univers romanesque de Vian, et se joue *ad libitum* dans son œuvre.

De ce fait, ce qui paraît être intuitivement pour le lecteur un jeu de mots ne l'est pas obligatoirement. Par l'hétérogénéité énonciative présente autour des syllepses, celles-ci mettent en place un lieu de rencontre de différents points de vue sur un même objet. Si le résultat fait rire, les points de vue évoqués, eux, ne visent pas forcément le jeu (comme en (7)). Il faut donc aller au-delà de l'effet jeu de mots de la syllepse pour en percevoir la visée première, centrée sur la construction fictionnelle d'un référent.

---

choses de tel ou tel point de vue, dans tel ou tel cadre spatiotemporel, tel ou tel cadre de référence : ainsi l'énonciateur dialogue avec des ‹autres› de lui-même, codés (L1'/)E1' » (Rabatel 2012 : 30).

4 La pragmatique de la syllepse : normalisation et négociation de la fiction

La confrontation des points de vue ainsi que le dialogisme permettent de donner un aperçu de la logique fictionnelle mise en place par la syllepse. La figure, liée certes souvent au jeu de mots, ne s'y réduit pas et entraîne une reconfiguration de la réalité. L'effort que déploie le texte pour normaliser la fiction est soutenu localement par les syllepses.

4.1 Une normalisation contextuelle de la syllepse

Le développement accompagnant la syllepse permet d'ancrer la figure dans une normalité fictionnelle. Il réduit alors le caractère étrange ou inouï de ce qui est évoqué et modifie la réception : il atténue l'incrédulité du lecteur et le porte à adhérer non seulement au monde représenté, mais à ses règles et à sa logique. Pour autant, le monde vianesque n'est ni fantastique : il ne fait pas naître d'inquiétude, ni merveilleux : il n'est pas transporté hors du monde réel de référence du lecteur.

(10)   Il n'y a qu'une chose gênante, dit Colin, c'est la pédale forte pour l'œuf battu. J'ai dû mettre un système d'enclenchement spécial, parce que lorsqu'on joue un morceau trop « hot », il tombe des morceaux d'omelette dans le cocktail, et c'est dur à avaler. Je modifierai ça. Actuellement, il suffit de faire attention. (EJ : 353)

Dans cet extrait, le jeu de mots se fait autour de l'adjectif anglais « hot ». Il est le point nodal de la syllepse. En anglais, cet adjectif se traduit par « chaud ». Il existe également un autre emploi de « hot » dans le langage populaire, lorsqu'il est utilisé pour désigner un tempo rapide. Dans le premier cas, on pourrait envisager un jeu simple sur la polysémie de l'adjectif tirant profit surtout du sens commun, l'œuf battu chauffé donnant une omelette, et ce pour les fins du jeu de mots. Dans le second cas, la polysémie est rendue pertinente en contexte puisque la pédale peut effectivement participer à la création d'une omelette si l'on joue un morceau trop rapide. Le mouvement rapide de la pédale s'apparente alors à celui du fouet permettant le durcissement de l'œuf. Ce point de vue n'est pas tant loufoque qu'hyperbolique. Ainsi, les deux signifiés engendrés par la syllepse sont mêlés. L'entremêlement des deux sens est confirmé en contexte par « c'est dur à avaler » qui normalise l'imagerie véhiculée par la figure. On voit bien alors que la figure ne saurait se réduire au jeu de mots, mais qu'elle est un véritable moteur de la fiction.

(11) Le mobilier de cette pièce comprenait en outre un long meuble bas, aménagé en discothèque, un pick-up du plus fort module et un meuble, symétrique du premier, contenant les lance-pierres, les assiettes, les verres et les autres ustensiles que l'on utilise chez les civilisés pour manger. (EJ : 350)

En (11), la syllepse prend son appui sur l'expression *manger avec un / à coup de lance-pierre* (qui est implicite et inférable) signifiant manger très rapidement et de manière insuffisante. Le terme « lance-pierres » est alors chargé d'un double sens : un, abstrait, exprimant la rapidité et l'autre, concret, renvoyant à une arme permettant d'envoyer des pierres, ou autres projectiles, grâce à un élastique attaché à une base en forme d'Y. La figure, en prenant le sens concret, fait advenir des lance-pierres dans la vaisselle courante. Le repérage de la syllepse permet de normaliser la présence de cet ustensile dans le vaisselier. La contradiction entre « les civilisés » et leur utilisation des « lance-pierres » souligne la critique ironique sous-jacente. La syllepse renforce l'idée d'une société qui ne prend plus le temps ni de manger, ni de bien manger. Ainsi, si la première lecture peut être dérangeante par l'incongruité de la présence des lance-pierres au début de l'énumération de la vaisselle présente dans le meuble, le ton ironique de la fin du paragraphe résout cette incohérence en montrant que l'expression est devenue réalité et que l'objet lance-pierre fait partie des habitudes de vie.

On remarque donc bien chez Vian que notre réalité est confrontée à une réalité autre où l'abstrait a une concrétude mise au service de la fiction : c'est ce que fait la syllepse chez Vian, elle opère le chemin inverse : non pas du sens concret vers le sens abstrait – sens de la dérivation sémantique traditionnelle (du lance-pierre à la rapidité) –, mais du sens abstrait vers un nouveau sens concret. Elle convertit l'abstrait en un concret renouvelé au service d'une fiction qui ne se résume pas à de l'invention potache ou spirituelle. Il paraît ainsi évident que la syllepse engendre une rencontre fructueuse entre deux mondes, deux univers de pensée, et la création d'un troisième hybride.

4.2 La syllepse comme norme de lecture

Cette normalisation de la figure par le contexte permet de comprendre que la figure n'est plus un écart, mais l'unique moyen de désigner le référent en question. Elle est ainsi pleinement créatrice de sens.

(12) « Une de vos machines a l'air de s'emballer... dit Colin en désignant l'engin en question.
– Ah !... » dit le marchand de remèdes.
Il se pencha, prit sous son comptoir une carabine, épaula tranquillement et tira. La machine cabriola en l'air, et retomba pantelante.

> « Ce n'est rien, dit le marchand. De temps en temps le lapin l'emporte sur l'acier et il faut les supprimer. »
> Il souleva la machine, appuya sur le carter inférieur pour la faire pisser et la pendit à un clou. (EJ : 430)

Il s'agit ici d'une syllepse entraînant un jeu par le détournement de l'emploi du verbe *s'emballer* pour les machines. Deux isotopies sont présentes : celle animalière et celle de la mécanique. Ces deux domaines se croisent par le verbe *s'emballer*.

Si l'on peut penser que la figure animalise la machine et entraîne ainsi un développement incongru, ce n'est pas le cas. Une fois le jeu de mots perçu, on peut se rendre compte de sa légitimité en contexte. En effet, comme le signal Chick en amont de l'extrait, la machine est « un lapin modifié ». Il explique qu'« on conserve la fonction qu'on veut. Là [le marchand] a gardé les mouvements du tube digestif, sans la partie chimique de la digestion. C'est bien plus simple que de faire des pilules avec un pisteur normal » (EJ : 428). Ainsi la syllepse est justifiée par la nature de la machine. Les deux isotopies se fondent afin d'être représentatives de l'objet à décrire. Le texte crée alors ses propres normes que le lecteur doit accepter pour réussir son immersion fictionnelle.

La syllepse engendre la création d'un univers fictionnel décalé et hybride (et non seulement contrefactuel) en faisant le chemin de l'abstrait vers le concret – issu de la rencontre de deux univers, dont l'un ressemble à notre monde. Elle normalise cet univers fictionnel auprès du lecteur et donc le négocie auprès de lui (ce pour quoi il y a du dialogisme interlocutif anticipatif) afin qu'il y adhère activement.

5 Conclusion et ouverture : aux risques de la syllepse

La syllepse ne se laisse pas enfermer dans cette « normalisation » d'une fiction débridée et représente donc un « risque » : celui pour le lecteur de se laisser aller dans une routine de lecture, et de repérer trop automatiquement les syllepses. Dans l'exemple (13), le narrateur en fait voir une pour se raviser après :

(13)   Le soleil tapait dur sur les dalles du port qui s'enfonçaient peu à peu... C'était peut-être seulement la marée qui montait. (TA : 92)

Dans cette occurrence, la syllepse n'entraîne pas une personnification du soleil, mais bien un jeu de double sens sur le verbe *taper*. L'expression « le soleil tapait » signale la forte chaleur émise par les rayons du soleil. Le second sens développé par la syllepse est l'expérience concrète du verbe « taper ». De cette manière, le second sens bouleverse le sens prototypique de l'expression et laisse percevoir une nouvelle réalité où la force du soleil se perçoit de manière concrète. La suite de l'extrait remet en question la syllepse et introduit un autre point de vue, celui d'un narrateur cherchant une explication conforme aux normes du monde de référence du lecteur : la lecture de la syllepse et son interprétation sont alors bloquées par « C'était peut-être seulement la marée qui montait ». Le lecteur, au moment où il se glissait dans les normes fictionnelles construites par la syllepse, est vite « ramené à la réalité », celle de la marée ; la figure était cette fois-ci une fausse piste : elle n'évoquait pas une norme différente, mais une simple vision décalée de la réalité. Ici, l'auteur affleure dans ce jeu de contre-pied avec son lecteur.

La syllepse, dans le jeu de mots, met en place une stratégie de restructuration du langage en entraînant une représentation du monde autre que celle que nous connaissons. En ce sens, la syllepse peut à première vue renvoyer à un jeu de mots, mais si l'on rentre dans la logique intrafictionnelle, elle n'est qu'un moyen de représenter les normes fictionnelles. Elle donne ainsi la clé d'interprétation de l'œuvre de Boris Vian : cette dernière n'est pas fantastique, elle représente la réalité à travers le prisme de la perception de l'auteur lui-même et de son travail sur la langue.[7]

La syllepse est alors une figure efficace de la fictionnalisation dans le sens où elle devient outil de la création d'un monde : le cotexte gauche rend hommage à la norme alors que le cotexte droit représente ce décalage entre le monde du lecteur et celui de la fiction. Elle sert la création d'un monde ni factuel, ni contrefactuel, mais para-factuel.

Par conséquent, le jeu de mots qui s'appuie sur la syllepse, chez Vian, n'est que très rarement gratuit : il engendre la création d'un monde rendant compte de la complexité du langage. La figure, dans le jeu de mots, possède une double visée pragmatique : elle participe du construit fictionnel (à la fois en prise et dérogeant de l'univers de référence) et elle noue une relation très particulière avec le lecteur.

---

7 Jacques Bens évoque d'ailleurs un « langage-univers » (1963) pour décrire de *L'Écume des jours*. Plus tard, il revient sur la particularité de Vian en avançant que « ce qu'il y a de nouveau dans l'approche de Boris Vian (j'allais dire : ‹dans sa méthode›, mais il est bien question de méthode !), ce qui fait de son écriture un outil très personnel, c'est qu'il utilise le langage à l'état brut, comme un matériau en quelque sorte *naïf*. Loin de fabriquer des panoplies inédites, en plaçant côte à côte des mots jusque-là peu faits pour se rencontrer, il découvre, et nous fait découvrir, des objets insolites au milieu d'un appareil verbal qui nous est familier » (1976 : 130).

6 Références bibliographiques

Authier-Revuz, Jacqueline. 1984. Hétérogénéité énonciative. *Langages* 73. 98–111.

Baudin, Henri. 1973. *Boris Vian, humoriste*. Grenoble : Presses Universitaires de Grenoble.

Bens, Jacques. 1963. Un langage univers. Postface de *L'Écume des jours* (Boris Vian). Paris : Gallimard.

Bens, Jacques. 1976. *Boris Vian*. Paris : Bordas.

Bres, Jacques. 2007. Sous la surface textuelle, la profondeur énonciative. Les formes du dialogisme de l'énoncé. In Rita Therkelsen, Møller Andersen, Nina, Nølke, Henning (éds.), *Sproglog Polyfoni*, 37–54. Aarhus : Universitetsforlag.

Bres, Jacques & Aleksandra Nowakowska. 2008. « J'exagère ?... » Du dialogisme interlocutif. In Merete Birkelund, Maj-Britt Mosegaard Hansen & Coco Norén (éds.), *L'Énonciation dans tous ses états*, 1–27. Berne : Peter Lang.

Dumarsais, César Chesneau. [1730] 1988. *Des Tropes ou des différents sens ou Des différents sens dans lesquels on peut prendre un mot dans une même langue*. Paris : Flammarion.

Guiraud, Pierre. 1979. *Les Jeux de mots*. Paris : Presses Universitaires de France.

Jaubert, Anna. 2011. Le calembour ou la pragmatique du trait /facile/. *Le Français moderne* 79(1). 33–43.

Lakoff, Georges & Mark Johnson. 1986. *Metaphors we live by* [Les Métaphores de la vie quotidienne]. Paris : Éditions de Minuit.

Lamiroy, Béatrice & Jean René Klein. 2016. Le figement : unité et diversité, collocations, expressions figées, phrases situationnelles, proverbes. *L'Information grammaticale* 148. 15–20.

Lapprand, Marc. 1988. Vercoquin et le plancton comme pré-texte de *L'Écume des jours*. Naissance de l'écrivain chez Boris Vian. *Texte* 7. 249–266.

Lecolle, Michelle. 2015. Jeux de mots et motivation : une approche du sentiment linguistique. In Esme Winter-Froemel & Angelika Zirker (éds.), *Enjeux du jeu de mots. Perspectives linguistiques et littéraires* (The Dynamics of Wordplay 2), 217–244. Berlin & Boston : De Gruyter.

Molinié, Georges. 1992. *Dictionnaire de rhétorique*. Paris : Librairie Générale Française.

Rabatel, Alain. 1998. *La Construction textuelle du point de vue*. Lausanne : Delachaux & Niestlé.

Rabatel, Alain. 2003. Présentation : Le point de vue, entre langue et discours, description et interprétation : état de l'art et perspectives. *Cahiers de praxématique* 41. 7–24.

Rabatel, Alain. 2005. Le point de vue, une catégorie transversale. *Le Français aujourd'hui* 151. 57–68.

Rabatel, Alain. 2008. Figures et points de vue en confrontation. *Langue française* 160. 3–19.

Rabatel, Alain. 2012. Positions, positionnements et postures de l'énonciateurs. *Revue Tranel* 56. 23–42.

Rabatel, Alain. 2015. La plurisémie dans les syllepses et les antanaclases. *Vox Romanica* 74. 124–156.

Rabatel, Alain. À paraître. La créativité verbale dans les devinettes : points de vue cumulatifs, assertions non sérieuses et sous-énonciation. À paraître dans : Bettina Full & Michelle Lecolle (éds.), *Jeux de mots et créativité. Langue(s), discours et littérature* (The Dynamics of Wordplay 4). Berlin & Boston : De Gruyter.

Rouayrenc, Catherine. 2006. Syllepse et co(n)texte. In Henri Chevalier & Philippe Wahl (éds.), *La syllepse, figure stylistique*, 157–172. Lyon : Presses Universitaires de Lyon.

Véron, Laélia. 2015. Jeu de mots et double communication dans l'œuvre littéraire : l'exemple de La Comédie humaine de Balzac. In Esme Winter-Froemel & Angelika Zirker (éds.), *Enjeux du jeu de mots. Perspectives linguistiques et littéraires* (The Dynamics of Wordplay 2), 93–114. Berlin & Boston : De Gruyter.

Vian, Boris. 2010. *Œuvres romanesques complètes*. Paris : Gallimard.

Weiss, Martin. [1983] 2014. *Boris Vian – la langue qui trébuche, jeux de mots dans l'œuvre d'un génie* (Grazer Linguistische Studien 20), University of Graz, nouvelle édition (eBook).

Winter-Froemel Esme & Angelika Zirker (éds.). 2015a. *Enjeux du jeu de mots. Perspectives linguistiques et littéraires* (The Dynamics of Wordplay 2). Berlin & Boston : De Gruyter.

Winter-Froemel Esme & Angelika Zirker. 2015b. Jeux de mots, enjeux et interfaces dans l'interaction locuteur-auditeur : réflexions introductives. In Esme Winter-Froemel & Angelika Zirker (éds.), *Enjeux du jeu de mots. Perspectives linguistiques et littéraires* (The Dynamics of Wordplay 2), 1–27. Berlin & Boston : De Gruyter.

Zirker Angelika & Esme Winter-Froemel (éds.). 2015. *Wordplay and Metalinguistic / Metadiscursive Reflection. Authors, Contexts, Techniques, and Meta-Reflection* (The Dynamics of Wordplay 1). Berlin & Boston : De Gruyter.

Françoise Sullet-Nylander

Jeux de mots à la Une d'hier et d'aujourd'hui : dynamique et diversité d'un genre

Résumé : Dans nos travaux antérieurs (Sullet-Nylander 1998, 2005, 2006, 2010, 2012a, 2012b, 2013 et 2014), nous nous sommes intéressée aux jeux de mots dans les titres de la presse française, et plus particulièrement à ceux de *Libération* et du *Canard enchaîné*. Le titre de presse a d'abord été appréhendé en tant que genre textuel autonome, puis à travers sa relation intratextuelle avec le chapeau et le corps de l'article et sa relation intertextuelle ou interdiscursive avec d'autres énoncés en circulation. Ainsi, dans une approche synchronique, nous avons analysé les procédés de fabrication et les effets des jeux de mots de la presse basés sur des figements linguistiques et culturels. L'étude linguistico-discursive présentée ici est basée sur deux ouvrages : *Les 100 unes qui ont fait la presse* de Christophe Bourseiller (2013) et *Libé. Les meilleurs titres* de Hervé Marchon (2016). Le premier rassemble les unes de journaux français, quotidiens et hebdomadaires, allant de la une de *La Gazette* de Théophraste Renaudot le 16 mai 1631 à celle du *Parisien*, le 21 décembre 2012. Le second ouvrage contient 372 titres du quotidien *Libération* de 1972 à 2015. À l'aide de ce nouveau matériau, et à travers quatre cas de figure (*jeux de mots* et *références culturelles, jeux de mots* et *expressions figées, jeux de mots* et *noms propres* et *jeux de langage* et *énoncés paradoxaux*), nous étudions la dynamique et la diversité des jeux de mots inscrits dans les titres au fil des époques, mais aussi, et plus particulièrement ceux du quotidien *Libération*, au cours des quatre dernières décennies. La première partie de l'étude montre que les titres « joueurs », issus du catalogue de Bourseiller, sont en nette minorité, ce qui tient, en partie sans doute, au fait que la sélection des 100 unes répond à des critères plus historiques que linguistiques. Le deuxième volet de l'étude, portant sur l'ouvrage de Marchon, montre qu'il existe une forte continuité dans les procédés de création des jeux de mots des 40 dernières années à *Libération* ; ce résultat ne minimise en aucun cas la variété et la dynamique des effets de sens que les titres de ce journal véhiculent en contexte.

Mots clés : défigements, figements linguistiques et culturels, fonctions communicatives, humour, ironie, jeux de mots, paradoxes, références culturelles, titres de presse

1 Introduction

1.1 Quelques travaux antérieurs sur le « jeu de mots » dans les titres de presse

Depuis les années 1990, nous avons examiné les titres de presse français sous différents angles et avons ainsi consacré une dizaine d'études aux problématiques de l'intertextualité, du dialogisme et des jeux de langage / mots dans ce que Frandsen (1990) appelle le « paratexte journalistique ». Nous nous sommes principalement intéressée à deux journaux « spécialisés » dans les jeux de mots des titres : *Libération* (Sullet-Nylander 1998, 2005) et *Le Canard enchaîné* (Sullet-Nylander 2006, 2010) ou bien les deux (Sullet-Nylander 2013). Nos premiers travaux se sont appuyés, entre autres, sur les études de Rastier (1997) et Fiala et Habert (1989). Dans Sullet-Nylander (2012a, 2012b et 2014), il s'est agi de mettre en avant certains phénomènes caractéristiques du genre du paratexte journalistique, tels que l'inter- et l'intratextualité et l'équivalence *vs* la non-équivalence entre l'énoncé-titre et le corps de l'article. Kerbrat-Orecchioni (2011) s'est également récemment intéressée aux jeux de mots et à l'ironie des titres du quotidien *Libération*. Cette auteure met en particulier l'accent sur les relations de connivence – ludique et critique – à l'œuvre à travers ces phénomènes langagiers et dans cet organe de presse en particulier. Dans son article consacré au « détournement phraséologique », Jaki (2015) fait porter ses analyses sur des titres de presse en particulier.

1.2 Le titre de presse : un genre à part propice aux jeux de langage ?

Deux caractéristiques génériques nous semblent donner aux titres une propension aux jeux de mots. D'une part le titre de presse se situe au carrefour de deux axes : l'axe horizontal de construction du journal d'abord et l'axe vertical, ensuite, par lequel le titre naît de transformations successives de l'article. Il est donc par nature hétérogène et porteur de nombreux traits intra- et intertextuels (Sullet-Nylander 1998). D'autre part, les fonctions communicatives du titre sont bien sûr essentielles, par exemple celles d'attiser la curiosité de ses lecteurs et de les guider vers la lecture des autres unités textuelles du journal, entraînant un « travail » sur la forme des énoncés-titres. Comme le constatent Winter-Froemel et Zirker (2015 : 7), les « jeux de mots peuvent remettre en question de manière ludique le fonctionnement du langage et explorer ses limites de manière créative ». Au-delà de ces fonctions poétique et ludique, on peut aussi considérer que le jeu de mots – lorsqu'il est pratiqué dans certaines instances sociales, comme la presse – constitue un défi lancé aux formes du langage, mais également aux instances et acteurs politiques et sociaux. Les titres, en tant que « vitrine » du journal, semblent « bien placés » pour mener à bien ces fonctions communicatives et sociales.

Cette place centrale qu'occupe le titre au sein du discours médiatique a été soulignée par des chercheurs en analyse du discours des médias en particulier. Ainsi Charaudeau (1983 : 102) présente-t-il les fonctions du titre de presse dans l'information, la fonction *épiphanique* et la fonction *guide* en particulier, et considère qu'il constitue « l'essentiel de l'information » ; Mouillaud et Tétu (1989 : 115) quant à eux décrivent le titre comme « un pli majeur de l'articulation du journal : une région-clé qui est l'articulé et l'articulant du journal, l'expression de sa structure ». Van Dijk (1988) accorde au titre de presse le statut de « macro-structure sémantique » considérant qu'il représente l'organisation générale et thématique de l'article, tandis que Frandsen (1990) remet en question sa fonction de résumé et insiste sur son autonomie textuelle.

1.3 Corpus et questions de recherche

Ces dernières années ont vu naître un grand nombre de publications sur la presse française éditées par les journaux eux-mêmes ou par des auteurs indépendants. Un certain nombre de nos études linguistiques ont porté sur une ou plusieurs de ces publications, telles que *La Une Libération 1973–1997* (1997) pour notre étude de 2005 ou bien *Les dossiers du Canard enchaîné. Le Grand bêtisier* pour notre étude de 2006. La présente étude sera menée à partir d'un corpus comportant deux « catalogues » de unes et de titres :

a) celui de Christophe Bourseiller paru en 2013 : *Les 100 unes qui ont fait la presse*. Christophe Bourseiller présente ainsi son ouvrage :

> Cent unes qui ont sans conteste frappé les esprits et leur temps. Je les ai sélectionnées de façon volontairement intuitive et subjective en suivant le fil de la mémoire. Les titres et la façon dont l'actualité se voit traitée en disent plus, bien souvent, que les faits eux-mêmes. Le plus frappant, ce ne sont pas tant les grands événements que la manière dont les médias les retranscrivent : titres chocs ou bien lettristes ; jeux de mots drolatiques ou absolue sobriété ; exacte recension ou mensonge par omission. (Bourseiller 2013 : 5)

b) celui de Hervé Marchon paru en 2016 : *Libé, les meilleurs titres*, présenté ainsi par Stéphane de Groodt et Laurent Joffrin dans l'avant-propos :

Ici on se joue des maux pour mettre en joue les mots, avec en-tête d'accrocher le lecteur sur quelques destins animés ou desseins abîmés [...] Sauf exception, un bon titre est court. Chaque mot doit peser son poids et la formule s'imprimer instantanément dans l'esprit du lecteur [...] Sauf exception, un bon titre suscite une émotion [...] Sauf exception, un bon titre est polysémique. C'est-à-dire qu'il a au moins deux sens, un sens factuel, qui se rapporte directement à l'objet traité, un deuxième qui le qualifie, qui s'en moque ou qui contient une critique implicite [...] Ainsi le jeu de mots n'est pas un simple calembour, « la fiente de l'esprit », disait Victor Hugo, qui traduit une dérision sèche et sans contenu à l'égard de la marche du monde, mais au contraire une recherche de sens. (Marchon 2016 : 7–11)

Le catalogue a) sera exploré afin de donner une vue d'ensemble sur le phénomène du jeu de mots à la Une au fil de la période. Il va de soi cependant que les cent Unes (1631–2012), sélectionnées par Christophe Bourseiller ne constituent pas un matériau suffisant pour pouvoir tirer des conclusions sur l'évolution du genre ; il faudrait travailler sur des données numérisées de bien plus grande envergure, ce qui pourrait faire l'objet d'un projet futur. Le catalogue b) contient 372 titres de *Libération* couvrant la période 1977–2015. À l'aide de ces deux ouvrages, nous mènerons une étude de type « qualitatif », cherchant à découvrir la dynamique et la diversité des jeux de mots dans la presse française en général et *Libération* en particulier.

Après avoir défini le jeu de mots, le défigement et d'autres notions attenantes nous dirigerons notre étude à la lumière des questions de recherche suivantes : sur quelles bases sont fabriqués les jeux de mots des titres de journaux ? Quels procédés linguistiques et discursifs sont à l'œuvre ? Y a-t-il des changements notables quant à la « fabrique » des jeux de mots de la presse française au fil des années, puis des décennies à *Libération* ? De quels fonctions et effets de sens les jeux de mots des titres sont-ils porteurs ?

2 Notions, définitions et quelques exemples

2.1 Jeux de mots, humour et ironie et autres distinctions utiles

Bien que nous n'entrions pas systématiquement ici dans la discussion sur la différence entre les catégories de l'humour (Charaudeau 2006, 2011)[1], il est intéressant

---

1 Charaudeau (2006, 2011) considère que l'humour est la catégorie générique, englobant différents procédés discursifs tels que l'ironie, le sarcasme, etc.

de mentionner la distinction, opérée par Kerbrat-Orecchioni (2011 : 119), entre jeu de mots et ironie avant d'entrer dans l'analyse des titres de notre corpus :

> Les jeux de mots et l'ironie exploitent deux types bien différents de connivence que j'appellerai, à la suite de Charaudeau (2006 : 36), connivence *ludique* vs connivence *critique* : si les jeux de mots ont un caractère « subversif » c'est essentiellement par rapport aux règles linguistiques, qu'ils « subvertissent » dans une certaine mesure [...] et c'est cette transgression des règles de la sémantique discursive qui est censée procurer aux inter-locuteurs un certain plaisir partagé ; alors que la subversion que vise l'ironie est plus affaire de contenu idéologique, cette connivence critique impliquant que l'émetteur et le récepteur aient au départ certaines affinités à ce niveau.

Il faut pourtant admettre qu'il n'est pas toujours aisé de départir la connivence critique de la connivence ludique dans les titres de presse. Tout est affaire de contexte et de rubrique dans laquelle s'inscrit la nouvelle. Un exemple tristement célèbre pour illustrer cette problématique :

(1) *Charlie Hebdo refuse de se laisser abattre* (8 janvier 2015)

En annonçant la parution d'un nouveau numéro de Charlie Hebdo après les attentats de 2015, *Libération* joue par syllepse sur le figement « se laisser abattre », plus fréquemment utilisé à la forme négative « ne pas se laisser abattre » (= garder le moral). Les deux types de connivence, ludique (avec le jeu de mots sur « abattre ») et critique (liée à la défense à tout prix de la liberté d'expression), sont exploitées. Comme dans d'autres genres discursifs, les jeux de mots d'un titre de journal remplissent souvent d'autres fonctions en sus de leur fonction ludique, comme la fonction critique sur certains sujets en particu-lier. Au sujet de cette critique relayée par les jeux de mots, citons Guiraud (1976 : 116) : « C'est ce qu'a très bien vu Gide – à propos de Joyce – dans ses interviews imaginaires : ‹Sa fronde est dirigée non tant contre les institutions et les mœurs que simplement contre les formes du langage ; non point tant contre les pensées et les sentiments que contre l'expression de ceux-ci qui nous dupe plus que chose au monde. Il déchire le revêtement et l'apparence, il met à nu la réalité› ». Un peu plus loin dans son ouvrage, après avoir donné quelques exemples de jeux de mots sur des proverbes du type « La femme est un roseau dépensant » ou bien « Mourir c'est partir un peu », Guiraud (1976 : 117) observe : « On voit donc que le rire, qui est par définition à la base de la fonction ludique, est loin d'être toujours inno-cent. En fait, c'est un rire subversif. Et il s'attaque bien – n'en déplaise à Gide – aux personnes, aux institutions, aux lieux communs, expressions de l'ordre social, à travers le langage qui en est le principal garant ». Il nous semble que notre exemple (1) illustre parfaitement les propos de Guiraud.

Dans son article concernant les catégories de l'humour, Charaudeau (2011) établit une distinction entre les procédés linguistiques et les procédés discursifs qui nous paraît également essentielle avant d'entrer dans l'analyse du corpus :

> Les *procédés linguistiques* relèvent d'un mécanisme lexico-syntaxico-sémantique qui concerne la forme des signes et les rapports forme-sens. Ils jouent, tantôt, sur le seul signifiant (calembours, contrepèteries, palindromes, mots valises et autres défigements), tantôt, sur le rapport signifiant-signifié (homonymie, polysémie, jeu sur les isotopies). Les *procédés discursifs*, eux, dépendent de l'ensemble du mécanisme d'énonciation déjà décrit, et donc de la position du sujet parlant et de son interlocuteur, de la cible visée, du contexte d'emploi et de la valeur sociale du domaine thématique concerné.

Dans nos travaux précédents, nous nous sommes plus spécifiquement penchée sur les premiers en répertoriant les procédés portant sur le rapport signifiant-signifié et sens dénoté-sens connoté ; cependant, nous avons également considéré ces jeux de langage en rapport avec le genre discursif et le contexte situationnel dans lequel ils apparaissent. À l'instar de Winter-Froemel et Zirker (2015 : 3), notre étude de ces phénomènes n'est pas « uniquement fondée sur des critères formels, mais sur une approche plus large qui conçoit les jeux de mots comme un phénomène dynamique et hétéroclite, ancré dans des situations de communication concrètes ». Nous considérons, avec Todorov (1978 : 289), que le jeu de mots, comme le mot d'esprit, se compose toujours d'un double sens, un sens « exposé » et un sens « imposé » selon la terminologie de cet auteur. Pour expliquer le mécanisme par lequel les deux sens sont saisis, le contexte joue un rôle primordial ; ce sont ainsi les mots et expressions environnants qui mettent en avant un sens, tandis que le contexte paradigmatique en impose un autre. Enfin, admettons que le processus interprétatif peut être bien différent en fonction du procédé par lequel le jeu de mots est produit et selon qu'il porte sur un seul et même signifiant ou plusieurs. On reviendra à ces enjeux interprétatifs dans l'analyse du corpus (section 3).

2.2 La « figure maîtresse » du jeu dans les titres de presse : *le défigement*

La « figure » de jeu de mots qui a retenu notre attention, dans Sullet-Nylander (1998, 2005), est celle du *défigement*, qui, comme le rappelle Lecolle (2015 : 238) constitue un « cas de jeux de mots basés sur une remotivation d'énoncés figés ». Nous avons appelé *figement linguistique*, une expression, locution ou phrase figée dont on ne peut changer les termes sans changer le sens et de facto produire divers effets de sens, et *figement culturel* des énoncés (plus ou moins) mémorisés, des références culturelles : titres de livres, de films, des phrases entières extraites de chansons, de poèmes ou de divers textes connus d'un grand nombre de francophones. Deux exemples extraits de nos travaux précédents pour illustrer ces phénomènes : dans les titres (2) et (3) de *Libération*, les expressions *tout fout le camp* et *décrocher la lune* constituent la base du jeu, par paronymie (*le camp / Lacan*) et homonymie (*fout / fou*) pour (2) et par paronymie (*la lune / la Une*) pour (3). Ces syntagmes forment une unité, un *figement linguistique* :

(2)   *Tout fou Lacan* (11 septembre 1981)

(3)   *Comment Bouygues a décroché la Une* (6 avril 1987)[2]

Deux exemples à présent pour illustrer le *défigement culturel*. Les paroles « *La victoire en chantant* » du *Chant du départ* (1794) servent de point de départ à la Une de *Libération* du 17 mars 1986 dans l'exemple (4), lors des élections législatives accordant la victoire aux trois partis de droite : RPR, UDF et Front national avec plus de 55 % des suffrages, tandis que le PS obtient un score tout à fait exceptionnel avec 32 % des voix à lui tout seul :

(4)   *La victoire en déchantant* (17 mars 1986)

Notons que ces « paroles mémorisées » constituent une sorte d'archive discursive et sont « recyclées » dans les titres au fil des années ; ainsi ce même titre (*La victoire en chantant*) a été utilisé le 28 juin 1984 pour annoncer la victoire de la France en finale de l'euro de football avec le titre *La victoire en shootant*.

Le titre (5), celui de la Une du 13 décembre 2013, au sujet de la « dématérialisation du courrier qui a ruiné la Poste et transforme l'écriture, les liens sociaux, familiaux ou amoureux » (Marchon 2016 : 217), reprend par homophonie (*L'être / lettres*) le titre célèbre *L'être et le Néant* de Jean-Paul Sartre (1943) :

(5)   *Lettres ou le néant* (13 décembre 2013)

Pour une discussion sur la notion de « jeu de mots » en relation avec celle de phraséologie et de figement, nous renvoyons également à l'article de Jaki (2015 : 247) qui parle, elle, non pas de « défigement », mais de « détournement phraséologique ». Cette auteure se pose la question suivante (Jaki 2015 : 255) :

---

2 Le titre (2) : annonce de la mort du psychanalyste Jacques Lacan ; le titre (3) : annonce de la privatisation de la première chaîne et de la présidence de Bouygues.

Le détournement phraséologique par substitution lexicale constitue-t-il un jeu de mots ? Si on définit le jeu de mots comme l'emploi ludique du langage, la réponse est sans aucun doute positive. Par contre, si on tient compte de la complexité d'emplois ludiques du langage et du rôle particulier du jeu de mots dans ce domaine hétérogène, la relation entre le détournement et le jeu de mots est plus complexe.

Dans nos travaux antérieurs sur les jeux de mots (1998–2013), nous avons considéré que tous les cas de défigements relèvent de la catégorie plus vaste du jeu de mots, quel que soit le processus de substitution utilisé (voir *Supra*). C'est aussi la conclusion à laquelle semble arriver Jaki (2015 : 268) :

Il s'avère que seulement une partie des détournements par substitution constitue des jeux de mots à proprement parler, avant tout ceux avec une relation de paronymie entre l'élément remplacé et l'élément remplaçant [...] Nous avons cependant argumenté qu'une délimitation rigide entre le jeu de mots et le jeu de langage n'est ni faisable ni justifiée avec les substitutions lexicales, car une partie importante, les substitutions sans nature paronymique, serait exclue a priori.

Avant d'entamer l'étude du corpus, précisons enfin que, dans ce qui suit, nous utiliserons aussi bien le terme « jeu de mots » que « jeu de langage » ; nous adhérons cependant à la distinction opérée par Jaki (2015 : 259) et d'autres auteur.e.s avec elle, indiquant que le jeu de mots à proprement parler repose sur une opposition de sens (voir 2.1), tandis que « jeu de langage » est un terme générique, englobant d'autres types de jeux linguistiques.

3 Analyse des deux catalogues

3.1 *Les 100 unes qui ont fait la presse* : années 1631–2012

Dans l'ouvrage *Les 100 unes qui ont fait la presse*, Bourseiller (2013) a sélectionné 100 unes de différents journaux, depuis le « tout premier hebdo », *La Gazette* (30 mai 1631), jusqu'au *Parisien* du 21 décembre 2012 (voir section 1.1). Nous y prélèverons quelques titres, d'hier et d'aujourd'hui jouant avec les mots, afin de donner une vue d'ensemble – très succincte – de l'évolution du phénomène. De *la Gazette* (1631) au *Petit Parisien* (1897), les six journaux sélectionnés par Bourseiller ne comportent pas de « titres » à proprement parler, mais plutôt des illustrations. Le premier affichant une une « titrée » est *La Fronde*[3] (1897). Il s'agit

---

3 Premier « quotidien féminin et féministe » (Bourseiller 2013 : 39).

cependant de titres courts, informatifs et neutres, ex. « La fortune de Jean Bruno », « Le féminisme chrétien », « Notes d'une frondeuse » ou bien encore « Les petites servantes ». Le premier titre « éloquent » (Bourseiller 2013 : 22) est issu du journal anarchiste *L'Assiette au beurre* du 19 décembre 1906, représentant Nietzsche en train d'écraser le Christ à coups de bottes :

(6) *Ecce Homo* (« Voici l'homme »)

D'un point de vue formel, on a davantage affaire à une allusion culturelle qu'à un jeu de mots qui comporterait un double sens. La force subversive de cette une tient avant tout au dessin et à la satire anticléricale qu'il transmet.

Les unes de journaux qui suivent – *Le Petit Parisien, L'Humanité, Le Petit Journal, La Presse* – couvrent la période tourmentée allant de 1914 à 1936 ; les titres y figurant reflètent ici la sombre actualité : « Jaurès assassiné » (1914), « La guerre imminente » (1914), « Le jour de gloire » (1918), « Lénine est mort » (1924), « Les heures d'or de l'aviation française. Nungesser et Coli ont réussi » (1927), « Adolf Hitler devient Chancelier du Reich » (1933). La période ne semble pas être propice aux jeux de mots. L'unique une du *Canard enchaîné* présentée dans le collector de Bourseiller (2013) est celle de janvier 1934 titrant :

(7) *Stavisky se suicide d'un coup de révolver qui lui a été tiré à bout portant*

Bien qu'il n'y ait pas jeu de mots à proprement parler, on a affaire à un énoncé-titre ambigu laissant s'exprimer la satire violente du journal vis-à-vis du fameux homme d'affaire Stavisky et de la classe politique. Ce premier titre pourra sans doute rejoindre la catégorie intitulée « ironie du paradoxe » par Kerbrat-Orecchioni (2011) et sur laquelle nous reviendrons (section 3.2.4) : le paradoxe tient ici à l'antinomie entre le suicide du défunt et le « coup de révolver tiré à bout portant » sur lui par un tiers.[4]

Un autre titre de une satirique et tout aussi célèbre présenté dans Bourseiller (2013) et déjà analysé par nous (Sullet-Nylander 2005) et par Kerbrat-Orecchioni (2011), est celui de *L'Hebdo Hara Kiri* (1970) :

---

4 Explication donnée par Bourseiller (2013 : 40) pour le titre (7) : « En janvier 1934, le fameux homme d'affaire Stavisky, qui a compromis la classe politique, dans maints scandales financiers, se suicide dans des conditions suspectes. Il n'en faut pas plus pour que le Canard ponde un de ses plus beaux titres. Ce n'est pas la première fois que le Canard s'illustre par une Une saignante. En novembre 1918, quand la guerre mondiale s'achevait, il avait titré « Ouf ! ». Plus tard, en 1938, lorsque seront signés les Accords de Munich, qui démembreront la Tchéco-slovaquie, il commentera : « Tchèques ... et mat ! »

(8) *Bal tragique à Colombey – 1 mort*

annonçant la mort du Général de Gaulle survenue en 1970. Avec cette formulation ironique, le journal fait allusion à un incendie intervenu dans un dancing (le 5–7 à Saint-Laurent du Pont) la semaine ayant précédé la mort du Général ; cet incendie avait fait 146 morts. Le journal imite / parodie ici le style des titres d'autres journaux ayant couvert ce drame par la formule « Bal tragique ».[5]

Un autre titre de une présenté par Bourseiller (2013) est celui que l'on pourrait qualifier « d'acte de naissance » du quotidien *Libération* :

(9) *Prenez votre journal en main* (18 avril 1973)

On décèle déjà une volonté de la part de ce journal, dès sa naissance, de mettre le lecteur à contribution, aussi bien dans l'interprétation de ses titres que dans la gestion du journal. Dès le début, une connivence s'installe entre *Libération* et ses lecteurs ; elle se réalisera, au fil des décennies, autant au niveau idéologique que langagier (Sullet-Nylander 2005).

En (10), toujours dans les années 70, la une du quotidien *Combat* relève également d'un défigement de la séquence mémorisée « Silence, on tourne » proclamée sur les plateaux de cinéma :

(10) *Silence, on coule !* (30 août 1974)

avec en sous-titre l'annonce suivante : « Dernier frappé d'une longue liste de journaux, Combat disparaît ». Le journal annonce ainsi sa propre mort en « un titre qui fait date » (Bourseiller 2013 : 132). À travers ce jeu paronymique principalement basé sur la voyelle [u] (tourne *vs* coule), mais aussi sur la séquence figée (sur un plateau de tournage) « Silence, on tourne », les rédacteurs font face aux circonstances difficiles qui sont les leurs avec humour et auto-dérision.

Le titre (11) de *Libération* (18 juin 1976) annonce le « manifeste pour la dépénalisation du cannabis » et fait écho, par substitution de « joint » à « juin », à *L'appel du 18 juin* lancé par le Général de Gaulle :

(11) *L'appel du 18 joint*

---

5 *Le Dauphiné Libéré* titre le matin même : « Dans le dancing en flammes : 142 morts à Saint-Laurent-du-Pont » (http://revuecharles.fr/la-rumeur-du-5-7/, dernière consultation le 22/07/2018). Le titre ironique / sarcastique de la mort de De Gaulle et du traitement journalistique de la tragédie du dancing de Saint-Laurent-du-Pont entraînera l'interdiction du quotidien *Hara Kiri* dès le lendemain.

Nous conviendrons aussi avec Kerbrat-Orecchioni (2011) que le jeu de mots est ici
« gratuit » puisqu'il n'existe aucun rapport « pertinent » entre *L'appel du 18 juin*
lancé par le Général de Gaulle en 1940 et ce manifeste pour la dépénalisation du
canabis.

L'équipe du 4 juin 1983 titre :

(12) *50 millions de Noah*

Le titre fait allusion – défigement par paronymie (Noah / Chinois) – au refrain de
la chanson « Sept cents millions de Chinois et moi, et moi, et moi » de Jacques
Dutronc (1966). Le chapeau rend le jeu explicite : « Cinquante millions de Noah
et Mats et Mats et Mats, Wilander, le jeune Suédois, tenant du titre, sera seul,
dimanche après-midi, sur le Central de Roland Garros pour affronter le phénomène Noah. » (Bourseiller 2013).

(13) *Quand la Chine résiste*

Le titre (13) de *Libération* du 6 juin 1989 fait allusion au titre de l'ouvrage d'Alain
Peyrefitte (1973), « Quand la Chine s'éveillera ». Ce titre couvre la révolte étudiante de Tian'anmen, et accompagne la célèbre photo de l'« homme seul qui fait
reculer une colonne de tanks chinois venue mater la révolte étudiante » (Bourseiller 2013 : 162). Contrairement à (11), le jeu de mot ici est tout à fait motivé par
le rapport étroit entre le thème de l'actualité et le figement culturel sur lequel il
se fonde.

(14) *We have a dream*

Le titre (14) de *Libération* du 5 novembre 2008, au lendemain de l'élection de
Barack Obama, représente une allusion lyrique au célèbre « I have a dream » de
Martin Luther King, le 26 août 1963.

(15) *Charia Hebdo. Mahomet Rédacteur en chef. 100 coups de fouet, si vous n'êtes pas morts de
rire*

Dans ce titre du 2 novembre 2011, *Charlie Hebdo* joue, de manière satirique, sur le
figement « être mort de rire ».[6] Bourseiller (2013 : 192) considère ici que *Charlie
Hebdo* demeure fidèle « à la tradition libertaire et anticléricale de ses origines ».

---

6 Ce titre du 2 novembre 2011 dans Charlie Hebdo, rebaptisé pour l'occasion « Charia Hebdo »,
« survient dans un contexte de montée de l'intolérance, nul n'ayant oublié l'affaire des carica-

(16) *Fin du monde. À demain !*

Le titre du *Parisien* du 21 décembre 2012 (16) ne constitue pas un véritable jeu de mots mais il appartient plutôt à la catégorie « ironie du paradoxe » sur laquelle nous reviendrons plus loin. En effet, la juxtaposition du surtitre « Fin du monde » et du gros titre « À demain » est insolite. La légende de la photo et le chapeau viennent clarifier ce paradoxe et le point de vue critique du journal sur la question : « Tout le monde en parle, quelques-uns y croient. Le calendrier Maya annonçait l'apocalypse pour ... aujourd'hui ! Une prophétie qui ne repose sur rien, mais qui provoque quelques manifestations irrationnelles » (Bourseiller 2013 : 194).

Sur la centaine de unes retenues par Bourseiller (2013), nous en avons prélevé seulement une dizaine qui peuvent, selon nous, être classées parmi les unes « humoristiques », si l'on convient avec Charaudeau (2011) que l'humour constitue la catégorie générique. Cette faible quantité de titres joueurs du corpus Bourseiller 2013 tient, selon nous, au fait que les critères de sélection appliqués par Bourseiller dans son catalogue sont liés à l'importance historique de la nouvelle, plutôt qu'à sa configuration linguistique. Les unes et leur « gros titre » analysées ci-dessus relèvent de procédés différents quant à la fabrication d'un jeu de mots et produisent des effets également différents. Reprenant les trois stratégies discursives identifiées par Charaudeau (2011)[7], on voit que la plupart des titres extraits répondent à ces paramètres. A travers les jeux de mots dans les titres, les rédacteurs « se libèrent » des contraintes du langage (ex. *L'appel du 18 joint*) dans un but purement ludique ; ils offrent à leurs lecteurs une « vision décalée » du monde et, en filigrane, une critique des nouvelles annoncées et commentées (ex. *Stavisky se suicide d'un coup de révolver qui lui a été tiré à bout portant, Bal tragique à Colombey – 1 mort* ou bien encore *Fin du monde. À*

---

tures danoises du Prophète » en 2005, dans le journal *Jyllands-Posten*, et qui provoqua de violentes émeutes dans le monde, contre les ambassades du Danemark (Bourseiller 2013 : 192).

7 Charaudeau (2011) emploie le terme « humour » pour désigner une stratégie discursive qui consiste à :

1) s'affronter au langage, se libérer de ses contraintes, qu'il s'agisse des règles linguistiques (morphologie et syntaxe) ou des normes d'usage (emplois réglés par des conventions sociales en situation), ce qui donne lieu à des jeux de mots ou de pensée ;

2) construire une vision décalée, transformée, métamorphosée d'un monde qui s'impose toujours à l'être vivant en société de façon normée résultat d'un consensus social et culturel quant aux croyances auxquelles il adhère ;

3) demander à un certain interlocuteur (individu ou auditoire) de partager ce jeu sur le langage et le monde, d'entrer dans cette connivence de « jouer ensemble » [...] (voir http://www.patrick-charaudeau.com/Des-categories-pour-l-humour,274.html, dernière consultation le 22/07/2018).

demain !). Enfin, il semble clair que, par les jeux de langage et l'humour de leurs titres, les journaux cherchent à établir une connivence avec leurs lecteurs.

3.2 Jeux de mots à *Libération* (1977–2015) : Dynamique et évolution ?

Le deuxième catalogue utilisé pour cette étude émane de Hervé Marchon (ancien rédacteur de *Libération*) et comporte 372 titres du quotidien *Libération*. L'auteur a choisi de les présenter en fonction de la thématique sur laquelle porte le jeu de langage (ex. Rubrique *Transport* « Le long chemin des trajets courts » (Marchon 2016 : 16) ; Rubrique *Cinéma* : « Cannes fête le Moore pas la guerre » (Marchon 2016 : 101) ; Rubrique *Musique* : « Béarn to be alive » (Marchon 2016 : 61), etc.).

Dans un premier temps, nous avons regroupé la totalité des titres de l'ouvrage dans l'ordre chronologique (de 1977–2015). La sélection effectuée par Marchon et son équipe est évidemment affaire de subjectivité[8] ; on peut cependant supposer que ces « meilleurs titres » correspondent à des titres jouant sur les mots et sont représentatifs, comme le dit l'auteur lui-même d'un « art du jeu avec les mots, des rapprochements surprenants et finalement, démonstration d'un style *Libé* du titre » (quatrième de couverture). Dans un deuxième temps, nous avons classé les titres en fonctions du « socle » sur lequel se base le jeu, sans attention prêtée au procédé linguistique à l'œuvre. Sur les 372 titres, nous avons catégorisé environ 71 titres comme s'appuyant sur un *figement culturel* et 127 sur un *figement linguistique*. Les deux autres catégories couvrent des types de jeux de mots d'une autre nature (voir 3.2.3 et 3.2.4).

3.2.1 Jeux de mots et références culturelles

Voyons tout d'abord sur quel type d'allusions se crée le jeu. Compte tenu des contraintes éditoriales, nous ne citerons que dix titres de chaque catégorie, afin d'observer les procédés de « fabrication » à l'œuvre et les types de références culturelles auxquelles on renvoie. Nous indiquons le détail de l'actualité en note de bas de pages.

---

8 Marchon (2016 : 4ème de couverture) : « Sélectionner les 'meilleurs' titres revient à s'armer d'un piolet pour aller extraire les pépites cachées dans la mine des archives. Hervé Marchon a pris son équipement et creusé le gisement. Monde, sport, culture, politique, économie : il en a retiré plus de 200 pages de jubilation linguistique [...] ».

(17) *Le rose et les Noirs* (3 novembre 1981)[9]

(18) *T'as de gros yeux, tu sais...* (27 mai 1982)[10]

(19) *Le chiffre de Monsieur Seguin* (21 juillet 1986)[11]

(20) *On achève bien les Deux-Chevaux* (27 juillet 1990)[12]

(21) *Et Dieu nomma la femme* (16 mai 1991)

(22) *Le Pen : le crépuscule du vieux* (21 septembre 1998)[13]

(23) *Chantant de solitude* (16 août 2002)[14]

(24) *La vacance de M. Hulot* (23 janvier 2007)[15]

(25) *Bayrou, le hollandais votant* (4 mai 2012)[16]

(26) *Sarkozy : l'errance d'Arabie* (7 février 2015)[17]

Dans chacun des titres (17) à (26), les rédacteurs s'appuient sur une référence culturelle, littéraire, cinématographique ou musicale, servant de point d'assise du jeu de mots : *Le rouge et le noir* ; *T'as de beaux yeux, tu sais* ; *La chèvre de Monsieur Seguin* ; *On achève bien les chevaux* ; *Et Dieu créa la femme* ; *Le crépuscule des Dieux* ; *Cent ans de solitude* ; *Les vacances de Monsieur Hulot* ; *Le Hollandais volant* et *Laurence d'Arabie*). Un procédé de paronymie ou « parano-mase in absentia » (voir 2.2) est à l'œuvre dans (17) à (20) et dans (22) à (26). Il y a

---

9 « Mitterrand ouvre le sommet franco-africain à Paris » (Marchon 2016 : 217).

10 « E.T. à Cannes » (Marchon 2016 : 172).

11 « Chômage : Record absolu en juillet : 2474000 demandeurs d'emplois. Un comptage qui n'étonne pas le ministre de l'Emploi. Philippe Séguin avait évalué à 2,5 millions le nombre de chômeurs » (Marchon 2016 : 200).

12 « Conçue en 1935, reproduite à 7 millions d'exemplaires, l'ultime 2 CV sort des chaînes d'une usine portugaise » (Marchon 2016 : 174).

13 « À la fête des Bleu, Blanc, Rouge, la popularité des Mégret, concurrents de Jean-Marie le Pen s'est confirmée » (Marchon 2016 : 137).

14 « Françoise Hardy, 56 ans. Cultive en discrète une aimable nostalgie » (Marchon 2016 : 217).

15 « Après un intense lobbying, l'animateur d'*Ushuaïa* renonce à concourir pour la présidentielle » (Marchon 2016 : 205).

16 « Le patron du Modem annonce qu'il glissera un bulletin Hollande dans l'urne au deuxième tour de l'élection présidentielle » (Marchon 2016 : 137).

17 « Nouveau faux pas de l'ex-chef d'État avec une conférence grassement payée à Abou Dhabi. Sarkozy peine à s'imposer à la tête du parti » (Marchon 2016 : 210).

ainsi une « ressemblance » phonique ou un « à peu-près » (Rabatel 2011a) entre les mots de l'actualité et les mots du figement culturel sous-jacent : Les Noirs / Le noir[18] ; rose / rouge ; gros / beaux ; chiffre / chèvre ; Deux-Chevaux / chevaux ; du vieux / des Dieux ; chantant / Cent ans ; La vacance / Les vacances ; votant / volant ; errance / Laurence. En (21), en revanche, il ne s'agit pas tant d'une ressemblance phonique des mots substitués que d'une « synonymie » ou plutôt « parasynonymie » entre les verbes « créer » et « nommer » dans le titre du film de Godart « Et Dieu créa la femme »[19] et l'actualité concernant la nomination par François Mitterrand d'Edith Cresson, première (et dernière) femme Première ministre à ce jour. La substitution du verbe « créer » par le verbe « nommer » débouche sur un effet de solennité de la nomination en question, mais aussi sur un effet critique vis-à-vis des pouvoirs du Président de la République française.

3.2.2 Jeux de mots et expressions figées

Nous avons relevé 127 titres pouvant être considérés comme le produit d'un défigement sur une expression figée (« lexie figée »[20]), telles *aller au charbon* (27) ; *arrêter son char* (28) ; *faire son numéro* (29) ; *pour le meilleur et pour le pire* (30) ; *ne pas faire de vieux os* (31) ; *la solution finale* (32) ; *à la pelle* (33) ; *ménager la chèvre et le chou* (34) ; *la peine capitale* (35) ; *tirer dans tous les sens* (36) :

(27) *Les mineurs noirs retournent au charbon* (31 août 1987)[21]

---

18 Pour le titre (17), on a l'alternance entre singulier et pluriel à travers les déterminants « le » et « les », tandis que le lexème « noir » reste le même phonétiquement.

19 Il s'agit bien sûr aussi de la référence biblique dans la Genèse 1–27 : « Dieu créa l'homme à son image, il le créa à l'image de Dieu, il créa l'homme et la femme » (http://saintebible.com/genesis/1-27.htm, dernière consultation le 22/07/2018).

20 Notons qu'il n'est pas toujours aisé de trancher entre les catégories présentées en 3.2.1 (« références culturelles ») d'un côté et en 3.2.2 (« lexies figées ») de l'autre. Certains cas classés ici auraient probablement leur place parmi les références culturelles (ex. la « solution finale » du titre (32), qui, selon certains lecteurs, pourrait être considérée d'abord comme une référence historique). Cependant, nous avons voulu nous en tenir à des titres d'œuvres culturelles (films, livres, chansons, etc.) dans 3.2.1, tandis que les « socles » du défigement en 3.2.2 ne renvoient pas à un tel produit culturel, mais plutôt à des expressions figées, à des degrés divers de figement, dans la langue.

21 « Échec de la plus grande grève de l'histoire de l'industrie minière sud-africaine » (Marchon 2016 : 124).

(28) *Kaboul : Gorba arrête son char* (10 février 1988)[22]

(29) *Le téléphone refait son numéro* (17 mai 1995)[23]

(30) *Unis pour le payeur et pour le Mir* (18 juillet 1997)[24]

(31) *Les pitbulls ne feront pas de vieux chiots* (6 janvier 2000)[25]

(32) *FN : Le Pen prône la solution filiale* (11 septembre 2003)[26]

(33) *L'Inde attire des étrangers à l'appel* (15 mars 2005)[27]

(34) *Sarkozy ménage la chèvre et le sou* (28 août 2010)[28]

(35) *Pour que la peine capitule* (13 juin 2014)[29]

(36) *Charlie, satire dans tous les sens* (8 janvier 2015)[30]

Les titres (30)–(32) et (34)–(35) sont le fruit d'un procédé de paronymie : *pire / Mir* ; *os / chiots* ; *filiale / finale* ; *chou / sou* et *capitale / capitule*. En (27) le jeu est déclenché par la juxtaposition de « mineurs noirs » et de l'expression « retourner au charbon ». En (28), le mot « char » reprend son sens littéral hors de l'expression « arrêter son char » dans le contexte du conflit en Afghanistan. En (33) et (36), on joue sur l'homophonie « la pelle » / « l'appel » et sur « satire » / « ça tire ». À propos du titre (32), qui joue sur la lexie « la solution finale », on peut, à l'instar de Marchon (2016 : 140), se poser la question de savoir si la presse peut jouer avec les mots sur tous les sujets : « Certains, et parmi eux beaucoup de lecteurs, avaient protesté : on ne joue pas avec la Shoah ». On peut cependant

---

22 « L'URSS annonce le retrait probable de ses troupes d'Afghanistan en mai » (Marchon 2016 : 87).

23 « Fin 1996, la numérotation passera à dix chiffres, sans le 16 et le 19 » (Marchon 2016 : 157).

24 « Américains et Russes gardent en vie la station spatiale pour laquelle Washington a déjà dépensé 500 millions de dollars » (Marchon 2016 : 216).

25 « Désormais, seuls les pitbulls castrés sont autorisés en France » (Marchon 2016 : 68).

26 « Il juge Gollnich inapte et mise sur Marine pour lui succéder » (Marchon 2016 : 192).

27 « Venus d'Europe, ils travaillent dans un call-center indien pour un salaire local » (Marchon 2016 : 46).

28 « Agriculture. En visite dans une ferme, le Président a défendu la chasse au loup et sanctuarisé des aides de l'État » (Marchon 2016 : 57).

29 « Des photographes américains s'engagent contre les exécutions légales, de plus en plus contestées aux États Unis » (Marchon 2016 : 122).

30 « Crédo de l'hebdo créé en 1970 : le rire est un droit de l'homme » (Marchon 2016 : 67).

considérer que ce titre confronte Le Pen à sa propre pratique, dans le passé, de mauvais jeux de mots (ex. « Durafour crématoire », etc.).

Comme on l'a vu avec le titre « Charlie Hebdo refuse de se laisser abattre », ou bien ici (36) « Charlie, satire dans tous les sens », l'humour, la critique et la satire se marient relativement souvent dans les titres et leur distribution va de pair avec le/s sujet/s de l'actualité traitée. Certains jeux ne déclenchent aucune connivence critique ou satirique, il s'agit plutôt alors de jouer avec les fonctions essentielles du titre de presse, d'attiser la curiosité du lecteur et de le guider vers la lecture de l'article de manière ludique. Il est cependant toujours difficile de mesurer la part du critique et du ludique compte tenu de la fréquence du phénomène du jeu de mots dans ce journal.

3.2.3 Jeux de mots et noms propres

Les titres (37) à (46) prennent un *nom propre* (de personnes, de lieux, etc.) comme base du jeu de mots. Nous indiquons pour chaque titre une brève explication du jeu de mots dans une note de bas de page :

(37) *Jean-Paul le bref a eu un pépin cardiaque* (29 septembre 1978)[31]

(38) *Alain, fidèle au Prost* (9 juin 1990)[32]

(39) *C'était le Montand* (11 novembre 1991)[33]

(40) *Lourdes est la chute* (12 mai 1992)[34]

---

[31] « Décès de Jean-Paul 1er après 33 jours de pontificat » (Marchon 2016 : 95). Pour ce titre, *Libération* « défige » le nom propre de *Pépin le bref* et actualise le sens de « pépin », synonyme de « ennui » ou problème ».

[32] « Comme à son habitude, le triple champion du monde s'est impliqué à fond dans le processus d'élaboration de sa monoplace Ferrari » (Marchon 2016 : 86). Ici, *Libération* joue sur la paronymie du nom propre « Prost » et « poste » en défigeant l'expression « fidèle au poste ».

[33] « Yves Montand est mort » (Marchon 2016 : 58). Le nom propre du célèbre acteur et chanteur dont on annonce la mort, « Montand », se substitue à « montant ».

[34] « Le légendaire FC Lourdes est relégué. C'est un grand pan de l'histoire du rugby qui se fissure » (Marchon 2016 : 113). Le nom propre de l'équipe de rugby de « Lourdes » se substitue à l'adjectif féminin-singulier « lourde » dans l'expression « lourde est la chute ».

(41) *Ci-Mouloudji* (6 juin 1994)[35]

(42) *Lady dies* (1er septembre 1997)[36]

(43) *Waterbraguette* (23 janvier 1998)[37]

(44) *Jean s'enterre* (3 avril 2000)[38]

(45) *Mir morte* (24 mars 2001)[39]

(46) *Ayrault valse* (1er avril 2014)[40]

Dans son ouvrage, Marchon (2016 : 141) mentionne qu'une règle (tacite) est « censée interdire les jeux de mots avec les noms propres ». On voit cependant ici, en particulier avec les exemples (37), (39), (41) et (42), qui annoncent la mort de personnes célèbres, que cette règle peut être transgressée, même dans un contexte tragique.

Dans notre article de 2005, nous avions étudié quelques titres de *Libération* annonçant la mort de personnes célèbres. On avait pu constater que la plupart des annonces font l'objet d'un titre neutre, sans jeu de mots, tels « Jean-Paul Sartre est mort » (16 avril 1980) ; « La mort de Mendès France » (19 octobre 1982) ;

---

35 « Marcel Mouloudji, le héros titi, est mort loin de Saint-Germain-des-Prés » (Marchon 2016 : 60). L'annonce de la mort du chanteur Mouloudji se fait en reprenant la formule funéraire vieillie, « Ci-gît », inscrite sur les tombes et remplacée aujourd'hui par « Ici repose ».

36 « La princesse de Galles est morte à 36 ans » (Marchon 2016 : 18). Ici *Libération* joue sur la paronymie, en anglais, entre le nom de la personne décédée, « Lady Di » et le verbe « to die » signifiant « mourir ».

37 « Monica Lewinski, une ancienne stagiaire de la Maison Blanche, affirme avoir eu une liaison avec Bill Clinton. La menace d'une procédure de destitution du Président plane » (Marchon 2016 : 19). Le jeu de mots consiste ici en un mélange de deux codes linguistiques, anglais / français, et à partir du nom du célèbre scandale du « Watergate » et celui du nouveau scandale autour de la relation extra-conjugale, entre Bill Clinton et Monica Lewinski.

38 « Jean Tibéri, 65 ans. Le maire de Paris, lâché par Jacques Chirac, fait bloc avec sa femme Xavière contre les complots » (Marchon 2016 : 24). Le jeu de mots se fait à partir du nom propre « Jean sans Terre », roi d'Angleterre et duc d'Aquitaine au 12ème siècle et le verbe « s'enterrer », qui pourrait être synonyme de « s'enfoncer », dans la mesure où Jean Tibérie a du mal à assurer sa défense.

39 « Comme prévu, Mir est tombée dans le Pacifique » (Marchon 2016 : 46). On joue ici sur la paronymie entre le nom de la Mer Morte et le nom de la fusée « Mir ».

40 « François Hollande nomme Manuel Valls à la tête du gouvernement en remplacement de Jean-Marc Ayrault » (Marchon 2016 : 91). Le jeu de mots se fait à partir des deux noms des premiers ministres, Ayrault et Valls. Au nom de ce dernier se substitue le verbe « valser » pour signifier que Jean-Marc Ayrault quitte son poste et laisse la place à Manuel Valls.

« Michel Foucault est mort » (26 juin 1984) ; « Michaux est mort » / « Truffaut est mort » (22 octobre 1984), etc. Il n'est pas rare cependant qu'il donne lieu à un titre joueur : Ex. « Brassens casse sa pipe » ; « Tout fou Lacan » ; « Samuel Fuller a éteint son cigare », etc. ou bien comme ici en (37), (39), (41) et (42).

Pour cette catégorie des jeux de mots sur noms propres, nous renvoyons également à l'article d'Alain Rabatel (2011b) dans lequel l'auteur explore les critères phonétiques de l'à-peu-près par rapport à des figures voisines et l'hypothèse sémantique des points de vue (PDV) en confrontation, lorsque des Np sont soumis à des à-peu-près. Dans sa conclusion, Rabatel (2011b : 31–32) observe que, d'un point de vue pragmatique,

> l'à-peu-près repose sur un forçage discursif plus ou moins exagéré, irrévérencieux ou violent, disant tout haut ce que les conventions et les façons habituelles de juger empêchent de penser. En ce sens, le forçage ne relève pas que d'un dire incorrect, relâché, approximatif, il se présente comme la manifestation approximative d'une vérité qui peine à se faire jour. Que l'à-peu-près porte sur le Np ne fait que souligner combien, en tant que jeu de mots, il a une fonction de critique sociale, qui vise les institutions et les puissants. (Guiraud 1976 : 116–118)

Catherine Kerbrat-Orecchioni (2011) travaille elle aussi sur des titres annonçant la mort de quelqu'un avec un jeu de mots et prend ici le titre « Brassens casse sa pipe » comme exemple :

> D'une part, si l'ironie implique nécessairement l'existence d'une *cible* (la langue elle-même nous le suggère : on ironise *contre* quelqu'un ou quelque chose que l'on « attaque » verbalement), il semble difficile d'admettre que le chanteur dont la mort est annoncée affectueusement [...] constitue la « cible » de l'énoncé (c'est simplement son « thème »). (Kerbrat-Orecchioni 2011 : 118)

Dans notre exemple (42) *Lady dies*, on ne peut pas parler d'ironie ; pourquoi en effet, *Lady Diana*, en plus d'être victime, serait-elle la cible de *Libération* ? En revanche, pour l'exemple (37), l'interprétation glisse facilement vers un propos moqueur de l'église catholique / du Vatican avec ses rites ancestraux pour la nomination des papes. De nouveau, on peut conclure que l'effet ironique ou satirique est affaire de contexte de l'actualité et du positionnement du journal.

3.2.4 Jeux de langage et énoncés paradoxaux

Enfin, terminons la liste des procédés par ce que Kerbrat-Orecchioni appelle « ironie du paradoxe » dans son article touchant aux connivences ludique et ironique des titres de *Libération* (2011). Les exemples suivants relèvent de cette catégorie expliquée ainsi : « L'ironie se localise alors au niveau de la réalité elle-même (vue à travers le prisme du regard de l'ironiste), une réalité en rupture par rapport à certaines attentes » (Kerbrat-Orecchioni 2011 : 142) :

(47) *Peine de mort pour la guillotine* (17 septembre 1981)

(48) *La victoire en déchantant* (9 juillet 2002)

Les titres suivants de nos corpus peuvent être classés sous cet ensemble. Nous avons déjà mentionné le titre du *Canard enchaîné* où il y a en effet un paradoxe à rapprocher l'acte de suicide et le fait que quelqu'un tire « à bout portant » sur un « suicidé » :

(49) *Stavisky se suicide d'un coup de revolver qui lui a été tiré à bout portant* (10 janvier 1934)

et le titre de L'*Hebdo Hara-Kiri* déjà analysé :

(50) *Bal tragique à Colombey – 1 mort* (16 novembre 1970)

Paradoxe également en (50), selon nous, avec le rapprochement, grâce à la forme parataxique, entre le mot « bal », qui en général rassemble un nombre important de personnes, et la mention d'un seul mort.

D'autres titres que nous analyserions de la sorte :

(51) *Désormais, une Française sur trois est une voiture étrangère* (28 juillet 1982)[41]

(52) *Les vieux partiront plus jeunes* (5 février 1983)[42]

(53) *Après le sommet, l'escalade continue* (2 juin 1983)[43]

(54) *Le temps partiel a doublé en quinze ans* (4 décembre 1997)[44]

(55) *Titanic : le triomphe d'un naufrage* (27 janvier 1998)[45]

---

41 « Automobile : le succès des importations » (Marchon 2016 : 16).

42 « Accord sur la retraite à 60 ans » (Marchon 2016 : 133).

43 « La flambée du dollar redouble après la rencontre entre chefs d'États européens et américain » (Marchon 2016 : 63).

44 « La part de l'emploi à temps partiel est de 17,4% pour l'ensemble des salariés contre 8,6% en 1982 (Marchon 2016 : 176).

45 « Enquête sur un raz-de-marée » (Marchon 2016 : 195).

(56)   *Tout va bien, les Français ont le moral à zéro* (3 décembre 1999)[46]

(57)   *Douste-Blazy, ministre des Affaires qui lui sont étrangères* (29 septembre 2002)[47]

(58)   *Cimetières La fin de la perpétuité* (1ᵉʳ novembre 2002)[48]

(59)   *Douche froide pour le plan canicule* (24 novembre 2004)[49]

(60)   *La France étrangère aux migrants* (23 septembre 2015)[50]

Dans chacun de ces titres, deux mots ou expressions forment une paire opposi-
tionnelle et constituent le paradoxe interne du titre : *Française* vs *étrangère, vieux*
vs *jeunes, tout va bien* vs *moral à zéro, triomphe* vs *naufrage, fin* vs *perpétuité,*
douche froide vs *canicule, France étrangère* vs *migrants,* etc. Il y a, comme le dit
Kerbrat-Orecchioni (2011) une « rupture » des attentes et donc une surprise chez
le lecteur. Le rédacteur du titre et fabricant du jeu de mots se place en surplomb
ici par rapport à l'actualité et opte pour un commentaire de l'actualité à travers le
paradoxe de l'énoncé. Il nous semble que dans la plupart de ces titres, l'effet est
plus ludique que critique, sauf sans doute, pour (57) et (60) qui cachent et
dévoilent en même temps certaines failles de l'administration française.

4 Remarques finales

La concentration de jeux de mots dans les titres de presse peut être partiellement
attribuée aux contraintes du medium lui-même, c'est-à-dire à la « pénurie des
signifiants », comme l'affirmait Todorov (1978), mais aussi à leurs fonctions
communicatives et pragmatiques. Les procédés par lesquels les jeux de mots des
titres naissent n'ont pas fondamentalement changé au cours de la période
examinée. Ce sont les unes elles-mêmes qui ont changé de style : les titres y

---

46 « Pour la première fois, l'indicateur qui mesure l'optimisme des ménages est passé au vert.
Ou plus exactement il a franchi, de peu (+1), le niveau zéro. » (Marchon 2016 : 176).
47 « Au Quai d'Orsay, le chef de la diplomatie tente d'exister par tous les moyens » (Marchon
2016 : 81).
48 « Le manque de sépultures en zone urbaine oblige les villes à revoir la durée des
concessions » (Marchon 2016 : 27).
49 « Le milliard d'euros promis grâce au lundi de Pentecôte travaillé ne sera pas là en 2005 »
(Marchon 2016 : 149).
50 « Difficultés administratives, emploi en berne, hostilité : les réfugiés ne sont pas attirés par
l'Hexagone » (Marchon 2016 : 44).

occupent une place de plus en plus prépondérante et ils sont devenus au fil des années des capteurs de mots et d'expressions figées de leur époque, ce qui en fait des énoncés particulièrement propices aux jeux de langage. Un grand nombre de ces jeux sont le fruit d'un procédé de paronymie sur un figement linguistique et/ou un figement culturel, voire même sur un nom propre (ex. « FN : Le Pen prône la solution filiale », « T'as de gros yeux, tu sais » ou bien « Jean s'enterre »). Les titres de *Libération* classés sous « Jeux de langage et énoncés paradoxaux » (3.2.4) mettent en lumière le lien entre procédés linguistiques et discursifs : en forçant la langue au-delà des normes, une vision décalée de la nouvelle est transmise, produisant soit un effet humoristique (ex. « Les vieux partiront plus jeunes ») soit un effet satirique ou ironique (ex. « Douste-Blazy, ministre des Affaires qui lui sont étrangères »). Dans tous les cas, le phénomène étudié enrichit la communication journalistique en donnant aux mots de l'information une plus grande profondeur et une plus grande portée.

5 Références bibliographiques

Bourseiller, Christophe. 2013. *Les 100 unes qui ont fait la presse*. Paris : Les beaux jours.
Charaudeau, Patrick. 1983. *Langage et discours : éléments de sémiolinguistique : théorie et pratique*. Paris : Hachette.
Charaudeau, Patrick. 2006. Des catégories pour l'humour ? *Questions de communication* 10. http://www.patrick-charaudeau.com/Des-categories-pour-l-humour,93.html (dernière consultation le 31/03/2018).
Charaudeau, Patrick. 2011. Des catégories pour l'humour. Précisions, rectifications, compléments. In Vivero Garcia & Maria Dolorès (éds.), *Humour et crises sociales. Regards croisés France-Espagne*, 9–43. Paris : L'Harmattan.
Fiala, Pierre & Bernard Habert. 1989. La langue de bois en éclat : les défigements dans les titres de presse quotidienne française. *Mots* 21. 83–99.
Frandsen, Finn. 1990. Éléments pour une théorie du paratexte journalistique. In *Actes du onzième congrès des Romanistes scandinaves,* Universitetet i Trondheim, 13–17 August, 159–171. Trondheim : Universitetet i Trondheim.
Guiraud, Pierre. 1976. *Les jeux de mots*. Paris : Presses Universitaires de France.
Jaki, Sylvia. 2015. Détournement phraséologique et jeu de mots : le cas des substitutions lexicales dans la presse écrite. In Esme Winter-Froemel & Angelika Zirker (éds.), *Enjeux du jeu de mots. Perspectives linguistiques et littéraires* (The Dynamics of Wordplay 2), 245–271. Berlin & Boston : De Gruyter.
Kerbrat-Orecchioni, Catherine. 2011. De la connivence ludique à la connivence critique : jeux de mots et ironie dans les titres de *Libération*. In Vivero Garcia & María Dolores (éds.), *Humour et crises sociales. Regards croisés France-Espagne*, 117–150. Paris : L'Harmattan.
Lecolle, Michelle. 2015. Jeux de mots et motivation : une approche du sentiment linguistique. In Esme Winter-Froemel & Angelika Zirker (éds.), *Enjeux du jeu de mots. Perspectives*

linguistiques et littéraires (The Dynamics of Wordplay 2), 217–243. Berlin & Boston : De Gruyter.

Libération. 1997. *LA UNE. Libération 1973–1997*. Paris : Plon.

Marchon, Hervé. 2016. *Libé. Les meilleurs titres*. Paris : Éditions de la Martinière.

Mouillaud, Maurice & Jean-Françoise Tétu. 1989. *Le journal quotidien*. Lyon : Presses Universitaires de Lyon.

Rabatel, Alain. 2011a. Pour une analyse pragma-énonciative des figures de l'a-peu-près. *Le Français Moderne – Revue de linguistique Française*, CILF 79(1). 1–9.

Rabatel, Alain. 2011b. Figures d'à-peu-près et Nom propre. *Le Français Moderne – Revue de linguistique Française*, CILF 79(1). 22–33.

Rastier, François. 1997. Défigements sémantiques en contexte. In Michel Martins-Baltar (éd.), *La locution, entre langue et usages*, 305–329. Paris : ÉNS éditions.

Sullet-Nylander, Françoise. 1998. *Le titre de presse. Analyses syntaxique, pragmatique et rhétorique*. Stockholm : University of Stockholm dissertation.

Sullet-Nylander, Françoise. 2005. Jeux de mots et défigements à la *Une* de *Libération* (1973–2004). *Langage et Société* 112. 111–139.

Sullet-Nylander, Françoise. 2006. Citations et jeux de langage dans la presse satirique : le cas de la « Une » du Canard Enchaîné (2004–2005). In Gunnel Engwall (éd.), *Construction, acquisition et communication : études linguistiques de discours contemporains*, 219 – 239. Stockholm : Almqvist & Wiksell International.

Sullet-Nylander, Françoise. 2010. Humour satirique et jeux de mots dans les gros titres du *Canard Enchaîné* (2009). In Anders Bengtsson & Victorine Hancock (éds.), *Humour in Language. Linguistic and Textual Aspects*, 223–243. Stockholm : Acta Universitatis Stockholmiensis.

Sullet-Nylander, Françoise. 2012a. Titre de presse *vs* article : Étude de quelques cas de figures d'équivalence / différence sémantique et énonciative. In Sergio Cappello, Mirella Conenna & Jean-Paul Dufiet (éds.), *La Synonymie au-delà du lexique*, 131–149. Udine : Forum.

Sullet-Nylander, Françoise. 2012b. Dialogisme, intertextualité et paratexte journalistique. In Jacques Bres, Aleksandra Nowakowska, Jean-Marc Sarale & Sophie Sarazin (éds.), *Dialogisme : langue, discours*, 167–180. Bruxelles : Peter Lang.

Sullet-Nylander, Françoise. 2013. Comment les titres de presse nous parlent : Le cas des unes de *Libération* et du *Canard enchaîné*. In Michael Abecassis & Gudrun Ledegen (éds.), *Écarts et apports des médias francophones. Lexique et grammaire*, 203–225. Oxford : Peter Lang.

Sullet-Nylander, Françoise. 2014. Hétérogénéités énonciatives des textes et paratextes journalistiques. L'exemple de la couverture médiatique de 'l'affaire DSK'. *Arena Romanistica* 14, éd. Kjersti Fløttum, Anders A. Didriksen & Øyvind Gjerstad, *Dialogisme, hétérogénéité énonciative et polyphonie*. 244–260.

Todorov, Tzvetan. 1978. *Les Genres du discours*. Paris : Seuil.

Van Dijk, Teun Adrianus. 1988. *News as discourse*. Hillsdale & New Jersey : Lawrence Erlbaum Associates Publishers.

Winter-Froemel, Esme & Angelika Zirker. 2015. Jeux de mots, enjeux et interfaces dans l'interaction locuteur-auditeur : réflexions introductives. In Esme Winter-Froemel & Angelika Zirker (éds.), *Enjeux du jeu de mots. Perspectives linguistiques et littéraires* (The Dynamics of Wordplay 2), 1–27. Berlin & Boston : De Gruyter.

Giovanni Tallarico

Créativité lexicale et jeux de mots dans les messages publicitaires : formes et fonctions

Résumé : Dans cet article, nous nous penchons sur les formes et les fonctions des jeux de mots dans la communication publicitaire, avant de présenter les résultats d'une enquête sur un corpus de presse gratuite (*À Nous Paris* 2015–2016). Nous catégorisons les jeux de mots en fonction de leurs mécanismes : jeux de mots exploitant le signifiant (allitérations et onomatopées) ; calembours phoniques (homophones et paronymes) ; calembours sémiques (mots polysémiques et antonymiques) ; jeux de mots avec allusion (défigements et détournements). Au sein du message publicitaire, le slogan occupe sans aucun doute une place fondamentale, bien que la composante iconique soit de plus en plus importante de nos jours. D'ailleurs, on peut observer une convergence remarquable entre caractéristiques et fonctions des jeux de mots et des slogans : concision, originalité, efficacité. En ce qui concerne la créativité lexicale, les slogans publicitaires montrent un fort penchant pour la matrice pragmatico-sémantique du *détournement* (Sablayrolles 2011a) et pour l'*amalgamation lexicale* (Sablayrolles 2015b). Si le slogan, grâce à son rôle d'accroche, de *positivation* et à son travail sur le signifiant, possède une fonction phatique, valorisante et mnémotechnique, les jeux de mots ont aussi des fonctions multiples : attirer l'attention du public ; le séduire tout en l'impliquant dans la co-construction du sens de l'énoncé (fonction de connivence ou « colludique ») ; brouiller l'argumentation marchande par une approche ludique qui défonctionnalise le langage. D'après l'échantillon analysé, les jeux de mots dans la publicité témoignent d'un travail qui se fait surtout sur le lexique, plutôt qu'au niveau de la phrase. En outre, la dimension néologique est assez marginale et se réalise notamment dans la combinatoire syntaxique. Les calembours sémiques, en particulier ceux qui exploitent les différents sens d'un mot, se retrouvent dans la moitié de notre échantillon : la polysémie se voit donc confortée en tant que stratégie privilégiée pour la création des jeux de mots dans les slogans, grâce à sa souplesse d'utilisation et à son décodage aisé.

Mots clés : allitération, antanaclase, calembour, créativité lexicale, défigement, détournement, homophonie, jeu de mots, néologisme, polyptote, polysémie, presse, publicité, slogan, syllepse

1 Introduction

Aborder les jeux de mots dans le cadre du discours publicitaire implique tout d'abord une prise en compte du genre de la publicité, des constituants de ses messages et des fonctions qu'elle peut assumer.[1] D'une manière générale, la publicité met en œuvre un discours euphorique et euphorisant qui vise à déclencher un comportement d'achat par la valorisation simultanée du produit (ou service) vanté et du destinataire de l'annonce (voir Adam et Bonhomme 2012). Cette stratégie argumentative est prise en charge globalement par les différents composants du message, textuels et iconiques. Comme l'écrit Guidère (2000 : 36), « l'iconographie fait partie intégrante de l'annonce [...]. La communication publicitaire est d'essence visuelle tant elle accorde de l'importance aux signes iconiques ».[2] Par conséquent, il faut être conscient du fait que séparer le texte et l'image dans la publicité relève d'un artifice, susceptible d'altérer la compréhension du message. Les contraintes de cet article nous empêchent d'étudier dans le détail la composante iconique ; toutefois, nous essaierons de décrire autant que possible le contexte visuel des annonces, qui d'ailleurs s'avère parfois indispensable pour en saisir l'effet ludique.

Le slogan occupe une place de choix parmi les composants du texte publicitaire : il est normalement placé en tête d'annonce, d'où sa saillance visuelle et communicative (Grunig 1990, 2000). Dans le cadre du présent article, nous nous concentrerons sur l'*accroche* (ou *headline*), objet sémiotique placé en tête d'annonce, qui se distingue nettement de la *phrase d'assise* (ou *baseline*).

Dès que l'on essaie de définir les deux notions impliquées, une convergence singulière s'impose à l'attention du chercheur : les caractéristiques et les fonctions des jeux de mots et celles des slogans s'apparentent de manière remarquable. Selon Vittoz Canuto (1983 : 29), par exemple, le jeu de mots est « un énoncé graphiquement bref mais sémantiquement dense se réalisant à partir de l'exploitation du signifiant et dans lequel la présence d'une anomalie permet, d'une part à l'émetteur d'insister sur le message en tant que création percutante, surprenante, d'autre part au récepteur [...] de percevoir le message et éventuellement de le mémoriser ». À bien y regarder, cette définition pourrait

---

[1] Pour une approche sociolinguistique des jeux de mots dans la publicité, nous renvoyons à l'article de Favreau dans ce même volume.

[2] Voir aussi Quillard (2001 : 119) : « En matière de publicité, ‹l'illustration représente, le plus souvent, l'élément dominant du message›. Cet élément dominant joue un rôle primordial dans les annonces humoristiques, car l'effet ludique dépend fréquemment de la co-existence des messages visuel et verbal ».

s'appliquer, presque à la lettre, tout aussi bien aux slogans. Par exemple, pour Schapira (1999 : 114) le slogan est une formule à effet qui doit être concise, frappante et mémorisable. Effectivement, la brièveté et la condensation sont une caractéristique que les slogans et les jeux de mots partagent. De même, l'originalité et l'ambition de rester gravés dans l'imaginaire s'imposent pour les slogans, mais également pour les jeux de mots « réussis ».

Plus récemment, Winter-Froemel (2016a : 37) a proposé une définition qui met l'accent sur la composante historico-culturelle des jeux de mots, résultat d'une action volontaire visant à surprendre le destinataire et à produire un effet humoristique.[3] Dans le cadre du discours publicitaire, en revanche, l'ambition des jeux de mots nous semble celle de faire *sourire*, plutôt que de susciter le rire.

La littérature sur les slogans et sur les jeux de mots est désormais assez riche et plusieurs études abordent les deux thèmes à la fois, ce qui témoigne de leur imbrication. Pour se limiter au domaine francophone, nous nous reportons à l'étude fondatrice de Guiraud (1976) ; Vittoz Canuto (1983) sur les jeux de mots dans la publicité et dans la presse ; Grunig (1990, 2000) sur le langage publicitaire ; Schapira (1999) sur les formules figées, dont le slogan ; Guidère (2000) sur la traduction de la publicité ; Henry (2003) sur la traduction des jeux de mots ; Adam et Bonhomme (2012) sur l'argumentation publicitaire ; Berthelot-Guiet (2013) pour une approche communicationnelle de la publicité. Parmi les articles, il faut signaler au moins Margarito (1989) sur les jeux de mots dans la presse ; Galisson (1995) pour la délexicalisation des expressions figées ; Herrero Cecilia (1995) pour les relations entre slogans et proverbes ; Rastier (1997) sur le défigement des locutions ; Bonhomme (2002) et Bonhomme et Pahud (2013) sur quelques tendances, plus ou moins récentes, dans le discours publicitaire ; Sablayrolles (2003) sur la néologie et le détournement dans la publicité ; Sablayrolles (2015a) sur les néologismes ludiques.

Dans le chapitre 2, nous nous pencherons sur les formes et les fonctions des jeux de mots dans la communication publicitaire. Au cours du chapitre 3, nous présenterons les résultats d'une enquête sur un corpus de presse hebdomadaire (*À Nous Paris*), avant de proposer quelques conclusions.

Notre choix d'analyser un corpus tiré de la presse gratuite se justifie essentiellement pour deux raisons. Tout d'abord, « los diarios gratuitos que se han desarrollado estos últimos años [...] son buenos reveladores de las innovaciones léxicas que se difunden » (Sablayrolles 2009 : 109) [les quotidiens gratuits qui se sont développés ces dernières années [...] sont de bons révélateurs des innovations lexicales qui se diffusent]. Ensuite, ce domaine nous paraît encore peu

---

3 À propos de l'humour dans le discours publicitaire, voir López Díaz (2006b).

exploré en français, par rapport notamment à d'autres recherches qui se sont concentrées sur la presse féminine (Tallarico 2015) ou sur la presse « people » (Vicari 2016).

Les résultats de notre étude montrent que les jeux de mots tirés de notre corpus se caractérisent par leur immédiateté et un déchiffrage relativement simple, en accord avec la nature même de l'hebdomadaire (*À Nous Paris*), qui vise la légèreté et le désengagement. La recherche du plaisir intellectuel dans les jeux de mots, en revanche, est plus pertinente dans les titres de presse, qui sollicitent une lecture plus réfléchie (Partington 2009 ; Murano 2015 ; Jaki 2015).

2 Formes et fonctions des jeux de mots dans la publicité

2.1 Formes des jeux de mots

Comment se manifeste l'appropriation ludique du langage dans les textes publicitaires ? Tout d'abord, les jeux de mots mettent en exergue la dimension *métalinguistique* : il s'agit d'une communication centrée sur le code, où l'annonceur déstructure et « rend conscient le système de signes qu'il utilise » (Adam et Bonhomme 2012 : 43).[4]

Winter-Froemel (2016a : 37–38) distingue les jeux de mots sur des unités linguistiques identiques ou semblables formellement, ayant des sens différents (recours à l'homonymie, la polysémie et la paronymie), de ceux qui se basent sur le son ou la graphie (combinaison d'éléments sélectionnés sur la base d'un critère formel sub-lexical). Une autre notion centrale pour notre problématique est celle de *calembour*, jeu de mots fondé sur la substitution, défini par Henry (2003 : 25) comme un « énoncé contenant un ou plusieurs éléments dont la plurivocité a été intentionnellement exploitée par son émetteur ».[5] Cette ambiguïté peut concerner, comme on le verra par la suite, aussi bien l'aspect phonétique que le sens des lexies. D'après Henry (2003), en effet, les calembours peuvent se

---

4 Nous renvoyons pour cet aspect au premier volume de la série The Dynamics of Wordplay : *Wordplay and Metalinguistic/Metadiscursive Reflection. Authors, Contexts, Techniques and Meta-Reflection* (Zirker et Winter-Froemel 2015).

5 López Díaz parle à ce propos de « sursignification de l'énoncé » (2006b : 125). Voir aussi Tanaka (1994 : 62).

décliner en *calembours phoniques* (homophoniques et paronymiques) et *calembours sémiques* (exploitant la polysémie, l'antonymie ou la synonymie).

Les jeux de mots qui se basent sur l'homophonie (1)–(5) sont relativement fréquents en français, du fait du nombre élevé de monosyllabes et du fort décalage entre oral et écrit. Dans (5) on peut aussi remarquer le recours à une homophonie interlinguale (*phare ouest / far west*).

(1)   Lipton, **t'es** [*thé*] 100 % (cité dans Galisson 1995 : 108)

(2)   Je n'aime que **toit** [*toi*] (ARPP 2013)

(3)   Pour la **faim** [*fin*] d'après-midi (ARPP 2013)

(4)   Le **savoir-fer** [*savoir-faire*], c'est Domena ! (*Domena*, marque de fers à repasser)

(5)   Le cola du **phare ouest** (*Breizh Cola*⁶)

La paronymie (6)–(7) figure traditionnellement parmi les ressources les plus exploitées dans les slogans publicitaires. Ce procédé s'appuie sur des paronymes *in absentia* souvent facilement repérables, dans le but de réduire l'effort cognitif demandé au destinataire (voir Tanaka 1992).

(6)   Ces prix sont valables pour l'**olé** [*aller*] et le retour

(7)   **Javel** [*Je vais le*] dire à tout le monde (cité dans Sablayrolles 2015a : 209)

D'autres procédés ludiques fréquemment exploités dans la publicité sont :
A – le *défigement* d'expressions (*au sens propre*) prises au pied de la lettre (8), ou de termes complexes (*énergie renouvelable*) pris dans un sens compositionnel (9) :

(8)   L'énergie **au sens propre** (*Areva*, cité dans Vargas 2009)

(9)   Pour vous, notre **énergie** est **renouvelable** (*Total*, cité dans Vargas 2009)

B – les *détournements* d'expressions figées, comme *du bon côté* qui devient *du côté bon* dans (10), avec un recours à la matrice néologène pragmatico-sémantique (voir Sablayrolles 2011a) :

(10) La vie **du côté bon** (*Nestlé*)

---

6 Où c'est possible, nous indiquons en italique la marque vantée par le slogan.

Les détournements de proverbes, en revanche, exploitent les affinités formelles entre slogans et phrases parémiques (voir Herrero Cecilia 1995). Les exemples de (11) à (14) confirment l'intuition de Grésillon et Maingueneau (1984 : 117) : « être proverbe [...] c'est bien l'idéal du *slogan* ».

(11) Vivre de **Woolite** et d'eau fraîche (détournement de *Vivre d'amour et d'eau fraîche*)

(12) Qui **goûtera croira** (*Qui a bu boira* ou *Qui vivra verra*)

(13) Tous les chemins mènent à **Wolf** (*Tous les chemins mènent à Rome*)

(14) Les chiens aboient, les **Lee Cooper** passent (*Les chiens aboient, la caravane passe*)

C – les jeux avec *l'intertextualité*[7] (hypertextes et hypotextes[8], qui peuvent être des citations, des maximes, etc.) donnent vie à des palimpsestes verbaux (Galisson 1995) en s'appuyant sur des motivations phonétiques (voir Bonhomme et Pahud 2013), comme dans (15), un cas d'homophonie partielle (*Godiva / Godot*) et (16), paronymie *in absentia* (*Malice / Alice*).

(15) En attendant **Godiva**

(16) **Malice** au pays des merveilles

Ou encore, des motivations sémantiques peuvent être opératoires dans le cas de renvois intertextuels, comme dans (17), qui exploite les affinités isotopiques de la couleur (*Le Rouge et le Noir*, roman de Stendhal), ou dans (18), qui instaure une relation antonymique avec l'hypotexte (*L'insoutenable légèreté de l'être*, roman de M. Kundera) :

(17) Le **blanc** et le noir

(18) **L'exquise** légèreté de l'être

En ce qui concerne les hypotextes, il peut être question de citations historiques (19), littéraires (20) ou d'adages philosophiques (21).

(19) Quand j'entends le mot **trafic** je sors mon **automatic** (*Peugeot*, slogan qui détourne une citation en vogue pendant le nazisme : *Quand j'entends le mot culture, je sors mon revolver*)

---

7 Sur cet aspect, voir Lugrin (2006) ; López Díaz (2006a).

8 Pour les notions d'hypertexte et hypotexte, voir Genette (1982).

(20) On a **toujours** besoin d'un **petit pois** chez soi (Slogan des années 1960 qui détourne une citation de La Fontaine : *On a souvent besoin d'un plus petit que soi*)

(21) Le cœur a ses raisons… que la raison **approuve** (*Suzuki*, détournement d'un célèbre adage de Pascal : *Le cœur a ses raisons que la raison ne connaît point*)

2.1.1 La néologie dans les messages publicitaires

La dimension créative des jeux de mots est mise à contribution dans les slogans publicitaires qui comportent des innovations langagières. Il faut préciser qu'il est question ici de formes de créativité lexicale et non pas d'évolution du lexique.[9] La question du statut des lexies est décisive : une étude de la *créativité langagière* doit nécessairement prendre en compte tous les néologismes repérés dans l'analyse, même les hapax et les *occasionalismes*[10], alors que la deuxième approche ne concerne que les néologismes susceptibles de se lexicaliser.

Plusieurs auteurs ont relevé un penchant de la publicité pour l'amalgamation[11] (Bonhomme 2002 ; Sablayrolles 2003), comme l'attestent les mots-valises (22) et (23), une matrice néologique qui aurait un but précis dans le cadre de l'argumentation publicitaire : « du fait de leur forme insolite [ces mots] renforcent la mémorisation » (Adam et Bonhomme 2012 : 218). L'exemple (23) présente en outre un cas d'alternance codique, puisque dans *biotiful* le télescopage se réalise entre *bio(logique)* et l'anglais *(beau)tiful* : c'est la paronymie entre les deux segments (ou fractolexèmes) *in praesentia* et *in absentia* qui suscite le jeu de mots.

(22) **Bombassitude** (*Sephora : bombasse + attitude*)

(23) Un résultat so **biotiful** (ARPP 2013)

Dans une campagne publicitaire récente de Sephora, la création de néologismes (surtout par dérivation) est systématique, comme l'attestent les formes valorisantes *attractionnisme, fascinance, glamourisme* et *sublimitude*. La dérivation est

---

9 Sur cet aspect, voir Mejri (2009), qui limite explicitement la créativité langagière aux jeux de mots, et Sablayrolles (2016), qui donne une valeur épistémologique et méthodologique à cette différenciation.

10 Voir Dal et Namer (2018).

11 Pour une étude des aspects ludiques de ce procédé néologique, voir Fradin (2015). Pour une typologie de l'amalgamation lexicale, à valeur ludique, en anglais, voir Renner (2015) ; pour une typologie en français, voir Sablayrolles (2015b).

à l'œuvre aussi dans les slogans (24), où un substantif abstrait est forgé à partir d'un nom concret, et dans (25), qui pourrait être interprété comme un parasynthétique à partir de *pulpe*.

(24) Faites le plein de **fruitalité** ! (Oasis)

(25) **Repulpez** ! (Au sens de « redonnez un aspect pulpeux à votre corps »)

Des néologismes ludiques (voir Sablayrolles 2015a) se retrouvent dans des affiches récentes d'Easyjet, qui portent le sous-titre significatif « apprenez une nouvelle langue ». Ces créations lexicales exploitent la composition savante (*finebouchophile*), également à partir de noms propres (comme dans le néologisme héroï-comique[12] *lochnessologue*) ou bien jouent avec les langues et la composition nominale (*tea-timeur*).

La créativité lexicale se fixe souvent sur le verbe, comme dans les accroches (26), où la base *vitaliser* est déformée par paronymie pour reprendre le nom de marque et (27), avec une conversion nom-verbe.

(26) **Revittelisez-vous** (*Vittel*)

(27) **J'optimisme** (*Carrefour*)

2.2 Fonctions des jeux de mots

Il s'agit aussi d'établir quelles fonctions sont associées de manière privilégiée aux jeux de mots dans la publicité. Si le slogan, grâce à son rôle d'accroche, de *positivation* et à son travail sur le signifiant, possède une fonction phatique, valorisante et mnémotechnique (Herrero Cecilia 1995), les jeux de mots, quant à eux, ont indubitablement des fonctions multiples (Thaler 2016 : 51). Dans le cadre de la communication publicitaire, leur rôle est notamment :[13]
- d'attirer l'attention du public. Cette fonction d'*accroche* doit être précisée et éventuellement corroborée à l'aune d'études expérimentales : Weinberger et Gulas (1992) montrent que l'humour verbal dans les messages publicitaires permet de mieux gagner l'attention et l'approbation du public, mais ce n'est pas un facteur qui augmente automatiquement la force persuasive

---

12 Voir Sablayrolles (2015a : 205).
13 Selon Tanaka (1994), les jeux de mots ont aussi le rôle d'améliorer la qualité de la relation entre les publicitaires et le public, mais cette hypothèse nous paraît difficile à démontrer.

d'une annonce. Pour leur part, Fuhrich et Schmid (2016) observent que les slogans multilingues sont moins mémorisés que les slogans monolingues ;

- de séduction (Sablayrolles 2003), voire « colludique » (Sablayrolles 2015a), puisque les jeux de mots impliquent le destinataire[14] dans le travail de co-construction du sens, notamment dans le cas des détournements d'expression ;

- de brouiller l'argumentation marchande par une approche ludique qui dé-fonctionnalise le langage (López Díaz 2006b : 123). Pour Soulages (2006 : 104–105), « l'humour interviendrait comme [...] un procédé de masquage ou un procédé distractif qui, en jouant sur des effets de connivence, mettrait à distance le ‹cadre primaire› de l'activité publicitaire et les assertions trop directement liées au contrat commercial ».

Lorsque les jeux de mots interviennent dans les slogans, le renforcement mutuel de leurs effets nous amène à parler de « sollicitation au carré » du destinataire, dont l'attention et les affects sont doublement mobilisés au moment de la réception du message, à la fois par la condensation et l'efficacité propre au langage publicitaire et par la « colludicité » des jeux de mots.

3 Analyse d'un corpus de presse contemporain (*À Nous Paris* 2015–2016)

Dans le cadre du présent article, notre analyse portera sur *À Nous Paris*, un hebdomadaire gratuit qui offre des archives en ligne facilement exploitables[15] et dont le tirage est en moyenne de 270.000 exemplaires.[16]

Le corpus retenu se compose de 50 numéros, couvrant un an de la revue (de juin 2015 à juin 2016), et consiste en 40 numéros réguliers plus dix hors-séries. Notre étude nous a permis d'identifier 26 publicités où figurent des jeux de mots et deux annonces avec un exemple de créativité lexicale. Le nombre d'occurrences peut paraître très bas, mais il se trouve que dans *À Nous Paris* l'espace

---

14 Nous préférons le terme plus neutre de *destinataire*, là où Adam et Bonhomme (2012) parlent *d'interprétant* et Winter-Froemel (2016b) de *hearer* (‹auditeur›).

15 Disponibles à l'adresse http://www.anousparis.fr/archives (dernière consultation le 01/03/2018).

16 Données de l'Alliance pour les chiffres de la presse et des médias (ACPM) : www.acpm.fr (dernière consultation le 01/03/2018).

consacré aux publicités est limité et beaucoup d'entre elles comportent des éléments textuels assez réduits.

Nous avons catégorisé ces jeux de mots en suivant l'approche de Henry (2003), avec quelques ajustements. Nous avons ainsi pu relever :

– des jeux exploitant le *signifiant* (au nombre de trois), notamment l'allitération et l'onomatopée ;
– des *calembours phoniques* (cinq), s'appuyant sur l'homophonie (*in praesentia*) et la paronymie (*in absentia*) ;
– des *calembours sémiques* (treize), qui exploitent la polysémie et l'antonymie ;
– des jeux de mots avec *allusion*[17] (cinq), portant sur des expressions figées : défigements et détournements.

Avant de commencer l'analyse de notre corpus, qui se concentrera sur les cas les plus significatifs, un rappel de trois notions[18] empruntées à la rhétorique n'est peut-être pas superflu :

– *antanaclase* : « s'appuyant sur l'homonymie et la polysémie des mots, elle se présente dans un énoncé quand un mot répété est pris chaque fois dans un sens différent » (Mounin 2004 : 29) ;
– *polyptote* : « figure qui consiste à employer plusieurs formes (genre, nombre, personnes, modes, temps) d'un même mot dans une phrase ou une période » (Mounin 2004 : 264) ;
– *syllepse* : « figure qui consiste à employer un mot à la fois au sens propre et au sens figuré » (Mounin 2004 : 314).

3.1 Analyse d'un échantillon du corpus

(28) Skøll, la bière so køld (*Tuborg*)

Parmi les jeux de mots qui exploitent le côté formel des lexies, le slogan (28) a recours à une allitération qui crée un parallélisme de forme, un jeu de miroir entre *Skøll* et *køld*. Mais c'est aussi un cas de créativité lexicale exolingue à finalité ludique, puisque nous avons la déformation orthographique de l'anglais

---

17 Vittoz Canuto (1983 : 97) catégorise ces derniers comme « jeux de mots basés sur la connotation analogique ».

18 Nous nous limitons ici à fournir des définitions très générales. Une étude approfondie des notions de *syllepse* et *antanaclase* se trouve dans Rabatel (2015), qui associe de manière prototypique la syllepse à la polysémie et l'antanaclase à l'homonymie.

cold (on pourrait s'attendre à *so cold*) en la lexie pseudo-danoise *køld*, qui prend, par-dessus le marché, un *o barré* n'existant pas dans la forme danoise de ce lexème[19], pour faire écho au nom de produit, la bière *Skøll*[20] de Tuborg (brassier danois). Il faut aussi ajouter que le *o barré* est sans doute le graphème qui identifie le mieux la langue danoise aux yeux d'un non-natif :[21] la forme *køld* fonctionne donc comme marque d'altérité stéréotypée.

(29) Choix éclectiques, prix électriques (*Le BHV / Marais*)

Passons maintenant à l'analyse des calembours phoniques. (29) présente un jeu de mots qui exploite la paronymie *in praesentia* et l'allitération (*éclectiques / électriques*), transformant le slogan en une sorte de virelangue. On pourrait légitimement se demander si ce message relève du modèle évoqué par Lecolle (2015 : 235) : « la paronomase réussie serait [...] celle où la proximité syntagmatique et phonique des signes a une réelle lisibilité, appuyée par la syntaxe ». L'originalité de l'énoncé se fonde aussi sur la collocation *prix électriques* au sens de *prix excitants*, qui nous semble relever de la néologie combinatoire (voir Sablayrolles 2011b).

(30) Cool-cool-cool-cool ! (*Le Bon Marché*)

Pour faire la promotion d'une exposition à Paris, les grands magasins *Le Bon Marché* ont choisi l'image d'un pigeon. L'exclamation réitérée de *cool* dans (30) se voudrait à notre sens comme une onomatopée ludique représentant le roucoulement de l'oiseau. Le message recèle aussi un certain côté humoristique, dans la mesure où un client court toujours le risque de se faire « pigeonner ».

(31) Cape ou pas cape de devenir un super-héros ? (*4 temps* – centre commercial)

Le slogan (31) présente un autre jeu de mots exploitant l'homophonie (avec *cap'*, troncation familière de *capable*). Le parcours de lecture nous paraît assez guidé : en bas à gauche de l'image, la reproduction de la cape de Batman contribue en effet à renforcer l'interprétation attendue par le lecteur. Comme l'affirme López Díaz (2006b : 125), en publicité « le visuel est primordial pour orienter le sens ».

---

19 Il faut aussi préciser que le mot danois *kold* n'est pas homophone de l'anglais *cold*, puisqu'en danois le *d* final n'est pas prononcé.

20 La graphie correcte serait ici *skål* (« santé ! »). Je remercie John Humbley de ces informations concernant le danois.

21 Il suffit de penser au nom de la capitale *København* (Copenhague).

(32) Captur the night (*Renault Captur*)

L'homophonie bilingue[22] de (32) (*Captur / capture*) prend place dans un slogan qui exploite le nom commercial du produit, en l'occurrence la voiture Renault Captur. Mais l'énoncé ne fait sens que si on le prononce avec les règles de la phonologie anglaise (à savoir : *Capture the night*) et que si le destinataire arrive à identifier l'homophonie entre *Captur* et *capture*. La dominante du message nous paraît la séduction : grâce à la possession de la voiture, l'acheteur serait introduit dans la dimension magique et évocatrice de la nuit.

(33) La Suisse en train et avec entrain (*Suisse Tourisme*)

Le jeu de mots (33), toujours fondé sur l'homophonie, crée un enchaînement par écho (Henry 2003 : 20) (*en train* et *entrain* = *vivacité*) à travers une nouvelle segmentation de la chaîne phonique. Si l'on devait évaluer la qualité de ce jeu de mots, il nous paraît assez discutable, dans la mesure où il ne répond pas au critère de pertinence « par rapport au produit ou au service mis en scène » (Lavanant 2008 : 65). Le voyage en train a certainement de nombreuses qualités, mais on ne l'associe pas normalement à l'entrain, surtout sur des lignes non à grande vitesse comme celle figurant dans l'illustration qui accompagne le message.

(34) À Paris, question terrasse on est servi* (*Kronenbourg*)

Abordons maintenant les jeux de mots fondés sur la polysémie, donc sur la coexistence de deux sémantismes (*syllepse* ou *plurivalence* pour Henry 2003, *plurisémie* pour Rabatel 2015). Dans (34), « être servi » pourrait être interprété à la fois au sens littéral et au sens figuré (« être gâté »). La connivence créée par le jeu de mots est redoublée par l'emploi du registre informel de la tournure « question x... », pour dire « en ce qui concerne... ». La glose après l'astérisque, en caractères presque illisibles, est quelque peu humoristique : « Kronenbourg est vendue dans plus de 700 restaurants et bars dont certains possèdent des terrasses ». Mais cela est sans doute à mettre en relation avec les normes qui régissent les publicités françaises et avec le contrôle exercé par l'ARPP (Autorité de régulation professionnelle de la publicité).

(35) 68 ans et elle sort toujours en boîte* (*Kronenbourg*)

---

22 Pour une analyse approfondie de jeux de mots multilingues à visée publicitaire, voir Winter-Froemel (2016b).

Dans (35), le jeu de mots est fondé sur la polysémie de *boîte₁* (à lire ici comme « canette », boîte en métal) et *boîte₂* (de nuit), « discothèque ». L'astérisque après le slogan explique, de façon sans doute redondante (mis à part la référence à la date de début de la production), que « La canette Kronenbourg est une boîte en métal qui existe depuis 1947 ». C'est un slogan qui nous semble bien trouvé : il fait jouer l'ancienneté et la modernité et met en place un rapprochement entre deux acceptions plutôt éloignées d'un même mot, caractérisé par une « polysémie forte » (Rabatel 2015 : 135).

(36) Une ouverture immanquable* (*Kronenbourg*)

Le slogan (36) présente un autre jeu de mots fondé sur la polysémie : *ouverture* est ici à prendre au sens propre, dérivé nominal d'*ouvrir* indiquant l'action exprimée par le verbe. L'astérisque renvoie à une glose désambiguïsante : « Pour ouvrir une bouteille de Kronenbourg 25 cl, il suffit de tourner la capsule dans le sens indiqué ». Pour ce qui est de l'aspect sémantique du calembour, l'ouverture d'une canette est juxtaposée, de manière assez surprenante, à l'*ouverture* d'un événement culturel. Le calembour nous paraît réussi puisqu'il véhicule une image efficace de manière très synthétique, ce qui est une valeur ajoutée en publicité. Par ailleurs, l'association non conventionnelle des lexies *ouverture* et *immanquable* déjoue les attentes du destinataire et donne lieu à une collocation humoristique (voir Partington 2009 : 1797–1798).

(37) Renversant (*Idol 3 – Alcatel*)

Fig. 1 : *À Nous Paris* n° 703, 12–18 octobre 2015, p. 48

L'image de l'annonce (37) montre des smartphones en éventail et un écran avec deux têtes renversées. Utilisé seul, l'adjectif *renversant* ne prend normalement que la troisième acception du verbe : « Qui renverse, déconcerte au plus haut point, frappe de stupeur » (*Le Petit Robert* 2017). Une interprétation de *renversant* à partir du premier sens du verbe *renverser* (« Mettre de façon que la partie supérieure devienne inférieure », *Le Petit Robert* 2017) constitue un écart par rapport à l'interprétation routinière et sollicite un travail de reconstitution du sens de la part du lecteur, qui est de toute façon guidé par l'image. On peut parler ici de syllepse, dans la mesure où l'interprétation de *renversant* au sens de « surprenant » n'est pas complètement évacuée.

(38) Plus besoin d'être blindé pour devenir propriétaire (*Bpd Marignan*)

Fig. 2 : *À Nous Paris* n° 734, 30 mai–05 juin 2016, p. 68

L'image dans l'annonce (38), un homme assis sur un sofa, en armure médiévale, qui consulte un ordinateur, est décidément incongrue et humoristique et active le deuxième sens de *blindé* : si l'acception familière, pertinente dans l'énoncé, est celle de « très riche », l'image actualise celle d'« entouré d'une armure » (qui se dit normalement d'un navire, d'un véhicule), ce qui donne lieu à un cas de néologie combinatoire. Il y a donc une tension ironique entre les deux parcours interprétatifs : la lecture « étymologique » entérinée par l'image (sens compositionnel) est en quelque sorte démentie par celle du slogan (sens idiomatique). Par son appui sur un stéréotype prédiscursif (« être propriétaire = être riche »), ce slogan nous semble confirmer ce qu'observent Adam et Bonhomme (2012 :

48) : « la publicité s'efforce de s'adapter aux préconstruits socioculturels du public ».

(39) Découvrez le nouveau visage de l'électricité bas carbone (*Edf*)

Dans l'annonce d'EDF (39) figurent une dizaine d'employés avec leurs visages, souriants ou sérieux, qui regardent droit dans les yeux le lecteur. Il s'agit encore d'un jeu de mots fondé sur la polysémie (par métonymie : sens propre et figuré de *visage*), qui vise aussi à renforcer l'ethos de l'entreprise et sa crédibilité dans une stratégie de communication plus globale.[23]

(40) Faites-vous des amis haut placés (*Emirates*)

(41) Élevez vos conversations vers de nouveaux sommets (*Emirates*)

Les slogans (40) et (41) de la compagnie aérienne Emirates sont clairement fondés sur la polysémie. *Haut placé* (40) pourrait être interprété comme « à un haut degré de l'échelle sociale », et c'est d'ailleurs la lecture suggérée par le cotexte « se faire des amis », alors que, dans le contexte, l'expression signifie littéralement « dans un lieu surélevé ». Cette dernière interprétation s'avère pertinente, étant donné que l'image reproduit le bar lounge de l'A380 d'Emirates.

L'image de l'annonce (41), en revanche, montre un groupe de jeunes à la mode, attablés dans le bar d'un gratte-ciel. Le mot *sommet* possède au moins deux sens : l'un, littéral, de « partie la plus élevée », l'autre, métaphorique, de « degré le plus élevé » ; c'est ce dernier qui est activé par l'image. Les conversations à bord ne sont pas censées être forcément très intelligentes, mais elles se déroulent quand même à quelque 10000 mètres d'altitude, ce qui suffit à justifier le terme de *sommet*.

(42) Radicalement ouverte (*Smart*)

Dans (42), c'est le premier sens, littéral, d'*ouvert* qui est pertinent (il s'agit d'une voiture décapotable), mais le deuxième, figuré, est réactivé dans la partie rédactionnelle de l'annonce (« avec sa capote [...] entièrement automatisée, il n'y a pas plus ouverte d'esprit »).[24] Il faut ajouter que *radicalement ouverte* est

---

23 Une autre publicité d'EDF dans notre corpus reprend en effet une image semblable, avec le slogan « Découvrez le nouveau visage de l'électricité connectée ».
24 La construction autour du mot *capote* dans cette publicité pourrait également constituer une allusion au débat sur le port du préservatif, qui a vu s'affronter des positions antinomiques

une collocation rare (si la base conserve son sens littéral), ce qui vise sans doute à interpeller le lecteur en déstabilisant ses habitudes interprétatives (voir Partington 2009).

(43) Romain a longtemps cherché. Maintenant il cherche (*Leboncoin* – site d'offres d'emploi)

Fig. 3 : *À Nous Paris* n° 736, 13–19 juin 2016, p. 63

Le calembour du slogan (43) crée une nouvelle *motivation* (voir Lecolle 2015) à la profession évoquée du chercheur de laboratoire. Il s'agit d'un jeu de mots fondé sur la polysémie et sur le polyptote ; l'ellipse (« Romain a longtemps cherché [du travail] ») demeure compréhensible, alors que l'emploi absolu du verbe *chercher* (« maintenant il cherche » pour dire « il est devenu chercheur ») ne va pas de soi et demande un effort interprétatif supplémentaire. L'adverbe *maintenant* entend créer une opposition, une coupure par rapport au passé, mais l'emploi réitéré du même verbe produit un effet dissonant, que le lecteur est amené à dissiper pour attribuer un sens cohérent à l'énoncé. La composante iconique s'avère fondamentale pour désambigüiser les deux énoncés : c'est la fonction d'*ancrage* déjà évoquée plus haut (voir Vittoz Canuto 1983 : 18).

---

en France (nous remercions l'un des relecteurs de cet article pour cette piste d'interprétation). À propos des aspects subliminaux de la sexualité en publicité, voir Tanaka (1994).

(44) Un mobile qui fait tourner les têtes (*Orange*)

Fig. 4 : *À Nous Paris* Hors série été n° 3, 13 juillet–30 août 2015, p. 2

Pour le slogan (44) on peut parler de *défigement*, car l'expression figée *faire tourner la tête* (« faire perdre la raison par amour, admiration ») est prise au pied de la lettre (voir Sablayrolles 2003) : il s'agit en effet d'un téléphone portable qui est « 100 % réversible ». Selon Lecolle (2015 : 38), les jeux de mots de ce genre sont « basés sur une remotivation d'énoncés figés [...]. Ils se rapprochent de la polysémie, en ce qu'ils mettent en présence deux sens, dont l'un est non compositionnel et (relativement) opaque, et l'autre compositionnel et motivé, en général en rapport avec la situation ou le référent ». C'est justement le cas de ce slogan, où « les constituants retrouvent leur sens compositionnel » (Jorge 2010 : 376).[25]

(45) Voir le monde d'un autre œil (*Huawei*)

Le slogan (45) vante les qualités d'un autre smartphone, cette fois doté d'un double objectif (permettant ainsi de regarder avec ses deux yeux). Il s'agit encore d'une expression à prendre au pied de la lettre, mais les deux parcours interprétatifs, littéral et figuré (dans le sens de « regarder autrement, avec du recul »), nous semblent ici coexister (« il y a jeu de mots quand plusieurs parcours coexistent, fût-ce avec des degrés de plausibilité différents », affirme à juste titre Rastier 1997 : 313).

---

25 Voir aussi Pleciński (2002 : 189).

(46) Grolsch, cette bière va faire du bruit (*Grolsch*)

Le slogan (46) joue sur la double interprétation possible de *faire du bruit* : littérale et figurée (« ne pas passer inaperçu, avoir un grand retentissement »). C'est le paratexte (« grâce à son bouchon mécanique, la bière Grolsch émet un bruit à l'ouverture ») qui privilégie la première interprétation (défigée), sans cependant annuler la deuxième. Selon Rabatel, ce cas de figure relève de la création néologique sémantique : « le sel du JDM [jeu de mots] réside dans le maintien du sens de la locution [...], tout en jouant avec son défigement » (2016 : 236).

(47) Nespresso fait son cinéma (*Nespresso*)

Fig. 5 : *À Nous Paris* n° 731, 09–15 mai 2016, p. 7

La phrase d'accroche (47) présente un autre cas de défigement, avec un ancrage important dans la composante iconique du message. L'expression « faire du cinéma » renvoie à des « manifestations affectées, pour obtenir par exemple la satisfaction d'un caprice » (*Le Petit Robert* 2017), mais ici *Nespresso* a concrètement affaire au septième art puisqu'il est partenaire officiel du Festival de Cannes. L'aspect néologique de l'expression se retrouve aussi dans la combinatoire syntaxique, qui fait occuper à un *x* non animé la place du sujet, déterminant ainsi une violation des restrictions actancielles.

(48) Quand les feuilles tombent, les prix chutent (*AirCanada*)

Le slogan (48) est une manifestation de créativité langagière. « Quand les feuilles tombent, les prix chutent » nous paraît un faux proverbe[26] forgé en exploitant un moule très productif en français (on peut le retrouver par exemple dans *Quand le chat n'est pas là, les souris dansent*) et facilement identifiable. La reprise de ce patron formulaire se retrouve dans l'universalité de l'énoncé, émis par une voix anonyme, et dans sa structure binaire où figure la synonymie parfaite (mises à part naturellement les différences variationnelles) *tombent/ chutent*. Au point de vue de la stratégie communicative, ces caractéristiques formelles permettent d'ancrer la dimension éphémère du slogan dans la tradition discursive du genre sapiential.[27]

(49) FranceInter – Force d'**inter**vention culturelle. France Inter**venez** (*FranceInter*)

Dans l'accroche (49), le logo de FranceInter (qui est un logotype à base linguistique, une « image-mot » pour Adam et Bonhomme 2012 : 89) est englobé dans l'accroche « Force d'**inter**vention culturelle » ;[28] de même, dans la phrase d'assise, le segment -*venez* est rattaché à droite du logo « FranceInter », ce qui donne « Franceinter**venez** ». S'agit-il pour autant d'un mot-valise, procédé à travers lequel les mots se télescopent, s'emboîtent l'un dans l'autre ? *Venez* pourrait naturellement être interprété *a posteriori* comme un lexème (impératif du verbe *venir*), mais cela nous paraît être ici plutôt un fractolexème permettant au logo de créer une nouvelle devise. Dans la typologie de Guiraud (1976), « Franceinter**venez** » serait un jeu de mots par enchaînement, appelé à provoquer un effet d'écho.

4 Conclusion

D'après l'échantillon analysé, les jeux de mots dans la publicité témoignent d'un travail qui se fait surtout sur le lexique, plutôt qu'au niveau de la phrase : nous n'avons trouvé qu'un cas de jeu de mots sur un proverbe (48), et aucun sur des phrases célèbres. En outre, la dimension néologique, du moins dans notre corpus, est assez marginale (28), (29), (47) et se réalise notamment dans la com-

---

26 Schapira (2000 : 94) parle à ce sujet de « phrase proverboïde ».
27 « Le *détournement* [...] consiste à produire un énoncé possédant les marques linguistiques de l'énonciation proverbiale mais qui n'appartient pas au stock des proverbes attestés » (Grésillon et Maingueneau 1984 : 114).
28 Thaler (2016 : 60) parle à ce propos de « play on typographic elements ».

binatoire syntaxique. Si l'on adopte le point de vue de Rabatel (2016), cependant, le jeu entre sens compositionnel et sens non compositionnel (ou idiomatique) relèverait aussi d'une forme de néologie, la néologie sémantique. Ce phénomène se manifeste surtout dans les exemples (44)–(47) de notre corpus.

Les calembours sémiques, en particulier ceux qui exploitent les différents sens d'un mot, se retrouvent dans la moitié des annonces retenues. La polysémie se voit donc confortée en tant que stratégie privilégiée pour la création des jeux de mots dans cette typologie textuelle, de par sa souplesse d'utilisation et son décodage aisé (Vittoz Canuto 1983 : 141).

Très souvent, les publicitaires « forcent » une deuxième lecture du slogan, qui devient vraisemblable grâce à un parcours de lecture balisé s'appuyant sur la composante iconique. Cette centralité de l'image n'est pas étonnante, si l'on pense au statut plurisémiotique du message publicitaire et au fait que notre société est éminemment visuelle.

La dynamique entre idiomaticité et compositionnalité, en revanche, permet d'expliquer les jeux de mots basés sur le défigement, qui paraissent toutefois moins fréquents par rapport aux résultats de recherches passées (Vittoz Canuto 1983).

Revenons maintenant sur la réception des slogans et sur l'interaction qui se crée entre émetteur et destinataire : combien de temps met-on à lire un message publicitaire ? Le lit-on véritablement ? N'oublions pas non plus que les slogans suivent des stratégies adaptées à leur support, au produit vanté (Adam et Bonhomme 2012 : 46 parlent de « proaction du produit sur le message ») et au genre auquel ils appartiennent. Si la presse gratuite est volontiers associée à la légèreté, au désengagement et à la rapidité (par exemple, *À Nous Paris* se lit normalement le temps d'un trajet en métro et les voyageurs l'emportent rarement chez eux), on comprendra que les publicitaires qui ont acheté des espaces dans cet hebdomadaire n'ont pas voulu courir trop de risques et ont opté pour des slogans minimalistes, où le jeu de mots peut être décrypté tout de suite ou presque : une élaboration excessive aurait été jugée comme déplacée.

Pour conclure, l'aspect ludique s'avère tout à fait cohérent avec le discours publicitaire, qui tend à véhiculer les valeurs de l'ironie et de la légèreté (Lipovetsky 1987). Les jeux de mots, envisagés comme infraction aux règles de fonctionnement normal de la langue et mise en suspens de la fonction référentielle du langage[29], y acquièrent alors un rôle de *multiplicateur* et témoignent d'une

---

29 « La visée ludique concerne un énoncé présentant une mise en cause de l'ordre rationnel du monde ou de la logique du langage qui vise à produire un état émotionnel simple de plaisir et de détente » (Soulages 2006 : 106).

« survivance du principe de plaisir » (Yaguello 1981 : 34) essentielle à la mise en scène d'un univers propice à la consommation.

5 Références bibliographiques

Adam, Jean-Michel & Marc Bonhomme. 2012. *L'argumentation publicitaire*. Paris : Armand Colin.

ARPP (Autorité de Régulation Professionnelle de la Publicité). 2013. *Publicité et Langue Française*. Bilan 2013. Paris : ARPP. https://www.arpp.org/wp-content/uploads/2016/08/Bilan-2013-Publicit%C3%A9-et-langue-fran%C3%A7aise.pdf (dernière consultation le 12/07/2018).

Berthelot-Guiet, Karine. 2013. *Paroles de pub. La vie triviale de la publicité*. Paris : Éditions non standard.

Bonhomme, Marc. 2002. La publicité comme laboratoire du français actuel. *L'Information grammaticale* 94. 33–38.

Bonhomme, Marc & Stéphanie Pahud. 2013. Un renouveau actuel de la rhétorique publicitaire ? *Semen* 36. *Les nouveaux discours publicitaires*. 21–38.

Dal, Georgette & Fiammetta Namer. 2018. Playful Nonce-Formations in French : Creativity and Productivity. In Sabine Arndt-Lappe, Angelika Braun, Claudine Moulin & Esme Winter-Froemel (éds.), *Expanding the Lexicon. Linguistic innovation, Morphological Productivity, and Ludicity* (The Dynamics of Wordplay 5), 203–228. Berlin & Boston : De Gruyter.

Fradin, Bernard. 2015. Les mots-valises : jeux et enjeux. *Neologica. Revue internationale de néologie* 9. 35–60.

Fuhrich, Kerstin & Hans-Jörg Schmid. 2016. Too Matsch for You ? Monolingual Humourous Slogans Are Recalled Better than Mixed-Languages Ones. In Sebastian Knospe, Alexander Onysko & Maik Goth (éds.), *Crossing Languages to Play with Words. Multidisciplinary Perspectives* (The Dynamics of Wordplay 3), 135–156. Berlin & Boston : De Gruyter.

Galisson, Robert. 1995. Les palimpsestes verbaux : des actualisateurs et des révélateurs culturels remarquables pour publics étrangers. *Études de linguistique appliquée* 97. 104–128.

Genette, Gérard. 1982. *Palimpsestes. La littérature au second degré*. Paris : Seuil.

Grésillon, Almuth & Dominque Maingueneau. 1984. Polyphonie, proverbe et détournement, ou un proverbe peut en cacher un autre. *Langages* 73. 112–125.

Grunig, Blanche-Noëlle. 1990. *Les mots de la publicité : l'architecture du slogan*. Paris : Presses du CNRS.

Grunig, Blanche-Noëlle. 2000. La langue de la publicité. In Gérald Antoine & Bernard Cerquiglini (éds.), *Histoire de la langue française 1945–2000*, 211–222. Paris : CNRS Éditions.

Guidère, Mathieu. 2000. *Publicité et traduction*. Paris : L'Harmattan.

Guiraud, Pierre. 1976. *Les jeux de mots*. Paris : Presses Universitaires de France.

Henry, Jacqueline. 2003. *La traduction des jeux de mots*. Paris : Presses Sorbonne Nouvelle.

Herrero Cecilia, Juan. 1995. El eslogan publicitario en la prensa semanal y la captación de las propiedades persuasivas de otras paremias. *Paremia* 4. 169–178.

Jaki, Sylvia. 2015. Détournement phraséologique et jeu de mots : le cas des substitutions lexicales dans la presse écrite. In Esme Winter-Froemel & Angelika Zirker (éds.), *Enjeux du jeu de mots. Perspectives linguistiques et littéraires* (The Dynamics of Wordplay 2), 245–271. Berlin & Boston : De Gruyter.

Jorge, Guilhermina. 2010. Créativité et expression figée. In Camino Álvarez Castro, Flor María Bango de la Campa & María Luisa Donaire (éds.), *Liens linguistiques : études sur la combinatoire et la hiérarchie des composants*, 365–378. Berne : Peter Lang.

Lavanant, Didier. 2008. *Vices et Vertus de la publicité. Quand le discours publicitaire pose question.* Paris : Vuibert.

Lecolle, Michelle. 2015. Jeux de mots et motivation : une approche du sentiment linguistique. In Esme Winter-Froemel & Angelika Zirker (éds.), *Enjeux du jeu de mots. Perspectives linguistiques et littéraires* (The Dynamics of Wordplay 2), 217–243. Berlin & Boston : De Gruyter.

Le Petit Robert 2017. Paris : Le Robert.

Lipovetsky, Gilles. 1987. *L'empire de l'éphémère. La mode et son destin dans les sociétés modernes.* Paris : Gallimard.

López Díaz, Montserrat. 2006a. L'hétérogénéité du discours publicitaire. *Langage et société* 116(2). 129–145. http://www.cairn.info/revue-langage-et-societe-2006-2-page-129.htm (dernière consultation le 01/03/2018).

López Díaz, Montserrat. 2006b. Des « humours » du discours publicitaire. *Questions de communication* 10. 119–134. http://questionsdecommunication.revues.org/7693 (dernière consultation le 01/03/2018).

Lugrin, Gilles. 2006. *Généricité et intertextualité dans le discours publicitaire de presse écrite.* Berne : Peter Lang.

Margarito, Mariagrazia. 1989. Quand les mots ne cachent plus leurs jeux. *Bulletin de l'Unité de Recherche Linguistique* (Institut National de la Langue Française) 4–5. 19–52.

Mejri, Salah. 2009. Néologie et traitement automatique. *Neologica. Revue internationale de néologie* 3. 11–24.

Mounin, Georges (éd.). 2004. *Dictionnaire de la linguistique.* Paris : Presses Universitaires de France.

Murano, Michela. 2015. Tout feux tout fards. Figements et défigements dans les titres de la presse féminine. In Enrica Galazzi, Marisa Verna & Maria Teresa Zanola (éds.), *« Tout le talent d'écrire ne consiste après tout que dans le choix des mots ».* Mélanges d'études pour Giuseppe Bernardelli, 233–251. Berne : Peter Lang.

Partington, Alan Scott. 2009. A linguistic account of wordplay : The lexical grammar of punning. *Journal of Pragmatics* 41(9). 1794–1809.

Pleciński, Jacek. 2002. *Le ludisme langagier. Domaine français. XXᵉ siècle.* Toruń : Uniwersytet Mikołaja Kopernika.

Quillard, Geneviève. 2001. La traduction des jeux de mots dans les annonces publicitaires. *TTR : traduction, terminologie, rédaction* 14(1). 117–157. http://id.erudit.org/iderudit/000531ar (dernière consultation le 01/03/2018).

Rabatel, Alain, 2015. La plurisémie dans les syllepses et les antanaclases. *Vox romanica* 74. 124–156.

Rabatel, Alain. 2016. Jeux de mots, créativité verbale et / ou lexicale : des lexies et des formules. In Christine Jacquet-Pfau & Jean-François Sablayrolles (éds.), *La fabrique des mots français,* 233–249. Limoges : Lambert-Lucas.

Rastier, François. 1997. Défigements syntaxiques en contexte. In Michel Martins-Baltar (éd.), *La locution, entre langue et usages*, 305–329. Fontenay-Saint-Cloud : ENS Éditions.

Renner, Vincent. 2015. Lexical Blending as Wordplay. In Angelika Zirker & Esme Winter-Froemel (éds.), *Wordplay and Metalinguistic / Metadiscursive Reflection. Authors, Contexts, Techniques and Meta-Reflection* (The Dynamics of Wordplay 1), 119–133. Berlin & Boston : De Gruyter.

Sablayrolles, Jean-François. 2003. Nouveauté, reprise et détournement dans les mots et slogans publicitaires. In Jean Rousseau, Jean-Paul Colin, Jean-Pierre Lefebvre & Jean-François Jeandillou (éds), *L'invention verbale en français contemporain* (Les cahiers du CIEP), 36–45. Paris : Didier.

Sablayrolles, Jean-François. 2009. ¿Neologismo o no? Ensayo de clarificación de algunos problemas de incorporación. *Revista de investigación lingüística* 12. 101–122.

Sablayrolles, Jean-François. 2011a. Des néologismes par détournement ? Ou Plaidoyer pour la reconnaissance du détournement parmi les matrices lexicogéniques. In Marie-Christine Jullion, Danielle Londei & Paola Puccini (éds.), *Recherches, didactiques, politiques linguistiques : perspectives pour l'enseignement du français en Italie*, 17–28. Milan : FrancoAngeli.

Sablayrolles, Jean-François. 2011b. De la « néologie syntaxique » à la néologie combinatoire. *Langages* 183. 39–50.

Sablayrolles, Jean-François. 2015a. Néologismes ludiques : études morphologique et énonciativo-pragmatique. In Esme Winter-Froemel & Angelika Zirker (éds.), *Enjeux du jeu de mots. Perspectives linguistiques et littéraires* (The Dynamics of Wordplay 2), 189–216. Berlin & Boston : De Gruyter.

Sablayrolles, Jean-François. 2015b. Quelques remarques sur une typologie des néologismes : Amalgamation ou télescopage : un processus aux productions variées (mots-valises, détournements...) et un tableau hiérarchisé. In Ieda Maria Alves & Eliane Simões Pereira (éds.), *Neologia das línguas românicas,* 187–218. São Paulo : Humanitas.

Sablayrolles, Jean François. 2016. Prolégomènes aux analyses néologiques contrastives. In Isabel Desmet (éd.), *L'innovation lexicale dans les langues romanes*, 71–82. Saint-Denis : Université Paris VIII Vincennes Saint-Denis.

Schapira, Charlotte. 1999. *Les stéréotypes en français. Proverbes et autres formules*. Paris : Ophrys.

Schapira, Charlotte. 2000. Proverbe, proverbialisation et déproverbialisation. *Langages* 139. 81–97.

Soulages, Jean-Claude. 2006. Les stratégies humoristiques dans le discours publicitaire. *Questions de communication* 10. 103–118. http://questionsdecommunication.revues.org/7692 (dernière consultation le 01/03/2018).

Tallarico, Giovanni. 2015. « Quand on est jeune, on aime le fun ! ». Sociolectes en clin d'œil dans le discours publicitaire. *Repères-DoRiF* 8. Parcours variationnels du français contemporain. http://www.dorif.it/ezine/ezine_articles.php?art_id=239 (dernière consultation le 01/03/2018).

Tanaka, Keiko. 1992. The pun in advertising : A pragmatic approach. *Lingua* 87(1–2). 91–102.

Tanaka, Keiko. 1994. *Advertising language : a pragmatic approach to advertisements in Britain and Japan*. London : Routledge.

Thaler, Verena. 2016. Varieties of Wordplay. In Sebastian Knospe, Alexander Onysko & Maik Goth (éds.), *Crossing Languages to Play with Words. Multidisciplinary Perspectives* (The Dynamics of Wordplay 3), 47–62. Berlin & Boston : De Gruyter.

Vargas, Élodie. 2009. Le greenwashing ou la séduction entre le dit et le non-dire : études de procédés discursifs. *Lylia* 35. 1–11. http://langues.univ-lyon2.fr/medias/fichier/vargas-2009_1417601077245-pdf (dernière consultation le 01/03/2018).

Vicari, Stefano. 2016. De l'engouement publicitaire pour la langue « relâchée » : linguistes, non-linguistes et corpus en confrontation. *Publif@rum* 26. *Du labyrinthe à la toile / Dal labirinto alla rete.* http://publifarum.farum.it/ezine_articles.php?art_id=367 (dernière consultation le 01/03/2018).

Vittoz Canuto, Marie-Berthe. 1983. *Si vous avez votre jeu de mots à dire : analyse de jeux de mots dans la presse et dans la publicité.* Paris : Nizet.

Weinberger, Marc G. & Charles S. Gulas. 1992. The Impact of Humor in Advertising : a Review. *Journal of Advertising* 21(4). 35–59.

Winter-Froemel, Esme. 2016a. Approaching Wordplay. In Sebastian Knospe, Alexander Onysko & Maik Goth (éds.), *Crossing Languages to Play with Words. Multidisciplinary Perspectives* (The Dynamics of Wordplay 3), 11–46. Berlin & Boston : De Gruyter.

Winter-Froemel, Esme. 2016b. The Semiotics of Multilingual Wordplay in Linguistic Landscapes : Communicative Settings, the Hearer-Origo, and Contextual Knowledge. In Sebastian Knospe, Alexander Onysko & Maik Goth (éds.), *Crossing Languages to Play with Words. Multidisciplinary Perspectives* (The Dynamics of Wordplay 3), 157–193. Berlin & Boston : De Gruyter.

Yaguello, Marina. 1981. *Alice au pays du langage. Pour comprendre la linguistique.* Paris : Seuil.

Zirker, Angelika & Esme Winter-Froemel (éds.) 2015. *Wordplay and Metalinguistic / Metadiscursive Reflection. Authors, Contexts, Techniques and Meta-Reflection* (The Dynamics of Wordplay 1). Berlin & Boston: De Gruyter.

Peter Handler

Les noms de domaine – une nouvelle source de créativité langagière

Résumé : Le choix de noms de domaine (NDD) – habituellement appelés
« adresses internet / web » – ne s'appuie pas seulement sur la sélection de
termes génériques ainsi que sur les pratiques les plus diverses de la formation
des mots et le fond phraséologique mais aussi sur des techniques davantage
marquées, dont les jeux de mots au sens large. Le panorama de ces créations inclut par exemple le télescopage, les graphies phonétisantes, les jeux de mots
paronymiques, fondés sur des ressemblances, les doubles sens ou les permutations du type « verlan ». Le métissage technico-linguistique sous la contrainte
d'une normalisation spécifique introduit la possibilité de jouer avec certaines
extensions : elles subissent le « détournement » de leur sphère géographique
pour être réinterprétées ou intégrées dans des vocables ou syntagmes choisis.
Dans le meilleur des cas, des NDD à la fois frappants et parlants atteignent
plusieurs objectifs d'un seul coup : ils attirent l'attention, se mémorisent aisément et transmettent un message. La contribution se propose de répertorier les
variétés exploitant des schémas éprouvés ainsi que d'identifier et classifier
celles qui sont intrinsèquement liées aux conditions et normes caractéristiques
du système de NDD (élargi considérablement suite à l'introduction des « New
generic Top Level Domains »).

Mots clés : adresse internet / web, allusion, déformation, écart, expression
figée, extension, formation des mots, jeu de mots, linguistic landscape, mot-
valise, moyen rhétorique, nom de domaine, paronymie, persuasion, terme
générique

1 Introduction

Les noms de domaine (NDD) – habituellement appelés « adresses internet » ou
« adresses web »[1] – sont devenus des unités courantes de la réalité linguistique

---

1 Dans le langage courant, « domaine » est souvent synonyme de l'expression « adresse
web/internet ». Dans une acception plus restreinte (et techniquement plus logique), ce mot
vise le segment dans lequel se focalise la dénomination. Il s'utilise particulièrement quand il

partout où on a affaire à des pratiques de communication effectuées sur internet. Le locuteur moyen[2] remarque rarement qu'il s'agit d'éléments importants dans la compétition de signes et messages qui sollicitent quotidiennement notre attention. Mais si le détenteur d'un site réussit à inciter l'internaute à entrer l'adresse dans le navigateur, il aura ensuite la possibilité d'étaler une masse – souvent immense – d'informations (le cas échéant parsemée de publicité additionnelle), d'interagir avec la personne en ligne et de déclencher des actions (par exemple un achat) en recourant à des méthodes persuasives. Dans le souci de créer une adresse percutante, accrocheuse et mémor(is)able, les jeux de mots y trouvent – sans surprise – également leur place. Voici, en introduction, une première série d'échantillons : *c-urgent* (catégorie dans laquelle les mots sont soumis à des transformations dans leur « matérialité »), *esthetichien.fr* (jeu fondé sur des ressemblances phonétiques), *plus-belle-la-ville.fr* (allusion à un phénomène enregistré dans le savoir encyclopédique et / ou culturel ; ici une série télé), *randonneige.com* (mot-valise) ou *painco.fr* (verlan ; < *copain*) (voir sections 3.3.1–3.3.5).

Cette contribution se propose de fournir un aperçu systématique des techniques de jeux de mots couramment utilisées dans des NDD. Elle vise en outre à montrer comment la morphostructure spécifique, considérablement déterminée par des normes techniques, jette les bases de jeux linguistiques d'un type nouveau, volontiers exploités dans cet univers. Les jeux de mots analysés sont principalement tirés de deux collections d'environ cinq et quatre mille adresses enregistrées auprès d'*Afnic*, le gestionnaire des noms en *.fr*, en février / mars 2013 et octobre 2016 (ce qui permet de tirer certaines conclusions sur le sort des NDD au fil du temps). À cela s'ajoutent des exemples rencontrés dans la vie quotidienne (voir section 3.4) et identifiés lors d'autres procédures de recherche ciblées selon des critères prédéfinis. Certains exemples proviennent d'autres langues que le français.

La pérennité des adresses web est loin d'être assurée, beaucoup d'entre elles ne sont même jamais utilisées après avoir été enregistrées. Tous les NDD cités ici ne conduisent donc pas à un site web. Le seul fait garanti est leur enregistrement, et de ce fait la documentation d'une initiative de création linguistique.

---

est question d'aspects techniques et juridiques (droit de propriété) ou quand on évoque des considérations autour du choix d'un nom.

2 Pour des raisons de lisibilité, la forme masculine est utilisée de manière générique et inclut le féminin et le neutre par analogie.

2 Contextes et fondements

2.1 Évolutions récentes

Comme l'utilisation des adresses internet, elle aussi, est soumise à la mutation continuelle des usages des technologies de l'information et de la communication (TIC), il convient de mettre en avant deux phénomènes actuels :

En tout premier lieu, les sites web se retrouvent dans une nouvelle constellation médiatique, relativisant leur part et leur poids dans l'ensemble des médias électroniques. Les 312 millions de NDD (chiffre du 1er semestre 2017, voir CENTR 2017 : 2) se voient confrontés à 2 milliards d'utilisateurs *Facebook* actifs par mois (voir Tual 2017) et à 328 millions de comptes *Twitter* utilisés mensuellement (voir Twitter 2017). Outre leur assignation à des rôles bien rodés – peut être trop figés – au milieu d'un écosystème électronique en pleine effervescence, c'est l'effort procédural nécessaire lors de la création d'un site qui pèse sans doute sur le « genre » des sites web. Il est habituellement plus compliqué de créer un site internet que de se procurer un compte *Facebook* ou *Twitter* – malgré la disponibilité d'offres d'hébergement gratuites et de sites « en kit » basés sur des modules préfabriqués (p. ex. *jimdo.com*). Néanmoins, le nombre des NDD quotidiennement enregistrés reste remarquable : p. ex. 115.000 sous *.com*. L'importance persistante du « site internet » dans son format « classique » est aussi confirmée par le fait que les NDD continuent de représenter une valeur marchande, parfois elles changent de propriétaire même pour des sommes colossales, avec en tête *lasvegas.com* ($ 90 millions ; en 2005), *carinsurance.com* ($ 49,7 millions ; en 2010) et *insurance.com* ($ 35,6 millions ; en 2010 ; voir Netimperative 2017).

Deuxièmement, l'accès à un site ne se fait pas nécessairement par l'entrée du NDD dans la barre d'adresse. Le chemin y conduit particulièrement souvent via un moteur de recherche, des liens établis sur d'autres sites ou en provenance de « bookmarks »/« favoris ». On atteint une nouvelle qualité dans l'adressage – dans les navigateurs les plus récents – grâce à la possibilité de se servir de la barre d'adresse comme moteur de recherche. Par ce fait, même une entrée imprécise peut déboucher sur le site désiré. La saisie semi-automatique, elle aussi, permet de réduire l'effort cognitif. Néanmoins la tentative d'ancrer les NDD dans l'esprit du grand public reste une démarche profitable : D'une part, il s'agit bel et bien de la « direttissima » vers un site, d'autre part, grâce à leur prééminence linguistico-pragmatique, les NDD sont en même temps porteurs de fonctionnalités supplémentaires, particulièrement par leur proximité avec le statut de marque – voire l'identité avec une marque tout court (voir section 4).

2.2 Une morphostructure spécifique

Les jeux de mots dans les NDD ont la particularité de se déployer sur un fond fortement déterminé formellement (même s'il y a possibilité d'interaction avec le contexte linguistique et d'ouverture vers des ensembles complexes au niveau sémiotique ; voir section 3.4).

Techniquement, les sites internet sont appelés – d'après l'« Internet Protocol version 6 » (IPv6) actuellement en vigueur – à l'aide d'un code composé de nombres, de lettres et du signe des deux points, par exemple *2001:41d0:1:1987::1* (correspond à *bonjouramour.fr*). En revanche, les adresses internet, greffées sur ces codes de manière univoque, sont des structures adaptées à la communication humaine, et par conséquent primordialement orientées sur le langage. Dans certaines cultures, surtout asiatiques, les chiffres – « magiques » et autres – sont également d'une certaine importance en tant que NDD ; voir par exemple Graziano 2013 pour les NDD chinois.

Comme ces adresses doivent s'insérer dans un ensemble de processus techniques, une normalisation s'impose. Celle-ci réglemente tout d'abord la structure dans son ensemble : la « chaine » est limitée à un nombre maximal de 63 signes – un contingent rarement exploité vu les limites pragmatiques beaucoup plus restreintes (maniement, mémorisation).

La « morphologie » rend transparent le traitement informatique tel qu'il se déroule à l'arrière-plan : commençant à droite par le domaine de premier niveau, le « Top Level Domain (TLD) » (appelé aussi « extension ») et prenant la direction de gauche avec le domaine de deuxième, puis troisième, etc. niveau (« Second / Third / etc. Level Domain »). Le point (« dot ») sert à séparer les différents niveaux, car la norme interdit tout espacement. Le schéma suivant illustre la coexistence de deux terminologies : l'une technique (les trois premières lignes), l'autre pragmatique (représentée par les champs marqués dans les exemples).

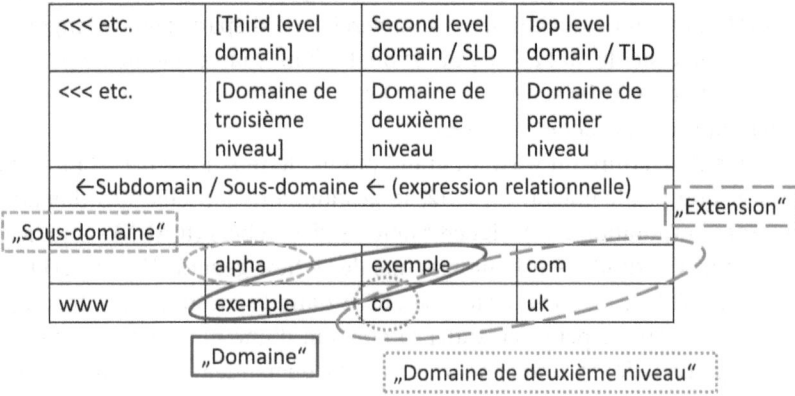

<<< etc.	[Third level domain]	Second level domain / SLD	Top level domain / TLD
<<< etc.	[Domaine de troisième niveau]	Domaine de deuxième niveau	Domaine de premier niveau
←Subdomain / Sous-domaine ← (expression relationnelle)			„Extension"
„Sous-domaine"			
	alpha	exemple	com
www	exemple	co	uk
„Domaine"		„Domaine de deuxième niveau"	

Fig. 1 : La « morphologie » des NDD avec ses terminologies

Initialement, le seul jeu de caractères admis avait été celui du code ASCII, avec le tiret comme unique signe de segmentation linguistique. Entre-temps, l'initiative des « Internationalized Domain Names (IDNs) » intègre d'autres jeux de caractères, voire d'autres alphabets. La communauté internet française ne semble pourtant pas ressentir un grand besoin de signes diacritiques. Les enregistrements continuent de se faire, dans l'écrasante majorité, sans accents ni cédilles.

Le type le plus courant découlant des prescriptions techniques est un ensemble à trois segments, comme *www.exemple.fr*. La partie *www* résulte d'une convention facultative pour le nommage du serveur (de même que l'adressage *http://* des débuts), elle peut donc être omise, ou bien cette position est utilisée pour la structuration interne d'offres web très complexes (p. ex. *fr.wikipedia.org*, *de.wikipedia.org*, etc.). C'est le segment (ici) central qui laisse la plus grande marge de manœuvre linguistique et qui par conséquent attire la majorité des efforts de conception créative, tels les jeux de mots.

2.3 La multiplication des extensions

Le réservoir le plus connu pour le choix d'un TLD est celui des codes attribués aux États (parfois également à des territoires annexes) – les « country code TLDs (ccTLDs) », p. ex. *.de*, *.at*, *.fr*, *.be*, *.ch*, ... Certains de ces codes, par exemple *.fm* (États fédérés de Micronésie) ou *.tv* (Tuvalu) se prêtent parfaitement à des réinterprétations ; cette pratique sera traitée dans le chapitre 3.3.6. Le TLD le plus souvent utilisé, *.com*, fait partie de la deuxième grande catégorie – les « generic TLDs (gTLDs) », son association à « commercial » a disparu depuis longtemps, de même que celle de *.org* à « organizational » (une source latente de possibles abus). Très peu de TLDs sont réellement liés à un statut particulier, p. ex. *.aero* (aéronautique) ou *.museum* (musées).

Depuis l'ouverture du *www* au grand public, le répertoire des TLDs n'avait été élargi que prudemment. En 2012, le gestionnaire suprême des domaines, l'« Internet Corporation for Assigned Names and Numbers (ICANN) » a radicalement changé d'attitude. Par le programme des « New generic TLDs (NgTLDs) », la zone des TLD a largement été libéralisée dans la mesure où – théoriquement – tout intéressé peut demander la création d'une nouvelle extension. La clientèle potentielle se limite pourtant à des demandeurs bien dotés financièrement, car – en complément de droits considérables – il faut prouver sa capacité à fournir l'infrastructure technique et administrative nécessaire pour la gestion d'un TLD.

Initialement, l'intention suscitant la création de NgTLDs avait été de permettre aux entreprises, institutions et collectivités d'installer leur nom à cette position privilégiée (p. ex. *.sanofi*, *.adac*, *.tirol*) pour utiliser l'extension dans les communications externe et interne (voir ICANN 2015). Entre-temps, l'initiative a pris une dynamique sensiblement différente qui vise aussi des objectifs tout à fait autres. Ce sont avant tout les termes génériques qui sont plébiscités, les demandes se faisant à grande échelle, principalement par les méga-groupes de l'informatique et / ou de la nouvelle économie. *Google* s'est procuré un portfolio de plus d'une centaine de NgTLDs, *Donuts*, une start-up spécialement créée pour tirer profit des NgTLDs, en possède plus de 300. Au-delà de la réservation de leur propre nom (*.google*) et de noms désignant des services déjà existants (*.gmail* ou *.play*), ces géants s'efforcent de devenir des prestataires et gestionnaires de NgTLDs dans lesquels ils voient une attractivité prometteuse (*.app*, *.bar*, *.cloud*, *.guide*, *.pizza*, *.site*, *.style*, *.vin*). On peut supposer que nombre de NgTLDs acquises par *Google* joueront un rôle dans des projets en préparation – encore peu visibles pour le public d'aujourd'hui – axés sur le marché de la consommation. Certaines finalités sont très ciblées, p. ex. la demande *d'Amazon* du NgTLD *.book*, vivement (mais en vain) contestée par le secteur de l'édition traditionnelle, qui y voyait l'ascension d'un monopole sémantique dans le monde virtuel pour un groupe qui domine déjà le marché du livre réel (voir Book-TLD 2014).

Parmi les quelque 1.200 NgTLDs existants (mi-2017 ; voir ICANN 2017), certains semblent même avoir été choisis pour stimuler l'enregistrement d'expressions ludiques, voir section 3.3.6). La mise à disposition de tels éléments « prédisposés » résulte très certainement des expériences faites avec la réinterprétation d'extensions conventionnelles (*davidguetta.dj* ; *.dj* < Djibouti). Les TLDs constituent donc une ressource originale de schémas de jeux de mots novateurs grâce à leur encadrement spécifique au niveau technico-morphologique.

3 Les jeux de mots dans les NDD

3.1 Orientation et évaluation

La méta-réflexion sur les adresses n'est pas une thématique faisant partie des préoccupations linguistiques du grand public (contrairement, par exemple, à la perception des anglicismes ; voir Spitzmüller 2005). La couverture dans les médias habituels est donc assez faible. Évidemment, les échos sont plus nombreux du côté des publications informatiques (p. ex. dans le magazine *Wired*). Dans une perspective très spécifique, pourtant concernant souvent des problématiques linguistiques, des questions relatives aux NDD sont évoquées au sein d'organismes juridiques ; voir le site de Dingeldey, Hitzelberger et Huber (2017), une source précieuse en la matière. De temps en temps, les gestionnaires eux-mêmes mettent en avant des aspects linguistiques des NDD pour orienter leur clientèle. Une étude lexicographique commandée par *Afnic* cible « les termes composant les noms de domaine » (représentant des branches économiques) dans l'ensemble des enregistrements. Derrière « france » et « paris », « [l]es autres termes présents dans le top 10 sont dans l'ordre : ‹immobilier›, ‹hotel›, ‹location›, ‹saint›, ‹restaurant›, ‹services›, ‹web› et ‹auto› » (Afnic 2013). Une autre (micro-)étude réalisée à l'initiative d'*Afnic* s'intéresse aux critères favorisant la lecture et la mémorisation de NDD. Voici l'un des résultats significatifs dans notre contexte : « les mots inventés (non-mots réguliers) n'influencent pas la vitesse de lecture. [...] Astuce : ne craignez pas d'être créatifs avec des [NDD] courts inventés ! » (Mokaddem 2016). Les résultats sont principalement utilisés pour soutenir les activités de marketing concernant les extensions gérées (principalement *.fr,* mais aussi *.re* [La Réunion], *.pm* [St-Pierre-et-Miquelon], etc.). En dehors de sondages orientés vers l'image de marque de *.de*, des recherches similaires paraissent inexistantes auprès de *Denic*, l'extension *.de*, proportionnellement largement plus présente que *.fr* (16 millions contre trois millions environ en 2017) nécessitant apparemment peu de soutien marketing. Au contraire, le gestionnaire *nic.at*, très actif en relations publiques, lance régulièrement des campagnes marketing particulièrement intéressantes dans le présent contexte (voir nic.at 2012), car elles se servent intensément d'effets linguistiques basés sur la structure de NDD (comprenant également des jeux de mots) ; p. ex.

> *www.tippfehlersindhalbsoschliemm.at*
> ([...].lesfotesdefrappenesontpastellementgraves.[...]),
> *www.umläutesindechtkeinproblem.at*
> ([...].lesumläutenesontvraimentpasunprobleme.[...] ; = pluriel déviant créé par un umlaut dans le mot « umlaut ») (nic.at 2013) ;

équivalents français proposés par l'auteur ; on peut questionner la plausibilité du statut de faute de frappe pour *schliemm* (reprise dans *fotes*), mais ces créations publicitaires ont certainement cherché à créer un écart facilement reconnaissable.

La plupart des évocations de NDD tentent de répondre à la question de savoir quelles seraient les qualités d'une adresse internet « efficace ». Des réponses de ce genre se trouvent généralement intégrées dans des manuels de conseils concernant la présence « optimale » sur internet ou la conception de sites. Ashton et Juby (2013 : 52) rappellent que le NDD « is the key piece of information ». Hardy et Leo Lesage (2014 : 10) recommandent de choisir « une appellation intuitive, courte et mémorisable. En tant que papetier [...] mieux vaut s'appeler ‹paperland.com› que ‹TCT-entreprise.com› », formulé plus généralement : « À éviter, donc, les noms de domaine à rallonge, les formules ésotériques incompréhensibles » (Bailly 2003 : 49). Bailly vante, au contraire, les mots-valises faciles à retenir (voir section 3.3.4).

La question est très intensément traitée sur internet même. Les avis convergent dans des devises répétitives comme « Keep it simple », « Shorter is better » ou « Make it memorable (and brand-able) » (McAshan 2010), mais visent également, de manière plus spécifique, le rapport avec l'environnement : « Let the domain name explain what you do », « Make sure that the domain name tells your story offline », « The domain should ideally be timeless » (Hofman Laursen 2015). Pour une instance à la recherche d'un NDD, il faut distiller à partir de ces innombrables conseils ceux qui conviennent au cas spécifique et permettent également de résoudre parfois des dilemmes (p. ex. simplicité vs. explicité) (voir Handler 2017a).

Au sein des sciences du langage, un certain intérêt pour les NDD provient de la linguistique des médias. Herde (2001) s'intéresse particulièrement aux adresses contenant des constats et identifie des ressemblances avec les slogans. Siever et Runkehl (2002a : 49, 2002b) se prononcent pour l'étude des NDD dans le cadre des programmes scolaires et proposent des pistes pédagogiques.

3.2 La formation des mots et la phraséologie au service des NDD

Quand on considère que chacun des NDD enregistrés au niveau mondial doit, par définition, être unique, il va de soi qu'une multitude de facettes du langage sont exploitées ou servent de base pour des transformations. En conséquence, presque tous les champs d'études de la linguistique sont concernés.

A priori, la réussite d'une adresse internet n'est pas primordialement associée à une forme structurellement créative. Ce sont les termes génériques qui priment parce qu'ils permettent d'occuper un « territoire sémantique ». Cette tendance est confirmée par le phénomène qui se produit actuellement dans le lancement des NgTLDs : la moitié de ces NgTLDs relève de la sphère générique (*.shop*, *.flowers*, *.party*, etc.) (voir CENTR 2016 : 4). Mais comme il y a rapidement « épuisement du stock », particulièrement pour les mots courts, les mécanismes de la formation des mots peuvent y remédier. En effet, beaucoup de structures complexes désignent des champs sémantiques très cohérents d'une valeur générique (*covoiturage.com*) ou ont monopolisé un référent (*tire-bouchon.fr*). La formation par omission est une stratégie précieuse pour répondre à la demande de NDD courts (*vtt.fr*). Les formations réduites sont pourtant à double trenchant : s'il ne s'agit pas d'exemplaires bien ancrés dans l'usage, il y a un risque d'opacité et d'inefficacité. Suite au fait que toutes les adresses web sont par définition des « mots » (graphiques), même les enchaînements syntaxiques relèvent de cette formation des mots très spécifique. Une pratique courante permettant de tirer encore profit de noms génériques consiste à y ajouter des déterminants. Avec l'article (*legrossiste.fr*) on réussit à s'imposer comme le/la représentant/e de toute une catégorie. Les ajouts dans *notrefamille.com* ou *monpresent.fr* parviennent à fournir une touche émotive (voir Handler 2015 : 377–378).

À côté des expressions courtes qui restent facilement dans la mémoire, on trouve également les structures qui s'y sont imprégnées en tant que combinaisons fixes transmettant des significations particulières. D'où l'attrait d'expressions idiomatiques (*leventenpoupe.fr*) ou emblématiques (*lavieenrose.com*). Elles apportent de l'explicité et renvoient facilement à des univers connotatifs.

En sélectionnant les éléments en fonction de régularités ou rapports spécifiques sur les plans phonétique, sémantique, morphologique, etc., le concepteur d'un NDD arrive à « caser » des effets additionnels dans des configurations qui sinon suivent tout à fait les règles de formations ; voir les néologismes ludiques décrits par Sablayrolles (2015).

Certains schémas produisent déjà à eux seuls un effet hors du commun : p. ex. les formations hybrides, le métissage d'éléments de deux ou plusieurs langues (*lefoodist.com*, *fabrikevents.fr*) ou les combinaisons avec des éléments particulièrement marqués, tels « les affixes sécrétifs [...], que Tournier appelle les fractomorphèmes [...], formes [...] issues de lexèmes modèles » (Fradin, Montermini et Plénat 2009 : 42–43) : *mcstickers.fr* < *McDonald's* (ici : symbole de rapidité, simplicité et accessibilité) ou *penelopegate.com* (visant l'« affaire Penelope Fillon ») < *Watergate* (scandale emblématique).

3.3 Variantes ludiques

3.3.1 Le jeu de mots : sens large vs. sens étroit

Vu la richesse des formes qu'on rencontre dans les enregistrements, l'approche la plus appropriée consiste à se fier à un concept de jeux de mots très large (« broader sense », voir Thaler 2016 : 49–50). Dans la structuration de la présentation il convient néanmoins de partir de la définition la plus étroite pour ensuite élargir progressivement le champ du regard. Parmi les NDD, les jeux de mots dans un sens étroit, se basant sur une homophonie, sont assez rares. En tant qu'exemples on peut nommer : *avent-noel.fr* ou *lhairdutemps.fr*. Dans la mesure où ce dernier est un arrangement purement artificiel, on constate également des caractéristiques des mots-valises.

Une catégorie qui remplit d'une manière particulière le critère de polysémie comprend des cas où une structure complexe est remotivée *in absentia*. Dans les exemples identifiés, c'est principalement le champ d'activité du détenteur qui est visé et qui permet d'interpréter une structure donnée sous un angle différent : *paragraphe.fr* [création graphique], *autographe.be* [aménagement de véhicules]. Ces jeux de mots relèvent donc prioritairement du processus de création lors de la conception du nom de l'entreprise. L'apparition dans l'adresse web n'est qu'une mesure partielle dans un projet de communication plus global susceptible de créer la complicité qui est nécessaire pour l'interprétation. Ce n'est qu'avec une modification d'ordre graphique, l'introduction d'un trait, que le jeu peut se développer plus indépendamment du contexte (*art-isans.fr*, *aro-base.com*, *belle-et-toile.fr*), mais c'est là déjà un premier éloignement par rapport à la définition étroite.

3.3.2 Manipulations dans la graphie et écart phonétique

Dans le rythme rapide associé aux nouveaux médias et leur usage, il n'est pas surprenant de rencontrer nettement plus souvent des variantes dans lesquelles le jeu est ostensible – ce jeu découlant d'un écart par rapport à certaines normes ou règles ou représentant du moins un choix inhabituel de signes linguistiques (voir Schifko 1987 : 69). Ces pratiques sont devenues particulièrement usuelles dans le langage des textos et des messageries instantanées (voir p. ex. Dejond 2002 ; Crystal 2009 ; Thaler 2017) et se sont parallèlement introduites dans les NDD.

À un niveau très basique, il suffit de rendre à l'écrit la prononciation familière : dans *ptitstrucs.fr* et *laptiteboiteapapiers.fr* la signification et la réduction de caractères convergent idéalement pour donner à l'ensemble une touche hypocoristique. Sinon, ces graphies phonétisantes connaissent quelques lettres vedettes, tout d'abord le « c », principalement pour remplacer « c'est » : *cnoel.fr*, *cpiscine.fr*, *cnouveau.fr*, *c-concret.fr*, *cmonkit.fr*. L'originalité va donc ici de pair avec une économie de graphèmes – une pratique que l'on retrouve également dans *clorofil-fleuriste-annecy.fr*, *dpaysages.fr*, *id-auclair.fr* ; dans *ildefrance.fr*, *jexist.fr*, *c-com-celine.fr* il y a omission sans substitution. La lettre « k » doit sa popularité à sa rareté dans le vocabulaire français, incitant particulièrement les jeunes à l'utiliser dans un sens d'opposition, une attitude qui s'est généralisée en opposition typographique : *bloknotes.fr*, *kopilotes.fr*, *cliktek.fr*, *ekopraktik.fr*. Une opposition semblable, initialement largement développée dans la sphère anglo-américaine, vaut pour le « z » : *royalz.fr*, *my-dayz.fr*, *cozyphone.fr*, *inmemoriz.fr* ; et après le passage en français : *zemag40.fr*, *zekado.fr*, *surpriz.fr*. Il se retrouve également dans le remplacement de « easy » sous forme de *izibio.fr* (une autre variante, dans laquelle le « s » est maintenu : *isimenu.fr*). D'autres exemples anglais sont *b-creative.fr*, *cycology.fr*. Pour boucler ce groupement, il convient de mentionner encore le « o » qui, lui aussi, réunit originalité et économie ; en substituant « [e]au[x] » : *lereso.fr*, *chapoclac.fr*, *acceomobile.fr*, *aidopros.fr* ; ou en écartant ses accompagnateurs « superflus » dans la graphie, p. ex. le « p » dans *tromignon.fr*.

La série suivante est caractérisée par des jeux avec des chiffres, une complexité additionnelle car on intègre un système de signes supplémentaire : *vers1nouvelavenir.fr*, *1point2vue.fr*, *echo2reve.fr*, *jus2pomme.fr*, *drole2buzz.fr*, *mafac2sciences.fr*, *pouss7.fr* ; en anglais : *wait-4-it.fr*, *ifixit4you.fr* ; dans *1r2famille.fr*, *id2confort.fr* et *anti6p.fr* ce jeu se combine avec celui de la phonétisation de noms de lettres.

Les exemples suivants présentent un contraste dans la mesure où l'on a au contraire affaire à un élargissement du volume graphématique : dans *efer.fr* le TLD *.fr* est décliné comme illustration de sa prononciation ; dans *eksposia.fr* la même transformation s'applique à la lettre « x ».

D'une manière plus spécifique, la liste suivante réunit des redoublements de lettres, une forme élémentaire de réduplication (présentée dans la section 3.3.5) : *schnaaps.fr, capsull.fr, gamingg.fr, pluume.fr, pushuup.fr, leluxxorclub.fr.* L'interprétation doit se faire au cas par cas – la palette s'étend de « l'écart pour l'écart » via l'iconicité (onomatopéique, visuelle ou conceptuelle) jusqu'à des références codifiées (multiplication de « x » pour des contenus érotiques).

Le jeu reposant sur un écart phonétique (correspondant à une relation paronymique) est adopté par les NDD pour donner à une structure un brusque tournant sémantique tout en procédant à une modification phonétique minime : *bodyful.fr, cliptomanes.fr, consomoteurs.fr, carpetdiem.fr.* Comme de cette manière d'autres mots sont introduits et combinés avec une structure de fond mentalement présente, le voisinage avec les mots-valises est ici également apparent. L'exemple *numethik.fr* (« appropriation sociale du numérique ») mérite un commentaire plus détaillé car *numé-* devient un élément isolé productif pour une série ad hoc créée sur le site : *numépad, numécloud, numélist* et *numédate* sont les noms de divers services chapeautés par *Numéthik*.

3.3.3 Le cas spécifique des allusions

Bon nombre des jeux sont des allusions. Dans l'ouvrage classique en la matière, Wilss (1989 : 3) conçoit les allusions dans un sens intertextuel comme des énoncés qui se réfèrent à « etwas textuell schon Vorhandenes » (quelque chose qui est déjà présent sous forme de texte) pour leur donner un statut particulier par rapport aux jeux de mots (dans une acception étroite). Quand on accepte dans ce sens également les expressions figées comme structures de référence, les NDD *atoutchoeur.fr* (< *de tout cœur*) et *ahlamodedecheznous.fr* (< *à la mode de chez nous*) peuvent être vus dans cette perspective. Suite au rapport homophone, il s'agit ici de jeux de mots dans le sens étroit, mais les allusions sont des formes transversales par rapport aux différentes techniques : avec *ad-you-like.fr* (< *as you like*), on a par exemple affaire à un écart phonétique. Pour une grande partie, il s'agit de substitutions lexicales (voir Jaki 2015), mais elles sont moins clairement repérables que d'habitude suite à la condensation de l'enchaînement dans les adresses web.

Les énoncés de référence les plus emblématiques proviennent de différentes sphères de l'expérience humaine dans lesquelles se constitue un savoir encyclopédique et culturel. Voici des exemples se référant au quotidien (*metroboulotimmo.fr* < *métro, boulot, dodo* ; énumération devenue courante dans les années 1950/60 pour décrire une vie citadine monotone), aux institutions (*lespalmesaquademiques.fr* < *les Palmes académiques* ; décoration honorifique destinée aux enseignants) et à la politique (*touchepasamapicardie.fr* < *touche pas à mon pote* ; slogan créé par l'association *SOS Racisme*) ou *made-in-book.fr* (< campagne « Made in France », destinée à promouvoir les produits fabriqués en France). Les produits culturels forment un autre champ de référence important avec *hollyhood.fr* (< *Hollywood* ; lieu emblématique du cinéma américain), *casafantutte.fr* (< *Così fan tutte* ; opéra de Mozart/da Ponte), *inthemoodformode.fr* (< *In the Mood for Love* ; film réalisé par Wong Kar-wai), *drjekyllandmshyde.fr* (< [‹The› *Strange Case of*] *Dr Jekyll and Mr Hyde* ; roman de Robert Louis Stevenson dont existent de nombreuses adaptations cinématographiques) et *exercss-de-style.fr* (< *Exercices de style* ; ouvrage littéraire de Raymond Queneau). Avec les phénomènes « tendance », on est en contact direct avec l'actualité : *footbook.fr* (< *facebook* ; média social), *fakemon.fr* (< *Pokémon* ; jeu vidéo et produits dérivés) ou *delymotion.fr* (< *Dailymotion* ; service de vidéo en ligne).

3.3.4 Mots-valises

Ces combinaisons, appelées également « mots téléscopés », « mots centaures », « mots sandwich », « mots emboîtés » ou « mots à coulisse » (voir Schifko 1987 : 74) représentent une pratique de création courante dans les milieux des médias, voir l'écho exprimé par le gros titre « Frankenwords : They're alive [...] »[3] (Bodle 2016). Cette appellation caricaturale, elle-même un mot-valise (selon une définition large) ainsi qu'une allusion, illustre le statut de ces créations comme des assemblages peu structurés par des régularités (pour les différentes stratégies, voir Renner 2015 : 121–124). Elles ne peuvent donc pas être évaluées par rapport à une quelconque grammaticalité (voir Ronneberger-Sibold 2015 : 485) ou sur une échelle d'écart. Renner (2015 : 129–130) propose de positionner les mots-

---

3 Le titre se termine par « [...] but for how long? » et précise ainsi, dans son ensemble, la thématique relatée par l'article : la réussite ou l'échec de mots-valises dans l'environnement sociétal dont des critères ont été élaborés par Lignos et Prichard (2015a, pour une autre résonance dans les médias voir 2015b).

valises dans un antagonisme entre une fonction de dénomination (peu exigeante en termes de construction) et une fonction ludique où la « playfulness » s'accroît avec le raffinement du téléscopage.

Parmi les NDD, on trouve l'incontournable *sexpert.fr*, puis *sexperience.fr* et encore *skypnosis.fr* (< *Skype* + *hypnosis* [angl.]). À côté de tels exemplaires, on en note beaucoup d'autres dont la « construction » les situe davantage du côté de la dénomination parce que l'intersection est peu importante, se limitant souvent à l'économie d'un ou deux phonèmes ou graphèmes : *crushow.fr*, *evadam.fr*, *jambelle.fr*, *roomate.fr*, *parisolidarite.fr*. La forme *hanimal.fr* (« interaction entre humains et animaux ») est plus complexe, car les éléments linguistiques communs (h, a, n, i, m) se trouvent permutés dans le mot « humains ».

3.3.5 Structures rhétoriques

La structuration peut également être influencée par des stratégies provenant de la rhétorique, se basant sur les catégories de modification (*adiectio*, *detractio*, *transmutatio* et *immutatio*). La réduplication représente une solution simple quand un NDD n'est plus disponible. La répétition se mémorise facilement, et quand on part d'un élément très court, même la structure redoublée reste relativement compacte : *thethe.re*, *doodoo.fr*, *mokmok.fr*, *jardinjardin.fr*, *btp-btp.com*, *clown-clown.fr*, même *back-pack.fr*, légèrement échappant au principe de l'identité des deux éléments et déjà lexicalisé, profite de l'impact de ce mécanisme. Les exemples *tamtamsn.fr*, *dingdingschools.fr*, *tontonetfils.fr* illustrent la réduplication combinée avec d'autres mots ou sigles. La répétition ne se limite pas au nombre de deux (*camelcamelcamel.fr*) et les formes triples se combinent aussi avec des éléments supplémentaires : *aaa-lux.fr*. Une autre forme triadique peut être trouvée dans les ascensions : *abcconciergerie.fr*, *123imprimer.fr*.

Il n'est aucunement étonnant de rencontrer ici la rime, car – à part « a purely aesthetic effect » – le lien ainsi créé entre les éléments « force[s] the listener to consider their possible relationships of meaning » (Crystal 2010 : 76) : *kafe-beaute.fr*, *grandsecrans.fr*, *chamonixpsy.fr*, *bistro-flo.fr*, *lolopolo.fr*, *okimoki.fr*, *pension-frison.fr*, *bonjouramour.fr*, *vertdevers.fr* (et dans sa variante : *vert2vers.fr*), *comparezrencontrez.fr* (en même temps un parallélisme morphologique), *lesciseauxdemargot.fr* ; incluant le développement vers un syntagme plus exhaustif (*delarecettealassiette.fr*), voire une phrase (*depoussiere-ta-petite-cuillere.fr*). L'allitération, quasiment la rime du début du mot, est également largement exploitée : *be-burger.fr*, *consoconseil.com*, *sophrosophie.fr* (mot-valise formé à partir de *sophrologie* [méthode thérapeutique parallèle] et du prénom de la sophrologue), *mariemaison.fr*. Avec l'insertion de « et » ou « and », ces formules deviennent des paires : *bretzel-et-bredele.fr* (mots alsaciens : *bretzel* = pâtisserie traditionnelle ; *bredele* = petits gâteaux typiques), *womenandwines.fr*, *chiaandchill.fr*, *clickandcoach.fr* et, comme exemple d'un type proche, l'adoption d'une expression idiomatique : *bel-et-bien.fr*. S'ajoutent des cas avec déterminant (*mamarque.fr*, *bellesbagnolesbrayonnes.fr*) et des phrases (*kissforkim.fr*, *troctontoit.fr*). Allitération et rime se combinent dans : *medecine-morphine.fr*, *docteurdouceur.fr*, *lemoulinmalin.fr*. Un jeu particulier repose sur l'alternance de voyelles (alld. « Ablaut ») *mik-mak.fr*, *miss-mache.fr*, *flipflap.fr*, *viavelo.fr*, *lemelodemelie.fr*. Voici encore un cas spécifique de permutation (o <> i) à l'intérieur d'un mot donné : *minotoring.fr*.

L'effet dans les configurations suivantes provient d'un contraste entre deux éléments qui diffèrent selon un schéma (morpho)logique tandis que simultanément il existe un autre enchaînement identique ct partagé (jeu *in praesentia*) : *apprendre-comprendre.fr*, *marinmarine.fr*, *cabane-et-cabanon.fr* ; *achat-chat.fr*, *accord-d-accord.fr* (dans ces deux cas, il n'y a pas d'opposition, mais seulement rajout / soustraction). Dans les exemples suivants, c'est le parallélisme qui prédomine : *desideesetdeslivres.fr* ; *sorichsopretty.fr*.

Pour clore cette rubrique, on notera que la spécificité française du verlan, que l'on pourrait caractériser comme permutation « institutionalisée », est également présente parmi les NDD : *seultout.com*, *tameuf.com*, *veujideo.fr* / *veuxjideo.fr*.

3.3.6 Les jeux de mots avec participation de l'extension

Jusqu'à présent, l'aperçu a présenté des formes qui, certes, ont été trouvées dans des NDD mais qui pourraient figurer pareillement (sans TLD) ailleurs et on constate effectivement de nombreuses occurrences où apparaissent un nom (*sympa*[.org] ; = sy[stème de] m[ulti]p[ostage] a[utomatique]), une marque (*flunch*[.fr] ; = f[rench]+lunch) ou un slogan (*lovesexdurex*[.com]). Dans ce qui suit, il s'agira au contraire de jeux de mots qui sont intrinsèquement attachés à la morphostructure spécifique des adresses web et représentent, en conséquence, des catégories entièrement nouvelles.

Certaines extensions subissent – après un « détournement » de leur sphère géographique) – des réinterprétations sémantiques, ce qui se voit fréquemment dans le domaine de la télévision et de la radio : *france.tv*, *lesite.tv*, *tourismeetpatrimoine.tv* (.tv < Tuvalu), *cherie.fm*, *nrj.fm* (.fm < États fédérés de Micronésie). Leur qualité de « jeu » dépend pourtant essentiellement du degré d'initiation du public quant aux TLDs. Si on ne connaît pas le ccTLD initial ou qu'on ne sait pas du moins que l'extension en question est une ccTLD transformée, on n'identifiera pas son côté ludique.

Pour le type suivant, on peut partir de l'hypothèse que dans de larges couches de la population, les caractéristiques structurelles d'une adresse web prototypique sont connues et que, de ce fait, l'intégration de l'extension dans un vocable choisi provoquera un effet de surprise : *superf.lu*, *brulu.re*, *fournitu.re*, ou encore dans d'autres langues : *vola.re* (italien), *vmet.ro* (russe, en transcription). Ce dernier cas permet de passer à un autre type, où la structure représente déjà une combinaison de plusieurs mots. Le ccTLD de Monténégro (*.me*) se prête parfaitement à la fabrication de phrases appellatives en anglais : *find.me*, *try.me*, *hire.me*. Cette utilisation est officiellement promue, et la publicité sur le site « domain.me » se sert d'ailleurs de « me » dans un jeu de mots : « Be *one* in a *.me*llion » (lettres en italique = lettres rouges dans l'original).

Ce même principe préside à la création de nombreux NgTLDs : *.moi* (pratiquement l'équivalent français de *.me*), *.now*, *.one*, *.here*, *.kaufen*, *.jetzt*, etc. – tous ces mots se combinent facilement avec d'autres pour former des expressions persuasives. Mais il existe également des réservations pour lesquelles on peut facilement s'imaginer des combinaisons ludico-douteuses : avec *.hot* ou *.off*. Le NgTLD *.sucks* (de même que *.fail* et certains autres) s'avère un cas particulièrement pernicieux : les entreprises sont pratiquement contraintes d'enregistrer leur marque et leurs noms de produits avec cette extension, tout simplement pour se protéger contre l'utilisation de telles combinaisons par des sujets malveillants (*swisscom.sucks* ; voir *.sucks*-Domains 2015).

Dans la section 3.3.5, il avait été question de la valeur d'éléments triples, d'où une brève remarque concernant le NgTLD *.ooo*, qui rejoint éventuellement des intentions d'expression rencontrées dans cette section. De toute façon, la commercialisation se base déjà sur le côté ludique, avec « What is unique abooot dot-triple-o? » et What is in for yooou? » Par contre, une extension similaire, *.aaa*, est dérivée du sigle de *American Automobile Association*.

3.3.7 Typosquattage

Il convient de mentionner encore brièvement le typosquattage (équivalent français pour angl. « typosquatting », proposé par l'*Office québécois de la langue française*), une pratique intrinsèquement liée aux circonstances d'utilisation des NDD. Il s'agit de l'enregistrement d'adresses correspondant à d'éventuelles entrées erronées de noms de sites très prisés afin d'accaparer ainsi une partie de leur public. Comme cette pratique n'est « rentable » que pour des NDD de très grande affluence, les détenteurs de tels sites particulièrement en danger ont intérêt à se protéger en réservant eux-mêmes un maximum de variantes voisines ; *Amazon* a donc aussi réservé p. ex. *amazone.com* et *amasone.com* pour aiguiller les internautes sinon perdus vers le site correct. La réservation de *anazon.com* et *anazone.com* par *Amazon* vise sans doute les frappes glissées vers « n », l'une des touches voisines de « m », mais protège également contre un usage malveillant potentiel (*anal* + *zone*). Un autre modèle commercial un peu différent consiste à ne pas exploiter directement l'adresse faussement épelée, mais à la proposer à l'achat (*microsofl.fr*, *piza.fr*). Les listes des enregistrements quotidiens font apparaître que ces squattages (ou les réservations à leur encontre) se font systématiquement. On peut concevoir ces formes comme la manifestation très spécifique de jeux qui ne sont pas amusants (voir Winter-Froemel et Zirker 2015 : 7 ; Winter-Froemel 2016a : 14–15).

3.4 Les adresses web dans le « paysage linguistique »

Même si le NDD inséré dans la barre d'adresse est sa manifestation essentielle, ce n'est pas la seule fonction. Il entretient des interrelations avec son entourage, commençant par sa réapparition (littérale ou allusive) dans le site même et allant jusqu'à l'entrecroisement avec d'autres médias (p. ex. dans des spots publicitaires télévisés) et l'intégration dans la publicité extérieure. Le contexte immédiat dans le site tend à fournir le (ou des pistes pour le) décodage du jeu de mots (*eltiss.fr* <> *LES COUTURIERS DU WEB – TISSEZ VOTRE IMAGE*). Bien souvent, c'est un logo qui sert à cette fin (*translactions.fr* <> *Transl'Actions*).

Par leur présence sur des affiches (*acteursduparisdurable.fr*), enseignes (*dernierbar.com*), voitures (*sans-un-pli.com* [repassage]), conteneurs (*lesberges.paris.fr*), étiquettes (*lachaiselongue.fr*), tee-shirts (*lartisanplombier.fr*) ou autres objets quotidiens – verres (*flunch.fr*), sacs plastiques (*biodegradable.net*), marque-pages (*jobaviz.fr*), etc. –, les adresses web participent essentiellement à la constitution du « paysage linguistique » / « linguistic landscape ». Elles transgressent les limites des codes et sont déclinées dans diverses représentations sémiotiques, élargissant considérablement les dimensions du jeu.

Les trois visuels qui suivent permettent d'illustrer comment les NDD prennent – bien loin de la barre d'adresse – leur place dans les activités communicationnelles et publicitaires de leurs détenteurs. Bien évidemment, l'effet optimal serait celui de déclencher le « saut » du spectateur vers le site, mais même isolément, les fonctionnalités secondaires remplissent déjà une mission précieuse.

Fig. 2 : Carton présentoir dans un hypermarché à Strasbourg (Photo : P.H. ; 6 avril 2012)

Fig. 3 : Autocollant à l'entrée d'une boutique dans un centre commercial à Montpellier (Photo : P.H ; 25 septembre 2010)

Dans l'adresse *jaimelechocolat.fr* (Fig. 2), l'arrangement de lettres dansantes met en relief le contenu affectif de la phrase. Les trois « w » sous forme de papillons dans *www.éram.fr* (Fig. 3) servent à transformer l'adresse, dont la structure se base sur des normes techniques, en une image évoquant la nature et la gaieté. Le miroitage dans la structure « on|ly||ly|on » (Fig. 4) se développe grâce à la participation de deux langues, la première ligne sert d'appui à la segmentation, finalement le nom de lieu est « traduit » en code visuel : le lion, symbole traditionnel de Lyon présent dans le blason de la ville.

Fig. 4 : Affichage lumineux à l'aérogare Paris Charles de Gaulle
(Photo : Gioia Vago ; 24 mai 2014)

En incluant la « hearer origo », perspective proposée par Winter-Froemel (2016b : 181–183), on identifiera mieux les intentions sous-jacentes dans les constellations sémiotiques respectives : provoquer l'achat spontané (adresse imprimée sur le carton servant de présentoir), contribuer à l'agencement esthétique du point de vente (autocollant à l'entrée de la boutique dans un centre commercial) et proposer un déplacement supplémentaire à des personnes déjà « en mouvement » (affiche dans la zone d'accueil à l'aérogare de Paris CDG). Dans ces cas, le concept d'origo permet d'ailleurs également de décrire la fonction de l'adresse en tant que telle : inciter à faire bouger l'origo du spectateur vers le virtuel, une action facile à réaliser spontanément sur place via les smartphones et tablettes (ce qui devrait considérablement revaloriser le placement des adresses web dans la sphère publique).

3.5 Structures secondaires

Les adresses internet produisent encore des jeux d'un deuxième degré, car la morphostructure immédiatement reconnaissable leur confère un rayonnement prononcé. Leur « image tendance » associée aux nouvelles technologies invite à s'en servir en transposant leurs caractéristiques à d'autres domaines. Les fameux « dots » s'introduisent dans des noms de produits (*be.ez* [sacs]), des campagnes publicitaires (*like.no.other* [Sony]), des titres de films (*Alibi.com*) ou de livres (*VOUS.COM* [ouvrage sur la visibilité sur les réseaux ; en fait, l'adresse conduit vers un tout autre site, celui des « Visitors to Oxfordshire for Universal Sports »]).

4 Fonctionnalités

Du fait des fonctionnalités typiques des sites web et de l'effort nécessaire lors de leur création (déjà évoqué dans la section 2.1) les adresses internet concernent principalement l'économie, les institutions, les métiers et les activités profes-sionnelles (voir Handler 2017b). (Dans l'utilisation – beaucoup plus rare – de sites à des fins personnelles, il existe quelques utilisations saillantes : les hob-bies, les activités associatives et les... mariages.) L'exploitation de tous les élé-ments qui sont impliqués dans le processus de communication (ou qui même le déclenchent) pour construire une image positive du détenteur du site constitue une démarche vitale. On peut donc profiter du fait que « [...] les jeux de mots [...] ont pour intérêt de procurer du plaisir et de bien disposer les récepteurs ciblés à l'égard de l'auteur du message et de ce qu'il cherche à promouvoir. L'aspect colludique [...] mêle inextricablement le jeu et la connivence » (Sablayrolles 2015 : 206–207). Outre cette connivence, parmi les fonctions indiquées par Sablayrolles, ce sont encore l'accroche (« pour se faire remarquer ») et l'argu-ment de vente (pour « disposer l'acheteur potentiel et faire en sorte qu'il mémo-rise le produit [matériel ou non] ») (Sablayrolles 2015 : 208–209), qui jouent dans la relation prestataire–client. D'autres fonctions mentionnées ne sont pas exclues : « la provocation » est une stratégie utilisée dans le cadre du « shock-vertising ». Il suffit de penser aux scènes transgressant toutes sortes de tabous affichées par *Bennetton* (pour plus de détails et d'autres exemples voir Malaval et Décaudin 2005 : 380–385).

Ainsi, les NDD peuvent être mis à égalité avec les marques sous divers aspects. D'où l'intégration fréquente de noms de marques déjà existants (*lafarge.fr, renault.fr, saint-gobain.com*) ou leur positionnement comme NgTLD (*.airbus, .chanel, .total*). Parfois, l'adresse web en tant que telle (c'est-à-dire la structure enjambant plusieurs niveaux de domaines) devient la nouvelle marque d'une entreprise, apparemment pour lui donner un aspect de moder-nité ; p. ex. *post.at*.

Ces dernières années, on a vu l'apparition de schémas curieux dans la sphère des TIC, basés sur des déformations (voir section 3.3.2) et combinaisons bizarres (*Flickr, Shodogg, Kaggle*). Le témoignage de personnes impliquées dans la création de tels noms permet de mieux connaître les circonstances et motivations : « Flickr was so named because its founders couldn't afford to buy Flicker.com from its owner », « the founder of Shodogg [...] felt that Showdog lacked personality » ou « One mathematically-minded Australian [...] got 700 options out of his algorithm [...] when a poll of friends and family overwhelmingly voted for Kaggle. » (Odd names 2013).

On notera donc que dans le cas des marques, la réussite d'un produit ou service en tant que tel peut – via des imitations et déclinaisons – contribuer à la réussite d'un schéma ludique (et non pas l'inverse). La connivence ne se limite pas au moment du décodage réussi d'un jeu de mots par le destinataire, mais s'ouvre vers la multitude des éléments constituant l'image de marque.

5 Conclusion

Globalement, l'analyse réalisée révèle les tendances suivantes : les conditions de la communication via les sites web sont peu propices à l'utilisation, comme NDD, de jeux de mots *stricto sensu*. Les variantes les plus fréquentes sont au contraire caractérisées par un écart qui saute aux yeux « matériellement ». Tout particulièrement dans la relation entre prononciation et graphie, l'écart devient souvent une fin en soi. Comme dans ces cas d'altérité linguistique ostensible on a rarement affaire à une nécessité de décodage sémantique sophistiqué, ce sont principalement la fonction d'accroche et la mémorabilité qui semblent dominer.

Dans une autre catégorie bien représentée, l'échange d'un ou plusieurs phonème(s) – et de leurs équivalents au niveau des lettres – permet de créer une tension productive : une nouvelle structure déviante évoque un « original » qui très souvent sert de clé pour la compréhension. Les allusions à un savoir culturel partagé (traditions, culture générale, citations médiatisées) forment une catégorie transversale. Un autre modèle à part, cette fois-ci répondant à une prémisse structurelle particulière, est celui du mot-valise. Les schémas généraux tels qu'ils ont déjà été catalogués dans la rhétorique classique (répétition, parallélisme, miroitage, etc.) sont également au rendez-vous – à travers tous les niveaux linguistiques.

En outre, dans les NDD, des structures ludiques tout à fait innovantes voient le jour grâce au fait que leur morphologie particulière, considérablement normalisée techniquement, met à disposition un nouveau référentiel original suscitant
– la réinterprétation de ccTLDs,
– l'intégration de l'extension dans des mots ou des expressions syntaxiques,

– la création proactive de NgTLDs destinés à inciter leur application dans des combinaisons ludiques.

Les adresses web sont généralement très présentes dans le « paysage linguistique » / « linguistic landscape », car – dès lors que les cybernautes se rendent sur le site – elles comportent un énorme potentiel additionnel, commençant par la diffusion d'informations complémentaires et allant jusqu'à l'activité économique (vente, service, divertissement, etc.) effectuée sur le site même. Quand elles intègrent un jeu de mot, elles sont déjà équipées d'une valeur essentielle qui les prédestine pour la publicité extérieure (voir le rôle des jeux de mots dans la publicité en général décrit par Janich 2010 : 202–214). Dans des configurations avec des effets typographiques, visuels et même dynamiques (p. ex. dans des spots publicitaires) on parvient à accroître la complexité du jeu (voir les raisonnements sur l'effet de différents degrés de difficulté dans Kerbrat-Orecchioni, ce volume) et à influencer la force de persuasion.

En regardant les « acteurs », on se rend compte qu'une part significative des enregistrements basés sur des jeux de mots est effectuée par de grands hébergeurs pour ensuite être lancée sur le marché. Il existe donc un investissement stratégique dans des NDD sous forme de jeux de mots. Si on compare les deux séries de NDD étudiées, séparées d'une période d'environ trois ans et demi, on note que les invendus sont finalement lâchés.

Dans le futur, les évolutions dans la sphère des NgTLDs seront d'une influence majeure. Leur visibilité dans la vie quotidienne est encore très modeste, les chiffres de réservations ne sont pas exorbitants – à l'exception de *.xyz*, se situant avec 5,2 millions d'adresses parmi le top 10 : une structure d'une signifiance ludique dans le sens large, avec le charisme de la lettre x (voir Platen 1997 : 46), la structure triadique et son ascendance vers la fin de l'alphabet ; un bémol pourtant : les trois quarts de ces NDD ne sont pas activés (CENTR 2017 : 2 et 4). Mais comme beaucoup de NgTLDs se trouvent à la portée des géants des TIC et de la nouvelle économie, des booms imprévus pourraient se produire suite à des activités marketing de grande envergure ou au rattachement de certains NgTLDs à de nouveaux services largement plébiscités.

Remerciements : Cette contribution doit une série de suggestions précieuses aux experts impliqués dans le processus de relecture et d'évaluation. Je voudrais leur exprimer ici mes vifs remerciements.

6 Références bibliographiques

Afnic. 2013. Analyse lexicographique des noms de domaine.fr.
https://www.afnic.fr/fr/ressources/publications/observatoire-du-marche-des-noms-de-domaine-en-france/edition-en-ligne-2013/analyse-lexicographique-des-noms-de-domaine-fr-1.html (dernière consultation le 29/07/2017).

Ashton, Robert & Jessica Juby. 2013. *Writing for the Web*. London : Hodder & Stoughton.

Bailly, Sébastien. 2003. *Bien écrire pour le Web*. Paris : OEM Eyrolles.

Bodle, Andy. 2016. Frankenwords: they're alive! But for how long? Swooshtika, flashpacking, moobs, swaption: English is awash with new portmanteaus. But what determines whether yours will be a buzzword, or a bum word? *The Guardian*, 5 February 2016.
https://www.theguardian.com/media/mind-your-language/2016/feb/05/frankenwords-portmanteau-blend-words (dernière consultation le 15/08/2017).

[Book-TLD]. 2014. Im Anfang war das Wort, und das Wort war bei ".book".
http://www.boersenblatt.net/artikel-der_kampf_um_die_top_level_domains.752508.html (dernière consultation le 03/03/2018).

CENTR. Council of European National Top-Level Domain Registries. 2016. *DomainWire Global TLD Stat Report*. Q3 / 2016. https://www.centr.org/library/library/statistics-report/domainwire-global-tld-report-2016-3.html (dernière consultation le 31/08/2017).

CENTR. Council of European National Top-Level Domain Registries. 2017. *DomainWire Global TLD Stat Report*. Q2 / 2017. https://www.centr.org/library/library/statistics-report/domainwire-global-tld-report-q2-2017.html (dernière consultation le 31/08/2017).

Crystal, David. 2009. *Txtng. The gr8 db8. With Cartoons by Ed McLachlan*. Oxford : Oxford University Press.

Crystal, David. 2010. *The Cambridge Encyclopedia of Language*. 3rd edn. Cambridge : Cambridge University Press.

Dejond, Aurélia. 2002. *La cyberl@ngue française*. Tournai : La Renaissance du Livre.

Dingeldey, Daniel, Florian Hitzelberger & Florian Huber. 2017. *domain-recht.de. Das Domain-Blog*. http://domain-recht.de (dernière consultation le 29/08/2017).

Fradin, Bernard, Fabio Montermini & Marc Plénat. 2009. Morphologie grammaticale et extra-grammaticale. In Bernard Fradin, Françoise Kerleroux & Marc Plénat (dirs.), *Aperçus de morphologie du français*, 21–45. Saint Denis : Presses Universitaires de Vincennes.

Graziano, Giuseppe. 2013. Numeric Domains, Chinese Culture and How You Can Profit From It. 11 December 2013. http://www.domainholdings.com/numeric-domains-chinese-culture-and-how-you-can-profit-with-domains/ (dernière consultation le 26/02/2018).

Handler, Peter. 2015. Kollokative und phrasemische Strukturen in französischen vs. deutschen Web-Adressen. In Eva Lavric & Wolfgang Pöckl (éds.), *Variatio delectat II. Akten der VII. Internationalen Arbeitstagung zum romanisch-deutschen und innerromanischen Sprachvergleich. Teil 1* (InnTrans 7), 371–384. Frankfurt am Main, etc. : Lang.

Handler, Peter. 2017a. Verknappungsvarianten in französischen Web-Adressen. In Liane Ströbel (éd.), *Verknappungsphänomene in Sprache, Kultur und neuen Medien : Reduktion als funktionales Instrument und zeitgenössisches Stilmittel*, 17–40. Frankfurt am Main, etc. : Lang.

Handler, Peter. 2017b. Corporate Websites. In Gerlinde Mautner & Franz Rainer (éds.), *Handbook of Business Communication : Linguistic Approaches* (Handbooks of Applied Linguistics 13), 175–196. Boston & Berlin : Mouton De Gruyter.

Hardy, Jean-Marc & Jacqueline Leo Lesage. 2014. *60 règles d'or pour réussir son site web.* Paris : Dunod.

Herde, Andreas. 2001. *www.du-bist.net – Internetadressen im werblichen Wandel* (Networx, 23). http://www.mediensprache.net/networx/networx-23.pdf (dernière consultation le 29/07/2017).

Hofman Laursen, Christopher. 2015. Naming experts' 21 tips to choose the right domain name in the new top level domain space. https://www.key-systems.net/en/blog/choose-the-right-domain-name (dernière consultation le 30/08/2017).

ICANN. 2015. Les nouveaux gTLD en bref. https://newgtlds.icann.org/en/announcements-and-media/infographics [New gTLD fast facts ; Français ; fast-facts-22dec15-fr.pdf] (dernière consultation le 29/07/2017).

ICANN. 2017 [actualisations continuelles]. New generic Top Level Domains. Delegated strings. Overview. http://newgtlds.icann.org/en/program-status/delegated-strings (dernière consultation le 29/07/2017).

Jaki, Sylvia. 2015. Détournement phraséologique et jeu de mots : le cas des substitutions lexicales dans la presse écrite. In Esme Winter-Froemel & Angelika Zirker (éds.), *Enjeux du jeu de mots. Perspectives linguistiques et littéraires* (The Dynamics of Wordplay 2), 245–272. Berlin & Boston : De Gruyter.

Janich, Nina. 2010. *Werbesprache. Ein Arbeitsbuch.* Mit einem Beitrag von Jens Runkehl. 5., vollständig überarbeitete und erweiterte Auflage. Tübingen : Narr Francke Attempto.

Lignos, Constantine & Hilary Prichard. 2015a. Quantifying cronuts. Predicting the quality of blends. http://www.academia.edu/10653856/Quantifying_cronuts_Predicting_the_quality_of_blends (dernière consultation le 29/07/2017).

[Lignos, Constantine & Hilary Prichard]. 2015b. Why did *frenemy* stick ? *Time Magazine*, 25 June 2015. Sans page.

Malaval, Philippe & Jean-Marc Décaudin. 2005. *Pentacom. Communication. Théorie et pratique.* Avec la collaboration de Christophe Bénaroya. Paris : Pearson Education France.

McAshan, Travis. 2010. Choosing the best domain… (25 easy tips). 11 November 2010. http://www.glidedesign.com/25-tips-for-domain-selection-purchase (dernière consultation le 29/07/2017).

Mokaddem, Olivier. 2016. 8 astuces pour bien choisir son nom de domaine. Blog afnic 28 janvier 2016. https://www.afnic.fr/fr/ressources/blog/8-astuces-pour-bien-choisir-son-nom-de-domaine-1.html?pk_campaign=newletter (dernière consultation le 29/07/2017).

Netimperative. 2017. $90m for a website address? The most expensive domain names ever [infographic]. http://www.netimperative.com/2017/02/90m-website-address-expensive-domain-names-ever-infographic/ (dernière consultation le 03/08/2018).

[nic.at] 2012. nic.at ruft zu Kreativität bei Domainnamen auf. *Futurezone.* 10 octobre 2012. https://futurezone.at/b2b/nic-at-ruft-zu-kreativitaet-bei-domainnamen-auf/24.586.679 (dernière consultation le 30/08/2017).

nic.at. 2013. www.boostyourdomain.at. Tipps und Tricks für eine schlaue Domainstrategie. (Mini-fiches distribuées lors d'événements marketing).

[Odd names]. 2013. What's in a name? The secret of the increasingly odd start-up names. http://www.dailymail.co.uk/news/article-2371564/Whats-The-secret-increasingly-odd-start-names.html (dernière consultation le 19/08/2017).

Platen, Christoph. 1997. *« Ökonymie » – zur Produktnamen-Linguistik im Europäischen Binnenmarkt*. Tübingen : Niemeyer.

Renner, Vincent. 2015. Lexical Blending as Wordplay. In Angelika Zirker & Esme Winter-Froemel (éds.), *Wordplay and Metalinguistic/Metadiscursive Reflection. Authors, Contexts, Techniques, and Meta-Reflection* (The Dynamics of Wordplay 1), 119–133. Berlin & Boston : De Gruyter.

Ronneberger-Sibold, Elke. 2015. Word-creation. In Peter O. Müller, Ingeborg Ohnheiser, Susan Olsen & Franz Rainer (éds.), *Word-formation. An International Handbook of the Languages of Europe*, 485–500. Berlin & Boston : De Gruyter Mouton.

Sablayrolles, Jean-François. 2015. Néologismes ludiques : études morphologique et énonciativo-pragmatique. In Esme Winter-Froemel & Angelika Zirker (éds.), *Enjeux du jeu de mots. Perspectives linguistiques et littéraires* (The Dynamics of Wordplay 2), 189–216. Berlin & Boston : De Gruyter.

Schifko, Peter. 1987. Sprachspiel und Didaktik der Linguistik. *Zeitschrift für Romanische Philologie* 103. 69–87.

Siever, Torsten & Jens Runkehl. 2002a. Werbekommunikation im Internet. *Der Deutschunterricht* 2. 36–50.

Siever, Torsten & Jens Runkehl. 2002b. Domains – mehr als ein Verweis. [Unterrichtsmaterial zu 2002a] http://www.mediensprache.net/de/werbesprache/du/domains/ (dernière consultation le 29/07/2017).

Spitzmüller, Jürgen. 2005. *Metasprachdiskurse. Einstellungen zu Anglizismen und ihre wissenschaftliche Rezeption*. Berlin & Boston : De Gruyter.

[.sucks-Domains]. 2015. Schweizer Unternehmen kaufen "ihre" .sucks-Domains. *Futurezone*. 9 octobre 2015. http://futurezone.at/b2b/schweizer-unternehmen-kaufen-ihre-sucks-domains/157.538.962 (dernière consultation le 29/08/2017).

Thaler, Verena. 2016. Varieties of Wordplay. In Sebastian Knospe, Alexander Onysko & Maik Goth (éds.), *Crossing Languages to Play with Words. Multidisciplinary Perspectives* (The Dynamics of Wordplay 3), 47–62. Berlin & Boston : De Gruyter.

Thaler, Verena. 2017. Computervermittelte Interaktion: Verknappung oder Reichhaltigkeit? Eine Untersuchung anhand synchroner Online-Interaktion im Französischen und Spanischen. In Liane Ströbel (éd.), *Verknappungsphänomene in Sprache, Kultur und neuen Medien : Reduktion als funktionales Instrument und zeitgenössisches Stilmittel*, 67–87. Frankfurt am Main, etc. : Lang.

Tual, Morgane. 2017. Facebook passe la barre des deux milliards d'utilisateurs. *Le Monde*. 27 juin 2017. http://www.lemonde.fr/pixels/article/2017/06/27/facebook-passe-la-barre-des-2-milliards-d-utilisateurs_5152063_4408996.html (dernière consultation le 29/08/2017).

Twitter. 2017. Utilisation de Twitter / Les chiffres de l'entreprise. https://about.twitter.com/fr/company (dernière consultation le 29/08/2017).

Wilss, Wolfram. 1989. *Anspielungen. Zur Manifestation von Kreativität und Routine in der Sprachverwendung*. Tübingen : Niemeyer.

Winter-Froemel, Esme & Angelika Zirker. 2015. Jeux de mots, enjeux et interfaces dans l'interaction locuteur-auditeur : réflexions introductives. In Esme Winter-Froemel & Angelika

Zirker (éds.), *Enjeux du jeu de mots. Perspectives linguistiques et littéraires* (The Dynamics of Wordplay 2), 1–28. Berlin & Boston : De Gruyter.

Winter-Froemel, Esme. 2016a. Approaching Wordplay. In Sebastian Knospe, Alexander Onysko & Maik Goth (éds.), *Crossing Languages to Play with Words. Multidisciplinary Perspectives* (The Dynamics of Wordplay 3), 11–46. Berlin & Boston : De Gruyter.

Winter-Froemel, Esme. 2016b. The Semiotics of Multilingual Wordplay in Linguistic Landscapes : Communicative Settings, the Hearer-Origo, and Contextual Knowledge. In Sebastian Knospe, Alexander Onysko & Maik Goth (éds.), *Crossing Languages to Play with Words. Multidisciplinary Perspectives* (The Dynamics of Wordplay 3), 157–194. Berlin & Boston : De Gruyter.

IV   Entrecroisements de langues et discours

Esme Winter-Froemel et Pauline Beaucé

Contacts linguistiques et humour verbal dans le théâtre comique français au tournant des XVIIe et XVIIIe siècles

Résumé : Le plurilinguisme peut être considéré comme une source importante de l'humour verbal des comédies d'Ancien Régime (Ciccone 1975, 1980 ; Garapon 1957 ; Louvat-Molozay 2015). Cette contribution vise à étudier les contacts linguistiques dans une perspective interdisciplinaire, unissant des analyses linguistiques et littéraires. Nous analyserons des pièces de Molière et des comédies foraines pour déterminer quelles sont les différentes langues et idiomes qui entrent en contact et comment ces contacts se réalisent dans les pièces. Nous montrerons que les contacts linguistiques peuvent être agencés de différentes manières, qui incluent le *code-switching*/l'alternance codique entre différents personnages ou dans les énoncés de personnages individuels, les interférences et mélanges d'éléments de différentes langues ainsi que la création de nouvelles langues parodiant des stéréotypes linguistiques. De plus, nous nous intéresserons aux valeurs sociales attribuées aux différentes langues et à l'exploitation dramaturgique de ces dernières. Nous montrerons que les contacts linguistiques renouent avec certaines traditions de l'humour verbal, mais transgressent aussi partiellement les conventions linguistiques et dramaturgiques, de sorte que l'on peut affirmer que l'humour verbal basé sur le plurilinguisme dans le théâtre français de cette époque se caractérise par la mise en scène ludique de différences et de tensions linguistiques.

Mots clés : accent, alternance codique, Ancien Régime, contact linguistique, créativité verbale, interférence, *L'Amour maître de langue*, latin macaronique, Louis Fuzelier, Molière, *Monsieur de Pourceaugnac*, parodie, plurilinguisme, stéréotype, théâtre de la Foire

1 Introduction

Les contacts très intenses entre la langue française et italienne qui se mettent en place au XVIe siècle sont un fait historique bien connu qui a également marqué le théâtre français d'Ancien Régime (voir Attinger 1950 ; Ciccone 1975, 1980 ; Garapon 1957 ; Vinti 1989a, 1989b ; Louvat-Molozay, dir. 2015), même si les éditions des pièces ne documentent qu'incomplètement l'importance de la langue italienne sur scène. Or, les contacts linguistiques qui sont exploités dans les pièces à des fins comiques ne se limitent pas aux contacts de ces deux langues mais incluent encore des contacts avec le latin aussi bien qu'avec des langues régionales et des « patois » du français, ou encore d'autres mélanges linguistiques dont les jargons et les langues inventées, de sorte que l'on peut affirmer que le plurilinguisme représente une source importante de l'humour verbal des comédies de cette époque (Ciccone 1975).

Cela peut s'illustrer par la pièce de Molière *Monsieur de Pourceaugnac* (1670), dont les extraits suivants montrent la coexistence de six idiomes outre le français – à savoir le latin, l'italien, le flamand, le gascon, le picard et le suisse – au sein d'une seule pièce (précisons toutefois d'emblée qu'il serait plus exact de parler de contacts entre le français et des éléments provenant de ces différents idiomes ou de traits fonctionnant comme des stéréotypes de ces idiomes, voir 2.2 infra) :

> SECOND MÉDECIN : [...] Je les approuve tous, *manibus et pedibus descendo in tuam sententiam*. Tout ce que j'y voudrais, c'est de faire les saignées et les purgations en nombre impair : *numero deus impari gaudet* [...] (I, 2)

> LES DEUX MUSICIENS : *Bon dì, bon dì, bon dì : / Non vi lasciate uccidere / Dal dolor malinconico. / Noi vi faremo ridere / Col nostro canto harmonico* [...] (I, 10)

> SBRIGANI [en marchand flamand] : Montsir, avec le vostre permissione, je suisse un trancher marchand flamane, qui voudrait bienne vous temantair un petit nouvel. (II, 3)

> LUCETTE [feinte Gasconne] : Ah ! Tu es assy, et à la fy yeu te trobi aprés abé fait tant de passés. Podes-tu, scélérat, podes-tu souteni ma bisto ? (II, 7)

> NÉRINE [en Picarde] : Ah ! Je n'en pis plus, je sis tout essoflée ! Ah ! finfaron, tu m'as bien fait courir, tu ne m'écaperas mie. Justice, justice ! Je boute empêchement au mariage. Chés mon mery, Monsieur, et je veux faire pindre che bon pindard-là. (II, 8)

> PREMIER SUISSE : Allons, dépêchons, camarade, ly faut allair tous deux nous à la Crève pour regarter un peu chousticier sti Monsiu de Porcegnac, qui l'a esté contané par ortonnance à l'estre pendu par son cou. (III, 3)

Dans cette contribution, des perspectives linguistiques et littéraires seront réunies pour analyser les formes et fonctions de ce plurilinguisme. Si l'exemple des pièces de Molière est éloquent, il n'est pas le seul permettant d'illustrer la variété des formes et des fonctions du plurilinguisme dans le théâtre français d'Ancien Régime. En effet, les comédies données sur les théâtres forains ou à la Comédie-Italienne, qui font également partie de notre corpus, sont tout aussi riches. Dans une première partie, nous situerons ce plurilinguisme dans le contexte historique et nous présenterons brièvement les langues les plus importantes avec lesquelles le français entre en contact. Après avoir donné un aperçu de la situation du théâtre français au tournant des XVIIe et XVIIIe siècles, nous nous pencherons sur les usages traditionnels et transgressifs du plurilinguisme dans le théâtre. Dans la deuxième partie de cette contribution, nous proposerons une typologie des contacts linguistiques qui tiendra compte des différentes langues qui entrent en contact, des modalités de contact (emprunt, *code-switching* / alternance codique entre différents personnages ou dans les énoncés de personnages individuels, interférences et mélanges d'éléments de différentes langues, création de nou-velles langues parodiant des stéréotypes linguistiques) et des types d'humour verbal qui sont liés aux différentes formes de contact. Quant aux valeurs sociales attribuées aux langues et à l'exploitation dramaturgique de ces dernières, on constate l'importance considérable de certains facteurs externes comme les interdictions imposées aux théâtres de la Foire. De manière générale, on pourra affirmer que l'humour verbal basé sur le plurilinguisme dans le théâtre français au tournant des XVIIe et XVIIIe siècles se caractérise par la mise en scène ludique des différences et tensions linguistiques.

2 Le contexte historique

2.1 Contacts linguistiques aux XVIIe et XVIIIe siècles

Pour pouvoir situer le plurilinguisme sur les scènes françaises aux XVIIe et XVIIIe siècles, il faut d'abord prendre connaissance des différentes langues et idiomes qui entrent en contact sur le territoire de la langue française à cette époque (voir Rey, Duval et Siouffi 2007 ; Klare 1998). Parmi ces langues et idiomes, il s'agit d'abord de variétés du français, qui incluent des variétés diastratiques ou socio-lectes, et des variétés diatopiques ou dialectes, ainsi que des langues régionales. Pour l'époque qui nous concerne ici, il s'agit surtout de l'occitan et de ses variétés diatopiques, diffusés dans le domaine des parlers d'oc dans la partie méridionale du territoire de la France, du francoprovençal ou romand parlé dans la région autour de Lyon, et du breton, parlé dans la péninsule bretonne. Ensuite, pour la partie septentrionale de la France, le domaine des parlers d'oïl, il y a les différents dialectes d'oïl (le gallo, l'angevin, le poitevin, le saintongeois, le berrichon, le bourguignon, le champenois, le picard et le normand). De manière générale, ces langues et idiomes marquent une divergence par rapport à la normalisation progressive du français.

Outre ces différentes langues et idiomes historiquement ancrés dans le territoire de la France, le français entre également en contact avec d'autres langues historiques, dont les plus importantes sont l'italien, l'espagnol, les langues du Nouveau monde et le latin (voir Winter-Froemel 2015). On constate d'emblée qu'il s'agit ici d'influences très hétérogènes et que les différentes langues véhiculent des effets stylistiques très différents.

Pour l'italien et le français, il y a des contacts intenses dès le XIIIe siècle dans le domaine politique et dans le domaine des arts. Ces contacts se renforcent pendant la Renaissance, où on constate une véritable passion pour l'Italie en France (pour les arts, la mode, etc.), qui est accompagnée par un grand prestige de la langue italienne. L'influence très forte de l'italien sur le français a également suscité des réactions critiques contre une prétendue « italomanie ».[1] Pour le théâtre, cela implique que les spectateurs ont en général de bonnes connaissances de l'italien (du moins des connaissances passives), ce qui donne la possibilité de parodier un langage « trop italien » pour obtenir des effets comiques. De plus, il faut mentionner ici les contacts intenses avec la tradition italienne de la *commedia dell'arte* du fait de l'invitation de troupes italiennes à la cour royale et sur les scènes françaises.

Une autre langue avec laquelle le français se trouve dans un contact permanent et intense, mais réalisé de manière tout à fait différente, est le latin (voir Schweickard 1991 ; Bork 2008). Cette langue représente à la fois le stratum auquel remontent toutes les langues romanes et un adstrat savant. Les influences de ce dernier type se réalisent à travers les textes écrits en latin, le latin étant ainsi surtout la langue des sciences et du droit, et il pourra également être employé dans le théâtre avec des effets spécifiques : il y aura ici la possibilité de parodier un langage (trop) savant ; de plus, il faut mentionner la tradition du latin macaronique, qui est une sorte de pseudo-latin, ou bien un mélange du français et du latin combinant des éléments du lexique français avec des désinences savantes latines et des mots fréquents du latin.

De plus, il y a également des contacts avec d'autres langues comme l'allemand, le néerlandais, l'espagnol, le portugais et les langues du Nouveau monde, qui signalent souvent un monde exotique. Les contacts avec ces dernières langues se limitent à des mots isolés et se passent souvent par l'intermédiaire de l'espagnol et du portugais. Soulignons encore que pour ces différentes langues, les spectateurs au théâtre n'auront en général que des connaissances très restreintes ; parfois, ces connaissances peuvent même se limiter à la connaissance de traits stéréotypés des différentes langues et idiomes. De plus, dans tous

---

1 Voir par exemple les *Deux dialogues du nouveau langage françois italianizé* d'Henri Estienne de 1578 ; pour une vue d'ensemble des contacts entre l'italien et le français, voir également Hope (1971).

les cas il ne s'agit pas nécessairement de connaissances actives, et des connaissances passives sont suffisantes pour exploiter les contacts et mélanges linguistiques à des fins comiques. Ainsi, comme on l'a déjà pu remarquer dans l'exemple de *Monsieur de Pourceaugnac* (voir l'introduction), ce n'est pas forcément un italien (ou gascon ou picard, etc.) tout à fait authentique ou « correct » d'un point de vue linguistique qui sera mis en scène, d'autant plus si les acteurs ne parlent pas les langues en question.

De plus, le théâtre (comme la littérature en général) va parfois encore plus loin en proposant des langues inventées qui sont des catégories spécifiquement « littéraires ».

2.2 Situation du théâtre français au tournant des XVIIᵉ et XVIIIᵉ siècles

Le riche éventail de langues et idiomes en contact sur le territoire de la France se reflète dans le théâtre en langue régionale aussi bien que dans l'insertion de multiples langues dans le théâtre comique, où les mélanges linguistiques sont exploités à des fins humoristiques. Le théâtre français au tournant des XVIIᵉ et XVIIIᵉ siècles se prête bien à l'exploration des différentes formes et usages du plurilinguisme puisque la politique culturelle qui se met en place dans le royaume à partir des années 1660 a un impact sur l'écriture dramatique. Au-delà du ludisme créatif, certains emplois linguistiques, comme la création de langues inventées, sont directement liés à l'organisation du système théâtral d'Ancien Régime. Louis XIV instaure une politique culturelle centralisée : sont créées des institutions qui possèdent un privilège, autrement dit, un monopole artistique propre. L'Académie de musique, créée en 1669, est seule autorisée à donner des représentations de théâtre lyrique. En 1680, c'est la création de la Comédie Française résulté de la fusion de plusieurs troupes parisiennes. À côté de ces deux théâtres, la Comédie-Italienne cantonnée aux pièces en italien avec çà et là des scènes françaises subsiste un temps, mais en 1697 elle est dissoute et le théâtre fermé sur ordre du Roi Louis XIV (voir Guardenti 1990).

On pourrait ainsi croire à une disparition de la langue italienne sur les scènes parisiennes à partir de la fin du XVIIᵉ siècle et jusqu'au rappel, par le Régent en 1716, d'une troupe de comédiens et comédiennes italiens qui s'installeront dans l'Hôtel de Bourgogne. Il n'en est rien. Depuis le Moyen Age, les Foires parisiennes et de province, grands marchés commerciaux, accueillent des spectacles itinérants. À partir de la fin du XVIIᵉ siècle, les foires parisiennes s'organisent et deviennent des lieux où une activité théâtrale professionnelle et organisée voit le jour. Ce qu'on appelle les théâtres de la Foire de la fin du XVIIᵉ siècle à la fin du

XVIIIe siècle n'est pas un théâtre de tréteaux : des théâtres en dur et des artistes variés (musiciens, chanteurs, danseurs) y officient et luttent pour avoir le droit de faire du spectacle de qualité quand bien même ils ne possèdent aucun privilège.

Résultent de ce système apparemment bicéphale (privilégié / non privilégié) une véritable vitalité de la création, notamment comique, et une écriture sous la contrainte pour les théâtres forains. Faisant valoir leur privilège, l'Académie royale de musique et la Comédie-Française interdiront aux acteurs et actrices forains de chanter ou de faire parler plus d'un personnage sur scène.

2.3 Le théâtre et les langues : tradition et transgression

L'univers théâtral au tournant des XVIIe et XVIIIe siècles est ainsi en pleine mutation, et les contacts linguistiques déjà très présents chez Molière (ses pièces sont toujours représentées) sont multipliés au prorata du grand nombre de formes dramatiques comiques qui se développent dans les théâtres Forains, à la Comédie Italienne et à la Comédie Française (voir à ce sujet également Paringaux 2013).[2] Le plus grand vecteur de contacts linguistiques est la présence d'acteurs de langue maternelle étrangère, en l'occurrence d'acteurs italiens qui interprètent des types théâtraux (Colombine, Pantalon, Arlequin, etc.). Le second vecteur de ces contacts est l'usage des ethnotypes comiques : le gascon, le normand, etc.

Ainsi, on peut constater que la présence de différentes langues sur scène est un fait bien établi à l'époque qui nous intéresse ici, et que les différentes langues véhiculent des effets stylistiques particuliers. Par exemple, les formes dialectales et diastratiquement basses (p. ex. *j'avons*), caractérisant les couches inférieures de la société, sont employés par les personnages des servants, tandis que le langage de leurs maîtres est généralement caractérisé par l'absence de formes diatopiquement ou diastratiquement marquées. À cela s'ajoute la langue italienne caractéristique de l'emploi des types fixes autant sur la scène de la Comédie Italienne que sur les scènes foraines. Un type comme le Dottore, savant pédant, emploie beaucoup de formes latines ou pseudo-latines. À nouveau, ces emplois renvoient à une tradition établie, à savoir celle du latin macaronique. On peut ainsi constater l'existence d'un humour verbal du plurilinguisme qui est lié à des traditions établies, et qui naît donc de l'accomplissement de certaines attentes.

---

2 Nous ne traiterons pas ici du théâtre en langue régionale, toujours d'actualité (voir Louvat-Molozay 2015).

Mais on observe également des formes plus transgressives d'un plurilinguisme sur scène, jouant sur ces traditions et sur la rupture de certaines conventions. Ces emplois transgressifs sont en partie motivés par des facteurs externes bien concrets, comme les interdictions imposées aux théâtres de la Foire, notamment l'interdiction de parler sur scène, interdiction qui a été contournée en inventant des « non-langages » fantaisistes, mélangeant des éléments de différentes langues et ne correspondant ainsi à aucune langue existante, de sorte que l'interdiction imposée est respectée, mais était suffisamment transparentes pour les spectateurs. Outre les traditions du plurilinguisme, on constate ainsi également un comique plus subversif, basé sur une véritable créativité verbale plurilingue (voir 3.5).

3 Les jeux du plurilinguisme : typologie des contacts linguistiques

3.1 Défis méthodologiques

Travailler sur les textes et sur les contacts linguistiques dans le théâtre comique au tournant des XVIIe et XVIIIe siècles suppose de relever de multiples défis méthodologiques. Les textes dont nous disposons ne rendent qu'imparfaitement compte de la performance des acteurs, de leurs compétences linguistiques, des libertés qu'ils prenaient avec les textes, des accents et du comique involontaire. En outre, la documentation est incomplète : les textes, notamment les manuscrits des pièces, ne contiennent pas toujours toutes les informations. Dans le cas de l'italien, par exemple, Gherardi, qui est un compilateur de pièces données à l'Ancien Théâtre Italien, a omis beaucoup de parties écrites dans sa langue natale. Il faut noter enfin que la dimension sociale de l'emploi des différentes langues dans les pièces est complexe à saisir : les langues peuvent être employées dans un but de moquerie, mais aussi s'adresser à une catégorie du public et créer une connivence.

3.2 Emprunts

Pour établir une typologie des contacts linguistiques au théâtre français de l'époque qui nous intéresse, on peut d'abord se baser sur les modalités du contact. Ainsi, une première différence fondamentale est celle entre les emprunts et les phénomènes d'alternance codique (avec des transitions possibles entre ces deux phénomènes). Pour les emprunts, il s'agit d'expressions qui sont créées dans une langue donnée en étant influencées par une autre langue, soit en copiant l'expression de la langue source (p. ex. it. *bravo* → fr. *brave / bravo*), ce qui correspond aux emprunts au sens étroit du terme, soit en créant un calque, c'est-à-dire une innovation analogique qui imite le modèle étranger (p. ex. it. *mettere in disgratia* → fr. *mettre en la disgrace* ; voir Smith 1983 : 44). Ces expressions peuvent ensuite se diffuser et devenir conventionnelles, devenant de nouveaux éléments de cette langue d'accueil. La très grande majorité des emprunts se situe au niveau lexical, alors que les emprunts de structures syntaxiques sont bien plus rares (voir également Winter-Froemel 2009, 2015), et ce sont surtout les emprunts lexicaux au sens étroit du terme qui sont exploités dans les textes dramatiques étudiés ici.

La langue source la plus importante pour l'époque qui nous intéresse est l'italien (ou certains dialectes d'Italie), qui a exercé une très grande influence sur la langue française à partir du XVIᵉ siècle.[3] Les emprunts lexicaux à l'italien et aux autres langues modernes sont souvent accompagnés de phénomènes d'intégration ou d'adaptation au système de la langue emprunteuse, ces intégrations pouvant se situer sur les niveaux phonique, graphique ou morphologique (voir p. ex. it. *pulitezza / politezza* → fr. *politesse*, it. *riuscita* → fr. *réussite* et l'adaptation du suffixe italien *-issimo / -issima* en fr. *-issime* ; voir également Winter-Froemel 2009, 2011). Néanmoins, l'intégration reste souvent incomplète, et les emprunts peuvent ainsi souvent être perçus comme des éléments marqués au sein de la langue emprunteuse. Ce caractère relativement marqué peut également être exploité à des fins comiques.

Cela se note aussi pour les emprunts savants au latin et au grec, qui représentent un cas particulier d'emprunt qui se base sur des sources écrites. En ce qui concerne le théâtre, les emprunts au latin s'observent surtout dans deux domaines particuliers, le droit (voir p. ex. le personnage du *Dottore* de la tradition de la *commedia dell'arte*) et la médecine. Ainsi, les médecins dans les pièces de Molière se caractérisent par exemple par leur langage peu compréhensible parsemé d'emprunts au gréco-latin (p. ex. *mélancolie hypocondriaque, atrabilaire, fuligine, diagnostic, physionomie, hypocondre, phtisie, apoplexie, manie, frénésie,*

---

3 Il y a environ 1000 italianismes qui sont introduits au cours du XVIᵉ siècle (p. ex. *artisan, balcon, ballet, burlesque, concert, costume, modèle, ambassade, caprice, carnaval, masque, politesse, travestie, attaquer, canon, soldat, risque* ; voir Klare 1998 : 3 ; Aschenberg 2011). Pour le XVIIᵉ siècle, l'influence italienne baisse d'un point de vue quantitatif, mais reste néanmoins constante d'un point de vue lexical (voir p. ex. les emprunts de *attitude, bandit, réussite, salon, tartuffe* ; voir aussi Klare 1998 : 134) et particulièrement forte au domaine de la musique à cause de l'introduction de l'opéra italien en France par Mazarin.

phlébotomiser, cacochymie, désopiler, et cætera, etc. ; *Monsieur de Pourceaugnac*, I, 8).

3.3 Alternances codiques

Contrairement aux cas d'emprunts, dans l'alternance codique (angl. *code-switching*), la langue de l'énoncé change, de sorte que plusieurs langues sont combinées dans l'échange communicationnel. Pour les textes dramatiques, les phénomènes d'alternance codique sont très courants, surtout ceux du type interphrastique, dans lesquels l'alternance se réalise entre différentes phrases (voir les exemples de Molière cités dans l'introduction de cette contribution). De plus, les alternances peuvent se réaliser soit entre différents personnages, soit dans les énoncés de personnages individuels, qui adaptent par exemple leur façon de s'exprimer à leurs interlocuteurs respectifs.

La langue pour laquelle les phénomènes d'alternance codique sont les plus importants dans les pièces des XVIIᵉ et XVIIIᵉ siècles est certainement l'italien. Cette langue est présente dans une grande partie des pièces données à l'Ancien Théâtre Italien et dans les théâtres de la Foire jusque dans les années 1720. Pour illustrer l'importance de cette langue dans les pièces, on peut renvoyer à *L'Amour maître de langue* (1718), une pièce de Louis Fuzelier créée deux ans après le retour des Italiens à Paris (ms. BnF 9332, fᵒˢ 135–229).[4] Seul le texte en français a été conservé, cependant, il y a des scènes entières qui étaient jouées en italien, ainsi que des scènes où l'italien et le français étaient employés côte à côte (dans ces derniers cas, on trouvera des indications du type « SCÈNE X, *en français* », et à l'intérieur de cette scène des indications du type « LA MARQUISE, *en italien* »). S'il n'y a pas d'indications explicites, on peut faire l'hypothèse de la langue utilisée dans les scènes à partir des personnages. Par exemple, on peut supposer que Zerbine, suivante française de la Marquise et Trivelin, valet français du Marquis, parlaient en français et que Violette, suivante italienne de la Marquise, Scaramouche, valet italien de la Marquise, et Arlequin, valet italien du Marquis parlaient en italien, même si ce n'est pas toujours indiqué de manière explicite.

---

4 Cette pièce a été présentée par Aurélie Rusterholtz et François Chaix dans une lecture-spectacle au théâtre de Trèves qui faisait partie du programme du colloque « The Dynamics of Wordplay / La dynamique du jeu de mots ». Voir également l'interview avec les acteurs (ce volume), où ils commentent leur approche et leur vision du plurilinguisme et de l'humour verbal de cette pièce et dans d'autres pièces du répertoire forain.

Dans les scènes mixtes, les alternances codiques ne s'expliquent donc parfois pas par des paramètres situationnels ou comme des choix stylistiques intentionnels, mais de manière plus basique, par les compétences linguistiques des personnages et/ou des acteurs, c'est-à-dire, par leur(s) langue(s) maternelle(s). En même temps, il faut souligner que ces alternances codiques ne fonctionnent que grâce aux connaissances passives de l'autre langue (par les autres personnages sur scène aussi bien que par le public), et de manière plus générale, grâce à l'intercompréhension entre le français et l'italien. De plus, il faut noter que même si l'emploi de chaque langue s'explique ainsi de manière naturelle par l'origine des personnages fictifs, le fait de concevoir des pièces mettant en scène des alternances codiques très intenses représente un choix des auteurs des pièces, choix qui se situe évidemment dans le contexte historique particulier des contacts linguistiques de l'époque (voir la partie 2).

La **Fig. 1** donne une vue synoptique de la répartition des deux langues dans les différentes scènes de l'*Amour maître de langue* et montre ainsi, d'une part, l'importance de l'italien, et d'autre part, les alternances codiques entre les scènes et à l'intérieur des scènes (dans ce dernier cas, la langue « majoritaire », indiquée pour la scène, est mentionnée au premier rang ; les différentes nuances de gris symbolisent l'importance relative des deux langues, les tons plus foncés représentant une importance plus grande de l'italien).

ACTE I										
1 IT	2 IT	3 IT	4 IT	5 IT	6 IT	7 FR	8 FR	9 FR	10 FR/IT	11 FR
ACTE II										
1 FR	2 FR	3 FR	4 FR	5 FR	6 IT/FR	7 FR/IT	8 FR	9 FR	10 FR	11 FR
12 FR	13 FR	14 FR	15 FR	16 FR/IT						
ACTE III										
1 FR	2 FR	3 IT/FR	4 FR/IT	5 IT/FR	6 IT/FR	7 FR/IT	8 FR	9 FR/IT	10 FR	11 FR/IT

Fig. 1 : Répartition des langues dans la pièce de Fuzelier, *L'Amour maître de langue* (1718)

Un cas limite, pour lequel il paraît difficile de trancher s'il s'agit d'emprunts ou de cas d'alternance codique sont les exclamations du genre *Ohimè !*, qui apparaissent souvent dans les pièces à l'intérieur des répliques françaises : les textes dont nous disposons ne permettent pas d'évaluer si ces formes sont caractérisées par des adaptations à la prononciation du français ou si, par contre, on devrait plutôt les considérer comme de véritables insertions en langue italienne.[5] De plus, on peut imaginer que la réponse à cette question peut varier selon les acteurs individuels, selon leur origine (italienne ou française) et leurs connaissances respectives des deux langues.

Ce cas de figure se montre très fréquemment dans le théâtre en langue française dans l'emploi par Arlequin de termes italiens qui renvoient aux spécificités comiques de son type : les interjections de type « ahi » (pour *aïe*) ou d'autre illustrant sa couardise comme c'est le cas dans *Le Ravisseur de sa femme* de Fuzelier :

> Il le bâtonne.
> ARLEQUIN
> Vous vous méprenez ! Holà donc ! Aiuto !
> LE BARON DE KERCOTERET
> Cela t'apprendra ce que tu dois au baron de Kercoteret.
> ARLEQUIN
> Je ne l'oublierai sûrement pas.
> LE BARON DE KERCOTERET
> Et à mener poliment les Bas-Bretons.
>
> (Fuzelier, *Le Ravisseur de sa femme*, 1725, sc. 4)

L'humour naît ici de la bastonnade, du jeu d'Arlequin et de confrontation entre l'italien (*aiuto !* 'à l'aide !') et le Baron de Kercoteret (*ker* 'lieu habité'), un breton qui ne parle pas breton sur scène mais qui a un nom basé sur un jeu de mots rappelant son origine.

Outre les alternances codiques entre le français et l'italien, on observe également dans d'autres pièces des alternances entre le français « standard » (correspondant essentiellement à la norme étant en train de s'établir) et d'autres variétés. Ces contacts se manifestent souvent chez Molière, et pour les illustrer, on peut revenir à l'exemple de *Monsieur de Pourceaugnac*, qui a déjà été évoqué dans l'introduction. Ici, on trouve également des imitations de variétés diatopiques du français (en l'occurrence, le picard) et de l'occitan (en l'occurrence, le gascon)[6]. Une scène qui condense le plurilinguisme réalisé par les alternances codiques est la huitième scène du deuxième acte, où il y a le dialogue entre

---

5 Voir également Poplack (1980, 2004), qui souligne la fréquence et l'importance de telles expressions esclamatives (*tags*) dans des contextes d'alternance codique, même pour des locuteurs n'ayant que de faibles connaissances de la langue en question.

6 Cette dernière langue apparaît également dans *L'Amour maître de langue* avec le personnage du Chevalier d'Egrefignac. Sur l'usage de l'occitan dans les scènes II, 7 et II, 8 de cette pièce, voir également Paringaux (2015).

Nérine, caractérisée comme picarde, et Lucette, caractérisée comme (feinte) gasconne (voir Dagnac 2015 ; Sauzet et Brun-Trigaud 2015). Leur dispute a lieu en présence d'Oronte et de Monsieur de Pourceaugnac, qui parlent tous les deux le français, ce qui renforce encore le caractère linguistiquement hétéroclite de la scène. De plus, la mise en scène de l'intercompréhension problématique (« que boulés-bous dire... ? » 'que voulez-vous dire... ?') augmente la force comique de cette scène :

> NÉRINE : Ah ! je n'en pis plus, je sis tout essoflée ! Ah! finfaron, tu m'as bien fait courir, tu ne m'écaperas mie. Justice, justice ! je boute empêchement au mariage. Chés mon mery, Monsieur, et je veux faire pindre che bon pindard-là.
> MONSIEUR DE POURCEAUGNAC : Encore !
> ORONTE : Quel diable d'homme est-ce ci ?
> LUCETTE : Et que boulés-bous dire, ambe bostre empachomen, et bostro pendarié ? Quaquel homo es bostre marit ?
> NÉRINE : Oui, Medeme, et je sis sa femme.
> LUCETTE : Aquo es faus, aquos yue que soun sa fenno ; et se deû estre pendut, aquo sera yeu que lou faray penda.
> NÉRINE : Je n'entains mie che baragouin-là.
>
> (Molière, *Monsieur de Pourceaugnac*, II, 8)

On constate ici une juxtaposition de mots et expressions qui sont quasiment équivalents d'un point de vue sémantique : Lucette reprend certains mots-clés de l'énoncé de Nérine en les « traduisant » en gascon (pic. *empêchement* – gasc. *empachomen*, pic. *mery* – gasc. *marit*, pic. *pindard* – gasc. *pendarié*).[7] Le comique verbal de cette scène se base ainsi sur le procédé de la traduction ludique (Winter-Froemel 2016). Ensuite, Lucette reprend encore la réplique de Nérine, en renvoyant avec le pronom personnel de la première personne à elle-même, évidemment (voir aussi la mise en relief additionnelle : *yue que...*). Ainsi, le

---

7 Voir également les répliques suivantes, où les deux femmes reprennent chaque fois l'énoncé de l'autre en le transposant dans leur propre idiome (réfutant les propos de leur concurrente et insistant sur la vérité de leur propre propos) : « NERINE : Je vous dis que ch'est my, encore in coup, qui le sis. – LUCETTE : Et yeus bous sousteni yeu, qu'aquois yeu. – NERINE : Il y a quetre ans qu'il m'a éposée. – LUCETTE : Et yeu set ans y a que m'a preso per fenno. [...] Tout mon païs lo sap. – NERINE : No ville en est témoin. – LUCETTE : Tout Pezenas a bist notre mariatge. – NERINE : Tout Chin-Quentin a assisté à no noce. – LUCETTE : Nou y a res de tan beritable. – NERINE : Il gn'y a rien de plus chertain. – LUCETTE : Gausos-tu dire lou contrari, valisquos ? – NERINE : Est-che que tu me démaintiras, méchaint homme ? [...] – LUCETTE : Quaign'impudensso ! Et coussy, miserable, nou te soubenes plus de la pauro Françon [...] ? – NERINE : Bayez un peu l'insolence. Quoy ? tu ne te souviens mie de chette pauvre ainfain, no petite Madelaine [...] ? » (II, 8).

parallélisme au niveau de la forme de son énoncé est accompagné par une très forte divergence au niveau sémantique : *je* [Nérine] *sis sa femme* – *yue* [Lucette] *que soun sa fenno*. Cette répétition a donc un effet comique, et la répétition – qui facilite la compréhension du dialogue pour les spectateurs – met également en relief certains traits stéréotypés des différents idiomes, ce qui renvoie déjà à notre catégorie suivante de types de contacts linguistiques. Pour le picard, on note le [ʃ] au lieu du [s] (*chés* [*c'est*]), le [k] qui apparaît au lieu du [ʃ], p. ex. *écaper* au lieu de *échapper*, une instabilité entre le [o] et le [u], p. ex. *essoflée*, la voyelle nasale [ɑ̃] remplacée par [ɛ̃], p. ex. *pindre* [*pendre*], et la réduction de la diphtongue [ɥi] en [i] (*pis* [*puis*], *sis* [*suis*]). Les traits qui caractérisent le langage de Nérine ne doivent toutefois pas être compris comme reflétant fidèlement la prononciation du picard à tous les égards. Il s'agit plutôt de certains traits saillants qui peuvent être exagérés pour obtenir un effet comique (voir également le [e] qui apparaît au lieu de [a] dans *mery* [*mari*], *medeme* [*madame*]).[8]

Pour le gascon, on note que les consonnes [b] et [v] ne sont pas distinguées, ce qui est signalé dans le texte écrit par l'orthographe (*boulés-bous* etc.), et le -*o* apparaissant en position atone (au lieu du *e* muet, qui est la seule voyelle post-tonique possible en français). Ce dernier trait peut se considérer comme étant très marqué, puisque la prononciation des mots diverge fortement des formes équivalentes françaises, p. ex. on trouve *fenno* au lieu de *femme*, *empachomen* au lieu d'*empêchement*, *bostro* au lieu de *votre*, *homo* au lieu du fr. *homme*.

3.4 Accents ou interférences au niveau de la prononciation

Dans les accents étrangers, l'influence d'une autre langue ne se fait noter qu'au niveau de la prononciation. À nouveau, il s'agit ici d'un phénomène où il faut supposer que les textes des pièces qui nous sont parvenus ne documentent que très incomplètement (et pas tout à fait fidèlement) les représentations sur scène : on peut facilement imaginer que les acteurs pouvaient renforcer cette source du comique dans les représentations concrètes, selon leurs compétences linguistiques individuelles, le succès des prononciations auprès des spectateurs, etc.

Le jeu avec un accent étranger s'observe par exemple dans la pièce de Fuzelier, *Polichinelle maître d'école* (1744), une parodie d'opéra qui a été donnée à la Foire Saint-Laurent : ici, le personnage de l'amant suisse est caractérisé par son accent germanique, caractérisé par le dévoisement des consonnes sonores,

---

8 Garavini (1972 : 813) parle à cet égard de « formes hyperpatoises », p. ex. *ainfain* [*enfant*], *finfaron* [*fanfaron*], *méchaint* [*méchant*].

qui sont articulées comme des consonnes sourdes ([f] au lieu de [v], [p] au lieu de [b], [t] au lieu de [d], de sorte que *bien* devient *pien*, *dans* devient *tans* etc.), ce qui donne un effet comique immédiat :

> AMANT SUISSE, à POLICHINELLE
> Ma foi, montsir Polichinelle...
>   Air : *Reguingué*
> **F**ou**t**riez-**f**ous **p**ien **t**ans stijour
> Me donner un ptit leçon **t'**amour [...]
>
> (Fuzelier, Polichinelle maître d'école, 1744, sc. 2)

L'accent étranger peut en plus être exploité pour des jeux de mots additionnels, ce qui se note dans l'exemple cité pour la forme *voudriez-vous*, qui devient *foutriez-fous*, renvoyant ainsi au verbe *foutre* 'posséder sexuellement' et provoquant un effet comique immédiat par le caractère offensif de cette expression.

On peut également revenir ici sur les extraits de *Monsieur de Pourceaugnac*. Dans la réplique du Premier Suisse, la particularité la plus saillante de sa prononciation est également le dévoisement des consonnes sourdes (*Crève / Grève, regarter / regarder, chousticier / justicier, contané / condamné, ortonnonance / ordonnance*) ; en outre, on note plusieurs fautes syntaxiques (*tous deux nous, qui l'a esté contané, à l'estre pendu*), dont certaines peuvent s'analyser comme des interférences potentielles avec l'allemand (*tous deux – alle beide*) :

> PREMIER SUISSE : Allons, dépêchons, camarade, ly faut allair tous deux nous à la Crève pour regarter un peu chousticier sti Monsiu de Porcegnac, qui l'a esté contané par ortonnance à l'estre pendu par son cou. (Molière, *Monsieur de Pourceaugnac*, III, 3)

Ainsi, cet exemple montre comment les différentes formes de contacts linguistiques se chevauchent et se manifestent souvent simultanément. Cela est également le cas dans l'énoncé de Sbrigani, où on peut même constater un jeu au deuxième degré qui porte sur les accents et les interférences linguistiques : outre les interférences avec le flamand (*temantair* au lieu de *demander*), la véritable origine (italienne) de Sbrigani se trahit par des interférences qui ne s'expliquent qu'à partir de cette dernière langue. Cela est le cas pour *le vostre permissione*, où la syntaxe (article défini + possessif + substantif) correspond à celle de l'italien (*il vostro permesso / la vostra autorizzazione*, etc.) ; de même, la forme *permissione* pourrait se qualifier comme un pseudo-italianisme, ou bien, un mélange entre le français et l'italien, combinant le fr. *permission* et le suffixe it. *-ione* :

> SBRIGANI [en marchand flamand] : Montsir, avec le vostre permissione, je suisse un trancher marchand flamane, qui voudrait bienne vous temantair un petit nouvel. (Molière, *Monsieur de Pourceaugnac*, II, 3)

Ces jeux plurilingues complexes renvoient déjà à notre dernière catégorie de types de contacts linguistiques.

3.5 Créatitivé verbale

La forme la plus extrême des contacts linguistiques dans les textes dramatiques s'observe dans les cas où les mélanges comportent des éléments de différentes sources, incluant différentes langues d'origine, mais aussi des éléments onomatopéiques ou des déformations ludiques de mots existants. Ces déformations sont souvent basées sur des structures de répétition, par exemple sur une réduplication de syllabes, sur des allitérations, ou bien, des répétitions de mots en remplaçant un pseudo-suffixe par un autre. Cela se note par exemple dans l'extrait suivant de la pièce *Arlequin roi des ogres* (représentée en 1720 à la Foire Saint Germain). Dans la langue des ogres, on trouve les formes *oüischmin* et *oüissin*, et cet énoncé énigmatique sera interprété dans un sens amiable par Arlequin, interprétation qui s'avère pourtant radicalement fausse.

> ADARIO
> Ils vous disent en langue Algonkine qu'ils vous aiment.
> ARLEQUIN, *les saluant*
> Je vous suis bien obligé mes enfants.
> LES OGRES ET LES OGRESSES
> Ni oüischmin ou oüissin.
> ARLEQUIN
> Ils me disent encore apparemment quelque douceur en langue Alcoquine.
> ADARIO
> Oui, vraiment, ils disent qu'ils veulent vous manger [...].
>
> (*Arlequin roi des ogres*, sc. XIV)

L'utilisation du terme « langue Algonkine » renvoie au Nouveau Monde, à savoir à la langue parlée par le peuple autochtone des Algonquins dans la région du Québec et de l'Ontario. Ici, pourtant, il s'agit d'une langue inventée : l'objectif est l'exotisme, et il y aura un jeu sur la mauvaise compréhension d'Arlequin qui débouche sur un jeu de mots grivois (*alcoquine* pour *algonkine*) propre au type d'Arlequin.

L'emploi de langues fantaisistes et de mélanges complexes de différentes langues est souvent étroitement lié aux conditions externes imposées aux théâtres de la Foire (Beaucé 2015). Cela se note surtout, évidemment, pour l'interdiction de la parole : du moment où les théâtres forains n'avaient plus le droit de représenter des pièces dans lesquelles les personnages parlaient sur scène, ils étaient obligés de trouver des recours possibles pour contourner cette interdiction extrême. Outre la technique d'employer des écriteaux, sur lesquels était écrit le texte qui devait alors être chanté par le public sur des airs connus, les théâtres recouraient également aux langues inventées, qui, comme nous l'avons déjà mentionné, respectaient également l'interdiction, du moins en apparence, dans la mesure où les acteurs ne parlaient aucune langue connue sur scène. Pour illustrer cela, on peut citer l'exemple de la pièce *Arlequin roi de Serendib*, une pièce à écriteaux représentée à la Foire Saint Germain en 1713 :

> LE GR. SACRIFICATEUR, *lentement.*
> Basileos, alifi, agogi, aformi.
> LES SUIVANTS.
> Basileos.
> LE GR. SACRIFICATEUR, *plus vite.*
> Bibli, bondromi, bebrofi.
> LES SUIVANTS.
> Basileos.
> ARLEQUIN, *arrachant un poil de la barbe du Gr. Sacrificateur.*
> Basileos.
> LE GR. SACRIFICATEUR, *très vite.*
> Mineo, milea, milini, maliski.
> LES SUIVANTS.
> Basileos.
> ARLEQUIN, *lui passant la queue de loup sous le nez.*
> Basileos.
> [...]
> LE GR. SACRIFICATEUR, *posant le turban royal sur la tête d'Arlequin.*
> Tragizo, trapeza, porphyra, Kecaca.
> LES SUIVANTS.
> Kecaca.
> LE GR. SACRIFICATEUR.
> Porphyra, pisma, Kecaca.
> LES SUIVANTS.
> Kecaca.
> *Arlequin qui croit par ce dernier mot que le Grand Sacrificateur & ses suivants lui disent qu'il*
> *est de la cérémonie de se servir de son turban comme d'un pot de chambre, se met en devoir*
> *de leur obéir ; mais ils font tous un cri d'indignation. Le Grand Sacrificateur remet le turban*
> *sur la tête d'Arlequin. [...]*
>
> (*Arlequin roi de Serendib*, I, 6,
> voir également Connon et Evans 1996 : 93–95)

Outre le texte qui était chanté par le public, on trouve quelques répliques prononcées par les personnages dans un langage qui combine onomatopées, déformations ludiques de mots existants et allusions à des éléments d'origine grecque, ou bien des allusions plus profanes : la fin de la scène montre qu'Arlequin a més-interprété la forme *Kecaca* en l'associant à la forme du langage enfantin fr. *caca*. Les éléments grecs sont en partie sémantiquement motivés : pour les spectateurs qui avaient certaines connaissances du grec, le mot *basileos* ('chef', 'roi') pouvait faciliter la compréhension du fait que la scène représente une sorte de couronne-ment d'Arlequin (voir également Connon et Evans 1996 : 356). D'autres formes, par contre, proviennent du domaine de la géométrie (*trapeza*/*trapèze*, *pisma*/*prisma* [?]) ou de la géologie (*porphyra*/*porphyre*). Ici, le caractère hétéroclite (et absurde) des listes parodiait des énoncés rituels peu compréhensibles et augmen-tait l'effet comique (voir également le fait que les Suivants répètent toujours de manière « aveugle » le dernier mot de l'énoncé du Grand Sacrificateur).

4 Conclusion

Les extraits qui ont été analysés dans cette contribution ont montré la diversité des langues et des influences linguistiques du théâtre des XVIIe et XVIIIe siècles. À notre avis, on peut donc affirmer que le plurilinguisme représente un trait à la fois important et complexe du théâtre de l'époque, puisqu'il peut être exploité à des fins comiques, mais sous différentes formes. De plus, nous avons vu que les types de contacts linguistiques sont variés : il y a, entre autres, l'italien comme langue extra-nationale très prestigieuse, le latin et le grec comme langues des sciences et du droit, les langues de France et les variétés du français. Pour faire une synthèse des différentes formes de l'humour verbal qui sont exploitées, on peut se baser sur la typologie développée dans la contribution au forum de discussion qui ouvre le troisième volume de la collection « The Dynamics of Wordplay » (Winter-Froemel 2016). Cette typologie prévoit, outre les jeux de mots au sens étroit, les jeux sur les sons, les déformations ludiques, les réinterpré-tations ludiques, les innovations ludiques et les traductions ludiques. Toutes ces formes se manifestent également parmi les jeux plurilingues qui ont été analysés ici. Un exemple de la première catégorie serait le jeu sur *voudriez-vous* et le verbe *foutre* ; toutefois on peut constater que les jeux de mots au sens étroit du terme se manifestent plus fréquemment dans les passages en français (voir Beaucé 2015). Pour les jeux sur les sons, on peut penser aux listes du Grand Sacrificateur de la pièce d'*Arlequin roi de Serendib*, où s'enchaînent les allitérations ; pour les défor-mations ludiques, on peut penser aux accents et interférences au niveau de la prononciation qui ont été analysés dans la partie 3.4. La mésinterprétation de l'énoncé *Kecaca* par Arlequin pourrait se ranger parmi les réinterprétations ludiques, dans la mesure où l'auteur met en scène un malentendu qui est rendu possible par la similarité formelle avec le mot *caca*. Pour les innovations ludiques, nous avons analysées les langues inventées et la tradition du latin macaronique. Pour les traductions ludiques enfin, où le comique naît de la juxtaposition de différentes modalités / de différents codes pour exprimer un certain contenu, on peut surtout penser aux pièces qui contiennent des alternances codiques et où les personnages reprennent souvent certains énoncés en les reformulant dans leur propre langue (voir l'exemple de Nérine et de Lucette de *Monsieur le Pourceaugnac*). Ajoutons encore que la technique de la traduction ludique peut être employée non seulement au niveau des énoncés, mais aussi dans des mots isolés, comme le montre la traduction du mot tout à fait courant fr. *rate* dans un (pseudo)latin difficile (*parenchyme splénique*) dans *Le Malade imaginaire* de Molière :

THOMAS DIAFOIRUS
Ce qui marque une intempérie dans le *parenchyme splénique*, c'est-à-dire, la rate.

(Molière, *Le Malade imaginaire*, II, 6)

Outre la complexité des formes de l'humour verbal plurilingue, on peut enfin constater que cet humour repose sur des enjeux de différents ordres : 1) le décodage primaire des énoncés et l'identification de messages additionnels, 2) les jeux de connivence / exclusion, 3) la communication entre les personnages, et celle avec les spectateurs des pièces. Cette complexité rejoint la question des contacts linguistiques en général : il s'agit d'abord de décoder les énoncés, c'est-à-dire d'identifier correctement les codes et les signes utilisés, mais il faut ensuite également tenir compte des messages additionnels véhiculés par les énoncés, et qui touchent souvent à la dimension sociale de la communication. Il y a ainsi également un jeu complexe de connivence ou d'exclusion sur scène ou entre scène et salle. La connivence se crée quand il y a décodage réussi, compréhension et donc plaisir ; l'exclusion se manifeste, par contre, lorsqu'un personnage ne saisit pas l'humour ou la langue, que d'autres se moquent de lui de concert avec le public. L'exclusion peut aussi concerner les spectateurs qui n'ont pas compris. Restent encore les allusions qui d'une langue à l'autre ou dans le cas d'un discours comique seront perçues ou non (par exemple, pour le comique, la parodie suppose une connaissance de la cible). Cette relativité de la perception humoristique n'empêche pas que les contacts linguistiques et ce plurilinguisme créent une atmosphère propre à l'équivoque et que même l'incompréhension devienne un outil au service du comique.

5 Références bibliographiques

Pièces citées

Arlequin roi des ogres. In *Théâtre de la Foire ou l'Opéra Comique*, t. IV. Paris : Ganeau, 1724.

Arlequin roi de Serendib. In *Théâtre de la Foire ou l'Opéra Comique*, t. I. Paris : Ganeau, 1721.

Fuzelier, Louis, *L'Amour maître de langue*, ms. BnF, fr. 9332, f° 135–229.

Fuzelier, Louis, *Le Ravisseur de sa femme*, 1725, ms. BnF, fr. 9335.

Fuzelier, Louis, *Polichinelle maître d'école*, 1744, ms. BnF, fr. 9337.

Molière, *Les Fourberies de Scapin. L'Amour médecin. Le Médecin malgré lui. Monsieur de Pourceaugnac*. Paris : Gallimard, 2012.

Molière, *Le Malade imaginaire*. Théâtre choisi. Texte établi [...] par Maurice Rat. Paris : Garnier, 595–701.

Littérature secondaire

Aschenberg, Heidi. 2011. The Renaissance and its impact on the languages of Europe. In Bernd Kortmann & Johan van der Auwera (éds.), *The Languages and Linguistics of Europe. A Comprehensive Guide*, 697–711. Berlin & Boston : De Gruyter.

Attinger, Gustave. 1950. *L'esprit de la commedia dell'arte dans le théâtre français*. Paris : Librairie théâtrale.

Beaucé, Pauline. 2015. Les jeux de mots dans le répertoire des théâtres de la Foire à Paris au XVIIIe siècle : de la publicité à la satire. In Esme Winter-Froemel & Angelika Zirker (éds.), *Enjeux du jeu de mots. Perspectives linguistiques et littéraires* (The Dynamics of Wordplay 2), 65–80. Berlin & Boston : De Gruyter.

Bork, Hans Dieter. 2008. Sprachkontakte : Latein und Galloromania. In Gerhard Ernst, Martin-Dietrich Gleßgen, Christian Schmitt & Wolfgang Schweickard (éds.), *Romanische Sprach-geschichte / Histoire linguistique de la Romania*, vol. 2, 1582–1590. Berlin & New York : De Gruyter.

Ciccone, Anthony A. 1975. *Molière : the Comedy of Language*. Diss., Buffalo, New York.

Ciccone, Anthony A. 1980. *The Comedy of Language : Four farces by Molière*. Potomac : J. Porrúa Turanzas.

Connon, Derek & George Evans (éds.). 1996. *Anthologie de pièces du théâtre de la Foire*. Royal Egham : Runnymede Books.

Dagnac, Anne. 2015. Le picard de Nérine : moyen picard, picard moyen ? In Bénédicte Louvat-Molozay (dir.), *Littératures classiques* 87(2), *Français et langues de France dans le théâtre du XVIIe siècle. Actes du colloque « Les scènes occitanes de Monsieur de Pourceaugnac »*, *6–7 décembre 2012, Université Paul Valéry – Montpellier III*. 135–148.

Garapon, Robert. 1957. *La Fantaisie verbale et le comique dans le théâtre français du MA à la fin du XVIIe siècle*. Paris : A. Colin.

Garavini, Fausta. 1972. La fantaisie verbale et le mimétisme dialectal dans le théâtre de Molière. A propos de « Monsieur de Pourceaugnac ». *Revue d'Histoire littéraire de la France* 72(5/6). 806–820.

Guardenti, Renzo. 1990. *Gli italiani a Parigi*. La Comédie italienne *(1660–1697) – Storia, pratica, scenica, iconografia*. Roma : Bulzoni.

Hope, Thomas Edward 1971. *Lexical Borrowing in the Romance Languages. A Critical Study of Italianisms in French and Gallicisms in Italian from 1100 to 1900.* 2 vol. Oxford : Basil Blackwell.

Klare, Johannes. 1998. *Französische Sprachgeschichte.* Stuttgart : Klett.

Louvat-Molozay, Bénédicte. 2015. La représentation des langues de France dans la comédie parisienne des années 1660–1670. *Littératures classiques 87(2), Français et langues de France dans le théâtre du XVIIᵉ siècle. Actes du colloque « Les scènes occitanes de Monsieur de Pourceaugnac », 6–7 décembre 2012, Université Paul Valéry – Montpellier III.* 81–92.

Louvat-Molozay, Bénédicte (dir.). 2015. *Littératures classiques 87(2), Français et langues de France dans le théâtre du XVIIᵉ siècle. Actes du colloque « Les scènes occitanes de Monsieur de Pourceaugnac », 6–7 décembre 2012, Université Paul Valéry – Montpellier III.*

Paringaux, Céline. 2013. *Les autres langues en scène dans la comédie française (1650–1725).* http://www.theses.fr/2013ARTO0006, dernière consultation le 26/06/2018.

Paringaux, Céline. 2015. *Monsieur de Pourceaugnac,* acte II, scènes 7 et 8 : deux scènes occitanes dans un théâtre des langues. In Bénédicte Louvat-Molozay (dir.), *Littératures classiques 87(2), Français et langues de France dans le théâtre du XVIIᵉ siècle. Actes du colloque « Les scènes occitanes de Monsieur de Pourceaugnac », 6–7 décembre 2012, Université Paul Valéry – Montpellier III.* 93–105.

Poplack, Shana. 1980. « Sometimes I'll start a sentence in Spanish y termino en español » : toward a typology of code-switching. *Linguistics* 18(7/8). 581–618.

Poplack, Shana. 2004. Code-switching. In Ulrich Ammon, Norbert Dittmar, Klaus J. Mattheier & Peter Trudgill (éds.), *Sociolinguistics / Soziolinguistik. An International Handbook of the Science of Language and Society / Ein internationales Handbuch zur Wissenschaft von Sprache und Gesellschaft,* 589–596. 2ᵉ éd. Berlin : De Gruyter.

Rey, Alain, Frédéric Duval & Gilles Siouffi. 2007. *Mille ans de langue française : histoire d'une passion.* Paris : Perrin.

Rivara, Annie. 1996. *Masques italiens et comédie moderne. Marivaux –* La Double Inconstance, Le Jeu de l'Amour et du Hasard. Orléans : Paradigme.

Sauzet, Patrick & Guylaine Brun-Trigaud. 2015. La Lucette de Monsieur de Pourceaugnac : « feinte Gasconne », vrai occitan. In Bénédicte Louvat-Molozay (dir.), *Littératures classiques 87(2), Français et langues de France dans le théâtre du XVIIᵉ siècle. Actes du colloque « Les scènes occitanes de Monsieur de Pourceaugnac », 6–7 décembre 2012, Université Paul Valéry – Montpellier III.* 107–134.

Schweickard, Wolfgang. 1991. Zweitsprache und Kulturadstrat : Funktionen des Lateins in der europäischen Sprachentwicklung. In Günter Holtus & Johannes Kramer (éds.), *Das zweisprachige Individuum und die Mehrsprachigkeit in der Gesellschaft. Wilhelm Theodor Elwert zum 85. Geburtstag,* 113–124. Stuttgart : Steiner.

Smith, Pauline M. 1983. Le redoublement de termes et les emprunts linguistiques dans la traduction en France au XVIᵉ siècle : Henri Estienne et François de Belleforest. *Revue de linguistique romane* 47. 37–58.

Vinti, Claudio. 1989a. Itinerari del comico in Francia. La tradizione italiana nel teatro della Foire. In Claudio Vinti (dir.), *Alla Foire e dintorni – Saggi di drammaturgia foraine* (Quaderni di cultura francese 24), 13–48. Roma : Edizioni di storia e letteratura.

Vinti, Claudio. 1989b. Il teatro della Foire : un caso di cosmopolitismo linguistico nel primo Settecento. In Claudio Vinti (dir.), *Alla Foire e dintorni – Saggi di drammaturgia foraine* (Quaderni di cultura francese 24), 89–112. Roma : Edizioni di storia e letteratura.

Winter-Froemel, Esme. 2009. Les emprunts linguistiques – enjeux théoriques et perspectives nouvelles. *Neologica* 3. 79–122.

Winter-Froemel, Esme. 2011. *Entlehnung in der Kommunikation und im Sprachwandel. Theorie und Analysen zum Französischen* (Beihefte zur Zeitschrift für romanische Philologie 360). Berlin & Boston : De Gruyter.

Winter-Froemel, Esme. 2015. Le français en contact avec d'autres langues. In Claudia Polzin-Haumann & Wolfgang Schweickard (éds.), *Manuel de linguistique française* (Manuals of Romance Linguistics 8), 401–431. Berlin & Boston : De Gruyter.

Winter-Froemel, Esme. 2016. Approaching Wordplay. In Sebastian Knospe, Alexander Onysko & Maik Goth (éds.), *Crossing Languages to Play with Words. Multidisciplinary Perspectives* (The Dynamics of Wordplay 3), 11–46. Berlin & Boston : De Gruyter.

Elena Meteva-Rousseva

Les jeux de mots dans le *nadsat* d'Anthony Burgess – comment ses traducteurs français ont relevé le défi

Résumé : Le roman futuriste dystopique d'Anthony Burgess *A Clockwork Orange*, classé parmi les 100 meilleurs romans du XXᵉ siècle, paru en 1962, doit sa célébrité, non seulement au film de Stanley Kubrick, mais aussi à l'argot que Burgess a inventé pour ses jeunes bandits de l'avenir. Il l'a appelé *nadsat* (du suffixe qui forme les chiffres de onze à dix-neuf en russe). Son lexique représente un étrange mélange de russe et d'anglais familier, parsemé de cockney rimé, de néologismes, de langage enfantin, d'ancien anglais, de manouche, de renvois à différents ouvrages littéraires, etc. Notre attention sera focalisée sur les jeux de mots qui assaisonnent le texte de Burgess. Leur analyse cernera les problèmes qu'ils posent par principe en traduction et esquissera les possibilités de les résoudre. Elle s'arrêtera sur la spécificité des jeux de mots dans le roman. Bilingues pour la plupart, renvoyant au russe – une langue qui n'est pas familière aux anglophones, ils se rangent parmi les jeux de mots secrets, dont parle Matthias Bauer (2015). Ceux-ci sont en fait bien à leur place, vu qu'ils sont utilisés pour forger le lexique d'un argot qui, de par sa nature, est censé être identitaire, cryptique et ludique. Leur fonctionnement dans le texte est de deux types essentiels : le premier assume un rôle référentiel et le second confère une caractéristique qualificative. Des exemples relevés pour illustrer chacun de ces deux types donneront une idée de la façon dont les deux traducteurs français du livre Georges Belmont et Hortense Chabrier (leur traduction paraît en 1972 sous le titre *L'Orange mécanique*) ont procédé pour faire face au défi que Burgess leur a lancé par ses jeux verbaux qui sont en plus, pour la plupart, translinguistiques.

Mots clés : *A Clockwork Orange*, Anthony Burgess, association, calembour, jeu de mots, *L'Orange mécanique*, mot-valise, *nadsat*, traduction

1 Introduction

La traduction du roman d'Anthony Burgess *A Clockwork Orange*, édité en Angleterre en 1962, est un vrai banc d'essai pour chaque traducteur. Le problème réside dans le langage que Burgess a inventé pour faire son protagoniste Alex, âgé de quinze ans, chef d'une bande de quatre jeunes voyous, adolescents comme lui, raconter son histoire. Cette histoire est inspirée de l'idée qui gagnait de plus en plus du terrain en Angleterre de faire subir aux jeunes délinquants, dont les bandes se multipliaient vers la fin des années 50 et au début des années 60, un traitement psychologique et médicamenteux radical qui puisse les guérir du mal. Idée où Burgess, indigné, a vu le désir de l'État de transformer les gens « en petits citoyens obéissants qui ont perdu le droit d'user de leur libre arbitre » (cité d'après Kan 2012).

Voilà en bref l'histoire elle-même : Après une longue série de viols, de passages à tabac, de cambriolages Alex se retrouve en prison où l'on expérimente sur lui un nouveau traitement, une sorte de « lavage de cerveau », qui le rend allergique à la violence. Hors de la prison déjà, tout à fait inoffensif, il devient lui-même la cible d'agression de la part de ses anciennes victimes. Une tentative de suicide ratée l'amène à l'hôpital avec une commotion cérébrale dont le traitement efface les réflexes conditionnels acquis en prison. Il retourne dans la rue avec un nouveau gang, mais, ayant déjà grandi, il ne se sent plus attiré par ce genre de vie et se met à rêver de fonder une famille.[1]

L'histoire aurait pu être assez déprimante, si Burgess n'avait pas eu l'idée d'inventer un langage pour la raconter. Ce langage, l'argot de ses jeunes voyous de l'avenir (l'action se situe autour des années 70 du XXe siècle), il l'a appelé *nadsat* (le langage des *teenagers*). Son lexique qui associe des mots d'origine surtout russe à l'anglais familier, est émaillé de cockney rimé, de mots forgés par Burgess, d'onomatopées, de langage enfantin, cohabitant avec l'anglais du XVIIe siècle (celui de la King James Bible, tout comme celui de Shakespeare), ainsi qu'avec des allusions à un large éventail d'ouvrages littéraires. Le tout est relevé de jeux de mots, de petits traits d'humour, qui agrémentent la lecture et la rendent en fait « profondément salubre », comme il est noté sur le quatrième de couverture de l'édition française (Burgess 1972).

Chacune des composantes du langage d'Alex pose de sérieux problèmes au traducteur qui aurait du mal à reproduire tous les paramètres du jeu langagier de l'auteur, déjà assez difficile à déchiffrer par le lecteur de l'original.

Notre analyse sera focalisée sur une de ces composantes – les jeux de mots, sur les problèmes qu'ils soulèvent et sur la solution qu'en ont trouvée les traducteurs français du livre.

Les jeux de mots se rangent, par principe, parmi les obstacles les plus difficiles à franchir en traduction. Plusieurs linguistes les considèrent même comme

---

1 Ce dernier chapitre est enlevé de la version américaine du livre, paru aux Etats-Unis en 1963, sur laquelle Stanley Kubrick a fait son film. L'argument de l'éditeur était que les Américains sont moins naïfs que les Anglais pour croire à un happy end de ce type.

intraduisibles. Le sont-ils vraiment ? Quels sont les arguments que ces linguistes avancent à l'appui de leur thèse ? Quels sont les contre-arguments que leur opposent ceux qui considèrent que rendre le jeu de mots est possible dans le cadre d'un texte ? Quelles sont les solutions possibles que ces derniers proposent ?

Nous allons commencer par répondre à ces questions-là avant d'aborder la spécificité des jeux verbaux dans le roman de Burgess, de relever les problèmes qu'ils posent en traduction et d'analyser les procédés auxquels les traducteurs français du livre, Georges Belmont et Hortense Chabrier, ont eu recours pour résoudre ces problèmes.

2 Les jeux de mots sont-ils in- / traduisibles ?

Cette question touche au grand débat qui concerne la traduction surtout d'ouvrages littéraires : sont-ils, et dans quelle mesure, traduisibles ?

Pour définir ce que nous allons entendre par *jeux de mots* nous allons nous référer à Jacqueline Henry. Elle distingue les jeux *avec* les mots (charades, mots croisés, bouts-rimés, etc.) qui « sont une fin en soi » et les jeux *sur* les mots qui « s'intègrent dans un texte » où ils peuvent assumer un rôle non seulement ludique. C'est évidemment ce deuxième type qui pose problème en traduction. Et c'est en fait ce type qu'on a communément en vue quand on parle de jeux de mots (2003 : 9). Ils englobent « toutes les manipulations intentionnelles des mots, qu'elles portent sur leur face phonique ou sémique » (Henry 2003 : 10).

Les plus fréquents parmi ces jeux verbaux sont les *calembours*. À tel point que souvent on met un signe d'égalité entre calembours et jeux de mots. Leurs différents types misent sur l'ambiguïté dans la langue. Celle-ci naît de la « plurivocité sémique ou phonique implicite (calembours *in absentia*) ou explicite (calembours *in praesentia*)[2], en faisant ou non allusion à un élément hypotextuel » (Henry 2003 : 28).

Pour Barbara Walkiewicz (2001 : 173), il s'agit de « manipuler les associations rattachées aux mots et déclenchées par eux afin de créer une bidimensionnalité sémantique – ‹espace vital› du comique verbal ». Ces associations, « qui assument la fonction d'embrayeurs ménageant le passage d'un plan sémémique

---

2 Delabastita (1996 : 128) préfère parler respectivement de calembours verticaux et horizontaux. La note est à moi.

à l'autre », comme l'a démontré Catherine Kerbrat-Orecchioni, relèvent des méca-nismes connotatifs, qu'elle décrit comme « unités bifaciales, dont on peut spécifier l'ancrage signifiant et le contenu signifié » (1977 : 7).

L'association, qui, dans le cas des calembours, repose soit sur une identité (homonymie, polysémie), soit sur une ressemblance du signifiant (paronymie), soit sur une affinité sémantique (identité : synonymie, ou analogie : parasynony-mie, antonymie), peut également, « par le jeu de l'allusion, de l'intertextualité, de la référence et de la réminiscence culturelles » renvoyer à des « emplois anté-rieurs de l'unité linguistique », dans des contextes « intégrés à la culture du sujet ». Ces renvois sont souvent culturellement marqués. Et comme les connota-tions associatives ne sont que suggérées, leur décodage demande une compé-tence non seulement linguistique (qui permette de déchiffrer les informations contenues dans le texte et le cotexte), mais aussi encyclopédique (« ensemble de savoirs et de croyances, systèmes de représentations, interprétations et évalua-tions de l'univers référentiel ») (Kerbrat-Orecchioni 1986 : 162).

Cette dernière compétence ne pourrait être l'apanage que d'un locuteur natif. En ce qui concerne la compétence linguistique, même si le traducteur la possède, elle ne l'aiderait que peu à reproduire les calembours en langue cible, vu que ces derniers puisent dans ce qui se perd en général lors du passage dans une langue étrangère : la polysémie des mots ne se recouvre que très rarement dans les diffé-rentes langues, les connotations qui y sont associées divergent aussi largement d'une langue à l'autre, les rapports intralinguistiques entre les signes (syno-nymie, antonymie, homonymie, homophonie, homographie, paronymie) se perdent, par principe, lors du passage dans une autre langue et sont remplacés par ceux de la langue cible.

Tous ces problèmes rangent, aux yeux de plusieurs linguistes, les calem-bours parmi les unités lexicales intraduisibles de la langue – celles où la forme devient un élément essentiel du message.[3] Leur thèse trouve son argument dans le fait qu'en principe la traduction vise à conserver le sens qu'elle habille dans la forme de la langue cible. Sauvegarder la forme de l'original signifierait, le plus souvent, en sacrifier, du moins en partie, le sens.

L'intraduisibilité commencerait donc là où « la langue n'est plus simplement un moyen, mais un but [...], où la forme devient un élément signifiant », résume Ludwig Söll (1971 : 27–28). Mais il propose de remédier au problème en réservant à la traduction le domaine de la langue et en introduisant pour le domaine de la métalangue la notion de *métatraduction* qui est « tout aussi possible que la

---

3 Voir p. ex. Nida et Taber ([1969] 1982 : 4) : « Anything that can be said in one language can be said in another, unless the form is an essential element of the language. »

traduction parce que la réification du langage, même si elle se produit nécessairement de façon différente dans les différentes langues, est un universel, tout comme la structuration profonde » (Söll 1971 : 28).

L'ambiguïté des signes linguistiques existe dans chaque langue. Bistra Alexieva (1997 : 139) la relie au puissant mécanisme cognitif de l'analogie chez l'homme qui a tendance à extrapoler ses connaissances d'un domaine à un autre. Ce qui est à la base des extensions sémantiques et surtout métaphoriques qui développent de nouvelles significations et mènent à la polysémie.

Si, dans l'usage normal des mots, l'équivoque possible est levée par le contexte et le cotexte, dans les calembours, les différentes significations des mots sont laissées exprès coprésentes. Là, l'ambiguïté est recherchée, intentionnelle, volontairement exploitée. Elle « fait [donc] partie du sens du texte et le traducteur doit s'efforcer de la rendre » (Henry 2003 : 29).

Le dédoublement du sens se retrouve également dans les *mots-valises*.[4] Voilà comment les décrit Alain Finkielkraut[5] : « les choses perdent leurs contours : les objets les plus distincts deviennent les éléments de combinaisons aléatoires. [...] Vous avez vu s'estomper les frontières entre les vocables, et se recomposer sous vos yeux un trésor verbal fait de mélanges incongrus, criards, ou très doux [...] ». Il s'agit de l'interpénétration de deux mots que Marc Bonhomme (2009 : 99) définit comme « procédé lexical singulier qui joue sur la plasticité du langage pour en renégocier les frontières. Renégociation qui concerne, pour commencer, « la matérialité des lexèmes » (Bonhomme 2009 : 99), mais qui est en fait motivée au niveau sémantique et référentiel.

Pour Jacqueline Henry, les mots-valises, comme les autres jeux de mots, sont une « forme raccourcie du langage ». Elle cite Freud qui parle d'une « forte compression » permettant d'exprimer deux mots – et deux idées – en un seul terme. Compression qui concerne également les calembours où « on part d'un seul signifiant donné pour évoquer deux signifiés ». Cette concision, continue-t-elle, évite des explications plus longues, elle joue sur l'implicite et le traducteur devrait toujours en tenir compte quand il s'attaque à la traduction de jeux de mots (Henry 2003 : 36–37).

Les mots-valises sont souvent des néologismes insolites, amusants, forgés par l'auteur. Le traducteur est donc tenu à faire également preuve d'invention et de créativité pour obtenir un effet analogue dans le texte de sa traduction.

En ce qui concerne les *allusions culturellement marquées*, jouant sur l'implication d'un hypotexte, elles sont un clin d'œil adressé au public, par lequel

---

4 Voir des détails dans Renner (2015).
5 *Ralentir : Mots valises !* (1979), cité par Henry (2003 : 43–44).

l'auteur recherche la connivence, la complicité de celui-ci. Ce clin d'œil passerait inaperçu, si l'auteur et son public ne partageaient pas le même savoir, ne puisaient pas dans le même fonds linguistique et culturel. Traduit, le texte devra faire face à un nouveau destinataire, dont le bagage culturel et linguistique, la vision du monde, seront tout à fait différents. Si le traducteur n'adapte pas le jeu à son nouveau contexte linguistique et cognitif pour le rendre déchiffrable, il risque de ruiner l'intention communicative de l'auteur et, de là, la raison d'être de sa traduction.

Comment aborder donc un jeu de mots en traduction ? La note en bas de page « jeu de mots intraduisible », qui était considérée, à l'époque, comme signe de fidélité à l'auteur et au texte d'origine, est, aujourd'hui, vue comme aveu d'impuissance.

Dans la plupart des cas, il ne s'agit évidemment pas de traduire le jeu verbal, mais d'en recréer un nouveau dans la langue cible. Il vaut mieux parler de transposition ou de reproduction de la valeur, de la fonction du jeu, de l'effet recherché par l'auteur qui y a eu recours. La tâche est loin d'être facile, il existe des jeux de mots qui ne sont pas transposables. Mais les mécanismes compensatoires permettent de remédier à ce problème dans le cadre du texte. L'essentiel, c'est de réduire les pertes au minimum. De toute façon, comme le dit une des meilleures traductrices russes Natalia Gal, citée par Vlahov et Florin (1990 : 307), « il est honteux de se rendre sans avoir livré bataille ».

Voilà comment Jacqueline Henry résume le problème :

> [...] ce sujet amène à réfléchir sur la base même que l'on se donne, à savoir celle de la correspondance linguistique ou de l'équivalence textuelle. Il est évident que dès le départ, le parti que l'on prend sur ce point est déterminant, car si l'on opte pour la correspondance linguistique, le débat sur la traduction des jeux de mots est vite clos puisque l'on rejoint le camp des tenants de leur intraduisibilité. En revanche, si l'on choisit l'autre conception de la traduction, c'est-à-dire celle de l'équivalence, ou de l'analogie, il apparaît [...] que la traduisibilité des jeux de mots est grande. (Henry 2003 : 261)

L'approche du traducteur peut varier en fonction du rôle que le jeu de mots assume dans le texte. Si ce rôle se réduit au seul effet comique ou ludique, le traducteur n'a qu'à rechercher une solution adéquate qui sauvegarde cet effet, sans se préoccuper tellement du sens concret des mots sur lesquels est basé le jeu. Si, par contre, l'effet ludique du jeu est doublé d'une certaine fonction, d'une valeur sémantique ou pragmatique, s'il sert à caractériser le personnage, le traducteur se doit de conserver cette fonction, en bénéficiant quand même de la liberté de le faire dans le cadre du texte par différents mécanismes compensatoires (voir Vlahov et Florin 1990 : 307).

Quelles sont les différentes possibilités de procéder en traduction face à un jeu de mots qui marque l'original ? Nous allons nous référer à la classification qu'en a faite Jacqueline Henry (2003 : 176). Cette classification nous paraît concise et exhaustive à la fois et est suffisamment générale pour englober les différents types de jeux de mots en tenant compte de leurs deux aspects : le type du jeu et les termes qui lui servent de base. La traduction du jeu de mots y est subdivisée en quatre types :

1) *Isomorphe* (du gr. *iso* 'égal' ; *morphê* 'forme') : qui reprend le même type de jeu verbal utilisé et en plus sur les mêmes mots ;

2) *Homomorphe* (du gr. *homos* 'semblable') : applique le même procédé, mais à d'autres termes, liés au contexte ;

3) *Hétéromorphe* (du gr. *heteros* 'autre') ; opter pour un jeu verbal d'un type différent ;[6]

4) *Libre* : rendre le jeu de mots soit par une tournure neutre, soit par une autre figure de style (p. ex. métaphore, allusion),[7] ou bien, au contraire, créer un jeu de mots là où l'original ne présente aucune saillie stylistique. Une telle liberté prise par le traducteur ne serait justifiable que si elle s'inscrit dans la logique du texte ou dans celle du personnage.[8]

Ces quatre types seront illustrés dans l'analyse des exemples tirés du livre.

---

6 Dirk Delabastita, qui a fait une classification des différentes techniques utilisées pour rendre les calembours en traduction (1996 : 134), englobe ces trois types dans la catégorie PUN → PUN qui inclut, pour lui, également des cas où le calembour pourrait avoir une autre fonction textuelle.

7 Dirk Delabastita appelle cette technique PUN → RELATED RHETORICAL DEVICE où le calembour peut être remplacé aussi par un jeu sur la répétition, l'allitération, le rime, l'ironie, le paradoxe, etc.

8 La traduction libre est subdivisée par Dirk Delabastita en PUN → NON-PUN qui inclut également les cas où le traducteur n'a tout simplement pas saisi le jeu, en NON PUN → PUN (les mécanismes compensatoires), en PUN → ZERO quand on omet tout simplement la partie du texte contenant le calembour, et en ZERO → PUN où le traducteur ajoute, comme mécanisme compensatoire, un bout de texte à lui contenant un calembour. Delabastita y inclut également le cas où le calembour du texte original est reproduit tel quel sans être traduit (PUN ST = PUN TT), ainsi que les TECHNIQUES ÉDITORIALES – les notes de bas de page ou à la fin du texte, les commentaires du traducteur sur les solutions possibles de tel ou tel problème.

3 Les jeux de mots dans le *nadsat*

3.1 Pourquoi Burgess a-t-il inventé ce langage énigmatique ?

Tout argot vieillit avec le temps. En créant ce langage, Burgess le rend intemporel. Grâce à lui l'histoire aurait pu se situer n'importe où dans le monde (Burgess [1990] 1991 : 27).

Par son *nadsat* Burgess entend également soumettre son lecteur à une « programmation linguistique », à une sorte de lavage de cerveau, pareil à celui que son personnage subit. Ses lecteurs au moins, considère-t-il, en auront appris quelques mots russes. Burgess refusait catégoriquement qu'on ajoute un glossaire au texte. Celui-ci interromprait la programmation et invaliderait le lavage de cerveau. Le lecteur était censé découvrir le sens des mots exotiques progressivement, grâce au contexte.

À travers l'écran que crée ce langage étrange les scènes bouleversantes de violence brutale, de viol apparaissent comme irréelles, comme enveloppées d'un voile. Celui-ci permet au lecteur de suivre l'histoire sans en être profondément secoué et le protège, au dire de Burgess, de ses propres vils instincts (Burgess [1990] 1991 : 38).

Le *nadsat* est parlé seulement par Alex et sa bande. Il est concentré surtout dans la première partie du livre, celle qui relate les exploits du petit gang. Inséré dans l'anglais standard, son lexique compte en fait autour de 200 mots et Burgess estimait qu'il suffirait au lecteur de lire la première quinzaine de pages pour s'y accoutumer et arriver à le déchiffrer.[9]

3.2 Pourquoi le russe est-il à la base de cet argot inventé ?

Quand Burgess écrit son roman la guerre froide bat son plein. En août 1961 est construit le mur de Berlin. En 1962 avec la crise des missiles de Cuba le monde se retrouve au bord de la guerre nucléaire. La société occidentale est envahie par la peur de la Russie.

En 1961 Burgess visite la Russie avec sa femme. Passionné des langues, il essayait toujours d'apprendre un peu de la langue du pays où il allait. Avant de partir il avait déjà esquissé l'histoire de son livre, mais butait sur la façon dont elle devait être racontée. Son séjour là-bas l'aide à faire son choix, d'autant plus

---

9 Lettre à Heinemann, le premier éditeur de *A Clockwork Orange* (cité par Vincent et Clarke 2017 : 249).

qu'il y découvre que, là, la délinquance juvénile pose aussi problème, tout comme en Angleterre :

> Et soudain j'ai trouvé la solution au problème stylistique de *L'Orange mécanique*. Le vocabulaire de mes vauriens de l'ère spatiale pourrait être un mélange de russe et d'anglais parlé, assaisonné d'argot rimé et de *bolo* des manouches. [...] Et puis, quelle ironie dans le fait que cette race adolescente à l'écart des courants politiques, adepte de la brutalité totalitaire comme fin en soi, soit équipée d'un dialecte fondé sur les deux langues politiques dominantes de l'époque [...].[10]

« Les mots russes », dit-il encore, « s'importent plus aisément dans la langue anglaise que les mots allemands, français ou italiens. De toute façon, l'anglais est déjà un mélange de français et d'allemand » (Burgess 2000 : 53, cité par Pochon 2010 : 62).

3.3 La spécificité des jeux de mots de Burgess

Les jeux de mots qui assaisonnent le texte de Burgess mélangent les sonorités et les significations du russe et de l'anglais. En principe, comme Kevin Windle le fait remarquer, « pour Burgess le recours à d'autres langues est un moyen d'enrichir le texte, d'introduire plusieurs sens et connotations là, où celui qui ne parle qu'une seule langue trouve peu ». Il en a été inspiré par Joyce, qui maniait également avec aisance différentes langues. Burgess décrit le roman de celui-ci, *Finnegans Wake*, comme « une sorte de glorification du jeu de mots » ('a sort of glorification of the pun' ; Introduction to James Joyce, *A Shorter Finnegans Wake*, edited by Anthony Burgess. London : Faber & Faber Ltd., 1966 : 21, cité par Windle 1995 : 171). Le jeu de Burgess, comme celui de Joyce, est assez subtil, vu qu'il est le fait d'un homme qui possède une impressionnante culture encyclopédique, de celui que *Times* a qualifié comme « un des écrivains les plus intelligents et les plus originaux de sa génération »,[11] passionné en plus des langues, de la littérature, tout comme de musique (il est aussi compositeur).

La plupart des jeux verbaux dont Burgess a agrémenté son *nadsat* sont translinguistiques. Le problème est que, même par des jeux de ce type l'auteur cherche, par principe, à établir une sorte de complicité avec ses lecteurs, il compte que ceux-ci seront en mesure de les repérer et de les déchiffrer. S'il essaie

---

10 Cité par Pochon (2010 : 27–28) d'après la traduction française du tome II des *Confessions* de Burgess *You've had your time*, parue sous le titre *Si mon temps m'était compté* (2000 : 53).
11 Cité dans l'avant-propos de *A Clockwork Orange* (Burgess [1962] 2000).

de faire le pont entre deux langues, il visera donc une langue étrangère que ses destinataires connaissent. Burgess, lui, renvoie à une langue qui est loin d'être familière aux anglophones. Ce qui fait que beaucoup de ses jeux bilingues passeraient inaperçus, d'autant plus que le parcours à effectuer pour les déchiffrer est, par moments, assez compliqué. Ceux qui arriveraient à le faire, par contre, dans ce cas-là surtout des gens qui connaissent le russe, éprouveraient un vrai plaisir.

Les jeux de mots bilingues dans le *nadsat* de Burgess se rangent donc parmi les jeux de mots « secrets », qu'analyse Matthias Bauer, dont le mystère ne pourra être percé que par un public de choix et cultivé. Ces jeux de mots, précise-t-il, sont toujours *in absentia* (2015 : 272). Le jeu de mots secret qui renvoie à un autre langage « montre très clairement que le but de la description est la description elle-même, l'enjouement, le mystère et le processus de la découverte qui l'accompagne ».[12]

Dans *A Clockwork Orange*, ces jeux de mots énigmatiques sont, en fait, bien à leur place, vu qu'ils sont utilisés pour forger le lexique d'un argot qui, de par sa nature, sert à marquer l'appartenance à un groupe et à en exclure les non-initiés (fonctions identitaire et cryptique), et qui s'évertue à jouer sur et avec la langue pour transgresser ses règles et ses normes, pour se l'approprier et faire preuve de créativité et de fantaisie, en l'associant souvent à d'autres langues (fonction ludique).[13] Burgess a donc pu donner libre cours à son imagination, s'adonner entièrement à son plaisir de mélanger différentes langues pour créer des significations nouvelles, en procédant par associations insolites, inattendues, souvent difficiles à pénétrer, pour y arriver.

Le titre de son livre est déjà un tel jeu assez alambiqué. Comme Burgess le dit lui-même, il est parti d'une vieille expression du cockney anglais qu'il avait entendue et qui s'est gravée dans sa mémoire : *as queer as a clockwork orange* (bizarre comme une orange mécanique). Plus tard, quand il est allé travailler en Malaisie, il a découvert que là-bas *orang* veut dire *être humain*. Et quand il a eu l'idée d'écrire ce livre, il a opté pour le titre *A Clockwork Orange* qui, associé à cette signification du paronyme malais, pourrait aussi être interprété comme « L'Homme mécanique » – l'homme qui est, comme l'orange, juteux, organique, vivant, mais qui, privé de son libre arbitre, privé de choix, devient un jouet

---

12 « The interlingual pun thus shows very clearly that the point of the description is the description itself, the playfulness, secrecy and process of discovery that go along with it » (Bauer 2015 : 271).

13 Voir p. ex. Antoine (2004 : 12) ; Sourdot (1991 : 16–17, 24) ; Turpin (2002) ; http://www.unibg.it/dati/corsi/3039/18646-La%20variation%20linguistique.pdf (dernière consultation le 15/03/2018).

mécanique entre les mains de l'État ou de Dieu (voir Burgess 1973 [2012], 1986). Cette lecture sous-jacente du titre demeure latente, cachée, impossible à déchiffrer même par un Anglais. Elle est inévitablement perdue également en traduction.

Anthony Burgess, d'ailleurs, considère que, par principe, les mots dont se sert un écrivain ne devraient pas être pris trop au sérieux.

> The novelist passes the time for you between one useful action and another ; he helps to fill the gaps that appear in the serious fabric of living. He is a mere entertainer, a sort of clown. He mimes, he makes grotesque gestures, he is pathetic or comic and sometimes both, he sends words spinning through the air like colored balls. His use of words is not to be taken too seriously. (Burgess [1973] 2012)

Son approche ludique du langage pourrait donc être considérée plutôt comme un exercice de style et pas tellement comme une recherche de la connivence du lecteur.

3.4 Fonctions des jeux de mots dans le texte

Pour commencer, les jeux de mots englobent trois fonctions du modèle de Roman Jakobson : *référentielle* – ils disent quelque chose sur un objet / référent ; *métalinguistique* – « le code est utilisé pour produire des mots nouveaux inattendus ou reprend des mots existants, mais en transgressant leurs règles d'emploi habituelles. [...] ils se servent de la langue comme d'un objet pour la déformer et briser ses conventions. » (Henry 2003 : 31–32) ; *poétique* – mettent l'accent sur le message en tant que tel, servent à divertir, amuser, choquer, accrocher, séduire.[14]

Le *nadsat*, c'est la langue du narrateur du texte Alex – le protagoniste malsain et charismatique du roman. Les jeux de mots de Burgess pourraient donc être considérés, dans une certaine mesure, comme des « métacommentaire(s) sur le personnage et sur son usage de la langue » (Winter-Froemel et Zirker 2015 : 12).

---

14 Voir Delabastita (2001 : 48) ; Henry (2003 : 32–34) ; Winter-Froemel et Zirker (2015 : 11) et Kabatek (2015 : 220) y ajoutent les fonctions expressive et appellative de Karl Bühler (*Sprachtheorie. Die Darstellungsfunktion der Sprache.* Jena : Gustav Fischer, 1934). Kabatek se joint aux critiques du modèle de Jakobson, il considère que la fonction poétique se réduit tout simplement à une façon spécifique de s'exprimer du locuteur, et que la fonction métalinguistique n'est qu'une variété de la fonction référentielle ayant le code linguistique pour référent. Pour lui le jeu de mots est à analyser au niveau du texte concret où il peut faire intervenir « absolument tout ce qui est présent dans l'énoncé concret » (« it can involve absolutely everything that is present in the concrete utterance » ; Kabatek 2015 : 223–224).

Mais, dans la plupart des occurrences que nous avons analysées, ce méta-commentaire porte plus sur Burgess lui-même que sur son personnage.

En ce qui concerne la fonction concrète des jeux de mots dans le texte, ils y assument, dans leur majorité, deux rôles essentiels : 1) ils forgent le lexique du *nadsat*, parfois par un détour translinguistique assez compliqué ; 2) ils contiennent une qualification de la personne ou de l'objet désignés.

4 La traduction en français

4.1 Les traducteurs

La traduction française qui paraît en 1972 sous le titre *L'orange mécanique* est due à Georges Belmont et Hortense Chabrier. Ils ont eu la chance d'être en contact direct avec Burgess qui a hautement apprécié leur travail. Il les qualifie de « superbes traducteurs ». (Burgess [1990] 1991 : 368) Les deux sont bilingues et avaient déjà eu une expérience impressionnante quand ils ont entrepris la traduction de *A Clockwork Orange*. Georges Belmont (1909–2008) avait fait ses études à l'Ecole Normale Supérieure. Là, il avait rencontré Samuel Beckett qui y était lecteur d'anglais. En 1931, il a fait la connaissance d'Henry Miller et est devenu son ami et fidèle traducteur. Il est proche de James Joyce, d'André Gide.[15]

Hortense Chabrier était également une traductrice confirmée avec plusieurs traductions à son actif. Les deux avaient déjà travaillé en équipe.

Par la suite, il y aura d'autres traductions d'ouvrages de Burgess qui vont voir le jour en français sous leur plume. La traduction d'*Earthly Powers*, paru sous le titre *La Puissance des Ténèbres* et consacré Meilleur Livre étranger 1981, leur vaudra le prix « Charles Baudelaire ».

4.2 Les jeux verbaux dans le *nadsat* à la française

Quel que soit leur rôle dans le texte, la plupart des jeux de mots pervertissent le mot étranger repris, russe dans la plupart des cas, de façon à éveiller des associations avec la sonorité ou des significations en anglais. La tâche des deux traducteurs français est, dans une certaine mesure, facilitée par le fait que le russe est

---

15 Voir http://www.universalis.fr/encyclopedie/georges-belmont/ (dernière consultation le 10/03/2018) ; Pochon (2010 : 54–56).

tout aussi énigmatique pour les Français que pour les Anglais, et par les liens de parenté qui existent entre le français et l'anglais.[16]

4.2.1 Jeux de mots forgeant le lexique du *nadsat*

Vu qu'il s'agit seulement d'un mélange translinguistique de significations de caractère purement ludique, le traducteur pourrait ne pas se tenir aux mots concrets, refaire le jeu sur d'autres mots. Georges Belmont et Hortense Chabrier ont pourtant essayé de se tenir le plus près possible des trouvailles de Burgess, ce qui a donné plusieurs traductions isomorphes en français.

4.2.1.1 Calembours translinguistiques

Ptitsa, qui en russe signifie 'oiseau', dans le récit d'Alex veut dire 'femme', sous l'influence probablement de l'angl. *chick*, employé également pour désigner une jeune fille. Les traducteurs ont utilisé *ptitsa* dans le même sens. En français, le mot est associé à *poulette* qui signifie non seulement 'jeune poule', mais aussi 'jeune fille, jeune femme'.

Vareet signifiant en russe 'cuire, faire bouillir, faire la cuisine', est utilisé au sens argotique du verbe *to cook* 'arriver, se passer' (« see what was vareeting [at school] » ; Burgess [1962] 2000 : 27 ; Clarke et al. 2017). Repris en français par *variter* (« voir ce qui se varitait » ; Burgess 1972 : 64), il renvoie à *mijoter* qui, à part 'faire cuire lentement, a petit feu', veut dire au figuré 'préparer longuement en cachette'. La traduction isomorphe conserve le jeu sur la polysémie translinguistique.

Bien plus compliqué est le chemin que le lecteur devrait parcourir pour arriver de ***bratchny*** à *bastard*. *Bâtard* c'est un enfant naturel, né hors-mariage (*внебрачный* en russe). Burgess en a enlevé le préfixe et de la sorte c'est *брачный* ('matrimonial'), l'antonyme, qui est chargé du sens injurieux : *grahzny* (← грязный 'sale') *bratchnies* = *dirty bastards*. Le mot aurait été indéchiffrable si Burgess ne l'avait alterné avec *bastard*. Les traducteurs français ont conservé ce lien pas facile à décrypter, ce qui a donné, dans la version française, *grassous bratchnis*.

Kopat, qui en russe veut dire 'bêcher, creuser', prend le sens de 'comprendre, apprécier' sous l'influence du sens argotique de *to dig* 'piger, être intéressé à

---

16 Les trois siècles de domination normande sur l'île ont bien marqué le lexique de l'anglais et pendant les dernières décennies c'est l'anglais qui laisse son empreinte sur le français.

qqch.' (voir Hyman 1963). Les traducteurs ont employé *kopater* dans le même sens en le liant probablement à *se creuser* fam. 'réfléchir intensément'. Solution qui pourrait être considérée comme homomorphe.

On pourrait multiplier les exemples de ce type, mais nous aimerions donner également quelques exemples de jeux verbaux qui procèdent par allusion pour assumer leur fonction référentielle et où le lien avec le mot russe n'est que phonique.

4.2.1.2 Jeux translinguistiques ou non procédant par allusion

Si l'on se réfère à l'*Appendix : A Clockwork Orange* sur le site de Wiktionary, tel serait le cas de **sammy** qui, de prime abord, paraît être la transcription du mot russe *самый*. Ajouté à un adjectif, celui-ci est utilisé pour former le superlatif ('le plus'). Par allusion au *Bon Samaritain* de la Bible, le mot est utilisé par Alex dans le sens de *généreux*[17] (« The next thing was to do the sammy act » ; Burgess [1962] 2000 : 8). Les traducteurs français ont évidemment été guidés par ce lien allusif. Ils l'ont conservé en l'associant en plus à l'abréviation *B. A.* qui, dans le langage des scouts, signifie *bonne action*. Hors de leur milieu, comme l'explique *Le Grand Robert*, l'expression est « souvent employée ironiquement ». La fusion des deux a créé le mot-valise *sammybéa* (« Il ne restait plus qu'à faire notre sammybéa » ; Burgess 1972 : 20).

Très ténu est le lien paronymique entre le mot russe *golova* (tête) et **gulliver** qui renvoie aux *Voyages de Gulliver* – roman dystopique de Jonathan Swift, satire de la société du XVIIIᵉ siècle. Burgess aimait ce personnage, parti à la découverte de la nature humaine. *Gulliver* se substitue à *head* au sens propre et au sens figuré (« Pete with a bottle of beer frothing its gulliver off » 'mousse, faux col de la bière'), ainsi que dans les expressions figées (« old Dim [...] laughed his gulliver off » 'rire aux éclats, à gorge déployée' ; Burgess [1962] 2000 : 16, 18). Le mot est repris tel quel dans la traduction française (« Momo s'est presque pété le gulliver de rire » ; Burgess 1972 : 38), ne pouvant quand même pas recouvrir les autres significations de *head* en anglais.

Un des personnages importants dans le roman est le chapelain de la prison. Il est le seul à s'opposer à la manipulation du cerveau humain et à défendre le

---

17 Voir Wiktionary, *Appendix : A Clockwork Orange*. Andrew Biswell, biographe de Burgess, professeur de littérature moderne à l'Université de Manchester, dans les notes qui accompagnent l'édition du livre à l'occasion du 50ᵉ anniversaire de sa première publication (Burgess [1962] 2012), considère, par contre, que le mot provient de *to sam* (ou *to stand sam*), mot argotique de la fin du XIXᵉ siècle où il signifiait 'to pay for a drink' ('offrir un pot') en se référant au *Cassell's Dictionary of Slang* de Jonathon Green (2000).

droit au libre arbitre. C'est dans sa bouche que Burgess a mis les deux phrases qui résument la thèse principale de son texte : « Tout homme incapable de choisir cesse d'être un homme » (Burgess 1972 : 148) et encore « L'homme qui choisit le Mal est-il peut-être, en un sens, meilleur que celui à qui on impose le Bien ? » (Burgess 1972 : 169). Et il s'est amusé à jouer sur l'identité phonique entre *chapelain* et le nom de son comédien favori Charlie Chaplin pour l'appeler par substitution (rhyming slang) **the prison charlie / the charlie**.

En français le nom de l'acteur se prononce également de la même façon que *chapelain*. Ce n'est donc pas difficile de garder l'allusion. Les traducteurs ont eu recours au diminutif utilisé par les Français pour référer au personnage de Chaplin : *le charlot de la prison*. Mais *charlot* signifie aussi dans le langage familier « individu peu sérieux ; personnage médiocre et vantard » (*Le Grand Robert*), ce qui ne correspond pas beaucoup au personnage créé par Burgess. En anglais d'ailleurs *Charlie* est également une expression argotique pour 'idiot, malin, charlatan' (*Le Grand Robert & Collins*).

4.2.2 Jeux de mots conférant une qualification

Les jeux de mots véhiculant une qualification canalisent les efforts du traducteur vers la recherche d'un jeu qui puisse conserver ce qualificatif. Ce qui n'est pas toujours facile. Interlinguistiques pour la plupart, mélangeant surtout le russe et l'anglais, mais intralinguistiques également, ces jeux se chargent d'une fonction concrète, recherchent un certain effet sur le lecteur et ce sont notamment cette fonction et cet effet qui sont à reproduire dans la traduction.

4.2.2.1 Mots-valises

Un exemple significatif en est **horrorshow** qui revient à plusieurs reprises dans le texte et qui devrait, par paronymie, évoquer l'adverbe russe *хорошо* ('bien'). *Horrorshow* est utilisé non seulement comme adverbe, mais aussi comme adjectif ou comme substantif et on le trouve à presque chaque page du texte. Alex l'emploie pour dire 'super, excellent, magnifique, fameux, foutu, sacré', etc. (« a nice quiet horrorshow fifteen minutes » ; « making real horrorshow with the slovos ['mots'] » ; « We were doing very horrorshow » ; Burgess [1962] 2000 : 3, 12, 14). Ce mot est un métacommentaire éloquent sur la tournure d'esprit pervertie de ces jeunes qui trouvent leur plus grand plaisir à semer l'horreur.

Comment les traducteurs l'ont-ils rendu ? Georges Belmont et Hortense Chabrier ont opté pour une traduction homomorphe, en trouvant un analogue assez réussi, à nos yeux, qui télescope le mot russe *tzar* avec le mot français *terrible* (« s'offrir quinze gentilles minutes pépère *tzarrible* » *;* « en gargouillant les slovos quelque chose de *tzarrible* » *;* « On y allait *tzarrible* » ; Burgess 1972 : 9, 29, 34).

Le problème surgit quand, dans le texte, *horrorshow*, désintégré, est ramené au sens concret de ses composantes. À la clinique de la prison, quand Alex se voit sangler la tête et ses cils sont fixés pour que ses yeux restent ouverts, il essaie de rigoler : « This must be a *real horrorshow* film if you're so keen on my viddying it. » La réponse qu'il reçoit du « veck en blouse blanche » est : « *Horrorshow* is right, friend. *A real show of horrors.* » (Burgess [1962] 2000 : 76).

Belmont et Chabrier se sont vus obligés de calquer le mot : « Ça doit être un vrai *horreur-show tzarrible*, votre film, pour que vous ayez tellement envie que je le reluche. » Et la réponse : « *Horreur-show* c'est bien le mot, mon vieux. *Une vraie vision d'horreur.* » (Burgess 1972 : 179–180).

Un autre mot qui attire l'attention c'est **millicents**, qui part du mot russe милиционер ('agent de police') ou милиция ('milice'). *Millicents* paraît influencé par le nom propre *Millicent*. Mais on serait tenté d'y voir également un télescopage entre *milice* et *cents* qui suggérerait la vénalité des policiers.

Les traducteurs français ont eu recours à une traduction homomorphe, en transformant *miliciens* en *milichiens* et en sauvegardant de la sorte la connotation péjorative que le mot a dans la bouche d'Alex.

Un autre mot-valise significatif qu'Alex emploie est **malchickiwicks** (← *malchick* ['garçon' → celui qui fait mal aux chicks ?] + *wicked* 'méchant, mauvais').[18]

Georges Belmont et Hortense Chabrier ont trouvé une bonne solution homomorphe pour le rendre : *maltchickicaïds* (*caïd* dans l'argot familier signifie « chef d'une bande de mauvais garçons ; personnage considérable dans le milieu » ; *Le Grand Robert*).

Dans le face à face avec le chef de la bande concurrente Billyboy, Alex ne ménage pas ses mots pour l'injurier : « Well, if it isn't fat stinking **billygoat Billyboy in poison.** » (Burgess [1962] 2000 : 14). Dans la traduction française, le jeu sur le nom de *Billy* qui l'associe à *bouc* est transformé, le nom même est légèrement modifié et lié à un autre adjectif dépréciatif (*laid*), ce qui n'évince pas

---

18 Vincent et Clarke (2017 : 249–250, 252) voient s'appliquer dans ce mot le mécanisme des réduplications enfantines des mots monosyllabiques qui répètent la syllabe ou sa fin après *i* ou *w* (*eggyweg, baddiwad*) – explication plausible, bien que *malchick* soit bisyllabique. L'interprétation que nous donnons nous a été suggérée par des Anglais natifs. De toute façon, du fait que Burgess, comme le signalent Vincent et Clarke (2017 : 249), est demeuré vague et imprécis sur son Nadsat et s'est gardé de donner toute indication concernant les mots qu'il a créés, plusieurs lectures seraient possibles. Il se peut que ce soit notamment cette pluralité des interprétations qu'il a recherchée.

pour autant *bouc* de la phrase. Le qualificatif étant renforcé de la sorte, le calembour paronymique (*in person* → *in poison*) a pu disparaître : « Ma parole, mais c'est ce gros bouc puant de Willaid en personne. » (Burgess 1972 : 32). Compensation qui illustre bien la traduction libre des jeux de mots.

4.2.2.2 Calembours

Les calembours, assez fréquents dans le texte de Burgess, sont également utilisés pour attribuer une qualification.

Le mot russe pour *Dieu* **Bog**, emprunté dans le texte, évoque son homonyme anglais *bog* qui signifie en argot 'chiottes'. Les traducteurs français ont conservé l'association dévalorisante par un jeu paronymique, en désignant Dieu par *Gogre*, qui renvoie, lui aussi, au synonyme familier de chiottes *gogues*. La traduction hétéromorphe conserve l'idée du jeu.

Soomka signifie en russe 'sac'. Mais sous l'influence de l'anglais argotique où *bag* veut dire 'teigne' (*she's an old bag* = *c'est une vieille teigne* ; *Le Grand Robert & Collins*) *soumka* est employé par Alex comme appellation péjorative de 'femme' (« You filthy old soomka » ; Burgess [1962] 2000 : 48). Le mot transcrit dans la version française *soumka* est associé à l'expression française *sac à patates* qui, au figuré, prend le sens de « personne obèse, mal dans sa peau, mal habillée »[19] (« Vieille dégueulasse, vieux soumka à patates ! » ; Burgess 1972 : 113). Traduction qui pourrait être considérée comme isomorphe, vu que c'est également la polysémie translinguistique impliquant les mêmes mots et produisant le même effet qui sous-tend le calembour.

Ded, qui veut dire 'grand-père, vieillard' en russe, évoque, de sa part, par homophonie *dead* en anglais. Le jeu est perdu en français, bien que, comme le suggère Jean Pochon (2010 : 91), l'association aurait pu être conservée. Il propose d'opter par exemple pour l'orthographe *daide* qui évoquerait le paronyme *raide* (mort).

Lewdies associe par paronymie le mot russe *lyudi* ('gens') au mot anglais *lewd* ('obscène') (Vincent et Clarke 2017 : 254). Ce jeu, malheureusement, n'a pas pu être conservé non plus.

D'autres langues sont aussi mobilisées pour participer au jeu. Le mot **sinny** qu'Alex emploie pour 'cinéma' et pour 'film' est forgé à partir du mot français *ciné* (prononciation anglaise) et le mot → anglais *sin* ('péché') (Pochon 2010 : 76).

---

19 Technologies de l'information et de la communication pour l'enseignement. Académie de Bordeaux (http://tice33.ac-bordeaux.fr/Ecolien/LinkClick.aspx?fileticket=J0xt%2FtSFCCM%3D &tabid=3127&mid=6567&language=fr-FR, dernière consultation le 26/02/2018).

Burgess se rendait bien compte du pouvoir manipulateur du cinéma et de la télévision (le lavage de cerveau d'Alex par la méthode Ludovico s'effectue par des films). Dans un certain sens, il avait également anticipé l'effet que le film de Kubrick sur *A Clockwork Orange* a eu sur les jeunes.[20] Et, en plus, il avait lui-même de fortes réserves par rapport à la réalisation du film.

Les traducteurs français, qui ont fait leur traduction un an après la parution du film, ont gardé cette attitude négative de l'auteur en forgeant le mot-valise *cinique* qui associe *cinéma* à *cynique*.

> *Sinny* (this being a film mag)
> *Cinique* (qui était un magaze de cinéma) (Burgess [1962] 2000 : 74/1972 : 174)
>
> Where I was wheeled to, brothers, was like no sinny I had ever viddied before.
> L'endroit jusqu'où on m'a roulé, frères, ne ressemblait à rien de ce que j'avais déjà reluché dans le genre cinique, ou cinoche. (Burgess [1962] 2000 : 75/1972 : 177)

Si l'on se réfère au dictionnaire *Le Grand Robert*, *cynique* veut dire « qui exprime ouvertement et sans ménagement des sentiments, des opinions qui choquent le sentiment moral ou les idées reçues, souvent avec une intention de provocation ». Nous partageons l'avis de Jean Pochon (2010 : 101) qui considère que les deux mots clés de cette définition *choquer* et *provoquer* pourraient très bien s'appliquer aussi bien au cinéma qu'à l'œuvre de Burgess. La solution des traducteurs s'inscrirait donc dans l'esprit et l'effet recherchés par l'auteur.

Nous allons terminer par deux des rares calembours « ouverts », pour employer la terminologie de Matthias Bauer (2015 : 270), faciles à repérer par le lecteur anglophone, vu qu'ils puisent dans les seules ressources de l'anglais. Ces jeux-là, repérables, déchiffrables par le lecteur créent ce lien de complicité entre l'auteur et le lecteur qui permettra de ne pas repousser ce dernier par l'opacité du texte que les mots exotiques créent et par l'effort qu'il devra faire pour les décoder.

Voilà, par exemple, comment Alex réagit à l'article sur les jeunes qu'il lit dans le journal : « Great Music, it said, and Great Poetry would like quieten

---

20 Après la sortie du film plusieurs délinquants au Royaume-Uni ont cherché à imiter les exactions de la bande d'Alex, de sorte que Kubrick s'est vu obligé de demander à Warner Brothers de retirer le film, malgré le grand succès de celui-ci, des salles de cinémas britanniques. À ce propos, Burgess lui-même écrit : « I realized, not for the first time, how little impact even a shocking book can make in comparison with a film. Kubrick's achievement swallowed mine, whole, and yet I was responsible for what some called its malign influence on the young. » (Burgess [1990] 1991 : 246).

Modern Youth down and make Modern Youth more Civilized. **Civilized my syphilised yarbles** » (Burgess [1962] 2000 : 32).

Le calembour, qui est cette fois *in praesentia*, mise sur la paronymie. Les deux adjectifs d'origine latine, devenus internationalismes, ou, du moins, existant dans les deux langues que nous analysons, se prêtent facilement à une traduction isomorphe : « La Grande Musique, ça disait, et la Grande Poésie calmeraient plus ou moins la Jeunesse d'Aujourd'hui et la rendraient plus Civilisée. Civilisées mes yarbilles syphilisées, oui » (Burgess 1972 : 75–76).

Le qualificatif est également codé dans le nom d'un des personnages de la bande d'Alex : « [...] **Dim being really dim** » (Burgess [1962] 2000 : 3). Le calembour est sous forme d'antanaclase – le même mot est répété dans un sens différent (le nom commun *dim* servant de métacommentaire sur le personnage qui porte le nom propre *Dim*).

Les traducteurs français ont naturalisé le nom pour conserver le jeu. Dans leur version *Dim* est devenu *Momo*[21] (« [...] vraiment momo le Momo » ; Burgess 1972 : 9), *momo* signifiant comme *dim* 'stupide, bouché, borné'.

4.2.3 Créations lexicales ludiques des traducteurs

Les traducteurs français n'ont évidemment pas pu reproduire tous les jeux verbaux dont Burgess avait émaillé le récit d'Alex. Pour remédier aux pertes, ils ont ajouté des trouvailles à eux qui s'inscrivent tout à fait dans l'esprit ludique du texte. La plupart en sont des mots-valises qui reprennent le mot russe, utilisé par Burgess, et le fusionnent avec un mot français qui en suggère le sens : *platrusques* (*platties* ['robe' en russe que Burgess emploie dans le sens de 'vêtements'] + *frusques*) ; *lovretter* (*lovet* ['prendre'] + *arrêter*) ; *tché* (*chai* + *thé*) ; *gloupide* (*gloupp* + *stupide*) ; *dratsarre* (*dratse* + *bagarre*) ; *charrière* (*charies* [= 'boules' en russe] + *derrière*) 'fesses', etc. Il y en a qui renvoient à l'anglais : *splenditude*, *rockhanchant*, etc.

Dans « leur » *nadsat* à eux *homo sapiens* subit une transformation significative. Pour Alex les autres prisonniers sont des *homos çapince*. Ce jeu paronymique paraît renvoyer, d'un côté, aux « grosses brutes de matons » (*pincer* 'arrêter,

---

21 Presque tous les prénoms sont francisés – les « drougs » d'Alex sont *Momo*, *Jo* et *Pierrot*. On trouve aussi *Jojo*, *Michou*, le *Gars Willie* (← *Billy Boy*), *Martine*. En prison, il partage la cellule avec *Le Mur*, *Gros-Juif*, *Jeanjean*, etc. Comme Burgess n'a pas situé son histoire dans le temps et dans l'espace, cette naturalisation des noms, partielle parce qu'elle ne concerne que les noms propres, ne pose pas problème.

prendre en faute, sur le fait') et, de l'autre, aux autres prisonniers, parmi lesquels, comme dit Alex, il y a « de vrais pervers prêts à baver partout sur un délicieux jeune maltchick genre celui qui vous conte cette histoire » (Burgess 1972 : 136–137).

4.2.4 Allusions à des références culturelles

Le texte de Burgess abonde en allusions à des personnalités connues à l'époque (les noms des boulevards y font presque tous référence). Il est émaillé également de renvois intertextuels, pour la plupart à des auteurs anglais, à des ouvrages qui n'ont pas été traduits et demeurent inconnus ou, du moins, pas très connus à l'étranger.[22] Ces allusions-là seraient donc impossibles à rendre et à identifier en traduction.

Mais il y a aussi des références implicites à des textes qui font partie du patrimoine littéraire mondial, qu'un traducteur est censé repérer, bien que ce ne soit pas toujours facile :

> Rest, rest, perturbed spirit. (Burgess [1962] 2000 : 122)

La réplique adressée à Alex est en fait une citation de la pièce de Shakespeare *Hamlet* (Acte I, scène V) où Hamlet parle avec le spectre de son père (Andrew Biswell, note 178, Burgess [1962] 2012). Les traducteurs n'ont évidemment pas reconnu le renvoi et leur traduction (« Repos, repos, esprit perturbé ») ne fait aucune allusion à la pièce. S'ils l'avaient fait, ils auraient pu se référer à la traduction faite par François-Victor Hugo en 1865 (« Calme-toi, calme-toi, âme en peine ») où à une traduction plus récente connue par le public.

Quelques mots aussi à propos des renvois à l'ancien anglais qui transparaît par moments dans le langage d'Alex. Voilà deux des répliques où ce renvoi se fait sentir – la première adressée à Dim, un des « drougs » d'Alex, la seconde au père d'Alex :

> I said : « Do watch that, O Dim, if to continue to be on live thou dost wish. »
> « Never worry about thine only son and heir, O my father, » I said. « Fear not. He canst taketh care of himself, verily. » (Burgess [1962] 2000 : 23, 38)

Serait-ce une parodie de textes qu'il apprenait à l'école ou tout simplement Burgess s'est adonné au plaisir de « ressortir du placard » l'anglais du XVIIe

---

22 Voir les notes d'Andrew Biswell dans Burgess ([1962] 2012).

siècle ? Quelle qu'ait été son idée, cette référence à une étape, plus ou moins datée, de l'évolution de la langue anglaise ne saurait être conservée en traduction. La seule possibilité serait d'archaïser, autant que faire se peut, le texte. Georges Belmont et Hortense Chabrier l'ont fait en y ajoutant un *O* pathétique :

> « Fais bien gaffe, O Momo, j'ai repris, si tu ne souhaites point interrompre le fil de tes jours. » (Burgess 1972 : 55)
> « Ne vous en faites surtout pas pour votre fils unique et unique héritier, O mon père, j'ai dit. N'ayez crainte. Il est capable de se suffire à soi-même, en vérité. » (Burgess 1972 : 88)

Dans la réplique adressée au père le vouvoiement (normalement Alex le tutoie), les tournures un peu plus recherchées ajoutent à l'archaïsation du texte.

5 Conclusion

Sans être exhaustive, et de loin, cette analyse donne une certaine idée de la subtilité du jeu sur la ou les langue(s), riche en connotations, en associations, en allusions dont Burgess a relevé son *nadsat*. Ses traducteurs français Georges Belmont et Hortense Chabrier ont eu recours à cette métatraduction dont parle Söll qui, dans ce cas-là, se réduit à la seule stratégie possible pour rendre une telle jonglerie linguistique – celle qu'Umberto Eco va formuler dix ans plus tard à propos des *Exercices de style* de Raymond Queneau (1983, *Esercizi di stile*, quatrième de couverture. Torino : Einaudi) : « [...] non si trattava di tradurre almeno nel senso corrente del termine, ma di capire il regole di gioco che Queneau si era poste, e quindi giocare la stessa partita con un'altra lingua » ('[...] il ne s'agissait pas de traduire, tout au moins au sens courant du terme, mais de comprendre les règles du jeu que Queneau s'était données, puis de jouer la même partie dans une autre langue.' ; cité par Henry 2003 : 108–109). C'est ce que les deux traducteurs ont fait : après avoir analysé les règles qui sous-tendent la création du *nadsat*, ils les ont appliquées à leur propre langue. Facilités dans une certaine mesure par le fait que l'anglais et le français ont beaucoup de points communs, y compris celui d'être également éloignés du russe, ils ont su respecter et suivre de près les intentions de Burgess. En ce qui concerne les jeux de mots, nous considérons que leur « partie » est bien réussie. Ils ont fait preuve d'une inventivité et d'une imagination qui rivalisent avec celles de Burgess pour conserver la fonction dont celui-ci les avait chargées et reproduire l'effet qu'il recherchait sur ses lecteurs.

6 Références bibliographiques

Littérature primaire

Burgess, Anthony. [1962] 2000. *A Clockwork Orange*. London : Penguin books.
Burgess, Anthony. [1962] 2012. *A Clockwork Orange* (restored edition), éd. Andrew Biswell.
New York & London : W. W. Norton & Company. Kindle Edition.
Burgess, Anthony. 1972. *L'Orange mécanique*. Traduit par Georges Belmont et Hortense
Chabrier. Paris : Éditions Robert Laffont (Édition poche).
Burgess, Anthony. [1973] 2012. The Clockwork Condition. The author comments on his most
famous book in 1973. *The New Yorker* 4.06.2012.
http://www.newyorker.com/magazine/2012/06/04/the-clockwork-condition (dernière
consultation le 06/01/2018).
Burgess, Anthony. 1986. *Introduction. In A Clockwork Orange (UK version)* [1962] 1986. New
York : Norton. http://www.secret-satire-society.org/wp-content/uploads/2014/01/
Anthony-Burgess-A-Clockwork-Orange.pdf (dernière consultation 23/07/2018).
Burgess, Anthony. [1990] 1991. *You've had your time*. London : Penguin books.

Sites

Wiktionary, *Appendix : A Clockwork orange*. http://en.wiktionary.org/wiki/Appendix:
A_Clockwork_Orange (dernière consultation le 25/02/2018).
Hyman, Stanley Edgar. 1963. Afterword. Nadsat dictionary. *A Clockwork Orange*. New York :
Norton. http://soomka.com/nadsat.html (dernière consultation le 25/03/2017).

Littérature secondaire

Alexieva, Bistra. 1997. There must be some system in this madness. In Dirk Delabastita (éd.),
Traductio : Essays on Punning and Translation 137–154. Manchester : St Jerome
Publishing & Presses Universitaires de Namur.
Antoine, Fabrice. 2004. Argots et langue familière : quelle représentation en lexicographie
bilingue. In Fabrice Antoine (éd.), *Argots, langue familière et accents en traduction*.
Cahiers de la Maison de la recherche, Université Charles-de-Gaulle-Lille 3, *Ateliers* 31, 11–
21.
Bauer, Matthias. 2015. Secret Wordplay and What It May Tell Us. In Angelika Zirker & Esme
Winter-Froemel (éds.), *Wordplay and Metalinguistic / Metadiscursive Reflexion. Authors,
Contexts, Techniques, and Meta-Reflection* (The Dynamics of Wordplay 1), 269–288. Berlin
& Boston : De Gruyter.
Bonhomme, Marc. 2009. Mot-valise et remodelage des frontières lexicales. *Cahiers de
Praxématique* 53. 99–120. https://praxematique.revues.org/1091 (dernière consultation
le 15/02/2018).
Clarke, Jim, Benet Vincent, Sofia Malamatidou, Patrick Corness, Gabriela Saldanha & Marion
Winters. 2017. Ponying the slovos – categories of Nadsat.

http://benetvincent.coventry.domains/Nadsatlists/ (dernière consultation le 03/08/ 2018).

Delabastita, Dirk. 2001. Aspects of interlingual ambiguity : polyglot punning. In Paul Bogaards, Johan Rooryck & Paul J. Smith (éds.), *Quitte ou double sens : articles sur l'ambiguïté offerts à Ronald Landheer*, 45–64. Amsterdam & Atlanta, GA : Editions Rodopi, b.v.

Delabastita, Dirk. 1996. Introduction. *The Translator* 2(2). *Special issue on Wordplay and Translation.* 127–139.

Henry, Jacqueline. 2003. *La traduction des jeux de mots.* Paris : Presses Sorbonne Nouvelle.

Kabatek, Johannes. 2015. Wordplay and Discourse Traditions. In Angelika Zirker & Esme Winter-Froemel (éds.), *Wordplay and Metalinguistic / Metadiscursive Reflection. Authors, Contexts, Techniques, and Meta-Reflection* (The Dynamics of Wordplay 1), 213–228. Berlin & Boston : De Gruyter.

Kan, Alexander. 2012. *Заводной апельсин* : роману о садисте-эстете – 50 лет [*A Clockwork Orange* : le roman sur le sadique-esthète a fait 50 ans]. Publié sur le site du BBC – service russe. http://www.langust.ru/news/13_09_12.shtml#ixzz3RXJW1q1g (dernière consultation le 20/03/2017).

Kerbrat-Orecchioni, Catherine. 1986. *L'implicite.* Paris : Armand Colin.

Kerbrat-Orecchioni, Catherine. 1977. *La connotation.* Lyon : Presses universitaires de Lyon.

Le Grand Robert de la langue française (version électronique). IIème édition dirigée par Alain Rey du dictionnaire alphabétique et analogique de Paul Robert. CD-Rom, Paris : Le Robert / Bruxelles : Bureau Van Dijk, 2005 / 2006.

Le Grand Robert & Collins super senior (version électronique) français / anglais, anglais / français. CD-Rom. Paris : Le Robert / VUEF Développement / Bruxelles : Bureau Van Dijk, 2003.

Nida, Eugene & Charles Taber. [1969] 1982. *The Theory and Practice of Translation.* Leiden & Boston : Brill.

Pochon, Jean. 2010. *Analyse de la traduction française de l'*Orange mécanique *: comment traduire la création lexicale ?* Maîtrise, Université de Genève. http://archive-ouverte.unige.ch:14840 (dernière consultation le 11/02/2017).

Renner, Vincent. 2015. Lexical Blending as Wordplay. In Angelika Zirker & Esme Winter-Froemel (éds.), *Wordplay and Metalinguistic / Metadiscursive Reflexion. Authors, Contexts, Techniques, and Meta-Reflection* (The Dynamics of Wordplay 1), 119–133. Berlin & Boston : De Gruyter.

Söll, Ludwig. 1971. Traduisibilité et intraduisibilité. *Meta* 16(1–2), mars–juin. 25–31. http://id.erudit.org/iderudit/004199ar (dernière consultation le 20/03/2017).

Sourdot, Marc. 1991. Argot, jargon, jargot. *Langue française* 90, *Parlures argotiques.* 13–27. http://www.persee.fr/web/revues/home/prescript/article/lfr_0023-8368_1991_num_90_1_6192 (dernière consultation le 20/03/2017).

Turpin Béatrice. 2002. Le jargon, figure du multiple. *La linguistique* 38(1). 53–68. DOI : 10.3917/ling.381.0053. URL : https://www.cairn.info/revue-la-linguistique-2002-1-page-53.htm (dernière consultation le 20/03/2017).

Vincent, Benet & Jim Clarke. 2017. The language of A Clockwork Orange : A corpus stylistic approach to Nadsat. *Language and Literature* 26(3).247–264. https://dx.doi.org/10.1177/0963947017706625 (dernière consultation le 25/02/2018).

Vlahov, Serguej & Sider Florin. 1990. *Непреводимото в превода [L'intraduisible en traduction].* Sofia : Nauka i izkustvo.

Walkiewicz, Barbara. 2001. Comment traduire le comique verbal. *Studia Romanica Posnanensia* 27. 173–185. https://repozytorium.amu.edu.pl/jspui/bitstream/10593/6025/1/18_Barbara_Walkiewic z_Comment%20traduire%20le%20comique%20verbal_173-185.pdf (dernière consultation le 15/05/2016).

Windle, Kevin. 1995. Two Russian Translations of *A Clockwork Orange*, or the Homecoming of Nadsat. *Canadian Slavonic Papers / Revue Canadienne des Slavistes* 37(1/2). 163–185. http://www.jstor.org/stable/40870674 (dernière consultation le 08/05/2015).

Winter-Froemel, Esme & Angelika Zirker. 2015. Jeux de mots, enjeux et interfaces dans l'interaction locuteur-auditeur : réflexions introductives. In Esme Winter-Froemel & Angelika Zirker (éds.), *Enjeux du jeu de mots. Perspectives linguistiques et littéraires* (The Dynamics of Wordplay 2), 1–27. Berlin & Boston : De Gruyter.

Anda Rădulescu

Du calembour simple au calembour complexe dans le roman *À prendre ou à lécher* de Frédéric Dard

Résumé : L'une des catégories les plus importantes des jeux de mots (JDM), les calembours sont un « hommage rendu à la langue par des auteurs qui l'exploitent et l'enrichissent » (Buffard-Moret 2014 : 56). Ils constituent, dans les œuvres littéraires, à la fois source (= moyen) d'enrichissement d'une langue, grâce à leur force qui relève de la créativité verbale, et ressource (= possibilité, recours) pour divertir, caractériser un personnage, une situation, ou déguiser des sujets tabous. Frédéric Dard, l'un des écrivains français les plus connus pour les nombreux calembours inventés, les a utilisés dans ses romans pour détendre l'atmosphère et amuser ses lecteurs. Compte tenu du fait que les spécialistes ne se sont pas encore accordés sur une définition définitive des JDM et sur les frontières qui séparent leurs différentes formes de manifestation, nous avons considéré utile de passer en revue quelques-uns de leurs critères de classification et de nous concentrer ensuite sur les mécanismes du calembour. À partir d'exemples extraits du roman *À prendre ou à lécher* qui nous ont paru caractéristiques, nous illustrerons les types les plus fréquents de calembours chez cet auteur, des plus simples, basés sur homophonie, enchaînement de sons, paronymie, synonymie, antonymie, polysémie et glissement du sens jusqu'aux plus complexes, fondés sur des calembours filés, des allusions culturelles et sur des défigements de proverbes, dictons ou citations célèbres. Le résultat du jeu mené par l'écrivain sur les sonorités et les sens des mots de sa langue et d'autres langues (en l'occurrence l'anglais et l'allemand) est un effet comique qui instaure une connivence entre l'écrivain et son lecteur, un dialogue insolite au-delà du texte.

Mots clés : calembour avec allusion, calembour complexe, calembour *in absentia*, calembour *in praesentia*, calembour phonétique, calembour sémique, humour, jeu de mots, polar de San-Antonio

1 Introduction

« Forme d'esprit railleuse qui attire l'attention, avec détachement, sur les aspects plaisants ou insolites de la réalité » (TLFi), l'humour est indissociablement lié au comique et dispose de formes diverses qui provoquent le rire ou le sourire, dont l'une des plus importante est, sans conteste, le jeu de mots (JDM). Et quoiqu'il ait un caractère essentiellement ludique, gratuit ou divertissant, le JDM est loin d'être toujours innocent. Les écrivains n'ignorent pas ses fonctions expressives, critiques, satiriques et ironiques et s'en servent pour pimenter leurs œuvres. Pourtant, le fait de jouer avec et sur les mots est moins courant dans le roman policier. Dard est l'un des écrivains à s'être servi du JDM et notamment du calembour dans le roman policier, afin de divertir le lecteur. En jouant sur la forme, le double sens et la polysémie des mots, l'auteur réussit à « construire deux ou plusieurs niveaux de lecture tout au long de la construction phrastique (isotopie) autour de mots dont le sens est double ou triple » (Charaudeau 2006 : § 31). Le succès du JDM est assuré par le rapprochement des deux univers – celui de l'écrivain et celui du lecteur – qui ne doivent pas être trop étrangers l'un à l'autre, de sorte que l'apparente incohérence entre ces deux univers puisse être dépassée lors d'une lecture attentive et avisée du texte. C'est sur cet aspect que nous nous arrêterons en ce qui suit.

Organisée en deux parties, notre recherche est basée d'abord sur une présentation succincte des définitions et des critères de classification des JDM, que nous avons estimée nécessaire afin de justifier le flou qui existe encore entre les catégories réunies sous la notion de JDM ; ensuite nous nous occupons uniquement des divers types de calembours inventoriés dans le roman *À prendre ou à lécher* de Dard, paru en 1980, à l'édition *Fleuve noir*, et qui fait partie de la série des San-Antonio, comptant au total 183 romans, dont 9 hors-série (Galli 2014 : 14), publiés entre 1949-1999. D'une prodigieuse inventivité verbale, les romans de cet écrivain se lisent facilement et en aucun moment le lecteur ne devine l'acharnement et la minutie de cet auteur qui travaille sa matière, consulte les dictionnaires et lit les écrivains américains (Faulkner, Steinbeck, Cheyney). Son attrait pour l'argot, pour les néologismes[1] et pour la création lexicale ont déjà fait l'objet de quelques ouvrages consacrés (Baldinger 1988, 1990 ; Jeannerod 2010 ; Lagorgette 2010 ; Rullier-Theuret 2008 ; Galli 2012, 2013, 2016, etc.). Néanmoins, même si Dard est

---

1 Dans son article *Entre bérureries et san-antoniaiseries : Prolégomènes à l'étude des néologismes chez San-Antonio* Galli (2011) remarquait la difficulté d'une étude systématique des néologismes dans les romans de San-Antonio, une tâche qu'il estime très compliquée à cause de l'immensité du corpus des romans de Dard, ainsi que de la richesse de sa langue où l'on rencontre toutes sortes de néologismes, calembours, emprunts à l'argot ou à des langues étrangères, emploi de différents registres (San-Antonio [haut] *vs* Bérurier [bas]). Il manifeste le même intérêt pour les néologismes et les créations lexicales de Dard, dans une série d'articles parus entre 2012–2016 : *Le Lexique du corps dans San Antonio : entre argot et néologie* (2012) ; ‹Quelque chose me turluzobe› ou le calembour comme préliminaire à la néologie chez San-Antonio* (2013) ; *San-Antonio sur le ring : les mots mis K.O.* (2016).

connu surtout pour avoir inventé dans les 20.000 mots nouveaux, provocateurs, drolatiques, grossiers, burlesques, obscènes ou cocasses, cette caractéristique de ses romans semble avoir caché l'autre versant de son œuvre, véritable continent immergé, qui révèle une diversité étonnante, ne fût-ce que par les nombreux personnages qui apparaissent dans ses romans, par les endroits où se déroule l'action et par les mentalités et les coutumes qu'il décrit – une véritable comédie humaine (Jeannerod 2010).

Pour nous, Dard est un écrivain comique d'une créativité remarquable, dont les romans abordent des genres divers : aventure, policier, parodie, burlesque, humour aux accents satiriques qui le rapprochent parfois du roman noir.[2] D'où la difficulté des critiques de l'encadrer dans un genre précis et de considérer qu'il pourrait se rattacher au genre policier, populaire ou à la paralittérature[3] et l'intérêt des linguistes et des littéraires pour son œuvre. Dard réussit ainsi « à ne plus être considéré seulement comme un 'phénomène', mais bien comme un innovateur en matière de langue et donc un écrivain à part entière » (Jeannerod 2010 : 204). Pourtant, si nous prenons en compte l'impact effectif des mots inventés par Dard et leur utilisation par les francophones et non seulement leur présence dans les dictionnaires (Baldinger 1997–1998 ; Jacquet-Pfau et Sablayrolles 2016), Dard n'a pas vraiment enrichi le français, parce que beaucoup de ses créations sont artificielles, construites et les procédés de création son récurrents. La plupart d'entre elles ne sont même pas entrées (ou préservées) dans le vocabulaire courant des usagers natifs ; mais, par sa façon singulière de mobiliser les sources et les ressources de sa langue, il a réussi à réaliser une connivence, au-delà du texte, avec le lecteur.

Et si les JDM qu'il a créés comportent des manipulations de mots et de leurs sonorités, ils se distinguent par leur complexité : des plus simples basés sur

---

2 Jeannerod (2010) met en exergue la filiation de Dard avec d'autres grands écrivains de la littérature française : Rabelais (inventivité et jubilation lexicale), Céline (sens de l'invective, mélange du comique et du désespoir), Dumas et Sue (relations privilégiées avec les lecteurs, aventures rocambolesques, pleines de rebondissements et de virages narratifs du commissaire San-Antonio), Ponson du Terrail (comparaisons biscornues dont San-Antonio a fait un véritable ressort comique), Balzac (véritable comédie humaine), Sartre (conception de ce qu'est un écrivain), Simenon, son ami et modèle (présence sérielle d'un commissaire de police emblématique – Maigret pour Simenon, San-Antonio pour Dard), etc.

3 En ce sens, Jeannerod (2010 : 203) affirme que Dard, « défini par sa confrontation avec la langue, placé du côté de l'originalité et de l'innovation », se trouve « à la fois lié à la paralittérature dont il emprunte les formes génériques, et saisi au cœur même de ce qui justifie l'intérêt littéraire, le refus d'une pure transparence du langage ».

homophonie, enchaînement de sons, paronymie, synonymie, antonymie, polysémie, glissement du sens, jusqu'au plus complexes, bâtis sur allusions culturelles ou sur défigement de proverbes, dictons ou citations célèbres. Compte tenu des 385 calembours que nous avons inventoriés par la méthode quantitative et analysés du point de vue de leur structure et de leur valeur stylistique, nous avançons l'hypothèse que les calembours complexes appartiennent à San-Antonio, narrateur et personnage du roman, alter-ego de Frédéric Dard, et sont adressés à un lecteur ayant un certain niveau de culture générale pour les décoder ; alors que les calembours simples, qui relèvent plutôt d'un accident de langue, d'un lapsus ou un mauvais emploi de codes linguistiques, caractérisent le parler de Bérurier, ce spécialiste de « mots écrasés » (Dard 1973 : 48), avec qui San-Antonio fait « la fine équipe » (Rullier-Theuret 2010 : 163). Notre corpus formé d'un seul roman pourrait sembler assez limité, mais d'un côté ce roman n'a pas constitué jusqu'à présent l'objet d'analyse pour d'autres chercheurs, et, de l'autre côté, nous estimons qu'il a tous les ingrédients et toutes les caractéristiques du « phénomène San-Antonio » (Escarpit 1965) qui font le succès de l'écrivain : érotisme, humour, dérision, suspense, action avec de nombreux rebondissements et surtout une sorcellerie verbale qui nous envoûte, ingrédients réunis « pour fabriquer un cocktail qui fonctionnait à merveille auprès des lecteurs et dont seul Frédéric Dard avait le secret » (Galli 2014 : 10).

2 Typologie des JDM : définitions et critères de classification

Pratiqués depuis l'Antiquité grecque et romaine, les JDM ont séduit les écrivains de toutes les époques, qui les ont utilisés pratiquement dans tous les types de discours ou de textes, sous les formes les plus variées : autodérision, boutade, mot d'esprit, farce, calembour, charade, mot-valise, rime, anagramme, contrepèterie, antistrophe, pastiche, jeu du miroir, virelangue, etc. Et puisque situés au carrefour de plusieurs domaines, ils ont depuis longtemps suscité l'intérêt des psychanalystes (Freud 1905), des théoriciens littéraires (Todorov 1977 ; Genette 1982), des stylisticiens (Guiraud 1976), des lexicogrammairiens (Gross 1993), des sémanticiens (Rastier 1997), des pragmaticiens (Bonhomme 2005 ; Maingueneau 2012) et traductologues (Landheer 1989 ; Henry 2003).

De nombreux colloques réunissant des universitaires du monde entier leur ont été consacrés et se sont matérialisés dans la publication de leurs actes :

Tübingen 2013 avec les actes *Wordplay and Metalinguistic / Metadiscursive Reflection. Authors, Contexts, Techniques, and Meta-Reflection* (éds. Zirker et Winter-Froemel 2015) et *Enjeux du jeu de mots. Perspectives linguistiques et littéraires* (éds. Winter-Froemel et Zirker 2015) ; Arras 2013 avec les actes *Bons mots, jeux de mots, jeux sur les mots : de la création à la réception* (éd. Buffard-Moret 2015) ; Cerisy 2015 avec les actes *La fabrique des mots français* (éds. Jacquet-Pfau et Sablayrolles 2016 ; Trèves 2016 *La dynamique du jeu de mots* et Lille 2017 *Du jeu dans la langue : Traduire les jeux de mots* (dont les actes sont à paraître). C'est une preuve évidente que cette catégorie particulière des jeux d'esprit portant sur le langage n'est pas tombée en désuétude puisqu'elle ouvre toujours de nouvelles pistes d'exploitation. Et, en étroite relation avec les jeux de mots, nous remarquons l'inépuisable source qu'offre l'œuvre de Dard aux concernés (voir les recherches issues du colloque organisé à Dijon en 2014 : *Pourquoi (re)lire San-Antonio aujourd'hui ?*, éd. Galli 2014).

De même, les ouvrages de Françoise Rullier-Theuret, *Faut pas pisser sur les vieilles recettes : San-Antonio ou la fascination pour le genre romanesque* (2008) et les Actes du colloque *San-Antonio et la culture française*, organisé en 2010 en Sorbonne (éds. Rullier-Theuret et al. 2010), font découvrir les multiples facettes de la création de cet auteur savoureux, dont les romans se prêtent à des analyses variées – intertextualité, humour, paillardise, création lexicale, niveaux de langue, filiation culturelle, etc.

Dans une vision limitatrice, le JDM est réduit au calembour, sa forme de manifestation la plus répandue. Et portant, même si « [...] on glisse insensiblement de l'un à l'autre, on n'hésite jamais sur le nom à donner à l'effet comique » (Rullier-Theuret 2015 : 27), car le JDM est plus subtil, un vrai mot d'esprit, dont tous les chercheurs admettent le caractère équivoque, de plaisanterie[4] fondée sur la ressemblance des mots. Yaguello (1981), qui reprend Todorov (1978), souligne l'aspect ludique et poétique du JDM ayant pour objet le langage, de même que sa gratuité, opposée à l'utilitarisme. Les stylisticiens (dont Guiraud 1976 : 6) ont poussé l'analyse des JDM plus loin pour distinguer entre le jeu de mots qui « joue sur les mots », *le mot d'esprit* qui « joue sur les idées » et le *divertissement verbal* (tel que *rébus, charade* et autres jeux de société) qui « joue avec les mots » plutôt que « sur les mots » (Guiraud 1976 : 6).

En commentant la triade de Guiraud, Henry (2003 : 8–9) remarque que dans le cas des jeux *avec* les mots l'amusement est prépondérant et représente « une fin en soi », alors que les jeux *sur* les mots (calembour, contrepèterie, anagramme) « s'intègrent dans un texte dans lequel leur rôle peut être tout autre que

---

4 L'étymologie même du mot *jeu* (du latin *jocus*), renvoie à la plaisanterie et au badinage.

ludique » (Henry 2003 : 8–9). Par ailleurs, Henry admet qu'il est assez difficile de dissocier complètement les deux types, parce qu'ils peuvent être entremêlés. Le troisième type, les *mots d'esprit* ou *de pensée*, mentionné aussi dans les anciens ouvrages de rhétorique, s'érige en catégorie noble, parce que rattachée aux idées et opposée à la matière physique des mots. Là encore la distinction s'avère être artificielle

> [...] car dans un texte, il est difficile de nier tout esprit aux jeux de mots, y compris aux plus mécaniques comme ceux qui consistent à permuter des lettres ou des syllabes (ana-grammes, contrepèteries, etc.) ou à ceux qui consistent à construire un mot ou une expression, caché(e) ou non (acrostiche ou acronyme). (Henry 2003 : 9)

De ce fait, la définition des JDM continue encore à être un sujet de controverses, parce que les linguistes faisant partie d'écoles et de générations différentes se concentrent sur des aspects particuliers de cette catégorie associée à l'humour, au divertissement et au ludique. Ainsi, ils se sont évertués à répondre à des questions portant sur ce qu'il vaudrait mieux privilégier : les mécanismes phoné-tiques ou la dimension sémantique des JDM (Guiraud 1976), les dimensions des unités concernées (Winter-Froemel 2016a) ou le spécifique de leur capacité créa-tive (Rabatel 2016) ? La plupart d'entre eux ont préféré plutôt (re)définir chaque catégorie (Rabatel 2011, 2015) que donner une définition[5] aussi générale que pos-sible aux JDM, comme on en trouve chez Winter-Froemel :

> Wordplay is a historically determined phenomenon in which a speaker produces an utter-ance – and is aware of doing so – that juxtaposes or manipulates linguistic items from one or more languages in order to surprise the hearer(s) and produce a humorous effect on them. (Winter-Froemel 2016a : 37)

Et s'il est difficile de les définir, le flou qui existe entre les catégories des JDM rend encore plus difficile une classification définitive. En fait, plusieurs aspects pour-raient être pris en considération pour distinguer entre les divers types de JDM, dont les plus utilisés sont :

a) les opérations pratiquées, critère qu'on retrouve chez Guiraud (1976), qui en établit trois catégories :

   – par substitution – la catégorie la plus féconde, parce qu'elle se trouve à la base des calembours sémiques ou phonétiques ;

---

5 Globalement, un jeu de mots est « un jeu de langage qui manipule mots et sonorités ». (Buffard-Moret 2015 : 7).

- par enchaînement (fausses coordinations, enchaînements par homophonie, par écho, par automatisme, charades à tiroirs) ;
- par inclusion, catégorie qui inclut d'abord les JDM par permutation de phonèmes ou de lettres (anagramme, palindrome, contrepèterie, verlan), par incorporation[6] (mots ou phrases dont les constituants sont répartis dans un texte selon des règles de position données tels l'acrostiche et l'acronyme) et par interpolation (procédé qui consiste à introduire des éléments parasitaires dans un mot ou dans une phrase comme dans les mots-valises).

En fonction de ces opérations, Guiraud différencie les JDM phoniques, les JDM lexicaux et les JDM pictographiques.

b) le critère morphologique, fondé sur le niveau du constituant soumis à la transformation. Ainsi, les unités sont classées selon leur taille (cas du Groupe μ, 1982), qui identifient

[...] quatre grandes familles de figures de rhétorique : deux qui portent sur l'expression, les *métaplasmes*[7] (figures intervenant au niveau d'un mot ou d'une unité plus petite) et les *métataxes* (figures intervenant au niveau d'une phrase ou d'une plus grande unité), et deux qui portent sur le contenu, les *métasémèmes* (figures intervenant au niveau d'un mot ou d'une unité plus petite) et les *métalogismes* (figures intervenant au niveau d'une phrase ou d'une plus grande unité. (Henry 2003 : 19)

c) la dimension énonciative du texte où figurent les JDM (Charaudeau 2006[8] ; Rabatel 2011, 2015[9], 2016), à partir de la distinction entre le locuteur et l'énonciateur source des points de vue dont la multiplicité pose la question de leur prise en charge en contexte ludique.
d) la dimension cognitive et communicationnelle des JDM (Winter-Froemel 2016b : 12) qui souligne également l'importance de la forme dans la création de sens nouveaux. Par ailleurs, Winter-Froemel (2016b : 12) met en évidence

---

6 Le terme appartient à Guiraud (1976 : 52).
7 Les italiques sont de l'auteur.
8 Charaudeau (2006 : § 15) considère que les procédés discursifs des jeux de mots dépendent de l'ensemble du mécanisme d'énonciation, à savoir « [...] de la position du sujet parlant et de son interlocuteur, de la cible visée, du contexte d'emploi et de la valeur sociale du domaine thématique concerné ».
9 Rabatel (2015 : 31) analyse les relations énonciatives entre points de vue en confrontation substitutifs ou cumulatifs dans le cadre d'une énonciation non sérieuse et examine la dynamique contrapétique selon deux grands types de relations, tant en production qu'en réception.

l'intérêt de cette catégorie de l'humour pour la communication quotidienne, tout comme la nécessité d'analyser les œuvres littéraires selon une perspective linguistique, afin de ressortir les particularités stylistiques de chaque écrivain. Cette idée se retrouve aussi à la base des articles réunis dans la collection *The Dynamics of Wordplay* (notamment les numéros 2, 3 et 5 – *Enjeux du jeu de mots. Perspectives linguistiques et littéraires*, 2015, *Crossing Languages to Play with Words. Multidisciplinary Perspectives*, 2016, et *Expanding the Lexicon. Linguistic Innovation, Morphological Productivity, and Ludicity*, 2018), qui mettent en exergue non seulement les diverses techniques utilisées dans la création des jeux de mots, mais également leur importance pour l'innovation linguistique et pour la dynamique des langues.

De là la difficulté de ranger leurs différentes formes de manifestation dans une seule catégorie, surtout lorsque les JDM présentent des caractéristiques partagées par plusieurs espèces[10] (cf. Rabatel 2011, 2015).

3 Calembours du roman *À prendre ou à lécher*

L'examen du corpus analysé nous a révélé que la plupart des JDM du roman *À prendre ou à lécher* est constituée par des calembours à travers lesquels on reconnaît facilement la griffe de Dard. Ils contribuent à l'instauration d'une atmosphère particulièrement humoristique et/ou ironique, totalement opposée à la tension dramatique qui caractérise en général le roman policier.

Nous avons restreint notre corpus de JDM aux seuls calembours d'abord à cause de la diversité des mécanismes linguistiques mis en jeu (enchaînements, paronymie, synonymie, défigement, allusions culturelles) qu'il nous a semblé important de répertorier. Ensuite et surtout leur usage est également partagé par

---

10 Rabatel (2015 : 39) introduit la nécessité de prise en charge et de prise en compte pour distinguer entre contrepet et à-peu-près et des opérations structurantes pour faire la différence entre contrepet (il porte sur des phonèmes plus que sur des graphèmes) et anagramme. Il affirme que « Le critère de la paronymie est intéressant car il porte sur des signifiants phoniques approchants (et pas seulement des lettres), mais il est trop large dans la mesure où la paronymie se retrouve dans beaucoup de JDM qui ne sont pas des contrepèteries, par exemple dans la paronomase *traduttore traditore*. Il faut donc tenter de mettre de l'ordre en distinguant d'une part la nature des segments affectés (un phonème, plusieurs, une syllabe phonique) et d'autre part, les opérations de permutation et de déplacement – opérations dont on verra qu'elles ne sont pas du même niveau, dans la mesure où le déplacement élargit le champ de la contrepèterie, la rendant par là-même moins reconnaissable » (Rabatel 2015 : 44).

les deux protagonistes – San-Antonio et Bérurier dans les parties dialoguées –, de même que dans la narration prise en charge par San-Antonio. Mais ils présentent des différences de niveaux de langue repérables et sont socialement marqués, selon qu'ils viennent de Bérurier ou de San-Antonio.

Dans les dictionnaires, le calembour est défini de façon générale, comme « Jeu d'esprit fondé soit sur des mots pris à double sens, soit sur une équivoque de mots, de phrases ou de membres de phrases se prononçant de manière identique ou approchée mais dont le sens est différent » (CNRTL). Pourtant, les linguistes se penchent plutôt sur certaines particularités du calembour. Ainsi, Kerbrat-Orecchioni (1977 : 140) le présente comme « une exploitation du double sens [...] à des fins consciemment ludiques », Guiraud (197 : 10) fait ressortir son caractère d'« équivoque phonétique, à l'intention 'plaisante' et plus ou moins 'abusive' », Henry (2003 : 25) l'envisage surtout comme « un énoncé contenant un ou plusieurs éléments dont la plurivocité a été intentionnellement exploitée par son émetteur », alors que Rullier-Theuret (2015 : 29) avance l'hypothèse que :

> Dans le calembour, le rapprochement des mots reste non motivé, malgré les efforts le plus souvent excessifs du contexte :
>> *Un chat enrhumé entre dans une pharmacie et dit : je voudrais du sirop pour ma toux (matou).*
>
> Le rire naît du fait que, en dépit de la mise en scène qui permet la rencontre des deux mots, le rapprochement reste totalement artificiel, la toux et le matou sont rapprochés sans raison et sans conséquence, pour le simple plaisir de la prouesse verbale.

En reprenant la classification des calembours opérée par Henry (2003 : 24–30), qui est fondée sur celle de Guiraud (1976 : 10–17), nous distinguons dans le roman analysé quatre types de calembours : sémiques (128 dans notre corpus), phonétiques (193), avec allusion (42), et complexes (22).

3.1 Les calembours sémiques

Ils jouent sur les sens multiples des mots, sur l'opposition entre le sens concret et le sens figuré ou sur le défigement des structures fixes. Les mécanismes sur lesquels ils s'appuient sont, en général, la polysémie, la synonymie et l'antonymie.

Le double sens (concret et figuré) des mots se trouve à la base de nombreux calembours que l'auteur utilise d'habitude pour caractériser un personnage, pour diminuer le suspense, mais aussi pour garder le lecteur intéressé du début jusqu'à la fin.

(1) Emporté par mon élan (comme disent les Lapons), je plante la guinde dans un immense quadrilatère. (p. 185)

Sans la parenthèse qui suit immédiatement, le lecteur ne se serait peut-être pas rendu compte du JDM obtenu par Frédéric Dard, « cet homme du calembour » comme le surnomme Rullier-Theuret (2015 : 31), qui joue sur les deux noms *élan* : (zool.) 'mammifère ruminant' et (fig.) 'mouvement impulsif'. Et même si les nombreuses parenthèses dont le texte est parsemé semblent faire régresser le jeu verbal par leur caractère trop explicatif, elles facilitent la tâche du lecteur, comme dans l'exemple suivant, où les calembours basés sur la polysémie du mot *crosse* ('long bâton recourbé, signe de la dignité abbatiale ou épiscopale', mais aussi 'partie postérieure d'une arme à feu portable') et du mot *liquidation* ('échéance des opérations à terme' ; 'vente de marchandises au rabais' ; fig. 'action de se débarrasser de qqn, de le tuer') sont doublés d'un calembour avec allusion culturelle à un personnage rabelaisien, le frère Jean des Entamures, grand buveur et bon viveur :

(2) Frère Jean-des-Entonnoirs continue sa série de liquidations. D'un coup de crosse (qui n'est pas épiscopale, celle-là), il déguise le crâne de son autre interlocuteur en pâte à modeler. (p. 164)

Sous la plume de l'auteur, les expressions figées tendent à se défiger et à engendrer des calembours décodables en situation de communication, la parenthèse aidant, dans ce cas également, à orienter le lecteur. Ainsi, Bérurier dont l'humeur est mauvaise doit étrangler un gros chien poilu pour sauver sa vie. L'auteur joue sur le nom *poil*, utilisé dans deux instances différentes : de façon explicite, dans le cadre de la collocation *de mauvais poil*, et implicitement, comme nom sous-entendu (*le poil du* chien) :

(3) De mauvais poil (il en a plein les mains, ceux du chien étranglé), il m'arrache le couteau sanglant. (p. 161)

Dard fait appel à la polysémie avec souvent pour résultat un calembour à connotation sexuelle (ex. (4)), où le verbe *copuler* est pris au sens de 'se lier', de 'se joindre', mais le sens qui vient immédiatement à l'esprit de chacun est d''entretenir des relations sexuelles'. La polysémie du mot *chiendent* qui désigne et les 'graminées envahissantes' (sens propre) et les 'difficultés / ennuis' (sens figuré) vient compléter le jeu sur l'anthroponyme *Zola* (renvoi évident à l'écrivain naturaliste Émile Zola), car le fromage italien gorgonzola est, en effet, un fromage puissant à odeur forte, comme celle des pieds :

(4) Une fois que tu es entré, c'est le chiendent du littérateur, tu copules avec les traditions littéraires : Zola au pied levé. Gorgon-Zola ! (p. 143)

La synonymie est plus rarement utilisée dans les calembours qui ont constitué notre corpus. Elle ajoute un supplément d'humour surtout lorsque l'auteur remplace un mot du registre familier comme *turlupiner* (dans le sens de 'contrarier', 'emmerder'), par la création lexicale *turlupafer*, qui renvoie à l'argot, et il enchaîne par un calembour phonétique basé sur la paronymie des mots *sardine* et *sourdine* :

(5) Voilà qui me turlupafe[11], mais en sourdine (à l'huile). (p. 116)

Mais chez Dard on remarque plutôt une tendance à créer des calembours basés sur l'antonymie des mots, à l'aide des préfixes négatifs. En fait, le jeu ici est centré sur les sonorités des mots, les calembours sont égrenés simplement pour le plaisir du jeu, les mots employés ne figurant pas tous dans le dictionnaire (comme *furquer* par exemple, ou *débrousser*, qui évoque *débroussailler*). Cela ne fait que justifier l'affirmation de Rullier-Theuret (2015 : 32) sur les calembours de l'auteur qui « affolent la langue » et sur le langage utilisé qui « devient manière à expérience / expérimentations » :

(6) Une volée de balles nous gicle dans l'espace vital, sans nous dévitaliser heureusement. (p. 180) / priver une dent de son tissu vital ; ici enlever la vie d'un homme

(7) On furque, on bifurque. On rebrousse. On débrousse. (p. 207)

Parfois l'effet burlesque provient d'une réunion insolite de deux antonymes (*bien-mal*), avec déformation de l'expression figée *à qui mieux mieux*, où l'auteur met en parallèle non pas le redoublement du comparatif, mais deux adverbes de sens contraire :

(8) Ils nous désignent la *Land'Rover* en perroquant à qui mieux-mal. (p. 187)

La gratuité du jeu, la surabondance des calembours, parfois forcée, comme dans l'exemple suivant, renforcent le caractère loufoque et parodique du style de l'auteur. Car, en effet, l'antonymie *monter-tomber* de l'ex. (9) est moins évidente,

---

11 Le mot renvoie à l'adjectif *empafé* au sens de « gros con », « enfoiré ». La modification de *me turlu-pine* en *me turlu-pafe* (*être paf* = être saoul) aboutit au sens « me saoule / me prend la tête ».

dissimulée par une dérivation suffixale (*tomber-tombal*) et par une allusion culturelle au cimetière de Bruyère, dans la Haute-Saône, qui tire parti de la sonorité du
nom de l'écrivain Jean de La Bruyère :

(9)   Le feu monte, que dit La Bruyère, tandis que la pierre tombe (et même tombale). (p. 81)

3.2 Les calembours phonétiques

La plupart des calembours sont phonétiques, dans la mesure où des mots ou des
(parties de) phrases se prononcent de façon similaire ou rapprochée, mais pour
le lecteur l'orthographe distingue leurs différents sens :

(10)   [...] il peut m'y joindre dans les meilleurs des laids. (p. 86)/délais

(11)   [...] le frivole se met à m'haler comme un gant. (p. 135)/aller comme un gant

Chez Dard, ce jeu sur les sonorités est surexploité, pratiquement on le retrouve
dans chaque paragraphe et l'auteur arrive à créer des calembours des plus réussis
lorsqu'ils créent par exemple une couleur locale. Ainsi, les clients de l'hôtel
Oriental de Bangkok, en dépit de leur race, culture, religion, âge, corpulence, etc.
ne semblent pas si différents, car tous sont attirés par les mœurs décontractées et
le tourisme sexuel qu'on pratique en Thaïlande. Et, s'il y a « en a qui macèrent entre
deux eaux, et qui s'étalent entre deux zoos, au soleil plantureux de la Thaïlande »
(p. 13), ils arrivent à « pacifier les appâts rances » (p. 209). Le calembour *in praesentia*, obtenu par une homophonie parfaite (*deux eaux – deux zoos*), est complété par un autre, plus subtil, que nous associons à un calembour *in absentia*,
car l'homophonie *appâts rances* et *apparences* fait penser d'abord aux jeunes
thaïlandaises qui jouent le rôle d'amorce pour les Occidentaux, mâles qui sentent
la vieillesse et la débauche, mais qui feignent de respecter les convenances (les
apparences). Dans d'autres cas, le calembour trempe dans le grossier : « La gon-
zesse accourt sus à moi, suce-moi. » (p. 127), puisque la formule familière d'en-
couragement ou d'exhortation sus *à* + *N* est phonétiquement proche de l'impératif du verbe *sucer*, renvoi explicite au sexe oral.
        Les calembours fondés sur des homophonies partielles, avec substitution et
déplacement de sons, qui entraînent des sens différents, sont un procédé
fréquent chez l'écrivain :

(12)   Ou alors montrez-moi votre texte, au prélavable. (p. 225)/au préalable

(13)   Dehors, devant une porte cachère (p. 37)/porte cochère

Par ailleurs, pour Frédéric Dard tout mot ou groupe de mots est susceptible d'engendrer des calembours phonétiques avec enchaînement par homophonie ou paronymie, où le mélange de niveaux de langue (littéraire-soutenue et populaire, familière et argotique) fait la saveur de la lecture et la parenthèse lance le jeu, comme dans l'ex. (14) où le lecteur est invité à segmenter *enjoint* par l'énumération des mois de l'an, ce qui donne la règle du jeu :

(14) [...] il s'est débrouillé pour qu'on appelle la chinoise au bigophone et lui a enjoint (juillet, août, septembre) de foncer à l'embarcadère. (p. 91) / en juin

Ce procédé énonçant des suites de fragments où les mots sont divisés et débouchent sur des séries de quasi homophones en calembour est récurrent, et le texte abonde en exemples de ce type :

(15) Comme par enchantement, comme dit Merlin (pas l'en chantiers, l'enchanteur), une nana m'approche. (p. 112) / Leroy Merlin, grande enseigne, fournisseur de matériaux pour le bricolage et les chantiers

(16) Des roseaux de cinq mètres soixante-dix ! Des palétuviers ! Des palets, des laitues, des éviers ! comme chantait la mère Carton. (p. 198) / Pauline Carton (1884–1974), comédienne française, connue aussi pour avoir chanté *Sous les palétuviers.*

Souvent, le commentaire de l'auteur engendre des calembours *in absentia*, où un terme sous-entend l'autre. Ainsi, dans l'ex. (17), les homonymes d'*enceinte* prêtent à une double lecture : comme nom, au sens d' 'espace clos' et comme adjectif féminin ('en état de grossesse'), sens cocasse vers lequel oriente la parenthèse :

(17) Ouf, nous voici à l'extérieur de l'enceinte (comme ta femme, après nos vacances à Arcachon), électrifiée. (p. 166)

Dans le cadre du jeu sur les sonorités, un rôle important dans la construction des calembours revient aux rimes et aux assonances, d'habitude combinées avec des figures comme la comparaison (18) et l'accumulation par énumération (19) :

(18) [...] mais il est duraille comme Henry Bataille. (p. 104)

(19) Bérurier était déjà réveillé, lui aussi. Abruti, patatesque, roteur, péteur, tempêteur, encombré d'expectorations. (p. 132)

L'essence de l'humour de Dard est de jouer non seulement sur la sonorité des noms communs, mais aussi sur celle des noms propres, l'enchaînement des sons étant crucial dans les deux cas. Car chez lui tout se transforme en calembour. À

comparer, par exemple, les effets comiques obtenus par les ressemblances phonétiques des associations suivantes, où le jeu portant sur des toponymes et des
anthroponymes s'adresse à un lecteur d'un certain niveau culturel. Tous ces
exemples illustrent le caractère fabriqué des créations du romancier et les parenthèses ont, comme dans les cas précédents, un rôle important dans la production
du calembour :

(20) [...] un fourmillement d'embarcations, bord à bord (comme à Bora-Bora). (p. 196)

(21) [...] comme disait M. le comte (de Lille) (p. 46) / Leconte de Lisle

Les effets stylistiques et sémantiques qu'il obtient en jouant sur la graphie et la
sonorité des noms propres[12] sont savoureux, car sous la plume de l'auteur, tous
les noms propres, et surtout ceux des étrangers, acquièrent des connotations
ironiques, malicieuses, voire même sarcastiques. Ainsi, arrivé au commissariat
de police de Hongkong pour enquêter sur la disparition d'un fabricant et commer-
çant de sous-vêtements féminins, San-Antonio est reçu

(22) [...] par un certain commissaire Raï Duku, qui est attaché au bureau du grand patron, lequel
a pour nom Têkunpovkon, histoire de t'amuser au passage. (p. 48) / Raie du cul et T'es qu'un
pauvre con

L'orthographe des noms des policiers thaïlandais, *Raï Duku* et *Têkunpovkon*,
tentent d'imiter les accents thaïs, mais le lecteur francophone averti ne peut pas
être berné, surtout s'il prononce ces mots. Le roi du royaume thaïlandais s'appelle *Raba Tonfrok I-er* (p. 51) / Rabats ton froc, alors que la secrétaire chinoise est
nommée *Tieng Prang Mônpo* (p. 82) / Tiens, prends mon pot. Le nom *pot* en
français populaire signifie 'postérieur', 'cul' et Dard l'emploie pour sa sonorité
propre à engendrer un nom propre à connotation sexuelle évidente.
     De même, la demeure du fabricant de cercueils, *Chakri Spân* / Sacripant, nom
propre créé sur une paronymie, est située au bord du klong[13] *Salo Salôp* (p. 59),
toponyme qu'on lie à la sonorité de Salle aux Salopes, mot polysémique qui
désigne quelque chose de sale, de vil, mais aussi une femme déchue, une prostituée.
     Quand le commissaire San-Antonio fait ses enquêtes, tout est soumis à la
dérision, et le lecteur ne doit pas être surpris si le nom d'un ex président français,

---

12 Voir la communication de Baldinger au colloque de Trèves, 10–13 décembre 1987, publiée
dans les Actes du colloque en 1990.
13 Canal en Thaïlande.

Jacques Chirac, y apparaît également, sous une forme paronymique et avec une orthographe déformée :

(23) La montreuse qui appartient à la secte de Jak Chi-Brak vénère le paf. (p. 216)/*braque* = toqué, fou

Quant au nom du pays où se passe l'action du roman, la Thaïlande, dans la bouche de Bérurier, cet inspecteur peu cultivé qui a son propre idiolecte, elle devient, par une sorte d'étymologie populaire ou d'intégration des emprunts, la *Taillelande* :

(24) Enfin, viens quand même av'c nous en Taillelande ; si t'aimes pas le bouddha, on t'fera faire des massages. (4ème de couverture)

Par ailleurs, tout le discours de l'inspecteur est confus, plein de fautes de prononciation ou d'erreurs grammaticales. Il prononce les mots anglais à la française : le *yes, Sir* devient dans sa graphie un *Yes, sœur* (p. 24), la proximité phonétique des deux mots étant évidente, tout comme l'adverbe d'affirmation *of course* qu'il déforme en *œuf corse* (p. 147).[14] Et lorsqu'il parle de Marie-Marie, sa nièce, son cœur se remplit de douceur, et son français devient plus qu'approximatif, lorsqu'il décrit les *goûts de lusc* (p. 147)/luxe de la jeune fille.

3.3 Les calembours avec allusion

Cette catégorie de calembours repose principalement sur une référence culturelle implicite à un figement, à un proverbe, à une citation connue, à un slogan, à un titre d'œuvre littéraire, à un personnage ou à un événement. Comme le remarque Henry (2003 : 27) « [...] les calembours *in absentia* se prêtent mieux à des jeux avec allusion que les calembours *in praesentia* ». Ainsi, le film *Hirochima, mon amour* dont Marguerite Duras a écrit le scénario est transformé en calembour par substitution et déplacement en *Hirochimour mon n'amas* (p. 96), procédé proche de l'anagramme (métaplasme par permutation).

De même, le lecteur est mis à l'épreuve lorsqu'il tombe sur un autre calembour avec allusion historique cette fois-ci, qui suppose un effort plus grand de compréhension de sa part et même des connaissances culturelles facilitant le décodage :

---

14 « – Sais-tu l'envie qui me prend, Grosse Pomme ? – L'envie de bouffer, *œuf corse* ? » (p. 147).

(25) Un peu dérisoires, nos foutrifications à la hauban. (p. 181)

On remarque d'abord le jeu sur les mots *fortification* et *foutrification*, basé sur une homophonie fantaisiste, qui relève de la créativité verbale, en fait un hapax qui n'a pas d'existence dans la langue.[15] Ce calembour pourrait être pris soit comme un à-peu-près phonétique, dans la mesure où l'équivoque se fonde sur une homonymie partielle, ou comme un mot-valise compactant deux mots (*foutue*[16] + *fortification*). L'idée dépréciative que Dard a sur l'armée ou sur la guerre de même que son esprit antimilitariste sont renforcés par la fin du JDM, où la paronymie *hauban* / *Vauban* constitue une sorte de cas limite, entre un nom commun et un nom propre, car le lecteur est supposé connaître le marquis de Vauban, architecte militaire et ingénieur célèbre du XVIIᵉ siècle, qui a conçu et amélioré les fortifications de nombreuses villes et des ports français.

Les calembours portant sur des allusions littéraires, historiques ou bibliques sollicitent également des connaissances encyclopédiques de la part du lecteur, comme dans (26), où le jeu est toujours phonétique, la parenthèse aidant à compléter le nom d'Iphigénie, la fille d'Agamemnon, sacrifiée pour apaiser la déesse Artémis et laisser les guerriers atteindre Troie.

(26) [les cercueils] avec des kitchenettes incorporées, des avec bibliothèque, des avec la télévision et des avec des chaînes Hi-Fi (génie). (p. 118–119) / Iphigénie

De même, l'allusion culturelle dans les calembours *in absentia* portant sur des expressions figées ou des citations est moins évidente et la manipulation rhétorique doit être signalée par l'auteur pour être remarquée par le lecteur. Dard s'arrange dans cette complicité avec son lecteur par l'emploi surabondant des parenthèses comme dans l'exemple ci-dessous, fondé sur la paronymie entre le nom du peintre impressionniste Paul Cézanne et l'expression *Sésame, ouvre-toi* utilisée face aux difficultés à ouvrir une porte, ne fut-ce que par magie, comme dans le conte *Ali Baba et les 40 voleurs* :

(27) J'ai droit, dans la foulée de son enthousiasme, à un Cézanne (ouvre-toi) agrémenté d'une machine à écrire. (p. 140) / Sésame, ouvre-toi

Le défi lancé au lecteur reste partout dans le texte, car celui-ci doit garder sa concentration et toute son attention aux jeux que l'écrivain invente sur les sens des mots, afin de réagir vite aux modifications opérées. L'auteur arrive à obtenir

---

15 Je remercie Alain Rabatel pour cette précision.
16 Mot de la même famille que le verbe *foutre*.

des effets humoristiques lorsqu'il transforme les proverbes, les collocations ou les citations. Les savoirs culturel et linguistique du lecteur sont mis à l'épreuve par ces inépuisables remplacements de mots, ayant pour résultat une inadéquation sémantique. Dans le cadre d'une structure stéréotypée, la relation qui unit les mots est en même temps sémantique et phonétique, car elle repose sur un « enchaînement par automatisme » (Guiraud 1976 : 32). Le dicton *l'appétit vient en mangeant* devient sous la plume de Dard *l'apathie vient en mangeant*, la transformation vocalique [e] → [a] qui distingue les deux paronymes se prêtant parfaitement à une plaisanterie sur les résultats d'une partie de sexe pratiquée par Bérurier avant son déjeuner.

(28) Ce qui surprend quand tu pénètres, c'est une sorte d'apathie. Je sais bien qu'il est tantôt midi et que l'apathie vient en mangeant, mais une pareille déroute. (p. 38)

De même, la fameuse devise de l'ordre de la Jarretière, *honni soit qui mal y pense*, est rendue par la phrase *tantisoit qui mal y pense*, où les mots ne sont même pas rapprochés phonétiquement car *tantisoit* renvoie plutôt à l'expression *tant soit peu* et de là, à son synonyme – *un tantinet*.

(29) Elle me casse un tantisoit qui mal y pense, la môme. (p. 113)

Avec l'expression *c'est une autre paire de manches* qui aboutit à « C't' une aut'paire d'couilles. » (p. 147), on retrouve le parler cru des personnages de l'auteur, dans la lignée grivoise et gaillarde d'un Rabelais, d'un Hugo ou d'un Zola.

3.4 Les calembours complexes

Ces calembours enchaînent plusieurs JDM, comme par exemple un jeu homophonique suivi d'une contrepèterie ou bien des jeux où l'on reconnaît plusieurs niveaux d'allusions. Henry (2003 : 28) envisage dans cette catégorie les jeux où la plurivocité sémique ou phonétique est soit implicite (comme dans le calembour *in absentia*), soit explicite (comme dans le calembour *in praesentia*).

Chez Dard, beaucoup de calembours complexes ponctuent les actions des personnages et les points culminants de l'intrigue. Ainsi, amenés dans la réserve où l'on pratique la chasse à l'homme et où San-Antonio, Bérurier et quatre asiatiques partagent le sort du gibier et attendent leur exécution imminente, l'auteur trouve le moyen de dédramatiser l'histoire par un calembour complexe basé sur homophonie, fausse coordination, double sens et allusion culturelle :

(30) Il était une fois...

> Un foie, deux reins, trois raisons d'écluser Contrex. (p. 154) / Le premier slogan de l'eau minérale Contrex « Un foie, deux reins, trois raisons de boire Contrex » a été ensuite remplacé par « Une taille, deux hanches, trois raisons de boire Contrex »

Le chapitre qui s'ouvre par la phrase ci-dessus rappelle l'incipit des contes de fées et continue avec les homophones *fois* / *foie* et la fausse coordination associe un slogan publicitaire bien connu incitant à boire l'eau minérale diurétique de Contrexéville ; suivent les numéros cardinaux *un, deux, trois* qui ont un rôle important dans la stratégie persuasive pour l'achat du produit. Le verbe *écluser* qui remplace le verbe *boire* du slogan, se prête à une double interprétation : comme synonyme du verbe *boire*, sens qui vient immédiatement à l'esprit du lecteur, mais également comme synonyme du verbe *uriner*, sens plus caché, mais qui est à mettre en relation avec les propriétés diurétiques de cette eau minérale.

Un autre calembour complexe, basé sur la confrontation des sonorités de mots existant déjà dans les dictionnaires ou simplement créés par l'écrivain, est à celui de l'ex. (31), où Dard forge toute une famille de mots à partir du verbe *agripper* (*l'agrippe*, *l'agrippage*). L'allusion au poète baroque français du XVIe siècle, Agrippa d'Aubigné, est suggérée par la rime et par la majuscule (*agrippage d'Aubignage*), alors que l'adjectif *asiatique* ajouté au mot de création *l'agrippe*, homophone de *la grippe*, évoque la maladie originaire de Chine, née de la mutation d'un virus aviaire aux humains.

(31) Il écarte le barlus, cogne sur les mains des marchandes immergées qui essaient de s'agripper à notre canot (leur méthode d'agrippage (d'Aubignage) s'appelle « l'agrippe asiatique ». (p. 198)

Le calembour avoisine parfois la contrepèterie, lorsque les effets sont grivois et les allusions aux mots tabous évidents. Dans les exemples suivants, les contrepets ne sont qu'approximatifs, mais le lecteur ne peut pas s'empêcher de sourire en décodant les mots graveleux. Ainsi, dans le couple de mots *roupie-roupette* on remarque une sorte de troncation : *roup*(chansonn)-*ette* et (ch)*anson* – (p)*ension*(né). Le mot *roupette* qui désigne les testicules en argot rime avec la monnaie qui circule dans beaucoup de pays asiatiques, la *roupie*. Mais la *roupie* (morve qui pend au nez et ressemble à une crotte) de *sansonnet* (autre nom de l'étourneau) est synonyme de *crotte de bique*, signifiant que quelque chose ne vaut rien.

(32) C'est de la roupie de chansonnette, ou de la roupette de pensionné. (p. 20)

Alors que dans

(33) Le grand soleil, la chandelle romaine ! Dans le cul, je la leur voudrais fiche, la chandelle romaine ! Qu'ils deviennent feu d'artifesse, ces badauds badants. Du spectacle pour cocus, ça, le feu d'artifisc. (p. 196)

la vulgarité du syntagme *badauds badants* est en quelques sorte dissimulée et évitée, même si le lecteur associe *badant à bandant*, la curiosité des musards étant mentalement mise en relation avec l'excitation sexuelle. Cette interprétation serait tout à fait naturelle avec la substitution du feu d'*artifice* par *artifesse*, repris ensuite par un autre mot modifié, *artifisc*.

En fin observateur des mœurs, des pratiques et des comportements quotidiens, Dard se moque des touristes qui s'adonnent à une pratique contemporaine courante – celle de prendre un nombre impressionnant de photos dans les endroits qu'ils visitent. Le calembour qu'il crée par la juxtaposition de l'adjectif *con* suivi du nom de l'entreprise américaine qui fabrique des produits et fournit des services dans le domaine de la photographie, *Kodak*, est proche du mot-valise :

(34) Des choses, quoi, pour cons-Kodak de passage : clic clac ! (p. 46–47)

4 Conclusion

Les jeux de mots, cette manipulation des mots et de leurs sonorités, sont loins d'être de simples outils humoristiques utilisés pour produire un effet ludique – gratuit, agréable, amusant. Ils jouent un rôle important dans la dynamique du renouveau d'une langue. Lorsque les écrivains s'en servent et les utilisent, tel Frédéric Dard, avec un remarquable talent, voire même du génie, ils recourent aux mécanismes complexes de création (enchaînement, substitution, polysémie, homonymie, etc.), qui font partie de la langue et sont à la disposition de tout locuteur francophone. Si le contenu scatologique de certaines créations les rend difficilement réemployables, les procédés consacrés par un auteur célèbre leur donnent leurs lettres de noblesse et devraient inciter les francophones à l'audace et susciter l'indulgence de l'interlocuteur étonné de ne pas trouver dans les dictionnaires le mot lu ou entendu dans les polars de l'auteur.

L'analyse des quatre types de calembours (sémiques, phonétiques, avec allusion et complexes), faite dans une perspective linguistique et stylistique, permet de mettre en évidence l'aisance avec laquelle l'auteur utilise les procédés de création lexicale dont les mécanismes font partie de la langue. Stylistiquement, la surabondance des calembours, caractéristique frappante du style de

Dard dans les San-Antonio, montre la désinvolture de l'auteur à jouer sur et avec les sonorités et les sens des mots. L'écrivain s'en sert pour créer une atmosphère et pimenter ses propos et surtout les répliques des personnages principaux, San-Antonio et Bérurier, tout aussi que ses mises en scène.

Mais les calembours que les deux héros utilisent sont différents : plus sophistiqués chez San-Antonio, basés sur des allusions littéraires, historiques ou politiques, plus égrillards chez Bérurier, reflétant son peu de culture et de connaissances des langues étrangères. Par ailleurs, Dard fait parler San-Antonio dans une langue standard, soutenue même, assaisonnée de temps en temps par des expressions argotiques ou populaires. Ses compétences linguistiques et son imagination lui donnent la possibilité de créer des calembours subtils, où les allusions et les défigements de proverbes, sentences ou collocations font la saveur de la lecture du texte. Pourtant, cela ne veut nullement dire qu'il n'aime pas, à son tour, les calembours basés sur des mécanismes simples, surtout sur l'homophonie et sur la paronymie des mots. En fait, ce type de calembour est le plus fréquent, parce que le plus facile à obtenir. Et l'auteur l'exploite au maximum, parce qu'il tire son inspiration de la tradition populaire et du burlesque rabelaisien où il trouve de beaux exemples.

À l'encontre de San-Antonio, Bérurier est le champion des fautes de grammaire, de prononciation, de l'approximation linguistique et des mots dont il ignore le sens et qu'il estropie ordinairement. Chez lui les mots sont à tout moment soumis à des déformations, à des substitutions, au détournement de sens, de sorte que « l'à-peu-près ne se distingue pas de la bévue » (Rullier-Theuret 2015 : 35), et que « La substitution d'un quasi-homonyme produit un carambolage sémantique, le mot prononcé n'est pas le mot attendu dans le contexte » (Rullier-Theuret 2015 : 35). Son humour est plus rustre, ses calembours plus grivois et son idiolecte plus hardi que celui de San-Antonio. Pourtant, par les particularités caractérielles et linguistiques de ses personnages, Dard réussit à divertir son lecteur, en leur prêtant des calembours qui relèvent d'une dynamique qui va du simple au complexe, du concret à l'abstrait, de l'évident au sous-entendu.

Caractéristiques du style construit par l'auteur pour la série des San-Antonio, les calembours peuvent lasser le lecteur qui les trouve trop « fabriqués » et souvent gratuits et grossiers, tandis que d'autres lecteurs ne les lisent pratiquement que pour se délecter intellectuellement des trouvailles.

Remerciements : Je remercie les relecteurs pour les suggestions pertinentes qui m'ont aidée à améliorer cet article et pour les références qu'ils m'ont fait découvrir.

5 Références bibliographiques

Arndt-Lappe, Sabine, Angelika Braun, Claudine Moulin & Esme Winter-Froemel (éds.). 2018. *Expanding the Lexicon. Linguistic Innovation, Morphological Productivity, and Ludicity* (The Dynamics of Wordplay 5). Berlin & Boston : De Gruyter.

Baldinger, Kurt. 1988. Le langage argotique moderne (San-Antonio) et les dictionnaires de langue (Rob. 1985 ; Lar. 1971/1978). In Barbara von Gemmingen & Manfred Höfler (éds.), *La lexicographie française du XVIIIᵉ au XXᵉ siècle* (Travaux de linguistique et de philologie 26), 251–304. Paris : Klincksieck.

Baldinger, Kurt. 1990. Les noms de personne en afr. et chez San-Antonio. In Dieter Kremer (éd.), *Dictionnaire historique des noms de famille romans*. Actes du colloque de Trèves 10–13 décembre 1987, 138–171. Tübingen : Niemeyer.

Baldinger, Kurt. 1997–1998. Examen critique du ‹Dictionnaire San-Antonio 1993›. *Travaux de linguistique et de philologie* 35–36. 31–67.

Bonhomme, Marc. 2005. *Pragmatique des figures du discours*, Paris : Honoré Champion.

Buffard-Moret, Brigitte. 2014. Se jouer des mots. *Le Magazine Littéraire* 545(7). 56. https://www.cairn.info/magazine-le-magazine-litteraire-2014-7-p-56.htm (dernière consultation le 05/03/2016).

Buffard-Moret, Brigitte & Jan Goes. 2015. Avant-propos. In Brigitte Buffard-Moret (éd.), *Bons mots, jeux de mots, jeux sur les mots : De la création à la réception*, 7–10. Arras : Artois Presses Université.

Charaudeau, Patrick. 2006. Des Catégories pour l'Humour ? *Questions de communication* 10. 19–41. https://questionsdecommunication.revues.org/7688?lang=en (dernière consultation le 05/03/2016).

Dard, Frédéric. 1973. *Ça ne s'invente pas*. Paris : Fleuve Noir.

Dard, Frédéric. 1980. *À prendre ou à lécher*. Paris : Fleuve Noir.

Escarpit, Robert (éd.). 1965. *Une forme du roman noir au XXᵉ siècle : le phénomène San-Antonio*. Université de Bordeaux, Centre de sociologie des faits littéraires.

Freud, Sigmund. 1905. Le mot d'esprit et ses rapports avec l'inconscient. Traduction de l'allemand par Marie Bonaparte et le Dr. M. Nathan (1930), revue par l'auteur lui-même. Paris : Gallimard, 1930. Réimpression Paris : Gallimard, 1971.

Galli, Hugues. 2011. Entre bérureries et san-antoniaiseries : Prolégomènes à l'étude des néologismes chez San-Antonio. *Neologica* 5. 126–143.

Galli, Hugues. 2012. Le Lexique du corps dans San Antonio : entre argot et néologie. *Argotica* 1(1). 65–86.

Galli, Hugues. 2013. « Quelque chose me turluzobe » ou le calembour comme préliminaire à la néologie chez San-Antonio. *Argotica* 1(2). 363–382.

Galli, Hugues (éd.). 2014. *Pourquoi (re)lire San-Antonio aujourd'hui ?* Dijon : Editions universitaires de Dijon.

Galli, Hugues. 2016. San-Antonio sur le ring : les mots mis K.O., In Jacquet-Pfau & Sablayrolles (éds.), 159–175.

Genette, Gérard. 1982. *Palimpsestes : La littérature au second degré*. Paris : Seuil.

Gross, Gaston. 1993. *Les expressions figées : Noms composés et autres locutions*. Paris : Gap, Ophrys.

Groupe μ. 1982. *Rhétorique générale*. Paris : Seuil.

Guiraud, Pierre. 1976. *Les jeux de mots*. Paris : Presses Universitaires de France.

Knospe, Sebastian, Alexander Onysko & Maik Goth (éds.). 2016. *Crossing Languages to Play with Words. Multidisciplinary Perspectives* (The Dynamics of Wordplay 3). Berlin & Boston : De Gruyter.

Lagorgette, Dominique. 2010. Chérinouchou : les mots doux dans la série San-Antonio, loukoum verbal et dénigrement. In Rullier-Theuret et al. (éds.), 333–362.

Henry, Jacqueline. 2003. *La traduction des Jeux de mots*. Paris : Presses de la Sorbonne Nouvelle.

Jacquet-Pfau, Christine & Jean-François Sablayrolles. 2016. Introduction. In Jacquet-Pfau & Sablayrolles (éds.), 9–20.

Jacquet-Pfau, Christine & Jean-François Sablayrolles (éds.) 2016. *La fabrique des mots français*. Limoges : Lambert Lucas.

Jeannerod, Dominique. 2010. *San-Antonio et son double : L'aventure littéraire de Frédéric Dard*. Paris : Presses Universitaires de France.

Kerbrat-Orecchioni, Catherine. 1977. *La connotation*. Lyon : Presses universitaires de Lyon.

Landheer, Ronald. 1989. L'ambiguïté : un défi traductologique. *Méta* 34(1), *Humour et traduction*. 33–43.

Maingueneau, Dominique. 2012. *Les phrases sans texte*. Paris : Armand Colin.

Rabatel, Alain. 2011. Figures d'à-peu-près et Nom propre. *Le Français Moderne* 79(1), CILF (conseil international de la langue française). 1–9. <halshs-00806105> (dernière consultation le 10 janvier 2018).

Rabatel, Alain. 2015. Points de vue en confrontation substitutifs ou cumulatifs dans les contrepèteries (*in absentia*). In Winter-Froemel & Zirker (éds.), 31–64.

Rabatel, Alain. 2016. Jeux de mots, créativité verbale et/ou lexicale : des lexies et des formules. In Jacquet-Pfau & Sablayrolles (éds.), 233–249.

Rastier, François. 1997. Défigements sémantiques en contexte. In Michel Martins-Baltar (éd.), *La locution entre langue et usages*, 305–329. Paris : ENS Éditions.

Rullier-Theuret, Françoise. 2008. *Faut pas pisser sur les vieilles recettes : San-Antonio ou la fascination pour le genre romanesque*. Louvain-la-Neuve : Academia Bruylant.

Rullier-Theuret, Françoise. 2010. La « fine équipe », grâces et disgrâces des personnages secondaires (Son alter ego, son alter mégot, son alter négro, son alter Antonio, son alter cabot et Mathias). In Rullier-Theuret et al. (éds.), 163–176.

Rullier-Theuret, Françoise. 2015. Calembours bons et jeux de mots laids chez San-Antonio. In Brigitte Buffard-Moret (éd.), *Bons mots, jeux de mots, jeux sur les mots : De la création à la réception*, 27–39. Arras : Artois Presses Université.

Rullier-Theuret, Françoise, Thierry Gautier, Dominique Jeannerod & Dominique Lagorgette (éds.). 2010. *San-Antonio et la culture française. Actes du colloque international des 18, 19 et 20 mars 2010 en Sorbonne* (Écriture et représentation 14). Chambéry : Université de Savoie.

Todorov, Tzvetan. 1977. *Théories du symbole*. Paris : Seuil.

Todorov, Tzvetan. 1978. *Symbolisme et interprétation*. Paris : Seuil.

Winter-Froemel, Esme & Angelika Zirker (éds). 2015. *Enjeux du jeu de mots. Perspectives linguistiques et littéraires* (The Dynamics of Wordplay 2). Berlin & Boston : De Gruyter.

Winter-Froemel, Esme. 2016a. Approaching Wordplay. In Sebastian Knospe, Alexander Onysko & Maik Goth (éds.), *Crossing Languages to Play With Words. Multidisciplinary Perspectives* (The Dynamics of Wordplay 3), 11–46. Berlin & Boston : De Gruyter.

Winter-Froemel, Esme. 2016b. Les créations ludiques dans la lexicographie et dans l'interaction locuteur-auditeur : aspects structurels, enjeux sémantiques, évolution diachronique. In Jacquet-Pfau & Sablayrolles (éds.), 251–268.

Yaguello, Marina. 1981. *Alice au pays du langage*. Paris : Seuil.

Zirker, Angelika & Esme Winter-Froemel, (éds.). 2015. *Wordplay and Metalinguistic / Metadiscursive Reflection : Authors, Contexts, Techniques, and Meta-Reflection* (The Dynamics of Wordplay 1), 1–22. Berlin & Boston : De Gruyter.

Dictionnaires en ligne

Centre National de Ressources Textuelles et Lexicales (CNRTL), http://www.cnrtl.fr/ (dernière consultation le 10/01/2018).

Le Trésor de la Langue française informatisé (TLFi), http://atilf.atilf.fr/tlf.htm (dernière consultation le 20/09/2017).

Hélène Favreau

« Allumeeez le fun » : le jeu de mots comme lieu de croisement des dynamiques linguistique et sociolinguistique dans le discours publicitaire

Résumé : Le jeu de mots est, au moins dans le domaine publicitaire, un écart volontaire aux normes linguistiques de la part du locuteur, dans le but d'interpeller d'abord et de faire (sou)rire son interlocuteur ensuite. Ces dimensions phatique mais aussi esthético-ludique suffisent à justifier l'utilisation quasi systématique de ce mécanisme linguistique par les annonceurs. Pourtant, force est de constater que les enjeux sous-tendus par cette pratique dépassent la visée strictement communicationnelle sus-décrite. En quoi le recours massif au jeu de mots s'avère-t-il être une stratégie efficace de communication publicitaire ? L'examen d'exemples permettra de mettre en lumière la façon dont le discours publicitaire s'affranchit de certaines contraintes linguistiques en jouant avec les mots sur différents plans de la langue : phonologique, lexical, sémantique ; ces aspects transgressifs illustrant le caractère dynamique inhérent à toute langue. Puis sera envisagée la dynamique animant la construction du sens par le récepteur qui se trouve impliqué et engagé dans ce processus à divers degrés : de sa simple connivence à sa participation active, voire physique dans certains cas, en passant par l'appel à sa culture partagée en vue du décodage de l'intertextualité ou de l'implicite suscités par le jeu de mots. Ce dernier peut d'ailleurs quitter son statut fréquent d'hapax à condition d'être réinvesti dans l'usage. Cela suppose de la part des locuteurs une réappropriation de l'unité lexicale en question pouvant, dans certains cas, conduire au défigement. Ainsi, nous nous interrogerons sur la dimension sociolinguistique qui permet d'envisager le discours publicitaire comme reflet de l'usage linguistique mais aussi comme instigateur de nouvelles tendances linguistiques.

Mots clés : création lexicale, compétence linguistico-ludique, interaction locuteur-récepteur, medium publicitaire, néologisme, production-réception du jeu de mots, transgression, usages du français

1 Introduction

On ne compte plus les *Manu Ciao* ou autres jeux de mots autour du verbe *Val(l)ser* émaillant depuis fin janvier 2017 différents titres de presse ou de billets sur les réseaux sociaux[1] pour évoquer la défaite du Premier Ministre français Manuel Valls aux élections primaires, preuve s'il en est de la propension de l'actualité à générer ces ludiques trouvailles. D'ailleurs, la diversité des communications lors du colloque *La dynamique du jeu de mots – perspectives interdisciplinaires* permet de prendre la mesure de cette pratique linguistique qui semble occuper une place de choix dans les différents médias (presse, littérature, réseaux sociaux, publicité). De notre point de vue, nous nous attacherons surtout à examiner le jeu de mots dans un corpus de publicités pour tenter de voir en quoi le recours massif à cette pratique s'avère une stratégie de communication publicitaire efficace. Il s'agira notamment de considérer les trois dynamiques indissociables qu'il génère :

1) au niveau linguistique :
    1a) en termes de production, le jeu de mots peut parfois être appréhendé comme une transgression du fonctionnement régulier de la langue ;
    1b) en termes de réception, le jeu de mots n'est saisissable par l'interlocuteur qu'à la condition que ce dernier s'engage dans une dynamique d'interprétation ;
2) au niveau sociolinguistique, puisque le jeu de mots est tantôt une création ponctuelle relevant de l'individu, tantôt un objet réinvesti au niveau collectif dans l'usage – voire la langue – et en est le reflet ou l'instigateur de nouvelles tendances.

Mais peut-être nous faut-il, avant d'aller plus loin, expliciter notre titre :

(1) Allumeeez le fun

Nous avons retenu cet exemple en particulier car il nous semblait synthétiser le mieux cette triple dynamique. Il s'agit d'une campagne publicitaire pour l'iPod touch (2012), baladeur numérique d'Apple. D'un point de vue strictement informatif, le message linguistique ne veut pas dire grand-chose au sens où il n'apporte pas de précision particulière sur le produit. L'intérêt est donc ailleurs. D'un point de vue linguistique (et normatif), ce message ne correspond pas à une utili-

---

1 « Renvoyé Vallser » (Mediapart, 29 janvier 2017) ; « Manu, ciao » (Huffington Post, 29 janvier 2017).

sation standard de la langue française : la contrainte sémantique n'est pas respectée ; on ne voit pas d'emblée ce qu'*allumer le fun* pourrait signifier, d'où le fait que cela interpelle le récepteur (fonction phatique). En revanche, un interlocuteur français pourrait trouver cela drôle (ou à tout le moins amusant) car il devrait normalement saisir le clin d'œil de l'annonceur en repérant le jeu phonique (proximité entre /fʌn/ et /fø/) qui lui permet de reconstituer le titre de Johnny Hallyday « Allumez le feu » pour peu qu'il possède cette référence considérée comme faisant partie du patrimoine culturel commun. On voit donc comment le jeu de mots témoigne ici d'une dynamique linguistique (transgression du code), d'une dynamique interactionnelle (connivence entre émetteur et récepteur via l'intertextualité) et, dans une moindre mesure peut-être, d'une dynamique sociolinguistique (réappropriation de l'anglicisme *fun*, de plus en plus courant en français).

2 Cadrage théorique et remarques méthodologiques

À l'instar de Jacqueline Henry pour qui « il ressort de l'analyse des études existantes sur les jeux de mots qu'il est très difficile d'établir une classification définitive des jeux de mots » (Henry 2003 : 30), il serait illusoire de vouloir donner ici une définition absolue du jeu de mots et d'en dresser une typologie exhaustive tant les caractéristiques qui lui sont associées sont polymorphes. L'absence de définition consensuelle autour de ce phénomène n'empêche pas de s'accorder sur sa densité sémantique et Pierre Guiraud formule une première distinction qui permet d'en apprécier les fondements :

> [...] le *mot d'esprit* a pour objet de provoquer le rire, mais joue sur les idées et non sur les mots ; les *divertissements verbaux* jouent sur les mots – ou plus exactement avec les mots – mais n'ont pas pour objet premier de provoquer le rire. C'est donc ce double caractère – une manipulation des mots et qui déclenche le rire – qui constitue l'essence du *jeu de mots*. (Guiraud 1976 : 104)

Comme le dira plus tard Tzvetan Todorov, « le jeu des mots s'oppose à l'utilisation des mots telle qu'elle est pratiquée dans toutes les circonstances de la vie quotidienne », avant d'ajouter qu'« il voisine avec l'anormal : c'est la folie des mots » (Todorov 1978 : 294), propos auquel nous ne pouvons que souscrire. Ce critère de distorsion par rapport au fonctionnement régulier du système linguistique nous paraît être le premier élément définissant le jeu de mots, même si des sous-catégorisations s'avèrent nécessaires. Nous retiendrons simplement ici que les différents plans de la langue peuvent être « affectés » par le jeu de mots. Par ailleurs, au-delà d'une simple transgression volontaire de normes (López Díaz 1996 : 65), Marie-B. Vittoz Canuto (1983 : 29) évoque le caractère dynamique du jeu de mots en tant que lieu de tension entre l'émetteur (qui dispose d'un espace créatif) et le récepteur (appelé à réduire l'anomalie). Elle est en cela rejointe par Jacqueline Henry qui l'envisage comme « un énoncé contenant un ou plusieurs éléments dont la plurivocité a été intentionnellement exploitée par son émetteur » (Henry 2003 : 25). La dimension intentionnelle du jeu de mots nous semble être le deuxième critère à retenir car elle lui donne sa dynamique, en définissant un cadre énonciatif et pragmatique propice à sa production. Dirk Delabastita ne dit pas autre chose puisque, pour lui, le jeu de mots regroupe :

> [...] the various discursive phenomena in which certain features inherent in the structure of the language(s) used are mobilised to produce a communicatively significant, (near-) simultaneous confrontation of at least two linguistic units with more or less dissimilar meanings and more or less similar forms. (Delabastita 2011 : 140)
> [les différents phénomènes discursifs où sont mobilisées certaines caractéristiques structurales propres à la langue / aux langues utilisée(s) afin de produire une confrontation (quasi) simultanée et significative sur le plan de la communication entre au moins deux unités linguistiques ayant des significations plus ou moins dissemblables et des formes plus ou moins ressemblantes ; notre traduction]

Ces deux critères définitoires du jeu de mots nous semblent d'autant plus valables s'agissant du domaine publicitaire puisque « [l]e contexte communicationnel extrêmement concurrentiel, caractérisé par un bruit de fond publicitaire, fait du discours publicitaire un lieu propice aux audaces formelles et aux provocations sémantiques » (Lugrin 2006 : 29). Selon ce même auteur, la propriété innovante de ces transgressions linguistiques doit sans aucun doute se doubler d'un caractère amusant (ou au moins divertissant) puisque « [l]'humour semble être l'un des moteurs les plus efficaces de l'argumentation publicitaire » (Lugrin 2006 : 426) et, partant, quasiment une contrainte de ce type de discours. Les discours publicitaires étant construits par les annonceurs selon cette attente, la question est de savoir si le récepteur saura appréhender et apprécier cette portée ludique.

À ce stade, et sur un plan méthodologique, il convient de préciser que notre corpus n'est pas le fruit d'un recueil systématique de publicités. Il a été constitué pendant plusieurs mois au gré des trouvailles linguistiques. Le colloque et cet article n'ont été qu'un prétexte pour commencer l'étude de quelques-unes de ces 200 occurrences. La totalité des exemples analysés ici sont tirés de publicités contemporaines françaises à vocation commerciale dont l'objet est de vendre des produits ou services du quotidien dans des domaines aussi variés que l'alimentaire, la culture, l'hygiène, les transports. Une seule occurrence fait exception à cela : l'exemple (22) où la publicité est alors utilisée à des fins idéologiques afin de faire adhérer à une idée. De plus, tous les exemples mentionnés sont des affiches. Il s'agit d'un support présentant au moins deux spécificités :

–   Il permet de combiner des images et de l'écrit, constituants faisant l'objet de disciplines distinctes pour l'analyse. Même si la nôtre portera principalement sur l'aspect linguistique, la réalité plurisémiologique du discours publicitaire est un de ses points forts qui ne saurait évidemment être négligé, ce que nous nous efforcerons de faire dans certains cas où l'appréciation du jeu de mots n'est possible qu'en lien avec le visuel auquel il est associé.
–   Il est destiné à être placardé dans les lieux publics. En termes pragmatiques, cela revient à dire que l'intention de son auteur est de *donner à voir* un produit, une marque, afin d'attirer le regard du plus grand nombre et de déclencher l'achat.

Élément incontournable de communication visuelle, l'affiche s'intègre ainsi au mobilier urbain et investit l'espace public de façon de plus en plus massive, quitte à parfois parasiter sa réception tant les destinataires se trouvent aujourd'hui submergés de messages publicitaires, sous quelle que forme que ce soit (Speck et Elliott 1997). L'objectif est donc de se démarquer par une plus grande dissimulation de la portée commerciale du message au profit d'une plus grande créativité (Rotfeld 2006). Dans ce contexte, la langue (en général) tient un rôle-clé dans ce type de discours persuasif en ce qu'elle véhicule des connotations affectives et émotionnelles qui dépassent le strict aspect communicatif (Holmqvist 2011). On pourra alors s'interroger sur le gain que le jeu de mots (en particulier) permet de retirer dans cette recherche d'efficacité du message publicitaire, notre hypothèse étant que ce dernier constitue une figure linguistique ludique au service d'une stratégie de connivence, le plus souvent humoristique, dont l'intérêt est de situer le récepteur au croisement d'une triple dynamique.

3 Dynamique linguistique : production du jeu de mots et transgression

Au plan phonique, de nombreux jeux de mots se fondent sur une approximation phonétique. Cette exploitation paronymique est la stratégie mise en place par Oasis pour différentes campagnes de promotion de ses boissons fruitées.

(2)   Pour la beauté du zeste (2013)

(3)   Ramon Tafraise / Mangue Debol (2014)

L'exemple (2) est le résultat d'une substitution du phonème /ʒ/ à l'initiale par /z/, articulatoirement proche. Cette permutation phonique sur l'axe paradigmatique entraîne aussi une permutation sémantique sur le même axe qui vient renforcer l'effet ludique de ce jeu sur les sonorités puisqu'on obtient alors une paronymie entre *geste* (allusion ici au geste sportif, qui soutient le visuel de l'affiche où une orange est en train de faire du ski nautique) et *zeste* (qui s'applique à l'orange). Le même procédé est appliqué au nom des différents personnages de cette campagne. En (3), les permutations respectives du /ɛ/ par /ɔ/ et du /k/ par /g/ (par voisement pour cette dernière), correspondent dans le même temps à des détournements d'expressions : *ramène ta fraise* et *manque de bol*. Le jeu de mots dépasse ici le jeu sur le nom commun pour donner lieu à des pseudo-noms propres.

Au plan morphologique, la création lexicale ne suit pas systématiquement les procédés classiques de la dérivation et de la composition. Un cas particulier de composition est fréquemment exploité dans le domaine publicitaire : le mot-valise.

(4)   complètement ré*nano*vé (2012)

(5)   RE*VOLV*OLUTION (2010)

(6)   L'*inter*ro du matin / Bonne à *inter*ner / L'*inter*national à la loupe / À vous d'*inter*venir / L'*inter*mède classique / Sans *inter*dits (2014)

L'iPod nano a recours à cette formation dans l'exemple (4) où le nom du produit *nano* se retrouve enchâssé dans l'argument de vente du produit : *rénové*. Il s'agit en effet d'une version améliorée d'un modèle antérieur. Il en va de même pour le (5) qui est aussi un mot-valise construit par enchâssement. Le nom de la marque (Volvo) est complètement intégré à la caractéristique mise en avant (voiture révolutionnaire).[2] Parfois même, comme avec la publicité pour France Inter en (6), le nom de la marque et son logotype sont intégrés aux expressions utilisées

---

2 Il est à souligner que l'iconicisation joue ici son rôle d'aide à la perception de cet enchâssement puisque la couleur utilisée pour les caractères de Volvo est différente des autres. Encore une fois, il ne faut pas oublier que ces messages linguistiques sont supportés par un visuel que nous n'avons pas reproduit ici pour des raisons de droits d'auteur mais qui sont indéniablement à prendre en compte lors d'un examen sémiologique complet.

pour décliner les programmes de la station.[3] Jean-Michel Adam et Marc Bon-homme parlent alors d'iconicisation du verbal lorsque les « constituants linguis-tiques de l'annonce subissent l'influence du domaine iconique. Le langage devient partiellement image. [...] Axée sur le nom, la marque fait partie, comme on l'a vu, du domaine linguistique. Or, les graphèmes qui la composent s'en-richissent souvent secondairement de traits appartenant à la sphère de l'image (iconicisation de la marque) » (Adam et Bonhomme 2012 : 93).

Au plan sémantique, le ressort massivement exploité par le discours publici-taire est le jeu sur la polysémie lexicale et / ou sur l'homonymie syntaxique du français.

(7)   Nous aimons choisir avec qui on s'envoie en l'air (2012)

(8)   Levez-vous de bonheur (2009)

Dans ces exemples, « il y a à la fois maintien et cassure de la lexie puisqu'à côté d'une valeur figurée admise par le contexte se superpose une valeur propre inhabituelle » (Vittoz Canuto 1983 : 82). L'auteur distingue deux mécanismes du jeu de mots polysémique : « [1] le blocage du sens figuré lexicalisé à la faveur du sens propre, pris au pied de la lettre ; [2] le maintien du sens figuré lexicalisé et la réactivation du sens propre en même temps » (Vittoz Canuto 1983 : 82). Dans l'exemple (7) du comparateur de vols Liligo,[4] le jeu de mots repose sur la lexie *s'envoyer en l'air* qui, prise littéralement, signifie *aller dans les airs* (ce qui semblerait logique pour un annonceur de ce type) mais qui au figuré, et dans un registre très familier, signifie *avoir une relation sexuelle*. L'aspect ludique ne repose pas tant sur cette ambiguïté linguistique que sur le fait que ce double-sens soit également renforcé par la double-lecture possible du visuel. En effet, le couple censé prononcer cette phrase a l'air passablement « coincé », ce qui dé-clenche tout d'abord une lecture au sens figuré (décalage qui va susciter l'amuse-ment) mais l'annonceur, représenté sur l'affiche par le pictogramme de l'avion qui décolle, appelle, lui, une lecture au sens propre (ce qui doit *a priori* faciliter l'élucidation). L'exemple (8) de la marque de jus d'orange Tropicana propose quant à lui une homonymie syntaxique. C'est l'ambiguïté du code oral qui génère

---

3 Le lecteur pourra se reporter au site suivant pour avoir accès au visuel de cette campagne d'affichage : http://www.radiofrance.fr/l-entreprise/radios-du-groupe/france-inter (dernière consultation le 05/01/2018).
4 Le lecteur pourra se reporter au site suivant pour avoir accès au visuel de cette campagne d'affichage :   http://www.creads.fr/blog/tendance-design-graphique/liligo-senvoie-en-lair-avec-sa-derniere-campagne-publicitaire (dernière consultation le 05/01/2018).

ici une perturbation, un brouillage, dans le découpage de l'énoncé, pouvant aboutir tantôt à *de bonheur* tantôt à *de bonne heure*. La réalisation phonétique de ces deux segments est absolument identique. L'équivoque n'apparaît qu'au moment de la transcription graphique, laquelle permet l'élucidation sémantique. Ce procédé est extrêmement fréquent dans des langues comme le français où « le phénomène de liaison [...] par lequel les mots s'enchaînent, s'emboîtent, tout en se modifiant légèrement, facilite l'apparition d'ambiguïtés générées par l'efface-ment de la frontière composant un syntagme » (Vittoz Canuto 1983 : 34).

Ces divers exemples révèlent donc bien le caractère dynamique de la langue qui, loin d'être aussi figée que d'aucuns le pensent,[5] est tout à fait malléable, entre autres par les annonceurs, qui exploitent les moindres potentialités de son système, au risque parfois de s'éloigner du fonctionnement régulier et de créer certaines anomalies. De toute évidence, ce sont bien ces dernières qui fonc-tionnent comme autant de signaux pour le récepteur. Une telle dimension phatique est l'un des principes de base de la publicité : avant de vendre un produit ou de faire adhérer à une campagne, encore faut-il attirer l'attention de l'acheteur potentiel.

4 Dynamique sémantique : réception du jeu de mots et construction du sens

Une fois l'attention attirée par la détection d'une anomalie, le mécanisme à l'autre extrémité de la chaîne de communication consiste, d'après nous, en la réduction de la tension créée par cet écart. Cela suppose bien évidemment une participation plus ou moins active du récepteur qui se trouve alors impliqué et engagé dans ce processus à des degrés divers.

En matière de culture partagée d'abord, afin que l'effet humoristique escompté se réalise, le jeu de mots se doit d'être facilement repérable, puis interprétable par l'interlocuteur ou que ce dernier soit capable de lever lui-même les éventuelles ambiguïtés ainsi générées.[6] L'humour étant un levier d'adhésion,

---

5 Les partisans d'une conception passéiste de la langue, qu'ils soient « simples » locuteurs, académiciens ou grammairiens, fondent leur position sur la défense d'une *belle* langue, indépendamment de toute approche scientifique des questions linguistiques dont ils refusent par ailleurs de reconnaître la légitimité (Dubois 2014).

6 Nous entendons ici le terme d'ambiguïté au sens que lui donnent les linguistes de « résidu irréductible, qui appelle plusieurs représentations métadiscursives disjointes [...] on sait l'usage abondant que la publicité fait de ce type de ressource » (Fuchs 2009 : 7–10).

un message drôle crée normalement une émotion chez le consommateur : sinon le rire dans le cas de l'affiche, au moins le sourire, témoin de l'instauration d'une connivence. Dans le cas « idéal » où les connaissances encyclopédiques, culturelles et / ou sociales du récepteur correspondent en tous points à celles de l'émetteur,[7] il n'y a pour ainsi dire aucun problème de réception, à tel point que l'énonciateur peut même aller jusqu'à une fragmentation partielle ou totale du message :

(9)   Have a br / have a (2014)

(10) ingle ells, ingle ells (années 70)

Ici, le récepteur « averti » est tout à fait capable de reconstituer le nom de la marque J&B en (10) ainsi que la moitié manquante du slogan de KitKat en (9) : *Have a break, have a KitKat*. Le jeu de mots ne fonctionne qu'à la condition qu'il y ait cette interaction / dynamique entre les différents acteurs de la communication. Il faut en effet que le récepteur soit familier avec le slogan de la marque KitKat dans l'exemple (9), et qu'il ait repéré qu'il s'agissait des paroles de la chanson *Jingle Bells* dans l'exemple (10). Dans le premier cas, sa connaissance encyclopédique est sollicitée par l'aspect graphique (on retrouve les couleurs caractéristiques de la marque, ainsi que la troncation de l'affiche qui suggère que le colleur d'affiche a lui-même pris une pause pour savourer son KitKat). Dans le second, sa connaissance encyclopédique lui permet de déduire le nom du produit. C'est parce qu'il repère l'absence répétée des lettres J et B qu'il arrive à reconstituer le nom du produit. En ce sens, « la publicité contribue largement à convoquer le lecteur, en lieu et place du consommateur, comme partenaire dans cette aire de jeu. L'argumentation publicitaire opère dès lors plutôt sur le registre de la séduction, de la surprise, du divertissement et de la complicité que sur celui de la persuasion » (Lugrin 2006 : 17). Précisément, une telle complicité entre partenaires de la communication publicitaire dépendra fortement de prérequis : 1) des savoirs que l'émetteur prête à son interlocuteur et qu'il suppose partagés et 2) des connaissances encyclopédiques et acquis socio-culturels effectifs du récepteur et de la capacité de ce dernier à « filtrer et sélectionner ceux qui conviennent à la situation » (Lugrin 2006 : 79), ce qui conduit à penser que « la culture fonctionne bien comme un facteur de connivence [et que le slogan] opère une jonction entre son auteur (supposé) et ses lecteurs ciblés (virtuels) qui sont censés partager les mêmes goûts, les mêmes connaissances, la même culture, les

---

7 On sait, depuis Galisson (1988), que cela reste un idéal et que les différents niveaux de connaissance sont propres à chaque individu.

mêmes représentations » (Sautot 2000 : 30). Beaucoup de paramètres susceptibles d'avoir un impact interviennent donc sur la dynamique production-réception du jeu de mots et sa réussite (ou son échec).[8] En effet, en publicité, l'une des
formes les plus répandues d'intertextualité est le recours à l'allusion.[9] La composante explicite du message se double alors d'une dimension implicite (partie
connotative) qu'il convient de saisir pour pleinement apprécier le jeu de mots,
d'autant plus que le « jeu de mot *in absentia* [se fait] sur l'axe paradigmatique et
[qu'il] fonctionne alors sur l'évocation d'une connotation le plus souvent rema-
niée par le concepteur » (Vittoz Canuto 1983 : 101). Quelques exemples illustrent
ce phénomène :

(11) La pelle du 18 juin (2013)

(12) Sous les pépins la plage (2013)

(13) On va fluncher ! (années 90)

(14) Scallaboosh, Scallaboosh, will you do the banned tango (2008)

(15) Avec l'application Transilien, un homme azerty en vaut deux (2011)

(16) La France, à ce prix-là je la quitte ! (2008)

On voit que l'intertextualité revêt plusieurs formes. Elle peut renvoyer à :
– des épisodes historiques : en (11), Jardiland, par le biais de l'homonymie
   syntaxique décrite plus haut, fait clairement référence (soutenue en cela par
   l'iconographie de l'affiche) à ce célèbre épisode où le général de Gaulle
   appelle (*l'appel* vs. *la pelle*) les Résistants français à continuer la lutte contre
   les Nazis. Or, l'objet de la publicité est, beaucoup plus prosaïquement, de
   faire venir le client dans les jardineries de l'enseigne afin de l'équiper, à l'arri-
   vée des beaux jours, en accessoires de jardinage... Idem pour l'exemple (12)
   de la marque de jus de fruits Oasis qui fait référence à un slogan solidement
   ancré dans l'inconscient culturel français : *Sous les pavés la plage* est en effet

---

8 Si tant est que l'on puisse effectivement et objectivement « mesurer » l'un ou l'autre. Au sujet
de l'évaluation du jeu de mots, le lecteur se reportera à la contribution de Catherine Kerbrat-
Orecchioni (ce volume).
9 D'après la distinction établie par G. Genette entre les différentes formes d'intertextualité que
sont la citation, le plagiat, la référence et l'allusion, cette dernière « [faisant] référence de
manière plus ou moins lâche à un texte ou un ensemble de textes antérieurs sans en expliciter
la source. Relevant d'une certaine subjectivité, elle peut ne pas être perçue, ou l'être là où elle
ne se trouve pas » (Lugrin 2006 : 205).

l'un des slogans qui symbolise les aspirations de liberté prônées par les manifestants en mai 68 ;
–   des œuvres antérieures issues de domaines divers : littérature, musique, chanson, cinéma... À propos de la chanson, on peut penser à la chaîne de restauration à volonté Flunch qui a détourné une chanson populaire de Gilbert Montagné (*On va s'aimer*) pour faire passer son slogan (13), produisant au passage un néologisme morphologique.[10] Nous évoquions plus haut le recours à la séduction comme stratégie publicitaire. Avec l'exemple du Hard Rock Café cherchant à vanter ses soirées karaoké (14), la connivence entre annonceur et récepteur est poussée à l'extrême puisque le publicitaire, par un jeu de polyphonie,[11] se met à la place de son client qui « fait du yaourt », de l'à-peu-près lorsqu'il essaye de chanter une chanson dont il ne connaît pas ou pas bien les paroles. Tout le monde peut ainsi s'identifier à ce récepteur. La séduction s'opère également sur la capacité à reconnaître *in fine* le titre de la chanson en question : *Bohemian Rhapsody* de Queen. En y parvenant, la compétence linguistico-ludique du locuteur-récepteur s'en trouve flattée. On voit alors très bien comment le plaisir causé par le jeu est notoire et s'inscrit dans une double perspective. En effet, annonceur et récepteur en jouissent tous deux : le premier en se satisfaisant de son clin d'œil qui atteste de son habileté à déconstruire la langue afin qu'elle soit mieux reconstruite par le second, qui éprouve, ce faisant, une certaine satisfaction intellectuelle.[12] Ce plaisir partagé aussi bien par l'un que par l'autre témoigne donc d'une dynamique incessante conduisant Camille Vorger (2011) à définir le pacte colludique, notion qui consiste en la recherche d'une certaine complicité entre l'auteur du jeu de mots et son public ;
–   des proverbes ou expressions figées, comme dans l'occurrence (15) où le jeu consiste en la substitution de l'adjectif *averti* (du proverbe initial) par le nom du clavier *Azerty* (la base de l'utilisation d'une telle application étant le clavier de smartphone ou d'ordinateur qui permet précisément d'être averti). Il serait facile de multiplier les exemples de ce genre d'allusions tant la proximité formelle entre proverbes et slogans favorise leur rapprochement : « [ils] connaissent une fraternité formelle indéniable, qui facilite et encou-

---

10 Procédé de dérivation fréquent en français qui permet de passer d'un nom de marque – souvent emprunté à l'anglais – à un verbe, comme pour *googler, liker, scotcher, stabiloter, karchériser*, etc.

11 Au sens où Ducrot l'entend, c'est-à-dire « [lorsqu'] on peut distinguer dans une énonciation deux types de personnages, les énonciateurs et les locuteurs » (Ducrot 1984 : 193).

12 N'omettons pas, cependant, que le jeu de mots est utilisé en publicité à des fins de vente, persuasion et adhésion avant tout (rarement en tant que tel, dans sa seule dimension ludique).

rage leur mise en relation » (Lugrin 2006 : 228). L'exemple du défigement est à ce propos éclairant : lorsqu'une lexie a été tellement entendue et réutilisée par les locuteurs, elle s'ancre telle quelle dans la mémoire collective et se prête alors d'autant plus facilement à un détournement, un défigement. « La publicité exploite [d'ailleurs] 'à chaud', suivant le procédé de la parodie-rebond, la résonance médiatique extrême qu'ont eue certains slogans lors d'élections présidentielles » (Adam et Bonhomme 2012 : 202). C'est le cas en (16) avec le slogan d'accroche de la compagnie low-cost Transavia, où l'allusion à la phrase très controversée de Nicolas Sarkozy à propos de l'immigration choisie lorsqu'il était candidat à la présidentielle en 2007, *La France tu l'aimes ou tu la quittes*, est plus qu'évidente.[13] On rejoint alors Charlotte Schapira qui observe à propos de la déproverbialisation des proverbes que, contre toute attente, « [...] le détournement consolide le proverbe détourné, dans l'usage, autant que l'emploi de la forme standard » (Schapira 2000 : 95). Le discours publicitaire peut, dans ce cas, être envisagé aussi comme un véritable « relais culturel » (Lugrin 2006 : 37).

On voit donc que « [ces jeux de mots] basés sur des connotations allusives fonctionnent différemment : non plus [tant] sur le langage lui-même mais sur le rappel à un savoir antécédent présent dans la mémoire des locuteurs récepteurs. [...] L'allusion joue sur l'inconscient beaucoup mieux que n'importe quel autre type de jeux de mots en détournant la vigilance de l'esprit critique » (Vittoz Canuto 1983 : 114–115). Néanmoins, la vigilance a beau être détournée, il n'en reste pas moins que le locuteur-récepteur est sollicité plus ou moins directement dans la construction du sens. Cela apparaît de manière tout à fait flagrante dans une publicité de la Française des Jeux où le visuel témoigne clairement de la double possibilité sur l'axe des choix (paradigmatique) qui s'offre au récepteur et qui lui donne par la même occasion une double-lecture sur l'axe horizontal (syntagmatique).[14] À lui évidemment de « choisir », de décider de telle ou telle interprétation : dans un cas, il gagne gros, dans l'autre il ne gagne rien. Mais les deux options restent envisageables linguistiquement et sémantiquement parlant

---

13 Même si ce ne sont pas les propos exacts qu'il a tenus : « S'il y en a que ça gêne d'être en France, je le dis avec le sourire mais avec fermeté, qu'ils ne se gênent pas pour quitter un pays qu'ils n'aiment pas » (*Soir 3* du 23 avril 2006, INA). Le raccourci qui s'était ensuivi avait d'ailleurs fait l'objet d'une vive polémique.

14 Les visuels en question jouent sur les mots en présentant ces derniers deux à deux sur le rouleau d'une machine à sous (où s'affichent habituellement les symboles du jackpot). La suggestion est qu'un gain au loto permet ainsi de passer de « cassoulet » à « cabriolet » ; de « coquillettes » à « coquillages » ; de « travail » à « transat ».

(c'est le principe du jeu de hasard que symbolise la Française des Jeux). C'est au locuteur de construire le sens.

Enfin, l'implication du locuteur-récepteur dans le décodage de l'information est maximale lorsque celui-ci est censé être physiquement présent pour avoir accès au dénouement – ludique – d'une campagne. Ainsi, en 2010, une campagne d'affichage a été lancée sur le principe d'un *teasing* en 3 temps. D'abord, des affiches montraient des visages d'hommes et de femmes ravis et épanouis surplombant une accroche allusive :

(17) Aujourd'hui je l'ai fait (2010)

Fait quoi ? se demande aussitôt le récepteur qui, en associant le visuel et le linguistique, aura tôt fait de voir dans ce message une connotation sexuelle. Il n'en faut pas plus pour piquer sa curiosité et le rendre alors beaucoup plus attentif à la phase de *teasing* suivante. Quelques jours plus tard, une nouvelle étape du *teasing* a mis en avant des variantes du message initial, les affiches reposant, elles, toujours sur le même visuel :

(18) Aujourd'hui je l'ai fait et j'y pense encore / et c'était très fort / avec un très bon ami / pour de l'argent (2010)

La première intuition du récepteur se voit – selon la variante envisagée – renforcée ou invalidée. Arrive alors la troisième vague d'affiches qui permet de découvrir ce que ces personnes ont bien pu faire de sensationnel pour les mettre dans des états pareils. Elles ont « seulement » ouvert un compte en ligne à la banque ING Direct... Ici, le jeu ne provient assurément pas des mots eux-mêmes mais précisément de leur absence, du non-dit. Un jeu de non-mots, en somme. Tout repose sur la suggestion, l'allusion. L'engagement du récepteur est alors fondamental ici, et même physique puisque s'il veut pouvoir construire le sens et saisir la portée comique (ou ne serait-ce que le message informatif) de cette publicité, il doit être effectivement présent dans le temps et dans l'espace,[15] engagement total donc.

---

15 Si l'on n'est pas physiquement présent à l'une ou l'autre des phases de *teasing* et si l'on ne cherche pas à passer dans le même lieu à plusieurs jours d'intervalle, il manque une clé de lecture pour accéder à la portée ludique du message.

5 Dynamique sociolinguistique : le jeu de mots comme création ponctuelle ou réinvestissement dans l'usage

Au-delà du cadre strictement linguistico-sémantique qui confère à ces réalisations hors-normes un statut particulier, nous pouvons aussi nous interroger sur leur portée sociolinguistique, au sens premier et très général du terme où la langue est envisagée comme un produit social et n'existe que parce que les locuteurs intériorisent son existence via leurs pratiques (Blanchet et Bulot 2013). Bien qu'étant le plus souvent des créations ponctuelles, ces jeux de mots dans le discours publicitaire fonctionnent à la fois comme des témoins de l'usage en évolution, mais aussi comme des instigateurs de nouvelles tendances linguistiques (Bonhomme 2002).

Dans le premier cas, l'examen d'un certain nombre d'affiches laisse à penser que la publicité tient un rôle de « fixateur » de la dynamique linguistique. Elle photographie pour ainsi dire, à un instant *t*, l'usage dans toutes ses manifestations, même les plus écartées de la norme.[16] L'exemple suivant de mots non attestés dans la langue, pas plus que dans l'usage, illustre ce phénomène :

(19) attractionisme / sublimitude / bombassitude / rayonescence / glamourisme / fascinance
(2013)

Ces créations morphologiques, obtenues par manipulation des possibles de la langue française, ne constituent pour l'instant que des hapax, au sens où ces innovations – même si leur portée néologisante est à nuancer (Favreau 2015 : 200) – n'ont à notre connaissance pas été reprises (Anokhina 2003) et constituent en cela des créations morphologiques « de circonstance » (Dal et Namer 2018 : 215). C'est incontestablement ce côté « inattendu, paradoxal de l'association des formants des néologismes, d'un point de vue sémantique ou morphologique » (Sablayrolles 2015 : 201) qui leur donne un aspect ludique et permet qu'on les qualifie de jeux de mots. Exception faite de ces innovations très ponctuelles qui font toutefois montre des potentialités infinies de notre système linguistique,

---

16 C'est une acception interactionnelle de *sociolinguistique* qui permet ce commentaire. Depuis Gumperz, la langue est envisagée comme diverse et hétérogène, l'usage variant localement et / ou socialement selon les types d'interaction qui revêtent un rôle essentiel dans la construction d'identités sociales multiples imposant d'analyser la langue dans sa dimension sociale pour appréhender l'influence réciproque entre les faits linguistiques et sociaux (Gumperz 1989).

certaines anomalies morphologiques éphémères « peuvent influencer et même encourager une certaine mode linguistique » (Vittoz Canuto 1983 : 122). Il en va ainsi de la tendance croissante à utiliser le substantif comme un adjectif :[17]

(20) Restez nature (2011)

(21) Tellement plus pep's ! (2016)

Dans ces exemples pour le savon Petit Marseillais (20) et pour un centre commercial (21), les substantifs *nature* et *pep's* sont employés comme adjectifs.

Si l'on tend un peu l'oreille, on se rend compte que ce procédé de dérivation impropre, qui consiste à employer un terme dans une autre catégorie grammaticale que la sienne, teinte de plus en plus les discours du quotidien. Chez nos étudiants (mais pas uniquement), la montée en puissance depuis quelques années du *juste*, adjectif utilisé comme adverbe, est à cet égard éloquente. Il n'est pas rare d'observer ce calque syntaxique de l'anglais[18] où l'adjectif est mis en lieu et place de son équivalent adverbial *tout simplement* pour souligner l'emploi de l'adjectif attribut du sujet. Une campagne de la Prévention Routière a d'ailleurs surfé sur cette mode et proposé, dans un registre un peu grinçant :

(22) Vous avez juste oublié un clignotant, il est juste un peu mort (2007)

On peut ici percevoir une nuance entre les deux emplois de cet adverbe. Dans le premier segment, *juste* peut être aisément remplacé par *seulement*, cette valeur restrictive découlant directement du sens originel de *juste* (= avec exactitude). Cet emploi est alors justifié. Dans le second segment, *juste* peut être remplacé par *tout simplement*, octroyant à cet emploi une valeur adverbiale euphémisante, renforcée d'ailleurs par le « un peu » qui le suit. De cette accumulation de procédés provient le décalage ludique puisque « mort » fait partie de cette catégorie de verbes perfectifs qui font qu'on ne peut pas être « un peu » mort.[19] Cette co-occurrence insolite de deux emplois (l'un ancien, l'autre plus récent) d'un terme au sein d'un même slogan illustre la façon dont le discours publicitaire se fait alors miroir de nouveaux usages, ce qui ne peut contribuer, nous semble-t-il, qu'à dynamiser davantage ces modes linguistiques avant de les installer, peut-

---

17 Cela est probablement à mettre sur le compte du phénomène de contact des langues, notamment avec l'anglais (Paillard 2000).

18 He's *just* amazing.

19 Cela fait référence, en termes de logique aristotélicienne, au *tertium non datur*, où une proposition *p* et sa négation *non-p* ne peuvent être vraies en même temps, ce qui est évidemment le cas pour *mort / vivant* ; il n'existe pas de troisième solution.

être, dans la langue, au risque qu'elles « ne so[ie]nt plus perçues comme plaisantes, drôles, créatives, etc. » (Winter-Froemel 2016 : 263) en devenant usuelles. Récemment, l'enseigne de produits culturels Fnac a, sur ses affiches, prêté les mots suivants à diverses personnalités du monde de la culture :

(23) J'ai fait la Fnac (2015)

Cet emploi transitif de *faire* fait ici écho à *faire une grande école* (= aller dans une grande école). On *fait* donc la Fnac comme on ferait l'ENA, les Beaux-Arts, une Fac de Droit. De là à penser qu'on en sort avec les mêmes aptitudes, il n'y a évidemment qu'un pas que les publicitaires attendent de voir franchi par de futurs clients.

Non seulement la publicité est le reflet de pratiques linguistiques plus ou moins innovantes et ludiques, mais elle est parfois également elle-même à l'origine de nouvelles conduites en matière d'usage linguistique.

(24) Avec Carrefour je positive (1988)

(25) Volcanisez-vous (2013)

Il y a 30 ans, l'enseigne Carrefour lançait un nouveau slogan pour ses magasins (24) où le verbe *positiver*, formé par dérivation de l'adjectif *positif*, connaît un nouvel emploi syntaxique. Jusqu'alors uniquement connu dans un emploi transitif,[20] il adopte désormais une construction également intransitive, emploi d'un usage tout à fait courant aujourd'hui, à tel point qu'il a même été fixé par certains dictionnaires de langue.[21] De même, le procédé de construction à l'origine de cette création singulière s'est lui aussi perpétué et on retrouve ainsi l'apparition d'un verbe inattendu et inédit en (25) pour l'eau minérale d'origine volcanique Volvic, qui a sans doute plus vocation à interpeller qu'à être réinvesti par les locuteurs (tout comme *fluncher*, cité précédemment). En d'autres termes, il s'agit là de mettre l'accent sur la singularité d'un message pour lui permettre de gagner en visibilité par rapport aux autres dans un « contexte communicationnel extrêmement concurrentiel » (Lugrin 2006 : 29). Enfin, on est à même de constater une tendance qui se fait jour depuis peu : les locuteurs eux-mêmes s'improvisent parfois publicitaires sur les réseaux sociaux. En effet, il existe un jeu qui y fait fureur et qui consiste pour l'individu à générer des jeux de mots à partir des noms de marques ou de produits de son environnement immédiat, à photographier ses

---

20 Cet emploi est attesté dès 1839 dans le TLFi.

21 Le Larousse donne cet exemple d'emploi intransitif : *dans la vie il faut positiver*.

productions, et à les poster sur les réseaux dans l'attente de réactions de ses con-citoyens.[22] Le logo Darty se voit ainsi affublé de deux petits papiers : un devant portant l'inscription *feu* et l'autre derrière avec la mention *fice* ; le logo Krys est précédé d'un petit papier où il est écrit *Jésus* et ainsi de suite. La dimension esthético-ludique – et gratuite – d'une telle dynamique prévaut dans ce cas sur la visée publicitaire (c'est-à-dire phatique et persuasive) qu'ont les annonceurs, même si la diffusion large et étendue de ces créations contribue indéniablement à leur publicité. Cela témoigne aussi de l'appétence certaine qu'ont les locuteurs lambdas pour jouer avec les mots. En devenant eux-mêmes producteurs de jeux de mots publicitaires, ils expriment leur capacité métalinguistique, créative et récréative qui est au moins aussi importante que leur aptitude à se poser en récepteurs des jeux de mots. En somme, la cible devient le publicitaire ; la boucle est donc bouclée ! Marshall McLuhan, pour qui « [l]e message, c'est le médium » (McLuhan [1964] 1968 : 23), ne l'aurait pas dit autrement, évoquant la primauté de la nature même du médium sur le contenu du message à proprement parler.

6 Conclusion

Au terme de cette contribution, il apparaît d'abord que le discours publicitaire semble reposer massivement sur une composante ludique se manifestant sur différents plans (tant visuel que linguistique), si bien que « [l]a publicité n'est plus un dialecte marginal, mais un *supra-langage* [...] peut-être la langue la plus vivante aujourd'hui... » (Cathelat [1968] 1987 : 238). De plus, le jeu de mots du discours publicitaire génère une dynamique où se croisent et se superposent plusieurs niveaux : linguistique d'abord en ce qu'il exploite les ressources de la langue pour aboutir à des productions, sinon inédites, au moins toujours cu-rieuses et à même de libérer l'expression ; sémantico-pragmatique ensuite dans la mesure où l'interaction et la connivence apparaissent comme essentielles au processus de décodage de l'intertextualité et partant, de l'accès au sens ; sociolinguistique enfin puisque le discours publicitaire fait partie intégrante du quotidien des locuteurs et fonctionne à ce titre comme un miroir des usages et changements linguistiques et sociolinguistiques tout en étant parfois aussi lui-même source d'innovations, reprises parfois par la communauté de locuteurs. En situant ainsi le récepteur à la confluence de trois dynamiques, il en résulte que ce

---

22 Le jeu s'appelle « Laissez parler les petits papiers » et on peut trouver une multitude d'exemples sur plusieurs réseaux sociaux via le hashtag #LPLPP.

dernier se voit assigner un rôle accru dans l'interaction, l'invitant à s'engager pleinement dans les processus dynamiques de production, d'interprétation et de réinvestissement. La question fondamentale des critères de réussite du jeu de mots reste néanmoins posée. Quand Gilles Lugrin dit que « l'humour semble être l'un des moteurs les plus efficaces de l'argumentation publicitaire » (Lugrin 2006 : 426), on ne peut que partager son point de vue mais quelles données objectives et empiriques permettent d'affirmer cela ? Ce questionnement a fait l'objet, en partie, d'une contribution à ce volume par Catherine Kerbrat-Orecchioni, vers laquelle nous renvoyons volontiers le lecteur pour prolonger sa réflexion.

7 Références bibliographiques

Adam, Jean-Michel & Marc Bonhomme. 2012. *L'argumentation publicitaire*. Paris : Armand Colin.

Anokhina, Olga. 2003. La contribution des noms abstraits à la formation des néologismes. In Jean-François Sablayrolles (éd.), *L'innovation lexicale*, 437–455. Paris : Champion.

Blanchet, Philippe & Thierry Bulot. 2013. *Une introduction à la sociolinguistique pour l'étude des dynamiques de la langue française dans le monde*. Paris : Éditions des archives contemporaines.

Bonhomme, Marc. 2002. La publicité comme laboratoire du français actuel. *L'information grammaticale* 94. 33–38.

Cathelat, Bernard. [1968] 1987. *Publicité et société*. Paris : Payot.

Dal, Georgette & Fiammetta Namer. 2018. Playful nonce-formations in French : Creativity and Productivity. In Sabine Arndt-Lappe, Angelika Braun, Claudine Moulin & Esme Winter-Froemel (éds.), *Expanding the lexicon. Linguistic Innovation, Morphological Productivity, and Ludicity* (The Dynamics of Wordplay 5), 203–228. Berlin & Boston : De Gruyter.

Delabastita, Dirk. 2011. Wholes and holes in the Study of Shakespeare's Wordplay. In Jonathan Culpeper & Mireille Ravassat (éds.), *Stylistics and Shakespeare's Language : Transdiciplinary Approaches*, 139–164, London : Continuum.

Dubois, Vincent. 2014. *Le rôle des linguistes dans les politiques de la langue française (1960–1990) : éléments pour une analyse socio-politique*. Dossiers d'HEL [Histoire Epistémologie Langage], SHESL, Linguistiques d'intervention. Des usages socio-politiques des savoirs sur le langage et les langues, 6. http://dossierhel.hypotheses.org/. halshs-01115127 (dernière consultation le 05/01/2018).

Ducrot, Oswald. 1984. *Le dire et le dit*. Paris : Minuit.

Favreau, Hélène. 2015. « On s'keep in Sosh » ou l'exemple du français libéré dans et par la publicité. *Voix Plurielles* 12(1). 197–206. https://brock.scholarsportal.info/journals/voixplurielles/article/view/1185/1111 (dernière consultation le 22/02/2017).

Fuchs, Catherine. 2009. L'ambiguïté : du fait de langue aux stratégies interlocutives. *Travaux neuchâtelois de linguistique* 50. 3–16.

Galisson, Robert. 1988. Cultures et lexicultures. Pour une approche dictionnairique de la culture partagée. *Cahiers d'Études Hispaniques Médiévales*. 325–341.

Guiraud, Pierre. 1976. *Les jeux de mots*. Paris : Presses Universitaires de France.

Gumperz, John. 1989. *Engager la conversation. Introduction à la sociolinguistique interactionnelle*. Paris : Minuit.

Henry, Jacqueline. 2003. *La traduction des jeux de mots*. Paris : Presses Sorbonne Nouvelle.

Holmqvist, Jonas. 2011. Consumer language preferences in service encounters : A cross-cultural perspective. *Managing Service Quality* 21. 178–191.

INA. 2006. Journal télévisé *Soir 3* du 23 avril 2006. https://www.ina.fr/video/3073038001004 (dernière consultation le 05/01/2018).

López Díaz, Montserrat. 1996. Écriture publicitaire : ludisme et infractions. *La linguistique* 32. 65–79.

Lugrin, Gilles. 2006. *Généricité et intertextualité dans le discours publicitaire de presse écrite*. Berne : Peter Lang.

McLuhan, Marshall. [1964] 1968. *Pour comprendre les médias : les prolongements technologiques de l'homme*, traduit de l'anglais par Jean Paré. Paris : Seuil.

Paillard, Michel. 2000. *Lexicologie contrastive anglais-français : formation des mots et construction du sens*. Gap : Ophrys.

Rotfeld, Herbert Jack. 2006. Understanding advertising clutter and the real solution to declining audience attention to mass media commercial messages. *Journal of Consumer Marketing* 23(4). 180–181.

Sablayrolles, Jean-François. 2015. Néologismes ludiques : études morphologique et énonciativo-pragmatique. In Esme Winter-Froemel & Angelika Zirker (éds.), *Enjeux du jeu de mots. Perspectives linguistiques et littéraires* (The Dynamics of Wordplay 2), 189–213. Berlin & Boston : De Gruyter.

Sautot, Jean-Pierre. 2000. Lire dans l'espace urbain : les paradoxes des enseignes commerciales. *Langage et société*. 29–44.

Schapira, Charlotte. 2000. Proverbe, proverbialisation, déproverbialisation. *Langages* 139. 81–97.

Speck, Paul & Michael T. Elliott. 1997. The antecedents and consequences of perceived advertising clutter. *Journal of Current Issues & Research in Advertising* 19(2). 39–54.

Todorov, Tzvetan. 1978. *Les genres du discours*. Paris : Seuil.

Vittoz Canuto, Marie-B. 1983. *Si vous avez votre jeu de mots à dire. Analyse de jeux de mots dans la presse et dans la publicité*. Paris : Nizet.

Vorger, Camille. 2011. *Poétique du slam : de la scène à l'école. Néologie, néostyles et créativité lexicale*. Thèse sous la direction de Francis Grossmann et Dominique Abry. Université de Grenoble. https://tel.archives-ouvertes.fr/tel-00746972 (dernière consultation le 09/06/2018).

Winter-Froemel, Esme. 2016. Les créations ludiques dans la lexicographie et dans l'interaction locuteur-auditeur : aspects structurels, enjeux sémantiques, évolution diachronique. In Christine Jacquet-Pfau & Jean-François Sablayrolles (éds.), *La fabrique des mots français*, 251–267. Limoges : Lambert-Lucas.

Usuels

Petit Larousse. 2011. Paris : Larousse.

TLFi : Trésor de la Langue Française informatisé. http://www.atilf.fr/tlfi, ATILF – CNRS & Université de Lorraine.

Appendice

Liste des contributions et résumés

The Dynamics of Wordplay 6 & 7

La liste suivante contient toutes les contributions des volumes 6 et 7 de *The Dynamics of Wordplay*, ainsi que tous les résumés des contributions du volume DWP6 traduits en français.

Karine Abiven : Pouvoir du jeu de mots. Dominer par la parole en contexte d'inégalité sociale

Voir ce volume.

Salvatore Attardo : Les universaux dans les jeux de mots et dans l'humour verbal (Universals in puns and humorous wordplay)

Cet article examine certains traits universels des jeux de mots humoristiques, y compris les mécanismes phonologiques employés pour manipuler les séquences de sons, l'opposition sémantique que l'on trouve dans l'incongruité, la résolution Cratyliste pseudo-logique de l'incongruité, et la distribution relative des jeux de mots qui utilisent les différents types d'ambigüité et d'allitération.

Angelika Braun et Astrid Schmiedel : La phonétique de l'ambigüité. Une étude de l'ironie verbale (The phonetics of ambiguity. A study on verbal irony)

Les jeux de mots et l'ironie verbale ne diffèrent pas autant que l'on ne pourrait le croire à première vue. Les deux phénomènes partagent en effet la propriété d'être impropre (*uneigentlich*), ce qui veut dire que le sens de l'énoncé est d'une manière ou d'une autre dissocié des mots utilisés. La question se pose alors de savoir si cette forme de parole est signalisée au cours de la production du message et en plus, si des auditeurs « naïfs » sont capables de décoder les signaux utilisés pendant ce processus. Cette contribution donne une vue d'ensemble des différents moyens de transmission de l'ironie à l'auditeur. Cette vue d'ensemble est suivie d'une étude empirique qui démontre l'ambigüité inhérente de l'ironie et prouve que le message sous-jacent est codé phonétiquement. La question traitée dans cette étude est celle de savoir comment la désambiguïsation se passe au niveau phonétique. En d'autres mots – comment un locuteur signale-t-il le message envisagé et comment les auditeurs sont-ils capables de le comprendre ? L'étude porte sur des énoncés contenant un seul mot et étant articulés dans deux types de contextes différents, un contexte sincère et un contexte ironique. Les paramètres considérés dans nos analyses sont la fréquence fondamentale moyenne (F0) et sa distribution, l'intensité du signal et sa durée. Les résultats des mesures acoustiques montrent que les résultats du côté productif varient selon le type d'ironie (sarcasme vs. ironie gentille). Nous argumentons que les états émotionnels doivent être pris en compte pour l'interprétation des résultats obtenus. L'étude de la perception montre un taux de reconnaissance d'environ 70 %, où les énoncés sincères sont significativement mieux identifiés que les énoncées sarcastiques dans le groupe des stimuli positifs (sarcasme) et les énoncés ironiques sont mieux identifiés que les énoncés sincères dans le groupe des stimuli négatifs (ironie gentille).

Dirk Delabastita : La dynamique du jeu de mots et le roman moderne : une double étude de cas (The dynamics of wordplay and the modern novel : A paired case study)

L'article s'ouvre sur une définition multidimensionnelle du jeu de mots, conçue de manière à rendre justice à la nature « dynamique » de ce champ complexe de phénomènes. Parmi ces diverses dimensions, c'est la « signification communicative » du jeu de mots qui fait l'objet principal de la présente analyse, laquelle explore le jeu de mots dans deux romans récents en anglais : *My Sister, My Love* (2008) par Joyce Carol Oates et *A Concise Chinese-English Dictionary for Lovers* (2007) par Xiaolu Guo. Ce dernier peut être qualifié de « roman mondial ». Il offre différentes lectures des jeux de mots à différents lectorats, et ce en fonction de leurs répertoires culturels et multilinguistiques respectifs. À l'instar du roman de Guo, *My Sister, My Love* d'Oates abonde en jeux de mots dont la majorité sont, eux aussi, des *malapropisms* (lapsus) ayant une qualité élusive. Cependant, le roman d'Oates, qui est plus fermement enraciné dans une seule culture, a recours à un style narratif postmoderne complexe à plusieurs voix, qui confère aux jeux de mots une insaisissabilité d'un type très différent. Les lecteurs de ce roman constituent un groupe plus homogène linguistiquement et culturellement, mais, dans ce roman à multiples voix narratives, ils ne savent pas toujours quel personnage ou quelle voix narrative est responsable des jeux de mots, qu'ils soient « volontaires » ou des lapsus. La petite taille du corpus analysé ne permet nullement les généralisations, mais le caractère « mondial » et

« postmoderne », respectivement, des deux romans invite à l'extrapolation et à l'étude comparative d'un corpus plus large. Quoi qu'il en soit, la discussion montre que l'approche dynamique du jeu de mots s'impose pour le genre romanesque comme pour tout autre genre ou contexte discursif.

Hélène Favreau : « Allumeeez le fun » : le jeu de mots comme lieu de croisement des dynamiques linguistique et sociolinguistique dans le discours publicitaire

Voir ce volume.

Natalia Filatkina et Claudine Moulin : Les jeux de mots et les idées linguistiques de l'âge baroque (Wordplay and baroque linguistic ideas)

La contribution étudie la signification de la dynamique du jeu de mots pour la philosophie du langage du début des temps modernes et la fonction du jeu de mots à une époque où les normes linguistiques et les valeurs culturelles d'une langue particulière sont en voie de construction. Dans la première partie, la définition actuelle du jeu de mots proposée dans Winter-Froemel (2016) est présentée comme cadre de référence théorique pour l'analyse subséquente. Dans la deuxième partie, nous esquissons brièvement les caractéristiques principales de la pensée linguistique du début des temps modernes avec une attention particulière pour les notions de jeu et de jeu de mots. Etant un des théoriciens du langage du dix-septième siècle en Allemagne, Georg Philipp Harsdörffer (1607–1658) est largement connu pour l'intégration sophistiquée de ces notions dans son œuvre « linguistique », et ceci détermine l'orientation principale de la présente contribution. Deux ouvrages de Harsdörffer sont au centre de notre attention : les *Frauenzimmer Gesprächspiele (FZG)*, publiés de 1641 à 1649 à Nuremberg, une série de huit volumes avec des dialogues sur des questions sociales, poétiques et scientifiques, qui contient nombre des pensées de Harsdörffer et constitue un des ouvrages les mieux vendus du dix-septième siècle, et les *Delitiae Mathematicae et Physicae (DMP)*, un ouvrage scientifique en trois volumes, Harsdörfer étant l'auteur des deux derniers des trois volumes (1651–1653, Nuremberg). En nous basant sur l'étude de plusieurs sous-types du jeu de mots avec des lettres dans la troisième partie, nous allons argumenter que dans le cadre de la linguistique baroque, le jeu de mots devrait être défini dans un sens plus large. Il est profondément ancré dans une vision particulière du langage typique pour la culture baroque européenne qui ne fournissait pas seulement un cadre de référence conceptuel pour les « théories » du langage, la poésie, l'éducation et les niveaux de connaissance, mais aussi pour le rôle et les fonctions du jeu de mots. Comme Harsdörffer a été inspiré et fortement influencé par des idées similaires d'autres scientifiques, en particulier en Italie et en France, les résultats de l'analyse des sources baroques allemandes permettent d'établir des hypothèses plus générales qui ne se limitent pas à une seule langue.

Raymond W. Gibbs, Jr. : Les mots faisant l'amour entre eux : La dynamique de la créativité métaphorique (Words making love together : Dynamics of metaphoric creativity)

La métaphore est l'une des formes de langage par laquelle on s'engage dans un jeu de mots important. Dans la plupart des cas, les intellectuels supposent que chaque nouvelle métaphore surgit de buts rhétoriques ou pragmatiques spécifiques, par exemple d'être créatif, poli, vif et mémorable. De cette façon, l'utilisation créative de la métaphore est un acte conscient et intentionnel qui est destiné à être perçu en tant que tel par les auditeurs et les lecteurs. Je maintiens que cette vue de la créativité métaphorique est trop simpliste et ne tient pas compte de beaucoup d'autres facteurs allant des influences culturelles aux influences physiques, qui, en fait, développent la création et l'utilisation automatiques, moins conscientes de la métaphore. Je décris plusieurs études psycholinguistiques, linguistiques et littéraires qui soutiennent cette vue étendue de créativité métaphorique. Considérant les contraintes interagissantes qui donnent lieu à un nouveau discours métaphorique, je vais exposer un modèle de jeu de mots dynamique, plus généralement. Cette approche propose un point de vue plus compréhensif, psychologiquement réaliste, de ce que les gens font en réalité lorsque des métaphores banales et poétiques jaillissent dans la pensée et dans la communication.

Peter Handler : Les noms de domaine – une nouvelle source de créativité langagière

Voir ce volume.

Joshua T. Katz : Exercises in wile

À l'Université de Princeton, je donne périodiquement depuis une dizaine d'années un cours – ce qu'on appelle un séminaire de première année – sur l'histoire et la pratique des jeux de mots : « Wordplay : A wry plod from Babel to Scrabble » [*Jeu de mots : mode juste de Babel au Scrabble*]. Loufoque, rigoureux et très apprécié, le cours apporte aux étudiants tant en littérature qu'en mathématique la possibilité d'explorer le côté ludique du langage à travers une combinaison de trois types d'activités : la lecture des textes primaires, la considération des sources secondaires et la création régulière et active de nouvelles instances de jeux de mots. Le sujet n'est pas frivole. Avec tout le respect que je dois aux collègues qui s'intéressent aux phénomènes dits « fondamentaux », je soutiens que repousser ce qu'on pourrait imaginer être les marges du langage est fascinant en soi, et serait de ce fait une manière efficace, quoique sous-utilisée, de faire connaître la linguistique au grand public. Cet article tente de proposer un avant-goût de ce séminaire excentrique en décrivant, entre autres, des séries d'exercices conçues pour mettre en valeur quelques-unes des particularités, à la fois les plus frappantes et les plus faciles à exploiter, de l'orthographe, de la phonologie et du lexique de la langue anglaise. J'espère qu'il sera reçu en tant que contribution pratique à ce que l'appel à soumissions pour le colloque à Trèves a baptisé les « approches systématiques et analytiques des jeux de mots, leurs formes et leurs fonctions ».

Catherine Kerbrat-Orecchioni : Heurs et malheurs du jeu de mots

Voir ce volume.

Michelle Lecolle : Enjeu du collectif – noms collectifs en jeux

Voir ce volume.

Jiaying Li : Le jeu de mots dans la dramaturgie d'avant-garde des années 1950 : les exemples de Ionesco et de Tardieu

Voir ce volume.

Elena Meteva-Rousseva : Les jeux de mots dans le *nadsat* d'Anthony Burgess – comment ses traducteurs français ont relevé le défi

Voir ce volume.

Cécile Pajona : La dynamique de la syllepse dans la construction fictionnelle chez Boris Vian

Voir ce volume.

Astrid Poier-Bernhard : Jeux de mots / jeux de mondes : réflexions sur une expérience d'écriture (Wor(l)dplay : Reflections on a writing-experience)

Dans mon essai, je pars d'une expérience personnelle d'écriture pour développer quelques réflexions générales sur le jeu de mots. Je pense que la discussion du jeu de mots exige une approche 'esthétique' ou 'intégrale' du phénomène. Cela signifie qu'il faut tenir compte non seulement des mécanismes, mais aussi de l'expérience du jeu de mots. Idéalement, le jeu de mots provoque un 'plaisir du texte' ou même un instant de 'jouissance' (R. Barthes) parce qu'il nous fait vivre à la fois le jeu (angl. 'playfulness') de la langue, de l'esprit et du monde. Le jeu de mots intentionnel peut nous mettre en contact avec un autre type de jeu, 'le jeu qui se produit' ou 'jeu-monde' / 'jeu du monde' – une notion que j'utilise ici pour décrire l'expérience vive d'une interaction complexe et combinatoire d'éléments quelconques qui peut être vécue comme un état créatif ou une 'fraîcheur d'esprit'.

Alain Rabatel : À quelles conditions les lapsus clavis sont-ils des jeux de mots ?

Voir ce volume.

Anda Rădulescu : Du calembour simple au calembour complexe dans le roman *À prendre ou à lécher* de Frédéric Dard

Voir ce volume.

Lisa Roques : Jeux de banquet : mots de poète, mots de stratège

Voir ce volume.

Catherine Ruchon : Le jeu de mots dans les discours sur le deuil : un jeu discursif offensif

Voir ce volume.

Aurélie Rusterholtz et François Chaix : Interview : La dimension ludique du langage au théâtre – réflexions et expériences

Voir ce volume.

Jean-François Sablayrolles : Des innovations lexicales ludiques dans des situations d'énonciation marginales ou spécifiques

Voir ce volume.

Monika Schmitz-Emans : Exemples et poétique du jeu de mots dans le roman de Han Shaogong *A Dictionary of Maqiao* (Examples and poetics of wordplay in Han Shaogong's language-reflective novel *A Dictionary of Maqiao*)

Le dictionnaire des mots et des phrases verbales, en tant que format littéraire, fournit un modèle de réflexion important qui témoigne d'un intérêt autoréférentiel des auteurs littéraires pour les éléments et aux usages de la langue. Avec son roman lexicographique *A Dictionary of Maqiao* (version originale en langue chinoise, 1996), l'auteur chinois Han Shaogong poursuit une tradition littéraire occidentale qui consiste à écrire des séquences de texte alphabétiquement structurées qui sont présentées sous forme de dictionnaire ou de lexique. Le jeu de mots devient ainsi un moyen important de réflexion sur la langue et sur la culture, et, dans ce contexte, il devient même un instrument indirect de critique politique.

Gesa Schole : Le jeu de mots comme moyen de résistance postcoloniale
(Wordplay as a means of post-colonial resistance)

Au Mozambique postcolonial, les écrivains visent à développer une tradition littéraire propre, différente de celle héritée de son ancienne mère patrie, le Portugal. Un des moyens pour atteindre ce but est à travers le langage utilisé par les écrivains dans leurs ouvrages. Vivant dans un contexte linguistiquement hybride, ils ont la liberté de choisir entre plusieurs langues ou variétés. La question de recherche principale qui s'impose est de savoir comment l'écrivain mozambicain Mia Couto soutient la nouvelle identité postcoloniale du peuple mozambicain – un but qu'il s'est posé lui-même. La base pour cette analyse est le langage qu'il utilise dans son roman *A varanda do frangipani* ('Sous les frangipani') et qui est représentatif de son style. Son langage littéraire reflète le portugais mozambicain, qui est différent du portugais européen sous certains aspects. Dans son œuvre, il rend ces différences fonctionnelles, et de ce fait, les utilise comme jeu de mots au sens large du terme. Cet acte représente une forme d'auto-mimétisme opposé au mimétisme colonial antérieur. Les positions du colonisateur et du colonisé sont inverties, l'influence des personnes indigènes est accentuée et rendue plus digne. De la sorte, le jeu de mots fonctionne comme un moyen de résistance postcoloniale en soutien de l'indépendance réelle des ex-colonies et de leur propre identité spécifique. En outre, les jeux de mots au sens restreint du terme que sont les mots-valises utilisés par Couto peuvent être considérés comme des métaphores de caractère hybride des espaces postcoloniaux, et certains peuvent même représenter la nouvelle identité hybride mozambicaine. Dès lors, la question de recherche implique la sous-catégorisation de phénomènes de jeu de mots et leur mise en relation avec des notions postcoloniales. En général, les jeux de mots que crée Couto sont majoritairement des jeux de mots *in absentia* dont la dimension ludique est accrue par leur complexité formelle (le chevauchement médial et les mots-valises), leur transgression structurelle (des façons de composition illicites et des enfreintes aux règles syntaxiques), et l'absence d'une fonction dénominative puisqu'il existe des façons conventionnelles d'encoder la même chose.

Françoise Sullet-Nylander : Jeux de mots à la Une d'hier et d'aujourd'hui : dynamique et diversité d'un genre

Voir ce volume.

Giovanni Tallarico : Créativité lexicale et jeux de mots dans les messages publicitaires : formes et fonctions

Voir ce volume.

Esme Winter-Froemel et Pauline Beaucé : Contacts linguistiques et humour verbal dans le théâtre comique français au tournant des XVIIᵉ et XVIIIᵉ siècles

Voir ce volume.

Ilias Yocaris : « En trou si beau adultère est béni » : poétique du jeu de mots dans *Histoire* de Claude Simon

Voir ce volume.

Eline Zenner et Dirk Geeraerts : One does not simply process memes : les images macro comme constructions multimodales (One does not simply process memes : Image macros as multimodal constructions)

Cette contribution présente une analyse basée sur la linguistique cognitive d'images macro, un sous-genre des mèmes sur internet. Ceux-ci incluent tous types d'objets en ligne qui sont copiés et imités, altérés et modifiés, propagés et diffusés par les internautes. Consistant en un texte superposé sur une image, les images macro sont un exemple particulier de ce type de contenus en ligne. Tandis que dans les cas typiques, l'image et le sujet discursif des images macro sont très stables dans le processus de réplication, le texte lui-même est particulièrement ouvert à la « culture de remix » de l'internet. Étant donné ce rôle primordial de la variation et de la modification, il n'est pas facile de définir l'ensemble des traits caractéristiques d'une image macro. Le premier objectif de cette contribution consiste à définir les images macro de manière à rendre compte de cette interaction entre leurs dimensions conventionnelle et créative. Dans ce but, nous relierons les apports de la grammaire des constructions (*Construction Grammar*) et de la théorie du prototype, et nous analyserons les images macro comme des constructions multimodales partageant certaines caractéristiques avec les blagues et les jeux de mots traditionnels. En outre, les éléments verbaux qui apparaissent dans les mèmes contiennent souvent des occurrences de jeux de mots traditionnels. Un deuxième objectif de notre contribution est celui d'explorer les difficultés de décodage des jeux de mots pouvant se présenter dans les images macro. Nous présenterons en particulier quatre dimensions qui indiquent conjointement comment les images macro varient dans un continuum de typicalité plus ou moins grande, selon les degrés de multimodalité, la dimension multilingue, l'intertextualité au sein du genre textuel et les références externes incluses dans la construction. Ces réflexions suggèrent des voies prometteuses pour de futures recherches sur le sous-genre des mèmes sur internet, souvent banalisé, mais également très répandu.

Index

Informations sur les contributeurs et contributrices

The Dynamics of Wordplay 6 & 7

Karine Abiven (Sorbonne Université)

Maitre de conférence à Sorbonne Université et membre de l'Institut Universitaire de France, Karine Abiven est spécialiste de la langue et de la littérature françaises des XVIIᵉ–XVIIIᵉ siècles. Elle a écrit sur les formes brèves de l'écriture non fictionnelle (*L'Anecdote ou la fabrique du petit fait vrai*, Paris, Classiques Garnier, 2015), a dirigé plusieurs numéros de revue sur l'écriture de l'actualité et de l'histoire (*Littératures classiques* 78 et 94). Elle se consacre désormais à l'exploration numérique des libelles sous la Fronde (les « mazarinades »).

Salvatore Attardo (Texas A&M University-Commerce)

Salvatore Attardo (Doctorat de l'Université de Purdue, 1991) est professeur de Linguistique à l'Université de Texas A&M-Commerce. Il a publié deux livres : *Linguistic Theories of Humor*, en 1994, et *Humorous Texts*, en 2001. Il a été directeur de *HUMOR : International Journal of Humor Research* pendant 10 ans. Il a également été directeur de l'*Encyclopedia of Humor Studies* (Sage, 2014) et de l'*Handbook of Language and Humor* (Routledge, 2017). Il a publié plus de 100 articles sur différents sujets de sémantique et de pragmatique.

Pauline Beaucé (Université Bordeaux Montaigne)

Pauline Beaucé (née en 1986) est Docteur en Langue et Littérature françaises (2011) et a été postdoctorante dans le projet ERC DramaNet (FU Berlin, 2013). Depuis 2015, elle est Maître de conférences en études théâtrales à l'Université Bordeaux Montaigne. Ses recherches portent sur l'histoire des spectacles aux XVIIIᵉ et XIXᵉ siècles, notamment l'histoire des formes spectaculaires (parodie, théâtre musical, pantomimes) et des lieux de divertissement (théâtres forains, cirque, wauxhall). Elle est l'auteur de *Parodies d'opéra au siècle des Lumières*, PUR, 2013, d'une trentaine d'articles et entrées de dictionnaires ainsi que d'éditions scientifiques de textes dramatiques inédits. Pauline Beaucé est membre du Réseau *Dynamik des Wortspiels* et participe au projet ANR Ciresfi sur la Comédie Italienne et les théâtres forains au XVIIIᵉ siècle (Université de Nantes, Françoise Rubellin).

Angelika Braun (Universität Trier)

Angelika Braun a étudié la linguistique allemande et la phonétique à l'Université de Marbourg. Elle a obtenu son doctorat en 1988. De 1986 à 2000, elle a travaillé comme phonéticienne forensique au Bureau Criminal Fédéral et au Laboratoire Forensique de la Rhénanie-du-Nord-Westphalie. En 2000, elle a obtenu son Habilitation à l'Université de Marbourg à laquelle elle a travaillé de 2000 à 2009. La même année, elle a rejoint cette université. Depuis 2009, elle occupe le poste de Professeure de Phonétique générale et appliquée à l'Université de Trèves. Ses thèmes de recherche principaux sont les caractéristiques du locuteur et leur variabilité, ainsi que la sociophonétique, en particulier le langage et l'émotion, *non-actual speech* (ironie verbale) et les aspects phonétiques du jeu du mots. Pendant toute sa carrière académique, elle a maintenu un intérêt pour l'histoire des sciences phonétiques, comme le montrent ses publications dans ce domaine.

François Chaix (acteur / metteur en scène, Paris)

Après les cours d'Anicette Fray puis de Jean-Laurent Cochet, François Chaix entre à La Classe Supérieure d'Art Dramatique de la Ville de Paris (ESAD), qu'il quitte en 1989. Professionnel dès l'année suivante, il joue dans de nombreuses productions (Molière, Musset, Rostand, Brecht, Feydeau, etc.). Il est de nombreuses années comédien permanent de l'Auguste Théâtre-Cie Gilles Robin. Il est aussi de plusieurs spectacles de Jean-Marie Villégier (*Le Fidelle* de Pierre de Larivey, *La Répétition interrompue* de Charles Favart, etc.). Il rejoint Aurélie Rusterholtz en 2007 pour les lectures-spectacles du Grand T à Nantes, rendez-vous annuel des perles rares de ce théâtre des XVIIᵉ et XVIIIᵉ siècles (Fuzelier, Soulas d'Allainval, Gueullette, Regnard, Piron, Boisfranc, Coypel, Autreau). En 2011, il joue au Québec dans *Arlequin Sauvage* de Delisle de la Drevetière dans une mise en scène de Thierry Pillon. Il co-signe et joue *Spectacle Eclair* en 2015, met en scène et joue *Satyrics* d'après Jean-Claude Grumberg en 2016, co-signe la mise en scène de *Travaux – Les entretiens d'embauche* de Jacques Jouet en 2017 et de *Regardez le soleil pour moi… – Paparazzi* de Matéi Visniec. Il crée *Emmanuel P. fusillé pour l'exemple* de Bernard Briais mis en scène par Pascale Sueur en 2018. On le retrouve au cinéma avec Michel Béna, Rodolphe Marconi, à la télévision avec Christophe Barraud, Jean-Teddy Philippe, Myriam Touzé, Philippe Roussel, Kevin Connor, Roger Young, etc. Il développe ces dernières années une intense activité d'artiste-interprète de la voix enregistrée.

Dirk Delabastita (Université de Namur)

Dirk Delabastita enseigne la littérature anglaise et la théorie littéraire à l'Université de Namur ; il est également chercheur associé à la KU Leuven. Plusieurs de ses publications portent sur les jeux de mots dans l'œuvre de Shakespeare et sur la question de leur traduction vers d'autres langues. Il est l'auteur de l'ouvrage *There's a Double Tongue* (1993) et a (co-)édité les volumes suivants : *European Shakespeares* (avec Lieven D'hulst, 1993), *Traductio. Essays on Punning and Translation* (1997), *Fictionalizing Translation and Multilingualism* (avec Rainier Grutman, 2005), *Shakespeare and European Politics* (avec Jozef de Vos et Paul Franssen, 2008), *Multilingualism in the Drama of Shakespeare and His Contemporaries* (avec Ton Hoenselaars, 2015) et *« Romeo and Juliet »* in *European Culture* (avec Juan F. Cerdá et Keith Gregor, 2017). Il dirige la revue *Target. International journal of Translation Studies* avec Sandra Halverson et est aussi co-directeur d'un dictionnaire en ligne de termes littéraires (en néerlandais), intitulé *Algemeen Letterkundig Lexicon* (http://www.dbnl.org/tekst/dela012alge01_01/index.php).

Alex Demeulenaere (Universität Trier)

Alex Demeulenaere est Maître de conférences (« Akademischer Oberrat ») en langues et littératures romanes à l'Université de Trèves. Il a publié au sujet des littératures (post)coloniales et (post)nationales dans les cultures francophones (France, Belgique, Afrique, Canada), des études en traduction, des récits de voyage et de la théorie littéraire (Said, de Certeau). Dans sa thèse de Doctorat (Louvain 2007), il s'est basé sur l'analyse du discours pour étudier l'ethos narratif et la construction de crédibilité scientifique dans les récits de voyage coloniaux français. En tant que membre de l'IRTG « Diversity », sa recherche actuelle se base sur des développements dans le même domaine (par exemple la posture) pour une étude diachronique de la littérature nationale et postnationale au Québec. Ayant acquis une large expérience didactique aux Universités de Louvain et de Trèves, il a également organisé des séminaires multidisciplinaires en coopération avec l'Université de la Sarre et est en charge d'un séminaire en master portant sur la littérature et l'interculturalité à l'Université de Luxembourg.

Hélène Favreau (Université Catholique de l'Ouest, Angers)

Enseignant-chercheur en Sciences du Langage à la Faculté des Humanités (Université Catholique de l'Ouest, Angers), ses domaines de recherche vont de la sociolinguistique française (sa thèse de Doctorat avait pour objectif d'étudier les attitudes linguistiques des locuteurs lambdas quant à la question de la norme et de la variété) à la lexicologie, en particulier à la création lexicale, d'un point de vue morphologique et sémantique. Ces recherches ont donné lieu à divers articles : « Linguistic norms and standards : towards social exclusion » (in *Norms in Educational Linguistics*. Oxford : Peter Lang, 2010) ; « Speakers' Attitudes to Language : Generators or Mirrors of Sociolinguistic Changes ? (The French Example) » (in *Forum for Anthropology and Culture* 21, Saint-Pétersbourg : Russian Academy of Sciences, 2014) ; « "On s'keep in Sosh" ou l'exemple du français libéré dans et par la publicité » (in *Voix Plurielles* 12.1, 2015).

Natalia Filatkina (Universität Trier)

Natalia Filatkina a étudié la linguistique et la communication interculturelle à l'Université linguistique d'Etat de Moscou et à l'Université Humboldt de Berlin. Elle a obtenu un doctorat en linguistique allemande à l'Université de Bamberg. Depuis 2003, elle enseigne la linguistique historique allemande à l'Université de Trèves, où elle a dirigé le groupe de recherche « Le langage formulaïque historique et les traditions de communication ». En 2017, elle a obtenu l'Habilitation à la même université et y occupe en ce moment la position de professeure adjointe (« außerplanmäßige Professorin ») ainsi que celle de « Akademieprofessorin » pour le langage et la culture médiévaux à l'Université de Trèves et à l'Académie des Sciences et de Littérature à Mayence. Ses intérêts de recherche principaux incluent le changement linguistique, le langage figuratif et formulaïque, la standardisation et la normalisation, le dialogue historique, la linguistique textuelle et discursive ainsi que les humanités numériques. Elle codirige également la collection « Formelhafte Sprache / Formulaic language ».

Dirk Geeraerts (KU Leuven)

Dirk Geeraerts est professeur de linguistique à l'Université de Leuven, où il a fondé le centre de recherches « Quantitative Lexicology and Variational Linguistics » (Lexicologie quantitative et linguistique variationnelle). Ses principaux domaines de recherche incluent les champs interreliés de la sémantique lexicale et de la lexicologie, avec un intérêt descriptif particulier pour la variation sociale, un engagement méthodologique marqué dans les analyses de corpus, à partir du fondement théorique de la linguistique cognitive (*Cognitive Linguistics*). Directeur fondateur de la revue *Cognitive Linguistics*, il a joué un rôle majeur dans l'expansion internationale de la linguistique cognitive. Ses publications incluent les monographies suivantes : *Paradigm and Paradox*

(1985), *The Structure of Lexical Variation* (1994), *Diachronic Prototype Semantics* (1997), *Words and Other Wonders* (2006), *The Oxford Handbook of Cognitive Linguistics* (2007) et *Theories of Lexical Semantics* (2010).

Raymond W. Gibbs, Jr. (University of California, Santa Cruz)

Raymond W. Gibbs, Jr. est un chercheur en sciences cognitives et ancien professeur distingué de psychologie à l'University of California, Santa Cruz. Ses intérêts de recherche se concentrent sur la cognition incarnée, la pragmatique et le langage figuratif. Il est l'auteur de presque 300 articles et chapitres de livres et il a publié de nombreux livres, y compris *The poetics of mind : Figurative thought, language and understanding* (1994), *Intentions in the experience of meaning* (1999), *Embodiment and cognitive science* (2006), *Metaphor wars : Conceptual metaphor in human life* (2017) et (avec Herb Colston) *Interpreting figurative meaning* (2012), tous publiés chez Cambridge University Press. Il est aussi rédacteur du livre *Cambridge handbook of metaphor and thought* (2008) (CUP) et rédacteur du journal *Metaphor and Symbol*.

Peter Handler (Wirtschaftsuniversität Wien – WU)

Peter Handler est Maître de conférences à l'Institut de Langues romanes au sein du Département de Langues étrangères en Économie et Gestion de l'Université de Sciences économiques de Vienne (Wirtschaftsuniversität Wien – WU). L'objet de ses recherches porte sur la stylistique (néologie, phraséologie, théorie du texte), la formation des mots, la créativité langagière, les langues de spécialités, les techniques de présentation et les nouveaux médias (phénomènes linguistiques et sémiotiques). Il enseigne le français et l'allemand économique et commercial. Sa thèse interdisciplinaire *Wortbildung und Literatur* s'intéresse aux aspects poétologiques de la formation des mots. Parmi ses récentes publications, on trouve les contributions suivantes pour des ouvrages de référence : « Word-formation and literature » dans *Word-Formation* (éd. par P. O. Müller, I. Ohnheiser, S. Olsen & F. Rainer, Handbooks of Linguistics and Communication Science 40) et les chapitres « Business presentations » ainsi que « Company websites » dans *Handbook of Business Communication. Linguistic Approaches* (éd. par G. Mautner & F. Rainer, Handbooks of Applied Linguistics 13).

Joshua T. Katz (Princeton University)

Joshua T. Katz est *Cotsen Professor in the Humanities* (Professeur avec chaire en Sciences Humaines), Professeur en Lettres Classiques et membre (ainsi que périodiquement directeur) du programme de Linguistique à l'Université de

Princeton, où il enseigne depuis 1998, année de l'obtention de son Doctorat en Linguistique à Harvard. Ses publications récentes abordent des questions linguistiques, littéraires et culturelles dans des œuvres variées, allant de la poésie grecque du VIIIe ou VIIe siècle av. J.-C. d'Homère et d'Hésiode à la fiction expérimentale des XXe et XXIe siècles de Russell Hoban et Paul Kingsnorth en anglais. Il s'intéresse tout particulièrement à l'histoire et à la pratique des jeux de mots.

Catherine Kerbrat-Orecchioni (Université de Lyon 2)

Catherine Kerbrat-Orecchioni est Pr. honoraire de l'Université Lumière Lyon 2. Elle a également enseigné à titre de Pr. invitée à l'Université Columbia de New York, l'Université de Genève, et l'Université de Californie à Santa Barbara. De 2000 à 2005, elle a occupé la chaire « Linguistique des interactions » à l'Institut Universitaire de France. Ses domaines de spécialité sont la pragmatique, l'analyse du discours et l'analyse des conversations. Elle a publié dans ces domaines de nombreux articles et ouvrages, dont *L'énonciation*, *L'implicite*, *Les interactions verbales* (3 tomes), *Les actes de langage dans le discours*, *La conversation*, *Le discours en interaction* et en 2017 *Les débats de l'entre-deux-tours des élections présidentielles françaises : Constantes et évolutions d'un genre*.

Michelle Lecolle (Université de Lorraine)

Michelle Lecolle est Maitre de conférences HDR en Sciences du langage à l'Université de Lorraine-Metz (Crem / Centre de Recherches sur les médiations). Ses recherches portent sur la sémantique nominale en discours, sur les noms collectifs et les noms propres de groupes, sur la néologie sémantique et sur le sentiment linguistique. Publications sélectionnées : « Dénomination de groupes sociaux : approche sémantique et discursive d'une catégorie de noms propres » (in Franck Neveu, Peter Blumenthal, Linda Hriba, Annette Gerstenberg, Judith Meinschaefer et Sophie Prévost, dirs., *Quatrième Congrès mondial de linguistique française*. Berlin : SHS Web of Conferences, 2014, 2265–2281) ; « Jeux de mots et motivation : une approche du sentiment linguistique » (in Esme Winter-Froemel et Angelika Zirker, dirs., *Enjeux du jeu de mots. Perspectives linguistiques et littéraires*. Berlin & Boston : De Gruyter, 2015, 217–243) ; « Some specific insights into wordplay form : sublexical vs lexical level » (in Sebastian Knospe, Alexander Onysko et Maik Goth, dirs., *Crossing Languages to Play with Words : Multidisciplinary Perspectives*. Berlin & Boston : De Gruyter, 2016, 63–70) ; Noms collectifs humains en français : enjeux sémantiques, lexicaux et discursifs (soumis).

Jiaying Li (Université Paris Nanterre)

Jiaying Li est doctorante en études théâtrales à l'Université Paris Nanterre. Sa thèse a pour sujet le jeu verbal dans le théâtre français au XXᵉ siècle (Jarry, Ionesco, Tardieu, Novarina). Elle a publié plusieurs articles en Chine et en Europe notamment sur la question du jeu de langage dans le théâtre « non dramatique ». Parmi ses dernières publications : « Le silence moderne dans ‹l'écriture à trou› de Valère Novarina » (*Quêtes littéraires* 7, 2017), « Les enjeux du théâtre radiophonique de Jean Tardieu » (*Revue Sciences / Lettres*, 2017), « De l'idiolecte novarinien à l'individualisme linguistique » (in M. Viegnes et J. Rime, dirs., *Représentations de l'individu en Chine et en Europe francophone*, Alphil-Presses universitaires suisses, 2015). Elle est également traductrice en chinois du livre de Madeleine Bertaud : *François Cheng : Un cheminement vers la vie ouverte* (Hermann, 2011).

Elena Meteva-Rousseva (Université de Sofia « St. Kl. Ohridski »)

Elena Meteva-Rousseva est Maître de conférences HDR au Département d'études romanes de l'Université de Sofia « St. Kliment Ohridski ». Domaines de recherche : analyse discursive de la presse, discours rapporté dans la presse, histoire et théorie de la traduction, traduction de l'humour. Publications : « Le comique – défi linguistique et extralinguistique pour le traducteur » (in A. Tchaouchev et al., éds., *Traduction et communication interculturelle*. Presses universitaires « St. Kl. Ohridski », 2010, 98–108) ; « Calembours, expressions figées détournées – comment y faire face en traduction » (*RumeliDE Journal of language and Literature Studies* 2016/6, April, Special Issue 2, 33–42) ; « L'humour dans Les Carnets du major Thompson de Pierre Daninos et les problèmes que celui-ci soulève en traduction anglaise et bulgare » (in Sophie Anquetil et al., éds., *Autour des formes implicites*. Presses Universitaires de Rennes, 2017, 293–304).

Claudine Moulin (Universität Trier)

Claudine Moulin est Professeure de Linguistique historique allemande à l'Université de Trèves et directrice scientifique du *Trier Center for Digital Humanities*. Elle a étudié la philologie anglaise et allemande à Bruxelles et à Bamberg. Après sa thèse de doctorat (1990) portant sur l'orthographe du haut allemand précoce, elle a été chercheuse à l'Université de Bamberg, où elle a obtenu son Habilitation à diriger des recherches en philologie et linguistique allemandes en 1999. En tant que Heisenberg Fellow de la fondation allemande pour la recherche (DFG), elle a passé plusieurs séjours de recherche à Oxford (1995, 1997), où elle a travaillé sur des paratextes et des marginalia vernaculaires. En 2002, elle a été Professeure de Linguistique à l'Université de Luxembourg. Elle a également été professeure invitée à l'Ecole Pratique des Hautes Etudes EPHE/Sorbonne à Paris et chercheuse à l'Institut d'Etudes Avancées à Paris. Ses recherches portent sur la linguistique historique et le changement linguistique, les langues et la littérature médiévale, la grammaticographie, la lexicographie, la graphématique et les humanités numériques. Elle est également un des éditeurs de la revue *Sprachwissenschaft* et de la collection « Germanistische Bibliothek ».

Cécile Pajona (Université Nice Sophia Antipolis)

Cécile Pajona est doctorante en littérature au sein du laboratoire Bases Corpus Langage (UMR 7320) à Nice. Sa thèse, conduite sous la direction de Geneviève Salvan, porte sur les procédés de fictionnalisation dans l'œuvre romanesque de Boris Vian. À travers une approche pragma-énonciative des textes de Vian, elle interroge les figures de style et leur apport dans la construction de l'univers fictionnel vianesque. Le corpus se prête particulièrement à l'étude des jeux de mots et de l'humour ainsi qu'à leur apport et leur rendement pragmatique. Ses articles essaient majoritairement d'appréhender la particularité du style vianesque.

Astrid Poier-Bernhard (Karl-Franzens-Universität Graz)

Depuis son habilitation en 2010, portant sur la littérature à contrainte contemporaine en France et en Italie, Astrid Poier-Bernhard est Professeure de Littératures romanes à l'Institut des Études Romanes de Graz. Dans sa thèse de Doctorat, un second livre et de nombreux articles, elle s'est consacrée à l'œuvre de Romain Gary (*Romain Gary – Das brennende Ich. Literaturtheoretische Implikationen eines Pseudonymenspiels*. Tübingen : Niemeyer, 1996 ; *Romain Gary im Spiegel der Literaturkritik*. Frankfurt am Main & Wien : Lang, 1999). Depuis 1998 une grande partie de ses travaux de recherche se réfèrent à l'Oulipo et la littérature potentielle. Ce sujet constitue aussi le thème principal d'un essai littéraire dans le genre du pastiche, *Viel Spaß mit Haas !* (Wien : Sonderzahl, 2003) et du livre (académique) *Texte nach Bauplan. Studien zur zeitgenössischen ludisch-methodischen Literatur in Frankreich und Italien* (Heidelberg : Winter, 2012). Astrid Poier-Bernhard s'engage dans de nombreuses coopérations avec des institutions culturelles et des artistes. En 2013, elle a été cooptée par le groupe Oplepo (Opificio di letteratura potenziale).

Alain Rabatel (Université de Lyon 1)
Alain Rabatel est Professeur de Sciences du Langage à l'Université de Lyon 1, membre de l'UMR ICAR (Université de Lyon 2). Spécialiste d'énonciation, de linguistique textuelle et d'analyse des discours, il est l'auteur de 5 ouvrages, de plus de 160 articles et il a (co)dirigé une vingtaine d'ouvrages ou de numéros de revues. Alain Rabatel s'est d'abord fait connaître pour ses travaux sur les points de vue, l'empathie et la polyphonie dans les récits (*Une histoire du point de vue*, CELTED / Klincksieck, 1997 ; *La construction textuelle du point de vue*, Delachaux et Niestlé, 1998). Il s'est ensuite intéressé aux liens entre argumentation indirecte, effacement énonciatif et points de vue (*Argumenter en racontant*, Deboeck-Duculot, 2004, *Homo Narrans. Pour une analyse énonciative et interactionnelle du récit* (2 vol.), Lambert-Lucas, 2008). Il travaille aussi sur les figures à partir de la notion de points de vue en confrontation (*Langue française* 160, *Le Français Moderne* 79(1), *Vox romanica* 71 et 74, *Tranel* 61–62 et dans deux publications du réseau DWP 2 et 4). A. Rabatel a également publié de nombreux articles sur les discours religieux et médiatiques, autour des questions de responsabilité et de prise en charge énonciative, ainsi que sur des corpus d'interactions orales en contexte didactique, dégageant diverses postures de co-, sur- et sous-énonciation, à la charnière des problématiques cognitives, énonciatives et interactionnelles. Voir également : http://www.icar.cnrs.fr/membres/arabatel.

Anda Rădulescu (Universitatea din Craiova)
Anda Rădulescu (Université de Craiova, Roumanie) est professeur à la Faculté des Lettres, Département de Français. Auteurs de 3 livres de traductologie et de 4 de syntaxe du français, elle a publié une centaine d'articles dans des revues nationales et internationales de spécialité et a participé à une trentaine de colloques internationaux. Ses préoccupations pour l'étude des formes de l'humour et pour les mécanismes des jeux de mots sont plus récentes (2013). En 2017, elle a co-organisé un colloque international à Craiova, ayant pour objet l'humour chez San-Antonio, à l'œuvre duquel elle porte un intérêt particulier. Elle est directrice de la revue *Annales de l'Université de Craiova. Série Langues et Littératures romanes* et fait partie du comité scientifique des revues *Translationes* (Université de l'Ouest de Timişoara), *Colocvium* (Craiova), *Argotica* (Université de Craiova) et *Annals of the University of Craiova, Series: Philology, Applied Foreign Languages*.

Lisa Roques (Université Bordeaux Montaigne)

Lisa Roques consacre sa thèse de Doctorat (en Histoire, Langues et Littérature ancienne) aux fragments d'Ion de Chios, un auteur polymathe du Ve siècle. Ces recherches articulent aux enjeux littéraires et stylistiques des analyses sociales et politiques. La présentation de ces différents aspects a donné lieu à différentes publications (« De Cimon à Périclès : un regard insulaire », in *Elite und Krise in antiken Gesellschaften/Élites et crises dans les sociétés antiques*, Collegium Beatus Rhenanus, Vol. 5, 47–57. Stuttgart : Franz Steiner Verlag, 2016, ou « Ion à la table d'Athénée », in S. Trousselard and S. Coin-Longeray (eds.), *Les intentions de la citation. Les Cahiers d'ALLHiS* 4, 2016, 37–58) et interventions dans des colloques ou journées d'étude (« Quelques vers de Chios... », Internationale Konferenz : « Die literarische Form », Westfälische Wilhelms-Universität, Münster, octobre 2015, ou « L'homme qui ne savait pas jouer de la cithare : rumeur et arborescence d'Ion de Chios à Saint Augustin », Journée d'étude: « Trames arborescentes II », Tours, décembre 2016). Titulaire de l'Agrégation en Lettres Classiques, elle exerce aussi à plein temps dans un collège relevant de l'éducation prioritaire en région parisienne.

Catherine Ruchon (Université Paul-Valéry–Montpellier III, Membre associé du laboratoire Pléiade)

Docteure en sciences du langage spécialisée en analyse du discours, enseignante à Paul-Valéry Montpellier III, Catherine Ruchon travaille en particulier sur l'expression de la souffrance, dans différents domaines, et notamment celui de la maternité, de la naissance, et du deuil. C'était le sujet de sa thèse : « Des vertus antalgiques du discours ? L'expression de la douleur et de l'attachement dans les discours sur la maternité » (2015, dirigée par Marie-Anne Paveau). Plus largement, ses thèmes de recherche sont actuellement l'analyse du discours animal, l'analyse des discours funéraires (autour de l'humain et de l'animal), les discours sur l'identité, la linguistique populaire, l'analyse de discours numérique, l'interactivité et l'éthique. Elle a écrit plusieurs articles sur ces sujets dont « Lexique, catégorisation et représentation : les reformulations métalinguistiques dans le discours animaliste » (*Les carnets du Cediscor*, numéro spécial, 2018, à paraître), « Une situation d'interlocution spécifique : les discours numériques du parent endeuillé à son enfant décédé » (*Semen* 45, 2018, à paraître), « L'être et le nom : éthique de la nomination dans le cadre du deuil périnatal », (*Langage & Société* 163, 2018, 101–119) et « Identité numérique de parents endeuillés. Le pseudonyme comme pratique de deuil » (dans Thierry Guilbert et Pascaline Lefort, dirs., *Discours et (re)constructions identitaires*. Presses Universitaires du Septentrion, 2017, 133–148).

Aurélie Rusterholtz (actrice / metteuse en scène, Paris)

Après l'École Nationale d'Art Dramatique du T.N.S., dont elle sort en 1993, elle joue notamment Ibsen (*Hedda Gabler* mis en scène par Gloria Paris), Maeterlinck (*Pelléas et Mélisande* mis en scène par Pierre Guillois), Marivaux (*La Fausse Suivante* mis en scène par Gloria Paris), Molière (*Les Femmes savantes* mis en scène par Isabelle Moreau et Gloria Paris), Destouches (*Les Philosophes amoureux* mis en scène par Jean-Marie Villégier), Emmanuel Bourdieu (*Je crois ?* mis en scène par Denis Podalydès) mais aussi Sénèque, Brecht, etc. Maîtrisant la langue des signes, elle joue dans *K. Lear*, spectacle en langue française et en langue des signes mise en scène par Marie Montegani à l'International Visual Theater de Paris, dirigé par Emmanuelle Laborit, en 2007, avec tournée en Corée. Elle participe à la recréation mondiale d'*Arlequin sauvage* de Delisle de la Drevetière au Québec (2011) dans une mise en scène de Thierry Pillon. De 2004 à 2012, Aurélie Rusterholtz est invitée chaque année au Grand T de Nantes pour des lectures-spectacles de textes rares des XVIIe et XVIIIe siècles qu'elle assure seule et depuis 2007 avec François Chaix. Au cinéma, elle travaille avec Claudio Descalzi (*Ghost in the machine*), Luc Besson (*Adèle Blansec*), Emmanuel Bourdieu (*Edouard Drumont*). En 2014 elle fonde à Paris LESGENSDU4AVRIL, Compagnie-école de Théâtre, pour laquelle elle co-signe *Spectacle Eclair* en 2015, joue *Satyrics* d'après Jean-Claude Grumberg mis en scène par F. Chaix en 2016, co-signe la mise en scène de *Travaux* d'après *Musée haut – musée bas* de Jean Michel Ribes en 2017 et de *Regardez le soleil pour moi...* d'après *La mastication des morts* de Patrick Kermann, en 2018.

Jean-François Sablayrolles (Université Paris 13)

Ancien agrégé de grammaire, Jean-François Sablayrolles a consacré sa thèse à la néologie du français contemporain (Paris 8, 1996). Maître de conférences à Limoges (1997– 2002) puis à Paris 7 (2002–2005), il a soutenu l'HDR en 2004 et exercé les fonctions de PU à Paris 13 SPC de 2006 à 2016. Il a été membre, successivement, des laboratoires et groupes de recherche suivants : CERES de Limoges, CIEL de Paris 7, LDI UMR 7187 puis HTL UMR 7597. Ses recherches portent principalement sur la néologie du français contemporain, dont les emprunts et leurs équivalents autochtones. Il a fait paraître en 2000 *La Néologie en français contemporain* (Champion), *Les néologismes* (avec Jean Pruvost, que sais-je ? PUF, 2003, 3e éd. 2016), *L'innovation lexicale* (Champion, 2003, actes du colloque de Limoges 2001), *La Fabrique des mots français* (Lambert Lucas 2016, actes colloque de Cerisy 2015 avec Ch. Jacquet-Pfau), *Les néologismes, créer des mots français aujourd'hui* (Garnier / le Monde, 2017), et a fondé, en 2006, et dirige, avec John Humbley, la revue *Neologica* (Classiques Garnier).

Astrid Schmiedel (Sorbisches Institut – Serbski Institut Bautzen)

Astrid Schmiedel a étudié la phonétique et la linguistique computationnelle à l'Université de Trèves, où elle a obtenu son Doctorat en 2016 avec une thèse sur la phonétique du discours ironique. De 2010 à 2014, elle a travaillé comme assistante de recherche au Département de phonétique de l'Université de Trèves. Après avoir occupé divers postes administratifs dans la fonction publique, elle a rejoint l'Institute Sorabe – Serbski institut à Bautzen en 2018. Dans le domaine du traitement des données scientifiques, elle travaille sur des sujets liés au traitement automatique du langage naturel, sur les processus de digitalisation et sur la linguistique de corpus, en particulier dans les deux langues minoritaires, le bas sorabe et le haut sorabe.

Monika Schmitz-Emans (Ruhr-Universität Bochum)

Monika Schmitz-Emans est Professeure de Littérature générale et comparée à l'Université de Bochum. Elle a fait des études de philologie allemande, de philosophie, de philologie italienne et de sciences de l'art à Bonn. Elle a soutenu une thèse de Doctorat sur Jean Paul et ses idées sur une théorie de la langue (*Schnupftuchsknoten oder Sternbild. Jean Pauls Ansätze zu einer Theorie der Sprache*) en 1986 ainsi qu'une thèse d'Habilitation à diriger des recherches (*Schrift und Abwesenheit. Historische Paradigmen zu einer Poetik der Entzifferung und des Schreibens*) en 1995. Elle a publié de nombreux articles sur la littérature du XVIIIᵉ au XXIᵉ siècle, sur les relations texte / image dans la littérature, sur des questions de la théorie de la littérature et sur les formes littéraires du livre. Ses publications les plus récentes comprennent une monographie sur les bandes dessinées de littérature (*Literatur-Comics. Adaptationen und Transformationen der Weltliteratur*, 2012) et l'édition d'un ouvrage collectif sur la littérature comparée au sein d'un espace linguistique (*Komparatistik sprachhomogener Räume. Konzepte, Methoden, Fallstudien*, 2017) en collaboration avec Natalia Bakshi et Dirk Kemper.

Gesa Schole (Eberhard Karls Universität Tübingen et Universität Trier)

Gesa Schole a obtenu un diplôme en études en traduction (portugais, espagnol, droit) à l'Université Ruprecht Karls de Heidelberg et un diplôme en sciences du langage à l'Université de Bremen. Pendant ses études à l'Université Nova de Lisbonne au Portugal, elle s'est spécialisée en littérature africaine et portugaise. Dans son travail de fin d'études, elle a analysé la traduction allemande du roman de Mia Couto intitulé *A varanda do frangipani*. Aux Universités de Tübingen et Trèves, elle a enseigné la traduction, la sociolinguistique, l'ambiguïté et la pragmatique. Elle termine en ce moment un Doctorat portant sur *L'ambiguïté à l'interface sémantico-pragmatique dans des dialogues espagnols et allemands* au sein du groupe de formation en recherche [GRK 1808] « Ambiguïté : production et perception » à l'Université de Tübingen. Ses intérêts de recherche vont de la linguistique cognitive, la cognition spatiale et les prépositions à la signification pragmatique, l'étude des dialogues et l'ambiguïté.

Françoise Sullet-Nylander (University of Stockholm)

Françoise Sullet-Nylander est Professeure Titulaire au Département d'Etudes romanes et classiques de l'Université de Stockholm où elle enseigne la langue et l'analyse du discours françaises. Depuis son doctorat, ses travaux de recherche ont porté sur les problématiques du discours rapporté, de la reformulation et des jeux de langage dans les textes journalistiques. Elle a co-dirigé plusieurs ouvrages, *Le Français parlé des médias* (2007), *La Linguistique dans tous les sens* (2011), *Discours rapporté, genre(s) et médias* et *Le discours rapporté : une question de genre ?* (2015) et *Political Discourses at the Extremes : Expressions of Populism in Romance Speaking Countries* (à paraître). Ses travaux actuels touchent aux stratégies de questionnement des journalistes, au discours rapporté, aux termes d'adresse et aux phénomènes de nomination dans les débats présidentiels français et sur l'hétérogénéité énonciative dans les textes journalistiques. Depuis 2014, elle conduit un projet interdisciplinaire sur les discours politiques dans les pays de langue romane (ROMPOL).

Giovanni Tallarico (Università degli studi di Verona)

Giovanni Tallarico est Maître de conférences en Langue et Traduction Françaises à l'Université de Vérone. Ses intérêts de recherche et ses publications portent sur la lexicologie (notamment les néologismes et les emprunts lexicaux), la lexicographie bilingue, le langage du sport et la traductologie. En 2013, il a coordonné (avec Michela Murano) un numéro des *Études de linguistique appliquée* (*Les dictionnaires bilingues et l'interculturel* 170, avril–juin 2013) et il est l'auteur du volume *La dimension interculturelle du dictionnaire bilingue* (Paris, Champion, 2016). Il participe au projet international *Néoveille* – plateforme de repérage, analyse et suivi des néologismes en sept langues, coordonné par Emmanuel Cartier (Université Paris 13 – Sorbonne Paris Cité).

Verena Thaler (Universität Mannheim)

Verena Thaler, Docteure en Linguistique romane, est enseignante-chercheuse à l'Université de Mannheim, Allemagne. Ses domaines de recherche comprennent la pragmatique, la politesse verbale, la linguistique interactionnelle, les particules pragmatiques et la linguistique des médias, en particulier l'analyse de la communication sur Internet. Elle a publié dans ces domaines de nombreux travaux de recherche, dont deux monographies (*Chat-Kommunikation im Spannungsfeld zwischen Oralität und Literalität*, 2003 ; *Sprachliche Höflichkeit in computervermittelter Kommunikation*, 2012) et différents articles dans des revues internationales. Elle a également co-édité un ouvrage collectif sur l'onomastique commerciale (*Kontrastive Ergonymie. Romanistische Studien zu Produkt- und Warennamen*, 2013) ainsi qu'un ouvrage sur les tendances actuelles en linguistique des médias (*Medienlinguistik 3.0. Formen und Wirkung von Textsorten im Zeitalter des Social Web*, 2016).

Esme Winter-Froemel (Universität Trier)

Esme Winter-Froemel est Professeure de Linguistique romane à l'Université de Trèves. Ses recherches portent sur le changement linguistique, la linguistique de contact, la sémantique lexicale et l'ambigüité (voir entre autres sa monographie sur les emprunts lexicaux, *Entlehnung in der Kommunikation und im Sprachwandel. Theorie und Analysen zum Französischen*, 2011, et les volumes co-dirigés *Diskurstraditionelles und Einzelsprachliches im Sprachwandel / Tradicionalidad discursiva e idiomaticidad en los procesos de cambio lingüístico*, 2015, avec Araceli López Serena, Álvaro Octavio de Toledo y Huerta et Barbara Frank-Job, et *Cognitive Contact Linguistics*, sous presse, avec Eline Zenner et Ad Backus). Dans ses travaux récents, elle s'intéresse en particulier aux changements sémantiques et pragmatiques qui accompagnent les emprunts linguistiques ainsi qu'au rôle de l'ambigüité et des traditions discursives dans les processus de changement linguistique. Un autre thème central de sa recherche est représenté par les jeux de mots. Depuis 2013, elle dirige le réseau scientifique « La dynamique du jeu de mots : contact linguistique, innovation linguistique, interaction locuteur-auditeur » financé par la Fondation allemande pour la recherché (DFG). De plus, elle est membre de l'école doctorale « Ambiguität – Produktion und Rezeption » (Graduiertenkolleg 1808, Université de Tübingen).

Ilias Yocaris (Université Côte d'Azur)

Né en 1971, Ilias Yocaris est Maître de conférences en Littérature française à l'UCA (Université Côte d'Azur). Ses recherches portent essentiellement sur le roman français du XIXe–XXIe siècle (Hugo, Zola, Roussel, Proust, Giono, Robbe-Grillet, Simon, Littell), la sémiotique du discours littéraire et les fondements conceptuels des fictions postmodernes (littéraires et filmiques). Il a publié entre autres *L'Impossible totalité : une étude de la complexité dans l'œuvre de Claude Simon* (Toronto, Paratexte, 2002) et *Style et semiosis littéraire* (Paris, Classiques Garnier, « Investigations stylistiques », 2016).

Eline Zenner (KU Leuven)

Eline Zenner est Professeure agrégée (*assistant professor*) à l'Université de Leuven (KU Leuven, Campus Bruxelles), où elle enseigne la maîtrise du néerlandais à de futurs interprètes, traducteurs, à des experts de la communication multilingue et à des journalistes. Elle a étudié la linguistique des langues germaniques (néerlandais, anglais) à la KU Leuven (master en 2007). En mai 2013, elle soutient sa thèse intitulée « Cognitive Contact Linguistics. The macro, meso, and micro influence of English on Dutch » (La linguistique de contact cognitive. L'influence macro, meso et micro de l'anglais sur le néerlandais). Ses domaines de recherche incluent les apports mutuels entre la linguistique cognitive *usage-based* et la linguistique de contact, la variation entre usage standard et variétés linguistiques vernaculaires dans l'acquisition du langage, et la différentiation sémantique dans la variation lexicale, qu'elle étudie dans une perspective à la fois théorique et appliquée.